16세기 종교개혁 이전 참 교회의 역사

'루터 이전의 개신교회는 어디에 있었는가?' 라는 질문에 답변함!

세움북스 는 기독교 가치관으로 교회와 성도를 건강하게 세우는 바른 책을 만들어 갑니다.

세움
클래식
0 4

종교개혁사 시리즈

16세기 종교개혁 이전 참 교회의 역사

초판 1쇄 인쇄 2019년 10월 20일
초판 1쇄 발행 2019년 10월 25일

지은이 | 권현익
펴낸이 | 강인구

펴낸곳 | 세움북스
등 록 | 제2014-000144호
주 소 | 서울시 마포구 양화로 78, 502호(서교동, 서교빌딩)
전 화 | 02-3144-3500
팩 스 | 02-6008-5712
이메일 | cdgn@daum.net

교 정 | 김민철
디자인 | 참디자인

ISBN 979-11-87025-50-4 (93230)

세 움
클래식
0 4

종교개혁사
시리즈

16세기 종교개혁 이전
참 교회의 역사

권현익 지음

세움북스

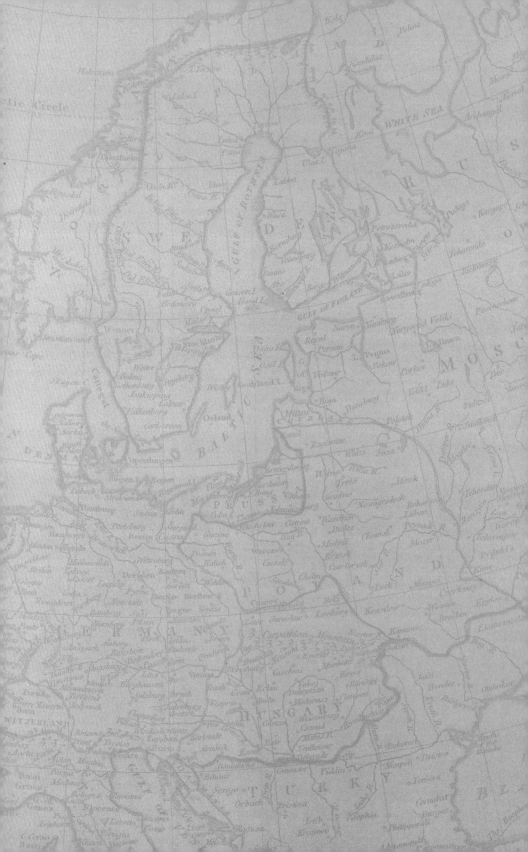

INTRODUCTION
들어가는 글

　최소한 내가 살고 있는 지역의 역사 근간은 숙지할 필요가 있겠다는 정도의 생각으로 시작한 공부는 급기야 '종교개혁사 시리즈'를 출간하는 데까지 이르고 말았다. 오늘날 우리가 가진 신앙이 종교개혁사를 통해서 보는 여러 선인(先人)들의 수고와 헌신적인 복음 증거에 심대한 영향을 받았음을 확인하는 것은 어렵지 않았으나, 그들이 증거하고 전하여 준 복음이 사도들의 그것에 얼마만큼 일치하는지를 증명하는 문제는 오히려 예기치 못한 엄청난 도전이 되고 말았다. 결국 이를 증명하는 방법은 16세기 종교개혁 이전 개혁 교회의 신앙 고백과 가르침을 특정 기간별로 구분하고, 오늘 우리의 것과 비교해 나가는 작업을 통하여 그 연속성과 일치를 확인하는 것뿐이라는 확신이 들었다. 그런데 우리는 통상적으로 개혁 교회가 16세기 즈음에 일어나 그때부터 존재하게 되었다고 여겨 한결같이 그렇게만 믿고 이해해 왔기 때문에 오히려 그 이전, 고대의 개혁 교회 역사를 추적한다는 것 자체가 훨씬 쉽지 않은 상황이 되어 있었다.

　호기심과 궁금증 때문에 교회사에 발을 들여놓게 되었지만, 이제는 풀지 않으면 안 되는 의구심으로 끊임없이 발전했기 때문에 간결하게 만들려 했던 책의 출간은 계속 미뤄지게 되었고, 나름대로는 정돈의 수준과 깊이를 고민하지 않을 수 없었기에 루터 이전의 개혁 교회 역사 연구를 추고하는 버거운 작업에 엉겨들고 말았다. 비컨대, 센강의 한 쪽 어귀에나 겨우 띄울 쪽배 하나 끌고 첨벙 물에 들어갔다가 대양 저 끝에는 무엇이 있을까라는 궁금증에 이끌려 대서양으로 나서는 꼴이 되고 만 것이다. 단 한 권의 변변한 자료도 없이 시작된 첫 항해부터 폭풍과 노도 같은 과제를 만나 좌절하고 두리번거리기 일쑤였지만, 그저 그대로 항해를 접지 않으려 몸부림쳤다. 바다 한가운데 어느 섬에 도달하였을 때는, 필자와 동일한 궁금함으로 항해를 시도하던 몇몇의 항해사(저자)들을 만나 그들의 충고를 얻기도 하고 항행의 방향을 다잡으며 속도를 더 높일 수도 있었다. 하지만 자주 그들이 사용하는 언어가 오래된(고대의 외국) 언어라 소통 자체에 또 다른 난감함을 경험하기도 했고, 자주 향방 잃은 항해에서 너무 많은 시간을 흘려보냈기에 지나온 항행의 흔적을 일단 고정해야 했고 출간하는 일을 더 이상 미룰 수만은 없게 되었다. 아직 많은 부분에서 흡족하지 못하지만 우리말로 작성하는 국내 처음의 항해도임에 일단의 의미를 부여하면서 훗날 누군가 이 지도를 근거로 더 넓은 대양의 정보를 풍부하게 정돈해 주기를 기대한다.

개혁 교회는 어떻게 태동하였을까? 개혁 교회의 목표가 초대 교회의 사도적 가르침과 그들의 단순한 제자의 삶으로 돌아가는 것이라면, 16세기 이전에도 너무나 많은 개혁자들이 있어 오늘날 우리와 동일하게 신앙을 고백했음에 놀랄 수밖에 없다. 교회 역사의 각 세기마다 개혁 교회는 너무나 자주 '이단 따위'로 간주되어 개혁자가 된다는 일 자체가 곧 순교를 전제해야 하는 것이었다. 그러나 우리에게 소개된 대부분의 역사책들은 위클리프, 후스, 루터, 칼뱅과 같은 크고 뚜렷한 몇 개의 점(點)에만 그 논의를 국한하고 있었던 것이 엄연한 사실이다. 이런 관점은 개별적으로 그 위인들의 위대함만을 강조하면서 개혁자들의 신앙과 삶은 그 특정인들의 것으로만 기념하게 만듦으로써, 우리 같은 대다수 후예들조차 종교개혁 기념 주일에나 개혁자들의 이름을 불러보는 정도에서 할 일 제대로 했다 는 식으로 만족하도록 길들였던 것이다. 위대한 개혁자들의 점(點)과 점이 연결 되는 현장에는 수많은 무명의 사역자들과 성도들이 그들의 개혁적 신앙과 삶을 이어 오는 점(點)들로 존재하였기 때문에 또 다른, 가늘고 굵은, 길고도 굴곡진 선(線)들이 되어 오늘날 우리에게까지 소중한 개혁 신앙을 전달하고 있다.

이 책은 작은 점(點)에 해당되는 더 많은 개혁자들의 삶을 간절함으로 추적하여, 더 이상 점(點)으로서의 역사 이해가 아니라 끊이지 아니하는 선(線)으로서 개혁 교회사를 이해하도록 도우려는 데에 그 목적을 두고 있다. 그렇게 된다면, 마치 마르틴 루터가 처음으로 종교개혁을 시도한 것처럼 루터를 기준하여 '종교개혁 500주년'과 같은 표현을 분별없이 말하는 난센스를 범하지 않을 것이며, 선조들처럼 우리 모두가 개혁자로서의 막중한 사명을 갖고 의미 있는 성도의 삶을 살고자 낱낱이 애쓰도록 동기를 부여(MOTIVATE)하게 될 것이다. 또한 무명 개혁자들 의 헌신과 수고가 잇대어 선(線)으로서의 개혁 사상이 우리에게 전달되어 온 것처 럼, 우리 역시 다음 세대를 위한 작은 점이 되어 끊어지지 않을 선으로서의 개혁 신앙을 전달할 사명을 나눠 갖게 될 것이다.

이 책의 특징 가운데 하나는 필자가 이미 종교개혁과 관련된 여러 사적지를 방문하면서 담아온 사진들을 게시한 점에도 있겠지만, 19세기 이전의 역사가들이 독자들에게 현장감을 전달하려고 그 열정을 오롯이 판화들에 담아 그 생동감을 전한 데에도 있을 것이다. 이미 그 지적 소유권이 만료된 판화들 가운데 주옥과 같은 자료들이 적지 않아 이를 기쁘게 소개하였다.

정작 개혁 교회의 소중한 유산을 물려받은 우리가 16세기 이전의 개혁 교회에 관심을 갖지 못하고 있었던 동안 아나뱁티스트, 형제교회, 몰몬교의 사학자들은 자신들 교단의 정체성을 확인하기 위한 뿌리 찾기 운동의 일환으로 상당한 연구 업적들을 쌓아 놓았다. 특히 그들이 발도인들 선조들에게 큰 관심을 갖게 된 배경에는 침례의 정당성이나 유아 세례의 부적절성과 같은 자신들 교단의 발생 근거를 역사적 관점에서 증빙해 보려는 목적이 다분해 보인다. 다만 문제는 침례라는 세례의 형식과 유아 세례의 가부가 마치 그리스도교 신앙과 복음의 전부 내지는 유일한 핵심인 것처럼 거기에 집중하고 집착하는 태도로 교회사를 붙들려 노력한다는 점이다. 이것이 가상한 수준을 넘어 처절해 보이기까지 해 더욱 안타깝다. 그리하여 결국 근본적이고 본질적인 생명의 문제가 아니라 형식과 체재와 방법에 관한 지엽적인 논쟁과 주장 때문에 형제와 형제가 일어나 삿대질하고 서로에게 대항하여 '이단(異端)이니 사탄(SATAN)이니'를 외치며 대결하게 된다면, 우리 가 과거의 역사를 살펴서 오늘날 힘입게 되는 이 일반 은총의 공효(功效)가 오히 려 그리스도의 겸손하신 섬김으로 우리가 덕 입은 특별 은총의 소중한 의의(意義) 를 상당히 손상(損傷)시키는 것은 아닐까,라는 아쉬운 마음이 들기도 한다.

또한 본문에서 다시 다루게 되겠지만, 타락한 사제들이 마치 구원을 베푸는 것처럼 집례하는 미사나 고해성사, 세례들을 부정하며 거절했던 것은 '사제의 세례는 곧 중생이라는 그릇된 주장'에 대한 정의로운 반발이었다. 그럼에도 16세기 발도인들이 개혁 진영으로 합류하면서 유아 세례를 비롯한 몇몇 이슈들(issues)을 순순히 수용하고 화합하였던 용감한 변화들을 마치 영적인 타락 혹은 그릇된 전향인 것처럼 해석하려는 태도들도, 어떤 특정한 목적에 추동되어 억지로 만든 역사 이해의 결론이 아닌가,라는 아픈 생각을 지울 수 없게 한다.

세상 어느 책이 그렇지 않겠냐마는, 부족한 필자에게 이 시리즈의 출판은 참으로 난산(難産)이었다. 필자는 이 첫 책의 출판에 즈음하여, 어려서부터 친구이고 사역 시작에서부터 동료이며 길지 않은 인생이지만 서로 떠난 일이 없었던 단짝 이은택 목사가 지지, 격려, 연구 참여, 고안으로 기여해 주었음을 독자들에게 밝혀 드리지 않을 수가 없다. 부족한 필자의 어수선한 연구를 꿰어 이만한 작품으로 지어낸 것은 오직 그의 도움이 있었기 때문이다. 목차의 정리부터 주제들의 흐름을 재정돈하고, 각 문단과 문장들에 색깔과 옷을 입혀 글이 되고 이만한 책 모양을 갖추게 한 것은 그가 섬겨 준 일의 일단일 뿐이다. 필자는 석탄이 연탄으로 찍혀 나오고 구슬이 보배가 되도록 꿰이는 과정이 어떤 것인지를 그의 헌신을 지켜보며 경험할 수 있었다. 필자가 혼자 연구해 온 개혁 교회사의 상당한 부분은 이제 그의 손에서 다시 정리되고 깊이를 더해 가고 있다. 계속 출판될 시리즈에서 그 성과가 고스란히 나타날 것이므로 더욱 간절한 기대를 갖게 된다. 또한 원고의 정리와 조판 과정에서 필자와의 거리와 시차 때문에 어려움이 있음에도 밤낮 가리지 않고 수고하셨던 김민철 목사님의 열정과 진정어린 노고에 깊은 감사를 드린다. 이외에도 자주 연구가 막히고 글이 막다른 데서 더 나아갈 바를 알지 못할 때마다 불현듯이 천사처럼 나타나 지지와 도움과 조언을 주신 선배와 동료들에게 감사를 드린다.

우리를 오늘의 때에 이 땅에 보내셔서 없어지지 아니할 한 점으로 살아갈 기쁨과 사명감을 주시는 분, 세상에 두신 교회들에 날마다 생명력을 더하셔서 새롭게 하시고 그 참다움과 의로움과 거룩함을 잃지 않도록 은혜 베푸시는 주님께 세세무궁토록 영광!

RECOMMENDATION
추천사

김남준 목사
(열린교회 담임)

이 책은 발로 쓴 교회사다. 종교개혁 이전의 역사 속에서 참된 신앙의 뿌리를 찾고자 하는 저자의 노력이 깃들여 있다. 전문적인 학자도 아니고 역사가도 아닌 사람에 의해서 이런 책이 나왔다는 것이 놀랍다. 저자는 오랫동안 유럽에 살면서 이 책에서 언급하는 많은 지역들을 실제로 답사하면서 이 책을 기록하였다. 프랑스에 있는 교회 역사의 유적지를 돌아보면서 나는 저자의 그런 열정을 충분히 느낄 수 있었다. 궁금해 하는 것을 끝까지 파고들고 그 장소에 가서 유적을 살펴야지만 직성이 풀리는 저자의 철저한 성격도 이 책이 탄생하는 데 주요한 요인이 되었을 것이다.

나는 전문적인 역사학자가 아니기 때문에 나의 평가에는 한계가 있을 것이다. 그러나 확실한 것은 이 책이 탁월한 열정과 현장 답사를 바탕으로 기록되었다는 것이다. 저자는 자기 지식을 자랑하기 위해서 이러한 역사적인 사실들을 탐구하고 나열한 것이 아니다. 그에게는 열정이 있다. 종교개혁 이전의 참된 교회의 뿌리를 찾고자 하는 것이었다. 특히 위클리프 이후로부터 얀 후스를 이어 로이힐린에 이르기까지 그 발자취를 직접 취재하듯이 조사하면서 이 책을 썼다. 독자들이 이 책을 읽을 때 공허한 지식으로 느끼지 않을 이유가 여기에 있다.

이 책을 읽으면서 독자들은 우리에게 전파된 종교개혁의 신앙이 결코 몇 사람의 위대한 인물의 영웅적인 삶으로 이루어진 것이 아님을 알 수 있다. 보이는 모든 것에는 뿌리가 있듯이 루터 이전에 이미 많은 개혁자들이 있었다. 종교개혁 이전의 개혁자들이었다. 그들이 뿌리의 역할을 하였기 때문에 마르틴 루터와 같은 위대한 종교개혁자가 위업을 이룰 수 있었던 것이다. 우리들이 쉽게 지나치는 이름 모를 수많은 개혁 신앙을 가졌던 사람들을 다시 생각해야 할 이유이다.

이 책을 읽으면서 가장 크게 감명을 받았던 것은 얀 후스의 생애와 시대에 관한 기록이다. 위클리프의 영향 아래 그의 선구자적인 개혁 활동이 있었기 때문에 마르틴 루터로까지 이어지는 교회의 역사가 가능했다는 사실에 새삼 머리를 숙이게 된다. 마치 역사는 위대한 장군을 기억하지만 실제로 승리를 이룬 것은 소리 없이 죽어 간 수많은 용사들 때문이었다는 사실을 알고 숙연해지듯이 말이다.

나는 이 책이 목회자들뿐 아니라 평신도들에게도 널리 읽혀지기를 바란다. 그래서 우리에게 전해진 참된 신앙이 얼마나 험난한 역사의 과정을 거치며 우리에게까지 도달하게 되었는지를 생각하게 되기를 바란다. 이 책을 통해 종교개혁의 정신을 다시 한 번 되새기고 하나님의 섭리의 손길에 대해 감사하는 마음이 생기기를 바란다.

박응규 교수
(ACTS 교회사)

저자 권현익 목사는 오랜 기간 프랑스에 살면서 선교사로서 또한 개혁 교회의 역사 연구자로서 치열하게 살아 왔다. 대학시절부터 그의 삶을 보아 온 나로서는 『16세기 종교개혁 이전 참 교회의 역사』를 접하는 순간, 저자의 열정과 관심이 진하게 느껴졌고, 한 가지 주제에 관심을 갖게 되면 일관성을 가지고 정진하는 집요함도 새롭게 떠올랐다.

저자는 그동안 개혁 교회가 종교개혁 이후에야 존재하기 시작한 것으로 생각해 왔다고 지적하면서, 이런 편견을 과감하게 비판한다. 그리고 주요 개혁자들을 중심으로 한 몇 개의 점(點)들에 그 논의를 국한하고 있었던 것에 이의를 제기한다. 저자는 이러한 문제의식을 갖고 발로 뛰며 수많은 작은 점들에 해당하는 많은 개혁자들의 삶을 추적하면서, 더 이상 점으로서의 역사가 아닌 끊이지 않는 선(線)으로서의 개혁 교회사를 새롭게 그려 내었다. 그런 면에서, 저자가 주장하듯이 개혁을 위한 수많은 선구자들의 헌신과 수고가 서로 잇대어 선으로서 개혁 사상을 형성하여 우리에게 전달되어 온 것처럼, 개혁을 위한 우리의 노력은 다음 세대를 위한 작은 점들이 되어 끊어지지 않을 선으로서의 개혁 신앙을 전달할 수 있다는 확신은 매우 설득력 있게 다가온다.

이 책을 읽는 독자들은 무엇보다도 "참 교회란 무엇인가?"를 진지하게 고민하면서 개혁 교회의 역사 여정을 고찰하게 될 것이다. 특히 저자는 로마 교회의 선제적 편견으로 오염된 역사 해석이나 역사 프레임이 어떠한지를 설명하면서 명백한 역사적 사실들을 직시하도록 촉구하고, 이를 확정해 낼 증거들을 찾기 위해 수많은 역사적 자료들을 섭렵하면서 저술했기에 독자들은 지금까지 잘 알려지지 않았던 다양한 자료들로 인해 당시 역사의 현장으로 생생하게 인도받게 될 것이다. 또한 숨겨진 수많은 개혁자들을 만나게 되며 주요한 사건들을 직면하면서 그동안 알고 있었던 종교개혁에 대한 우리의 인식을 재고하게 될 것이다. 그런 면에서, 저자의 『16세기 종교개혁 이전 참 교회의 역사』는 종교개혁 이전과 이후의 역사를 점이 아닌 선으로 이해할 수 있는 귀한 안목을 제공해 줄 것이다. 이러한 과정 속에서, 독자들은 저자가 주장하는 "그리스도를 중심으로 하는 기독론 역사관"이야말로 그리스도를 머리로 여기는 참 교회를 교회사의 정점과 중심에 두는 교회사 역사관임을 확인하게 될 것이며, 성경과 사도들의 가르침만을 유일한 규율로 여기며 따르는 참 교회를 중심으로 한 참다운 교회사가 새롭게 서술될 수 있다는 소망을 가지게 될 것이다. 아무쪼록 이 책을 통하여 참 교회와 종교개혁의 의미를 새롭게 인식하는 계기가 되기를 바라고 오랜 기간 선교 현장 속에서 역사적 흔적들을 찾아낸 저자의 노고가 의미 있게 반추되기를 기대하면서 많은 독자들의 일독을 권한다.

이광호 목사
(실로암교회 담임)

역사는 현재의 거울이다. 이처럼 교회사는 교회에 속한 우리의 거울 역할을 하게 된다. 이는 역사적 지식을 습득하는 것 자체가 목적이 되어서는 안 된다는 사실을 말해 준다. 그 가운데서 소중한 교훈을 찾아야 하며 그것이 우리에게 실제적으로 적용되어야 한다. 참된 교회를 세우기 위한 목적이 아닌 단순한 지식 습득은 오히려 지식주의에 빠지게 함으로써 우리를 한없이 교만하게 만들 우려가 있다.

이번에 프랑스 파리에서 교회사와 위그노에 대한 연구를 하며 선교 사역을 감당하고 있는 권현익 목사의 『16세기 종교개혁 이전 참 교회의 역사』가 '세움북스'에서 출판되었다. 이 책은 우리에게 매우 중요한 역사적 정보들을 제공하고 있다. 현대 교회는 16세기 종교개혁자들에게 많은 빚을 지고 있는 것이 사실이다. 하지만 한편으로는 그로 인해 그 전의 참된 교회 역사가 상대적으로 가볍게 여겨진 경향이 없지 않다. 우리가 기억해야 할 바는 마르틴 루터의 종교개혁으로부터 참된 교회가 시작된 것이 아니라는 점이다. 그 이전에도 지상 교회가 상속되어 그 명맥을 이어왔기 때문이다.

이 책은 역사적 문헌에 충실하게 근거하고 있다. 나아가 저자가 직접 여러 지역에 흩어진 역사 현장들을 찾아다니며 그 흔적을 책 속에 고스란히 담으려고 애썼다. 이는 언어에 능통하지 않고 사건이 발생한 현지에 살고 있지 않고서는 접근하기 어려운 문제이다.

또한 저자는 역사의 현장 속에 파묻혀 버렸거나 그 뒤안길로 사라진 인물이나 사건들에 깊은 관심을 가지고 있다. 비록 중요한 역사적 정황이라 할지라도 학자들의 시야에서 벗어나면 그것을 재조명하는 일이 쉽지 않다. 객관적인 근거가 없는 추론은 올바른 해석을 벗어나 역사적 상황을 호도하게 될 우려가 따르기 때문이다.

나아가 일부 학자들이 로마 가톨릭교회의 왜곡된 주장과 견해를 무비판적으로 수용하여 기정사실화 한 것은 안타까운 일이 아닐 수 없다. 중세의 이단화 된 로마 교회에서 자신의 신학을 옹호하여 전개할 목적으로 지나간 역사를 조작하거나 당시의 참된 신학을 불건전한 이단으로 만들어 버린 예가 적지 않기 때문이다.

그런 경우라면 저들과 반대되는 입장에서 교회 역사를 다시금 점검해 볼 필요가 있다. 어떤 인물이나 사건에 대하여 이단자들이 보아 훌륭한 것으로 간주한다면 그것을 건전한 평가로 인정할 수 없다. 반대로 그런 자들이 편파적인 기준에 따라 잘못된 것으로 주장한다면 오히려 그것이 옳을 수 있다. 그들이 올바른 신학과 신앙을 가졌기 때문에 배도자들에 의해 부정적인 평가를 받았을 가능성이 농후하기 때문이다.

이 책은 극도로 해이해진 우리 시대 성도들에게 역사를 다시금 돌아보도록 안목을 제공하고 있다. 어쩌면 우리는 역사가들에 의해 잘못 기술된 내용을 건전한 비판 없이 그대로 수용하여 동조하는 입장을 가졌을지 모른다. 만일 그렇다면 이제 우리는 그에 대한 올바른 조명을 함으로써 역사 가운데 성령 하나님의 사역이 어떠했는지 살펴보아야 한다.

이 책이 한국의 많은 신학도들을 비롯한 일반 성도들에 의해 널리 읽혀지기를 원한다. 물론 단순한 역사적 지식을 습득할 뿐 아니라 올바른 역사 이해를 함으로써 우리 시대 성도들이 실제적인 도움을 받기 바란다. 그것을 소중한 거울로 삼아 21세기 교회와 신앙 행태를 냉철하게 비추어 봄으로써 교회에 큰 유익이 되기를 바란다.

이은택 선교사

(모잠비크 / 동티모르)

이 역사책은 두 가지 점에서 바울 사도가 빌립보의 성도들에게 전한 주님의 말씀에 토대하여 '참 교회'의 역사를 통찰하고, 처음부터 끝까지 이 주제를 역사적으로 충실하게 실증하고 있습니다. '… 그리스도를 위하여 너희에게 은혜를 주신 것은 다만 그를 믿을 뿐 아니라 또한 그를 위하여 고난도 받게 하려 하심이라'(빌 1:29). 그 두 가지 점은 물론, 그리스도에 대한 믿음을 지키는 교회와 성도의 모습, 그리고 이 때문에 필연적으로 고난을 받게 되는 교회와 성도의 모습입니다.

저자는 개혁 교회의 역사가 이 양면을 2천년 역사의 단 한 순간에도 이탈하지 않았음을, 그리고 그러지 못하였음을 조심스럽게 통찰하고 있습니다. 혈족과 언어 종족, 민족과 나라와 제국과 정권, 종파와 교조의 무리나 세력이 아니라 오직 진리의 복음으로 주어지는 그리스도의 은혜가 이 교회 역사를 붙드셨음을 철저히 밝히고자 애쓰고 있습니다. 오랫동안 묻혀서, 덮이고 잊혀서, 많이 왜곡되고 곡해되었던 부분들을 다시 들추어내고 그것들을 바로잡아 보려고 시도한 것이 이 책을 집필한 동기(motive)로 전제되었다고 생각합니다.

역사상 참 교회의 존재 의의는 피할 수 없이 거짓 교회의 존재를 인식하게 합니다. 그리고 거의 대부분의 교회 역사 2천년은 처음부터 이 거짓 교회가 주류(the mainstream and major party of the body)로 역할하고 있었음을 확인하여 줍니다. 오늘날도 개혁 교회는 그 본질상 세력과 범위와 통제력에서 세계 교회사의 주류가 될 수 없고, 되어서도 안 되는 시간적 공간적 제한 구조에 묶여 있습니다. 또한 이로 인하여 수많은 역설적 고난을 당할 뿐 아니라 결코 이 땅에서는 신원할 수 없는 순교자적 삶을 요구받고 있습니다. 그러므로 당연히 묻히고 덮이고 잊히는 조건에서 끝까지 그리스도의 은혜를 붙들어야 한다는 사실을 증언하고 있습니다.

그리고 저자는 개혁 교회가 처음부터, 구조(structure)와 체제(system)와 집단적 영향력(influential power)이 아니라 주어진 신앙 고백을 충실한 삶으로 실현하는 하나의 점(點), 점, 점들로 역사 위에 나타나고 있음을 차분히 말해 주어 들려주고, 보여 주며 설명합니다. 그리고 지나간 역사 위에 쓰인 수많은 다른 이름들이 드러낸 존재와 생명과 삶과 신앙이 우리의 오늘을 실제로 묘사하는 진정한 필치와 채색의 방식들이어야 함을 이 책은 찬찬히 확인해 줍니다. 그래서 간절히, 우리가 그들의 후예들로 불리는 것을 결코 두려워하지 말고 부끄러워하지 말자고 촉구하고 있습니다.

이 책을 일독함으로써 독자들은, 우리가 당한 오늘의 현실에서 '그러면 우리는 무엇으로 살고 어떻게 죽을 것인가?'라는 소중한 고민들을 참말로 깊이 있게 나누게 될 것이고, 보람, 감동, 결의를 갖게 될 것으로 확신합니다.

2019년 9월 25일, 『16세기 종교개혁 이전 참 교회의 역사』 초판에 추천하며 정히 부칩니다.

CONTENTS

목차

PART 3
13세기에서 루터에 이르는 개혁 교회

PART 6
거기에 카타르인들(Cathars)이 있었다!

PART 7
거기에 알비인들(Albigeois, Albigenses)이 있었다!

서두

우리 신앙 선조들의 명칭과
그 번역의 문제

다만 '익숙함'이라는 것이 '경험칙'이란 근거 위에서 아무 비판 없이 '사실' 또는 '진실'로 수용되어 버리는 경향은 인문학의 모든 분야에서 확인된다. 심지어 이런 경향을 역사에 관련된 진술이나 서술에서도 자주 보게 되는데, 어떤 사건의 타이틀(title)이나 인명, 역사적 사실의 주체들과 관련한 호칭에서도 반복되면서 그 대상에 편견과 선입견을 부여하는 경우조차 허다하다. 어떤 용어들은 이러한 편견으로 덧입혀졌음에도 당당한 명제(命題) 혹은 정의(定議)로 역할하기도 하는데, 독자들에게 주어진 이런 선입견들은 원천적인 혼란을 유발하여 결국 독자들이 진정한 역사적 사실에 천착하지 못하도록 호도한다.

이제부터 살펴보려는 우리의 주제들 즉, '발도파'(Vaudois, Waldensians), '알비파'(Albigeois, Albigenses), '바울파'(Paulicians, Paulicans)라 불러 왔던 '우리의 신앙 선조들'의 역사를 서술하려는 경우에도, 이 점은 가장 우선적으로 검토되고 정리되어야 한다는 것이 필자의 의견이다. 특별히 '우리말로 번역되는 과정에서 더욱 덧입혀지는 오해와 곡해의 요인들'이 관련 번역서나 저작물과 같은 출판물들에서뿐만 아니라 역사적 사실에 대한 깊은 고려나 정확한 이해가 없는 강의나 논의, 기사에서도 재생산되는 현상들을 직시하면서, 이런 명칭이나 용어들에서 비롯된 개념상의 왜곡들을 바로잡는 것이야말로 가장 우선적인 과제임을 절감하게 된다.

명칭 왜곡의 원인들

우선 우리가 살펴보아야 할 가장 결정적인 사항 하나는 '–파'라는 번역 용어 (접미사)에 관한 것이다. 우리가 논의하려는 각 시대 역사 주체들에 대한 호칭들에는 마치 어떤 통일된 형식이라도 만들어 보려는 듯 접미사 '–파'를 붙여 번역한 예를 지적하려는 것이다.

당연한 사실이지만 그 명칭들 중에는 로마 교회가 의도를 가지고 '파당', '분파' 혹은 '이단 종파'라는 의미를 부여하고자 의도적으로 만들어 붙인 경우가 다분하였다. 후대에 붙여진 명칭들 중에서도 그 기원이나 어원을 보면 처음부터 왜곡된 의미가 함의되었던 경우들이 다수 보인다. 물론 초기 선교 역사에서 안디옥 (Syrian Antioch)의 제자들에게 붙여졌던 '그리스도인'이라는 명칭(행 11:26)처럼 원래의 의도와는 달리 부정적인 의도가 도치(倒置)되어, 그 명칭을 긍정적이고 '기쁘게' 수용하는 경우도 있긴 하지만, 그렇다고 해서 우리의 (한국어) 번역들이 그 원래 의미들을 제대로 짚어서 이를 복구하고, 번역 과정에서 이를 반영했을 것으로 기대하는 것은 처음부터 불가능한 일이었다.

게다가 우리말로 번역할 때 상황을 악화시킨 결정적인 이유가 또 있었다. 중국 '사대'(事大)라는 생래적 결점은 '당파'와 '당쟁'이라는 독특한 정치 형태와 관련하여 일부 부정적 개념을 만들어 냈는데, 불행하게도 그것이 일제(日帝)의 악랄한 의도가 담긴 식민사관(植民史觀)에 따라서 그것(–파)의 부정적 의미가 극대화되어 버렸고, 그 부정적 용어(–파)와 그 핵심 요소를 우리 교회사의 번역에 무분별하게 차용해 버린 점이다. 이로써 서구 교회 역사에서 있었던 현상과 사실들을 한층 더 왜곡한 번역이 순식간에 우리 모두의 손에 교과서처럼 들려 버렸다.

이리하여 당연히 그 명칭(–파)은 원래적 의미를 제대로 전달하지 못했고, 심지어 소수(小數) 즉 '마이너리티'(minority) 됨 그 자체가 '불의', '부정', '실패'로 여겨지게 만듦으로써 우리가 역사적 사실을 바르게 인식하거나 역사 인식을 바로잡거나 역사적 사실을 정확하게 확인하는 데 애초부터 결정적인 방해와 '선입견'을 전제하는 패착이 되고 있다. 그러므로 아프지만 우리가 바로 잡지 않으면 안 되는 중대한 숙제가 되었다.

이런 사실들을 좀 더 상술해 보자면, 우리가 교회사에서 보는 명칭들, 예를 들어 '아리우스파', '에비온파', '네스토리우스파'와 같은 용어들을 보면서 그 정확한 의미나 주체에 대한 파악이 이루어지기도 전에 이미, 그들을 건전하고 정상적인 주류 세력에 반발하여 뛰쳐나간 비협조적 집단 또는 정파적 이유로 주류 세력을 견제하고 음해하려는 의도를 가졌던 다른 종류의 세력으로 치부하여 그들에게 '파벌', '파당', '분파', 심지어는 '이단'이라는 뉘앙스를 그대로 입혀서 내놓았음을 들여다 볼 수가 있다.

편견이 섞인 명칭들의 역사적 오용

지극히 당연한 사실이지만 대부분의 경우, 이 호칭들은 그들 스스로가 자기 정체성을 드러내기 위하여 사용한 것이 aaa아니라, 그들을 제거할 의도를 가진 로마 교회가 처음부터 이들을 이단 세력으로 단정하고 추격 추포하기 위해 조직한 종교재판소(Inquisition)라는 조직이 주로 명명(命名)한 것이다. 그리고 이 집단이 애초부터 편견과 악의를 가지고 그들을 예단했고, 그들의 재판, 추포, 정죄 과정을 이 명명의 유례로 삼고 있다는 사실이 명칭 왜곡이라는 비극의 시작이었다. 그래서 그 명칭들에는 다분히 그들을 냉소하고 비하하며 힐난하는 로마 교회의 관점이 반영되어 있고, 그들과 관련된 역사를 기술, 묘사, 평가, 확산하는 모든 과정에 로마 교회가 그 명칭들을 통하여 부여한 선제적 편견이 이미 그리고 지속적으로 작용하고 있다. 그리하여 이는 자연스럽게 하나의 프레임(frame)을 만들어 냈다.

이렇게 만들어진 개념들이 오랫동안 소위 '역사 자료'의 자격을 입고 역사 서술의 표면에 노출되며, 그들을 보는 역사적 관점이나 그들과 관련한 사료들에 대한 역사관(歷史觀)과 무관하게 역사적 '근거'라는 자리에서 군림하게 되었다. 그리하여 심지어는, 역사 기술을 담당한 대부분의 후대 기록자들이 '1차 자료들'로 인식하고 인용한 자료들조차도 이처럼 '로마 교회가 엮어 낸 역사 자료'의 가시적 범위(spectrum)를 벗어나지 못했고, 로마 교회는 이 왜곡된 관점을 개선하거나 재고할 기회까지도 원천적으로 봉쇄했으며, 결국 저들이 의도한 역사 기술(記述)과 해석을 반복할 수밖에 없는 순환(cycle)에 갇혀 버리게 되었다.

　　로마 교회의 역사 조작을 보게 하는 이 중요한 순환 구조(frame cycle)를 보게 되는 것이야말로 우리 교회 역사의 거의 대부분을 재고하고 직시하게 하는 열쇠(key)가 된다. 독자들 누구라도 이러한 시선을 갖게 된다면, 각 시대의 역사 사실과 그 서술들에서 이런 조작된 순환 구조의 증거들을 찾아내는 것은 개울가에서 주먹돌 모으기만큼 쉬운 일이 될 것이다. 자, 다시 원래의 논의로 돌아가 보자.

로마 교회의 역사 조작 공식(inventive formula)

　　이러한 이유로 결국, 이 왜곡된 카테고리(category)에 한 번 묶여 버리면, 상당한 역사적 사실들은 그 정확한 의미, 연원(淵源), 이들의 정체성에 대한 접근, 이에 대한 적절한 검토와 이해를 따져볼 기회조차 박탈당하게 된다. 신앙적 신학적 토대의 역사적 공정성을 고려하기도 전에, 이 박해받은 자들이 쫓기듯 취할 수밖에 없는 필요 이상의 방어적 자세(Posture)가 보는 사람들로 하여금 그들이 객관성을 상실한 채 편협하고 억지스러운 주장을 펴는 것처럼 보이게 만들어서 그들은 안타깝고도 불공정한 처지에 서게 되고 마는 것이다.

　　그러므로 사실을 말하자면, 이런 부당한 순환은 결코 박해당한 자들의 선천적 피해 의식이나 방어적 습성 따위에서 생긴 것이 아니다. 한 걸음만 물러서서 보면 이러한 상황은 오히려 박해자들이 악의적으로 만들어 낸 불공정한 프레임 때문에 생긴 것이다. 이처럼 분명한 역사 사실에도 불구하고, 한 번 기록된 역사가 활자화되고, 나름의 서술 형식과 체재를 가지고 설명이 이루어져 제대로 받아들여지고 나면, 그냥 그 상황은 완전히 거꾸로 흐르게 된다. 그래서 급기야 거꾸로 보아야 하는 역사가 켜켜이 생겨나게 되어 버리는 것이다.

　　이런 왜곡을 반복하여 공부하는 과정에서 우리 속에 뙈리 틀게 되는 안일함과 편리함은 이제 전혀 새로운 차원의 관성을 확보함으로, 적절하고 정확한 역사적 사실을 확인하고 이를 복구하며 수정하는 일을 위해 일어설 의지조차 갖지 못하게 만들기도 한다.

그렇다면 우리 독자들, 그리고 지나간 시대의 어그러진 역사를 바로잡고자 하는 우리 후대들은 이런 교묘한 편견을 제거할 명백한 역사적 사실들을 직시하도록 노력할 뿐 아니라 이를 확정해 낼 증거들을 찾아야 한다. 그래서 이런 증거들을 찾아 제시하고, 관련된 증언들을 모으며, 각 사실들과 역사적 요소들을 연결하는 확실한 고리들을 확보하는 데 우리가 할 수 있는 최선의 노력을 기울여야 한다. 바로 이것이 지금 우리가 진행하는 연구의 기본 임무이다.

이런 현상들을 전망하게 하는 가장 쉽고 간단한 방법이 있다. 우리가 다루게 되는 이들, 즉 각 시대의 역사적 주체들의 명칭들을 영어 표기(writing in English versions) 형태로 살펴보는 것이다. 여기 통용되는 명칭들의 영어 표기들을 보면, 종교재판소에서 이들을 칭할 때 수식어로 항상 따라다녔던 '이단' 혹은 '파당'이라는 의미를 처음부터 제거하고 편견이 들어가 있지 않은 고유 명사로 표현하려 노력하고 있음이 분명하게 드러난다. 즉, '발도인들', '바울인들', '알비인들', '카타르인들', 이처럼 단순하면서도 공정한 명칭을 항상 고수하려 애쓴다.

우리말로 번역할 때 더욱 잊지 않아야 할 균형

그런데 우리말이 가진 용법의 일반적 현실을 말하자면, 사실 우리 민족과 사회, 언어의 용례는 번역할 때 훨씬 더 예의 바르다. 잘 알지 못하는 상대에 대해서는 일단 가능한 더 우호적으로 대하는 것이 우리말의 쓰임새다.

예를 들어서, 원래 이름에서는 눈을 씻고 보아도 찾을 수 없음에도 존경의 의미를 담아 접미사 '–님'을 붙여서 사람의 몸을 입고 세상에 오신 '임마누엘'의 땅 위에서의 이름 '예수'(Jesus)를 세상 천지에 없는 호칭 '예수님'으로 번역하고, 그렇게 부르는 것을 '기본'으로 받아들이는 언어가 바로 우리말이다. 한국 교회는 이런 민족성과 언어 전통 위에 토착해 있다. 우리가 믿는 하나님에 대한 호칭 자체만 가지고 말한다면, '하나님'과 '예수님'처럼 최선을 다하여 예의를 다하는 경우가 세상 천지에 또 어디 있겠는가?

그러므로 우리는 교회사 속의 대상들과 주체들을 다룰 때, 이들이 처한 역사적 현실들과 사실들을 검토하고 논의하며, 이들의 신앙적 정체성을 새롭게 판단하기 이전에, 우선적으로 정리하고 시작해야 할 중요한 점이 있음을 다시 한 번 확인한다.

그런데 왜 유독 우리는 그동안 우리 신앙 선조들을 가리키는 명칭들에 대해서는 아무런 비판이나 고려 없이 여과도 하지 않고, 그저 로마 교회와 그들이 부리는 역사가들의 의도를 그대로 반영하는 칭호들을 무분별하게 써 왔을까? 지금도 전혀 문제의식이 없이 그런 호칭으로 글을 쓰고 저술하며 강의하고 있는 안타까운 이 현실을 우리는 어떻게 설명해야 할까?

그래서 이제 우리부터라도 이 선조들을 가리키는 명칭들을 명사형과 형용사형의 용례를 따라 필요한 만큼 편견 없이 정의하고 정리하여 어느 선까지 결정해 놓고, 우리의 논의를 시작하는 것이 당연하고 적절하며 옳다고 보기에 책머리에서 강조한다.

'위그노'와 '발도 사람들'

용어를 정의하기 이전에 발도인들은 그들 스스로를 어떻게 칭하였는지를 살펴보자.

피에르 발도는 리옹에서 개혁주의 신앙을 표명하고 이 신앙을 전파하기 시작했는데, 부유한 교회와 자신들을 대조하며 스스로를 '리옹의 가난한 사람들'(Pauvres de Lyon)이라 불렀다. 심지어 로마 교회 내 일부 단체들까지도 이들을 부를 때에 '가난한 사람들'이라는 용어를 사용했음이 기록으로 나타나기도 한다. 소위 '카타르파'라 불렸던 이들도 스스로를 '그리스도인' 혹은 '선한 그리스도인'(bons-hommes, good Christians)이라 불렀는데, 그 호칭에서도 교회를 분열시키는 분파나 파당을 의미하는 요소, 혹은 그런 자의식을 찾아볼 수가 없다. 다만 이들은 오로지 어느 지역의 사람, 어느 지도자에게 소속된 사람, 혹은 그런 그룹에 속한 회원 정도의 의미로 자신들을 인식하여 부르고 있었을 따름이다.

이미 알려진 바와 같이 '위그노'(Huguenot)라는 명칭은 '위공'(Hugon), 즉 밤중에만 활동하는 전설 속 악한 왕의 이름에서 유래했고, '늑대인간' 혹은 '도깨비' 정도로 이해되는 의미를 포함하고 있는데, 시간이 지나면서 이런 부정적 이미지가 담겨 있던 '위그노'라는 명칭을 프랑스 개혁주의자들 스스로 '핍박의 영광스러운 증거'로 수용하게 된다. 하지만 그렇다고 하여 우리가 우리말로 번역할 때 '위그노파'라고 지칭하는 것을 당연시해도 되는 것일까? 우리말로 번역된 위그노'파' 가 과연 이러한 역사적 유래와 의미 변화를 절묘하게 반영한다고 보아도 될까? 이런 점은 다시 한 번 깊이 생각해 보아야 할 것이다.

'발도파'라는 이름 역시 동일한 관점에서 볼 수 있다. 이 이름은 처음에 '마녀'(Sorcière, witch)의 의미에 불과한 부정적인 명칭 즉, '마녀라 불린 이단 그리스도인'이라는 뜻을 갖고 있었지만, 훗날 발도 개혁자들도 이 단어를 자랑스러운 의미의 순교자적 호칭으로 수용하였다. 그렇다면 우리는 이제 프랑스의 위대한 선조 신앙인들을 '위그노파'가 아닌 '위그노'로 칭하는 것처럼, '발도파'에 대하여서도 '-파'가 아닌 '발도인들', '발도 사람들', '발도 개혁자들', '발도라 불린 그리스도인'(로마 교회 교인과 구분된 용어) 등의 명칭으로 적절하게 정의해야 할 것이다.

'발도인들'이 유럽 어느 지역으로 진출하여 복음을 전하고 성경으로 진리의 말씀들을 깨우쳐 개혁 교회 신자들이 발생하게 된 경우에는, 그들은 그 어느 때에도 어떤 의도를 가지고 그들이 소속된 교파 혹은 종파의 색채를 드러내려 하지 않았다. 결코 동일한 성격이나 유전자(DNA)를 가진 종파, 또는 인위적인 연합의 의미로, 그리고 이러한 원류에 종속된 후속 집단이라는 의미로 '발도'라는 이름을 사용하지 않았다.

당연한 이야기겠지만, 이런 사실의 밑바탕에는 기초적으로 성경적 신앙과 실제적 실천 자세가 엄존하고 있었다. 의도적인 계서(階序) 제도로 사제와 평신도(일반 성도)를 구분하거나 여러 계급 단계들을 가지고 교회 안 사람들을 구별시키던 일을 당연시하던 로마 교회와는 달리, 이들은 그리스도의 생명에 잇댄 모든 그리스도인들 은 항상 동등하며, 동일한 그리스도의 몸에 속한 지체라는 사실을 처음부터, 아주 철저히 이해하고 있었기 때문이다.

발도인들의 경우, 어떤 특정한 지역의 '발도 그리스도인'들을 지칭할 때, 보통 현지에 파송된 설교자들의 이름을 따라 명명하기도 하였다. 가령, '베렌가리우스인들'(Berengarians), '롤라드인들'(Lollards)과 같이 그 갈래들을 구별하여 불렀던 것이다. 하지만 어떤 특정할 만한 지도자가 없이 형성된 개혁 교회의 경우에는 지역 이름을 따라 '피카르디 지역의 그리스도인들'(Picardis), '알비 지역 사람들'(Albigeois)과 같은 명칭을 부여하여 구분하곤 하였다.

우리는 우리의 소중한 선조 개혁자들을 지칭할 때, 우리 먼저 파당성이나 이단성의 선입견을 부가하는 실수를 범해서는 결코 아니 될 것이다. 의도를 가진 기술(記述)이나 역사 서술(敍述)에 말려들어 유도를 당했든, 혹은 무의식적으로 함몰되어 있든, 지난 세월 동안 왜곡되고 오용된 명칭들이 우리 세대 이후로는 더 이상 관련된 개념들을 지배하거나 주도적으로 혼돈을 야기하지 못하도록 우리는 경계하여야 한다. 바르고 적절한 개념을 가진 명칭들을 사용하는 것에서부터 우리의 '바로잡기' 작업은 시작되고 진척된다는 사실을 잊지 않아야 하겠다.

발도파는 발도인(들),

알비파는 알비인(들),

바울파는 바울인(들),

롤라드파(Lollards)는 롤라드인(들),

피카르디파(Picardis)는 피카르디인(들),

레오니스트(Leonist)는 레옹(리옹)인(들),

조비니안니스트(Jovinianist)는 조비니안인(들),

베렌가리우스파(Berengarians)는 베렌가리우스인(들),

페트로브뤼시앙파(Pétrobrusiens)는 페트로브뤼인(들),

앙리파(Henricians)는 앙리인(들),

겸손파(Humiliati, umiliati)는 겸손인(들),

파타린파(Patarin, Patarini, Chiffonnier)는 파타린인(들),

아르노디스트(Arnoldists)는 아르노인(들),

에스페롱파(Esperouists)는 에스페롱인(들),

조제프파(Josephists)는 조제프인(들),

후스파(Hussites)는 후스인(들),

타보르파(Taborites)는 타보르인(들),

루터파(Lutheran)는 루터인(들),

칼뱅파(Calvinist)는 칼뱅인(들)

등으로 부르는 것이 적절하다고 판단하여 이를 정중히 제안하고, 세계 기독
교회사를 기술할 때 우리는 이 책에서부터 이 명칭들을 사용하는 실례를 만들어
나가려고 한다.

도입
재고(再考)의 절실한 필요

1. 발도, 알비, 카타르!!

우리 가운데 아무도 모르는 이가 없는 히브리서의 한 본문에는 천상에 펼쳐지는 그 나라의 현장 상황이 그려진다. 두툼하게 솟아 있어 어느 각도에서나 다 잘 보이는 강변 언덕 위에 부활하신 주님과 함께 둘러서 있는 엄청난 규모의 군중들을 묘사해 놓은 장면! 거기 둘러선 이들의 숫자는 가히 어느 세계 경기장에 모인 관중에 비할 바가 아니다. 그래서 그들을 그저 '구름같이' 모여 있다고 썼다. 이루 헤아릴 수도 없는 수의 무리가 거기 둘러서 있다.

그런데 이들은 누구인가? 이들은 무엇을 하다가 하늘에 이르렀으며, 지금 어떻게 그 엄청난 수의 군중이 되어 자신들의 주님을 모시고 둘러서 있는가? 그들이 누구인지를 대충 기록해 놓은 설명문과 땅 위에 남긴 그들의 흔적을 열거한 리스트에는 언뜻 이런 내용들이 눈에 띄어 가슴이 뜨끔하다.

그들은 믿음으로 나라들을 이기기도 하며, 의를 행하기도 하며, 약속을 받기도 하며, 사자들의 입을 막기도 하며, 불의 세력을 멸하기도 하며, 칼날을 피하기도 하며, 연약한 가운데서 강하게 되기도 하며, 전쟁에 용감하게 되어 이방 사람들의 진을 물리치기도 하며, 여자들은 자기의 죽은 자들을 부활로 받아들이기도 하며, 또 어떤 이들은 더 좋은 부활을 얻고자 하여 심한 고문을 받되 구차히 풀려나기를 원하지 아니하였으며, 또 어떤 이들은 조롱과 채찍질뿐 아니라 결박과 옥에 갇히는 시련도 받았으며, 돌로 치는 것과 톱으로 켜는 것과 시험과 칼로 죽임을 당하고, 양과 염소의 가죽을 입고 유리하여 궁핍과 환난과 학대를 받았으니, (이런 사람은 세상이 감당하지 못하느니라) 그들이 광야와 산과 동굴과 토굴에 유리하였느니라(히 11:33–38).

여기서 한 가지 사실을 더 말하자면, 이들 가운데 어떤 이들은 그들의 '거룩하고 참되신 대 주재'께 이렇게 외치기도 한다.

"땅에 거하는 자들을 심판하여 우리 피를 갚아 주지 아니하시기를 어느 때까지 하시려 하나이까?"(계 6:10)

그러자 이 호소를 들으신 그들의 대 주재께서 그들에게 이렇게 대답하신다.

"아직 잠시 동안 쉬되, 그들의 동무 종들과 형제들도 자기처럼 죽임을 당하여 그 수가 차기까지 하라"(계 6:11).

그리고 그들을 설명한 약간의 말씀이 그 언저리에 붙어 있다. 그 조각을 읽어 보니 이들은 '하나님의 말씀과 그들이 가진 증거로 말미암아 죽임을 당한 영혼들'이다.

역사를 살피는 사람들이 섬뜩하게 느끼며 소스라치게 놀라게 되는 또 한 가지 엄청난 사실이 있다. 그것은 이 '하나님의 말씀과 그들이 가진 증거'를 문제 삼아 그들을 조롱하고, 채찍질하고, 결박하고, 옥에 가두고, 돌로 치고, 톱으로 켜고, 칼로 죽이고 불태웠을 뿐 아니라, 광야, 사막, 골짜기, 산악으로 몰아내어 궁핍과 환난과 학대를 겪게 하며 유리하다가 죽어 가게 만들었던 자들의 정체이다. 각 시대에 이런 강포와 포악을 행한 자들이 표명했던 종교와 신앙의 가장 많은 유형들은 결코 무슬림이 아니었다. 불교도나 무신론자들, 또는 이교도 원리주의자들이 아니었다. 거의 대부분의 가해자들, 가학자들의 이름은 놀랍게도 '그리스도교도'들이거나 '그리스도인'임을 표방하던 자들이었다.

이런 사실을 일부러 들여다보지 않으려 하고, 확인하지 않으려 하고, 읽지 않으려 하고, 또 알게 되어도 결코 믿지 않으려 한다면 어떻겠는가? 이미 편견으로 굳어져 있고, 왜곡된 지식으로 기울어진 일반인들에게 이것은 별스럽지 않게 느껴질지도 모른다. 그러나 소위 역사 즉 '교회사'를 공부한다는 이들, 심지어 '학자'와 '역사가'로 불리는 이들조차 이 무거운 역사적 사실을 확인하지도 않은 채 무관심으로 일관하는 경우가 즐비하다면 이야기는 달라진다. 로마 교회의 의도적인 왜곡과 개신교 학자들의 무비판적 수긍, 그리고 무관심의 공교로운 조화가 오늘에 이르는 비극을 초래하고 말았음을 알게 되는 것이다. 수백 수천 년 동안 이런 일은 짐짓 반복되어 왔고, 그런 왜곡 사실조차도 너무나 자주 덮고 잊히도록 몰아갔다. 실제로 저런 역사 현상들은 지금도 여전히 계속되고 있다.

'하나님의 말씀과 그들이 가진 증거' 때문에 이들에게 매겨졌던 죄목과 비방은 참으로 역설적이었다. 천편일률이라 할 만큼 서글프게도, 그 죄목들은 '이단' 아니면 '사술(邪術)', 그것도 아니면 '마녀'들이었다. 이런 것들이 교회사의 페이지마다 쓰여 있지만, 우리조차도 자주 "그들은 징벌을 받아 하나님에게 맞으며 고난을 당"했다고 여겼다(사 53:4). 신앙적 신학적 전통을 잇는다고 자부하는 후예들조차 이렇게 결정하고, 정리하고, 동의하고, 공감하고, 증언하고, 이를 목 놓아 선언하기에 이르렀다면, 그러면서도 이런 일에 가담하고 있음을 자각조차 하지 못하고 있는 것이 현실이었다면 ….

우리는 지금, 바로 이 얘기를 다시 시작하고 있다. 도무지 부인할 수 없는 사실과 증거들이 전장의 유골들처럼 즐비하게 깔려 있었지만, 수백 년 동안 지속적으로 의도적이며 계획적인 프로젝트로 말미암아 덮이고, 불태워지고, 감추어지고, 조작되었던 사실들을 다시 말해 볼 것이다. 이렇게 진행되어 온 프로파간다(propaganda)의 결과로서, 역사적 사실들은 상당 부분 성공적으로 왜곡되고 숨겨졌을 뿐 아니라 박해당하며 순교한 당사자들은 예외 없이 '마녀들', '이단 사술의 괴수들', 심지어 '마귀들'(얀 후스, 프라하의 제롬 등)로 치부되었다.

그리하여 그들이 가졌던 '하나님의 말씀과 증거들'에도 불구하고, 아프고 쓰라린 그들의 이름은 우리 열조와 선조들의 족보에는 언급조차 되지 못하였을 뿐 아니라 핏방울로 쓰인 그들의 이름들은 희미하게 탈색되어, 급기야 이단으로 정죄된 죄수들의 명단에서나 더듬어 찾아내야 할 지경에 이르고 말았다. 이런 이름들에 '발도'가 있고, '카타르'가 있으며, '알비'가 있다는 사실은, 교회사 몇 줄이나 읽었다는 이들의 숨을 콱 멈추게 한다.

정신을 가다듬고 '그것이 그런가 하여' 살피려는 약간의 노력만 한다 해도 더듬거리는 우리 손끝에 잡히는 선명한 증거의 조각들은 적잖이 다양하다. 마치 옛적 처참한 전장 어느 고지에 묻혔던 전몰장병들의 해골과 뼛조각들이 불쑥불쑥 땅거죽을 뚫고 올라오듯 교회사의 이 구석 저 구석을 비집고 솟아나온다.

자, 이제 우리는 이 증거들을 확인하고, 사실들을 당면하여 이것들을 재고하고 재해석하고 재결정하고 재정리해야 한다. 억울한 저 선조들의 원한을 풀어주려는 식의 한풀이 따위는 우리의 논점이 아니다. 다만, 이렇게라도 하지 않으면 우리의 후예들은 우리의 핏줄과 연결되어 있는 우리 선조들을 '이단과 사술의 괴수'라 부르면서, 우리 자신을 스스로 이단아와 마귀들의 졸개들로 자칭하는 끔찍한 상황에서 빠져나오게 할 수가 없다. 자손과 종족 보존을 '전통'과 '정통'의 이름으로 끔찍하게 챙겨 온 우리에게 이 일이 어찌 절박하지 않을 수 있겠는가?

2. '발도인들'(Waldenses)과 개혁 신앙인들

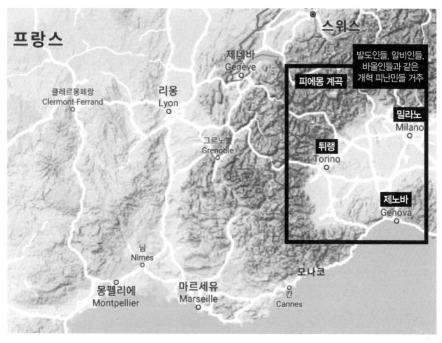

지도1: 보두아(Vaudois)의 중심 지역인 피에몽 계곡

　프랑스의 동남쪽, 그리고 이탈리아 반도의 북쪽 끝 알프스 산맥에 면하는 산악 지역인 피에몽(Piedmont, 이탈리아어로는 피에몬테 Piemonte) 계곡을 중심으로 그 일대 지역은 그동안 알려져 왔던 바와는 조금 다르게, 어느 단일한 특정 개혁 집단만의 집중 거주지가 아니었음이 확인되고 있다. 오히려 이 지역은 개혁 신앙을 가졌다는 이유만으로 로마 교회와 그 세력으로부터 핍박을 당하던 여러 지역의 개혁 교인들이 '피난처'로 알고 몰려들던 곳이었다. 이 산악으로 몰려온 개혁 교인들은 지역별로, 시기별로, 또 여러 가지 기준들과 공통성에 따라, 각각의 공동체를 형성하면서도 서로 유사하거나 공통적이거나 혹은 동일한 신앙을 제각각 유지하였다. 그리하여 그런 이들을 통칭하여 불렀던 이름이 우선 '발도인들'이었음을 알 수가 있다.

이를테면, 이 지역에는 '알비인들'(Albigeois), '바울인들'(Paulicians) 같은 구별된 이름의 공동체들도 유입되었으므로, '알비 지역 출신의 발도인들' 또는 '바울인들 계열의 발도인들'처럼 구분하여 지칭하는 것이 가능하였다. 그럼에도 상당한 기간 동안 신앙 공동체로서 교제를 나누며 함께 섞여서 특정한 지역에 조화롭게 머물 수가 있었고, 그러는 동안에도 비판적 분쟁이나 분열에 기인한 갈등, 알력이나 차별이 야기된 흔적이 없는 공동—공통의 동질, 동일한 신앙을 가지고 함께 거주하는 하나의 커다란(greater) 지역 공동체를 형성하고 있었다.

당시의 역사적 상황을 조금만 비껴서 살펴보면, 역사상 그 어느 때보다 이 시대에 종교적 신앙적 구분, 논쟁, 타협 등과 같은 첨예한 이슈를 생명과 생존을 걸고 다루었다. 이런 이유들 때문에 충돌하고 격동이 극도로 처절하던 시대였던 점을 심각히 고려하면서 이 시기, 이 지역의 상황을 바라보아야 한다.

이런 과정을 거치며 시간이 지나가는 동안, 각 그룹들이 불렸던 그 고유한 이름들은 희미해지거나 서서히 사라졌다. 그래서 로마 교회를 중심한 대적자들은 이 지역의 개혁 신앙인들을 지칭하여 '보두아'라고 부르기 시작했던 것이다. '보두아!'

이 '보두아'라는 호칭이 의미하는 바는 매우 간단하고 명료하다. '계곡에 거주하는 이단들'이라는 의미였다. 호칭 속에 그들이 거주했던 구체적인 장소의 특징들을 덧붙여서 각 그룹들을 경멸하려고 했음이 강하게 나타나 있었음은 두말할 필요가 없다. 그러나 이 지역의 개혁 신앙인들은 시(詩) 형식으로 그들 자신의 신앙 고백과 신앙 활동 규정집이라 할 책을 만들었는데, 그 제목이 '고귀한 교훈'(La Noble leçon, 1100년)이다. 이 책에서 그들은 자신들의 정체성을 이렇게 분명히 밝히고 있다.

'예수 그리스도를 사랑하고 그분의 명령을 지키는 사람들로서 고난 받는 그리스도인들은 모두가 보두아이다.'

즉, 대적들이 힐난하기 위해 붙인 이름을 취하여, 그들 '참된 그리스도인들'은 스스로 '보두아'라 불리는 것을 감수하겠다고 밝힌 것이다. 그리고 나서, 이곳으로부터 전파된 개혁 신앙을 수용한 전(全) 유럽의 개혁 신앙인들에게 자연스럽게 '발도인들'(Valdenses 혹은 Waldenses)이라는 명칭이 부여되는 데는 그리 긴 시간이 걸리지 않았다. 그리하여 이런 발도인들이 자리를 잡고 공동체를 형성하여 머물게 된 지역들의 본래 지명들을 따라 이제는 '알비인들', 혹은 '툴루즈인들', 또는 '피카르디인들' 등의 다른 이름들로 다시 분화되어 불리기 시작하였던 것이다.

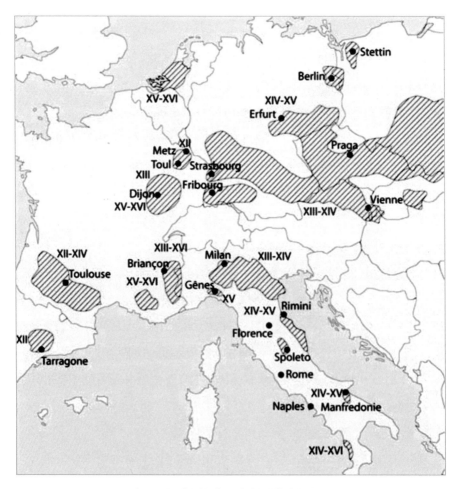

지도2: 발도인들의 복음 증거를 통해 확장된 지역들

3. '알비인들'(Albigeois)과 개혁 신앙인들

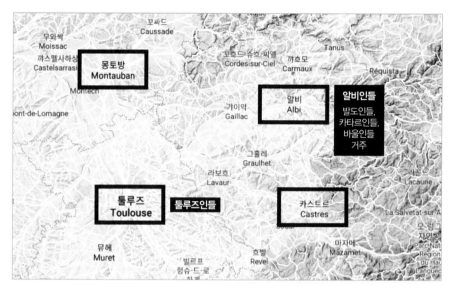

지도3: 중세 시대와 오늘날 프랑스 개혁 교회 중심 지역들

일반적으로 교회사에서 예외 없이 이단으로 정리하고 통칭하는 '카타르인들'과 관련해서도 종래 역사가들의 정의(定義)에는 심각한 결함들이 보인다. 일단, '카타르인들'이라는 이름 자체가 어떤 지역에 실재했던 어느 특정 공동체나 집단만을 지칭하지 않는다는 사실을 직시해야 한다.

중세 로마 교회가 어떤 그룹이나 종파의 무리를 마니교적 성격을 띤 이단 집단으로 단정할 때에 부르던 일반적 명칭이 바로 '카타르'였음을 기억해야 한다. 이 사실은 매우 중요하다. 이것을 간단명료하게 정리하자면, '카타르=마니교적 이단'이라는 등식으로 '카타르'를 정의했다는 말이다. 그런데 이처럼 일반적 의미를 가진 명칭 '카타르'를 어느 시기, 어느 지역의 신앙 그룹에 특정하여 사용하는 중대하고도 치명적인 혼동을 조장한 것이다. 그 결과로서 지금 우리는 이 '카타르'를 어떤 의미로 써야 하는지를 잘못 정리하게 되었고, 그만 온통 다 섞어서 써 버리는 안타까운 혼란에 빠져 버렸다.

또 로마 교회가 구태여 '마니교적' 이단이라는 말로 지칭한 것에도 분명한 의도가 담겨 있다. 이들이 아리우스(Arius) 이단을 정죄한 것처럼 삼위일체나 그리스도의 성육신을 부인하는 교리적 이단으로 정죄하려고 한 것이 아니라, 고대 동방의 영지주의나 이교도들의 이원론에 근거하여 물질을 창조한 하나님을 악으로 전제하는, 도무지 재고의 여지나 타협과 용납의 가능성이 없는 집단으로 정죄하고자 하는 의도가 다분히 포함되어 있었던 것이다.

자, 이 혼동이 어디서 비롯된 것인지, 누가 어떤 의도로 이 혼동을 야기하였는지를 꼭 밝히고 지나가야 한다. 이미 연구된 내용만 가지고서도 이를 어렵지 않게 밝혀낼 수가 있다. 그리고 이를 반듯하게 정리하여야 여기서부터 더 나아가는 연구에 분명함과 명료함을 확보할 수가 있게 된다. 지금 이를 정리해야만 한다. 12세기와 13세기에 '개혁 신앙인들'을 지칭하기 위하여 사용된 어휘들은 상당히 다양하다. 이 시점에서 이를 아는 것과 이를 바르게 정리하는 일이 반드시 필요하다는 말이다.

당시 제국의 칙령과 로마 교회 공의회에서 발견되는 다양한 이름들이, 실제로는 동일한 견해를 가진 하나의 당사자들을 가리키는 다른 표현이었다. 그것들 가운데에서 어떤 특정 그룹의 사람들 다수가 종사했던 직업, 혹은 그들이 주로 거주했던 장소, 또는 그들의 삶이 보여 주는 어떤 특질에 따라 각각 특별한 이름으로 지칭했음을 어렵지 않게 볼 수 있다. 예를 들면, 그들은 이탈리아에서 '카타리'(Cathari) 혹은 '퓨르'(Pure, Purs)라는 이름들로 불렸다. 이런 경우 '카타리'는 당시의 일반 로마 교회 교인들과 대조하며 '순수한 신앙인', '참 그리스도인'이라는 의미를 강조하여 쓸 때 차용하던 명칭이었다. 그러니까 여기서 사용되었던 '카타르인들'이라는 이름은 로마 교회가 특정하는 그 '이단 카타르'만을 지칭하는 것이 아니었다는 말이다.

더욱 중요한 사실은, 때로 이 '카타르'가 '개인적으로는 정결한 삶을 추구하고 교회적으로는 거룩함과 순수함을 추구했던 무리들과 공동체'를 지칭하던 이름이었다는 점이다. 어떤 경우는 그들의 겸손한 태도가 너무나 인상적이었던 나머지, 당대의 일부 로마 교인들조차 그들을 휴밀리아티(Humiliati), 즉 '겸손인들'이라고 불렀다는 것이다.

자주 '발도인들' 혹은 '알비인들'이라고 불렸던 공동체에 속하는 사람들 가운데, 아르노 브레시아(Arnoldo de Brescia)의 추종자들은 '아르노인들'(Arnoldists)이라 부르기도 하였고, 스페롱(Speron, 혹은 Esperon)의 추종자들은 '스페롱인들'(Speronistce, 혹은 Esperouists)로 불렸으며, 그들 공동체들이 정착해 있던 거주 지역 혹은 주요 거점 도시의 이름을 따라 가라텐인들(Garatenses), 알바인들(Albanenses), 바그노롤리인들(Bagnoroli), 롱카롤리인들(Roncaroli), 콘코레초인들(Concorrezenses) 등으로 부르기도 했다.

인자바타티(Inzabatati)는 그룹을 형성한 사람들 가운데 많은 수의 사람들이 하층 계급에 속하였거나 나막신(sabots) 또는 나무 신발을 신었기 때문에 붙여진 이름이었고, 자신들이 가진 성경적 신앙 때문에 그리고 '성인의 날들'을 거부하며 오직 주일(Sabbath as the Lord's day)만을 교회의 축일로 여겼기 때문에 붙여진 이름이었는데, '주일지킴이들'(Sabbathmen)이라고도 불렸다. 필자의 추측으로는 우리나라에서도 '안식일'과 '주일'이라는 다른 표현이 거의 동일한 의미로 표현된 적이 있었던 것처럼 두 개념이 정확히 구분되어 사용되지 않았던 이유로 '안식일파'라고 불린 듯하다.

남부 프랑스에 살던 사람들은 종종 직조(織造) 직업을 가진 이들을 부를 때에 텍스랑츠(Texerants), 혹은 베버즈(Weavers)로 불렀는데, 이처럼 어떤 공동체에 다수의 사람들이 동일한 직종에 종사한 때에 이 직업을 대명사화하여 그들을 대표하는 이름으로 부르기도 했다. 직업에 따라 공동체의 이름을 붙여 준 경우이다. 이렇게 지칭된 이름들과 또 다른 명칭들은 이탈리아나 프랑스, 독일, 스페인 그리고 플랑드르에서 공통적으로 발견되는데, 대체로 종교적 견해와 관습이 상당한(substantially) 정도로 일치하던 사람들에게 이런 명칭들이 붙여지곤 했다. 이들에 대하여 '상당한'이라고 표현하는 것은 모든 부분에서 완전히 서로 동의했다고는 확정할 수가 없기 때문이다.

그들 가운데는 신학적 교리적 해석에서 상당한 다양성이 존재하였지만, 적어도 복음의 본질적 진리에 관하여 완벽하게 일치하였다는 사실은 얼마든지 확인할 수가 있다. 사소한 것, 어떤 특정 사상들에 관하여 약간의 차이가 발견되고 있는 점은 오늘날 우리 교회 안에서도 볼 수 있는 현상들과 거의 다르지 않다. 그러나 이런 약간의 차이들과 이견들에도 불구하고 특별하고도 분명한 사실 한 가지는, 교황과 로마 교회 교권의 사악함과 가증함에 반대하는 입장에는 결코 흐트러짐 없이 일사불란한 일치를 견지하였다는 점이다. 그들 개혁 신앙인들은 너 나할 것 없이 로마 교황을 '적그리스도'로 여겼고, 로마 교회는 계시록에 나오는 바그 '바벨론', '땅의 음녀들', '가증한 것들의 어미'(계17:5)라고 믿었다.

그리고 그들의 유산에서 공통적으로 보이는 신앙의 핵심들을 열거할 수가 있다. 당대 교회는 교세의 확장을 위해 이교도들에게도 별 절차 없이 세례를 주고 교회 구성원으로 받아들인 것과는 달리, '참 교회'는 오직 '신자들'로만 구성된다고 주장하였다. 12세기에 들어오면서는 성경을 당시 자신들이 쓰던 현대어로 번역하여 많은 사람이 하나님의 놀라운 일들을 읽을 수 있도록 최선을 다하여 노력을 경주하였다. 그들은 하나님의 말씀을 계속해서 읽고 공부하므로, 많은 이들이 성경의 여러 부분을 암기하였고, 그 말씀의 진리들을 설명함에 능숙하였다. 그리고 성경에서 적절하게 본문을 인용하여 신조와 신앙을 변호하였다.

성수를 뿌리는 일이나 향을 쓰는 일, 성상 앞에 무릎을 꿇거나 종을 울리거나 하는 로마 교회의 예식들을 하나같이 조롱하고 외면하였다. 그들은 주교들의 권위, 사제들 사이의 수많은 계급 구분, 과장된 교회 명칭의 합법성을 부인하였다. 사제들의 착복에 활용된 십일조 혹은 교회와 수도원 확장을 위한 기부, 교회에 대한 유산 증여를 반대했다. 공의회를 거부했다. 성화상과 성유물 숭배를 몹시 싫어하여 경멸하였고, 화체설(transubstantiation)을 믿지 않았다. 그들은 사제들에게 죄를 고백하지 않았으며 죄 고백은 하나님께 직접 해야만 한다고 믿었다. 여러 가지 미신적인 의식을 조롱하였고 연옥을 우화로 여겼다.

이들을 로마 교회가 어찌 이단으로 정죄하지 않을 수 있었겠는가? 그렇다면 이 정도에서 우리는 이미 놀라운 사실 하나를 정리하게 된다. '카타르인들'이라는 명칭은 어떤 특정 이단을 가리키지 않는다. 오히려 '카타르인들'이라는 명칭은 그러니까, 순수한 교회와 순전한 신앙을 추구했던 개혁 신앙인들을 통칭하여 부를 때에 로마 교회가 사용했던 그들의 이디엄(idium), 그들이 의도를 가지고 불렀던 것이다.

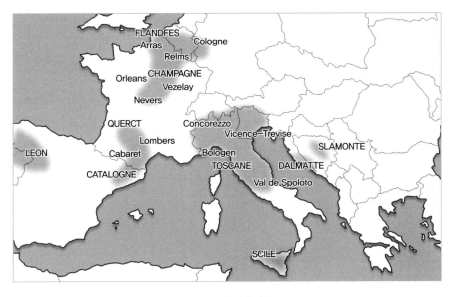

지도4: 카타르인들의 유럽 분포도

위의 지도는 유럽 전역에 산재하고 있었던 카타르인들의 분포를 보여 주고 있다. 그런데 아주 보라는 듯이 정확하게, 이 지역들은 주요 개혁주의자들이 활동한 지역들, 피에몽을 비롯한 '발도인들의 지역'에 그대로 오버랩 되고 있다. 이것은 대체 무슨 뜻일까?

둘 중에 하나다. 이는 '우리의 개혁자 선배들이 열심히 이단 신앙을 퍼뜨리고 다녔다'라는 말이거나 '그들은 언제나 어떤 심각한 허점을 보이면서 활동하였으므로 그들이 가는 곳마다 이단들이 쫓아와서 자기들의 색깔을 덧입히고 다녔다'라는 말이 된다. '학문', '역사학', '역사관' 따위를 논할 필요도 없이, 그저 "그 놈이 그 놈이다"라는 식의 상식만으로 설명하더라도 이 얘기의 끝은 너무나 분명해져 있다. 그럼에도 불구하고 로마 교회와 역사가들이 주장하는 것처럼 '카타르인들은 곧 이단이다'라는 로마 교회의 의도 짙은 프레임이 적어도 지금까지는 꽤 먹혀들었다. 좀 가엾고도 처참한 이야기이기는 하지만, 완전히 이 프레임에 말려들고 잡혀 먹힌 채 오늘 개신교 교회 역사가들 거의 대부분이 '카타르인들'을 언급하게 되면, 곧바로 개혁적 신앙 경향을 띠면서 '어떤 개신교 세력의 주변에 있었던 거대 이단 집단' 정도로 정의하고, 현대에도 어떤 지역에 존속하고 있는 비슷한 이름의 이단 종파와 동일시해 버리는 우스꽝스러운 상황에 빠져 있다. 역사상의 한 '명칭'을 잘못 이해한 오류와 그릇된 사용에 의도된 혼탁의 결과가 뒤섞여서 일으킨 왜곡의 결과적 현실이다.

역사를 서술하면서 어떤 자료를 1차 자료로 삼느냐에 따라 그 견해는 상당히 달라질 수 있고 심지어 극단적으로 다른 결과를 보일 수도 있다. 개신교가 중심이 되는 '참 교회사'를 서술함에 있어 필자가 가장 안타깝게 여기는 우리의 현실은, 루터 이전 선조 개혁자들을 언급하면서 그 바탕으로 삼는 역사 자료들의 거의 대부분이 로마 교회의 교회사 혹은 로마 교회 진영 역사가들의 주장을 바탕으로 하고 있다는 역설이다. 이것은 실로, 위안부 문제를 다루면서 그 역사의 현장에 있었던 희생자들의 자체 증언들을 사료에서 짐짓 제외시켜 버리고, 일본 사학자들의 연구 자료에 근거하여 결론을 얻어 보겠다고 우기는 것 같은 처신에 다름 아니다.

이렇게 정리된 역사를 따르면 우리 개신교회는 사도적 교회와는 전혀 무관한 이단적 교회로 귀결될 수밖에 없다. 물론 이는 초기 그리스도교 교회의 신앙고백서를 작성했던 초기 공의회들 이전 시기와 세력상의 주류 교회가 위치하는 시대의 연결 흐름을 감안하자면, 결국 무리를 해서라도 '오늘날의 로마 교회 이전의 로마 교회'와 공존하며 평행하는 일정 부분 역사의 공유를 인정해야 한다는 사실, 그리고 이를 완전히 회피하고서는 결코 사도적 교회에 도달할 수 없다는 역사적 한계가 우리 교회사에 주어져 있기는 하다.

그런데 필립 샤프는 이런 한계성을 참 교회의 역사를 통찰하는 관점에서 제한적으로 사용하는 것이 아니라 이를 아예 교회사 서술의 시작과 진행의 기본적인 전제로 보고 있다. 그는 천연덕스럽게 로마 교회가 교회사의 본류(本流)이고 개신교회는 그 본류에서 빠져나온 지류(支流)에 지나지 않는다는 관점을 자기 역사관의 근본 시각으로 견지하게 된 것이다.

한 예를 들면, '알비인들'의 역사를 서술하면서 가장 우선적으로 언급해야 하는 사실은 '알비인들의 교회가 스스로 어떻게 신앙을 고백하고 있고, 개혁 교회와의 관계에서 스스로를 어떻게 진술하고 있느냐'임에도 불구하고, 필립 샤프를 비롯하여 로마 교회의 시각에 경도된 여러 교회사가들은 알비인들의 견해 자체를 논외로 취급하여 제외시켜 버리고 있다. 이는 그들을 이단으로 취급하여 그들 자체의 주장은 역사적으로 전혀 고려할 가치조차 없다는 식의 황당한 전제를 고수하기 때문이다. 이런 불공평한 견해를 극복하기 위해서라도 필자는, 프랑스 개혁 교회가 알비인들을 자신들 신앙의 직접적 선조들 가운데 있음을 인정하고 수용했음을, 더 나아가서는 '알비인들'이라는 이름 자체가 때로 발도인들의 다른 명칭에 불과하다는 '발도인들의 알비인들에 관한 주장'을 근거로 이들 시대의 교회사를 객관적으로 서술하고자 노력하였다.

이들의 역사를 인용하여 기존의 역사 서술에 게재된 오류를 재평가하는 작업은 당연히, 처음부터 알비인들을, 혹은 발도인들까지도 이단으로 여기고 있는 종래의 개신교 역사학계나 학자들의 맹렬한 반대와 저항에 마주치게 될 것이다. 그러하기에 이런 상황의 전개를 수용하고 사실과 증거에 근거한 적절한 대응을 각오해야 함은 물론이다. 그러나 논리적으로 사실을 말하자면, 그런 비판은 우선적으로 필자가 아니라 필자가 이 역사적 사실들을 서술하기 위해 1차적인 근거 자료로 선택한 프랑스 개혁 교회의 입장이나 발도인들 교회의 역사 자체를 향해야 한다는 점도 충분히 이해하여야 할 것이다.

우리 개신교회의 역사를 기록하면서 발도인들이나 알비인들을 신앙 선조로 여기는 프랑스 개혁 교회의 진술과 주장들이 프랑스 개혁자들의 역사 진술에서 가장 근본적인 역사 자료와 토대가 되어야 함에도 불구하고, 필립 샤프를 비롯한 여러 교회 역사가들의 진술에 자주 이들의 견해가 반영되지 않고 있다는 것에 깊은 유감을 표명하며, 필자는 그동안 역사학계가 거의 언급하지 않고 제외시켜 왔던 발도인들의 역사적 진술들, 프랑스 개혁 교회의 의견을 강력하게 대변하고 있음을 먼저 밝혀 둔다.

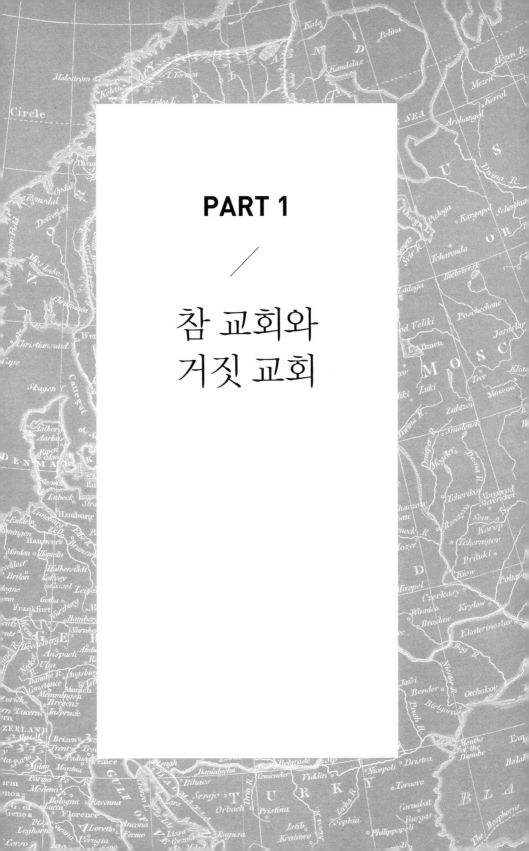

PART 1

참 교회와
거짓 교회

PART 1

참 교회와 거짓 교회

"은혜로 너희를 부르신 이를 속히 떠나 다른 복음을 따르는 것을 내가 이상하게 여기노라 … 다른 복음은 없나니 다만 어떤 사람들이 너희를 교란하여 그리스도의 복음을 변하게 하려 함이라 … 하늘로부터 온 천사라도 우리가 너희에게 전한 복음 외에 다른 복음을 전하면 저주를 받을지어다"(갈 1:6-9). 이러한 사도 바울의 엄한 경고에도 이 땅에는 다른 복음을 전하는 이들이 '교회'라는 이름으로 존재하여 왔다. 그들은 거짓 교회임에도 참 교회를 핍박하였던 것 역시 예언된 것으로, 참 교회의 역사는 '핍박과 순교의 역사'라 표현해도 과언은 아니다. "내가 너희를 세상에서 택하였기 때문에 세상이 너희를 미워하느니라"(요 15:19), "그 때에 육체를 따라 난 자가 성령을 따라 난 자를 박해한 것같이 이제도 그러하도다"(갈 4:29).

1. 다시 살펴보는 교회의 정의(定意)

성경이 말하는 교회는 '하늘에 기록된 장자들의 모임'(히 12:23) 즉, 교회의 머리이신 그리스도 앞에 한 가지로 모이게 될 '택함을 받은 모든 사람의 모임'이다. 모든 시대와 모든 족속, 그리고 모든 열방의 개개인들이 포함되는 우주적 교회를 뜻한다. 그러나 이 정의는 불가시적 교회에 해당되는 것으로 가시적 교회 안에는 알곡과 가라지가 함께 존재하고 있기 때문에 가시적 교회는 불가시적 교회를 포함하거나 구성하고 있으며, 때가 되면 이 가라지들은 알곡으로부터 분리될 것이다.[1] 그리스도께서 하늘 보좌로 올라가셨을 때로부터 다시 오실 때까지 가시적 교회 안에는 구원에 이르도록 택함을 받은 자들이 항상 존재하였고 존재하게 될 것이다.

(1) 교회의 영속성과 순결성

복되신 교회의 머리이신 우리 주님께서 그분의 교회에 관하여 주목할 만한 두 가지 예언을 하셨는데, 하나는 십자가 고난 이전에, 다른 하나는 고난 받으신 이후에 말씀하셨다.

첫 예언의 말씀은 제자들에게 질문하신 "사람들이 인자를 누구라고 하더냐?"는 말로 시작하여 "주는 그리스도시요 살아 계신 하나님의 아들"이시라는 베드로의 고백에 이어 "이 반석 위에 내 교회를 세우리니 음부의 권세가 이기지 못하리라"(마 16:13-18)는 말로 마친다. 그리스도의 교회는 음부의 권세로도 무너뜨릴 수 없는 불멸성을 갖게 되는데, 그 이유는 베드로의 고백에 담긴 것처럼 "살아 계신 하나님의 아들"의 신적 권위 위에 세워졌기 때문이다. 이 약속은 교회와 그 구성원들이 그 어떤 흑암과 혼동 속에 머물지라도 주인으로부터 무관심 속에 방치되거나 버림을 받지 않는다는 것이다.

두 번째 예언은 "… 모든 민족을 제자로 삼아 아버지와 아들과 성령의 이름으로 세례를 베풀고 내가 너희에게 분부한 모든 것을 가르쳐 지키게 하라. 볼지어다 내가 세상 끝 날까지 너희와 항상 함께 있으리라"(마 28:19-20)는 말씀이다. 이는 교회의 순결함을 요구하신 것으로 교회의 주인 되시는 그리스도는 당신의 가르침이 계대(繼代)되는 그곳에만 함께하실 것을 약속하셨다. 반대로 그리스도의 말씀으로 지배되지 않는 곳은 그리스도와 무관한 '거짓 교회'라는 것이다.

---

1 윌리엄 커닝함, 『역사신학 I』, 서창원 역(서울: 진리의 깃발, 2017), 89.

도표1: 그리스도께서 항상 존재하시듯 주께 속한 그의 교회 역시 항상 존재한다.
로마 교회는 그 영속성에 교황의 역할을 첨가시켰다.

(2) 로마 교회의 교회론

프랑스 모(Meaux)의 주교이며 신학자인 자크 보쉬에(Jacques B. Bossuet, 1627-1704)는 교회의 4가지 요소를 제시하였다. 먼저, 교회의 가시성(visiblity). 둘째, 교회의 영속성(constancy). 셋째, 교회는 항상 복음의 진리를 선포하는 곳. 넷째, 교회는 무오(infallibility)한 곳. 그는 로마 교회가 이 모든 조건을 만족시킨 유일한 사도적 카톨릭(catholic) 교회라고 주장하였다.

교회의 영속성은 교회가 진리를 선포하는 기관이기에 사도의 계승자이며 진리의 전달자인 교황과 그가 인정하는 합법적 사역자가 있을 때만 가능하므로, 로마 교회는 합법적 사역이 없는 곳에는 교회도 없다고 주장한다. 로마 교회는 개혁 교회에 대한 자신들의 우위성을 부각시키기 위해 이 주장을 하는데, 개혁 교회는 존재하지 않았던 시기가 있었을 뿐 아니라 합법적인 사역자들이 없었기에 참 교회가 될 수 없다는 것이다. 결국 로마 교회의 주장은 그리스도의 지상 대리자이며 모든 교회의 어머니요, 교회의 군주인 로마 교황에게 속하여 복종할 때만 교회가 될 수 있다는 것이다.[2]

교회의 무오성은 진리의 전달자인 교황의 무오성으로 연결되어, 교황은 오류나 이단에 빠지지 않는다고 주장하게 된다. 그러나 점차 시간이 지나면서 중세 역사 가운데 교황의 오류와 일탈이 드러남으로 교황 개인의 무오성이 아닌 교리

---

2 윌리엄 커닝함, 82.

문제와 종교 회의로 무오함을 한정시키게 된다.[3]

주지하듯이 로마 교회의 교회론은 주님께서 교회 일치의 중심이 되며 정통성의 기준이 되는 독특한 교회인 로마 가톨릭교회를 베드로 위에 세우실 것을 약속하셨다는 일방적 주장을 근거로 한 산물이다. 그렇기 때문에 보쉬에는 무오(無誤)한 로마 교회가 유일한 사도적 전통을 계승한 지상 교회들의 머리 됨을 주장하였다.

그러나 개혁 교회는 이 주장에 반박하여 지상 교회인 가시적 교회는 시간의 마지막 순간까지 항상 존재하는 것은 사실이나, 두 번째 예언에서처럼 교리와 삶에서 교회의 순결성을 잃어버린다면 주님의 약속은 성취될 수 없다고 믿는다. 그렇다면 가시적 교회 혹은 교회들의 영속성에 대한 약속은 초대 교회로부터 오늘에 이르기까지 교리와 실천의 순수성을 동일하게 계속 유지하면서 교회의 머리이신 그리스도를 드러낼 때만 성취되는 것이다. 즉 교회의 영속성은 교회의 순수성을 통하여 성취되는 것이다.[4]

(3) 로마 교회의 교회론 반박

교회는 존재하기를 멈추지 않는다는 로마 교회의 주장에는 개신교회도 동의한다. 그러나 결함이 없는 완벽한 교회에 관하여서는 불가시적 교회에만 해당된다고 반박한다. 왜냐하면 가시적 교회는 불가시적 교회를 포함하거나 구성하고 있으며, 가시적 교회 안에는 때가 되어 분리될 가라지도 함께 존재하기 때문이다. 이에 대하여 로마 교회는 교회를 둘로 나누는 것이라고 비판하였지만, 개혁자들은 이 비난에 대하여 두 교회의 존재를 말하는 것이 아니라 교회의 양면성 즉, 내적인 요소와 외적인 요소로 특징을 구분하여 정확히 말한 것이라고 답변하였다.[5]

특별히 개혁자들은 로마 교회가 말하는 가시적 교회의 무오함에 관하여 그 어떤 성경적 근거도 없고, 혹 있다고 하더라도 로마 교회에 적용되는 것은 아니라

---

5 윌리엄 커닝함, 89-90.

고 반박하였으며, 하늘 아래 있는 가장 순결한 교회들도 혼잡과 오류에 빠졌고, 그 가운데 어떤 교회들은 극도로 타락하여 그리스도의 교회가 아니라 사탄의 회가 되기도 하였다며 가시적 교회의 무오성을 인정하지 않았다. 그럼에도 이 지상에는 여전히 하나님의 뜻을 따라 하나님을 예배하는 교회들이 언제나 존재하여 왔음도 부정하지 않았다.[6]

합법적 사역자에 관하여서는 참 교회가 있는 곳에는 합법적인 사역자가 있거나 있게 될 것이며, 사역자가 있어야 비로소 교회가 될 수 있다는 것은 사역이 목적이며 교회를 수단으로 여기는 태도로 오히려 교회가 목적이며 사역은 수단에 불과하다고 반박하였다.

나아가 정상적인 방식으로 세워진 정기적인 사역이 부재할 경우나 임시적으로 사역이 중단될 경우, 고백적인 신자들의 단체를 그리스도의 교회가 아니라고 여길 만한 아무런 증거는 없고, 그들이 훈련된 사역자를 가질 수 없는 상황에서도 그들을 위한 사역자를 세울 수 있는 권리는 갖고 있으며 그 사역이 비록 정규적인 것이 아니어도 여전히 유효하다고 주장하였다. 정상적으로 훈련된 사역자를 세울 수 없는 상황이라면 직임과 관련해서는 이미 따로 세워진 사람들에 의해서 증명되는 자가 있다면 그 사람을 사역자로 세울 수 있다고 판단하였다.[7] 결론적으로 교황의 무오함 때문에 교회에 오류가 없다거나 사역자가 있어야만 교회가 되는 것이 아니라, 거룩하신 그리스도께서 교회를 세우셨기에 그의 교회가 거룩하며, 십자가의 대속으로 이미 거룩하여진 택함을 받은 모든 자의 모임이 교회이기 때문에 이미 거룩한 것이다.

---

6 윌리엄 커닝함, 80, 93.

2. 교회의 표지(標識)

교회의 특징, 즉 표지 가운데 제일 우선적인 가시적 교회의 원칙적 기능은 '진리의 기둥과 터'(딤전 3:15)로서의 역할이다. 그러므로 교회는 하나님의 진리를 증거하며 진리를 굳게 붙잡도록 이끄는 기관으로 그리스도의 권위와 그의 말씀에 복종한다고 공적으로 고백하도록 인도한다.

(1) 루카스가 제시한 '참 교회'의 기준

루터는 부지불식간에 로마 교회에 의해 강제적으로 로마 교회와 분리되면서 참 교회의 표지에 관하여 정의를 내리지 않을 수 없었다.

16세기 종교개혁자들은 로마 교회로부터 교회를 허무는 '분리주의'라는 비판을 받았지만, 종교개혁은 로마 교회의 전통이 아닌 사도의 가르침을 회복하려는 것이라며 그 정당성을 밝혔다.

비텐베르크 시장인 루카스 크라나흐(Lucas Cranach le Jeune, 1472-1553)는 루터 종교개혁의 그 정당성을 흑백 판화 한 점으로 표현하였다. 그는 사별 후 필리프 멜란히톤의 질녀 막달레네 슈르프(Magdalene Schurff)와 재혼할 정도로 루터주의와 밀접한 관련을 맺고 있었다. 1545년 루카스는 루터의 종교개혁 운동은 카톨릭(catholoic)[8] 교회(로마 가톨릭과 무관함)를 분리시키고 약화시키는 것이 아니라 주께서 세우신 이 교회를 오류로부터 지켜내기 위한 것임을 보여 주기 위하여 판화한 점을 통하여 참 교회의 표지를 나타냈다.

---

3 윌리엄 커닝함, 120-121.

4 George S. Faber, *An Inquiry into the history and theology of the ancient Vallenses and Albigenses*(London: R. B. Seeley and W. Burnside, 1838), 5-11.

7 윌리엄 커닝함, 106-110.

8 이 책에서는 'catholic'을 완전히 구별되는 두 가지의 단어를 쓰고 있다. 즉, 로마 교회를 언급할 때는 '가톨릭'(Catholic) 혹은 '로마 가톨릭'으로, 그리고 보편 교회, 온전한 공회로서의 하나 된 교회를 언급할 때는 '카톨릭'(catholic)으로 쓴다.

10 윌리엄 커닝함, 65.

14 임영태, 『스토리세계사 5권』(e-book)(파주: 21세기북스, 2014), 로마 제국의 해체 편과 프랑크 왕국 편.

화보1: 참 교회와 거짓 교회의 차이점[9]

첫째, 강대상에 선 루터는 성령님의 임재 가운데 성경을 펼쳐 성경을 근거로 청중의 언어로 그리스도에 관하여 설교하는 반면, 거짓 교회를 대표하는 사제는 대조적으로 성경이 없이 그 자신의 말을 하고 있으며 그 뒤로 사탄이 그를 조정하고 있다.

둘째, 하나님의 말씀을 대하는 청중들의 모습을 보면, 참 교회의 성도들은 질서정연하게 설교에 집중하고 있는 반면, 오른쪽에 있는 거짓 교회의 청중인 한 수도사는 등 뒤로 도박에 사용되는 카드를 만지작거리다가 땅에 떨어뜨리는 무질서하고 무성의한 태도를 보여 주고 있다.

셋째, 참 교인들이 말씀을 경청한 후 십자가를 지고 따르는 헌신과 경건한 삶을 살고 있음을 그리고 있는 반면, 거짓 교회 교인들은 교황이 판매하는 면벌부을 구입하여 그것으로 내세를 준비하려는 모습을 그려 대비시켜 놓았다.

넷째, 세례와 성찬만을 성례로 인정하는 개혁 교회는 유아의 모습을 통해 생명의 종교임을, 반대편에는 죽음에 임박한 한 병자에게 성사를 행하는 장면과 죽은 성인의 성유물을 들고 거리 기도를 하고 있는 장면을 통해 로마 교회는 생명

---

9 출처: *The German Single-Leaf Woodcut: 1550–1600*, ed. Max Geisberg, vol. 2(New-York: Hacker Art Books Inc., 1974), 619.

없는 죽음의 종교임을 묘사하고 있다.

다섯째, 왼쪽에는 자기를 비워 성부와 동등함을 버리시고 종의 모습으로 유일한 중보자가 되신 그리스도께서 하나님과 인간을 연결시키는 모습을, 오른쪽에는 하나님이신 중보자 그리스도를 대신하여 인간 중보자를 통하여 하나님께 나아가려 하기에 우뢰로 표현된 하나님의 진노가 땅으로 떨어지고 있는 모습을 그려 놓았다.

후대에 와서 흑백이었던 이 그림에 색을 입히게 되는데, 개혁 교회는 하늘색으로 하늘의 것을 추구하는 하늘의 백성임을 표현한 반면, 거짓 교회는 땅의 풍부함을 추구하는 녹색으로 땅에 속한 것을 사랑하는 종교임을 표현하였다. 루카스는 이 그림을 통하여 참 교회는 거짓 교회와 달리 땅에 속한 것이 아니라 하나님께서 베푸신 은혜와 복에 만족할 것을 후대에게 웅변하고 있다.

(2) 벨직 신경(1561)이 보여 주는 '참 교회' 기준

벨직 신경(29장)은 기존의 교회 표지에 한 가지를 더 추가하였다. 복음을 '온전하게' 설교해야 하며, 그리스도께서 친히 세우신 성례가 '온전하게' 집행되어야 한다는 것이다.

이외에도 이미 드러난 잘못을 바로잡기 위하여 권면과 징계가 적절히 집행되어야 할 것을 추가시켰는데, 이는 성도를 '온전하게' 회복시킴으로 교회의 순결함을 계속적으로 유지하기 위한 목적 때문이다.

여기서 우리는 보게 된다. 선조 개혁자들은 결코 '대형 교회'와 '소형 교회' 같은 기준으로 이 땅의 교회를 구분하지 않았고, 참 교회와 거짓 교회로만 구분하고 있었다는 사실이다. 지극히 당연한 말이지만, 그리스도의 몸으로 부름 받은 모든 지상의 교회들은 그 어떤 목표보다 '참 교회' 됨을 지키는 일에 착념해야 한다는 사실을 결코 잊지 말아야 할 것이다.

3. 참 교회의 연원은 어디인가?

역사학자 윌리엄 커닝햄(William Cunningham)은 "교회사란 하나님께서 자기 백성들을 다루시고 그들을 인도하시는 가운데 백성들이 행한 일들의 역사다"라고 정의하였다.[10] 이는 하나님의 백성이 아닌 거짓 교회의 역사는 참 교회의 역사 가운데서 제외되어야 하며, 오직 그분의 참 백성들 행적을 중심으로 교회사가 서술되어야 함을 의미한다.

(1) 로마 교황을 중심으로 한 로마 교회 역사관(歷史觀)

역사관이란 역사를 해석하는 관점으로서 교회 역사에 관한 관점을 말할 때는 우선적으로 로마 교회를 중심으로 하는 로마 교회 역사관을 말할 것이다. 이 역사관은 역사의 주요 변환점마다 교황을 중심으로 역사를 펼쳐 나간다.

1) 로마 교회 역사관의 대표적 인물인 필립 샤프(Phillip Schaff)

개신교 목사로서 로마 교회 역사관에 충실한 대표적인 학자는 필립 샤프 (1819-1893)이다. 그의 기념비적 '교회사 전집' 여덟 권의 권별 제목을 보면, 그는 1권 『사도적 기독교』, 4권 『그레고리우스 1세부터 그레고리우스 7세까지』, 5권 『그레고리우스 7세부터 그레고리우스 8세까지』, 6권 『보니파키우스 8세부터 루터까지』라는 제목으로 교회사의 각 시대를 구분하였다. 이를 보면 마치 사도적 기독교의 전통을 잇는 기준이 교황이라도 되는 것처럼 오해를 유발할 뿐 아니라 로마 교회의 역사관을 그대로 대변하는 듯하다.

그의 책 제2권 11장 '니케아 이전 시대의 이단들' 편에서는 에비온주의, 영지주의와 같은 이단들을 소개하며, 제5권 10장 '이단들과 그들에 대한 탄압'에서는 카타르인들, 피에르 브뤼, 발도인들, 베긴인들, 알비인들을 재고의 여지가 없는 이단으로 분류하고 있다. 필립 샤프와 같은 유명 교회사 학자가 우리의 영적 선조들을 영지주의와 동일한 이단으로 간주하는 기준을 긋고 있음에도 우리는 그 기준을 무비판적으로 수용하고 있다. 반면 제6권 5장 '종교개혁 이전의 개혁자들' 편에서는 발도인들의 영적 후예들인 존 위클리프, 롤라드인들, 얀 후스, 후스인들을 개혁자로 분류함으로써 개혁자 분류 기준의 모호성을 스스로 폭로한다. 누구를 어떤 이유에서 이단으로 평가하다가 이 동일한 대상들을 정반대의 무리로 가르는 것인지를 묻지 않을 수 없다.

2) 필립 샤프 역사 이해의 문제점

다음의 주장은 그의 역사관이 로마 교회의 입장을 대변하는 것임을 잘 보여 준다. "이러한 이단 분파(베렌가리우스인들, 바울인들)들이 종종 개신교의 선구자들로 잘못 평가되었다. … 그들이 제시한 적극적인 견해들은 그리스·로마 교회의 신조뿐 아니라 개신교의 신조와도 사뭇 다르다. 종교개혁은 중세 가톨릭교회의 품에서 나와서 그 교회의 보편적 교리들을 그대로 간직했고, 역사적 연속성을 계승했다."[11]

그는 종교개혁조차도 로마 교회의 품에서 나왔다는 전제를 갖고 역사를 서술하고 있기 때문에 철저하게 이 기준에 맞춤으로써, 역사적 개혁 교회가 사도적 전통에서 연원(淵源)한다는 관점은 물론, 고대적 기인(基因)과 관련된 접근 자체를 철저하게 배격하고 있다. 이는 결국 선조 개혁자들을 예외 없이 이단으로 몰아가는 결론에 이르게 한다.

필립 샤프는 보니파키우스 8세의 교서 '우남 상탐'(Unam sanctam, 1302)을 언급하면서 "… 인간은 누구든 로마 교황에게 복종해야만 구원을 얻는다. … 특이한 점은 교황의 권위에 거역하는 자들을 모두 마니교도로 몰아붙인다"라고 주장한다.[12]

그는 로마 교회가 개혁자들을 '마니교' 이단이라고 정죄한 이유가 그들이 실제

---

11 필립 샤프, 『그레고리우스 1세부터 그레고리우스 7세까지: 중세시대(A.D. 590-1049)』, 교회사 전집, 4권, 이길상 역(파주: 크리스챤다이제스트, 2004), 507.

12 필립 샤프, 『보니파키우스 8세부터 루터까지: 중세시대(A.D. 1294-1517)』, 교회사 전집, 6권, 이길상 역(파주: 크리스챤다이제스트, 2004), 30.

적으로 마니교 교리를 갖고 있었기 때문이 아니라고 주장하였고, 당시 '마니교'라고 정죄당하는 것의 의미가 로마 교황의 권위를 인정하지 않을 때에 일반적으로 붙여지는 이름에 불과하다고 잘 지적하였다. 그럼에도 로마 교회가 개신교 선조들을 '마니교'라고 정죄했을 때, 그가 그 판결을 역사적 사실로 인정, 수용하여 개혁자들에게서 마니교적 요소를 실제적으로 찾아내려고 무던히 노력했었다는 점이 못내 아쉽다. 과연 그가 그 자신의 선배들에게서 찾아내려고 했던 것의 진면목은 무엇이었을까?

또한 필립 샤프는 개신교회가 로마 교회의 지류에 불과하고, 개신교회의 모든 전통은 로마 교회가 역사 속에 남겨 놓은 업적에 비하면 초라하기 짝이 없는 분파적 산물이라고 일방적인 평가를 내린다.

"중세의 분리파들은 (로마) 가톨릭교회라는 거대한 물줄기에 비하면 지류에 지나지 않는다. (역사가 보여 주는 로마 교회의) 부패와 악행에도 불구하고 다른 한편으로는 야만족들을 기독교화하고, 학문을 발전시키고, 대성당들을 건축하고, 예술을 계발하고, 찬송을 짓고, 신학 체계를 수립하고, 그 밖의 여러 가지 방법으로 인류 진보에 이바지했다. … 반면 이단 분파들(개혁 교회 선조들)은 선량한 사람들은 많이 배출했으나 위대한 인물들은 배출하지 못했다. 피에르 발도가 가장 주목할 만한 인물이다."[13]

왜 인물이 없었겠는가? 로마 교회가 그 위대한 인물들을 다 이단으로 몰아 화형의 불로 그들과 그들의 서적들을 불태웠거나, 그들은 평생 동안 도망자로 다니면서 흔적조차 숨겨야 하는 신세였으므로 그들이 평가받을 업적과 산물을 남길 기회조차 갖지 못하였음을 필립 샤프는 모르는 것인지 ….

그는 로마 교회의 업적을 이렇게 치켜세우면서 "피에르 발도는 이단 분파가 만들어 낸 한 사람의 선량한 인물에 지나지 않는다"는 말로 자신의 평가를 접고 있다. 그가 과연 개신교 목사였음이 맞는지조차 의심하게 되는데, 심지어 그는 교회사 학자라기보다 초보적 인류 문화사 연구자인 것처럼, 역사적 교회는 겨우

---

13 필립 샤프, 「그레고리우스 7세부터 보니파키우스 8세까지: 중세시대(A.D. 1049-1294)」, 교회사 전집, 5권, 이길상 역(파주: 크리스찬다이제스트, 2004), 422.

인류의 진보에 복무하는 하나의 기관이라고 평가하기도 했다. 그리하여 개신교회를 로마 교회로부터 나온 분리주의자 혹은 로마 교회의 지류 정도로 여겼던 필립 샤프의 이러한 시각은 자연스럽게 로마 교회가 품거나 흡수하는 형식으로 개신교회와의 연합을 추구해야 한다는 에큐메니컬 운동으로 이어지고, 그는 이 운동의 대표적인 시조(始祖) 정도로 묘사되기까지 이르게 된 것이다.

필립 샤프는 정통적인 교회론을 갖지 못한 관계로 교회를 그저 회중의 숫자를 기준으로 '큰 교회와 작은 교회'로 구분하거나, 사회적으로나 문화적으로 '업적을 남긴 유명 교회 혹은 그렇지 못한 교회'로 구분하는 실수를 남발한다. 문제는 필립 샤프의 이러한 역사관이 편만해짐으로써 발생한 심각한 영향력이 두려워 '아비를 아비라 부르지도 못하는' 불안과 공포에 질린 후예들을 학계와 교계에 흩뿌려 놓았다는 것이다.

그러나 아무리 크나큰 문화적 업적을 남기고 많은 사람들이 모이는 대형 교회라 할지라도 그 교회가 복음과 진리를 지키는 '참 교회'가 아니라면 그저 역사 위에 나타났다가 스러진 또 다른 종류의 거짓 교회일 뿐이다. 복음을 빌미로 더 큰 세상 권력을 추구하며 그 태도를 비판했던 참 교회를 이단으로 지목하여 지속적으로 말살해 왔던 로마 교회는 필립 샤프의 후한 평가와 달리 교회 역사상 가장 대표적인 거짓 교회의 한 표상(表象)에 지나지 않는다.

무엇보다 필립 샤프의 교회사 서술에서 가장 심각한 부분은 사료들을 다루고 서술하는 기본적 기술 방법 즉, 이런 기본에 관한 그의 학문적 불균형에서 드러나고 있다. 그는 프랑스 선조 개혁자들을 언급하면서 로마 교회의 의견을 근거로 그들을 '이단' 혹은 '이단들'로 비교적 소상하게 소개하였지만, 그들과 관련하여 이미 당대에 나온 적지 않은 교회사적 사료들과 사건들, 그리고 정작 프랑스 개혁 교회가 자신들의 신앙적, 영적 조상으로 밝히고 그 역사적 정통성을 정리하여 인적 물적 문서적 증거들을 제시하며 이에 따라 교회사에 공표하고 세계 교회 앞에 선언한 일체의 입장들은 일언반구(一言半句)의 언급조차 하지 않고 있다는 것이다. 이러한 그의 결정적인 불균형을 지적하지 않을 수가 없다.

3) 개신교회사 학계에 편만해 있는 로마 교회 역사관

로마 교회 역사관의 이러한 영향 때문에 심지어 개신교 신학대학원 논문 제목들조차도 저 개혁 교회의 선조들을 "중세의 개혁적 이단" 정도로 표현하고 있다. 이 표현과 어구들이 의미하는 것은 정확히 무엇인가? 우리 조상들이 실제로 중세에 나온 이단이라는 말인가? 아니면 개혁을 시도한 이단자들이라는 소리인가? 그리하여 개혁 교회의 영적 선조들을 당당하게 '개혁자'라고 표현할 수 있는 교회사의 근거를 찾기에 혼란스러워할 정도로 로마 교회 역사관은 교회사의 해석과 서술에 이미 너무나 만연해 있다.

문제점은 여기서 그치지 않는다. 위클리프가 포함된 그룹을 개혁자들로, 발도인들의 그룹을 이단으로 분리하여 분류함으로써, 두 그룹의 역사적 연관성이나 연속성을 부인하고 각각이 서로 무관한 독립적 집단인 것처럼 오해하게 만들기도 한다. 그 결과는 우스꽝스럽게도 발도인들과 알비인들을 영적 선조로 수용하고 이를 선언하고 있는 프랑스 개혁 교회조차 자동적으로 이단 종파의 후손들이 되게 만드는 난센스를 일으켰다.

(2) 그리스도를 중심으로 하는 기독론 역사관(歷史觀)

기독론 역사관은 필자가 제안하는 것으로, 그리스도를 머리로 여기는 참 교회를 교회사의 정점과 중심에 두는 교회 역사관이다. 이 역사관을 통해 그리스도의 통치 속에 머물고 있고 성경과 사도들의 가르침만을 유일한 규율로 여기며 따르는 참 교회를 중심으로 한 참다운 교회사가 새롭게 서술될 수 있을 것이다.

1) 거짓 교회가 참 교회를 일으킬 수는 없다

도표2: 일반적으로 설명되는 개혁 교회의 출발 시기

앞서 본 루카스의 판화를 살펴보자. 중앙에 대리석이 세워져 있는 것은 사탄의 지배 아래 있는 거짓 교회가 참 교회로 바뀔 수 없다는 사실을 상징적으로 보여 준다. 16세기에 작품 활동을 했던 한 화가의 시각에도 참 교회와 거짓 교회는 공존할 수 없다는 것이 드러나 있지만, 대부분의 교회사 저자들은 오히려 참 교회인 개혁 교회가 로마 교회로부터 시작된 것처럼 설명하려는 난센스를 범하고 있다.

이것이 정당화되려면, 이단이 자연적으로 참 교회로 바뀔 수 있는 방법이 존재해야 하며, 어둠에서 진리의 빛이 나오게 된다거나 거짓이 진리를 출생시킬 수 있어야만 할 것이다.

2) 참 교회는 사도 시대부터 계속 존재하였다

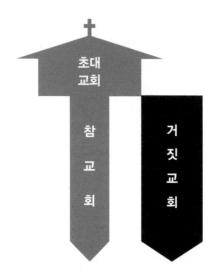

도표3: 사도적 전통을 잇는 참 교회사

참 교회는 사도 교회의 가르침을 계승하면서 그 복음에서 벗어나지 않고 오늘날까지 계속 존재하여 왔다. 단지 지금까지 만연된 로마 교회 중심의 역사관, 그리고 개신교 역사학자들의 나태함 때문에 우리 스스로 진정한 사실을 적시할 기회를 놓치고 있었을 뿐이다.

거짓 교회가 참 교회의 흔적을 지워 버리려는 반역사적 책동은 한 번도 멈춘 적이 없었음을 우리는 보게 될 것이다. 거짓 교회가 참 교회의 역사를 증명할 증거들을 묻어 버리고, 가능한 모든 문서 자료들과 서적들을 제거해 버려 극히 희귀한 자료들만 남아 있음에도, 여전히 참 교회의 역사는 사라지지 아니할 뿐만 아니라 증언과 기록으로 남아 역사적 진실과 사실들을 토로하고 있다.

3) 참 교회의 구성원도 타락함으로 '거짓 교회'의 일원이 될 수 있다

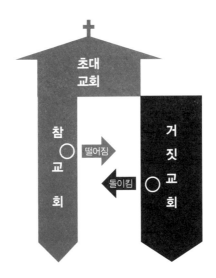

도표4: 참 교회 자체가 거짓 교회로 바뀌지는 않지만 참 교회의 구성원들은 거짓 교회의 구성원이 될 수 있다.

　불가시적 교회가 전락하는 일은 있을 수가 없지만, 가시적 교회는 언제든지 세상과 타협하여 타락함으로써 거짓 교회에 속할 수 있다는 사실에 그 긴장을 늦추어서는 안 된다. 이는 우리의 앞선 한 개혁자가 '개혁된 교회는 항상 개혁되어야 한다'는 말로 경고하였던 것처럼 개혁의 목표와 내용이 우리의 삶에 체질화가 될 때까지 개혁의 노력은 계속되어야 한다.

　반대로 거짓 교회의 구성원들도 하나님의 부르심에 따라 복음에 반응함으로 언제든지 참 교회에 속할 수 있기 때문에 사도적 가르침으로 돌아오도록 돕는 섬김은 계속되어야 할 것이다. 선배 개혁자들이 초대 교회로 돌아갈 것을 외친 것은 초대 교회가 가장 이상적이어서가 아니라 그들이 더 순수한 복음을 소유하였고, 그 복음만이 각 개인들과 지상의 교회를 변화시킬 수 있음을 믿었기 때문이다. '초대 교회로 돌아가자!'는 것은 '성경으로 돌아가자!'는 것과 '복음을 회복하자!'는 말이 될 것이다.

　참 교회가 역사 속에서 단 한 번도 끊기지 않고 존재할 수 있었던 이유는 하나님께서 전능하신 능력으로 교회를 보호하셨고, 그 교회는 이전 개혁 교회의 가르침을 계승(繼承)하고, 보존(保存)하며, 계대(繼代)하고, 전도(傳道)하기 위해 생명을 걸고 어떠한 핍박에서도 굴하지 않았기 때문이다.

PART 2

역사의 표면에
나타나는
초기 개혁 교회

(루터 이전의 개혁 교회)

역사의 표면에 나타나는 초기 개혁 교회

참 교회인 개혁 교회는 어느 시대이든 항상 존재했으므로, 역사의 현장에서 복음의 빛을 비출 뿐 아니라 그리스도의 통치를 세상 가운데로 드러냈다. 그 교회들이 어떤 형태로 이어져 왔는지 각 시대의 현장에서 살펴보기로 하자.

1. 중세의 영적 상황

(1) 권력을 향한 해바라기

1) 위기에 몰린 로마 교회

아리우스파를 신봉했던 게르만족들은 훈족의 서진(西進)에 밀려 서로마 제국의 영토 안으로 이동해 들어오면서 그들의 왕국을 세워 나갔다. 멀리 스페인에는 게르만의 서고트족이, 프랑스 남부 지역에는 부르군트족이, 심지어 아프리카 북부 지역에도 반달족 등이 7개의 왕국들을 세웠다. 그리고 410년에는 서고트족이 이탈리아 반도의 로마까지 점령해 들어왔으므로, 476년에 이르러 서로마 제국은 패망하고 말았다. 그 후 게르만 국가들 중 절대 강자가 존재하지 않는 혼란 가운데, 클로비스(Clovis, 메로빙거 왕조의 시조(始祖))는 481년 게르만 왕국을 통합하면 서 프랑크 왕국이라는 통일 왕국을 건립하였다.[14]

　서로마 제국의 멸망과 아리우스파의 확장은 서로마 제국의 보호 아래 있던 로 마 교회의 절대 약화를 의미하는 것으로서 사실 저들은 존폐의 위기에까지 내몰 리게 되었다. 왜냐하면 비록 아리우스파가 신학 논쟁에서는 일단 패퇴하였지만, 유럽 전체에 산재하는 종교로 터 잡아 나갔기 때문이다. 실제로 그 배경에는 또 다른 스토리가 자리 잡고 있다. 게르만족들은 자신들이 로마 황제의 후원을 받고 있는 아타나시우스 진영(니케아 진영)의 입장을 수용하게 되면, 로마 황제와 로마 교황의 지배 아래로 끌려 들어갈 수도 있겠다는 정치적 판단을 했고, 결국 아리 우스파를 선택하기로 결단한 것이었다.

지도5: 흰색 지역을 제외한 서유럽의 대부분 지역을 아리우스파가 장악함

2) 클로비스의 등장

이런 절체절명의 위기 속에서 로마 교회는 클로비스를 구세주와 같은 인물로 여기게 되었는데, 그를 끌어안는 것만으로도 절대 다수의 아리우스파를 물리칠 수 있는 절호의 기회를 얻을 수 있으리라는 판단이 섰기 때문이다. 결국 클로비스의 아내 클로틸드(Clotilde)와 랭스의 주교 레미(Remi, 437-533)의 적극적인 노력으로 클로비스는 마침내 로마 교회를 선택하였고, 498년 랭스 대성당에서 3,000명의 부하와 함께 세례를 받았다.

그러나 클로비스의 선택은 신앙이 아닌 정치적 결단이었다. 그는 로마 교회가 갖고 있는 광범위한 통합적 조직을 이용하여 자신이 새롭게 차지한 넓은 왕국을 보다 쉽게 장악하고 통제할 수 있으리라 판단했다. 동상이몽(同床異夢). 양측이 원하는 목적은 서로 달랐지만, 클로비스는 위기에 빠진 로마 교회를 기사회생시켜 준 영웅으로서 교회에 넓은 영지를 제공했다. 그는 로마 교회의 주교들에게 세속 영주들에 필적하는 권력을 허용해 준 고마운 인물이 되었다. 이런 이유로 로마 교회의 성당 스테인드글라스들에서 클로비스가 세례를 받는 장면을 묘사한 그림들을 쉽게 찾아볼 수가 있다.

화보2: 랭스 대성당 내 클로비스가 세례받은 곳이란 표식이 바닥에 기록되어 있다. Photo©권현익
화보3: 랭스 대성당 정면. 세례받는 클로비스 좌우에 서 있는 클로틸드와 레미 주교. Photo©권현익
화보4: 루이 9세가 유아 세례를 받았던 푸아시(Poissy) 성당 내부. 클로비스 세례 장면. Photo©권현익
화보5: 루르드 성모 기적 성지의 레미 주교. 성유병을 물고 있는 비둘기가 있으면 레미의 모습이다. Photo©권현익

3) 신화 만들기

로마 교회가 다시 권력을 회복하게 되면서 레미의 후임으로 들어온 주교는 그 자신의 교회를 널리 알릴 뿐 아니라 성지 순례를 통해 경제적 부를 증가시킬 목적으로 레미 주교, 클로틸드, 그리고 클로비스를 성인(聖人)으로 만들기에 착수했다. 그리하여 레미 주교의 생애 동안에 일어났다고 주장하며 수많은 기적들을 만들어 내어 추가하기도 했다.

예를 들면, 클로비스가 세례를 받을 때 너무 많은 청중들 때문에 성유병을 주교에게 전달할 수 없는 상황이 되었는데, 그러자 하늘에서 비둘기 한 마리가 성유병을 물고 나타나 레미 주교에게 전달하였다는 것과 같은 얘기들이다. 레미의 후임 주교는 이를 통해 이 전설이 예수께서 세례를 받으실 때 성령이 비둘기처럼 내려오신 것에 비견(比肩)되는 기적임을 알리고자 했던 것이다. 그리하여 클로비스는 하늘로부터 내려온 기름으로 '기름 부음을 받은 자'이며 레미 주교는 그런 클로비스에게 '기름을 부은 자'로 부각되었던 것이다.

이것으로도 레미가 로마 교회를 구출한 위대한 업적을 기념하기에 충분하지 못하다고 여겼는지, 레미의 후임 주교는 급기야 레미의 기적 리스트를 그의 출생 이전으로까지 끌고 올라갔다. 소경이었던 은둔자 몽탕(Montan)이 레미의 모친을 찾아가 자신이 환상을 통하여 본 것, 즉 위대한 인물이 될 레미의 출생을 알렸더라는 것이다. 그리고 이 예언을 따라 출생한 레미를 알현하기 위하여 몽탕이 레미를 찾아갔을 때, 레미는 입에 물고 있던 모유 한 방울을 몽탕의 눈에 뱉었고, 이로써 소경이었던 그의 시력을 회복시켰다는 것이었다. 우습지만 그는 눈물 나도록 놀라운 기적으로 성모가 자신의 모유로 많은 기적을 행하였던 것이 역사적 사실임을 강변하려 했을 뿐 아니라 성모와 유사한 수준의 기적을 행한 레미의 신성한 능력을 돋보이게 하려는 의도를 이렇게 무리한 조작으로 펼쳐 냈던 것이다.

레미는 22세에 주교 서품을 받는데, 그가 서품 받던 때에 귀신에 사로잡힌 한 남자를 능력으로 치유하였다며 그의 주교 생활 시작조차 매우 남달랐던 것으로 묘사되어 있다. 또한 친척의 빈 포도주 통에 포도주를 가득 채우는 기적을 행하기도 했다는데, 그리스도의 가나 혼인 잔치를 떠 올리게 만들고자 고안한 기적이었음은 물론이다. 그리고 랭스에 대형 화재가 발생했을 때 그가 놀라운 영권을 발동하여 방화자인 사탄을 그 지역에서 추방시켰다고 하는가 하면, 510년 오를레앙 공의회에서는 아리우스파를 대표하는 주교가 변론하려고 할 때, 그의 목소리를 잃게 만들었을 뿐 아니라 마침내 그를 회개시킨 후에는 다시 그의 목소리를 회복시켜 주는 기적도 행하였다고 전한다.

533년 죽음 직전에 이른 레미는 환상 가운데서 베드로, 바울 사도와 함께 새벽 기도를 마친 후 유언장을 작성하였고, 성체 배령 후에 천사들에 의해 그의 영혼이 하늘로 올려져 갔다고 한다. 그 후에도 랭스에 페스트가 창궐하게 되었을 때는 그의 수의가 재앙을 물리치는 수호물로 사용되기도 했다. 이렇게 레미는 성인이 되고도 남을 충분한 자격을 갖추게 되었다. 이런 이유로 랭스 대성당과 성당 부속 박물관과 그의 무덤이 있는 레미 성당에 마치 숨은 그림 찾기 식으로 레미의 기적 행하는 장면들을 곳곳에 숨겨 놓기도 했다.

클로비스의 아내 클로틸드 역시 남편이 개종하는 일에 큰 역할을 하였을 뿐 아니라, 노후에는 투르(Tours)에서 병자와 가난한 사람들을 돌보는 선행을 베풀었던 것으로 기록되어 그녀 역시 성녀가 되기에 이르렀다. 그녀를 기념하는 성당이 파리에서 건축되었는가 하면, 파리 노트르담 대성당 안에는 그녀를 예배하는 경당(經堂)도 있다.

어쨌든 이 사건의 중심인물인 클로비스를 성인으로 추대하기 위해 신화 만들기에 들인 공을 보자면 눈물겹기까지 하다. 잔혹한 전사였던 클로비스는 466년에 출생하여 498년에 세례를 받았지만, 그에게 내세울 만한 업적이 없었던 관계로 예수께서 세례를 받으신 30세에 그가 세례를 받은 나이를 맞추기 위해 그가 세례받은 해를 496년으로 2년을 앞당겨 역사를 변경시키기까지 했다. 이런 이유로 생 레미 성당 안에는 서로 다른 두 연대가 여전히 공존하게 되는 난센스가 생겨나기도 했다. 무리한 억지와 탐욕 때문에 전설과 설화를 만들고 이를 사람들에게 주입하는 작업을 보면, 신화와 우상화의 자질이 인간의 어떤 가치와 목적의식에 의해 얼마만큼 엉뚱하게 작동하기도 하는지를 다시 생각해 보게 된다. 이리하여 클로비스라는 한 인물의 세례가 결국 레미라는 한 인간의 위대함을 드러내는 결말을 맺도록 꾸며져 버렸던 것이다.

여기서 우리는 로마 교회가 갖고 있는 교회론의 뼈대를 분명하게 엿볼 수 있다. 그들은 교회의 머리 되신 그리스도께서 그의 교회를 친히 보호하시는 것이 아니라 어떤 위대한 인간이 교회의 위기를 타파하고 새로운 시대를 만들어 간다고 생각하기 때문에 늘 위대한 영웅의 등장을 기대하고 언제든 특정 인간을 영웅화할 준비를 하고 있다는 점이다. 그리하여 나타나게 된 차기의 영웅은 클로비스 왕가를 무너뜨린 샤를마뉴이다. 이는 오늘날 교회의 세력 확장을 위해 유력한 재력가가 교회에 출석해 영웅적 헌신을 해 주기를 잔뜩 기대하는 어떤 교회들의 가련한 모습과 별반 다르지 않다.

화보6: 498년에 생 레미가 클로비스에게 세례를 주었다는 표식.
Photo©권현익

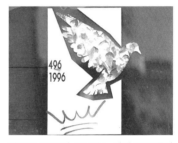

화보7: 1996년 클로비스 세례 1500주년 기념 표지판. Photo©권현익

하지만 '성인 클로비스'(Saint Clovis)라는 이름 자체는 그 어디에서도 찾아볼 수가 없다. 이것은 클로비스가 자신의 지배력을 공고히 하기 위하여 너무나도 많은 주변 사람들을 죽였기 때문인 것 같다.

클로비스의 공로는 역사에서 잊혔지만, 오히려 클로비스의 세례 사건은 프랑스 국왕의 축성식(sacre) 전통으로 발전하게 되었다. 축성식은 대관식(couronnement)과 다르게 구약의 제사장이 왕에게 기름을 붓듯이 주교의 성유식을 통해서만, 그것도 클로비스가 세례를 받았던 랭스 대성당에서만 즉위식으로 시행되게 된 것이다. 다만 위그노 출신의 앙리 4세, 그리고 스스로 왕이 되었던 황제 나폴레옹은 이곳에서 대관식을 치르지 못하였다.

화보8: 대형 조각에는 콘스탄티누스 대제와 그리스도, 그리고 클로비스의 세례 장면이 표현되어 있다. 클로비스가 아리우스파를 제거함으로 하늘이 열리듯 새로운 기독교 왕국을 도래시켰음을 드러내고 있다. Photo©권현익

축성식을 행하기 전에 왕은 한 가지를 맹세해야 했는데, 그는 반드시 '로마 교회를 보호하며, 왕국 내의 모든 이단들을 철저히 박멸하겠노라'는 선서를 해야만 했고, 이후에라도 이 선서를 어기게 되면 왕권은 무효가 되도록 되어 있었다. 주교가 붓는 성유는 왕권의 정당성을 부여하는 신적인 선언이었고, 기름 부음을 받은 왕은 즉시 신성한 몸으로 바뀌어 환자들의 환부에 왕의 손이 닿으면 병이 치유된다는 전설이 만들어지기도 했다. 특별히 피부병

화보9: 클로비스 세례 1500주년 기념 동상. Photo©권현익

의 일종인 연주창 치료에 효험이 있다고 알려져 왕의 축성식이 있는 날에는 전국의 환자들이 랭스 대성당으로 몰려들기도 했다.

왕의 축성식은 결국 왕을 축성하는 교황에게 우위권을 부여하는 형식으로 발전되어, 각 나라의 왕은 당연히 로마 교회의 일반 신자가 되어야 할 뿐 아니라 주교나 교황 앞에 무릎을 꿇어야만 왕권을 수여받을 수 있었다.

클로비스의 세례 1500주년 기념 동상은 이 사실을 여실히 보여 준다. 왕관과 칼을 땅에 내려놓고 벗은 몸으로 서 있는 클로비스와 한층 높은 곳에 서서 화려한 주교의 옷과 모자 그리고 주교의 상징인 주교의 지팡이를 들고 세례를 베푸는 레미를 대비시켜 놓음으로써 교황권이 세속권보다 우위에 있음을 강력히 시사하고 있다.

4) 로마 교회의 새로운 위기

클로비스 사후 프랑크 왕국은 자녀들에게 분할 상속되었으므로 왕국의 분열이 일어났고, 그 결과 왕권이 귀족 가문들의 권력에도 미치지 못하는 시대가 도래했다. 그 가문들을 대표하는 주인공으로 우뚝 선 자가 있었는데, 그는 732년 푸아티에(Poitiers) 전투에서 유럽을 향하여 침공해 들어오는 모슬렘 세력을 저지하고, 상당한 승리를 거두었던 샤를 마르텔(Charles Martel)이다.

한편 로마 교회의 보호자 구실을 했던 클로비스의 메로빙거 왕가의 약화는 곧 그 권력에 의지했던 로마 교회의 새로운 위기를 의미했다. 568년 이탈리아를 침공한 롬바르드족이 이탈리아 곳곳에 그들의 왕국을 세워 774년까지 이탈리아를 지배하게 되었으므로 교황청은 군사적으로 큰 위협 아래 놓이게 되었다. 그래서 교황청은 동방의 비잔틴 제국을 의존할 수밖에 없게 되었고, 이로써 제국에 종속하는 관계로 전락되어 교황 선출도 비엔나에 상주하는 비잔틴 태수의 재가를 받아야만 하는 우스꽝스런 꼴이 되고 말았다.

그럼에도 비잔틴 제국은 로마 교황을 실제적으로 도와줄 수가 없었는데, 왜냐하면 당대에 페르시아와 전쟁하고 있었기 때문이다. 프랑크 왕국 역시 662–663년에 롬바르디아를 침공하였으나 실패하였고, 자국 내 노르만족의 침략에 효과적으로 대응하며 방어할 힘조차 갖고 있지 못하였다.[15] 그러자 로마 교황 자카리아스(Zacharias, 679-752)는 이 난국을 타개(打開)하기 위해 새로운 보호자를 찾았고, 샤를 마르텔의 아들 페팽 3세(Pepin III, 714-768)에게 손을 뻗게 되었던 것이다. 이 페팽 역시 클로비스의 메로빙거 왕조에 대적하여 쿠데타를 일으키고 스스로 왕위에 올랐기 때문에 교황으로부터 새로운 왕조를 인정받고 정통성을 갖춘 왕국으로 출발할 필요가 있었던 상황이었다. 클로비스 때처럼 양측은 서로의 필요조건을 채울 수 있다고 판단하고 손을 잡았다.

5) 페팽(피핀)의 등장 그리고 배반

예외적이게도 교황은 751년에 대주교와 고위 성직자들을 프랑스로 보냈고, 11월 수아송(Soisson)에서 성유를 붓고 페팽을 정식 왕으로 선포하였다. 그리고 메로빙거의 마지막 왕인 킬데리쿠스 3세(Childéric III, 713-755)는 폐위되는데, 왕권이 제거되었다는 의미로 그는 머리카락이 잘린 후 수도원으로 보내졌다. 그는 다름 아닌 아리우스파 때문에 위기에 있던 로마 교회를 구출하였던 클로비스의 직계 후손이었다.

화보10: 파리 노트르담 대성당 출입문에 프랑스 수호성인인 드니 옆으로 샤를마뉴가 성인의 모습으로 서 있다. 이 성당 안에는 메로빙거 왕조를 열었던 클로비스의 아내 성녀 클로틸드의 예배실도 있다. Photo©권현익

배신감과 공포에 질려 삭발당하는 킬데리쿠스의 모습은 판화를 통해서 잘 확인할 수 있다. 그는 감금 4년 뒤 사망하였고, 그의 아들 티에리(Thierry) 역시 수도

---

15 앙리 피렌, 『마호메트와 샤를마뉴』(e-book), 강일휴 역(서울: 지식을만드는지식, 2014), 5장 유스티니아누스.

원에 감금된 채로 생애를 마쳤는데, 한때 로마 교회의 영웅이었던 메로빙거 왕가는 이렇게 그 로마 교회에 의해 역사 속으로 사라졌다.

칼뱅은 이 사건을 두고 이렇게 진술하며 비판한다. "로마 교황 자카리아스는 페팽이 적법한 왕을 몰아내고 왕위를 찬탈하도록 그의 배반과 약탈을 도와주었기 때문에 그 일에 대한 보상으로 갈리아의 교회들에 대한 로마 관구의 재판권을 보장받은 것이다. 강도들이 물건을 약탈해 와서 자기들끼리 그것을 서로 나누어 가지듯이 이들도 자기들의 이권을 서로 나누어 가졌다. 적법한 왕이 폐위된 후 페팽은 지상의 군주로 인정을 받았고, 자카리아스는 모든 주교들의 우두머리로서 영적 권세를 쥐게 된 것이다. 처음에는 이렇게 얻은 교황의 권세가 크지 않았지만, 새로운 권력이 들어서면 대개 그렇듯이 이후 샤를마뉴 대제(Charlemagne)의 때에 이르자 그 권위가 크게 신장되었다. 그 이유도 거의 동일했는데 즉, 샤를마뉴 역시 로마 교황의 노력에 의해서 제국 황제의 자리에 올랐기 때문에 그를 받들어 섬기지 않을 수 없었던 것이다."[16]

6) 콘스탄티누스의 기증서(Donatio Constantini)

754년 새로운 교황 스테파누스 2세(Stefano II, 재위 752–757)는 알프스를 넘어 프랑크 왕국을 직접 방문한 후, 생드니 성당에서 페팽에 대한 또 한 번의 대관식을 거행하였다. 이때에 교황이 파리를 방문한 진짜 이유는 대관식 때문이 아니라 이 행사를 빌미로 롬바르드족을 물리치라는 요청을 부탁이 아닌 명령 형식으로 전하기 위함이었다.

그런데 여기서 하나의 문제가 게재된다. 교황은 이 명령의 정당한 근거로 '콘스탄티누스 기증서'를 들고 갔던 것이다. 그 기증서의 내용은 대강 다음과 같은 내용들이 포함되도록 만들어져 있었다.

한센병(나병)에 걸린 콘스탄티누스 대제는 유아들 3천 명의 피에 몸을 씻게 되면 완치될 것이라는 이교도 사제의 건의를 묵살하였다. 그러던 중 하늘의 계시를

---

16 존 칼빈, 『기독교강요』(하), 원광연 역(파주: 크리스챤다이제스트, 2003), 157.

따라 실베스터(Sylvester, 재위 314-335) 로마 주교(교황)를 만나 회심하고 세례를 받으면서 병이 치료되었다. 이에 대한 감사의 표현으로 로마 주교에게 여러 가지 특권과 황제의 재산과 토지를 기증한다. 교황은 황제를 선택하고 교체할 수 있는 권한을 갖게 됨으로 실질적으로는 황제권에 대한 교황권의 객관적 우위가 확정된 꼴이 되어 버렸다. 이에 근거하여 교황 스테파누스 2세는 콘스탄티누스 대제의 정통성을 잇는 왕으로서 샤를마뉴에게 대관식을 거행했기에 그 대가로서 당연히 롬바르드족에게 점령당한 영토와 재산을 되찾아 줄 것을 요구하게 되었다.

그러나 15세기에 이르러, 로렌조 발라(Lorenzo Valla)에 의해 이 문서가 처음부터 위서(僞書)임이 드러나게 되는데, 사실 콘스탄티누스 대제는 한센병에 걸린 적조차 없었다는 사실이 밝혀지기도 했다. '진리의 수호자'로 자처하는 교황은 세상 권력을 힘입어서 확보한 로마 교회 권력을 더 확고히 지켜내기 위하여 진리와는 전혀 관계가 없는 이런 거짓 문서들까지 동원했다. 더 많은 영토와 재산을 취하는 수단으로 유효하다면 이런 문서를 조작하는 것까지 전혀 마다하지 않았던 것이다.

샤를마뉴는 자신에게 정통성을 부여해 준 교황에 대한 충성의 표현으로 롬바르드족을 쫓아냈고, 그 빼앗은 영토를 교황에게 예속시켜 주었다. 가히 교황의 충성된 보호자로 자처하였던 셈이다. 페팽의 아들 샤를마뉴는 누아용(Noyon)에서 이미 대관식을 치르고 황제의 위(位)에 올랐지만, 교황 레오 3세는 800년 성탄절에 다시 한 번 그를 로마로 불러 황제의 관을 씌워 줌으로써 그가 서로마 제국의 새로운 황제임을 선포하였다.

이후로 로마 교회는 이런 절대 권력자들의 보호 아래 또 한 번 권력의 일취월장을 과시한다. 이는 로마 교회가 그리스도의 인도하심과 다스림 아래 머무르기보다는 세속 권력을 향한 해바라기가 되고 말았던 사실을 여실히 보여 준다.

(2) 교황권의 추락

위클리프와 후스가 역사의 무대 위로 등장할 준비가 이루어지던 당시, 로마 교회는 역사상 가장 치욕스러운 시간들을 보내고 있었다. 프랑스의 왕 필리프 4

세가 국가 재정의 확보를 위해 사제들에게도 세금을 부과하자, 제9차 십자군 원정을 간절히 원했던 교황 보니파키우스 8세(재위 1294-1303)는 즉각 필리프 왕이 부과한 세금 징수를 저지하고 나섰다. 그러자 필리프 4세는 도리어 교황청으로 들어가는 모든 물자의 교역을 끊어 버렸다.

수입이 급감한 교황청은 필리프의 할아버지로 7-8차 십자군 원정을 이끌었던 루이 9세를 성인으로 추대했고, 사제에게 세금을 부과하는 조치에 대해서도 수용 입장으로 돌아섰다. 그럼에도 필리프 4세는 교황권을 의지해 왕권을 따르지 않던 몇 주교를 이단과 반역죄로 투옥시켜 버렸다. 황제의 태도가 이 정도에 이르자 교황 보니파키우스는 이를 로마 교회에 대한 황제의 도전으로 간주하고, 교황 수위권 확립 차원에서 필리프 4세에게 교서를 시달했다. '구원을 위해 교황에게 절대적으로 순종해야 한다'는 내용을 담은 교황의 교서로서 '하나의 거룩한 교회'(One Holy Church)를 의미하는 '우남 상탐'(Unam sanctam, 1302)을 발표한 후[17] 왕을 파문해 버렸다.

그러자 필리프 4세는 보라는 듯이 교황의 교서를 불태운 뒤 1302년 파리 노트르담 대성당에서 대규모 집회를 열어 프랑스 최초 신분제 의회인 삼부회를 개최하여 대중들의 큰 지지를 확보하였다. 그리고 로마 근교 아나니에 있던 교황을 추격하여 굴복시킨 후, 70세의 클레멘스 5세를 새 교황으로 지명하고 프랑스 리옹에서 교황 즉위식을 거행하였다. 그리고 왕의 가신(家臣)이었던 프로방스 백작의 영지 아비뇽으로 교황청을 옮기게 한 후, 교황청에 대하여 간섭하기 시작하였다.

그리하여 무려 68년간 '아비뇽 유수'(1309-1377)라는 치욕의 세월을 보내게 되는데, 이 기간 동안 재임했던 7명의 교황은 모두 프랑스 출신이었다.[18] 아비뇽 유수가 끝난 1378년, 로마에서 이탈리아 출신의 새 교황 우르바누스 6세를 선출하자, 프랑스 추기경들은 이를 정치적 압박에 따른 선출이라 반발하면서 프랑스인

---

17 이 문서는 참 교회가 오직 하나뿐이며, 교회 밖에는 구원이 없다는 주장으로 시작하여 "그리스도의 대리자이며, 베드로의 후계자인 교황의 다스림에 거역하는 자는 그리스도의 양우리에 들어갈 수 없다. 교회는 세속 권력과 영적 권력이라는 두 자루의 검을 지니는데, 세속적 검은 교회를 위해서, 영적 검은 교회에 의해서 사용되어야 한다. 세속 직위는 영적 직위에 의해 판단을 받을 수 있으나, 영적 직위는 인간 법정에 서지 않는다. 인간은 누구든 로마 교황에게 복종해야 구원을 얻는다"는 파격적인 주장으로 마친다. … 특이한 점은 교황의 권위에 거역하는 자들을 모두 마니교도로 몰아붙인다는 것이다. 이렇게 해서 필립 왕도 마니 이단이 되었다(필립 샤프, 6권, 30).

18 곽영완, 『명화 속에 담긴 유럽사』(e-book)(서울: 애플미디어, 2016), 34장 알비 십자군.

클레멘스 7세를 다시 선출함으로써 40년 동안이나 두 명의 교황이 각각 존립하는 불명예스런 '교회 대 분열'의 시기를 보내기도 하였다. 두 진영 모두 나름대로는 적법하게 교황을 선출하였으므로 반교황(Anti-Pope)을 세운 것이라 말할 수는 없었다. 다만 양자가 함께 진짜 교황의 권한을 나누어 가질 수밖에 없었다. 이에 유럽의 각국은 자국의 이익을 따라서 각각 두 교황에게 줄서기를 하였지만, 내심으로는 '구원을 위해서 교황에게 순종해야 한다'는 교황의 교서 '우남 상탐' 따위에 대하여는 전혀 존경심을 갖지 않게 되었다.[19]

또한 로마 교회는 '하나의 교회'라는 명분 아래 교황의 권력을 비판하는 개혁자들을 모두 '이단'이라는 이름으로 살육해 왔는데, 이제는 두 우두머리가 함께 존립하게 되었으므로 하나의 거룩한 공교회(카톨릭) 됨을 스스로 부정하는 꼴이 되고 말았다. 이런 상황 속에서 잉글랜드의 위클리프를 비롯한 많은 개혁자들은 교황을 향한 비판의 목소리를 드높이기 시작하였고, 위클리프는 자신의『교회론』에서 교황을 '적그리스도'라 선언하기에 이르렀다.

교황권 분열의 시대에 선출된 보니파키우스 9세(재위 1389-1404)는 35세에 교황으로 선출될 때까지도 글을 제대로 쓸 줄 몰랐다. 기도문조차 겨우 읽어 낼 정도였는데, 이는 교황 선출이 교회의 영적 권위나 영적 지도력과는 완전히 무관한 정치적 목적과 절차에 따른 것이었음을 확인하게 한다. 당연히 성경을 읽은 적도 배운 적도 없었던 새 교황은 하나님의 말씀이 구원의 능력이 됨을 체험하지 못하였으므로 성경과 무관한 인위적 규칙에 따라 로마 교회를 지도할 수밖에 없었다. 그리하여 가르침과 섬김을 위해 주어진 직분들은 자연스럽게 권력의 주구들이 그 위력을 집행하는 자리들로 대치되어 갔다.

때마침 1346년부터 창궐한 페스트는 이후 10년간 유럽 전체를 황폐화시켜 유럽의 인구 3분의 1을 앗아 갔다. 죽음에 대한 공포는 사람들로 하여금 미신에 더욱 의존하도록 만들었지만, 교회는 그러한 교인들을 복음으로 이끌기는커녕 미신화를 더욱 부추겨 오히려 엄청난 경제적 이득을 챙겼다.[20]

---

19 G. F. 영, 『메디치』, 이길상 역(파주: 현대지성사, 2013), 31.
20 이동희, 『꺼지지 않는 불, 종교개혁가들』(서울: 넥서스, 2015), 2.

화보11: 교황 앞에 무릎을 꿇고 발에 입을 맞추는 하인리히 6세

화보12: 교황 첼레스티노 4세(Caelestinus Ⅳ, 재위 1241-1241)가 하인리히 6세에게 발가락으로 대관식을 하는 오만한 모습[21]

---

21 https://www.johnfoxe.org/index.php?realm=more&gototype=&type=image&book=6.

미래의 불확실함 속에 사제들과 수도사들 역시, 교회가 당한 위기를 걱정하며 이를 회복시키려 노력하기보다는 계속하여 방종에 빠져 들었고, 종교적 미신 조장을 통한 착복과 부의 축적에 혈안이 되어 있었다. 시대적 위기가 영적으로 잠든 교회를 깨우기 위한 사명감을 촉발하는 쪽으로는 전혀 작동하지 못하였던 것이다. 결과적으로 이 시대적 위기는 참 교회와 거짓 교회를 구분할 수 있는 판단의 근거가 되기도 하였다.

(3) 반성직자주의(Anti-Sacerdotal)의 확산

옥스퍼드 출신으로 파리에서 가르쳤던 윌리엄 오컴(William of Ockham, 1287 – 1347)에 의해서 '유명론적 회의론'이 정착되었는데, 이를 오컴주의(Ockhamism)라고 부른다. 무엇보다 오컴주의는 교황권(敎皇權)보다 세속권(世俗權)의 우위를 지지하여 교황의 절대권을 부정하는 사상인데, 교회 권위를 실추시킨다는 이유로 이 사상은 당연히 이단으로 정죄되었다. 이런 분위기에서 파리 대학은 두 교황으로 인한 내부 분열의 종식을 위해 1381년, 프랑스 왕에게 공의회 소집을 요청하기에 이르는데, 이 공의회를 통하여 콘라트(Konrad)는 교황 위에 공의회가 존재한다는 '공의회 수위설'을 주장한다. 이와 같이 13세기를 전후하여 교황권에 도전하거나 반성직자 정신이 본격 표출되는 상황들이 로마 교회 안팎에 팽배했다.

교황권의 전성시대 동안 십자군 전쟁(1096-1291)이 있었는데, '하나님께서 원하신다'(Deus vult …)며 정당성과 명분을 외쳐 댔다. 여기서 십자군 전쟁의 정당성 논의는 차치한다 하더라도, 시간이 지나갈수록 그나마 풀뿌리처럼 남았던 바닥의 순수성까지도 사라지면서 십자군 원정의 참여 거부 혹은 중단으로 급격히 돌이키게 되었는데, 이는 결국 교황권의 결정적 추락으로 귀결되고 말았다. 십자군 원정의 목적이나 근거에 대한 이해가 달라지면서 동서 교회의 통합 교황이 되려는 교황들의 야욕이 드러나게 되었고, 교황들은 십자군 원정의 불응에 대하여 오히려 파문과 같은 강경한 방법으로 대처함으로써 신뢰와 존경을 잃게 된 것은 물론, 교황권 자체에 대한 거부 정서를 촉발하게 되었다.

그리고 사제들의 사치 및 타락과 함께 탁발 수도사들의 게으름과 뻔뻔함, 악덕함이 더해져서 로마 교회에 대한 반감을 일으켜, 황제들이 교황권을 제한하려는 금인칙서(Golden bulls, 황금으로 봉인한 칙서)까지 나오게 되었다. 갈 데까지 가 버린 부정적 정서에 기름을 끼얹은 꼴이 되었던 것이다.

그럼에도 불구하고 로마 교회에서 이런 상황을 반성하거나 개선하려는 의지는 찾아볼 수가 없었다. 사제들의 특권 의식은 더욱 높아만 갔으며, 교회의 법이나 규율, 교리를 변경하여 성찬의 잔은 사제들만 받도록 수정하였는가 하면, 교황과 주교들을 중심으로 한 '가르치는 교회'(Ecclesia Docens)와 신자들을 중심으로 한 '듣는 교회'(Ecclesia Audiens)로 교회를 두 등급으로 양분하는 것과 같은 망발을 계속하였다.

화보13: 첫 십자군 결성을 결정한 우르바누스 2세(Urban II)와 클레르몽페랭(Clermont-Ferrand) 대성당.
Photoⓒ권현익

화보14: 십자군 결의를 위해 클레르몽 공의회가 개최된 노트르담 뒤 포(Notre-Dame du Port) 성당[22]
화보15: 2차 십자군 전쟁 참여를 독려하기 위한 대중 설교가인 베르나르의 설교 모습[23]
화보16: 베르나르가 베즈의 고향인 베즐레에서 설교했던 실제 장소. Photoⓒ권현익

이렇게 하여 깊어진 정서는 특별히 자치법으로 주권을 확고하게 다지고 있던 보헤미아, 폴란드, 헝가리와 같은 곳에서 더 집중적으로 나타났다. 왜냐하면 이런 지역들에서 비교적 난민들의 안전이 보장되었기에 영향력 있는 종교 집단들이 대거 모여들어 거주하게 되었기 때문이다.

그 가운데 가장 큰 영향력을 발휘한 집단은 바로 '발도인들'이었는데, 이들이 대중의 공감과 지지를 얻게 된 것은 변질된 교리와 관례(삶)들을 과감히 개혁하여

---

22 출처: Elizabeth Boyle O'Reilly, *How France built her cathedrals*(New York, London: Harper & Brothers, 1921), 339.
23 출처: François Guizot, *A Popular History of France From The Earliest Times*, vol. 2(Boston: Dana Estes and Charles E. Lauriat, 1869), 13.

초대 교회의 단순함을 회복하기 위해 솔선하였고, 로마 교회의 사제들과는 달리 성실하게 가르치고 이에 일치된 모범적 삶을 살았기 때문이었다.

이미 오래전에 '만인 제사장'을 주창한 발도인들의 개혁 사상이 이 시대, 이러한 교회 상황에서 더 진지하고 새롭게 이해되어 확고히 자리를 잡아가게 된 것은 참으로 다행스럽고도 당연한 귀결이었다.

(4) 성직자들의 타락상

16세기 종교개혁에 대항하여 로마 교회는 자체의 반동 종교개혁을 통하여 나름대로 교회의 순수함을 찾으려고 시도하기도 했었다. 이와 관련하여 당시 로마 교회가 자체 기록으로 드러낸 자신들 교회의 부패상이 얼마나 심각했는지를 짚어 보면, 아연실색하지 않을 수 없다.

18세기 디종(Dijon)의 고등 법원 판사이며 역사 기행가이기도 했던 샤를 드 브로스(Charles de Brosses, 1709-1777)의 '이탈리아 여행기'는 그 가운데 하나인데, 당시 로마 교회의 타락상 일면을 현장감 있게 보여 주고 있다.

"과거 매춘을 일삼던 수녀들이 이윤이 크게 감소한 것에 대해 애통해하고 있다네.… 물론 상당수의 수녀들은 여전히 사랑놀이를 즐긴다네. 그것도 경쟁적으로 말일세. 지금 이 순간에도 베네치아의 세 수녀원은 새로 부임한 교황 특사에게 어느 수녀원이 정부(情婦)를 제공할 권리를 차지할 것인가에 관한 문제를 놓고 격렬한 논란을 벌이고 있다네."[24]

2. 개혁자들의 출현

종교개혁으로 일어난 그리스도인 신앙의 가장 중요한 변화는 우상화된 신

---

24 임승휘, "18세기 프랑스인들의 이탈리아 여행기", 서양사연구 제32권(2005): 131-132.

이 아니라 성경에 계시된 참 하나님께 나아갈 때에 거짓 중보자들이나 사제들을 통하지 않고서도 하나님께 직접 나아갈 수 있다는 깨달음을 회복한 것이다. 이를 위해 개혁 교회는 복음을 변질시켜 '거짓 구원'의 교리를 가르친 것에 '저항'(protest)함으로 복음의 본질을 회복하고, 사도적 신앙을 지켜내며, 그 복음적 신앙을 전파하는 것을 주요 사명으로 여겼다. '프로테스탄트'(Protestant)라는 공식 명칭은 1529년 슈파이어(Speyer) 의회에서 공식적으로 사용되기 시작했으나, 그 '저항'이라는 행동 양식은 교회가 성경의 진리에서 떠날 때마다 외쳤던 선조 개혁자들의 외침과 삶에서 늘 보아 왔던 사실이다.

교회는 구세주를 믿는 신앙으로 말미암은 구원을 강조하는 이신칭의(以信稱義)라는 위대한 교리에서 떠남으로써 진리를 잃었을 뿐 아니라 교회의 생명조차 잃게 되었고, 사탄 권세의 지배하에 들어가 타락을 모면할 수 없었다. 수많은 남녀들이 경건한 삶을 위해 모였다는 수도원들에서조차 위선과 부도덕이 넘쳐 났다. 1496년에 교황 알렉산데르 6세는 군사 수도회에게 정절 서약을 면제시켜 주었는데, '정절'이 수도원과 무관하게 되었으므로 수도원 창설의 의미 자체가 상실되고 말았다. 이러한 타락에 대하여 각 세대의 개혁자들은 성경에 근거한 근본적인 구원의 진리가 회복되면 '교회'가 회복될 것이며, 모든 오류 곧 수많은 성인 숭배, 비 성경적 예식, 고행, 미사, 면벌부도 사라질 것이라고 기대했다. 또한 오직 한 분의 중재자와 그분의 유일한 희생을 믿게 되면, 다른 허탄한 중보자들도 사라질 것이라 확신하였다. 그래서 그들은 그런 거짓 교리들에 담대히 '저항'할 수 있었다.[25]

25 J. H. Merle D'Aubigné, *History of the Reformation of the Sixteenth Century*. vol. 1(New York: American Tract Society, 1835), 94–95.

화보17: 종교개혁의 특징을 설명하는 판화인 '성경의 무게'의 모티브가 된 그림. 개혁주의의 가장 주요한 원리는 '성경으로 돌아가자'로 인간의 논리와 이성에 따라 세워진 교리와 전통을 반대하며 신앙의 기준은 오직 하나님의 말씀임을 보여 준다.[26]

화보18: 1562년 위제 알라드(Huijeh Allardt)의 '성경의 무게'(Le poids de la Bible)라는 작품이다. 왼쪽은 교황, 추기경, 주교, 사제들이 화려한 옷을 입고 앉아 있으며, 반대편은 개혁자 진영으로 베즈, 루터, 칼뱅, 마로가 앞줄에 주네브 학자의 옷을 입고 서 있다. 로마 가톨릭 진영의 저울 위에 는 로마 교회를 상징하는 3가지 물건인 열쇠, 교황의 삼중관, 미사경본이 올려져 있다. 열쇠는 로 마 교회가 베드로를 계승하는 보편 교회임을, 삼중관은 교황이 하나님의 대리자로 세상을 통치하 고 있음을, 미사경본은 개혁 진영의 신앙 기준인 성경과 비교됨을 나타낸다. 성경의 무게를 도무 지 극복할 수 없자, 종교 재판관으로 끔찍한 고문과 학살을 자행하였던 프란체스코회 수도사와 도 미니크회 수도사 그리고 사탄이 저울을 당기고 있다. 그럼에도 성경 한 권의 무게를 감당할 수 없 듯이 성경이 개혁주의 진영의 가장 주요한 원칙임을 보여 주고 있다.

---

26 출처: C. B. Tayler, *Memorials of the English martyrs*(London: The Relingious tract society, 1867), 46.

3. 있는 것은 보이는 것으로 말미암은 것이 아니다

교회의 머리 되신 그리스도께서 아니 계신 적이 없으셨기에, 교회가 타락의 끝을 달리는 암흑의 절정 시대라 할지라도 그리스도께 속한 참 교회는 어느 시대 어느 지점에든 항상 존재한다. 로마 교회 역시 자신들의 교회가 참 교회의 조건을 다 갖춘 유일한 교회라며 카톨릭 교회의 근거를 다음과 같이 제시하였다. 로마 교회는 사도성을 근거로 항상 존재하였을 뿐 아니라 진리를 선포하는 보고(寶庫)로서 항상 그 역할을 수행했다며 유일한 교회로서의 당위성을 주창했다. 또한 사도의 가르침을 잇는 정통 교회로서의 주요한 잣대가 교황을 비롯한 유효한 사역자들이 존재하는 것이라 주장한다. 즉, 사역자의 존재 유무가 참 교회 존재 유무의 결정적 조건이 된다는 것이다. 이러한 로마 교회의 관점은 결국 사제 중심의 교회로서 사제직의 권력화라는 결과를 낳을 수밖에 없었다.

반면 16세기 종교개혁자들은 이를 반박하면서 가시적인 참 교회는 지상에 항상 존재하지만, 결함이 없는 교회의 무오한 상태는 오직 불가시적 교회만의 특징이라고 가르쳤다. 또한 가시적 참 교회가 있는 곳에는 유효한 사역이 '있거나' '있게 될' 것이라고 주장하였다. 왜냐하면 "사역이 교회를 위한 것이지 교회가 사역을 위해 존재하는 것이 아니며, 사역은 예언이나 방언처럼 종식될 날이 있겠지만, 교회는 영원히 존재한다"는 것이 성경의 말씀이기 때문이다.[27]

또한 유효한 사역이 정상적으로 세워지더라도 핍박, 사역자들의 미성숙, 혹은 교회의 형편 때문에 사역은 일시적으로 중단될 수 있다. 그럼에도 여전히 그 교회는 그리스도의 교회이며, 그 교회가 온전히 훈련된 사역자를 세우지 못할지라도 일시적 사역자를 세울 권리를 가지는데, 그럴 경우에도 그는 유효한 사역자가 된다.[28]

---

27 윌리엄 커닝함, 80, 105-107.
28 윌리엄 커닝함, 111.

(1) 루터 이전에 당신의 교회는 어디에 있었는가?

로마 교회는 개혁 교회를 향하여 이 질문을 자주 던졌는데, 대표적으로 예수회의 로베르토 벨라르미노(Robertus Bellarminus, 1542-1621) 추기경 및 몇 사람들이 엘리자베스 여왕이나 제임스 1세에게 이 질문을 했었다. 이 질문에는 개혁 교회가 16세기 이후에 세워졌으므로 초대 교회의 정통성을 갖추지 못한 반면, 베드로의 후계자로 자칭하는 교황을 교회의 머리로 여기는 로마 교회야말로 사도적 전통을 잇는 유일한 보편 교회임을 주장하려는 양면의 의도가 있다.

(2) 참 교회의 기준

참 교회의 표지는 순수한 복음 전파와 올바른 성례의 집행으로, 단지 교회가 어떤 형태를 유지하며 존속한 기간이 오래되었다는 시간적 역사성보다 더 중요한 것은 사도적 교회의 진리를 유지하는 지속성이다. 로마 교회는 스스로 창조된 우주에 존재하는 유일한 '보편적 교회' 즉 '가톨릭(Catholic) 교회'라고 주장하지만, 로마 교회는 오랜 세월 동안 그리스도의 말씀에서 떠나 있었다. 그리하여 로마 교회의 많은 교리들은 주님의 가르침이나 사도적 교회와는 전혀 무관하게 인위적으로 만들어졌다. 이에 개혁자들은 지속적으로 그들의 오류와 실패를 지적, 비판하며 반대하였지만, 그들은 이에 아랑곳하지 않고 종래의 인위적 거짓을 완강히 고집하였다.

보편 교회에 관한 대부분 신조는 니케아(325년), 콘스탄티노플(381년)에서 확정되었다. 그럼에도 로마 교회는 이에 관련한 교리들을 비오 4세(Pius IV, 재위 1559-1565)가 개최한 트리엔트 공의회까지 계속하여 작성하며 다루어 나갔다.

600년경 보니파키우스 3세는 로마 주교의 우월적 지위를 강조하며 교황의 위치를 공고히 해 나갔다. 이에 앞서 470년경 안디옥 교회의 장로 페트루스 그나페우스(Petrus Gnapheus)는 성모와 성인들을 향한 기도를 도입했지만, 150년 동안 대중들이 이를 거부하였다. 6세기에 성인들을 기념하는 교회를 세웠지만, 그것이 성인들에게 예배하고 기도하는 것과 성인들의 공로로 축복을 얻게 되는 것으로 바뀌게 되었는데, 로마 교황청은 9세기 후반까지도 이를 드러내 놓고 발표하지 못하였다.

예수 그리스도께서 세우신 두 성례는 12세기까지도 일곱 종류로 늘어나지 않았었다. 파리 주교 페트루스 롬바르두스(Petrus Lombardus, 1096-1160)가 최초로 7성례를 언급하였는데, 1551년 트리엔트 공의회에서야 확정되었다. 화체설 즉 "빵과 포도주의 모든 물질이 그리스도의 몸과 피로 변한다"는 교리는 1214년 제4차 라테란 공의회 이전까지도 교리로 확정되지 않았었다. 평신도에게 잔을 배분하지 않기로 한 결정도 1416년 콘스탄츠(Constance) 공의회에서야 이루어졌고, 연옥설은 1336년 교황 베네딕토 12세의 교서를 통해서 로마 가톨릭의 공식 교리가 되었다.

이처럼 로마주의자들은 자신들이 고대로부터 기원하는 척 주장하지만, 그들의 혁신(반동 종교개혁)과 그들이 고안하여 도입한 대부분의 주요 교리들은 고대성과는 전혀 무관한 신제품(!)들이다. 그럼에도 그들은 사도적 교리를 그대로 보존하고 있는 개혁 교회를 향하여 "루터 이전에 당신의 교회는 어디에 있었는가?"라고 힐문하는가 하면, "개신교회는 그리스도 이후 1,500년 동안 존재하지 않았던 신흥 종교이다"라고 우기기까지 했다.

그러나 역사적 사실에 근거한 대답은 자명하다. 종교개혁의 목적은 새로운 교리나 교회를 만드는 것이 아니라, 오래전부터 이어져 온 사도적 교리라는 진리를 붙들어 변질된 현실의 교리를 그 왜곡과 거짓의 오류로부터 바로잡는 것이다. 값비싼 그리스도교의 진리가 로마 교회가 쌓아 올린 쓰레기와 오물에 뒤덮여 감추어졌으나, 우리의 선조 개혁자들은 오물처럼 가득한 모호함과 오류, 거짓 주장들을 제거하고 애초의 순전함과 그 광택을 회복하고자 했다. 그것이 그들의 사명이었다.

우리의 교회는 루터 이전 시대부터 이미 그리고 계속 존재해 왔으며 세계의 많은 왕국들과 여러 민족이 믿고 그 가운데 정착했지만, 그것이 전혀 새롭거나 특이하지 않았던 것은 그리스도와 그분의 사도들에 의해 처음 세워진 이후로 현재에까지 이른 역사적 신앙이기 때문이다. 사도들과 선조들은 많은 고난과 박해를 받으면서도 그 진리를 우리에게까지 전달했으며, 로마 교회라는 불충한 파수꾼들이 야기한 허위와 부주의로 방대한 양의 부식이 생겼지만, 우리의 선조들과 교회는 그 부식을 벗겨 내고 순수성을 지켜 냈다. 또 그들이 순전한 그리스도교 신앙에 그릇된 교리를 추가했지만, 우리 선조들과 교회는 그들이 만든 교리와 교회의 허울을 버리고 참 교회를 지켜 냈다.[29]

(3) 루터 이전의 참 교회

이미 우리가 생각해 온 것처럼, 참 교회인 개혁 교회가 루터에게서 갑자기 시작된 것은 아니다. 교회의 개혁은 매 세기마다 계속되었으며, 개혁자들이 견지하였던 목적도 새로운 교회를 '세우려는' 것이 아니라 사도적 정통성을 '회복'하려는 것으로, 시간적으로만 말한다면 개혁 교회 또한 로마 교회만큼의 역사성을 갖고 있다. 지역적 범위만 언급한다 하더라도 개혁 교회는 특정 지역에 국한되어 있었던 것이 아니라 유럽 전역에 걸쳐 존재하였다. 개혁 교회의 교리에 새로움이나 예식의 특별한 창작이 일체 없었던 것은 사도성을 지켜 온 참 신앙 때문이었다. 그 교회는 사도들에 의해 세워진 이후 1,600년 세월 동안 수많은 고난과 박해를 넘어 소위 종교개혁 시대에 이르렀고, 마침내 오늘 우리에게까지 넘어온 것이다.[30] 이는 교회가 그리스도의 십자가에서 시작되었으며, 역사적 지상 교회는 동일한 십자가를 지고 그리스도를 따르는 자들의 모임임을 끊임없이 상기시켜 준다. 루터가 등장하기 400여 년 전, 오랜 시간 동안 큰 박해를 받고 있던 발도인들이 채택한 신앙고백서는 오늘 개혁 교회의 신앙 고백과도 완전히 일치한다. 말하자면 오늘의 개혁 교회가 고백해야 할 바로 그 신앙의 내용인 것이다. 역사적으로 발도인들은 몇 차례 신앙 고백을 내놓았는데, 대표적으로 1120년에 나온 발도인들 신앙 고백의 주 내용은 다음과 같다.

---

29 Thomas H. Horne, *A Protestant Memorial, for the Commemoration*(London: T. Cadell, 1835), 36–38.
30 Thomas H. Horne, 37.

1) 우리는 사도신경의 열두 조항에 담긴 모든 것을 믿고 단호하게 지켜 왔으며, 이와 일치하지 않는 것은 무엇이든 이단적인 것으로 간주한다.

2) 삼위일체이신 성부, 성자, 성령 하나님을 믿는다.

3) 우리는 정경으로서 성경만을 인정한다(외경은 제외).

4) 성경은 우리에게 다음 사실을 가르쳐 준다. 전능하신 한 분 하나님은 지혜와 선하심이 무한하시고 만물을 창조하신 분이시며, 자신의 형상을 따라 아담을 창조하셨다. 마귀와 아담의 불순종과 타락으로 죄가 세상에 들어왔으며, 우리는 아담 안에서 죄인이 되었다.

5) 율법을 받은 선조들에게 그리스도가 약속되었고, 율법의 정죄와 인간의 불의, 결핍을 통하여 죄인 된 인간들은 그리스도께서 오심으로 자신들의 죄를 대속하실 것과 율법의 의가 성취될 것을 소원하였다.

6) 죄악이 관영하였을 때 그리스도는 성부께서 정하신 때에 태어나셔서 우리 안에 있는 그 어떤 선으로 되어진 것이 아니며, 모든 죄인을 위한 것도 아니라 진실한 자들을 향한 은혜와 자비를 나타내셨다.

7) 그리스도는 우리의 생명과 진리와 평화와 의가 되시며, 우리의 목자와 변호자, 희생과 평강이시요, 믿는 모든 사람의 속죄를 위해 돌아가셨고 우리의 칭의를 위하여 다시 살아나셨다.

8) 우리는 성부와의 관계에서 우리의 중재자 또는 변호자 되신 이는 오직 예수 그리스도라고 믿는다. 성모는 경건과 겸손함으로 큰 은혜를 입었다. 우리는 다른 모든 성인들도 심판의 날까지 그들의 몸의 부활을 하늘에서 기다리고 있음을 믿는다.

9) 우리는 이 생애 후에, 구원을 받는 자와 저주 받는 자를 위한, 곧 천국과 지옥이라 부르는 두 장소만을 믿는다. 즉 적그리스도를 위해 고안된 상상의 연옥을 완전히 부인하며, 연옥은 진리를 반대하기 위해 고안해 낸 것임을 믿는다.

10) 우리는 신앙 문제에서 인간이 고안한 것들은 하나님 앞에서 가증한 것으로 여긴다. 축일, 성인을 위한 예식, 성수, 특정한 날의 금식들은 속죄를 위하여 고안한 인간의 발명품들이다.

11) 우리는 성례전을 거룩한 것들의 표식 또는 보이지 않는 축복의 상징으로 여기며 세례와 성찬만을 인정한다.[31]

---

31 John England, *The Works of the Right*(Applewood Books, 1908), 9-10.

이외에도 발도인들은 16세기의 개혁자들이 그리하였던 것처럼, 사제들에게만 성경의 사용을 허용한 것과 교황 무오설과 같은 로마 교회의 오류들에 대하여 직접적으로 반대하였다. 그리고 로마 교회는 적그리스도로서 계시록에 언급된 바벨론 음녀임을 강조하면서 그들의 그릇된 교리에서 분리되어야 할 필요성을 격렬하게 주장하였다.[32] 반면 로마 교회는 사도적 신앙에 인위적으로 추가한 교리를 정당화시키기 위해 성경과 전통에 동일한 권위가 있다고 주장하였다.

1572년에 작성되어 현재 프라하 대학교 도서관에 소장되어 있는 칸티오날(Cantional) 찬송가에는 이 시대를 설명한 한 그림이 실려 있다. 그 그림을 보면 위클리프가 부싯돌로 불꽃을 일으키고, 곧 후스가 그 불꽃을 이용하여 불을 지폈으며, 루터는 그 불로 타오르게 된 횃불을 만들어 높이 치켜들고 있다.[33] 화염의 크기는 다르지만 동일한 불씨에서 나온 불을 서로에게 전달하고 있는 이 묘사는, 개혁 교회는 선조 개혁자들이 받은 초대 교회의 복음을 계승, 보존하며 동일한 내용을 다음 세대에 성실히 전달하는 사명에 충실해야 함을 보여 주고 있다.

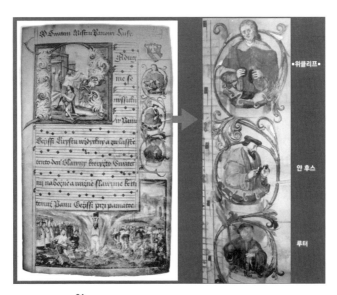

화보19[34]: 칸티오날 찬송가에 묘사된 위클리프, 후스, 루터 3인

32 John England, 10.
33 필립 샤프, 6권, 366.
34 A. Wildmann, *Guide to the royal city of Prague and to the kingdom of Bohemia*(PRAGUE: ALOIS WIESNER, 1912),

화보20: 부싯돌로 불씨를 일으키는 위클리프, 그 불씨로 불길을 피우는 후스, 횃불을 들고 멜란히톤에게 전달하는 루터[35]

79.

35 출처: Georgi Vasilev, "Bogomilism: An Important Precursor of the Reformation", Toronto Slavic Quarterly, No.38(2011): 161.

PART 3

13세기에서
루터에 이르는
개혁 교회

(루터 시대 직전의 개혁 교회)

PART 3

13세기에서 루터에 이르는 개혁 교회

　일반적으로 종교개혁이라 함은 루터의 생애, 그리고 그가 활동하던 시대 전후의 역사와 동일시되며, 종종 '종교개혁' 자체가 그의 활동의 결과물로 간주되기도 한다. 실제로 그가 16세기 종교개혁에서 중요한 역할을 담당하기는 했지만, 종교개혁은 루터가 태어나기 훨씬 오래전부터 진행되었다는 사실을 잊어서는 안 된다. 종교개혁이 루터 시대에 이르러 하나의 대중 운동으로 확산되기는 했으나 본질적으로는 오늘날에도 여전히 계속되고 있는 역사적 실재이다.[36]

　루터의 종교개혁 운동이 시작되기 직전인 14-15세기에도 많은 개혁자들이 개혁 운동에 참여하였다. 루터 직전의 대표적 개혁 교회로는 존 위클리프(John Wycliffe, 1320s-1384)가 주도한 잉글랜드 개혁 교회와 얀 후스(Jan Huss, 1369-1415)가 주도한 보헤미아 개혁 교회를 들 수가 있다.

도표5: 루터 이전의 대표적 종교개혁자

---

[36] *The Universalist quarterly and general review*, vol.1(Boston: A. Tompkins, 1844), 136-137.

1. 14세기 존 위클리프를 중심으로 한 개혁 교회

위클리프가 성경을 가까이하며 가르치는 삶을 살게 된 것은 교수들의 권면이 큰 영향을 미쳤다. 무엇보다 그가 25세 되던 1349년에 아시아에서 시작된 '흑사병'이 유럽으로 확산되면서 일어난 대환난이 결정적이었다. 흑사병 때문에 유럽 인구의 약 3분의 1이 사망했는데, 젊은 위클리프는 이에 큰 충격을 받았고, 본질적이고 영원한 것에 대한 통찰로 성경 연구에 몰두하게 되었다. 때로는 한 자리에서 몇 시간씩 성경을 읽고 기도하면서 하나님의 뜻을 갈구(渴求)하였다.[37]

화보21: 위클리프가 다녔던 옥스퍼드의 머튼 칼리지[38]

---

37 Joseph Milner, *The History of the Church of Christ,* vol. 3(Boston: Farrand, Mallory, & Co., 1809), 480
38 출처: C. B. Tayler, 125.

위클리프에게 큰 영향을 주었던 옥스퍼드 교수들은 여럿 있었는데, 첫 번째 인물은 1253년 인노켄티우스 4세를 신랄히 비난한 바 있었던 링컨 교구의 감독으로 옥스퍼드 신학 교수를 지냈던 로버트 그로스테스트(Robert Grosseteste, 1175-1253)이다. 위클리프는 그의 글을 통해서 성경의 권위에 대한 신뢰를 배웠다.

두 번째 인물은 캔터베리 대주교로 옥스퍼드 교수 토마스 브라드워딘(Thomas Bradwardine, 1300-1349)이다. 하나님의 주권과 은혜의 절대적 필요성에 관한 그의 가르침은 위클리프가 엄격한 예정론을 형성하는 데 직접적인 영향을 끼쳤다.

세 번째 인물은 옥스퍼드 대학 학장이던 리처드 피츠랄프(Richard FitzRalph)인데, 그 역시 위클리프에게 지대한 영향을 주었다. 이들에게서 영향을 받은 위클리프는 성경에 정통하였고, 그의 저서들에서 보여 주는 신앙적 원리들은 대부분 직접적으로 성경에서 도출한 것들이다. 그는 당시 거의 유례를 찾아볼 수 없을 만큼 철저하게, 성경 본문 자체에 근거하고자 노력한 학자였다.[39]

화보22: 위클리프가 설교하였던 루터워스 교회 모습과 위클리프가 사용하였던 의자[40]

39 Willian R. Estep, 『르네상스와 종교개혁』, 라은성 역(서울: 그리심, 2012), 139-140.
40 출처: C. B. Tayler, 22, 16.

화보23: 옥스퍼드에서 개최된 회의에서 교회 지도자들을 향하여 호통을 치고 있는 위클리프[41]

위클리프가 루터워스(Lutterworth)에서 설교할 때에는 국왕 에드워드 3세가 직접 참석할 정도로 설교자로서의 그의 명성은 대단하였는데, 그가 성경을 읽고 가르칠수록 로마 교회의 교리와 실천들이 성경과 무관한 오류임이 드러나게 되었다.

(1) 로마 교회를 향한 개혁 요구

위클리프가 뼛속까지 반(反)로마 교회적일 수밖에 없었던 것은 그가 정치적으로는 프랑스 왕의 세력권 아래 있는 아비뇽 측 교황을 지지하고 있었고, 성경 연구를 통하여 개혁주의 주요 신학적 관점인 '오직 성경'(Sola Scriptura)을 외치면서 그리스도만이 유일한 교회의 머리가 되시며 주님의 말씀에 따라 교회와 세상이 통치되어야 함을 주장하였기 때문이다. 무엇보다 그가 영향을 받았던 발도인들

---

41 출처: J. A. Wylie, *The history of Protestantism*, vol.1(London: Cassell Petter & Galpin, 1870), 121. https://archive.org/details/historyofprotest01wyli.

의 전통 역시 반로마 교회적이었으며, 그가 영어로 성경을 번역한 행동 자체가 교황권을 부정하는 행위였다.

위클리프는 다른 개혁자들이 늘 그러하였듯이 새로운 교회 세우는 것을 목적으로 하지 않았고, 다만 진리를 떠나 길을 잃고 있는 중세 교회를 '교리적으로 회복'하는 것에 우선순위를 두고 헌신했을 뿐이었다. 위클리프의 생애 동안 재임했던 8명의 교황들을 비롯하여 많은 성직자들이 타락의 길을 걸었는데, 그들은 막대한 토지 소유자요, 부패한 권력자들이었으며, 일부는 정부(情婦)와 자녀들을 두는 정도로까지 무너져 있었으므로 그들의 '삶을 개혁하는 것' 역시 그의 개혁의 목표가 되었다.

특별히 수도사를 향한 그의 비판의 목소리는 더욱 컸다. 많은 수도사들이 빈곤 서약을 하고 거지처럼 옷을 입었지만 돈 없이 각지를 여행하면서 부자와 가난한 사람들의 집에 들어가 그들이 얻을 수 있는 모든 것을 취하였으므로, 위클리프는 수도원을 "적그리스도, 강도의 소굴, 독사의 둥지, 살아 있는 악마의 집"이라 칭하였다. 그 외에도 비도덕적인 고위 성직자들의 삶, 교회의 과도한 토지소유, 십자군과 같은 교황의 잘못된 종교적 명령을 집중적으로 비판하였다. 또한 교리와 관련된 갖가지 이단 요소들을 지적하였는데, 성유골과 성인 숭배, 연옥설, 면벌부, 화체설, 고해성사, 세례에 의해 중생한다는 세례 중생설(Baptismal regeneration), 사제의 금혼, 교회의 전통을 성경과 동등한 권위로 선언한 부분 등이었다.

이런 잘못된 가르침으로부터 신자들이 벗어나도록 하는 방법은 구원의 도리와 신앙의 기준이 되는 성경을 신자들이 직접 읽고 옳고 그름을 스스로 판단하는 것이지만, 당시 신자들은 성경을 접할 수도 없을 뿐더러 라틴어 번역 성경을 읽는 일은 가능하지도 않았다. 성경 사본 한 권의 가격이 사제의 1년 급여와 비슷한 정도였기 때문에 위클리프는 친구 존 퍼비(John Purvey)의 도움을 받아 모국어 성경을 출간하는 놀라운 일을 이루었다.

위클리프에게 큰 감동을 주었던 그로스테스트 교수가 대립적인 참사원들과의 토론에서 성경을 자유자재로 친숙하게 사용하면서 반박의 증거를 제시했던 그 행동이 140년 뒤인 1382년에 대면한 적도 없었던 제자인 위클리프의 성경 번역으로 열매를 맺게 되었던 것이다.[42]

그의 성경 번역으로 평신도들, 특히 글을 읽을 수 있는 여성들이 성경을 쉽게 접할 수 있게 되어서 학식을 갖춘 사제들이나 성경을 전문적으로 다룬 자들보다 오히려 더 잘 이해할 수 있게 되었다. 이에 로마 교회는 냉소적인 어투로 "거룩한 성경은 저속해졌고 따라서 복음의 값진 진주는 돼지에 의해 흩어지고 밟히게 되었다"거나 "교회의 보석은 평신도의 놀이(스포츠)로 바뀌고 말았다"고 비아냥거렸다. 이에 위클리프는 "잉글랜드인들은 이제 '그리스도의 법'을 영어라는 언어를 통하여 더 잘 배우게 되었다. 모세도 그의 모국어로 하나님의 율법을 받았으며, 주님의 사도들도 그러했다"고 반박하였다. 주교들은 오랜 논의 끝에 위클리프의 성경을 금서로 정하는 법안을 의회에 제출함으로 대중들이 성경을 접할 기회를 박탈하려 하였다.[43]

(2) 위클리프 개혁 사상의 근원

반위클리프 저자이며 카르멜회의 토마스 월든(Thomas Walden)은 "발도인들의 교리가 프랑스에서 잉글랜드로 전해졌는데, 위클리프가 이를 수용했다"라고 언급했다. 브뤼셀의 프란체스코회 신학자 알폰소(Alfonso de Castro, 1495-1558)나 예수회 로베르토 벨라르미노 추기경은 "위클리프는 발도인들의 이단 사상에 아무 것도 추가하지 않았고, 오로지 발도인들의 사상적 오류를 그대로 다시 드러낸 것에 불과하다"고 공격하였다.[44]

발도인들의 신앙이 쉽게 잉글랜드에 들어갈 수 있었던 것은 당시 프랑스의 기엔(Guienne) 지역을 잉글랜드가 차지하고 있었기 때문이다. 발도인들이 이 지역에서 활발하게 활동하였으므로 그곳 사람들은 발도인들의 가르침을 쉽게 받아들

---

42 W. Croke Robinson, *Robert Grosseteste: Bishop of Lincoln*(London: Catholic Truth Society, 1835), 144.

43 Joseph Milner, The History of the Church of Christ, vol. 4(Boston: Farrand, Mallory, & Co., 1809), 153.

44 Jean P. Perrin, *History of the Ancient Christians*(Philadelphia: Griffith & Simon, 1847), 45-46.

였고, 핍박받는 발도인들에게 피난처를 제공하기도 하였다. 그리하여 자연스럽게 발도인들 교리는 잉글랜드 본토로 들어가게 되었으며, 잉글랜드에서 가르친 내용들은 400년 전 피에몽 계곡의 사역자들이 설교했던 내용과 완전히 동일한 것이었다.[45]

그 결과 잉글랜드는 올바른 복음을 수용한 영예로운 장소가 되었지만 많은 박해도 함께 받을 수밖에 없었다. 바야흐로 1175년에 이르러서는 발도인들이 화형 당하기 시작하였고, 1210년 런던에서는 한 사람이 화형으로 처형되었는데, 그에게 붙여진 죄목은 발도인들의 사상에 오염되었다는 것이었다. 헨리 2세 통치 기간에도 발도인들은 잔혹한 박해를 받았는데, 그들은 세리 또는 선술집(public house)의 주인을 의미하는 비하의 표현인 퍼블리컨(Publicans)이라 불렸다. 정죄하고자 추포하여 추달하였으나 끝까지 죽일 만한 이유를 발견하지 못한 사람들에게는 이마에 인두로 표식을 남겨 모든 사람들이 그들을 알아보도록 하는 형벌을 시행하였다. 이것이 당시에는 횡행하였다고 언급될 정도였다.

잉글랜드가 발도인들에게 박해를 가했던 중요한 이유 중 하나는 알비 십자군으로 그들의 활동과 실체를 알게 된 왕들은 발도인들이 종교적 색채를 갖고 그들의 영토를 침범할 수도 있겠다는 두려운 판단을 하게 되었기 때문이다.[46]

---

45 William S. Gilly, *Narrative of an excursion to the mountains of Piemont,* 4th ed.(London: Printed for C. and J. Rivington. 1824), 78.

46 Jean P. Perrin, 114.

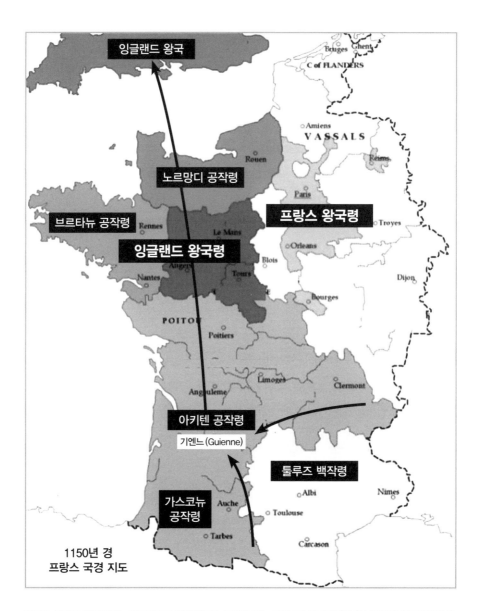

지도6: 툴루즈 백작령에는 발도인들이 알비인들로 불리게 되는 거점 도시인 알비(Albi)를 비롯한 발도인들의 여러 거점 도시들이 있었다. 대서양 연안의 공작령 대부분은 잉글랜드 왕국의 영향력 아래 있었다.

(3) 롤라드인들(Lollards)

일반적으로 롤라드인들은 위클리프에 의해 시작되었다고 알려져 있다. 하지만 후스의 가르침을 따르면 '후스인들', 루터를 따르면 '루터인들', 칼뱅을 따르면 '칼뱅인들'이라는 이름이 붙여지는데, 유독 위클리프를 따르는 사람들을 '롤라드인들'이라 부르는 이유는 무엇일까? 그것은 롤라드인들이 월터 롤라드(Walter Lollard)로부터 유래되었기 때문이다.

위그노 목사이며 리옹 출신의 역사학자 장 폴 페랭(Jean Paul. Perrin)에 따르면 "발도인들의 지도자 가운데 한 사람인 월터 롤라드가 1315년 잉글랜드에서 발도인들의 교리를 가르쳤고, 그리하여 잉글랜드의 발도인들은 '롤라드인들'이라 불렸다."[47] 그러나 모스하임(Mosheim)과 같은 학자는 롤라드가 환자들에게 또는 장례식에서 시편이나 찬송을 불렀던 '가수'(저음의 목소리로 노래함)를 의미하는 '롤렌'(lollen)이라는 단어에서 유래되었다고 주장하기도 한다.[48] 이런 주장에 따라 롤라드인들이 성경을 암송하는 것과 관련하여 '중얼거리는 사람들'이라고 소개된 적도 있다.

롤라드인들이 위클리프보다 훨씬 더 오래전부터 존재했음은 발도인들을 마니교의 일부라고 여겼던 볼테르의 주장에서도 확인할 수 있다. "마니교는 알비인들, 발도인들, 롤라드인들이라는 이름으로 골 지역의[49] 첫 그리스도인들로 여전히 남아 있다."[50]

(4) 피카르디인들(Picardis)

교황 알렉산데르 3세(재위 1159~1181)는 발도인들을 파문한 후, 리옹의 주교에

---

47 Jean P. Perrin, 47.

48 Jean R. Peyran, *An Historical Defence of the Waldenses Or Vaudois*(London: C. & J. Rivington, 1826), 168.

49 윤선자, 『이야기 프랑스』(파주: 청아출판사, 2006), 23. 켈트족이 프랑스 내로 이주하여 지배하던 지역을 로마인들은 골(Gaule) 지방이라고 불렀다. 골은 '닭'의 의미를 갖고 있다.

50 Voltaire, *Essai sur les moeurs et l'esprit des nations*, 1756, chap. 45, 282. C. Schmidt, *Histoire et doctrine de la secte des Cathares ou Albigeois*, vol. 2(Paris: J. Cherbuliez, 1849), 268에서 재인용.

게 그들을 근절시킬 것을 명하는 교서를 내렸다. 이에 리옹의 발도인들은 프로방스와 도피네 지역으로 흩어졌으며, 피에르 발도 역시 리옹을 떠나 3년간 도피네 지역에서 숨어 지내며 가르치기도 했다. 그러나 극심한 로마 교회의 추적 때문에 프랑스를 떠나 플랑드르(Flanders) 지역으로[51] 향하던 중 프랑스 북부 피카르디 지역에서 복음을 증거하게 되었다. 그 결과 그곳에서 많은 회심자를 얻게 되었는데, 그들은 지명에 따라 '피카르디인들'이라 불렀다.

프랑스 왕 필리프 2세(Philippe II Auguste, 1165-1223)는 대부분의 피카르디 주민들이 발도인들이 되었다는 보고를 받고 크게 분노하여 그곳에 군대를 주둔시킨 후 명문가들의 가옥을 300여 채 이상 파괴하였고 다수의 발도인들을 화형시켰다. 이 화형의 불꽃을 피한 일부는 노르망디(훗날 노르망디인들을 형성하게 된 이들) 쪽으로, 또 나머지는 앞선 개혁자들이 활동하였던 북부 플랑드르 지역으로 향하였다.[52] 플랑드르 지역에서는 이미 피에르 브뤼를 비롯한 개혁자들이 복음 전도와 성경 번역으로 왕성한 활동을 했었는데, 피카르디인들은 '베가드인들'(Beghards)을 형성하거나 그들과 협력하게 된다. 모스하임은 베가드인들이 '베겐'(beggen 즉 영어의 beg, 간청하다)이라는 단어에서 파생되어 '기도에 더욱 힘썼던 사람들'이라는 의미를 갖고 있다고 주장하였다.[53]

피에르 발도가 도주하던 중에 형성되었던 피카르디인들과 베가드인들은 훗날 잉글랜드 발도인들의 지도자인 '월터 롤라드'라는 매우 특출한 지도자를 배출시켰을 뿐 아니라 대부분의 16세기 프랑스 종교개혁자들이 이 피카르디 지역 출신이라는 점에서 발도인들이 16세기 종교개혁의 매우 주요한 기틀을 마련하였음을 확인할 수 있다.[54]

월터 롤라드는 '계곡의 사람들'(발도인들의 근거지를 상징어로 쓰는 대명사) 사이에서 높은 평판을 받았던 발도인들의 교사로 요한계시록 주석을 저술하기도 하였

---

51 플랜더스로 더 잘 알려진 이곳은 '저지대' 혹은 '물이 범람하는 땅'이라는 의미를 갖고 있으며, 오늘날 벨기에 지역을 지칭한다. 그러나 넓게는 네덜란드 남서부와 프랑스 북부까지를 포함한다.

52 Joseph Milner, *Foxe's Book of Martyrs*(London: KNIGHT AND SON, 1856), 128.

53 Jean R. Peyran, 168.

54 Jean R. Peyran, 169.

으며, 알비 지역에서 복음을 증거하며 활동하던 중 잉글랜드 본토로 파송되었다. 롤라드는 잉글랜드에서 복음을 전하던 중 체포되어 위클리프가 출생하기 이태 전인 1320년 쾰른에서 화형당했다.

롤라드는 화형터에서 한 줌의 재로 사라졌지만 그의 가르침은 옥스퍼드 대학의 저명한 인물, 루터워스 교구의 사제였던 위클리프에게 전달되었다. 그리고 위클리프는 머지않아 롤라드인들의 지도자가 되었고, 로마 교회를 적그리스도로 비판하는 백 여 권의 저서를 냈는데, 그의 저서와 가르침들은 잉글랜드뿐만 아니라 얀 후스를 비롯한 보헤미아 개혁자들에게도 전파되어 보헤미아 교회 신앙 고백의 뿌리가 되었다.[55]

월터 롤라드의 죽음은 롤라드인들에게 큰 충격을 주었지만, 발도인들이 더욱 힘차게 복음을 증거하며 여러 지역으로 퍼져 나가는 계기가 되었다.[56] 어떤 현대 역사학자는 "몇 년 후 잉글랜드 사람들의 절반이 롤라드인들이 되었고 잉글랜드는 발도인들의 피난처가 되었다"고 언급하였다.[57]

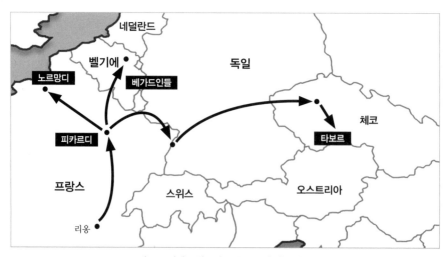

지도7: 피에르 발도와 그 동료들의 이주 경로

---

55 Jean P. Perrin, 114, 168.

56 G. H. Orchard, *A Concise History of Baptists*(Scholarly Publishing Office, University of Michigan Library, 2006), 322.

57 Jacques Brez, *Authentic details of the Valdenses*(Piemont and other Countries: J. Hatchard and son, 1827), 10.

2. 14세기 보헤미아 개혁 교회

보헤미아 국왕 라스티슬라프(Rastislav, 820-870)는 동방의 비잔틴 교회와 가까이하면서 그들에게 선교사들을 보내 줄 것을 요청하였다. 그렇게 보헤미아에 동방 정교회가 세워졌지만, 나중에 로마 교회 성인으로 추대된 바츨라프 1세(Václav I, 907-935)가 왕이었을 때는 그의 노력 때문에 보헤미아에 로마 교회가 정착하게 되었다.

보헤미아에 동서 교회가 이렇게 쉽게 정착할 수 있었던 것은 보헤미아의 수도 프라하(Praha)가 '문지방' 또는 '문턱'이라는 어원에서 유래한 것처럼 동과 서 유럽의 관문 역할을 수행한 지정학적 위치 때문이었다. 이처럼 새로운 문화와 타 종교에 관대했던 특성 때문에 보헤미아에는 많은 개혁자들도 정착할 수가 있었다.

(1) 동서 유럽의 문턱인 프라하

유럽에서 타 문화와 타 종교에 대한 관대함의 척도는 간단히 유대인(the Jewish)을 어떻게 대하는지 그 태도와 수준을 보면 된다. 보헤미아에는 10세기에 터키의 유대인 상인들이 이주하여 별 어려움 없이 정착하였으므로 유럽 전역에서 가장 오래된 유대인 회당이 이곳에 세워져 있다. '골렘'(Golem)의 전설은 바로 이 프라하에서 시작되었다.

로마 교회가 유대인들을 제재하고 재산을 몰수하려는 묘략(妙略)을 세웠다. 이에 분노한 랍비 뢰브(Judah Loewl, 1520-1609)는 유대인들의 원수를 되갚기 위해 블타바 강의 진흙으로 골렘을 만들어 복수했는데, 그 랍비 뢰브의 동상이 프라하 신시청사에 세워져 있다. 가히 보헤미아의 관대함을 시사해 주는 적절한 문화재가 아닐 수 없다. 이러한 보헤미안들의 민족적 문화적 특성 때문에 발도인들이 주변 다른 나라보다 보헤미아에 집중적으로 정착하게 되었다.

13세기 초에 이미 보헤미아의 발도인들은 대략 6만 명 이상이 되었으며, 그들

화보24: 골렘을 만든 랍비 뢰브의 동상. Photo©권현익

　의 가르침은 보헤미안들에게 큰 울림을 일으켰다. 발도인들은 로마 교회의 넘치
는 부(富), 이로 인한 사치, 이런 악(惡)들의 근원이 되었던 면벌부나 성유골 숭배,
성지 순례와 같은 것들을 비판하였다.

　그리고 사제권 남용의 원인이 된 고해성사, 면벌부, 죽은 자를 위한 기도를 반
대하였다. 나아가 교훈과 책망과 바르게 함에 유익한 성경을 가르치는 것은 소위
'가르치는 교회'에 속한 사제들에게만 주어진 특권이 아니라 복음을 받은 모든 그

리스도인들에게 공히 속하였다는 평등성을 주장하였다. 성례에서 세례와 성찬만을 인정하였고, 성찬에서 "이것은 죄 사함을 얻게 하려고 많은 사람을 위하여 흘리는 바 나의 피 곧 언약의 피니라"와 "내 살을 먹고 내 피를 마시는 자는 영생을 가졌고 …"라고 말씀하신 그리스도와 사도들의 가르침을 따라 모든 신자가 빵과 잔에 참여해야 한다는 '이종 성찬'(Utraquism)을 주장하였다.[58] 발도인들은 매 주일마다 성찬을 행하였으며 성찬에는 심지어 아이들도 참여하였다. 그들은 성경적인 교리를 가르쳤을 뿐 아니라 그들의 삶이 진정으로 정직하고 모범적이었기 때문에 대중들에게 큰 감동을 주었다. 발도인들은 산상수훈을 문자 그대로 해석하여 따랐고, 사형과 전쟁에 분명한 반대를 표명했는데, 이를 진압하기 위한 교황권의 남발로 이루 헤아릴 수 없는 피 흘림을 초래했다.[59]

(2) 얀 후스의 등장을 준비함

1) 개혁 4중주

보헤미아의 카렐 4세(Karel IV, 1316-1378)는 1346년에 로마 제국의 황제와 보헤미아의 왕이 된 이후 30년 동안 프라하에서 제국과 왕국을 통치하면서 많은 업적을 남겼다. 그가 보헤미아의 국부(國父)로 불리는 이유이다. 그는 흑사병의 피해를 입지 않았던 프라하를 제국의 수도로 지정하였다. 그리고 1348년 교황의 협조로 제국의 첫 대학을 프라하에 세우면서 그의 이름을 따라 '카렐 대학'(Karlova Univerzata)이라 정하고, 유럽의 학문 특히, 철학과 신학의 중심지로 만들어 간다. 또한 제국의 수도라는 이름에 걸맞게 예술과 학술의 중심지로 만들기 위해 예술가들과 건축가들을 불러들여 프라하를 거대한 도시로 만들어 간다. 로마 교회 역시 수도에 걸맞게 영광스런 거룩한 도시를 만들기 위하여 많은 공을 들였다. 여

---

58 평신도에게 잔을 분배할 때 그들이 포도주를 흘리거나 긴 턱수염 때문에 잔이 오염되거나 병자를 위해 보관해 둔 포도주가 식초처럼 시게 될 경우 그리스도 피로서의 효력을 잃게 되는 위험이 따를 수 있다는 이유와 부활절 같은 행사에 모일 10,000명 내지 20,000명의 참석자들에게 나눠 줄 포도주를 잔 하나에 담기 어렵다는 이유로 금지함(필립 샤프, 6권, 198).

59 Robert H. Vickers, *History of Bohemia*(Chicago: C. H. Sergel, 1894), 327-328.

러 곳에서부터 성모의 모유, 그리스도의 수염, 십자가의 못 등 수많은 성유물들을 수집하여 화려하게 전시하였다. 성지를 방문한 사람들에게는 면벌부를 주었기 때문에 많은 순례객들이 찾아들었고, 교회는 넘치는 헌금으로 사치와 타락으로 빠져들었으므로 사제들은 거룩과 존경심을 잃은 채 그저 명목상으로만 남아 있게 되었다.[60] 특별히 카를슈테인(Karlštejn)은 제국의 보물과 성유물을 보관하기 위하여 카렐 4세가 세운 곳이다.

화보25: 성상 제조장과 판매 모습[61]

이러한 상황 속에서 이미 오래전에 보헤미아에 정착한 발도인들의 활동은 모든 면에서 도덕적으로 해이해져 있던 보헤미아 교회에 큰 자극이 되었고, 곧바로 교회의 거룩성을 회복하기 위한 개혁 운동으로 발전하게 된다. 발도인들이 대중들에게 인기가 있었던 것은 새번역 성경을 근거로 단순하고 복음적이며 도덕적인 지도자들이 수준 높은 삶을 살았고 이해할 수 있는 모국어로 설교하였기 때문이다. 이러한 성경적인 신앙생활은 모국어 설교와 자국어 성경 번역과 신앙 서적 번역 요구로 연결되었다.

---

60 Roberts Liardon, *God's Generals: The Roaring Reformers*(New kensington: Whitaker House, 2008), 48.

61 출처: Joseph Milner, *Foxe's book of martyrs*, 497.

그 결과 1343년 보헤미아의 첫 대주교였던 아르노슈트(Arnošt z Pardubic, 1297-1364)가 주기도문과 사도신경 등을 현지어로 번역할 것을 지시하였다. 또한 일련의 개혁 정책들과 조치들을 통하여 교회와 사회를 변화시키고자 노력했고, 1355년에는 대중들을 계도하기 위해서 보헤미아어로 설교하는 것을 법률로 제정하여 의무화하기도 했다.[62]

14세기 보헤미아 개혁 운동이 성공할 수 있었던 것은 카렐 황제, 대주교 아르노슈트, 대학을 중심으로 열정을 다해 개혁 운동에 참여한 초기 인문주의자들, 대중들에게 개혁주의가 뿌리 내리도록 활동한 발도인들, 이렇게 4중적인 개혁 세력이 확고히 자리를 잡고 있었기 때문이다. 여기에다 콘라트 발트하우저(Konrad Waldhauser, 1326-1369)와 같은 강력한 설교자들이 등장하면서 구체화된 종교개혁 운동으로 확대되어 갔다.[63]

2) 보헤미아의 첫 개혁 교인 피카르디인들

피에르 발도가 보헤미아로 피신하여 그곳에서 1217년에 소천하기까지 동료들과 함께 헌신적으로 복음을 증거하여 보헤미아의 첫 개혁 교인들을 형성하게 되었는데, 이들은 처음에 '피카르디인들'이라 불렸다. 후스인들의 활동 140년 전에 보헤미아 지역에는 최소한 두 개 이상의 발도인들 교회가 세워졌고, 이들 보헤미아 개혁 교인들과 발도인들의 신앙 고백은 완전히 일치하였다. 프랑스 및 그 인접 지역의 발도인들은 동료들을 보헤미아로 보내어 지속적인 단결을 도모하였다.[64] 발도인들이 이처럼 그 세력을 넓혀 나가는 동안 보헤미아는 '리옹의 가난한 사람들'의 주요 피난처가 되었을 뿐 아니라 다른 지역에서 모여든 발도인들 또한 들어와 정착하여 왕성하게 활동하는 무대가 되어 주었다. 1257년 즈음에 보헤미아 왕 오타카르(Otakar)에 의해 박해가 발생하기도 했지만, 행상인으로 활동하였던 발도인들의 바르브(설교자)들은 설교를 통한 복음 증거와 가르침을 결코 멈추

---

62 필립 샤프, 6권, 339.

63 S. Harrison Thomson, *Czechoslovakia In European History*(PRINCETON UNIVERSITY PRESS, 1953), 71-72.

64 Jean P. Perrin, 288.

지 않았다. 그 결과 1260년 42개 지역에 발도인들이 정착하였다.[65] 그러나 1315년 프라하에 종교재판소가 설립된 직후에는 초기 기간에만 매년 14명의 발도인들이 죽임을 당했다.[66]

〈바르브(Barbes)〉

'삼촌'을 의미하는 이 호칭은 특별한 존경과 경외심을 받는 사람들에게 주어지는 호칭으로 발도인들의 목회자를 지칭하는 표현이다. 발도인들 자체가 평신도 운동에서 시작되었고, 당시 사제들의 권력적인 태도와 대조적이었기에 가족적이며 친밀한 의미로 불렸던 것 같다. 장 레제(Jean Léger)에 따르면 "바르브는 모든 덕과 경건과 겸손과 정직과 온화함과 화평케 함에 모범을 보이며, 사역에서도 전적으로 힘쓰고 나태하지 않으며, 주님의 포도원에 성실한 일꾼으로 영혼들을 돌보는 일과 진리를 지키기 위하여 비방과 박해도 감수했고, 심지어 목숨까지 내어놓았으며 세상의 허영과 사치, 명예를 경멸하며 그들의 모든 시간과 재능을 헌신했다."[67]

점차적으로 '발도인들'이라는 이름 대신에 '후스인들'이라는 이름이 대신하게 되었고, 그 후 후스인들이 남부 타보르(Tabor)로 이주하면서 그 지역과 연관되어 '타보르인들'(Taborites)이라 불렸지만, 이는 발도인들의 또 다른 이름들 가운데 하나에 불과했다.[68] 이처럼 보헤미아 개혁주의는 프랑스의 '피카르디인들'과 잉글랜드의 '롤라드인들'을 통하여 형성되었다. 이에 폴란드의 호시우스(Stanislaus Hosius, 1504–1579) 추기경은 "발도인들에 의해 전염된 나병은 보헤미아 전 영역으로 확산되었고, 그들이 발도인들의 교리를 따르게 되었을 때 보헤미아 왕국의 넓

---

65 Società di storia valdes, *Bulletin de la Société d'histoire vaudoise*, 24(1907): 28.

66 David S. Schaff, *John Huss: his life, teachings and death, after five hundred years*(New York: C. Scribner's sons, 1915), 69.

67 *The Pastor Chief, Or, the Escape of the Vaudois: A Tale of the Seventeenth Century*, vol. 3(London: Cunningham & Mortimer, 1843), 211.

68 Jean P. Perrin, 288.

은 지역들은 로마 교회로부터 분리되었다"고 말하였다.[69] 마티아스 플라키우스
도 "보헤미아의 개혁 교리는 발도인들의 교리이다(In Boemiam … doctrina Valdensium
est)"라고 주장하였다.

3) 보헤미아의 발도인들(Waldenses)

게르만 변경에 가까운 보헤미아 북서쪽 산악 지대의 카단(Kadaň)과 이웃 마을
인 호무토프(Chomutov)의 발도인들은 종교재판소에 의해 그 정체가 드러나게 된
다. 종교재판소는 이들이 이미 보헤미아 남부 지역의 발도인들과 접촉했을 것으
로 판단하고 남부 지역도 전면적으로 조사하기 시작했다.

원래 국왕의 영지였던 카단은 도미니크 수도원이 관리하던 곳으로 발도인들
지도자 엉거(Petr Ungar)의 지도 아래 40개가 넘는 교구를 갖고 있는 북서부 지역
발도인들의 중심지였다. 이웃 마을인 호무토프는 튜턴 기사단의 지배지로 그곳
에는 발도인들 지도자 안드레아스(Andreas Dressler)가 있었다. 그곳들에서는 성모
와 성인의 중보 기도, 죽은 자를 위한 기도, 연옥, 성수, 맹세가 금지되었다. 발
도인들의 공동체는 참된 신앙을 소유했다고 생각했지만 발도인들 공동체 외에서
의 구원의 가능성도 인정하였다. 이 두 지역의 발도인들은 오스트리아의 발도인
들과도 접촉하였다.[70] 보헤미아 종교개혁 운동에서 카단은 큰 역할을 했는데, 프
라하, 클라토비(Klatovy), 피세크(Písek), 로우니(Louny), 자테츠(Žatec[71]), 필젠(Plzeň)
과 함께 위클리프인들의 중심지로서 이곳에서는 바츨라프 국왕의 보호 아래 사
적 모임에서 설교가 행해졌다. 이처럼 카단은 보헤미아 종교개혁 시대에도 자테
츠와 로우니 다음으로 북서부 지역 개혁 운동의 중심지였던 것이다.[72]

---

69 Jean P. Perrin, 45.

70 Petr Hlaváček, "Beginnings of Bohemian reformation in the northwest—the Waldensians and the Reformers",
    Bohemian Reformation and Religious Practice, Volume 4(Prague: Academy of Sciences of the Czech Republic, 2002),
    45–46.

71 Petra Mutlová, "Radicals and Heretics: Rethinking The Dresden School in Prague"(Ph. D. diss., Central European
    University, Budapest, 2010), 46–47. 니콜라 드레스텐(Nicholas of Dresden)은 발도인들 중심지 자테츠(Žatec)에서
    설교하였고, 그의 친구 잉글랜드 피터 페인(Peter Payne)도 이곳에서 여러 차례 머물렀다. 이처럼 자테츠는 보헤미
    아 주요 종교개혁자들의 발상지였다.

72 Petr Hlaváček, 49, 56.

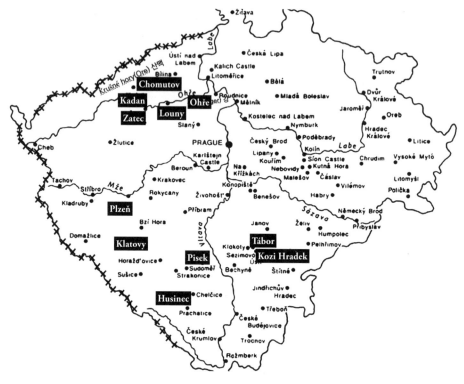

지도8: 보헤미아 발도인들의 주요 활동 도시들

　자테츠와 로우니를 중심으로 발도인들이 발달할 수 있었던 것은 피에르 발도
와 그의 동료들이 리보니아(Livonia) 공국, 폴란드 등에서 망명할 적당한 곳을 찾
던 중 보헤미아의 이 지역에 정착했기 때문이다. 그곳은 뚫을 수 없는 숲들과 높
은 산맥으로 둘러싸여 있었기 때문에, 1176년 오흐제(Ohře 혹은 Éger) 강 주변의 자
테츠(Žatec, Saltz), 로우니(Louny 혹은 Laun)에 정착하게 되었다. 당시 보헤미안들은
발도인들의 교리를 잘 받아들였는데, 그곳에서 발도인들의 교리가 더욱 발전할
수 있었던 것은 그 당시 동방 교회의 교리와 예배가 눈에 띄게 퇴보하고 있었기
때문이다.[73]

73　Emile Guers, *Histoire abrégée de l'Eglise de Jesus-Christ*(Genève: chez madame sus. Guers, 1832), 162–163.

114　16세기 종교개혁 이전 참 교회의 역사

(3) 후스 이전의 보헤미아 개혁자들

잉글랜드의 리처드 2세와 보헤미아의 왕 바츨라프의 누이 안나 보헤미아(Anna Bohemia, 1366-1394)가 왕실 간 혼인에 이르렀는데, 이를 결혼 동맹(1382년)이라 한다. 이를 계기로 두 나라 간의 교류가 활발해지면서 위클리프의 저서들이 보헤미아 유학생들을 통하여 프라하로 건너가 얀 후스에게까지 전달되었다. 이 일에 큰 역할을 한 인물은 후스의 친구인 잉글랜드 유학생 출신의 프라하의 제롬(Jeroným, 예로님)이었다. 이처럼 위클리프의 개혁 사상을 점차 학자, 귀족, 사제들을 비롯한 많은 대중들이 받아들이게 되면서 위클리프 개혁 사상이 유럽 전체로 퍼져 나가게 되었는데, 그 중심에 롤라드인들의 활약이 있었음은 물론이다.[74]

프라하는 1344년 대주교 관할지로 승급되었다. 이에 첫 대주교가 된 아르노 슈트(재임 1344 – 1364)와 그의 계승자 얀 오취코(Jan Očko z Vlašimi, 재임 1364 – 1379)는 교회 개혁을 위한 노력으로 교구 사제단의 연례회의 때에 설교자를 세워 사제들의 영적 도덕적 회복을 시도하였고, 그 후로 이것은 소중한 전통으로 자리 잡게 되었다. 이 사제단 연례회의의 대표적인 설교자들은 콘라트, 얀 밀리치, 마테우스(Matthäus von Krakau, 프라하 체류 기간인 1378 – 1389), 보이테흐, 후스의 선생이었던 슈테판(Stephan von Kolin, 1393), 스타니슬라프(Stanislav ze Znojma, 1405), 후스(1405-1407) 등이었다. 이들은 대중 설교자들이었으며, 동시에 유력한 보헤미아의 개혁자들로 활동하였다.[75]

1) 콘라트 발트하우저(Konrád Waldhauser)

중세 로마 교회가 유럽을 암흑시대로 만들었으나 사제들의 수급을 위해 자체적으로 만들었던 학교들이 대학으로 발전하면서 종교개혁의 진원지가 되었다. 카렐 대학도 보헤미아 종교개혁에 있어 중요한 근원지 역할을 하였다. 프라하

---

74 Jean P. Perrin, 45.
75 Vilém Herold, "How Wyclifite was the Bohemian?", Bohemian Reformation and Religious Practice, Vol. 2(Prague: Academy of Sciences of the Czech Republic, 1998), 27-28.

의 첫 대주교 아르노슈트는 고위 사제들의 타락과 교회 부패를 안타까워하며 교회 개혁을 위해 노력을 하였는데, 이를 지지한 카렐 4세는 비엔나의 설교자 콘라트의 학식과 열정에 깊은 인상을 받아 그를 프라하의 설교자로 초청하였고, 그는 먼저 성 하벨교회(Kostel sv. Havla)에서, 그 후에는 틴교회(Týnský chrám)에서 수년간 사역하였다.[76] 당연하게도 그는 설교에서 로마 교회와 수도원의 부패를 여지없이 지적하였으므로 그의 사역 초기 6년 동안 수도사들이 그에 맞서 완강히 대항하였지만 그의 설교를 중단시키지는 못했다. 그는 프라하 대학 학생들의 요청으로 미래 설교자를 위한 라틴어 설교(1367–1368) 모음집 『설교 모음』(Postilla)[77]을 남겼고, 이는 보헤미아어로 번역되어[78] 대중들에게서 큰 인기를 누렸다.

콘라트는 상류층을 대상으로 사치, 탐욕, 교만을 지적하였고, 또한 탐욕스런 사제들의 부패와 탁발 수도사의 모순과 성직 매매를 비판하였다.[79] 그는 외국인이라 게르만어와 라틴어로만 설교하였기 때문에 대부분의 보헤미안들은 통역을 거쳐 그의 메시지를 접할 수밖에 없었음에도, 교회가 군중으로 가득 차게 되자 교회 앞 광장에서 설교했어야 할 정도였다. 교만과 음험함, 방탕함을 통렬하게 지적한 그의 설교는 사람들의 삶에 변화를 가져왔다. 여인들은 사치스러운 의복과 값비싼 보석을 포기하였고, 남자들은 죄와 부패함을 회개하였으며, 수전노들과 도둑들조차도 경건한 삶으로 돌이켰다. 콘라트의 설교와 저서는 대중들의 변화를 가져왔지만, 동시에 사제들의 증오를 불러일으켰다. 그러나 카렐 4세의 보호 때문에 누구도 그를 해칠 수가 없었고, 프라하에서 가장 중요한 교구인 틴교회에서 생의 마지막까지 사역할 수 있었다.[80]

---

76 Kuhns & Dickie, *Jan Hus: Reformation in Bohemia*(reformation press, 2017), 39.

77 새로운 성경 해석에 결정적인 역할을 하였던 파리 대학 교수 니콜라 드 리라(Nicolas de Lyra, 1270–1349)는 간략한 성경 주해서인 『설교 모음』(Postilla)을 기록했다. 그는 원어 성경을 라틴어로 새롭게 번역하면서 때로는 교부들의 주석보다 유대교 주석가들의 설명을 과감하게 취하기도 했다. 니콜라의 공로는 성경의 문자적 의미를 강조한 것인데, 그는 교의 수립에서 오직 문자적 의미만을 사용할 것을 주장하였다. 이는 헬라어나 히브리어를 몰랐던 스콜라 학자들의 공상적이고 사악한 해석 체계를 무너뜨리는 새로운 성경 해석 시대를 열었다. 그의 이런 방식을 위클리프와 제르송뿐 아니라 루터도 사용했으며, 루터는 문자적 의미를 부각함에 니콜라가 이바지한 사실을 인정하였다(필립 샤프, 6권, 673–674). 큰 영향력을 끼친 니콜라의 『설교 모음』 덕분에 위클리프와 후스도 저술도 남겼다.

78 S. Harrison Thomson, 73

79 Howard Kaminsky, *A History of the Hussite Revolution*(Berkeley and Los Angeles: University of California Press, 1967), 7–8.

80 Kuhns & Dickie, 40.

116　16세기 종교개혁 이전 참 교회의 역사

2) 얀 밀리치(Jan Milič z Kroměříž)

훗날 후스인들 운동에 가장 큰 영향을 주게 되는 얀 밀리치(1320-1374)는 모라비아의 크로메리츠(Kromeriz)에서 1320년경에 출생하였다. 1360년에 그는 황제의 비서로 고용되어 콘라트를 보호했던 카렐 4세의 궁전에서 화려한 경력을 쌓았으며, 원하는 모든 것을 다 소유하는 삶을 살았다. 그러던 중 친구이며 프라하 설교자인 콘라트에게 큰 도전을 받아 1363년에 이르러서 인생의 새로운 전기를 맞았다. 그는 모든 공적인 직위를 포기하고, 피에르 발도처럼 가난하고 겸손한 그리스도의 종으로서의 삶을 살기 시작하였다. 대주교 아르노슈트는 한편으로 그의 결정을 안타깝게 여겨 '양 떼를 돌보기 위한 가난한 목자의 삶보다 더 나은 선택은 없겠는가?'라며 그를 만류했지만, 그는 결국 콘라트 뒤를 이어 성 하벨교회의 설교자가 되었다. 성 미쿨라쉬교회(Kostel svatého Mikuláše)에서도 사역하다가 1364년에 콘라트의 후임으로 틴교회에서도 설교하게 되는데, 그는 처음부터 보헤미아어로만 설교하였다. 훗날 게르만어를 배워 게르만어로도 설교하였고, 사제들을 위해서는 라틴어로 설교하면서 두려움 없이 사제들의 악행을 비판하였다.

밀리치는 사역 초기에 크게 주목받지 않았으나 점차 그의 설교에 사람들이 귀를 기울이기 시작하고 관심이 커져 가면서 그는 하루에 3번 또는 5번까지 3개의 각각 다른 언어로 설교하였다. 또한 그는 학문과 문학적 재능 덕분에 지식층들로부터 존경을 받으면서 프라하의 유력한 영적 지도자로 자리 잡게 되었다.[81] 동시대의 개혁자였던 보이테흐(Vojtěch)도 그의 설교에 감탄을 표하였으며, 토마쉬(Tomáš)도 그가 불같은 언변을 토해 냈다고 언급하였다.

특별히 그는 극빈층들이 죄에 묶인 삶에서 벗어나도록 돕기 위해 적극적으로 나섰다. 이를테면 그는 젊은 매춘부들이 교회를 찾아 때마다 동일한 내용의 고해성사를 반복하는 것에 깊은 안타까움을 느꼈는데, 그들이 반복하여 그 동일한 죄의 상황에 머무는 중요한 이유가 복음을 제대로 이해할 기회를 얻지 못하기 때문이라고 확신했고, 그들은 오직 라틴어로 설교를 들어야 했기 때문에 실제로는 말

---

81 Kuhns & Dickie, 40-41.

씀의 어떤 능력도 경험할 수가 없어서 삶의 변화도 일어나지 않았던 것이라고 판단했다.[82]

이에 카렐 황제는 매춘 지역인 베나트키(베니스, Benátky) 거리의 부지를 밀리치에게 제공하였고, 1372년에 밀리치는 그곳에 그 여인들을 위한 거처인 '새 예루살렘'이라는 공동체 건물을 세웠다. 점차 건물이 협소해졌을 때, 후원자들이 일어나 여러 채의 이웃 건물들을 구입해서 최대 80명까지 수용할 수 있는 규모에 이르기도 하였다. 이 공동체는 지역 사회에서 수도원과 같은 역할을 하게 되었고, 밀리치는 그들의 생활에 필요한 것들을 제공할 뿐 아니라 하루 9번의 보헤미아어 설교와 성찬을 통하여 영적인 양식도 제공하였다.[83] 그는 모국어로 설교를 들은 신자들의 삶에 변화가 일어나는 것을 목격하면서 대중들을 위해 설교하는 것만을 목적으로 하는 건물의 설립을 소망하게 되었고, 이것은 베들레헴 채플을 세우는 것으로 결실하였다.[84]

20세기 아르누보의 대표적 체코 화가 알퐁스 무하(Alfonso Mucha)는 20개 작품으로 구성된 대작 '슬라브 서사시'(The Slav Epic)를 그렸는데, 그 가운데 일곱 번째 작품이 '얀 밀리치'(1916년)이다. 무하는 그의 서사적 작품을 통해 당시 열악한 환경의 여인들을 향한 얀 밀리치의 복음적 열정을 알리려 했던 것이다. 이는 그의 사역이 갖는 역사적인 의미를 짚어 볼 수 있는 장면이 아닐 수 없다.

밀리치는 1366-1367년 어간에 예언서와 요한계시록으로 '그리스도의 재림'에 관한 연구를 하던 중 인간의 모든 계층 가운데 특별히 사제들 즉, 대주교로부터 수도승들에 이르는 자들이 적그리스도의 대리인 역할을 하고 있음을 알리는 책을 저술하였다. 이 책에서 그가 교회의 사치를 비판하며 로마 교회 교리를 신랄하게 지적하였으므로 사제들은 이에 맹렬한 분노를 보이며 황제의 보호 아래 있던 그를 교황 우르바누스 5세에게 직접 고소하였다. 그 결과 황제의 개입에도 불구하고 그는 1367년에 로마의 종교재판소 감옥에 투옥되기도 했다.[85]

---

82 Howard Kaminsky, 10.

83 The Count Lützow, *The life & times of Master Jan Hus*(London: J. M. Dent & Co, 1909), 34.

84 Howard Kaminsky, 10.

85 Kuhns & Dickie, 41-42.

그러나 곧 석방되어 프라하로 다시 돌아와 예전처럼 1369년부터 1372년까지 매일 설교하였다. 1373년에 다시 수도사들과 사제들이 12개항의 죄목을 걸고 밀리치를 고발하였으므로 그는 이듬해에 아비뇽으로 끌려갔지만 거기서도 교황의 특전을 받아 추기경들 앞에서 설교하기도 했다. 그는 아비뇽에 머무는 동안 소천하였다. 로마 교회의 권력 남용을 중지시키고 대중들을 향해 복음을 증거하기 위해 노력했던 그의 헌신은 로마 교회의 권위를 거부하는 사회적, 종교적인 대 변혁의 토대를 만들어 놓았고, 그는 후에 '보헤미아 종교개혁의 아버지'라 불리게 되었으며, 얀 후스에게도 가장 큰 영향을 준 선배가 되었다.[86]

밀리치의 사역과 신학 사상에서 가장 특별한 것은 '기도'에 관한 부분이다. 그는 모임을 인도할 때마다 대중들과 함께 긴 시간 동안 기도했으며, 6권으로 이뤄진 『기도서』를 저술하기도 하였다. 이 책의 특징은 기도를 성찬의 본질과 그 의미를 통하여 드러내는 것임에도, 기도의 첫 세 부분은 성찬으로 시작하지 않는다.

제1권은 성모를 많이 언급하지만, 성모에 대하여 찬양하기보다는 중보 기도의 본질이 무엇인지를 다루고 있다. 당시 로마 교회는 죄인들이 감히 그리스도의 얼굴을 바라볼 수 없기 때문에 그리스도와 친밀한 성모가 그리스도를 대리하여 사람들을 중보하고, 악으로부터 보호하며, 죄인들을 유혹으로부터 지키고, 잘못을 바로잡아 주며, 버림받은 자들을 받아 주고, 장님에게 빛을 비추며, 약하고 병든 자들을 하나님의 진노로부터 피할 수 있도록 인도한다고 가르쳤었다. 그러나 그는 "성모는 그런 일과 무관한 존재이며, 오직 성육신하신 그리스도의 모친으로서 육체적이고 인간적인 역할만을 하였을 뿐이다"라고 명확하게 밝혔다.

제2권은 성령님께 드리는 기도에 관한 내용으로 인간의 죄와 약함을 강조하면서 주제를 확장시켜 나간다. 성령님은 이러한 인간들이 참된 회개에 이르도록 친히 우리를 위해 탄식하심으로 간구하셔서 우리로 하여금 현세적인 쾌락을 거절할 수 있도록 도우신다는 것이다.

---

86 Howard Kaminsky, 10.

제3권은 삼위 하나님께 드리는 기도에 관한 것이다. 나머지 세 번의 기도는 성찬과 관련된 것으로 성육신하신 그리스도에 관한 내용이다. 성찬은 바로 그 그리스도께서 인간을 구속하셨음을 드러내는 상징적 예전임을 말하고 있다. 또한 12세기 이후 평신도에게 성찬의 빵만을 제공하는 것은 전혀 성경적 근거가 없는 것으로 사제를 비롯한 모든 신자가 사도 시대의 초대 교회 때처럼 빵과 잔에 모두 참여해야 할 것을 강조하였다.[87] 그의 관점은 대중들로부터 큰 호응을 얻어 내었기 때문에 보헤미아 종교개혁을 대중적 운동으로 이끌어 낼 수 있었던 것이다.

밀리치의 반대자들은 비열한 표현들로 그를 비방하였는데, 한번은 "당신이 설교한 이후로 우리에게서는 평화가 사라졌으며, 계속적으로 우리를 짜증스럽게 만들었다"고 불평하자 밀리치는 "처음부터 지금까지 그리고 영원토록 그러합니다. 아멘"이라고 대답하였다. 카렐 황제와 얀 오취코 대주교가 밀리치를 계속 지지하였기 때문에 이윽고 그 지역 보헤미아의 사제들은 교황에게 직접 호소하기로 결정하였다.[88]

1373년에 밀리치를 반대하는 연대가 형성되었고, 사제들이 그를 고소할 때의 죄목은 베가드인(Beghard) 이단이라는 혐의였다. 베가드인들은 밀리치처럼 기도와 성찬을 강조하였는데 남자 공동체는 '베가드인들'로, 여자 공동체는 '베긴인들'(Beguins)로 불렸다. 밀리치가 여성을 위한 새 예루살렘 공동체를 형성하였던 것도 베긴인들과 무관하지는 않을 것이다.

급기야 사제들의 반발 때문에 밀리치의 사역은 중단되기에 이르렀고, 1374년 그는 재판을 받기 위해 아비뇽으로 향할 때, 보이테흐가 프라하에 부재중이었음에도 새 예루살렘 공동체를 보이테흐에게 위임하고 떠났다. 밀리치는 아비뇽에서 재판이 최종적으로 처리되기 전에 소천하였는데,[89] 이 소식을 접한 대적자들은 새 예루살렘 공동체를 빼앗기 위해 모든 힘을 모았다.

---

87 J. M. Clifton-Everest, "The Eucharist in the Czech and German Prayers of Milič z Kroměříže", Bohemia 23, No. 1(1982):

88 The Count Lützow, 34-35.

89 Howard Kaminsky, 12-13.

3) 보이테흐 란느코바(Vojtěch Raňkův z Ježova)

타보르에서 멀지 않은 벨키 예쇼바(Velký Ježova)에서 출생한 보이테흐(1320-1388)도 카렐 황제 시대에 프라하의 유명한 개혁주의 설교가로 활동하였다. 그의 주요 가르침은 '신자들 삶의 모든 기준은 성경 안에 있기 때문에 성경이 말하지 않는 어떤 인본적 교리들은 다 배제시켜야 한다'는 것이었다.

그의 어린 시절, 프라하에는 대학이 없었기 때문에 그는 학업을 위해 파리로 떠났으며, 1355년에 보헤미아 출신으로는 처음이자 마지막으로 파리 대학의 학장이 되었다. 프라하에서 골리앗과의 싸움을 하고 있는 콘라트의 개혁 운동에 존경과 지지를 표명하는 서신을 보내면서 엘리야에 비견되는 복음 진리의 전령자이며 예언자로서 부패한 사제들로부터 온갖 부당한 거짓 비난을 받고 있는 것이라며 콘라트를 격려하였다. 이는 명백히 콘라트의 개혁적 관점을 지지한 것으로, 그가 1366년 프라하로 돌아왔을 때는 콘라트와 함께 사역을 감당하였다. 1371년까지 프라하에서 개혁 운동에 참여하면서 '보헤미아 종교개혁의 아버지'로 불리는 얀 밀리치와 협력하기도 하였다.

보이테흐가 프라하의 성 비투스 대성당의 참사원으로 임명받아 교육 기관의 감독 역할을 수행하던 때에는 신학 대학의 게르만인 교수 하인리히(Heinrich Totting von Oyta, 1330-1397)와 심한 논쟁을 벌이기도 하였다. 보이테흐는 하인리히를 이단 혐의로 고소하는 입장이었기 때문에 신학 대학 그리고 대주교 얀 오취코와는 적대적인 관계를 맺을 수밖에 없었다.[90]

보이테흐가 파리에 머물던 1373년 즈음에 파리로 유학을 온 남부 보헤미아 출신의 마테이 야노바(Matěj z Janova)라는 제자를 만났다. 마테이의 고향 야노바(Janova)는 보이테흐의 고향 벨키 예쇼바와는 걸어서 2시간 정도의 가까운 곳에 위치하고 있었다. 보이테흐는 마테이에게 경제적인 도움을 주기도 했었는데, 이런 관계는 마테이가 1381년 프라하로 돌아왔을 때까지도 계속되었다. 왜냐하면 마테이가 성 비투스 대성당 참사원이 되었지만 명확하지 않은 어떤 이유로 보수를

---

90 Vilém Herold, "Vojtěch Raňkův of Ježov and the Bohemian Reformation", Bohemian Reformation and Religious Practice, Vol. 7(Prague: Academy of Sciences of the Czech Republic, 2009), 74-75.

받지 못하고 있었기 때문이다. 가난한 설교자 마테이가 보이테흐가 소천할 때까지 보이테흐의 집에 머물렀던 것은 두 사람 사이에 어떤 긴밀함이 있는지를 잘 보여 준다.

보이테흐의 라틴어 저서인 『신구약 성경의 규칙』(Regulae Veteris et Novi Testamenti)은 신자가 선한 삶을 살아가는 데 필요한 모든 원리는 성경 안에 있기 때문에 신자들은 성경과 그리스도의 진리에 우선적으로 순종해야 할 것을 강조하여 가르치고 있다. 이런 가르침은 당연히 로마 교회와의 충돌로 이어졌고, 보이테흐도 동료 개혁자들이 겪었던 것처럼 이단 혐의를 받아 아비뇽으로 끌려갈 수밖에 없었다. 그러나 결국 무혐의 판결을 받게 되었고, 곧바로 파리로 가서 신학박사 학위를 받았으며, 1375년에 다시 보헤미아로 돌아왔다.

보이테흐는 수년 동안 대주교 얀 젠스타인(Jan Jenštejn)과 충돌할 수밖에 없었는데, 이는 교회의 가난함, 교회의 수입을 최소화할 것, 대주교는 수입을 포기할 것, 그리고 하나님의 형상으로 지음 받은 모든 인간들은 모두 평등하며 서로 사랑해야 할 것을 강렬하게 강조하였기 때문이다.

그리고 1386년에는 대주교가 어떤 사전 협의를 거치지 않고 '축복받은 성모 마리아의 방문'이라는 새로운 축일을 선포하자 이에 대하여 항의하고, 연옥의 개념, 예전(예식)을 증가시키는 것에 대해 비판하면서 갈등이 유발되었다.[91]

1388년 즈음 죽음이 가까워지자 보이테흐는 자기 시신의 매장지가 될 브레브노프(Břevnov) 수도원에 본인 소유의 도서들을 기증하였고, 많지 않은 나머지의 재정은 파리나 옥스퍼드에서 철학이나 신학을 공부하는 연구생들을 위한 장학금으로 내어놓았는데, 조건은 후보자의 부모 모두가 보헤미아어를 사용하는 사람이어야 하는 것으로 제한하였다. 그는 죽음 직전에 시토회에 넘겨진 밀리치의 '새 예루살렘 공동체'를 되찾아 밀리치의 제자들을 위해 건물과 토지를 구입하려고 하였으나 이것이 뜻대로 되지를 않자 베들레헴 채플을 세우는 것으로 계획을 수정하였다.[92]

---

91 Vilém Herold, "Vojtěch Raňkův of Ježov and the Bohemian Reformation", 76.
92 Vilém Herold, "Vojtěch Raňkův of Ježov and the Bohemian Reformation", 77-78.

4) 토마쉬(Tomáš ze Štítného)

토마쉬(1333-1409)는 보이테흐와 친분이 있었으며, 콘라트와 얀 밀리치를 존경했던 남부 귀족 출신의 평신도 지도자였다. 그는 놀라운 기억력으로 6권의 논문을 저술한 사람이기도 하다. 이 논문들 이외에도 많은 책들을 보헤미아어로 번역하여 모국어를 기반으로 시작된 보헤미아 개혁주의 사상을 널리 확산시키는 일에 크게 공헌하였다.

토마쉬는 1415년에 프라하 대학의 총장이 되는데, 1412년에 대학 총장이 된 얀 후스의 후임이었다. 그는 후에 베들레헴 채플의 설교자가 된 야코우벡(Jakoubek ze Stříbra)에게 큰 영향을 끼치기도 하였다.[93]

5) 마테이(Matěj z Janova)

보헤미아 귀족 가문에서 출생한 마테이(1350-1393)는 프랑스에서 활동하였기에 마티아스(Matthias de Janov)라는 이름으로 더 잘 알려졌으며, 설교보다는 학문을 통하여 개혁 사상을 널리 전달하였다.

그는 프라하 대학 시절부터 얀 밀리치의 열렬한 추종자였으며, 학업을 마친 후 파리 대학에서 6년간 공부하였고, 귀국한 후에는 교황 우르바누스 6세로부터 프라하 대성당의 참사원 자리를 취득하였다(1394년). 그는 활발한 저술을 통하여 후스의 종교개혁에 지적인 기반을 제공하였다. 그의 저서 중 『신구약 성경의 규칙』(De Regulis Vetetis et Novi Testamentis)은 유명한데, 그 내용을 미루어 보면 이 책 제목은 오히려 '참과 거짓된 기독교 연구'가 더 적절해 보인다.

이 책은 당시 독자들과 시민들에게 큰 반향을 불러일으켰다. 그는 이 책의 성만찬 부분에서 성찬은 자주 행해야 하며 심지어 매일 행할 것을 말하였고, 초대교회가 행하던 그대로 포도주와 빵 모두를 성도들 모두에게 나누어야 한다고 주장하였다. 이 점과 관련해서는 후스의 후임자로 이종 성찬을 주장한 야코우벡과 후기 후스인들의 주역이었던 칼릭스인들(성배파, Calixtines)에게 영향을 주기도 하

---

93 Vilém Herold, "Vojtěch Raňkův of Ježov and the Bohemian Reformation", 76

였다.

그는 『사제들과 수도사들의 혐오에 관하여』(*De Sacerdotum et Monachorum Carnalium Abominatione*)를 통해서는 당시 교회의 타락을 실제적으로 소상하게 지적하였다. 『그리스도의 계시와 적그리스도에 관하여』(*De Revelatione Christi et Antichristi*)에서는 적그리스도 도래의 표징을 설명하고 있다. "적그리스도는 육과 혈의 모습이 아닌 정신으로, 그리스도의 영을 대적하는 교회 정신의 형태로 등장한다. 불의에 속해 있으면서 고의적이며 의도적으로 선을 대적하거나 지혜와 사랑을 대적하는 일을 하는 자들이 곧 적그리스도이다. 그러한 일을 행하는 사람이 교회의 지도자라면, 그는 모든 적그리스도들 가운데 가장 높은 자가 될 것이다. 과거의 적그리스도는 교회를 향하여 무력을 사용하였고 이단을 통하여 교회를 무너뜨리려고 하였지만, 현재는 예술, 과학, 종교, 사치, 화려함으로 장식된 경건의 모습을 통해서 접근한다. 적그리스도의 출현을 알리는 신호는 영적인 것과 세속적인 것, 영원한 것과 일시적인 것을 혼합시키는 일, 사제들의 의무 태만과 타락, 교회 내에서는 도미니크회와 프란체스코회 사이의 암투나 사제들과 수도사들 간의 격렬한 경쟁 탓에 분열하는 모습 등으로 곧 세상의 종말을 보여 주는 것이다"라고 설명하였다.

마테이는 또한 사치함의 유행, 죽은 자를 위한 예식, 성상 숭배, 기적에 대한 열광에 대해서도 비판하였다. 또한 단테가 이미 언급하였던 것처럼 세속적 권력을 얻기 위하여 교황의 주도하에 거짓 문서를 작성하였던 '콘스탄티누스의 기증서'에 대해서도 한탄하였다. 그리고 주교, 신학자, 사제들, 특히 구걸로 가난한 사람들의 피를 빨아 먹는 탁발 수도사들을 비판하였다. 금식, 축제일, 길거리에서의 기도 행렬 등은 하나님의 계명을 축출하는 행위이며, 면벌부 판매, 특별히 성유물 숭배는 성도들로 하여금 기적을 빌미로 참다운 경건에서 떠나도록 만들었다고 비판하였다.

마테이는 보헤미안들의 신앙에서 이러한 모든 인위적 요소들을 폐지하고 초대 교회의 단순함으로 돌아가 하나님만이 홀로 고귀한 영광을 받으실 것과 영원한 하나님의 말씀을 신뢰하는 것을 목표로 하였다. 성경에서 보이는 성령의 법만으로도 교회 운영에 충분하기 때문에 인본적인 예식이나 인간적 전통들은 즉시 폐지할 것을 요구하였다. 그리고 구원의 유일한 조건은 그리스도 안에서 믿음으로 말미암아 성령으로 거듭나는 것임을 강조하였다.[94]

화보26: 청렴을 모토로 시작된 탁발 수도사들은 외모는 거지의 모습을 하고 다녔지만 마음으로는 탐욕으로 가득하여 비난의 대상이 되었다.[95]

콘라트의 사상은 얀 밀리치에게 전달되었으며, 밀리치의 정신적 유산은 계속해서 마테이에 이르러 그 깊이가 더해졌다. 마테이는 설교의 중요성을 강조하면서 보헤미아어 성경 번역을 간절히 소망하였으며, 모든 교회는 하나님 말씀에 따라 개혁되어야 한다고 주장하였다.[96] 교회를 향한 마테이의 궁극적인 소망은 초대 교회로 돌아가는 것이었지만, 실제적인 목표는 적그리스도가 로마 교회를 지

94 Kuhns & Dickie, 42–46.
95 출처: J. A. Wylie, The history of Protestantism, vol. 1, 84.
96 Walter Sawatsky, ed., *The Prague Consultations: Prophetic and Renewal Movements. Proceedings of the Prague VI and Prague VII Multilateral Ecumenical Consultations*(2000 & 2003), Studies of the World Alliance of Reformed Churches No.47(Geneva: World Alliance of Reformed Churches, 2009), 133.

배하기 전인 힐데브란트(Hildebrandine) 이전 체제로 복귀하는 것이었다.[97] 교회가 말씀으로 개혁되어야 한다는 그의 생각은 1391년에 베들레헴 채플을 건축하는 것으로 구체화되었다. 이로 인해 후스 직전 개혁 운동은 그 절정에 이르게 된다.[98]

마테이의 신학 작업은 베가드인들에게서 나온 것이라고 하는데, 그가 발도인들의 거주지인 타보르 지역의 신자였기 때문에 발도인들로부터 많은 영향을 받은 것이 그 토대가 되었던 것으로 추정된다.[99] 마테이는 로마 교회의 계서제도에 대해서 공개적으로 투쟁하지는 않았지만 그의 가르침에서 그가 보헤미아 개혁 교회의 선각자임을 확인할 수 있고, 이것이 후스에게로 잘 전달되어 보헤미아 전체에 확고히 자리를 잡게 되었다.[100]

이처럼 보헤미아 종교개혁은 후스의 갑작스러운 등장으로 열매를 맺은 것이 아니다. 피카르디인들, 콘라트, 얀 밀리치, 토마쉬, 마테이와 같은 후스 이전 개혁자들의 수고가 있었기에 유럽 전역을 뒤덮고 있던 세속주의의 흐름을 대항하는 대표 주자로 얀 후스가 설 수 있었던 것이다. 개혁자 후스의 역사적 의미는 이전 개혁자들의 가르침을 잘 계승하고 보존하여 가르쳤다는 사실 뿐 아니라 다음 세대에 '루터'라는 영적 거장이 나와 응보를 내딛도록 준비하는 것에 있었다.

3. 종교개혁자 얀 후스의 등장

1372년경 '거위를 키우는 마을' 후시네츠(Hussinetz)에서 요한이라는 이름의 뜻을 가진 '얀 후스'가 출생하였다. '후스'(Hus)는 '거위'를 의미하는데, 후스 본인도 그 이름을 문자적 의미로 자신에게 자주 적용하였다. 콘스탄츠에 갇혔을 때 '거

---

97 Howard Kaminsky, 21-22.
98 Walter Sawatsky, 133.
99 Howard Kaminsky, 22.
100 Kuhns & Dickie, 42-46.

위'가 석방되면 좋겠다는 편지를 썼고, 보헤미안들에게 "여러분들이 진정으로 거위를 사랑하신다면 석방을 위해 왕을 설득해 달라"고 당부하기도 했다. 친구들도 그를 같은 방식으로 부르곤 했다.[101]

(1) 개혁자로서의 준비

후스는 프라하에서 대학을 마친 후 1398년 철학부에서 강의를 시작하면서 그의 학문적 능력을 입증한다. 이때만 해도 그의 가르침은 매우 철학적이었고, 위클리프의 철학적 논문을 정기적으로 읽었으므로 대학 내에서 개혁주의를 반대하는 게르만계 교수들과의 철학적 논쟁에도 능숙하게 대처할 수 있었다.[102] 같은 해 후스는 프라하의 제롬으로 알려진 친구 예로님(Jeroným Pražský)의 옥스퍼드 유학 준비를 도왔고, 예로님은 유학 기간 동안 위클리프를 연구하며 많은 자료를 확보했다.[103]

후스는 성경과 교부들의 책, 보헤미안 선배 마테이와 위클리프의 저서들을 연구하면서 점차적으로 신학적 견해를 형성해 나갔다. 이전 개혁자들의 사상을 연구하면서 그는 선배들이 하나같이 성경을 최고의 권위로 여겼던 것에 매료되었고, 그 역시 성경을 통하여 발견한 진리를 자신의 신학 사상 기초로 삼았다. 점차 성경의 가르침과 로마 교회 교리와의 명백한 차이를 확인하게 되었고, 그때마다 기존의 견해를 기꺼이 포기하고 주저 없이 성경의 원리를 따랐다. 이런 과정을 거쳐 확립된 그의 생각들은 대학 내 보헤미아 출신 박사들로부터 인정받기 시작하였고, 점차 그의 주변으로 사람들이 모여들면서 자연스럽게 동료 그룹이 이루어졌다. 그들이 후스에게 집중했던 가장 큰 이유는 무엇보다 진리를 향한 갈증 때문이었다. 거기에다 후스에게 주어진 여러 직책이 그를 존경하도록 만드는 데 한몫을 담당하였다. 1401년에는 동료들에 의해 철학부 학장으로 선출되었고, 사

---

101 필립 샤프, 6권, 340.

102 Ota Pavlicek, *A Companion to Jan Hus*(Leiden-Boston: Brill, 2015), 16-17.

103 Ota Pavlicek, 18.

제 서품을 받은 후 프라하 내 큰 규모의 성 미할(Sv. Michal) 성당에서 설교하게 되면서 설교자로서도 크게 인정을 받기 시작하였다.[104]

후스는 열정과 순결한 삶 덕분에 바츨라프 4세의 부인 조피 왕비(Královna Žofie)의 고해 신부가 되었고, 그녀의 영향력으로 후스는 왕을 비롯한 왕궁 내 많은 귀족들과도 친구가 될 수 있었다. 이런 배경 속에 왕의 측근이며 베들레헴 채플의 재정 지원자인 하누쉬 밀하임(Hanuš z Milheimu)을 통하여 후스는 베들레헴 채플의 설교자로 임명되었다(1402년).

이미 언급한 것처럼, 이 베들레헴 채플은 후스인들의 선구자라고 할 수 있는 성 하벨교회의 두 사역자, 콘라트와 얀 밀리치 그리고 프라하 교구의 참사원이었던 마테이가 참 교회로의 회복을 위해 대중들에게 개혁 사상을 가르칠 수 있도록 세운 기관이었다. '베들레헴'('빵집')이라 불렸던 이유도 보헤미아의 언어로[105] 된 '설교의 빵'을 통하여 청중들이 영혼의 양식을 먹게 함으로 그들의 삶이 새롭게 되기를 소망했기 때문이었다.[106] 후스는 전임 설교자 콘라트, 밀리치, 마테이를 구약의 선지자들처럼 여겼고, 자신의 개혁 선구자들로 삼았으며, 그들이 가르쳤던 사상들을 그대로 이어받아 가르쳤다. 특별히 밀리치의 열정적인 수많은 설교를 본문 삼아 계속적으로 그 내용을 인용하여 설교하기도 했다.[107]

후스가 비록 로마 교회의 오류와 부패를 단호하고 날카롭게 지적했음에도 그 스스로는 별도의 대안적인 새로운 종교 공동체를 만들려 하지 않았다. 다만 교회 내부적 정화 및 개혁을 먼저 추구하여 대화를 통한 평화적인 방식으로 교회 개혁을 시도했을 뿐이었다.[108] 후스가 지속적으로 로마 교회를 향하여 '복음과 교부들의 가르침, 내가 기록하고 설교하였던 하나님의 진리에 충실할 것'을 강조한 방법 즉, 로마 교회가 복음으로 돌아와야 할 것을 계속적으로 호소한 것에서 이런

---

104 Ota Pavlicek, 18.

105 필립 샤프(6권, 339)에 따르면, 본국어로 설교할 것을 1355년에 이미 법제화하였다는 것은 대중들과 함께하는 종교개혁의 태도를 보여 주는 것이다. 이는 자국어로 된 성경 번역과 설교를 통하여 대중에게 접근하였던 발도인들의 영향으로 보인다.

106 W. N. Schwarze, *John Hus, the martyr of Bohemia: a study of the dawn of Protestantism*(New York: Fleming H. Revell, 1915), 33–34.

107 Vilém Herold, "How Wyclifite was the Bohemian?", 27–28.

108 Georgi Vasilev, 152.

자세를 잘 확인할 수 있다.[109] 그럼에도 로마 교회는 대화가 아닌 화형의 불로 개혁자들을 다스림으로 오히려 종교개혁의 확산을 초래하고 말았다.

후스가 전달하는 위클리프의 주요 가르침은 단적으로 "교회는 그 어떤 이들의 소유가 될 수 없으며, 오직 성경만이 신자들의 유일한 법도가 된다"는 것이었다. 이는 곧 교회가 교황의 법이나 교황 자체를 필요로 하지 않는다는 천명으로서, 교황이 교회의 머리라고 주장하는 로마 교회 자체를 부정하는 것이었다. 이렇게 후스를 통하여 전달된 위클리프의 사상은 당시 보헤미아 인구의 약 90%인 300만 명이 흔연히 수용하고 있었기 때문에 로마 교회로서는 이를 저지할 수단과 방법을 찾지 않을 수가 없었다.

(2) 베들레헴 채플을 통한 후스의 영적 영향력

베들레헴 채플은 설교만을 위한 공간을 소망하였던 밀리치와 마테이의 기대에 따라 밀하임의 재정 지원과 얀 크쥐쉬(Jan Kříž)의 토지 기부로 1391년에 건축이 시작되어 1394년에 3,000명을 수용할 수 있는 규모로 완공되었다. 채플을 건립한 두 사람은 1391년 5월에 작성된 문서에 반드시 모국어로만 설교해야 한다는 규정을 명시하였다. 대학 내에서만 거론되었던 개혁 사상들을 이제는 이 채플을 통해서 수많은 일반인들도 접할 수 있게 되었다. 그리고 이 장소는 단 한 번도 로마 교회의 교구에 속한 적이 없었기 때문에, 로마 교회의 직접적인 간섭을 받지 않는 독립적인 장소였다. 그리고 자국어로만 말씀이 선포되었기 때문에 대중들이 성경을 쉽고 정확하게 이해하게 되었으므로 이는 보헤미아 종교개혁의 큰 원동력이 되었다. 이 채플에는 조피 왕비도 설교를 듣기 위해 참석하였다.[110]

---

109 Georgi Vasilev, 154.

110 후스의 친구이며 이 채플의 후임 설교자인 야코우벡(Jakoubek ze Stříbra)은 1414년 이 채플에서 이종 성찬식을 거행했고 이는 1622년까지 계속되었다.

화보27: 베들레헴 채플. 오른쪽 자리가 조피 왕비가 후스의 설교를 들었던 장소이다. 정면에는 후스의 화형 장면. 화형이라는 현실 속에서도 그의 시선은 하늘을 향하고 있다. Photo©권현익
화보28: 설교하는 얀 후스[111]

설교자로 임명될 때 후스는 오직 하나님의 말씀만을 설교해야 한다는 요청을 기꺼이 수용하였다. 후스는 사제의 가장 중요한 임무가 설교라고[112] 생각하고 있었기에 '떡집'의 이름에 걸맞는 말씀의 양식을 열정적으로 선포하였다. 나중에 로마 교회로부터 설교 금지를 당하였을 때에도 그 금지 조치가 하나님의 명령에 어긋나는 것으로 판단하고 중단 없이 설교를 계속하였다. 축일에는 하루에 두 번, 강림절과 사순절에는 하루에 한 번, 그 외의 다른 날에도 자주 설교했는데, 후스는 10년(1402-1412) 동안 적어도 3,000번 이상을 설교하였다. 자국어 설교는 지식층을 포함한 다양한 대중들을 포용할 수 있었고, 프라하 시민들의 삶에 큰 영향력을 발휘하였다.[113] 밀리치에 의해 시작된 민족주의와 교회 개혁 운동은 후스에

111 John Foxe, *The Act and Monuments of the Christian Church*, vol. 4(the Ex-classics Project, 2009), 2, https://www.exclassics.com/foxe/foxe4pdf.pdf.
112 위클리프는 사제의 주 임무가 성례 시행이 아닌 설교와 가르치는 것이라고 주장하였다.
113 Ota Pavlicek, 19.

이르러 대학과 베들레헴 채플을 통하여 빠르게 진행되었다.[114]

후스의 영향력은 대중들 사이에서 급속히 퍼져 나갔고, 그는 특별히 인문학부 학생들 사이에서 큰 인기를 얻었다. 도시 곳곳으로부터 학생들이 모여들었기에 학생들에게 매일 설교하였지만, 이는 대학에서의 그의 직무 수행에 전혀 방해가 되지 않았다.

1405년에는 채플에 '나사렛'이라는 학생 기숙사를 만들어 채플과 대학 사이에 친밀한 유대 관계를 맺었다. 그의 설교는 이전 개혁자들의 가르침을 기반으로 하여 세속화된 로마 교회뿐 아니라 사회 전체의 도덕성을 고양시키기 위한 것이었다. 성경에 기록된 진리만을 설교하였고, 설교의 내용은 곧 후스 자신의 삶이었으므로 청중들이 죄에서 떠날 것과 하나님의 법과 진리에 불일치하는 삶의 모습을 담대하게 지적할 수 있었다. 죄에 대한 비판은 로마 교회 사제들에게 큰 찔림이 되었고, 결국 이것이 기화가 되어 그에 대한 고발, 재판과 파문으로 이어지게 되었다.[115]

그의 설교를 듣기 위하여 수많은 사람들이 몰려왔을 정도로 후스는 12년의 사역 기간 동안 대주교나 왕을 능가하는 영향력을 발휘하였다. 그리고 도시 전체 구성원들은 강단에서 흘러나오는 능력의 말씀에 따라 생활하였다. 그의 설교는 주로 '너희는 세상의 소금이라', '어둠의 일을 버리자', '영혼을 소멸하지 말라', '나가서 그들에게 강권하라'와 같은 주제로, 모든 계층을 향하여 무도함과 악의에 관한 구체적인 내용들을 하나하나씩 책망하며 그것들로부터 돌이킬 것을 요구하였다. 평민들을 위한 설교는 점차 지식인들에게도 영향을 끼쳐서 죄악에서의 돌이킴과 동시에 로마 교회의 그릇됨과 오류로 형성된 무지와 싸우려는 결단으로 이어지기도 했다.[116]

후스가 가장 좋아하는 표현은 암브로시우스의 말을 차용한 것으로 "기도와 눈물은 사제의 무기이다"였고, 이는 당시 교회 지도자들을 향한 그의 간절한 호소

---

114 Howard Kaminsky, 10.
115 Ota Pavlicek, 20.
116 W. N. Schwarze, 35-36.

이기도 하였다. 그리고 당시 평신도들은 예배에서 방청객처럼 늘 소외당하였지만, 후스는 평신도들이 예배의 관람자가 아닌 참여자가 되게 하기 위하여 노력하였다. 그중 하나가 대중 전체가 찬송하는 것으로 당시에는 찬송조차도 사제들이나 특정한 사람들이 독점하고 있었기 때문이다.

개혁자들은 음악을 좋아하는 보헤미아 회중들에게서 찬송을 빼앗은 것에 크게 분개하면서 고대 교회의 전통처럼 대중이 함께 찬송하는 일에 큰 관심을 갖고 있었다.[117] 그 결과 보헤미아어로 된 찬송가로 모든 회중이 함께 찬송하였으며, 찬송은 후스인들 개혁 과정에서도 매우 중요한 역할을 하였다. 가장 유명한 찬송은 '너희는 하나님의 전사'라는 곡으로 전투에서 큰 힘이 되었다. 자국 언어로 된 찬송을 모든 회중이 함께 부르는 것은 훗날 개혁 교회의 소중한 전통으로 자리를 잡게 되었다.

후스는 모든 사람이 성경을 읽을 수 있는 권리를 가질 수 있도록 용감히 싸우면서 1406년에 신구약 성경을 개정하여 대중들이 쉽게 읽을 수 있도록 하였다. 이에 사제들이 모국어로 된 성경을 읽지 못하도록 금지하려고 한다는 소식을 접하였을 때 "요한은 헬라어로 복음서를 기록했고, 시몬은 페르시아어로 복음을 전파했으며, 바돌로매는 유대인의 언어로 설교하였다. 사제들은 보헤미아어로 하나님의 말씀 읽는 것을 왜 금지하는가?"라고 책망하였다.

(3) 대주교 즈비넥(Zbyněk)의 지지

프라하의 대주교 즈비넥은 군인이었으나 1402년 25세의 젊은 나이에 2,800 굴덴(gulden)의 돈으로 대주교 직을 얻었다. 영적 지도력을 갖추지 못한 즈비넥은 후스에게 창피를 당하기도 하였지만, 1403년에서 1408년까지도 후스의 개혁 운동을 반대하지 않았다. 이에 후스는 개혁 운동에 가속도를 낼 수 있었으며, 개혁 그룹의 수장으로서 큰 어려움 없이 활동할 수 있었다.[118] 즈비넥이 1405년 10

---

117 W. N. Schwarze, 37.
118 Ota Pavlicek, 22.

월에 후스를 교구 사제단 연례회의에서 설교할 특별 강사로 임명함으로 후스는 1407년까지 사제들을 대상으로 설교할 기회를 얻었는가 하면, 브란덴부르크 (Brandenburg)의 빌스낙(Wilsnack) 교회에 전시된 그리스도 성혈의 진위 여부를 조사하는 조사단에 임명되기도 했는데, 이 역시 대주교가 소리 없이 지원해 준 덕택이었다.[119] 후스는 성혈 조사단의 조사 결과를 발표하였는데 "그곳에는 피와 유사한 그 어떤 것도 없었으며, 그리스도의 피가 지상에 남아 있을 수도 없다"[120]는 것이 결론이었다.[121]

사제단의 설교자가 된 후스는 설교를 통하여 사제들의 사악함을 그들의 면전에서 직접적으로 비판하였다. 한번은 요한복음 15장 27절을 통하여 "주님의 가난과 순결하심 그리고 하나님의 법 앞에 겸손하시며 절대적으로 순종하셨던 그 모습은 바로 그리스도의 참된 사제들이 가져야 할 특성이어야 한다. 하지만 여러분 중에 많은 사람들은 하나님의 집에서 쫓아내야 하는 개와 같다"고 꾸중하였다. 계속하여 "사제들의 삶은 부도덕으로 가득하고 가증스러운데 그 예로 축첩이 만연하고, 정욕에 이끌려 매춘부로 더럽혀진 자들은 '깨끗치 못한 그릇들'이며, 일반 인구의 숫자보다 오히려 더 많은 사제들이 술에 절어 있으며, 부와 권력을 향한 탐욕은 영혼들을 돌보아 치료하려는 열정보다 훨씬 더 크다"고 말하였다. 그러므로 대주교를 향하여 부패하고 부정한 사제들을 '감옥의 불'로 정화시킬 것을 요청하였는데, 이 때문에 사제들의 불만은 하늘까지 치솟았지만,[122] 대주교가 후스를 보호하고 있었기 때문에 노골적으로 반대할 수가 없었다.

점차 사제들의 불만이 증가하였고, 게르만인들은 공의회가 이단으로 판결한 위클리프의 사상을 가르치는 것을 그냥 둘 수 있느냐고 위협했기에 즈비넥의 태도도 점점 부정적으로 바뀌어 갔다. 사실 프라하 대학에서 위클리프 사상에 대한

---

119 Jan Hus, The Letters of John Hus(London: Hodder and Stoughton, 1904), 11.
120 성지 순례, 성유골, 기적 등에 대한 사기성 우려는 15세기 게르만 지역에 널리 퍼져 있었다. 후스는 이 성혈이 거짓임을 밝혀내고 그곳으로의 순례를 금지하는 설교를 하였다. 이 성혈은 1552년 루터인들이 그것을 불태울 때까지 계속 성지로 존재하였다.
121 Caroline Walker Bynum, Wonderful Blood(Philadelphia: University of Pennsylvania Press, 2007), 26.
122 Thomas A. Fudge, The Trial of Jan Hus, *Medieval Heresy and Criminal Procedure*(New York: Oxford University Press, 2013), 117.

반대는 종교 사상적 문제이기보다는 정치적인 측면이 더 강했는데, 위클리프의 사상을 배경으로 보헤미아 개혁주의가 급성장하면서 대학 내에서도 영향력이 상승하고 있는 것에 대해 게르만족들의 경계심과 반발이 있었기 때문이다.

제롬이 유학을 마치고 1401년 가을에 프라하로 돌아오면서 위클리프의 『대화록』(Dialogue)과 『삼인 대화록』(Trialogue) 복사본을 갖고 돌아왔는데, 후스는 학생들에게 "위클리프의 책을 연구하지 않은 사람은 결코 지식의 근원을 만나지 못할 것이다"라고 강조하였다. 1403년 5월 게르만 출신의 대학 총장은 1382년 런던 블랙프라이어즈(Blackfriars) 공의회에서 위클리프의 저서에서 발췌한 24개 조항을 근거로 그를 정죄했기 때문에 더 이상 대학에서 그의 사상을 언급하거나 토론하는 것을 금지시켰다.[123] 그리고 동 대학 신학박사인 게르만족 출신의 요한 휘브너(Johann Hübner)는 블랙프라이어즈 결의에 21개 조항을 더 추가한 45개 조항을 프라하 대성당 참사원에 제출하였다. 마침 1402년 11월에 새로운 대주교에 즈비넥이 선출되었지만, 1403년 8월까지 그가 직무를 수행하지 않았기 때문에 이를 참사원에 제출하게 되었던 것이다. 대학 내 보헤미안들은 이 조항들이 위클리프의 글들을 변칙적으로 발췌한 것이었기에 크게 반발하였고, 결국 이 금지 문서는 죽은 문서가 되고 말았는데, 보헤미안들은 게르만의 유명론자(唯名論者)들이 보헤미아의 현실주의자들을 지배하려는 시도처럼 판단하였기 때문이다.[124]

(4) 민족주의의 발흥(勃興)

보헤미아 종교개혁 운동이 민족주의 운동으로 번져 강력한 힘을 발휘하게 되는 또 다른 배경에는 1401년에 독일 황제가 된 루페르트 3세(Rupert)가 게르만 군대를 동원하여 프라하를 포위한 후 마을을 불태우고 가난한 보헤미안들을 살해하는 사건이 있다. 이에 후스는 "개도 다른 개가 쫓아내려고 하면 싸우는데 우리는 아무런 항의도 하지 않으니 게르만인들이 우리를 억압할 뿐 아니라 모든 직책

---

123 Herbert B. Workman, The Dawn of the Reformation, vol. 2(London: Charles H. Kelly, 1902), 53.
124 Thomas A. Fudge, 116-117.

을 독식하도록 그냥 방관하고 있는 꼴이다."고 설교하였다.[125]

이를 계기로 민족주의 운동은 프라하 대학을 중심으로 자리를 잡아 갔다. 1404년 1월 대학의 연례 토론회에서 게르만 출신의 요한 휘브너는 위클리프를 이단으로 선언하고 그의 책을 읽는 사람들까지도 이단으로 의심하는 듯한 주장을 펼쳤는데, 이것이 더 큰 도화선이 되어 충돌 양상으로 치달았다. 이에 후스는 45개 조항의 내용은 위조되었고, 위클리프의 가르침을 제대로 반영하지 못하였다고 반박하였다. 이에 휘브너는 교황에게 절대 복종할 것을 요구하였지만 후스는 단호히 거부하였다. 더 큰 충돌로 이어지지 않았던 것은 젊은 새 대주교가 후스를 지지하고 있었기 때문이었다.[126]

프라하의 카롤리눔(Karolinum, 카렐 기숙사 홀)뿐 아니라 1386년 바츨라프 4세가 세운 새로운 대학이나 1397년 헤드비지스(Hedwig) 폴란드의 여왕이 세운 새로운 대학들에는 게르만인들로 가득 찼고, 그들의 단결력은 대단하였다. 콘스탄츠에서 제롬이 "보헤미안들은 참사원으로 섬기면서도 받아야 하는 사례금도 받지 못하였고, 보헤미아 출신의 졸업생들은 대학이 아닌 도시와 마을을 돌아다니면서 가르쳐야 했으며, 교회는 그들에 대하여 문을 닫아걸었다"고 호소할 정도로 편파적이었다.

마침내 1409년 대학에서 기억에 남을 만한 민족 간의 갈등이 발생했다. 이 사건은 일반적으로 게르만인들이 일방적으로 보헤미아 민족주의에 희생되어 프라하에서 추방된 것처럼 알려져 있지만, 사실은 게르만인들에게 눌려 오랫동안 피해를 받아 왔던 보헤미아들의 불만 표출이었다.[127]

1348년 프라하에 최초로 세워진 프라하 대학은 4개 학부(철학, 신학, 의학, 법학), 4개 민족으로 이뤄졌다. 이 대학은 카렐 황제의 지원으로 보헤미아어와 게르만어를 함께 사용하게 했는데, 유럽 여느 대학과 마찬가지로 교수들과 학생들이 민족별로 단합하여 권력 집단을 형성하였다. 학내에 모든 사안들이 생길 때마다 투

---

125 Herbert B. Workman, The Dawn of the Reformation, vol. 2, 53.
126 Thomas A. Fudge, 117.
127 Herbert B. Workman, The Dawn of the Reformation, vol. 2, 54.

표로 결정하였는데, 외국인이 월등히 많았던 이유로 보헤미안들은 오히려 주요 결정에 늘 무기력할 수밖에 없었다. 더구나 게르만인의 경제적 힘과 문화적 영향력 때문에 그들은 소수의 인원임에도 프라하를 지배하였고, 보헤미아 개혁 운동에 계속적으로 제동을 걸었기 때문에 게르만인을 향한 보헤미안들의 민족적 분노는 커져만 갔다. 이런 반게르만 정서는 보헤미안 교수진과 학생들로 하여금 국왕의 편에 설 수밖에 없도록 만들었다. 이에 힘을 얻은 바츨라프 4세는 그의 종교 정책을 따르지 않는 게르만계 교수보다 보헤미안 교수들에게 더 많은 투표권을 부여하였다.[128]

그러자 이 결정에 불만을 가진 2,000여 명의 게르만인들은 프라하를 떠나 라이프치히와 에르푸르트(Erfurt)에서 독자적으로 그들의 대학을 세웠다. 보헤미아 내 외국계인 세 민족들은 대략적으로 44,000명 정도였지만 그들도 점차 프라하를 떠났는데, 위클리프 이단에 감염될 것이 두려워 프라하를 떠날 수밖에 없었다는 악의적 소문을 퍼뜨렸다. 그러나 이 투쟁에서의 승리는 후스에게로 돌아가 그는 분열되었던 프라하 대학의 총장으로 선출되었고, 보헤미아 국가 운동의 책임자가 되었다.[129] 카렐 대학은 비록 500여 명의 학생만 남은 작은 규모로 전락하고 말았지만, 점차 보헤미아 학생들의 비율이 커져 갔으므로 민족주의로 결집된 개혁 운동은 더욱 본격화되었으며, 대학의 영향력은 그 어느 때보다 커졌다. 후스는 새로운 직책으로 바빴음에도 베들레헴 채플에서의 설교를 결코 소홀히 하지 않았다.[130]

(5) 대주교 즈비넥과의 갈등

후스가 위클리프 사상을 근거로 화체설을 비판하게 되면서 대주교와의 불화가 본격화되었다. 프라하의 일부 사제들은 후스를 지지하는 교구 교인들을 향하

---

128 W. N. Schwarze, 48.

129 Herbert B. Workman, The Dawn of the Reformation, vol. 2, 55.

130 W. N. Schwarze, 48.

여 '악한 무리들'이라 비난하면서 "우리는 교인들에게 성령을 줄 수도 있고, 지옥에 보낼 수도 있다"고 협박하였다. 이 말을 전달받은 후스는 요한복음 10장 설교를 통하여 "이런 사제들은 지옥에 갈 자격을 충분히 갖추었다"며, 그들은 "간음자요, 기생충이요, 수전노요, 배만 부른 뚱뚱한 돼지들이요, 배에 술이 가득 찬 술꾼들이요, 식충들에 지나지 않는다"고 소리쳤다. 나아가 성직 매매를 비판하면서 프라하의 부유한 사제들을 향하여 '비만한 자들'이라고 지적하였다. 결국 1408년 사제들의 불평이 대주교에게 전해졌고, 그해 10월에는 사제단에서 후스의 설교를 중단시켰다.[131]

그리고 이미 같은 해 5월에는 위클리프의 45개 조항에 대한 정죄를 재확인하면서 위클리프 사상에 대한 공개 토론과 위클리프의『삼인 대화록』[132],『대화록』, 그리고 성찬 교리[133]에 관한 강의 또한 금지되었다.[134]

설교 금지를 당한 후스는 "이런 공적인 장소에서 설교를 금지시키는 합법적인 성경의 근거는 무엇인가? 이는 오로지 적그리스도의 질투일 뿐이다"라고 냉소하였으며, 나아가 "나 자신이 진리 위에 서 있음을 알고 있기 때문에 죽음도 나를 두렵게 만들 수 없다. 성령님의 도우심에 의지하고, 주께서 나를 견고하게 하실 것을 간절히 소망하며, 그분께서 은혜를 주신다면 순교의 면류관을 쓰게 될 것이다. 이보다 영광스러운 승리가 또 있겠는가? 이 승리에 초대하실 우리 주님께서는 몸만을 죽일 수 있는 자들을 두려워하지 말라고 말씀하셨다"[135]며 말씀을 통한 개혁을 결코 양보하지 않을 것을 선언하였다.

또한 1408년 5월에는 평소 '아브라함'이라 불렸던 니콜라스(Nicholas of Welemowitz)와 프라하 대학에서 민족주의 단합을 위해 노력하였던 '페이터'(Pater)라 불렸던 마테이 크닌(Matej Knin)이 이단 시비로 기소되었다가 6월 30일에는 결

---

131 Roberts Liardon, 48.
132 교회의 가르침과 성경이 일치하지 않을 때 성경을 따라야 함을 주장함.
133 화체설은 인간이 만든 거짓 교리요, 가장 나쁜 종류의 우상 숭배라고 비판하였고, 공재설 혹은 영적 임재설을 주장하여 가르쳤다.
134 Johann Loserth, *Wiclif and Hus*(London: Hodder and Stoughton, 1884), 104–105.
135 W. N. Schwarze, 55.

국 체포되는 사건이 발생하였다.[136] 왜냐하면 성 두하교회(Kostel sv. Ducha, 성령교회)의 비공인 설교자이며 후스와 대주교 사이를 적극 중재하였던 니콜라스가 롤라드인들의 가르침 그대로 '평신도들에게도 사제들처럼 설교할 권리를 허용해야 한다'는 주장을 펼치고, 발도인들을 따라 맹세를 거부하였기 때문에, 그리고 마테이는 위클리프의 성찬 교리를 지지하였기 때문에 기소와 체포에까지 이르게 된 것이었다. 그들을 기소한 죄명은 '발도인들의 오류'였다. 보헤미안들이 위클리프 사상에 이어 발도인들의 교리까지도 수용한 것이 드러난 이 사건은 게르만인들이 다수이던 시기였다면 더 큰 사건으로 비화될 수 있는 심각한 사안이었다. 그러나 후스가 대주교의 법정에 출두하여 크리소스토무스(Chrysostom)의 글을 인용하여 니콜라스를 공개적으로 변호하였고,[137] 대주교 즈비넥에게 직접 호소하였으므로, 체포된 다음 날인 1408년 7월 1일에 아브라함(니콜라스)은 석방되었다.

또한 왕국의 일치를 위해 바츨라프 4세가 펼친 운동의 일환으로 대주교는 자신의 입장에서 할 수 있는 협조를 보여 주었다. 7월 17일 프라하 공의회에서 '종교재판소가 성실하게 조사한 결과 보헤미아 내에서는 이단을 발견할 수 없었다'고 선언하면서[138] 이 사건을 조용히 끝내려 하였던 것이다. 그러나 결국 대주교의 이런 선언도 아무런 효력을 발휘하지 못하게 되고 말았는데, '후스가 많은 남녀 앞에서 설교하면서 그들로 하여금 사제들을 향하여 증오심을 갖게 했다'며 사제들이 대주교에게 문제를 제기했기 때문이었다. 또한 후스가 그 자신의 정신이 위클리프의 사상에 기반한다고 밝혔음에도 보헤미아 내에 이단이 존재하지 않는다고 선언하는 것은 옳지 않다며 대주교 자신에게도 문제가 되도록 사안을 확대시켰기 때문이었다.[139]

---

136 Johann Loserth, 104-105.
137 Herbert B. Workman, The Dawn of the Reformation, vol. 2, 56-57.
138 Herbert B. Workman, The Letters of John Hus(London: Hodder and Stoughton, 1904), 12.
139 Herbert B. Workman, The Dawn of the Reformation, vol. 2, 57.

(6) 세 명의 교황 그리고 가속되는 교회의 타락

개혁자들이 생명을 걸고 교회의 개혁을 외칠 때마다 로마 교회는 그들을 '하나 된 교회를 분열시키려는 이단'으로 정죄하면서 그들 가운데 많은 이들을 척살했다. 그럼에도 정작 로마 교회에는 두 명의 교황이 존재하여 분열 양상을 보이고 있었고, 각 진영에서는 교황의 자리가 공석이 될 때마다 기득권을 지키려는 추기경들이 더 큰 세력을 확보하기 위해서 경쟁적으로 정치적인 교황들을 선출하였다. 이런 로마 교회의 모순적 모습은 깨끗하고 건강한 교회를 위한 개혁의 필요성을 더욱 간절하도록 만들었다.

로마 교회 내부에서도 이런 상황에 대한 반동이 있어서 피사 공의회(1409년)를 개최하였다. 그들은 이 공의회에서 두 명의 교황이라는 폐단을 끝내기 위해 기존 교황들의 폐위를 결정하고, 70세의 알렉산데르 5세를 통합 교황으로 선출하였다. 하지만 로마의 그레고리우스 12세와 아비뇽의 베네딕토 13세가 이 공의회의 결정을 순순히 수용할 리가 만무하였다. 결국 이 공의회의 결과로 세 명의 교황이 난립하게 되었다. 채 1년이 못 되어 새 교황은 고령 때문인지 피살인지를 알 수 없는 의문의 죽음으로 오욕의 생을 마쳤고, 요한 23세가 그 자리를 계승하였다. 교회를 대표한다고 자처하는 각 교황들은 스스로 베드로의 정통성을 잇는 후계자임을 내세우면서, 라이벌 교황들의 권력을 약화시키기 위해 정치적인 모략과 상대를 향한 파문을 남발하였다. 나아가 군대 조직을 강화시키기 위한 무리한 과세를 시행하고, 폭력과 무질서가 난무하여 교회의 분열을 더욱 가속화했는데, 각 교황들은 서로 라이벌 교황이 죽기만을 간절히 소원하였다. 이러한 고위 사제들의 비양심적 행동들은 도처에 범죄와 불법이 성행하도록 만드는 바탕이 되고 있었다.

정치적인 보헤미아의 대주교 즈비넥은 로마의 그레고리우스 12세를 지지하였다가 새로운 교황 알렉산데르 5세로 지지를 바꾸었는데, 새 교황은 즈비넥에게 '이단자들을 강력 조치하고, 베들레헴 채플을 포함한 모든 곳에서 그들의 설교를 금지시키며, 위클리프의 모든 서적을 대주교가 수집하여 신자들의 시야에 남아 있지 않게 하라'는 교서를 내렸다(1410년 3월). 이에 후스와 동료 몇 사람들은 대주교에게 위클리프의 특정 몇 저서들을 전달하는 자리에서, 이 책들에서 오류를 찾아내고 그것을 공개적으로 비판한다면 자신들은 기쁘게 받아들일 것이라고 말하였다. 그러나 즈비넥은 거기서 전달받은 17권의 책을 모조리 불태우도록 조치하였다.[140]

대주교 즈비넥은 교황의 교서를 근거로 위클리프 논문을 조사하기 위해 6인 위원회를 임명하였다. 대학은 국왕에게 항소하였지만, 대주교는 6월 공의회에서 위클리프의 18개 논문이 이단적임을 선언하며 그것들을 불태울 것을 명하였고, 앞으로 위클리프의 사상을 가르치거나 옹호하거나 사적인 장소에서 설교한다면 세속 권력에 넘겨 버리겠다고 협박하였다. 이에 후스와 대학의 대표들은 대주교 즈비넥이 확인된 진실이 아니라 불확실한 것들을 근거로 잘못된 결정을 내렸다며 교황에게 호소하였지만, 알렉산데르 교황이 졸지에 죽었기 때문에 새 교황 요한 23세에게 다시 호소하였다. 후스는 베들레헴 채플에서 호소문을 낭독하면서 "상급자인 대주교의 명령에 불복하는 것이 언뜻 하나님의 뜻에 어긋나는 것처럼 보일 수도 있겠지만, 사실은 이렇게 하지 않는 것이 오히려 하나님의 뜻을 거역하는 것이기에 사람과 사람들의 제도가 아니라 하나님께 순종하기 위해 명령에 항거하고 불순종할 수밖에 없다"고 밝혔다.[141]

마침내 대주교의 궁에서는 200여 권의 위클리프의 서적이 불 속에 던져졌고, 이를 축하하는 종소리가 도시 전체에 울려 퍼졌으며, 책이 불타는 동안은 '테 데움'(Te Deum)으로 하나님을 찬양하였다. 이로써 평화적 개혁을 향한 보헤미아의 희망은 종막을 고했다. 서적들이 불타는 연기 속에서 개혁자들은 박해자들의 무지와 악의를 다시 확인할 수 있었고, 대다수의 프라하 시민들은 분노로 들끓었으며, 이 분노는 보헤미아 전역으로 번져 갔고, 대학은 더 굳게 단결했다.

이 일로 왕비는 슬피 울었고, 국왕은 대노하였으며, 일부 폭력 사태가 발생하기도 하였다. 보헤미아판 분서갱유였지만 위클리프의 모든 책을 불태울 수는 없

---

140 Herbert B. Workman, The Dawn of the Reformation, vol. 2, 58-59.
141 Ota Pavlicek, 37-38.

었는데, 이는 그의 책들이 계속 필사되고 있었기 때문이다. 폭력과 화형의 불로도 개혁의 불을 삼킬 수 없다는 것을 증명이라도 하겠다는 듯 후스는 조금도 움츠러들지 않았다. 그는 대학에서 전단지를 작성하여 위클리프의 글을 변명하는가 하면, 군중들로 가득 찬 채플에서 더 힘차게 설교하였고 대주교를 향한 비판을 주저하지도 않았다. 그의 지지자들은 대학의 관습을 따라 토론회와 서신을 통하여 항변하기도 했는데, 오히려 개혁주의 교리를 변호하며 전파하는 기회가 되었다. 후스가 두 차례 두 교황에게 항소했을 때 보헤미아 왕과 왕비, 보헤미아의 귀족들과 학자들이 후스가 이단이 아님을 밝히는 서신을 함께 보내어 후스에 대한 지지를 표명하였다.

후스의 항소로 추기경 회의가 개최되며 볼로냐, 파리, 옥스퍼드 대학의 신학부 학자들이 소집되었고, 그 회의는 1411년에 이르러 후스를 정죄하고 그에게 파문을 선고하였다.[142] 그러나 후스는 파문을 불의한 것으로 판단하였기에 일체의 두려움을 갖지 않았다.

화보29: 1417년 콘스탄츠 공의회에서 통합 교황으로 선출된 마르티노 5세가 로마를 향하여 출발하는 모습[143]

142 W. N. Schwarze, 56–57.
143 출처: J. A. Wylie, The history of Protestantism, vol. 1, 181.

(7) 리처드 위치(Richard Wyche)의 편지 한 통

1410년 9월, 위클리프의 책을 불태운 것에 대한 분노가 채 가시지도 않았을 때, 잉글랜드의 롤라드인 리처드 위치(?-1440)의 편지가 후스에게 도착했다. 이에 후스는 곧바로 답신하였는데, 이 사실은 위클리프의 영향을 받은 두 나라 개혁자들 사이의 친밀함을 잘 보여 준다. 후스가 리처드 위치를 복음을 위하여 수고하는 위클리프의 동반자라고 언급하였던 것처럼, 그는 1400년 헤리퍼드 (Hereford) 교구의 사제로서 위클리프의 제자였다. 그는 복음을 증거하러 노섬벌 랜드(Northumberland)로 갔다가 몇 차례 설교 후에 롤라드인들이라는 혐의로 투옥 되기도 했다. 그는 화형의 협박까지 받았지만 하나님의 뜻이 이뤄질 것을 말하면 서 확고부동한 자세를 유지하였었다.[144] 그런 그가 어려움을 겪고 있는 후스를 격 려하기 위하여 다음과 같은 내용의 서신을 보냈던 것이다.

"우리는 영원한 것을 견고히 붙잡고 일시적이고 사소한 것들은 멸시하도록 노 력합시다. 구약과 신약의 성도들은 돌과 칼로 죽임을 당하는 환란과 박해를 통 과하지 않았습니까? 그분들은 우리에게 좁은 길을 걷는 고귀 한 모범을 보여 주었습니다. 우 리 또한 적그리스도의 협박에 도 복음의 진리를 전파하는 일 에 침묵하지 않아야 할 것입니 다. 그러므로 더욱 힘을 내십시 오. 적그리스도는 곧 종말을 맞 게 될 것이기 때문입니다."[145]

화보30: 롤라드인들이 투옥되었던 롤라드 타워[146]

---

144 Herbert B. Workman, *The Letters of John Hus*, 30.
145 Herbert B. Workman, The Letters of John Hus, 33.
146 출처: John Foxe, The Act and Monuments of the Christian Church, vol. 5(the Ex-classics Project, 2009),

무엇보다 리처드 위치의 응원 편지는 유럽이 보헤미아의 개혁 운동을 주목하고 있음을 공표한 것과 같은 의미였다. 이 격려의 편지에 따르면 리처드 위치가 보헤미아에서 최근 발생하였던 사건들을 놀라울 정도로 정확히 파악하고 있었음을 알 수 있다. 후스는 이 편지를 강단에서 회중들에게 읽어 주었고, 잉글랜드와 같이 멀리 있는 나라에서 보낸 편지 덕분에 많은 사람들이 큰 용기를 갖게 되었다. 후스는 답장을 통해서 리처드 위치가 보헤미아를 향하여 복음을 위해 수고할 것을 소망하였던 것처럼 실제적으로 후스의 설교를 듣기 위하여 10,000명이나 되는 사람들이 모여들고 있다는 것과 왕과 왕비와 영주들과 대중들 그리고 보헤미아 전역이 빠르게 바른 교리에 귀 기울이고 있음을 알렸다. 그렇게 하나님께서 하고 계시는 일에 대한 확신을 잉글랜드의 그리스도의 교회에도 나누어 주었다. 또한 보헤미아의 도시나 마을, 오두막이나 성에서 거룩한 진리를 외치는 설교자가 나타나기만 하면 사람들은 떼로 모여들어 성경 말씀을 듣고 있다며 보헤미아에서 일어나고 있는 영적 상황들을 전달해 주었다.[147] 마지막으로 예수 그리스도의 권세 아래 보헤미아가 복된 잉글랜드 땅으로부터 복음을 전달받게 된 것에 대해 감사함도 잊지 않았다.[148] 후스와 이 서신을 교환했던 리처드 위치는 1440년에 화형으로 순교하였다.[149]

한편 보헤미아 전체가 분노하고 있음을 확인한 보헤미아 왕은 대주교에게 프라하의 재산과 집들을 팔 것을 명령하였고,[150] 이에 대주교는 극단적으로 대처하였다. 1411년 3월, 대주교는 프라하와 그 인접 지역에 성무 금지령을 내렸던 것이다. 이는 일종의 공개 파문으로 로마 교회의 가장 강력하고 무서운 영적 무기 가운데 하나였다. 교회들은 폐쇄되었고, 장례식, 매장, 결혼식도 행할 수 없으며, 성찬도 죽어 가는 환자들에게만 제한적으로 시행되었다.

---

147 W. N. Schwarze, 60.

148 필립 샤프, 6권, 348.

149 필립 샤프, 6권, 332.

150 Ota Pavlicek, P 60–61. 위클리프의 '세속 지배론'에 따라 교회가 재산을 오용할 때 세속 군주는 그것을 몰수할 수 있다는 주장을 따른 듯하다.

화보31: 교황은 빈번하게 '파문'이라는 무기로 세속 권력을 무기력화시켰다. 경건한 로베르(Robert le Pieux) 왕에게 출교(파문)를 선언하고 왕궁을 떠나는 교황 특사들과 파문으로 절망하는 왕 부부. 출교가 갖고 있는 힘의 상징으로 왕의 권위를 상징하는 촛불이 막 꺼지고 그 위로 연기가 피어오르고 있다. 이는 왕의 역할이 끝났음을 의미한다.[151] Photo©권현익

이에 왕은 항복을 선언하고 이단을 자신의 왕국에서 모두 제거하겠다는 약속을 함으로 성무 금지는 해지되었다. 왕은 양쪽 종교 진영의 화해와 왕국의 평화 유지를 호소하였으며, 후스가 계속해서 말씀을 전할 수 있도록 대주교에게 요청하였다. 이에 대주교는 자신과 후스의 지위 차이를 알게 되었고, 보헤미아에 더 이상 오류가 없다는 내용의 서신을 교황에게 보낸다고 약속하였다. 하지만 이 편지는 교황에게 전달되지 않았는데, 필립 샤프에 따르면 대주교가 편지를 발송하지 않았기 때문이다. 대주교는 프라하에서 더 이상 아무런 영향력도 행사할 수 없고, 인기도 없다는 사실을 확인한 후 프라하를 떠났고, 몇 달 뒤인 1411년 9월에 사망하고 말았다. 대주교 즈비넥의 죽음으로 잠시 왕국이 잠잠하여졌지만, 이는 태풍 전야의 고요함일 뿐이었다. 곧 어느 때보다 더 격렬한 사건이 발생하고 말았기 때문이다.[152]

---

151   Jean-Paul Laurens의 작품인 L'Excommunication de Robert le Pieux, Musée d'Orsay에서 촬영.
152   W. N. Schwarze, 61–62.

화보32: 프라하 광장에서 위클리프의 서적을 불태우는 모습

화보33: 밀라노의 프란체스코회 수도사이며 교황청 면벌부 판매 책임자 삼손(Bernhardin Samson)의 면벌부 판매 모습[153]

---

153 출처: J. A. Wylie, The history of Protestantism, vol. 1, 444.

(8) 면벌부 판매로 발생한 순교

교황 요한 23세는 이탈리아 내에서 그의 지배권을 확립하기 위해 모든 노력을 동원하였다. 그런 상황에서 로마 측 교황 그레고리우스 12세의 지지자인 나폴리의 왕이 영토를 침범해 들어오고, 심지어 교황의 거주지가 있는 베른까지 위협하는 일이 벌어졌다. 이에 1412년 봄, 요한 23세는 1411년 12월 나폴리 왕 라디스라스(Ladislas)에게 무지막지한 저주를 선언하고 모든 그리스도교 국가들이 그를 대적하는 십자군에 동참할 것을 촉구하였다.

요한 23세는 이 전쟁을 수행하기 위한 인적 물적 자원을 확보하기 위하여 면벌부 판매를 알리는 교황의 교서를 프라하의 새로운 주교 알비쿠스(Sigismund Albicus)가 프라하에 도착함과 동시에 발표했다. 새로운 대주교는 당연히 후스가 이 교서에 반대할 것을 예상하고 후스를 불러 "당신은 사도직에 복종할 것인가?"라고 질문하였다. 이에 후스는 조금도 망설이지 않고 "나의 마음은 이미 사도직에 복종할 준비가 되어 있습니다. 그러나 그 사도직이라는 것은 그리스도의 교리를 말하며, 만일 이것에 어긋나는 것이라면 화형을 당할지라도 순종하지 않을 것입니다"라고 대답하였다.[154]

후스의 이런 태도는 이 사안에 대하여 결코 침묵하지 않을 것이라는 결의를 드러낸 것이었다. 후스는 왕국 전체에 이 사실을 알리기 위하여 토론회를 개최하였고, 교황의 권위에 의문을 제기하면서 교황의 비열함과 부정을 폭로하였기에 교황과의 충돌은 불가피해졌다. 후스는 이 사건 이전까지 교황을 직접적으로 공격하지 않았고, 그를 로마 교회의 대표로서 인정하였으며, 요구받을 때마다 경의를 표현했었다. 그러나 면벌부 판매를 기하여 본격적으로 교황의 권위에 반대하는 입장을 드러내기 시작하였고, 사악한 로마 교회의 계급 제도에 직접적으로 저항하기로 했는데, 이런 행동은 목숨을 담보해야 한다는 사실을 그 자신이 너무나 잘 알고 있었다. 그럼에도 후스는 일체의 흔들림 없이 불의에 대항하여 신념을

---

154 W. N. Schwarze, 63-64.

확고하게 드러냈는데, 이는 그가 그리스도께 순종하는 것을 최우선 순위에 두었고, 어느 선까지 권위를 인정할 것인지와 관련하여 나름대로의 분명한 원칙을 갖고 있었기 때문이었다.[155]

5월에 면벌부 판매자로 프라하에 도착한 파사우의 티엠(Wenceslas Tiem)은 한 세기 후 루터 시대에 면벌부를 판매하게 될 테첼(Tetzel)과 완전히 동일한 문제들에 봉착하고 동일한 형태의 사건을 일으켰는데, 판매자들은 오로지 큰 액수를 로마로 보내는 일에만 관심을 갖고 있었기 때문이다.[156]

프라하의 주요 성당들에서 면벌부가 본격적으로 판매되자, 후스는 면벌부가 복음의 근본 원리를 파괴할 뿐 아니라 그리스도에게 받은 모든 신앙의 도리들을 비웃는 처사라고 비판하며 구입하지 말 것을 촉구하였다. 그의 설교는 대담하고 복음적이었다. "그리스도의 공로만으로 죄 사함을 받을 수 있습니다. 그럼에도 교황과 주교들과 사제들에게 죄를 고백하면 형벌로부터 용서받고 지옥의 고통으로부터 자유롭게 될 수 있다는 가르침은 거짓이며, 여러분들에게 아무런 도움도 줄 수 없습니다. 사죄는 오직 하나님만이 하실 수 있는 일입니다. 다시 말씀을 드립니다. 그리스도를 통해서만 죄 용서가 가능하며, 오직 죄를 주께 고백하는 사람에게만 가능한 일입니다." 이와 같이 그는 면벌부 구입이 하나님의 진노를 피하는 일에 아무런 효능이 없음을 외쳤다. 후스는 설교 시간에 알렸을 뿐만 아니라 교회 입구에 대자보처럼 게시하였고, 그 내용으로 대학에서 '로마 교회의 방종에 관한 공개 토론회를 개최'할 것을 공표하였다.[157]

1412년 6월 17일에 대학의 카롤리눔(Karolinum) 홀에서 토론회가 개최되었고, 엄청난 군중들은 그들이 좋아하는 설교자인 후스의 연설을 경청하였다. 이어서 주일에 후스는 다시 면벌부를 반박하는 설교를 행했다. 6월 24일에는 장례식에서나 볼 수 있을 듯한 이상한 행렬 하나가 프라하 시내 중심지인 말라 스트라나(Mala Strana)를 출발하여 거리를 따라 행진하였다. 오픈된 마차 위에 한 젊은 학생

---

155 W. N. Schwarze, 65–66.

156 W. N. Schwarze, 67.

157 W. N. Schwarze, 68.

이 매춘부 복장을 하였고 계속해서 손으로 은종을 울렸다. 그 앞에는 십자군 전쟁과 면벌부 발매에 관한 교황의 두 교서를 모방한 커다란 서류가 놓여 있었다. 마차 뒤에는 발트슈타인(Waldstein)이 이끄는 학생들의 행렬이 뒤따랐으며, 많은 군중들이 행렬에 합류하였고, 어떤 이들은 지팡이와 칼을 휴대하기도 하였다. 행렬은 구 시가지를 거쳐 신도시로 나아갔고 카렐 광장에서 멈췄다. 그리고 교황의 교서를 모방한 문서들을 관중들의 박수를 받으며 불태웠고, 그 재를 길거리에 뿌렸는데, 이는 위클리프의 서적을 불태우던 광경에 대한 항의적 행동이었다.

이 행진 이후로 면벌부 판매는 확연히 줄어들었고 로마 교회 주교청의 재정적 손실이 심각해지자, 일부의 신학자들은 후스를 비난하였다.[158] 제브라크(Zebrak)에 머물고 있던 후스는 자신의 가르침과 주장들이 '참 카톨릭 신앙과 일치한다'고 다시 선포하였고, 그 이유 때문에 죽을 준비도 되어 있다고 선언하였다.[159]

후스는 대학에서 토론회를 마친 후 폴란드 국왕에게 교회 권력의 남용을 강렬하게 증오하는 서신을 보내기도 했는데, 이는 그 당시 후스의 국제적인 영향력을 보여 주는 부분이다. 후스 사후에 발생하는 후스인들 전쟁에서 폴란드가 도움을 주게 되는 것도 이러한 후스의 영향력 덕택이었던 것이다.[160]

교황의 모의 교서를 불태운 사건을 주동한 인물로 장인(匠人) 계층의 견습공인 세 청년들은 즉각 체포되어 시청으로 끌려갔다. 치안 판사들은 모두 교황 지지자들이었던 관계로 그들에게 사형을 선고하였고, 이 소식을 들은 후스는 교수들과 2천 명의 학생들과 함께 시청사로 몰려가서 구명을 호소하였다. 후스는 청년들의 행보에 직접 동의하지는 않았지만, 후스 자신의 가르침 때문에 일어난 결과였으므로 그 자신이 전적으로 책임질 것을 말하였다. 폭동을 두려워한 당국이 이 청년들에게 아무것도 행하지 않을 것이라고 후스에게 확신을 심어 주었으므로 군중들은 해산하였다. 그러나 곧 의원들은 그들을 참수하였고, 많은 여성들은 이 순교자들의 피에 손수건을 담갔으며, 시신들은 베들레헴 채플로 엄숙히 옮겨졌

---

158   F. H. Lützow, *The life & times of Master Jan Hus*(London: J. M. Dent, 1909), 151, 154.

159   F. H. Lützow, 155.

160   W. N. Schwarze, 73.

다. 후스가 장례식에 참여하였는지는 확실하지 않으며 7월 17일 주일에 후스는 주중에 아무런 일도 없었다는 듯이 평상시처럼 설교하였다. 슬픔에 압도된 시간들을 보내고 다소 회복되었을 때, 후스는 청년들을 기억하는 설교를 하였다. 젊은 순교자들을 향한 그의 감정은 정확히 112년 후 종교개혁 당시 두 명의 순교자를 향하여 터뜨린 루터의 감정과 같았을 것이다. 후스는 이 사건 이후에도 그의 감정을 계속 절제했으며 살상을 유발하는 투쟁은 억제시키고자 애썼다.[161]

화보34: 존 폭스는 후스가 세 명의 순교자 장례식을 집례한 것으로 묘사했다.[162]

161 W. N. Schwarze, 71-72.
162 John Foxe, vol. 4, 9.

화보35: 베들레헴 채플 내 마르틴(Martin), 얀(Jan), 스타섹(Stašek) 세 순교자를 추모하는 기념판.
Photo ⓒ권현익

(9) 후스의 망명

후스는 대학 토론에서 교황을 '적그리스도'라 칭하면서 면벌부 판매를 비판한
죄목으로 결국 파문을 당하였고, 프라하에서는 새로운 성무 금지령(9월)이 발동
되어 도시 내의 모든 종교 활동이 중단되었다. 10월에는 주일 예배 중에 베들레
헴 채플을 향한 무장 공격과 함께 채플 자체를 철거하려는 사건이 발생하였다.[163]
이에 바츨라프 국왕은 후스에게 프라하를 잠시 떠날 것을 권고하였으며, 그 기간
동안 로마 교회 당국과의 화해를 시도해 보겠다고 약속했다.[164] 후스는 『로마 교
황의 선고에 대한 최고의 재판관인 예수 그리스도께 호소한다』는 책을 출간한 후
10월에 프라하를 떠났다. 그의 지지자가 있는 남부 타보르 근교 코지 흐라데크
(kozi Hrádek)에 머무르다가 그 후 프라하와 가까운 곳으로서, 바츨라프 국왕의 측
근이며 후스의 열렬한 지지자인 인드르지후 레플로비(Jindřichu Leflovi z Lažan)에게

---

163 Ota Pavlicek, 46–53.

164 W. N. Schwarze, 82.

속한 크라코베츠(Hrad Krakovec)로 이동하였다.[165] 그곳에서 후스는 서신을 통하여 프라하와 계속 연락을 취하였고, 이 망명 기간 동안 상당한 양의 저작을 저술하였다.

후스가 망명 기간 동안 저술하였던 유명 저서 가운데 하나는 1413년에 보헤미아어로 집필한 『포스틸라』(Postilla)이다. 이는 성경에 무지한 보헤미안들을 돕기 위하여 매 주일과 주요 축일마다 설교한 복음에 관한 설교집이다. 그는 이 책의 서론에서 "나는 하나님의 영광과 하나님의 뜻을 알기 원하는 신실한 보헤미안들의 구원을 위하여 일 년 내내 주일마다 하나님의 도우심으로 복음을 소개하였습니다. 나는 이를 읽고 듣는 이들이 구원을 받기를 소망합니다. 그리고 제 자신이 죄를 경계하고, 그 무엇보다 하나님을 더욱 사랑하며, 성도 간에 서로 사랑하고, 덕을 세우도록 죄인인 저를 위해서도 하나님께 기도해 주십시오"[166]라며 그의 소망을 전달하였다.

(10) 보헤미아의 위클리프로 불린 얀 후스

후스는 '보헤미아의 위클리프'라 불릴 정도로 위클리프의 사상을 지키기 위해 투쟁의 삶을 살았다고 해도 과언이 아니다. 오처드(G. H. Orchard)는 후스 개혁 운동의 모델이 발도인들 지도자로 튀랭(토리노)의 주교였던 클로드(Claude de Turin), 그리고 잉글랜드의 위클리프[167]라고 밝혔다.

후스가 위클리프의 개혁 교리를 공공연하게 펼쳐서 가르칠 때에도 대중들과 전혀 충돌하지 않았던 것은 오래전에 피카르디인들을 통하여 동일한 복음의 가르침이 보헤미안들 가운데 깊이 뿌리 내리고 있었기 때문이다. 에라스무스는 자신의 편지에서 "후스인들은 로마 교회의 모든 권리와 예식을 포기하였고, (개혁자들로서) 로마 교회의 교리와 관례를 조롱하였으며, 그들은 직분과 상관없이 서로

---

165 F. H. Lützow, 178.
166 The Count Lützow, 196.
167 G. H. Orchard, 230.

를 형제자매라 불렀다"고 언급하였는데, 이런 모습은 계급 구조를 갖고 있던 로마 교회 안에서는 찾아볼 수 없었던 것으로서 보헤미아 발도인들의 모습과 일치하는 것이다. 이는 후스가 발도인들과 매우 밀접한 관계를 맺고 있었다는 증거이다.[168]

보헤미아에 처음 정착한 피카르디인들은 주로 남부 농촌 지역과 게르만 정착민들이 거주하는 지역에 국한되어 고립된 비밀 신자들의 모임 형태로 존재하였다.[169] 특별히 후스가 망명 중에 머물렀던 코지는 발도인들 공동체가 있던 곳으로, 후스는 이곳에서 발도인들의 도움을 받으면서 『교회에 관하여』(De Ecclesia)를 저술하였다. 망명 중에도 그곳의 마을, 성, 들판, 심지어 숲에서도 그 지역 대중들을 대상으로 열정적으로 설교함으로 보헤미아 종교개혁을 더욱 확산시키는 계기를 만들기도 했다.[170] 후스가 피난처로 코지를 선택한 것이나 후스인들의 마지막 항전 보루가 코지에서 가까운 타보르였다는 점은 후스인들과 발도인들 간의 긴밀한 관계를 보여 준다.[171]

큰 핍박 속에서도 발도인들은 여러 나라의 모든 그리스도인들이 부패한 로마 교회로부터 떨어져 나오도록 전파하기 위해 지속적으로 선교사를 파송하였다. 이를 위해 발도인들은 자발적으로 후원금을 만들어 가난한 사람들을 도왔고, 그들의 목회자들을 지원하였다. 선교사들은 몇 년 동안 한 지역에서 집중적으로 사역하고 난 후에는 그곳을 떠나 다른 지역으로 순회하였다. 그들 중 일부는 결혼하기도 했지만, 다수의 사역자들은 많은 지역을 자유롭게 다니기 위해 독신으로 지내기도 하였다. 이들은 유럽 전역을 다니며 발도인들 공동체 간의 교류를 지속시켰다.[172] 발도인들 선교사 피에르 드 데이트(Pierre de Deyt)와 자크 드 미느(Jacques de Misne)는 보헤미아 지역으로 파송받아 얀 후스 곁에서 사역하면서 발도인들의

168 G. H. Orchard, 232.

169 J. K. Zeman, "Restitution and Dissent in the Late Medieval Renewal Movements: the Waldensians, the Hussites and the Bohemian Brethren", *Journal of the American Academy of Religion*, Volume XLIV, Issue 1, 1 March(1976): 12.

170 J. K. Zeman, 17.

171 Jean R. Peyran, 114.

172 Jean R. Peyran, 7.

가르침을 전달하였는데, 이는 타보르인들의 역사에서도 확인할 수 있다.[173]

후스는 카타르인들, 롤라드인들, 존 위클리프, 보고밀인들과 동일한 내용으로 교황주의의 특징인 면벌부 판매와 성물 거래에 대하여 비판하였다. 그리고 후스는『논쟁』(Polemica)에서 "대죄(치명적 죄)의 삶을 살고 있다면, 그 누구도 지도자, 사제, 주교가 될 수가 없다"[174]는 위클리프의 말을 인용하면서 로마 교회의 지도력을 부정하였다. 후스가 로마 교회에 반대한 것은 교리적 측면보다는 도덕적 측면과 예전에 관한 것들이었다. 한편 보고밀인들이 유아 세례의 불필요함을 주장하였던 것에 반하여 후스는『교회에 관하여』에서 유아 세례는 해롭지 않다는 의견을 피력하고 있다.[175]

(11) 드레스덴 학파

1409년 게르만계 사람들이 프라하 대학을 떠나기 전 10년 동안 게르만 석사 학생들 중 일부는 보헤미아 개혁자들에게 동의했고, 위클리프의 작품을 읽었다. 대학 내의 민족적 갈등으로 게르만계 사람들이 라이프치히에 대학을 세울 때, 프라하 대학 교수였던 프리드리히 에핑(Friedrich Eppinge), 페터 드레스덴(Peter of Dresden, 1420년 순교)은 대응적으로 드레스덴에 중등 학교를 세워 교장이 되었다.[176]

이 학교는 기본적인 문법을 가르쳤고, 로마 교회에 대항하는 복음주의 신학을 기초 과정으로 교육했다. 그러나 약 1년 반 후인 1411년 10월에 드레스덴의 교구 주교 루돌프(Rudolph of Meissen)가 이 학교에 성경과 교리 교육을 금지하는 법령을 내리자, 그곳을 떠나 자연스럽게 프라하로 다시 모이게 되었다.[177]

---

173 Jean R. Peyran, 7.

174 "Nullus est dominus civilis, nullus est prelatus nullus est episcopus, dum est in peccato mortali", in Jan Hus, *Magistri Johannis Hus Polemica*, ed. Jaroslav Eršil(Pragae: Academia Scientiarum Bohemoslavaca, 1966), 205.

175 Georgi Vasilev, 151–152.

176 Howard Kaminsky et al., "Master Nicholas of Dresden: The Old Color and the New. Selected Works Contrasting the Primitive Church and the Roman Church", *Transactions of the American Philosophical Society*, Vol. 55, No. 1(1965): 7.

177 Howard Kaminsky, 83.

후스는 망명 직전에 이들을 위해 카롤리눔 가까운 곳에 '흑장미'(the Black Rose) 라는 건물을 제공하였다. 그곳에서 프리드리히 에핑, 페터 드레스덴, 사제인 니콜라 드레스덴(Nicholas of Dresden, Mikuláš z Drážďan)이 개혁 사상을 가르쳤으므로 위클리프를 지지하는 개혁의 중심지가 되었다.

페터 드레스덴은 이종 성찬의 초기 옹호자 중 한 사람으로 후스의 후임자인 야코우벡으로 하여금 베들레헴 채플에서 이종 성찬을 실천하는 데 영향을 끼친 인물인데, 그는 선교사들과 함께 게르만 선교 여행을 진행하던 중 체포되어 순교하였다. 프리드리히 에핑은 후스와 개인적으로 가까이 지냈으며, 후스의 위클리프의 저술 연구를 공개적으로 지지하여 힘을 실어 주었다.[178] 위클리프에 대한 45개 항 정죄가 발표되었을 때 야코우벡과 함께 후스를 지지하여 도왔고, 1412년에 사망했다. 그의 죽음 이후 발도인들인 니콜라 드레스덴이 '흑장미'에 가장 주도적이고 활동적인 신학자로 등장하였다. 그의 주요 논문은 '이종 성찬'(Utraquism)이었는데, 그는 1400년부터 프라하 대학에서 학업하면서 후스의 설교를 들었을 것으로 추정된다.[179] 드레스덴 학파의 주요 제자인 요한 드란도르프(John Drandorf)는 프라하 대학 내 드레스덴 학파의 주요 인물이 되었고, '흑장미'는 발도인들 활동의 주요 거점으로 발도인들과 후스인들의 국제적인 설교자들이 활동하는 중심지가 되었다.[180]

리처드 위치가 후스에게 편지를 보내 롤라드인들과 후스의 관계를 연결하여 그들이 '하나의 교회'임을 확인해 주었던 것처럼 옥스퍼드의 또 다른 유명 학자로서 프라하 대학 교수인 피터 페인도 롤라드인들로서 보헤미아 개혁 운동에서 하나의 교회인 카톨릭 교회를 형성하는 데 큰 역할을 담당하였다. 그는 1404년 런던을 떠나 게르만에서 발도인들 제자들과 자주 접촉한 첫 번째 인물이었으며,[181]

---

178 프리드리히는 위클리프를 지지하였으나 독립적인 생각을 갖고 있었다. 위클리프의 교회론이 '구원에 예정된 자들로서 성도들의 공동체'라는 개념은 수용하지 않았다. 그는 기관으로서의 교회와 비가시적 공동체를 구분했다. 그의 논문은 마테이(Matěj z Janova)와 니콜라 드레스덴에게 큰 영향을 주었다.

179 Peter Demetz, *Prague in Black and Gold*(New York: Hill and Wang, 1997), 148.

180 Howard Kaminsky et al., 7.

181 Mishtooni Bose, Fiona Somerset, J. Patrick Hornbeck, eds., A Companion to Lollardy(Leiden: Brill, 2016), 42–24.

프라하에서 발도인들과 후스인들의 연합을 위해 계속적으로 노력하였다.

후스는 100년 뒤에 등장할 백조를 기대하며 거위로서의 충분한 역할을 감당한 후 한 줌의 재가 되어 사라졌지만, 또 다른 거위들(후스의 제자)은 그 백조 알의 출현과 부화를 위해 헌신적으로 수고하였다.

1) 피터 페인(Peter Payne)

피터 페인(1380-1455)은 옥스퍼드 세인트 에드먼드 칼리지의 학장이었고, 롤라드인들의 지도자였다. 그는 박해를 피해 1414년 잉글랜드를 떠나 독일에서 발도인들과 합류하였다. 그는 1417년에 프라하 대학의 교수가 되었고, 후스 순교 5년 뒤 후스인들이 분열되었을 때, 타보르인들의 지도자가 되어 활동하다가 1455년에 사망했다. 그는 니콜라 드레스덴과 동역했고, 보헤미아 대표로 지기스문트 왕과의 협상을 주도 했으며, 바젤 공의회에도 대표로 참석하여 4일간 연설을 하는 등 잉글랜드인이었지만 보헤미아 종교개혁의 지도자로 활동하였다.

화보36: 콘스탄츠 공의회에서 재판받는 후스의 모습[182]

---

182 출처: J. A Wylie, vol.1, 115.

화보37: 후스의 친구 예로님(제롬)이 화형당하는
모습. 이단으로 정죄된 개혁자들에게 지옥에 떨어
져야 할 사탄적인 존재임을 알리는 사탄의 관을 씌
우고 화형을 시켰다.[183]

1415년 타보르를 중심으로 타보르인들이 조직되었고, 이들은 게르만 각 지역
에서 활동하면서 후스 사상을 확산시켰으며 1430년에는 발도인들과 타보르인들
이 공식적으로 연합하였다.[184] 후스가 죽은 이후 보헤미아 그리스도교는 세 종파
로 나뉘어졌다. 첫 분파는 로마 교황을 교회의 수장이며 예수 그리스도의 대리자
로 받아들였으며, 두 번째 분파는 이종 성찬은 행하지만 미사에도 참여했고 로마
교회와의 완전 분리는 원하지 않았지만 연옥설, 죽은 자를 위한 기도, 성수 거부
측면에서는 로마 교회와 달랐다.[185] 그리고 세 번째 분파는 '피카르디인들'이라고
도 불린 타보르인들이다.

이들은 교황과 그의 교회를 '적그리스도'와 요한계시록에 묘사된 '바벨론의 음
녀'라고 판단하고 비판하였다. 신앙 문제와 관련해서는 오직 성경만을 인정하였

---

183 출처: Théodore de Bèze, *Les vrais portraits des hommes illustres: avec les 30 portraits supplémentaires de l'édition de 1673*(Geneva: Slatkine, 1986), 8.

184 Società di storia valdes, 28.

185 참조, 온건파 칼릭스틴(Calixtines)

고, 교황권에 의해 사제들이 임명되었던 로마 교회와 달리 사제와 주교를 교인들 스스로 선택하였다. 그 누구의 결혼도 부정하지 않았으며 죽은 자를 위한 그 어떤 예전도, 특별히 인위적으로 만들어 낸 축일이나 예전을 전혀 인정하지 않았다.[186] 발도인들이 보헤미아에서 주도적으로 활동을 할 수 있었던 것은 무엇보다 오스트리아와 달리 큰 핍박이 없었기에 지속적으로 머무를 수 있었기 때문이고, 후스인들과 연합하면서 현지 지도자들을 많이 양성하여 동역할 수 있었기 때문이었다. 1467년에 후스인들 개혁 교회는 로마 교회와 완전히 분리하였다.[187]

타보르인들이 게르만 지역으로 확장할 수 있었던 것도 게르만 발도인들의 큰 도움 때문이었다. 그리고 니콜라 드레스덴(화형 순교 추정)과 페터 드레스덴의 제자로서 드레스덴에서 프라하로 처음 건너가 발도인들의 교리를 가르쳤던 요한 드란도르프(1425년 화형 순교), 페터 투르나우(Peter Turnau, 1426년 화형 순교), 프레데릭 라이저(1458년 화형 순교)와 같은 발도인들 지도자들은 타보르인들의 신학 발전에 크게 공헌하였다.[188]

화보38: 프라하 근교에서 로마 교회가 금지한 성찬의 잔을 나누는 후스인들

---

186 G. H. Orchard, 231-232.
187 Jean P. Perrin, 109, 111.
188 J. K. Zeman, 6-7.

화보39: 보잘것없는 도구로 바위로 이뤄진 타보르의 지하 통로를 파고 그곳에서 예배하는 타보르인들[189]

후스인들(타보르인들)이 발도인들과 긴밀하게 협력하며 게르만 지역에서 계속 활동하였고, 16세기 종교개혁의 중심지였던 알사스 지역에서 활발히 활동하였던 사실은 스트라스부르 근교 마을인 '바이어스하임'의 '후스인들' 활동 자료에 잘 나타나 있다. 그 활동의 중심에는 발도인들의 지도자인 동시에 후스인들의 주교였던 프레데릭 라이저가 있었다.[190]

2) 프레데릭 라이저(Frédéric Reiser, 1401-1458)

프레데릭 라이저(1401-1458)는 어린 시절 부친으로부터 발도인들의 교육을 받았고, 상인으로 게르만 전역에 존재하고 있던 발도인들을 대상으로 순회 설교를 했다. 그러던 중 프라하에서 활동하고 있던 피터 페인을 만났고, 평신도 사역자

---

189 출처: J. A. Wylie, The history of Protestantism, vol. 1, 211.

190 http://weyersheim.net.chez-alice.fr/JanHus/hussitesweyersheim.htm.

임에도 타보르인들의 첫 주교인 니콜라스(Nicholas of Pelhřimov)에게서 매우 예외적
으로 사제 서품을 받았으며, 후스인들과 발도인들의 하나 된 교회로서의 연합 사
역을 위해 게르만 지역의 책임자로 임명되었다. 그리하여 라인 강 계곡으로 파송
받아 게르만, 보헤미아, 스위스에서 선교사 직을 감당하면서 개혁주의의 중심이
었던 스트라스부르에 정착하여 공동체를 형성하였다. 그러던 중 1458년 그의 제
자들과 함께 체포되어 고문을 당하였고, 시장이었던 한스 드라켄펠스(Hans
Drachenfels)와 시 행정관의 반대에도 불구하고 뉘른베르크의 신실한 노파인 안나
(Anna Weiler)와 함께 옛 시청 광장(현재 구텐베르크 광장)에서 화형으로 순교했다.[191]

화보40, 화보41: 종교재판소의 고문실과 고문 장면[192]

---

191 Henry Charles Lea, *A History of the Inquisition of the Middle Ages*, vol. 2(New York: Macmillan company, 1922), 415.

192 J. H. Merle D'Aubigne, *History of the great reformation in Europe in the times of Luther and Calvin*(Philadelphia: William Flint, 1870), 911, 825.

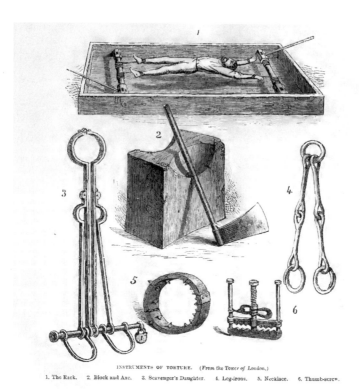

INSTRUMENTS OF TORTURE.   (From the Tower of London.)

1. The Rack.   2. Block and Axe.   3. Scavenger's Daughter.   4. Leg-irons.   5. Necklace.   6. Thumb-screw.

화보42: 고문 도구[193]

　라이저가 화형으로 순교한 후에도 알사스의 후스인들은 사역을 중단하거나 종국을 만들지 않고 계속 활동하였다. 그들은 심지어 근대 인쇄술의 발명가인 구텐베르크와 접촉하여 인쇄물을 통하여 그들의 가르침을 널리 전파하였다. 그러나 이 일 때문에 필경 기술자로 일하던 수도사들과 종교재판소의 압박을 받아 구텐베르크조차도 자신의 놀라운 발명품인 인쇄술을 처음으로 활용하였던 마인츠를 떠날 수밖에 없었다. 15세기 말에도 후스인들은 스트라스부르에 계속 존재했는데, 1494년 스트라스부르 인쇄업자인 마르틴(Martin Flachs)이 인쇄한 전단지를 보면 이를 확인할 수가 있다. 거기에는 로마 교회의 후스인들 척결 의지가 담긴 삽화가 들어 있다. 그리고 1520년에는 스트라스부르 북쪽에 위치한 아그노(Haguenau)에서 얀 후스의 대표적 저서인 『교회에 관하여』가 마르틴 루터의 권유

193　출처: J. A. Wylie, The history of Protestantism, vol. 1, 385.

에 의해 출판되기도 하였다. 아그노의 바이어스하임 마을에는 오늘날까지도 후스인들의 후손들이 살고 있다.[194]

12세기에도 그곳에 존재하였던 발도인들의 활동, 순교, 그리고 발도인들의 가르침을 따랐던 후스인들의 계속적인 복음 증거, 이런 것들로 말미암아 스트라스부르는 가히 16세기 독일 종교개혁 운동의 주요 도시 가운데 하나로 자리 잡게 되었다. 후스인들은 발도인들과 함께 그들의 활동 영역을 넓혀 헝가리와 폴란드, 심지어 시칠리아에도 이르렀으며, 라인 강변의 도시들, 특히 발도인들의 지도자였던 롤라드가 화형당한 쾰른은 이들의 가장 중요한 활동 거점이 되었다.[195] 1433년 타보르인들은 전쟁에 패해서 대부분 참수를 당하였으나 '보헤미아와 모라비아 형제단'으로 계속 존속하게 되었다.[196]

(12) 헝가리에서의 발도인들

1170년경 성경을 번역한 발도인들은 보헤미아와 헝가리로 직접 망명하거나 그곳에 선교사들을 파송하였다. 1176년 초 헝가리에서 많은 사람들이 발도인들의 교리를 수용하였는데, 사제들이 이 교리를 수용하는 상황이 벌어져도 그것이 아무런 문제가 되지 않을 정도였다. 많은 귀족들도 새로운 교리를 받아들였고, 다수의 부유층까지도 적극적으로 반응하며 참여하였다. 또한 이 지역의 그리스도인들은 라틴 교회보다 헬라 교회로 기울어져 있었기 때문에, 교황권을 부정하는 발도인들에게 일체의 반감을 갖지 않았을 뿐 아니라 오히려 그들을 보호하였다. 이런 이유로 종교재판소는 헝가리에서 활동의 발판을 마련하지도 못하였고 다른 곳에서처럼 큰 성과를 거둘 수도 없었다. 강력하며 독립적인 귀족들의 보호 속에 발도인들은 자유롭게 활동하였고, 지기스문트(Sigismund) 황제가 통치할 때까지는 전혀 억압을 받지 않았다.

---

194 http://weyersheim.net.chez-alice.fr/JanHus/hussitesweyersheim.htm.

195 G. H. Orchard, 231-232.

196 Jean R. Peyran, 127.

1223년에 불가리아, 크로아티아(Croatia), 달마티아(Dalmatia), 헝가리에 발도인들의 교회가 세워졌는데, 보헤미아에 정착한 발도인들은 후스 시대보다 240년이나 앞서 개혁 교회를 세웠던 것이다. 언드라시 3세(Andrew III, 1265-1301)의 사망 이후에 발도인들은 그 수가 더욱 많아졌으며, 후스 시대에는 '후스인들'이라는 이름으로 꾸준히 개혁적 신앙 활동을 계속했다. 1315년에는 하나님의 말씀으로 깨우침을 받은 보헤미아와 오스트리아 지역 발도인들의 수가 80,000명에 이르기도 했다.[197]

발도인들이 오스트리아에서 36개 지역을 확보하고 정착하자, 상황의 심각함을 파악한 파사우(Passau) 교구는 현지에 종교재판소를 설치하고 이들에 대한 조사를 시작하면서 박해를 착수하였다. 그래서 1315년 한 해 동안에만 130명의 발도인들을 화형시켰다. 비엔나에서는 발도인들의 주교 노이마이스터(Neumeister)가 화형을 당하였다. 1330년에는 남부 보헤미아 노이하우스(Neuhaus)에서 상당한 박해가 있었고, 1395년 12월에는 스티리아(Styria)에서 발도인들에 의한 반란이 발생하기도 하였으며, 1397년 슈타이어(Steyer)에서는 약 100여 명의 발도인들이 화형을 당하였다.[198]

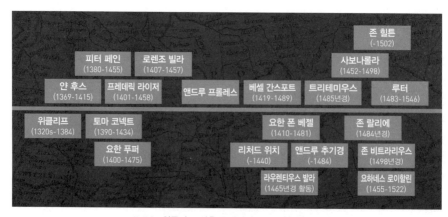

도표6: 위클리프 이후 루터까지의 종교 개혁자들

---

197 J. H. Merle D'Aubignée, *History of the Protestant church in Hungary*(Boston: Phillips, Sampson, and Co., 1854), 12, 19-20.

198 Societe di storia valdes, 28.

4. 후스 이후 루터 이전 유럽의 개혁자들

'은혜와 행위의 합작으로 구원을 받는다'는 가르침에 반대하여, 오직 믿음으로만 구원을 얻는다는 '이신칭의' 교리를 외치다가 죽임을 당한 순교자들의 피는 사형대 아래로 흘러내려 그 지역 전체를 복음으로 물들게 만들었고, 화형장에서 사라진 순교자들의 한 줌의 재는 박해자들의 쓰라린 칼바람을 타고 더 멀리까지 흩뿌려졌다.

위클리프와 후스의 가르침은 이렇게 유럽의 여러 지역으로 퍼져 나가서 바이에른(Bayern), 슈바벤(Schwaben), 프랑코니아(Franconia), 프로이센(Prussia) 제국에서 수많은 지지자들과 제자들을 얻게 되었다.

(1) 루터의 등장을 준비한 100년의 시간

후스의 개혁 사상이 우후죽순처럼 일어나 마침내 루터에게서 꽃을 피우게 되는 100년의 시간 동안, 헤아릴 수 없는 무명의 개혁자들이 저항하고 외치다가 죽임 당하면서도 자신들에게 주어진 걸음을 멈추지 않고 지속하였다. 우리는 이 역사를 보면서 도미노 게임을 연상하게 된다. 첫 조각에서 마지막 조각까지 질서정연하게 이어져야 그 운동력의 흐름이 전달되는 것처럼, 후스와 루터 사이의 시간과 공간에 조각(점)에 불과한 수많은 개혁자들이 빈틈 하나 없이 채워져 꿋꿋이 서 있었기 때문에 팡파르가 울리듯 루터의 등장이 가능하였음을 결코 잊어서는 안 된다. 이들 개혁자들 가운데 특별히 교황 제도의 하부 계급에서 교회 개혁을 외치는 이들이 적지 않았다.

수도사 아르놀디(Arnoldi)는 주목을 받을 만큼 놀라운 개혁 운동을 일으키지는 못하였지만 매일 그의 수도원 숙소에서 "주 예수 그리스도! 나의 유일한 주님과 구속자, 나의 의가 되심을 믿습니다"라고 외치며 기도하였다.

카르투지오 수도회(Carthusian)의 가난한 수도사 마르틴(Martin)도 "가장 자비로운 하나님! 저는 구원을 얻을 자격이 없을 뿐더러 사랑스런 아들이 당하신 고난과 죽음이 아니고서는 당신의 의로움을 만족시킬 수 없다는 것을 압니다. 거룩하신 주님, 저의 구원은 모두 당신의 손에 달려 있습니다. 당신의 사랑의 손길을 저에게서 거두지 않으실 것을 믿는 것은 저를 창조하시고, 조성하시고, 구속하시고, 저의 이름을 지울 수 없는 철필로 당신의 손과 발에 기록하셨기 때문입니다"라는 감동적인 기도와 고백을 하였다. 그 후 그는 자신의 신앙 고백을 담은 문서를 나무 상자에 넣고 숙소의 벽에 넣어 보관하였다. 그리고 오랜 세월이 지난 후 1776년에 그 상자가 발견되면서 마르틴의 이 신앙 고백이 세상에 알려지게 되었다.

바젤의 경건한 주교 우텐하임(Christopher of Utenheim)의 좌우명도 "내 희망은 그리스도의 십자가에 있으며, 나는 그의 은혜를 구하고 내 행위에서 의를 찾지 않는다"였다.[199]

1) 토마 코넥트(Thomas Conecte)

토마 코넥트(1390-1434)는 프랑스 카르멜회(Carmelite)의 수도사로 캉브레(Cambrai), 투르네(Tournai), 아라스(Arras), 아미앵(Amiens)과 같은 플랑드르의 여러 지역에서 활동하였다. 로마 교회의 가장 가증스러운 예식들은 반드시 개혁되어야 하며, 하나님을 섬긴다면 교황의 파문 따위를 두려워하지 말라고 선언하였다.[200] 그가 소속된 수도원의 수도사와 제자들과 군중들은 설교를 위해 노새를 타고 이동하는 그를 따라 어디든 함께 다녔다. 그는 설교를 통해 개인적인 죄와 부도덕성을 지적하였고, 성직자들이 순결 서약을 깨뜨리고 첩들을 둔 것을 공개적으로 비판하였다. 또한 귀족 여인들의 화려한 머리 장식과 사치를 크게 비판하였다. 그의 설교를 들은 16,000명에서 20,000명의 군중들 가운데 남자들은 도박놀이인 주사위와 카드를 버렸고, 여자들은 머리 장식물을 부숴 버렸다. 이런 변화는 15세기 카르멜회의 개혁 운동으로 연결되었으나 세속적인 사제들의 반발 때문에 그는 이탈리아로 피신하여 피렌체의 카르멜 수녀원 개혁에 참여하였다. 그

---

199 J. H. Merle D'Aubigné, *History of the Reformation of the Sixteenth Century*, vol. 1, 99.

200 J. H. Merle D'Aubigné, *History of the Reformation of the Sixteenth Century*, vol. 1, 100.

후 1432년 베니스와 로마에서 개혁 운동을 이끌었다는 죄목으로 종교재판소에 의해 사형을 선고를 받았고, 1433년에 공개 화형을 당하였다.[201]

2) 로렌조 발라(Lorenzo Valla)

로마 교회는 계속적으로 변질된 교리와 교황권에 복종시키려고 힘을 다해 노력하였는데, 학자들의 책은 검열을 쉽게 하기 위해 로마에서만 출간되도록 제한하였다. 학자였던 로렌조 발라(1407-1457)는 교황을 향하여 "교황이시여! 다른 로마 주교들에게 모범을 보이십시오! 당신은 모세의 자리에 앉아 있는 사악한 서기관과 바리새인이며, 모세에게 반역한 다단과 아비람의 일을 행하고 있습니다. 기병대의 화려함, 즉 가이사의 삶이 과연 그리스도의 대리자라는 당신의 모습일 수가 있습니까?"라고 항의하였다. 그는 지속적으로 교황의 오류를 비판하였고, 교황청 문서인 '콘스탄티누스의 기증서'가 위조임을 폭로하여 화형을 선고받기도 하였으나 왕의 중재로 화형은 면하였다.[202] 또한 사도신경은 사도들이 직접 고백한 내용으로 이루어졌다는 예루살렘 감독 루피누스(Rufinus)의 주장이 오류임을 지적하기도 하였다.

3) 라우렌티우스 발라(Laurentius Valla)

그는 1465년에 교황을 전쟁과 변론의 창시자라며 맹렬하게 비판하였고, 그리스도의 공로로 말미암은 구원을 강조하였으며, 수도사들의 무절제함을 심하게 꾸짖었다. 그는 지속적으로 선한 행위가 아니라 오직 성령으로 말미암아 구원받게 됨을 주장하다가 추적을 당해서 네아폴리스(Neapolis)로 도주하였고, 그곳에서 비참하게 살다가 죽었다.[203]

---

201 Enguerrand de Monstrelet, *The Chronicles of Enguerrand de Monstrelet*, trans. Thomas Johnes, vol. 1(London: Henry G. Bohn, 1849), 546-547.

202 *The Universalist quarterly and general review*, vol. 1, 140.

203 Thieleman J. van Braght, *The Bloody Theatre, or Martyrs' Mirror*, trans. Joseph F. Sohm(London: David Miller, 1837), 272.

4) 앤드루 추기경(Andrew, Archbishop of Crayn)

두 명의 교황이라는 모순 해결과 로마 교회의 정화를 위해 시작된 공의회 운동은 교회 분열과 성직 매매와 족벌주의 등 타락한 관습들을 종식시키려 노력하고 있었다.[204] 이런 시대적 상황 속에 앤드루(?-1484)는 황제의 대사로 로마에 파견되었다. 그곳에서 교회의 불의, 오류, 교황의 무수한 악의를 밝힌 후 교황 식스토 4세에게 교회 개혁과 도덕적인 청결을 요구하였다. 1482년 바젤 공의회를[205] 소집하여 교황의 성무 집행을 정지시키려 하였으나 실패하여 로마에서 투옥되었고, 1484년에 옥사하였다.[206]

5) 트리테미우스(Trithemius)

공의회 운동이 실패한 이후 1485년경에 수도원장 트리테미우스는 고위 성직자들을 향하여 다음과 같이 신랄하게 비판하였다. "그들은 성경의 그 어떤 것도 알지 못하였고 배우는 것조차도 싫어한다. 그들은 라틴어를 쓰거나 말하지도 못하면서 토속어로 복음을 설명하는 것도 금지시켰다. 그저 거짓과 우화로 대중들을 가르치나 누구도 그 말을 신뢰하지 않는다. 그들은 책도 읽지 않으며 진리를 알지 못하므로 불법의 자녀를 번식시키고 있을 뿐이다. 그들은 연구하기보다 그들의 첩을 좋아하고, 영적 시력을 잃은 장님들이며, 의를 가르치기보다는 오히려 하나님의 백성들을 미혹에 빠지도록 만들었다. … 성직자들의 무지가 교회 전체로 퍼져 나가는 것을 보면서 슬퍼하지 않을 수 없다. 그 부패의 중심에는 교황청이 있으며, 교황은 개혁을 저지하고 철저한 승리를 거둔 것처럼 자만에 빠져 여전히 뻔뻔스럽게 사악함을 계속 행하고 있다. 괴물적인 방탕의 대표인 알렉산데르 6세는 자신의 추기경 중 한 명이 준비한 독약을 먹고 그의 매음굴 궁전에서 사망하였다."[207]

---

204 후스토 L. 곤잘레스, 『중세교회사』(서울: 은성, 2012), 223.
205 교황권을 약화시키려는 목적으로 공의회를 개최하려고 하였기에 교황은 공의회를 해산시키려고 하지만, 오히려 공의회 권위를 한층 더 강화시키는 꼴이 되었다. 바젤 공의회 개최 목적 중 하나는 다섯 차례의 후스인들과의 종교 전쟁을 종식시키기 위한 타협점을 모색하는 것이었다.
206 J. H. Merle D'Aubigné, *History of the Reformation of the Sixteenth Century*, vol. 1, 100.
207 *The Universalist quarterly and general review*, vol. 1, 146.

6) 지롤라모 사보나롤라(Girolamo Savonarola)

지롤라모 사보나롤라(1452-1498)는 도미니크회 수도사로 교회와 국가를 개혁하려고 노력하였으며, 특히 피렌체에서 교회 회복 및 거듭남을 촉구하며 이신칭의를 선포한 죄로 1498년에 화형을 당하였다.[208] 그에 관한 연구는 많이 발표되어 있기에 그의 업적을 간략하게만 소개한다.

7) 존 랄리에(John Lallier)

그는 로마 교회 신학의 중심지였던 소르본 대학의 교수로 1484년에 모든 성직자들은 동등한 권세를 갖고 있다고 주장하며 계서 제도를 부정하였다. 그는 "로마 교황은 모든 교회의 수장이 될 수 없으며, 로마 교회의 오류나 교황의 변덕스러운 교서에 순종하지 말고 오직 하나님의 계명만을 따를 것"을 권면하였다. 나아가 "로마 교회는 실베스터 주교 시대(320년) 이후부터 더 이상 그리스도의 교회가 아니었으며, 로마 교회가 추앙하는 성인들의 전설은 프랑스의 연대기보다 더 믿을 수 없는 내용들이다"라고 강력하게 비판하였다.[209]

8) 요한 푸퍼(John Pupper) 혹은 요한 폰 고흐(Johannes von Goch)

요한 푸퍼(1400-1475)는 아우구스티누스회 수도원 원장으로서 성경의 최종적 권위를 주장하였고, 교부들의 가르침이라 할지라도 성경과 일치할 때만 받아들일 것을 가르쳤다. 토마스 아퀴나스(Thomas Aquinas)를 "오류의 황태자"라며 비난했고, 로마 교회의 지배적 교리들은 실제로 '펠라기우스주의의 재탄생'이라고 주장하였다.[210]

9) 요한 폰 베젤(Johann Ruchrat von Wesel) 또는 베잘리아(John of Wesalia)

요한 폰 베젤(1410- 1481)은 열정 있고 학자적 재능이 뛰어난 에르푸르트(Erfurt)

---

208 J. H. Merle D'Aubigné, *History of the Reformation of the Sixteenth Century*, vol. 1, 101.

209 J. H. Merle D'Aubigné, *History of the Reformation of the Sixteenth Century*, vol. 1, 102-103.

210 C. Matthew McMahon, *The Reformation Made Easy*(New Lenox: Puritan Publications, 2012), 26.

대학의 신학박사로서 보름스와 마인츠 대성당의 설교자였다. 그는 화체설과 사제들에 의해 구원이 통제된다는 교리를 공격하였으며 성경을 유일한 믿음의 근원으로 가르쳤다. 수도사들에게는 "우리의 구원은 수도원 생활과 같은 종교 행위가 아닌 오직 하나님의 은혜로 이뤄지며, 하나님께서 영원 전에 선택한 모든 자들의 이름을 한 권의 책에 기록하셨고, 그 책에 기록된 모든 이름은 결코 지워지지 않으므로 세상의 모든 사제들이 택자를 정죄하고 파문할지라도 택자들은 구원에 이르게 된다"고 말하였다. 또한 "하나님께서 정죄한 자들은 아무리 구원되기를 원할지라도 구원에 이르지 못하고, 교황이 '사도들의 계승자'라는 주장 역시 그리스도의 말씀에 따른 것이 아니며, 부와 목마름과 지배욕에 이끌려 인위적으로 고안해 낸 것"이라고 비판하였다. 그는 후스인들과 교류하면서 이단 후스인들의 사상을 전하는 대변자라는 죄목으로 종교재판소에 서게 되었다. 그는 화형의 위협 앞에서 자신의 연약함 때문에 자신의 주장을 철회하였고, 그의 저작들만 모두 불태워졌다. 그 후 마인츠의 아우구스티누스 수도원에 격리되었다가 1482년에 지하 감옥에서 옥사하였다.[211] 1458년에 에르푸르트 대학 부총장까지 지냈던 그의 영향력에 관해서 루터는 "나는 그의 저서들에 힘입어 교수가 되었다"[212]고 증언하였다.

10) 베셀 간스포트(Wessel Gansfort 혹은 John Wessel)

후스는 이단자로 지명되어 불 속에서 사라졌지만, 교황의 이런 결정은 오히려 불에 연료를 부은 꼴이 되어 개혁 운동은 엄청난 속도로 퍼져 나갔다. 그러한 가운데 발도인들은 유럽 북부 지역의 산업에 종사하는 계층들 속에 침투했으며, 간스포트(1419-1489)는 대중들의 개혁 정서 형성에 영향을 끼치면서 다음 세기 종교개혁 운동으로 연결시키는 교두보를 마련했다. 그는 특별히 학자들인 파도바의 마르실리우스(Marsilio Da Padova), 니콜라 클라망주(Nicolas de Clamanges), 장 제르

---

211 J. H. Merle D'Aubigné, *History of the Reformation of the Sixteenth Century*, vol. 1, 104-105; Robert Andrew Baker, *A Summary of Christian History*(Nashville: Broadman Press, 1959), 195.
212 필립 샤프, 6권, 638.

송(Jean Gerson), 피에르 다이(Pierre D'Ailly), 리처드 율러스톤(Richard Ullerston)과 같은 장차 로마 교회를 과감하게 비판하게 되는 학자들의 생각을 깨우쳤던 스승이다.[213]

그는 16세기 종교개혁 직전의 종교개혁자 가운데 가장 주목할 만한 인물로 쾰른, 루뱅, 파리, 하이델베르크, 그로닝겐(Groningen)에서 신학박사로 활동하였다. 진리를 향한 사랑과 용기로 그에게 '세상의 빛'이라는 별명이 주어졌다. 그는 부패한 성직자보다 교회에 더 위험하고 파괴적인 것은 없으며, 모든 그리스도인들은 교회를 파괴하는 자들에게 저항(resist)할 의무가 있다고 주장하였다. 루터는 1520년 이후에서야 베셀의 저술을 확인하면서 그와 사상이 일치함에 관하여 베셀의 저서 서문(1522년)에서 "내가 그의 저서를 좀 더 빨리 읽었더라면 내 원수들은 내가 그에게서 모든 것을 가져왔다고 했을 것이다"라고 말할 정도였다.[214] 사상의 완전한 일치와 선각을 루터가 직접 확인해 주었다. 게르만과 스위스, 네덜란드의 개혁자들은 그의 신학적 견해에 크게 영향을 받았고, 그를 '영적 아버지'라고 기억했다. 에라스무스는 "베셀은 루터가 가르치고 있는 모든 것을 이미 가르쳤다"라고 주장하였고, 당사자인 루터는 그의 저서가 더 많은 이들에게 읽혀지지 못한 것을 안타까워했다.[215]

---

213 E. Waite Miller, *Wessel Gansfort, life and writings* vol.1, New York London G.P. Putnam's sons, 1917, 33.

214 J. H. Merle D'Aubigné, *History of the Reformation of the Sixteenth Century*, vol. 1, 104–105.

215 Edward. Waite Miller, 129.

화보43: 베셀 간포스트의 무덤이 있는 네덜란드 그로닝겐의 성 마르틴(St. Martin) 교회
화보44: 베셀 간포스트의 무덤[216]

16세기 개혁 교회를 준비함에 있어 베셀은 후스 순교 5년 뒤에 출생하여 츠빙글리 출생 후 5년까지 활동하였다. 그는 후스가 예견한 루터의 출발을 위해 참으로 중요한 역할을 담당하였다. 그는 또한 교황권 축소라는 역사적 결과를 초래한 일에 큰 몫을 하였다.[217] 베셀 외에도 수많은 개혁자들이 한 점(點)에 불과한 삶을 살았으나 앞선 점과 후대의 다른 점을 연결하는 위치에서 충성함으로 참 교회의 역사가 선(線)으로 드러나는 일에 큰 역할을 하였다.

네덜란드(저지대) 출신인 그는 1470년 보름스(Worms)에서 이신칭의, 즉 오직 은혜로 구원을 받기 때문에 로마 교회의 인위적 전통인 면벌부, 고행, 금식, 성지순례, 병자[종부]성사, 견진성사, 고해성사를 반대하며 교황주의를 의지하지 말

---

216 출처: Edward Waite. Miller, 129, 151.
217 E. Waite Miller, 150.

것을 가르쳤고 사제의 혼인과 이종 성찬을 주장하였다.[218] 교황은 그리스도의 대리자도 아니고, 교황과 공의회는 사죄권(赦罪權)을 행사할 수 없으며, 성경에도 없는 대사면(大赦勉, 면벌부)은 선행을 돈거래로 전락시켰을 뿐 아무 다른 의미가 없다고 말하였다.[219] 이런 가르침 때문에 그는 이단으로 정죄를 받고 1479년 마인츠에서 산 채로 화형당했는데, 화형장에서 그가 남긴 마지막 말은 "나는 십자가에 못 박히신 예수 외에는 아무도 알지 못한다"였다.[220]

11) 존 비트라리우스(John Vitrarius)

그는 투르네(Tournay)의 프란체스코회 수도사로 "개혁되지 않은 종교 질서에 머물게 하는 것보다 차라리 아이의 목을 자르는 것이 낫다"고 과격하게 말할 정도로 교회의 부패를 강력히 공격하였다. 나아가 그는 "사제들이 그의 집에서 한 여인(마리아)을 붙들고 있다면 그 여자를 강제로 끌어내야 한다. 왜냐하면 그곳에서는 처녀 마리아에게 반복적으로 기도하고 있기 때문이다. 끌어낸 그녀는 처녀가 아니라 마귀임을 볼 수 있도록 폭로해야 할 것이다"라고 성모 숭배를 비판하였으나, 로마 교회의 압박을 견디지 못하고 1498년에 자신의 주장을 취소하였다.[221]

12) 앤드루 프롤레스(Andrew Proles)

그는 아우구스티누스 수도원 지도자로 "너무나 깊은 어둠과 끔찍한 미신 속에 있는 형제들이여! 교회는 이제 대담한 대개혁이 필요하며, 이미 그 시대로 접근하고 있습니다. 이제 나는 늙었고 몸도 쇠약하며 학식과 능력과 웅변이 좋지 않습니다. 그러나 하나님께서는 힘과 재능과 학식과 웅변에서 가장 중요한 자리에 서게 될 영웅을 세우실 것이며, 그를 통하여 위대한 개혁을 시작할 것입니다. 거

---

218 Thieleman J. van Braght, 272.
219 김희중, "가톨릭교회 입장에서 본 루터 개혁 운동의 배경과 500주년의 교회사적 의미", 신학과철학 제29호(2016): 13.
220 필립 샤프, 6권, 640.
221 J. H. Merle D'Aubigné, *History of the Reformation of the Sixteenth Century*, vol. 1, 102.

친 반대에 저항할 힘도 하나님께서 주실 것입니다"라고 말하였다.[222] 그는 종교개혁의 주체가 하나님이심과 필요한 시기에 인물을 세우실 것을 고백하며 대변혁의 시대가 곧 도래할 것을 예견하였다.

13) 존 힐튼(John Hilten)

그는 아이제나흐(Eisenach)의 프란체스코회 수도사로 교황의 권력 남용에 반대하였고, 성경을 도외시함과 수도사들의 반종교적인 삶을 비판하며 기록했다는 죄목으로 1477년에 투옥되어 20년 이상 감옥에 갇혀 있었다. 그리고 루터가 그곳에서 학교를 다닐 때인 1502년에 옥사하였다.

멜란히톤은 '아우크스부르크 신앙 고백서 변증'에서 힐튼을 종교개혁자들의 친구와 선구자로 소개하면서 "힐튼은 1516년에 수도원 규율을 깨뜨릴 한 수도사가 일어날 것이라고 예견하였다"며 그를 소개하였다.[223]

14) 요하네스 로이힐린(Johannes Reuchlin)

요하네스 로이힐린(1455-1522)은 당대 학문적 천재로 20세에 헬라어를 가르쳤으며 나중에 튀빙겐 대학으로부터 청빙을 받았다. 헬라어와 히브리어에 탁월하였고, 라틴어 사전, 헬라어 문법을 작성하였으며, 시편을 번역하고 주석을 달았고, 불가타 성경을 교정했으며, 최초로 히브리어 문법과 사전을 출간하였다. 또한 프랑스와 이탈리아의 가장 훌륭한 연설가 중 한 명이었다. 그는 자신의 사촌으로 훗날 필리프 멜란히톤(Phillip Melanchton)으로 불리게 되는 슈바르처드(Schwarzerd)를 가르쳤고, 멜란히톤은 루터와 친구가 되어 종교개혁을 위하여 힘을 합했다.[224]

---

222 J. H. Merle D'Aubigné, *History of the Reformation of the Sixteenth Century*, vol. 1, 106-107.

223 Charles Beard, *Martin Luther and the reformation in Germany until the close of the Diet of Worms*(London: K. Paul, Trench & co., 1889), 132.

224 C. Matthew McMahon, 27-28. 멜란히톤이 로이힐린의 제안으로 가족 성(姓)인 'Schwarzerdt'(검은 땅)을 헬라어에 상응하는 멜란히톤(Melanchton)으로 개명할 정도로 그는 영향력을 갖고 있었다.

로이힐린은 특별히 베셀 간스포트의 "교황은 기만을 행하고 있으며, 인간에 의한 모든 보속(면벌)은 인류를 완전하게 하나님과 화해시키시고 의롭게 하신 그리스도의 사역을 모독하는 것이다. 하나님께서 홀로 완전한 용서를 주실 수 있으시기에 우리는 사제에게 죄를 고백할 필요가 없다. 연옥은 없으며, 오직 하나님만 모든 죄악으로부터 깨끗케 하신다"[225]라는 가르침에 강력한 인상을 받았다.

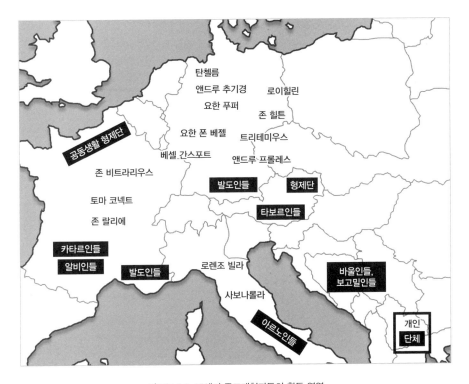

지도9: 14-15세기 종교개혁자들의 활동 영역

---

225   J. H. Merle D'Aubigne, *History of the great reformation in Europe in the times of Luther and Calvin*, 28-29.

구약의 선지자들이 계속적으로 메시아의 오심을 예언하였고 때가 차매 그리스도께서 오셨던 것처럼, 초대 교회의 진리의 불씨를 루터의 손에 횃불로 넘겨줄 수 있었던 것은 지도9에서 보는 바와 같이 여러 지역에서 수많은 진리의 증인들이 진리의 불을 꺼뜨리지 않고 다음 세대에 전달했기 때문이다. 특별히 게르만계 요한 푸퍼, 베젤, 베셀 간스포트와 같은 세 명의 신학자들이 참 교회의 표지가 무엇인지를 재확인하고 이신칭의 교리를 가르치면서 루터의 시대는 한층 가까이 다가오게 되었다.

(2) 예언 성취로서의 루터(Martin Luther)

위클리프의 사상적 후계자가 후스였다면, 후스의 사상적 계승자는 루터(1483-1546)라고 해도 지나친 표현이 아닐 것이다.

1) 후스의 영적 계승자인 루터

루터는 1510년경 에르푸르트 신학생 시절에 설교집을 통하여 후스의 사상을 처음 접하였고, 1515-1516년에 로마서를 강의할 때까지만 해도 후스의 자유에 관한 관점을 비판하였지만, 후스의 면벌부에 관한 주장에는 큰 관심을 가졌다. 이런 이유로 1517년 루터가 면벌부를 비판하는 95개조를 게재하였을 때, 요한 에크(Johannes Eck)는 '루터의 사상은 매우 위험하다 할 정도로 후스와 매우 가깝다'고 지적하였다. 1519년 라이프치히 논쟁(6-7월)에서 루터를 만난 에크는 다시 한 번 그를 후스의 위치에 올려놓고 공격하였다. 이에 루터는 그의 이런 언급에 크게 만족하면서 후스의 주장은 결코 이단적이지 않았으며, 그를 죽인 공의회의 판결이 완전히 잘못되었다고 반박할 정도로 후스에 대하여 우호적으로 바뀌었다.

이는 후스의 가르침을 공개적으로, 그리고 적극적으로 지지하는 것이나 다름없었다. 그럼에도 루터가 후스인들에 관해서는 분리주의자로 여겼던 것은 그들을 반란자 혹은 이단이라고 생각하는 편견을 갖고 있었기 때문이다. 그러나 라이프치히 논쟁에 참석했던 후스인들이 루터에게 자신들의 정체성을 알리는 편지와 후스의 『교회에 관하여』[226]를 전달하면서 그의 생각은 결정적으로 달라졌다. 후스의 책을 읽은 루터는 1520년 3월에 이 책을 게르만어로 번역하는 데 도움을 주었을 뿐만 아니라 후스인들과 더욱 활발하게 교류하게 되었다.[227] 1523년 후스인들이 루터와 성찬에 관해 논의하기 위하여 대표단을 보내오면서 루터는 그들에게 더욱 호의적 입장으로 바뀌었고, 1533년 루터는 보헤미아와 모라비아 형제회 신앙 고백서를 출판해서 후스인들을 다시 한 번 역사 가운데로 불러냈다.[228]

화보45: 루터의 95개조 반박문을 들고 토론하는 비텐베르크의 사람들[229]

226 Georgi Vasilev, 151. 후스는 『교회에 관하여』(De Ecclesia)에서 교황의 오류를 지적하면서 교황과 악한 고위직 사제들을 '적그리스도'로 지명하였고, 예배 중 교인들이 이해를 못하는 라틴어 사용에 이의를 제기하였다. 후스는 강력하게 교황의 권력 남용에 '저항'하는 것이 곧 예수 그리스도께 '순종'하는 것이라고 강조하였다. 부도덕한 사제가 집례하는 예전은 무시해도 됨을 선언하는 등 로마 교회 전체 제도와 교권을 공격하면서, 교회란 지구상의 모든 거룩한 신자들의 교통의 장소이며 교회의 머리는 지상의 어떤 대리자가 아닌 오직 예수 그리스도뿐이라고 강조하였다.

227 Yves Krumenacker et Wenjing Wang, "Cathares, vaudois, hussites, ancêres de la Réorme?", Chrétiens et sociéé 23(2016): 136.

228 Jean R. Peyran, 127.

229 출처: J. A. Wylie, The history of Protestantism, vol. 1, 271.

1520년 2월에 루터는 그의 동역자 게오르그 슈팔라틴(Georg Spalatin, 1484–1545)에게 보내는 편지에서 "요한 폰 슈타우피츠(Johann von Staupitz, 루터의 아우구스티누스 수도원 선배이며 루터의 영적 지도자)가 그러했듯이 지금까지 나도 후스를 제대로 알지 못하면서 후스의 사상을 가르쳐 왔다. 즉 우리는 그를 인식하지 못한 채 사실은 모두 후스인들이 되어 있었다. 말하자면 바울과 아우구스티누스도 진실한 후스인들이었다고 말해야 할 것이다. 나는 어떤 보헤미안 교사나 지도자의 도움 없이도 그들이 닿았던 바로 이 자리에 이르게 되었다"며 이전 개혁자들의 존재를 알지 못한 채 그들의 사상을 계승하고 있었음을 고백하였다.[230]

화보46: 면벌부 판매를 위해 성유물을 들고 길거리 기도 행렬을 주도하는 신학자요 면벌부 판매 책임자인 테첼[231]

---

230 Preserved Smith, *The life and letters of Martin Luther*(Boston and New York: Houghton mifflin Company, 1911), 72.
231 출처: J. A. Wylie, *The history of Protestantism*, vol. 1, 271.

2) 루터의 '후스와 후스인들과 관련된 저작물들'

후스의 편지를 출판한 루터는 후스가 설교했던 베들레헴 채플에 대하여 안타까움과 아쉬움을 토로하였다. 사탄이 진군하게 하여 그 악한 왕국을 확장시키고자 열망하는 자들을 놀랍도록 저지하였던 장소로 베들레헴 채플을 언급하면서 "사탄이 사제들과 고위 성직자들을 충동시킨 이유는 이 장소에서 약화된 사탄의 왕국을 회복하고 강화시키기 위함이었다"고 평가하였다. 이에 로마 교회는 후스인들을 사탄의 지상 왕국을 인정하는 마니교적 이원론자들이라고 공격하였는데, 이는 과거 보고밀인들과 카타르인들, 롤라드인들에게도 퍼부었던 비난의 이유, 방법과도 완전히 일치한다. 그들에게도 같은 이유로 마니교 이단으로 정죄하였으며, 이 방법으로 끈질기게 압박을 가했던 것과 다름없었던 것이다.[232]

1521년 루터는 "보헤미아의 개혁자 후스가 종교개혁의 급진적 선구자였다면, 나는 그 후스보다 다섯 배나 더 급진적이다"라며 후스와의 역사적 연속성을 공표하였다. 그리고 루터는 1536년 비텐베르크에서 4편의 후스 편지를 번역한 『후스 서간집』(영어 번역판 *Letters of John Huss Written During His Exile and Imprisonment, Edinburgh*, 1846)을 출판하였다. 그는 서문에서 "콘스탄츠 공의회 때 이미 진리가 드러났었지만 지금에 와서야 진리가 승리하게 되었다"고 언급하고, "후스는 화형당할지언정 결코 설득당하지 않았다"는 에라스무스의 말을 인용했다. 공의회의 불의와 폭력성에 대하여 분노를 표출하면서 동시에 후스의 꿋꿋한 자세로 인하여 진리는 그 머리를 높이 들고 승리를 거둘 수 있게 되었다며 후스의 순교를 높이 칭송하였다.[233]

1537년에는 후스의 설교 중 하나에 큰 감동을 받아 그 설교를 출판하면서 "선한 열매를 맺는 진실한 그리스도인이었던 이 개혁자는 부도덕한 교황이 보편 교회의 머리가 될 수 없으며 단지 특정한 로마 교회만의 머리는 될 수 있을 것이라고 비판하였는데, 면벌부가 최고로 남용되고 있던 그 시대에 그는 과감하게 불의를 비판할 줄 아는 용기 있는 인물이었다. … 로마 교회의 강한 반발에도 개혁

---

232 Georgi Vasilev, 151
233 Georgi Vasilev, 153

운동을 결코 멈추지 않았던 인물이었다"며 후스의 용기를 칭찬하였다.

보헤미아의 루카쉬 프라즈스키(B. Lukáš Pražský)의 저서『성경의 자기 변호』(Apologie svatych Pisem)는 다시 루터와 멜란히톤의 관심을 이끌어 냈다. 1530년『아우크스부르크 신앙 고백』(Augsburská konfese)이 출판된 이후 1535년에 루터는『보헤미아 형제회의 신앙 고백』(Bratrská konfese)을 라틴어로 출판하면서 직접 서문을 썼다.

1537년에 루터는 후스의 설교를 발췌해서 발표하였으며, 1541년에는 다니엘 주석의 서문에서 "당신들은 지금 거위 한 마리를 불태우지만 한 세기 안에 검은 백조가 나타나 더 이상 굽지도 끓이지도 못하게 될 것이다"고 말하였던 얀 후스의 예언을 상기시켰다. 나아가 그 자신도 교황주의와 세속주의에 투쟁했던 후스의 연속선상에 서 있음을 다시 한 번 밝혔다. 이런 이유 때문에 루터의 측근들도 후스에게 더 관심을 갖게 되었고, 게르만 신학자 오토 브룬펠스(Otto Brunfels)는 후스의 작품 모음집인『후스의 적그리스도 분석』(De Anatomia An tichristi de Hus, 1524)를 출판하면서 이를 루터에게 헌정했다. 1529년 미카엘 아그리콜라(Mikael Agricola)는 후스의 죽음에 관한 역사를 다뤘다.

1540년대에는 위클리프, 후스 및 루터와 관련된 주제들이 많이 등장하였는데, 이는 세 사람이 수행한 종교개혁의 연속성을 보여 주기 위함이었다. 1546년 2월 19일 루터의 장례식에서 행한 유스투스 요나스(Justus Jonas)의 설교, 즉 거위와 백조와 관련된 설교가 알려진 이후 백조와 함께 서 있는 루터의 그림들이 북부 게르만 교회들에서 나타났고, 이를 통해 후스는 루터 이전 종교개혁자로 더욱 분명하게 인식되었다.[234]

---

234 Yves Krumenacker et Wenjing Wang, 135.

화보47[235]: 18세기 한스 스티글러(Hans Stiegler)의 작품으로 '진리의 빛을 덮고 있던 것을 하나님께서 제거하시므로 루터가 번역한 모국어 성경을 이해할 수 있도록 하셨다'는 것을 보여 준다. 루터 뒤쪽으로 작은 백조가 보인다.

화보48: 루터와 백조[236]

---

235 https://pt.m.wikipedia.org/wiki/Ficheiro:Hans_Stiegler_Luther_und_Huss_Amanduskirche_Freiberg_a.N.jpg.

236 https://commons.wikimedia.org/wiki/File:Francois_Stuerhelf-Martin_Luther-RP-P-OB-60.610.jpg.

3) 후스와 루터의 사상적 일치점

후스와 루터 사이에는 비단 정서적인 공감과 동지 의식 이외에도 많은 지적 이해와 신학적인 연결점이 나타난다.

① 루터는 당시 사제들과 권력자들이 사탄의 길을 포기하며, 은혜의 우리 주님께서 그들에게 성령을 부어 주시도록 기도하는 마음으로 『후스 서간집』을 출판했는데, 이는 과거 얀 후스가 로마 교회 지도자들을 향하여 복음의 가르침으로 돌아올 것을 호소하며 기도한 것과 동일했다.

② 로마 교회의 만연한 부패에 대한 후스의 비판은 문자 그대로 루터에게서 다시 반복되었다. 그 주제는 교회의 회복, 사제들과 수도사들의 끔찍한 불의, 면벌부, 타락한 예식 및 성물 매매를 통한 우상 숭배에 관한 것이다.

③ 루터는 "교황은 의롭지 않을 뿐더러 거룩한 교회의 머리도 아니다"라는 후스의 입장을 지지하였다. 이 주제는 위클리프뿐 아니라 보고밀인들, 카타르인들의 친숙한 논제로서 "치명적인 죄에 사로잡힌 교회의 지도자는 다른 사람들에게 설교할 자격이 없다"는 말의 다른 표현이었다.

④ 루터는 후스의 『교회에 관하여』와 그의 설교들을 익히 잘 알고 있었고 그 내용을 높이 평가하였는데, "후스는 모든 회중에게 감추어졌던 말씀의 거룩한 신비를 열어 전달하였고, 교회 내 계급 구조를 파괴하였으며, 주민들의 언어로 설교하는 교회의 모델을 제시하였다"고 언급하였다. 이는 위클리프의 교회론을 따른 것으로 루터 역시 유사한 내용으로 95개조 논제에 그 내용을 담아 비텐베르크 성당 문에 붙였다.

⑤ 루터는 후스의 백조 출현에 대한 예언이 그 자신에게서 성취되었음을 받아들이고 스스로를 후스의 계승자로 여겼다. 루터는 후스의 서간집을 통해 "모국어 설교, 게르만어 번역 성경, 사제는 복음 증거에 집중해야 함, 교황의 우위권과 부패에 저항함, 만인 제사장 사상"은 그의 전임 개혁자인 후스에게서 유래되었음을

밝혔다.[237]

 얀 후스는 스스로를 위클리프의 견해를 옹호하는 '챔피언'이라고 말했을 뿐 아니라 자신의 저서 『논쟁』(*Polemica*)을 위클리프에게 헌정할 정도로 그를 존경하였다. 스승에 대한 그의 존경은 행동으로도 나타났는데, 위클리프가 회중들이 사용하는 모국어로 성경을 번역하고 그 언어로 설교하며 그들 언어로 성경을 읽게 하였던 것을 적극 지지하였을 뿐 아니라 그 역시 위클리프와 동일한 업적을 남기고 있다.[238] 이런 그의 행적은 후반부에서 소개하게 될 피에르 발도가 보여준 바, 개혁자로서 가져야 할 삶의 태도와도 매우 잘 조화되는 부분이다.

 루터 또한 보헤미아 개혁자인 후스의 순교에 존경을 표하며 그 자신을 '후스의 계승자'라고 당당히 밝히면서[239] 선배 개혁자들이 먼저 걸으면서 남겼던 그 족적들을 그대로 따라가며 그 흔적을 뚜렷이 남겨 주었다. 이는 참 교회의 역사가 복음의 계대를 통하여 사도적 가르침을 계속적으로 이어가고 있음을 잘 보여 주는 것이다. 스페인의 프란체스코회 주교인 알폰소 드 스피나(Alonso de Spina, 1412-1491)는 1458년에 "발도인들, 롤라드인들, 후스인들은 공통된 이단"이라 선언하였다.[240] 이는 고대의 발도인들, 위클리프, 후스, 루터가 하나의 계보를 잇는 동일 혈통의 개혁자임을 대적들의 눈으로도 분명히 확인해 주고 있는 언급이다.

---

237 Georgi Vasilev, 154-155.
238 Georgi Vasilev, 149.
239 Georgi Vasilev, 142-143.
240 Henry Charles Lea, *A history of the Inquisition of the Middle Ages*, vol.1(New York: Macmillan Publishers, 1906), 64.

화보49: 헤리트(Gerrit Valck, 1652-1726)의 작품 '촛대'

4) 종교개혁자들은 모두 한 가족이다

여러 작가들은 각 세대에 활동하였던 많은 개혁자들이 시대와 장소를 달리하였지만 동일한 사상을 가진 '하나의 가족'(하나의 교회)이었음을 그림이나 동상을 통하여 표현하였다. 화보49의 판화는 17세기 존 개릿(John Garrett, 1673)의 판화 '촛불은 빛나고 있고, 불어 꺼뜨릴 수 없다'(The Candle is lighted, we can not blow out)에서 발전된 여러 버전 가운데 하나인 '촛대'(Le Chandelier)라는 제목의 작품이다. 촛대와 그 아래의 성경을 중심으로 다양한 세기의 종교개혁자들이 '한 가족'으로 의자에 앉거나 서 있다. 그리고 중앙 정면에는 개혁자들 중 가장 나이 어린 네 명의 16세기 개혁자들이 앉아 있다. 이 그림은 마치 결혼식의 가족 단체 사진이나 백일 단체 사진처럼 루터, 칼뱅과 같은 영웅적 인물들의 출현이 선조 개혁자들의 수고의 결과였음을 명료하게 강조하여 표현한 것이다. 그리고 두 사람의 개혁 사상이 가장 풍부했던 것 역시 이전 모든 개혁자들의 가르침을 더 풍부하게 전수하였기 때문임을 밝혀 준다. 탁자 위에는 "그 빛은 촛대 위에 있다"는 글귀가 쓰여 있는데, 이는 진리의 빛은 촛대 아래 있는 성경에서 비롯된 것임을 알려 주고 있다.

각 개혁자들의 손에 동일한 성경이 쥐어져 있는 것은 그들의 사명이 성경을 가지고 복음의 빛을 전하는 것임을 보여 주고 있다. 정면 하단에는 촛대를 등진 추기경, 사탄, 교황, 수도사들이 이 진리의 촛불을 꺼뜨리기 위하여 입으로 바람을 불어 대고 있다. 볼이 터질 듯이 불어 대는 바람은 로마 교회가 그동안 복음의 빛을 소멸하기 위해 얼마나 애써 왔으며, 동시에 얼마나 지독하게 개혁자들을 핍박하여 왔는지를 보여 주고 있다. 이에 개혁자들이 "불어라, 까까머리야. 불어라, 마귀야. … 그래도 그 빛은 항상 남아 있으리라"고 조롱하는 투의 글귀가 쓰여 있다.

화보50: 1868년 세워진 보름스의 루터 종교개혁 기념 동상.[241] 루터 아래로 그의 출현을 준비한 이전 종교개혁자들인 피에르 발도, 위클리프, 후스, 사보나롤라가 다소곳이 앉아 있다. 그리고 이 네 명의 동상은 그들의 역할이 무엇이었는지를 잘 묘사해 놓았다.

[241] 출처: J. A. Wylie, *The history of Protestantism*, vol. 2(London: Cassell Petter & Galpin, 1870), 108, https://archive.org/details/historyofprotest02wyli.

화보51: 주네브 바스티옹 공원(Parc des Bastions)의 종교개혁 기념벽에 칼뱅을 비롯한 그의 동료들이 서 있다. 그리고 조금 앞 쪽의 좌우에는 루터와 츠빙글리 이름이 크게 기록된 대형 석조물이 있다. 이 두 사람이 이들의 등장을 위해 수고하였음을 의미한다. 그리고 루터의 이름이 기록된 석조물에는 루터의 출발을 위해 활동하였던 그의 선배 개혁자들인 피에르 발도와 위클리프, 얀 후스의 이름이 새겨져 있는데, 이들을 통해 하나의 동일한 진리가 계대되었음을 보여 준다. Photoⓒ권현익

5. 종교개혁의 뿌리인 발도인들과 알비인들

프란체스코회 신학자인 알폰소 디 카스트로 (Alfonso de Castro, 1495–1558)는 "위클리프는 발도인들의 이단 사상을 다시 비췄을 뿐이다"라고 말하였으며, 그 위클리프의 사상을 얀 후스가, 그리고 그 얀 후스의 사상을 루터가 계승했다면, 그 근원에는 발도인들이 자리 잡고 있음을 알 수 있다.

(1) 발도인들 개혁 교회

이 교회는 이단으로 파문당하는 것과 같은 갖은 박해와 함께 오랜 기간 핍박을 받으면서도 유럽 전역으로 퍼져 나갔다. 그리하여 각 세기마다 일어난 종교개혁을 선봉에서 이끌었고, 마침내 16세기 종교개혁이라는 역사적 결실을 맺기 위한

중요한 모판의 역할을 담당하였다. 알프스 계곡에 주 캠프를 두고 오랫동안 숨어 지내면서 복음을 증거하다가 1532년 샹포랑(Chanforan) 회의를 통하여 16세기 종교개혁에 완전히 합류하였다.

(2) 알비인들 개혁 교회

이 교회는 16세기 초기의 주요 개혁자들조차도 이단으로 여겼을 만큼 잘 알려지지 않았던 개혁 교회였다. 재미있는 역사의 역설이지만, 1560년경 로마 교회의 논객들이 당시 개혁주의자들의 신학적 주장들과 알비인들의 교리가 동일하다는 연구를 발표하였다. 프랑스 개혁 교회도 이를 면밀하게 검토하기로 결의하고, 1572년 자신들의 교리와 알비인들의 교리가 본질적으로 동일함을 확인하는 연구를 시작하여 1595년에 이르러 동질성을 발표하였다. 로마 교회의 주장이 이 점에서는 틀리지 않았던 것이다. 그리고 알비인들이 당해 왔던 박해를 진지하게 되새겨 보며 당시 프랑스 개혁 교회가 감당하고 있었던 박해의 의미들을 되돌아보는 계기로 삼았다.

PART 4

거기에
발도인들
(Waldensien, Waldensian)이
있었다!
(발도인들의 역사)

PART 4
거기에 발도인들
(Waldensien, Waldensian)이 있었다!

1. 루터 이전 개혁자들에 관한 관심

"루터 이전 개혁 교회는 어디에 있었는가?"라는 로마 교회의 질문은 선조 개혁자들의 존재에 대한 진지한 관심을 불러일으켰다. 루터 역시 이 질문에 답하기 위하여 궁구하던 중, 성경이 보여 주는 사도적 교회로 돌아가려는 노력이 루터 본인 이전에도 이미 존재하였으며, 그것은 끊임없이 반복되고 계속되어 왔던 일임을 알게 되었다. 그는 손에 닿을 듯이 가까운 과거에 놀랍도록 개혁적인 사역과 삶을 보여 준 선배 후스에게 이르렀고 깊은 관심을 갖게 된 것이었다.

(1) 마티아스 플라키우스의 선조 개혁자 연구

이스트라 반도(현재의 크로아티아) 출신의 루터주의 신학자 마티아스 플라키우스(Matthias Flacius Illyricus, 1520–1575)는 『진리의 증인들 목록』(*Catalogus testium veritatis*, 1597)을 통하여 루터 이전의 개혁자들을 소개하였다. 그리고 5권으로 된

『마그데부르크 연대기』(*Magdeburg Centuries*, 1559-1574)에서는[242] 로마 교회가 어떻게 초대 교회로부터 멀어졌는지를 알려 주었다. 그는 『진리의 증인들 목록』에서 진리의 복음을 증거할 뿐 아니라 거짓 교회의 거짓됨을 드러내고 비판했던 6세기부터 15세기까지의 430명이 넘는 개혁자들을 소개하였다. 그들 중 대표적 인물로는 발도인들, 위클리프, 얀 후스가 있는데, 이들은 로마 교회로부터 이단 정죄를 받았지만 실제로는 '진리의 참 증인들'이라고 주장하였다.

진리의 증인들에 대한 역사 탐구는 장 크레스팽(Jean Crespin)을 통하여 계속되었다. 이 연구는 그의 사망 후 주네브의 시몽 굴라(Simon Goulart)를 통해 『순교사』(*Histoire des martyrs*)라는 제목으로 출간되었다. 선조 개혁자들에 대한 관심은 일반인들에게로 확대되어 1554년부터 1619년까지 여러 번 재발행되기도 했었다. 이런 관심은 잉글랜드의 존 폭스(John Foxe, 1554), 게르만의 루트비히 라부스(Ludwig Rabus, 1554), 네덜란드의 아드리안 햄스테드(Adriaan van Haemstede, 1559)에게로 이어져 신실한 복음의 증인으로 죽음을 맞이한 순교자들을 소개하는 책들이 출간된다. 테오도르 베즈도 자신의 교회사에서 사도들의 교리를 지키다가 박해당했던 초기 순교자 명단을 소개하였다. 이들 순교자들은 아그리파 도비녜(Agrippa d' Aubigne)의 『비극』(*Les Tragiques*)을 통해 다시 소개되었다.[243]

마티아스 플라키우스의 발도인들에 관한 짧은 언급은 필립스 판 마르닉스(Filips van Marnix)와 리디우스(Baldassare Lydius)에게도 영향을 미쳤다. 1599년 필립스 판 마르닉스는 발도인들이 후스인들의 조상이고, 카타르인들은 유럽, 특히 사부아(Savoy) 지역에서 진리의 증인으로 박해받았음을 소개하는 책을 출판하였다. 1616년에는 리디우스가 『발도인들』(*Waldensian*)이라는 책을 출간하였는데, 그 출판의 목적은 스스로 자신들의 교회만이 오랜 세기에 걸쳐 존재해 온 유일한 가톨릭교회이고, 개혁 교회는 단지 100년 역사에 불과한 분리주의 파당이라 비방한

---

242 마그데부르크 대학의 루터 학자들인 마티아스 플라키우스를 비롯한 6명의 학자들이 로마 교회가 어떻게 초대 교회로부터 멀어졌는지를 보여 주는 내용이다.

243 Yves Krumenacker, "The use of history by French Protestants and its impact on Protestant historiography", *History and Religion*, eds. Bernd-Christian Otto, Susanne Rau, Jörg Rüpke(Boston: Walter De Gruyter, 2015), 189-190.

로마 교회에 확실한 근거를 가지고 반박하기 위함이었다.[244]

(2) 프랑스 개혁 교회의 발도인들 연구

앞서 언급한 발도인들 연구의 목적이 개혁 교회가 루터 이전에도 존재하였음을 증명하려는 것이었다면, 프랑스 개혁 교회에서의 발도인들 연구는 발도인들과 프랑스 개혁 교회의 연관성 확인에 더 관심을 두었다. 1580년 테오도르 베즈는 『프랑스 왕국의 개혁 교회사』(Histoire ecclésiastique des églises réformées au royaume de France)를 통하여 '발도인들 교회는 사도 교회에서 유래하였으며 그들의 교리가 개혁 교회와 유사하다'는 사실을 처음으로 밝혔다. 동시에 발도인들은 종교개혁과 함께 다시 활기를 회복하였지만, 그 직전에는 그들의 신앙이 약화되었음도 언급하였다.[245] 베즈의 이런 견해는 프랑스 개혁 교회가 알비인들과[246] 발도인들을 프랑스 종교개혁의 조상으로 수용함에 영향을 주었다.

역사가였던 니콜라 비니에(Nicolas Vignier, 1530-1596)는 『교회사 모음집』(Recueil de l'Histoire de l'eglise)에서 "발도인들은 박해 때문에 유럽 전 지역으로 퍼져 나갔고, 그들이 머물던 곳에서 스승으로부터 배웠던 교리를 전파하였기에 이것이 사람과 사람을 통하여 우리의 시대에까지 전달되었다"고 주장하였다. 이들은 발도인들, 레옹인들(Leonistes), '리옹의 가난한 사람'으로 불렸으며, 지역을 따라 잉글랜드와 게르만 지역에서는 롤라드인들로, 플랑드르 지역에서는 튀를뤼팽인들(Turlupins)로, 알비 지역에서는 알비인들로, 피에몽과 도피네에서는 경멸의 표현인 '개 떼'를 상징하는 '시엔나'(Chiennars) 또는 '카이나'(Caignars)로 불리기도 했다.[247]

1603년 도피네 총회에서는 다니엘 샤미에(Daniel Chamier) 목사에게 알비인들

---

244 Joseph Visconti, *The Waldensian Way to God*(Longwood: Xulon Press, 2003), 359.

245 Yves Krumenacker, "The use of history by French Protestants and its impact on Protestant historiography", 191.

246 Adam Blair, *History of the Waldenses,* vol.1(Edinburgh: Adam and Charles Black, 1833), 247. 비잔틴 지역에서 시작된 바울인들(Paulicians)과 보고밀인들이 피에몽 계곡에 거주하면서 프랑스에 형성한 집단을 카타르인들(Catharism)이라고도 보았다. 이들은 알비 지역에 다수 거주하였기 때문에 '알비인들'이라고도 불렸다. 그들은 발도인들과 칼뱅주의 교리와 매우 유사하였기 때문에 발도인들은 그들을 동일한 신앙을 고백하는 형제로 수용하고 그들과 협력하였기에 발도인들과 동일한 집단으로 판단되었다.

247 Nicolas Vignier, *Bibliothèque Historiale*, vol.3(Paris: chez Abel l'Angelier, 1587), 130 -131.

과 발도인들의 교리와 체제 및 박해 역사 연구를 요청하였다. 이 연구는 나중에 1618년 장 폴 페랭을 통해서 출판되었다. 그는 콘스탄티노플 출신의 레옹(Léon)이 교회의 부유함에 맞서 저항(protest)하였고, 그로부터 알비인들과 동일시되었던 발도인들이 생겨났으며, 알비인들와 발도인들을 통하여 위그노가 태어났다고 증언하였다. 페랭의 이런 견해는 아그리파 도비녜의 『보편사』(*Histoire Universelle*)와 장 크레스팽의 『순교사』에서도 채택되었다.[248]

(3) 선조 개혁자들의 존재 의미

선조 개혁자 개개인을 찾아내는 작업은 점차적으로 그들의 역사적 의미를 찾는 것으로 바뀌어 갔다. 17세기의 유명 신학자들(Aubertin, Daille, Drelincourt, Languet Du Fresnoy, Jurieu, Jean Claude)은 진리를 지키며 교황권에 반대한 대표적 선조 개혁자들로서 요하네스 스코투스(Johannes Scotus Erigena)[249], 베르트람(Bertramne)[250], 베렌가리우스(Berenger), 피에르 발도(Pierre Valdo) 같은 분들을 나열했는데, 그들은 때로 거기에다 클레르보의 베르나르(Bernard de Clairvaux)나 아시시의 프란체스코(Francis of Assisi)를 포함시키기도 했다.

그러나 그들은 점차 '개혁자'의 기준을 로마 교회의 오류를 비판했을 뿐 아니라 동시에 성경에 기반하여 복음을 증거한 '진리의 증인'들로 그 범위를 조정해 나갔다. 그리고 개혁자들의 사상이 여러 지역으로 영향을 미쳤을 뿐 아니라 개혁자 개인적으로는 공동체의 지도자로 활동한 인물들에 더 주목하게 되었다. 그것은 사도 시대로부터 16세기 종교개혁에 이르기까지 이런 공동체를 통하여 참 교회의 교리와 믿음이 확고한 연속성을 갖고 온전히 전달되어 왔다고 판단했기 때문이다.

---

248 Yves Krumenacker, "The use of history by French Protestants and its impact on Protestant historiography", 192.

249 John Hooper, *The Early Writings of John Hooper*(Eugene, Oregon: Wipf and Stock Publishers, 2009), 524. John Scotus(Erigena)는 9세기 아일랜드 출신으로 화체설을 최초로 반대한 박학한 천재로서, 화체설을 처음으로 주장한 파스카시우스 라드베르투스(Paschasius Radbert)의 견해를 반대하는 책을 발간하였다. 애석하게도 그의 책은 현존하지 않는다.

250 John Hooper, 524. Bertram 또는 Ratramnus는 9세기 Corby의 유명 수도사이다. 대머리 카롤루스 왕의 요구로 기록한 그의 책 *The Book of Bertram the Priest*은 로마 교회의 그리스도의 몸과 피를 다루었다.

그리고 로마 교회가 이단으로 정죄한 개인들이나 집단에 관한 새로운 연구를 시작하게 되었는데, 로마 교회의 관점에서는 이단으로 처단되었지만 오히려 개신교회의 신앙으로 볼 때는 흔들림 없이 선진들의 믿음을 지켜 낸 분들이었음을 다시금 보게 되는 경우가 적지 않았기 때문이다. 게다가 개혁적 신앙의 후예들로 자처하는 이들조차도 그 선조들을 자신들과 무관한 과거의 인물들로 보고 덮어 버리거나, 로마 교회가 조작한 시각에 경도되어 거짓 교회에 속한 이단으로 몰아 해해 버린 경우조차 적지 않았음을 분명히 알게 되었기 때문이다.

그 결과 페랭(Jean Paul Perrin, 1618), 샤를 드렐랑쿠르(Charles Drelincourt, 1660), 피에르 질(Pierre Gilles, 1648), 피에르 부아이에(Pierre Boyer, 1691)와 같은 학자들은 '그동안 이단으로 여겼던 알비인들은 마니교와 전혀 무관하고, 그들에 대한 모든 이단적 혐의점들은 로마 교회가 조작하여 씌워 놓은 결과이며, 알비인들은 로마 교회의 부패와 일체 무관한 참된 기독교의 상속자'라고 밝히고 있다.[251]

발도인들과 알비인들과 같은 신앙의 공동체들은 이전 시대의 그리스도교 진리를 그 후대에 전달하는 참으로 중요한 매개체 역할을 감당하였다.

(4) 필립스 판 마르닉스(Filips van Marnix)의 풍자 그림

마르닉스의 책 『거룩한 로마 교회의 벌집』(La Ruche de la Sainte Église romaine)은 1569년 저자의 이름을 가명(Isaac Rabotenu de Louvain)으로 하여 출판되었다. 이 책은 하나님의 교회가 숨겨져 있는 동안 로마 교황청이 그 신앙에서 떨어져 나갔음을 그림으로 묘사하고 있다. 개혁자들은 하나님의 교회를 재건함에 힘쓰는 반면 로마 교회는 참 교회의 재건을 저지하는 일에 시범을 보였다. 이런 가운데 12세기 발도인들은 '주 앞에 서 있는 두 감람나무 와 두 촛대'(계11:4)가 되어 박해 때문에 유럽 전역을 떠돌아다니면서도 복음을 전하였다. 그들의 수고 덕분에 보헤미아에서 후스인들이 출생했고, 루터의 시대까지 그들의 사역은 계속되었다고 밝히고 있다.[252]

---

251 Yves Krumenacker, "The use of history by French Protestants and its impact on Protestant historiography", 193.
252 Yves Krumenacker et Wenjing Wang, 136.

화보52, 화보53, 화보54: 필립스는 로마 교회의 실정을 그림으로 묘사함.

1. 교황의 삼중관을 벌집(ruche)으로 표현. 벌집에 꿀을 모으듯 돈을 모으고 있는 교회의 부(riche)를 비판, 2. 교황은 베드로의 후계자임을 상징, 3. 천상과 지상과 지하의 왕을 상징하는 삼중관의 의미처럼 지상에서 교황은 하나님의 대리자로 세상을 통치함을 표현, 4. 왕으로 화려한 궁전에 생활하는 교황, 5. 일벌들은 교황벌을 위해 길에서의 기도 행렬을 통해 헌금을 모음, 6. 일반 사제벌은 교회 재산을 탈취함, 7. 면벌부로 양인 교인들의 피를 빨아먹고 있는 사제벌, 8. 죽은 이들을 위한 헌금과 선행 강요, 9. 추기경, 10. 주교벌은 죽은 자를 위한 헌금을 받고 연옥에 갇힌 자들을 방문하고 있는 모습. 결국 교황권은 부로 인하여 타락을 자처하였음을 비판하고 있다.

(5) 대표적인 발도인들 연구자들

1) 장 폴 페랭

피에르 발도가 주로 활동했던 도피네 지역 교회들은 1602년 그르노블(Grenoble) 노회를 통하여 발도인들의 역사를 노회 차원에서 연구하고 관련 책을 출간하기로 결의하였다. 특별히 앙브륑(Embrun)과 발클루송(Valcluson) 지역의 목회자들에게 발도인들과 관련된 자료들을 요청하였다. 그 후 앙브륑에서 개최된 1603년 17회 총회는 그동안 찾아낸 알비인들과 발도인들의 교리와 삶, 그들이 받은 박해에 관한 모든 자료들을 몽텔리마르(Montélimar) 목사인 다니엘 샤미에에게 맡겼다. 방대한 역사를 추적하는 임무는 다음 해에 벵자맹 크레송(Benjamin Cresson) 목사에게 넘어가게 되었지만, 그 역시 언어적 난관 때문에 맡겨진 임무를 완성하지 못했다. 1605년 노회에서는 다시 이 임무를 니옹(Nyons) 교회의 목사인 장 폴 페랭에게 맡기게 된다. 그는 그 임무를 회피하지 않았지만 무려 7년의 시간이 지나도록 일을 마무리하지 못하였다. 1612년 20회 프리바(Privas) 총회에 이르러서야 페랭의 원고가 검토를 위해 담당한 목사들에게 전달되었는데, 그나마도 저자에게 300리브르(Livres)의 사례를 지불한 것이 충분치 못하였는지 재정상의 문제에 걸려 어려움을 겪다가 1618년에야 주네브에서 출간이 이루어졌다.[253]

이 책이 출간되기 전에 이미 주네브 목사회에서도 이 책에 상당한 관심을 갖고 있었는데, 그들이 토론한 내용들이 콩시스투아 회의록에도 남아 있다. 프랑스 개혁 교회 총회가 수년 동안 페랭에게 위임하여 기록한 『발도인들과 알비인들의 역사』(l'Histoire des Vaudois et des Albigeois)에 대한 검토를 주네브 목사회에 부탁하였고, 주네브 목사회는 도피네 출신 목사들인 폴 기용(Paul Guyon)과 알렉상드르(Alexandre de Vinay), 그리고 수도원 출신 가스파르 마르탱(le Capucin reformé de Gaspard Martin)에게 원고를 감수하게 한 후, 1618년 전문 출판인 마티유(Matthieu

---

253 Librairie Droz, *Registres de la Compagnie des pasteurs de Genève*(1617–1618), vol.13(Genève: Librairie Droz S. A., 2001), 133.

Berjon)의 도움으로 마침내 책이 빛을 보게 되었던 것이다. 주네브 목사회가 이 작품에 큰 기대를 걸었던 이유는 발도인들 교회뿐 아니라 그동안 이단으로만 알려졌던 카타르인들 역시 발도인들과 동일하게 사도적 메시지와 참 교회의 혈통을 간직하였음을 변호하고 있었기 때문이다.[254]

이 책의 부제가 '발도인들의 역사는 세 부분으로 나뉘어져 있다'(Histoire des Vaudois divisee en trois parties)라고 붙어 있는 것처럼, 발도인들 역사를 세 부분으로 나누어 소개하고 있다. 첫 번째 부분은 발도인들의 기원, 신앙적 특징, 박해를, 두 번째 부분은 알비인들로 불리기도 했던 발도인들의 역사(l'Histoire des Vaudois appellés Albigeois)를, 마지막 세 번째 부분은 그들의 교리와 규율, 그리고 적대자들과의 교리 논박을 다루고 있다.[255] 이 책의 주제가 알비인들과 카타르인들에 대하여 새로운 평가를 내리는 중요한 연구였기 때문에, 페랭에게 주어진 연구 기간도 상당히 길었고 출판에서도 매우 신중한 과정을 거쳐 세상 밖으로 알려지게 되었던 것으로 볼 수 있다.

페랭은 테오도르 베즈의 말을 인용한다. "사탄이 부화시켜 놓은 로마 가톨릭(Roman Catholic Church)의 오류와 악습으로부터 진정한 카톨릭 교회(catholic Church)는 기적적으로 보존되었는데, 초대 교회의 가르침은 발도인들이라는 매개체를 통하여 이어졌고, 종교개혁은 프랑스에서 시작되어 유럽의 나머지 지역으로 퍼져 나갔던 것이다."[256]

이 책으로써 발도인들이 초대 교회의 순수한 신앙을 계승한 직계 후손임을 밝혀낸 부분은 큰 성과였지만, 발도인들 역사의 첫 연구라는 한계성 때문에 '발도인들의 기원을 리옹 출신의 피에르 발도로 오판하는' 실수를 범하고 말았다. 그리고 발도인들의 뿌리라고 해야 할 피에몽의 원주민 보두아(Vaudois)에 대한 연구보다는 박해로 흩어진 리옹의 발도인들(Waldenses)과 그들 후손의 연구에 집중하고 있다는 점, 그리고 주요 연대와 관련하여 몇 가지 오류가 발견되고 있는 점은

---

254 Librairie Droz, 132–133.
255 Librairie Droz, 145.
256 Jean P. Perrin, 38.

아쉬운 부분이다. [257]

1623년 샤랑통(Charenton) 총회에서 스당(Sedan)의 목사인 뒤 틸루아(Du Tilloit)에게 알비인들에 관한 새로운 역사 연구를 의뢰하였지만, 그는 곧 사망하였다. 그리하여 불가피하게 알비인들에 관한 연구도 페랭의 저서를 참조할 수밖에 없게 되었다.

2) 피에르 질(Pierre Gilles)

1620년 피에몽 계곡 총회는 프라몰(Pramol)의 목사인 피에르 질에게 발도인들 교회의 입장에서 바라본 새로운 역사의 기록을 요청했다. 1632년에는 수도원장 로렝고(Marc'Aurelio Rorengo)가 『역사적 계곡의 기억』(Memorie historiche dell)을 통하여 피에몽 계곡에는 '이단이 정착하고 있었음'을 주장하자, 페랭의 책이 미처 언급하지 못한 피에몽의 역사를 충분하게 서술하여 업데이트 할 필요성이 더욱 심각하게 고조되었다.

여러 가지 어려움 끝에 저자가 죽기 1년 전 마침내 『발도인들로 불린 이전 개혁 교회의 역사』(Ecclesiastical History of the Reformed Churches Formerly Called Waldensian)가 출간되었다. 주 내용은 발도인들과 개혁 교회의 신앙 고백은 전적으로 동일하다는 것으로서, 1160년 피에몽 계곡에서부터 1643년까지의 개혁 교회 역사를 다루면서 사도적 교리가 하나님의 은혜 덕분에 이 계곡을 중심으로 계속 보존되어 왔음을 강조하였다. 또한 피에몽 계곡이 위치한 코티안 알프스(Cottian Alps)의 발도인들은 이미 개혁주의에 완전히 동화되었으므로 이제 '발도인들'이라는 명칭은 과거 역사를 언급할 때만 의미를 갖게 된다고 밝혔다. 이는 '발도인들은 곧 개혁 교회'라는 등식이 성립되었음을 정히 확인한 것이다.

1640년에 발레리오 그로소(Valerio Grosso) 목사는 자신의 책에서 '거룩한 빛'(Lucerna Sacra)이라는 엠블럼(emblem, 휘장)을 소개하였다. 어둠 속에 자리 잡고 있는 천상의 별 6개(나중에 7개로 변경)에 둘러싸여 불타고 있는 촛대 위로

---

[257] '발도인들'은 프랑스어로는 보두아(Vaudois), 영어로는 발덴스(waldenses)로 불린다. 이 책에서 '보두아'라 표현할 때는 피에몽 계곡에 거주하였던 발도인들을 지칭한다.

"Tenebris Lux"(어둠 속의 빛)라는 글귀가 쓰여 있다. 이후 발도인들 교회는 이를 "Lux Lucet In Tenebris"(어둠 속에서 비추는 빛)로 약간 변형하여 현재까지 꾸준히 사용하고 있다.[258]

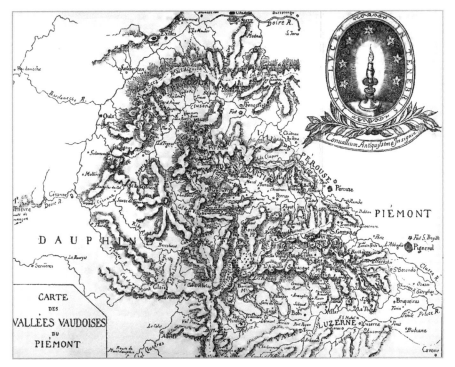

화보55: 보두아 거주지인 피에몽 계곡 지도

258 Joseph Visconti, 360.

화보56[259]: 이 그림은 발도인들의 영적 싸움과 승리를 보여 주고 있다. 깜깜한 밤 흑암 속에 7개의 별이 빛나고 있으며, 그 중앙에 위치한 별 하나가 말씀 위에 세워진 촛대를 통하여 빛을 발하고 있다. 작은 불꽃이지만 하늘을 향하여 마치 태양처럼 빛을 밝힌다. 그 촛대 아래에는 '불타고 있는 떨기나무'와 '가시나무들 사이에서 자라고 있는 백합'이 보인다. 불은 심한 박해를 의미하는데, 가시에 둘러싸인 백합이 박해 속에서도 마르지 않고 가시를 뚫고 꽃을 활짝 피운다. 이는 고난을 극복하고 조용히 기뻐하는 교회의 모습을 상징한다. 다시 그 아래로 진리를 상징하는 모루를 향하여 큰 장도리와 망치로 힘을 다하여 내리치고 있는 형상이 보이는데, 이들은 로마 교회 그리고 이탈리아와 프랑스 왕국 또는 가정(Home)들 안에 있는 적들로서 진리를 깨뜨려 보려고 노력하지만, 오히려 그들의 손에 들린 망치가 진리에 의해 부서지고 말 것을 의미한다. 그 양 옆에 발도인들 둘이 당당히 서 있다. 그들은 교황의 삼중관, 묵주와 함께 주교의 모자, 주교의 홀을 경멸하듯 짓밟고 있다. 이는 발도인들 교회가 심한 박해 속에서도 굳건하게 진리의 말씀을 세상 속에 드러내는 참된 교회임을 보여 준다. 진리를 변호하는 증인을 의미하는 두 발도인들이 꼿꼿이 서 있는 것은 진리가 반드시 승리한다는 확신 때문이다.[260]

화보57: 피에몽의 산 제르마노 사소네(San Germano Chisone) 발도인들 교회의 벽면에 전시된 발도인들의 엠블럼(emblem). 교회 존재의 의미가 어둠 속에 복음의 빛을 밝히는 것임을 알려 주는 이 엠블럼은 앞서 종교개혁자들이 촛대 앞에 모여 있는 그림과 맥락을 같이하고 있는 듯하다. Photoⓒ권현익

　　그 후 1649년에 몽펠리에의 목사 다비드 외스타슈(David Eustache, 1595~1672)는 『로마(교회)가 우리에게 한 질문, 루터 이전에 당신들의 교회는 어디에 있었으며 어떤 목사들이 있었는가에 대한 답변』(*Réponse à la demande que Rome nous fait, où étoit vôtre Eglise avant Luther, et quels étoient ses pasteurs*)에서 한 단계 더 나아가 개혁 교회의 역사를 다루게 된다.

259　출처: Jean Leger, *Histoire générale des Eglises Evangeliques des Vallées du Piemont ou Vaudoises,* vol.1 (Leyde: Chez chez Jean le Carpentier, 1669), 1. 책표지.

260　Thomas Armitage, *A History of the Baptists*(Arkansas :The Baptist Standard Bearer, Inc.,2001), 294.

다비드는 "발도인들과 알비인들의 신앙의 본질과 관련된 교리는 오늘날 우리가 가진 것과 분명한 일치를 보여 주는데, 사도 시대에 그 기원을 두고 있다. 이들에 대한 경멸과 박해의 이유는 로마 가톨릭의 신앙과 다르다는 것이었지만, 그들이 당한 박해 때문에 그들은 오히려 유럽 전역으로 퍼져 나갔고, 1160년부터 1530년까지의 어간에 그들 가운데서는 80만 순교자가 발생했다"고 알려 준다.[261]

3) 장 레제(Jean Léger)

1646년 계곡 노회가 발도인들 목사인 장 레제에게 피에르 질의 역사 기록을 계속 이어가도록 요청하면서 발도인들의 새 역사 발굴이라는 중요한 작업이 시작되었다. 당연히 레제의 역사책은 질의 저서보다 내용 면에서 진보했고, 정확도 면에서도 높아졌다. 레제는 보두아의 고대 기원에 관하여 이전의 저자들보다 다양한 관심을 가지고 있었다. 그는 『보두아 혹은 피에몽 계곡의 복음적 교회의 일반역사』(Histoire générale des Eglises Evangeliques des Vallées du Piemont ou Vaudoises, 1669)에서 사도들에게서부터 그의 시대의 교회에까지 사도들의 가르침이 '중단 없이 계속되었음'을 밝힌다. 그리고 그 중심에는 발도인들이 있었으며, 알비인들과 롤라드인들 그리고 다른 개혁 공동체들이 가진 이름들은 발도인들의 다른 이름들이라고 주장하였다.[262] 레제의 책은 유럽에서 가장 큰 파장을 불러일으켰는데, 이는 사부아 공작에게 충성하는 군대가 수백 명의 발도인들을 학살했던, 1655년의 충격적이고 악명 높은 '부활절의 대학살' 직후에 기록되었기 때문이다.

그 자신이 실제로 조부모 때부터 부모와 함께 피에몽 계곡에서 살았다. 그는 그곳에서 직접 목격한 내용과 증인들의 이야기를 근거로 발도인들이 학살당하는 20여 개의 장면을 묘사하여 판화로 제작해 극도로 잔혹한 로마 교회의 진상을 폭로하였다. 로마 교회가 '그리스도교'라는 이름으로 자행한 수많은 학살 장면들이 너무나 충격적이어서 모두 소개하지 못하고 선별한 일부만 소개하였다. 이 잔혹한 장면들은 폭스의 『순교사』에서도 자세히 소개된 바 있다.

---

261 Yves Krumenacker et Wenjing Wang, 137-138.
262 Yves Krumenacker et Wenjing Wang, 138.

화보58: 막달렌과 지오반니의 네 자녀
화보59: 마르타 콘스탄티누스
화보60: 피터 시몬스[263]

---

263 출처: Jean Léger, 120, 117, 119.

화보58을 보면, 라 토레(La Torre)의 여인 막달렌(Magdalen Bertino)은 묶인 채 벼랑으로 던져졌고, 메리(Mary Raymondet)는 동굴에서 고문으로 몸이 심하게 훼손된 후 살해되었다. 같은 마을의 지오반니(Giovanni Andrea Michialin)는 네 자녀와 함께 체포되었는데, 개종 요구에 거부 의사를 표현할 때마다 박해자들은 그가 보는 앞에서 세 자녀들을 차례로 절벽 아래로 내던졌다. 박해자들은 마지막으로 막내인 유아의 다리를 잡고 또 다시 개종을 요구하였지만, 그가 단호하게 거부하자 그들은 야수처럼 비정하게 유아를 바위에 내리쳐 죽인 후 절벽 아래로 던지고 있다. 그 순간 지오반니는 기적적으로 그곳에서 도망치고 주네브로 탈주해서 이 사실을 증언하였다.

화보59에서는 아름다운 젊은 여성인 마르타(Martha Constantine)가 야만적인 고문을 당한 후에 살해당했다. 심지어 그녀의 시신 일부는 군인들의 음식 재료로 사용되었다.

화보60을 보면, 80세의 피터 시몬스(Peter Simonds)는 포승줄에 묶여 절벽 아래로 내던져졌는데, 절벽의 나뭇가지에 걸리는 바람에 굶주린 채 죽었다.

이 판화들을 보면, 거기 묘사된 살해 장면을 설명조차 하기 두려운 그림도 적지 않다.

60세의 사라(Sarah Rostignole des Vignes)는 군인들에게 체포되었고, 군인들이 로마 교회의 성인들에게 기도할 것을 요구하였지만, 사라가 이를 거부하자 그들은 칼로 그녀를 찌르고 참수했다.

가르시노(Esay Garcino)는 개종 요구를 거부하자, 군인들은 그의 몸을 조각을 내어 살해하였다.

안 샤르보니에르(Ann Charboniere)는 장대와 같은 말뚝으로 몸 아래로부터 머리까지 관통당한 채, 땅 위에 전시물처럼 세워진 후 통 바비큐를 하듯 다시 화형을 당하였다.

빌라로(Villaro) 교회 장로인 자코브 페랭(Jacob Perin)은 그의 형제 다비드(David)와 함께 산 채로 피부가 벗겨진 채 살해당했다.

또 다른 지오반니(Giovanni Pelanchion)는 노새의 꼬리에 매달린 채 루체른

(Lucerne) 거리를 끌려다녔으며, 군인들은 "이 자는 사탄에게 사로잡혔다"고 계속 소리치며 따라다녔다. 그런 후 강변으로 끌고 가서 머리를 구타한 후 살해하였고, 그의 시신은 제방에 아무렇게나 내팽개쳤다.

피에르 퐁텐(Pierre Fontaine)에게는 막달렌(Magdalene)이라는 열 살의 어여쁜 딸이 하나 있었는데, 군인들은 그녀를 성폭행한 후 살해하였다. 비슷한 나이의 다른 소녀는 빌라 노바(Villa Nova)에서 산 채로 화형을 당하였다.[264]

올리버 크롬웰(Oliver Cromwell, 1599–1658)을 비롯한 유럽의 개신교 지도자들은 이런 극악무도한 학살 소식을 접하게 되자 사부아와 프랑스 왕국에 강력하게 항의하였다. 크롬웰의 비서였던 시인 존 밀턴(John Milton, 1608–1074)은 학살의 비참함을 소네트(Sonnet) 18번 '피에몽에서의 후기 학살'(On the Late Massacre in Piemont)을 통해 주님께 호소하였다.

"보복하소서, 오 주님! 학살당한 성도들의 뼈가 차가운 알프스 산 위에 흩뿌려져 있사오니. 모든 우리 조상들이 돌과 나무를 숭배할 때, 그들은 당신의 오래된 저 순수한 진리를 보존하여 왔으니 그들을 잊지 마소서! 피의 피에몽 계곡에서 잔혹하게 학살된 그들의 신음을 당신의 책에 기록하소서. … 바위 아래로 던져진 엄마와 유아, 그들의 탄식은 계곡에서 언덕으로, 그리고 하늘로 울려 퍼졌습니다. 순교자들의 순결한 피와 재는 폭군이 지배하는 모든 이탈리아의 땅 위에 뿌려졌습니다. …"

페랭, 피에르 질, 장 레제는 발도인들에 관하여 동일한 논지로서 발도인들 연구를 발전시켜 나갔는데, 이들의 저서는 발도인들의 초기 역사와 관련하여 가장 중요한 역사책이 되었다. 레제가 발도인들의 고대성을 사도 교회까지 올라가 추적하였는데, 이는 이미 테오도르 베즈가 제시한 것과 동일한 의견이다. 테오도르 베즈는 보두아 교회의 시작을 서기 120년경으로 보았는데, 이들은 로마 황제의 박해를 피해 카타콤(catacombs)에서 비밀 집회를 하면서 신앙을 지켜 냈던 이들이

---

264 Joseph Milner, *Foxe's book of martyrs*, 259.

다. 특별히 보두아들은 사도적 전통을 유지하였고, 405년에 번역된 로마 교회의 라틴어 번역 성경(Vulgata)이 아니라 사도 시대로부터 내려온 본문에 일치하는 번역 성경을 사용하였다.

이 성경은 늦어도 AD 157년 이전에 번역된 것으로 신약은 헬라어 원본에서, 구약은 70인역에서 각각 번역한 '고대 라틴어 역본 성경'(Itala)이었다. 루터도 성경을 번역하면서 이 역본을 인정하고 참조하였기 때문에, 가히 로마 교회는 루터가 발도인들의 전통을 따르고 있는 것으로 의심할 만했다. 1611년에 성경을 번역한 테오도르 베즈도 발도인들의 영향을 받은 4개의 성경(1607년 이탈리아 최초 개혁주의 디오다티[G. Diodati]의 번역본, 프랑스어로 된 올리베탕 번역본, 루터의 번역본인 게르만어 성경과 영어로 된 주네브 성경)을 참조하였다.[265] 발도인들은 고대 발도인들의 토속어로 기록된 최소 여섯 개의 성경을 갖고 있었는데, 이는 5세기의 번역 성경을 16세기에도 계속 사용하였던 로마 교회와 달리 계속적으로 번역의 오류를 수정하며 더욱 원문으로 접근하고 과거의 언어가 아닌 교인들이 실제 사용하는 '현재의' 언어로 쉽게 이해할 수 있게 하기 위한 배려와 노력이었다.

4) 사무엘 모랜드(Samuel Morland)

그는 피에몽의 대학살 이후 잉글랜드의 크롬웰이 사부아 왕궁으로 파견한 외교관으로서 런던의 프랑스 교회 목사의 아들이었으며 유명한 신학자였다. 그는 『복음 교회의 역사』(History of the Evangelical Churches)에서 발도인들은 피에르 발도 이전에 이미 존재하였으며, 16세기 종교개혁 이전에 이미 '개신교'(Protestant)의 교리와 규례가 가르쳐지고 실천되고 있었음을 여러 문서들을 근거로 증명하였다. 레제의 학살 장면 판화도 첨부해서 피에몽의 박해 사실을 상세히 전달함으로 큰 관심을 끌었다. 로마 교회가 자행한 잔악한 학살은 레제가 직접 목격한 것과 크롬웰의 특사인 사무엘의 진술로 세상 속에 확실하게 드러났다. 사무엘의 책 역시 레제의 책만큼 사료적 가치가 있으며, 영어권 독자들에게는 발도인들에 관한 거

---

265 Floyd N. Jones, *Which Version is the Bible?*(Texas: KingsWord Press, 1999), 168.

의 완벽한 정보를 전달해 주었다.

5) 자크 바나주 드 보발 (Jacques Basnage de Beauval)

그는 루앙(Rouen)의 목사로 낭트 칙령이 폐기되자 1685년에 네덜란드로 망명하여 로테르담에서 목회했다. 그는 상당한 역사적 권위를 갖고 있는 『개혁 교회의 종교 역사』(*Histoire de la religion des églises réformées*)에서 발도인들의 근원을 따져서 사도 시대로까지는 올라가지 않았지만 발도인들과 알비인들을 11세기의 개혁 교회로 판단하였다.

6) 그 외 발도인들 연구 역사가들과 저서들

윌리엄 질리(William S. Gilly)는 발도인들 관련 역사가들의 서적들에 관하여 다음과 같이 평가하였다.

• 피에르 알릭스(Pierre Allix, 1690년 출판, Octavo, 361쪽)의 『피에몽 고대 교회의 교회사』(*The Ecclesiastical History of the ancient Churches of Piedmont*).

그는 샹파뉴과 샤랑통 개혁 교회 목사이며 저자로, 폐기 칙령 이후 런던으로 망명하여 활동하였으며 1680년대 잉글랜드에서 가장 유명한 위그노 설교자였다. 또한 그는 잉글랜드가 종교적 난민들이 된 위그노들을 수용하는 일에 큰 역할을 담당하였다. 그의 책은 발도인들 교회의 초기 역사에 관한 매우 흥미로운 학문적 연구 성과로서 발도인들의 고대성을 밝히는 데 관하여는 거의 유일한 책이다. 특히 11세기까지 밀라노 교회가 미신 숭배와 오류로 가득 찬 로마 교황의 교회로부터 독립적으로 존재했음을 밝히고 있고, 발도인들 교회와 개혁 교회의 연속성을 밝히고 있다.

• 피에르 부아이에(Pierre Boyer, 1692년, La Haye, 250쪽)의 『보두아의 역사 요해와 그들의 근원을 살핌』(*Abrégé de l'histoire des Vaudois ou on voit leur origine*).

그는 프랑스인으로서 잉글랜드의 목회자로 섬겼고, 기존의 발도인들에 관한 역사 서적들을 요약했다. 사도 바울에게서 복음을 받은 이들이 로마에서 피에몽 계곡으로 들어가 복음을 전하였던 사실을 추적하고 있으며, 그 복음을 간직한 발도인들의 순결하고 위대한 교리는 16세기 개혁자들의 그것과 일치한다고 주장한다.

• 앙리 아르노(Henri Arnaud, 1710, 327쪽)의 『보두아들의 자신들 계곡으로의 영광의 귀환에 관한 역사』(*Histoire de la Glorieuse Rentrée des Vaudois dans leurs vallées*).
그는 스위스로 피신하였던 발도인들을 이끌고 영광의 귀환을 하였던 발도인들 목사로 그 멀고 어려운 귀환의 과정을 서술하였는데, 그는 이 책을 잉글랜드의 앤(Anne) 여왕에게 헌정하였다.

• 앙투안 테시에(Antoine Teissier, 1690, 주네브, 172쪽)의 『사부아 공작에게 파견된 대사들의 협상 역사』(*Histoire des négociations des ambassadeurs envoyés au duc de Savoie*).
이 책은 보두아들을 박해한 사부아 공작 빅토르(Victor Amadeus II)와 그곳 대사들 간의 협상과 박해에 관한 많은 정보를 제공한다.

• 윌리엄 존스(William Jones, 1812, Octavo, 576쪽)의 『발도인들의 역사』(*History of the Waldenses*).
그리스도의 탄생으로부터 18세기까지의 그리스도교 교회 역사를 다루고 있다. 저자가 그리스도교 교회의 정체성을 어떻게 정리하고 있는지를 생각해 보게 하는 책이다.

• 모스하임(Johann Lorenz Mosheim, 1858)의 6권으로 된 『교회사』(*An Ecclesiastical History*).
이 교회사 책에서 모스하임이 가진 발도인들 교회에 대한 관점은 여러 가지 점에서 올바르지 못하다.

• 조셉 밀너(Joseph Milner, 1817, 324쪽)의 『밀너의 교회사 요약』(*An Abridgment of Milner's Church History*).

페랭과 알릭스의 관점을 근거로 16세기 중엽까지의 그리스도교 교회 역사를 3권으로 정확하고 흥미롭게 서술하였다.[266]

2. 서유럽 종교개혁의 근원인 발도인들(Waldenses)

(1) 흩어지는 하나님의 교회

보두아 계곡의 주민들은 사도 시대 또는 사도들의 가르침을 계승한 사람들로부터 복음을 받았다. 사도 바울은 네로 황제 시대에 세계의 중심 도시인 로마에서 2년 동안 머무르며 그리스도의 복음을 전파함으로써 인근 여러 지역에 교회 설립의 기초를 마련하였다. 그 결과 많은 제자들이 생겨났고 하나님께서는 그들을 통하여 이탈리아 북부 피에몽에까지 복음을 전파하게 하셨다. 로마서 15장을 보면 바울은 스페인으로 가서 복음을 전하려는 간절한 열망을 갖고 있었음을 확인할 수 있는데, 만약 이 소원이 실현되었더라면 그리고 그가 피에몽을 거쳐 스페인까지 뚫려 있는 육로를 이용하였다면, 바울은 이미 이 지역 어느 곳에서 설교하였을 가능성도 없지 아니하다.[267]

이렇게 피에몽 계곡에 심겨진 사도적 복음의 씨는 순수한 그대로 유지되었고, 콘스탄티누스 이후부터 타락해 가는 로마 교회로부터 분리되어 나온 신자들의 공동체가 여기에 형성되었다. 베즈에 따르면, 120년경에 이미 발도인들의 기원이 되는 공동체가 형성되어 있었다.

"붉은 용을 피해 광야로 도망하매 거기서 천이백육십 일 동안 그를 양육하기

---

266 William S. Gilly, *Our Protestant forefather*(New York: R. Carter, 1836), 4–8.

267 *The Pastor Chief, Or, the Escape of the Vaudois: A Tale of the Seventeenth Century*, 210.

위하여 하나님께서 예비하신 곳에 있었더라"(계 12:6)는 예언의 말씀처럼 하나님의 섭리에 따라 준비된 피에몽 계곡에서 보두아 교회는 10세기 이상 존재하였다. 이에 관하여 장 레제는 "하나님께서 사도 시대부터 당신의 긍휼과 기적적인 섭리로 많은 충실한 증인들을 그곳에 두어 보호받게 하셨다. 하나님께서는 발도인들 교회를 통하여 단 한 번의 중단됨이 없이, 초대 교회로부터 현재에 이르기까지 개혁 교회의 필연적인 유산인 복음의 순결함을 아버지에게서 아들로, 아들의 아들, 또 그 아들의 아들에게로 잇게 하셨으므로 세기에서 세기를 지나면서도 지금까지 잘 보존되게 하셨다. 그러므로 구원에 관한 근본 관점은 그들에게나 오늘 우리에게나 여전히 동일하다"고 말한다.[268]

테오도르 베즈 역시 "발도인들은 오랫동안 알프스의 계곡으로 부름 받아 수백 년 동안 적그리스도적 우상 숭배를 일삼는 로마 교회의 끔찍한 폭력 아래서도 놀라운 하나님의 섭리에 따라 순수한 초대 교회의 모습으로 남아 있게 되었다"라고 말한다.[269]

제임스 모어 포르테우스(James Moir Porteous)는 발도인들의 고대성을 주장하면서, 한때 이 계곡에는 예수 그리스도를 사랑하고 예배하는 사람들로 가득 찼고, 이곳은 참으로 하나님께서 예비하신 장소로서 하나님께서 친히 노아를 위하여 방주를 준비하셨던 것처럼 교황주의 홍수 위에 그들을 띄워 올리셨다. 그리고 세상 속에 복음의 빛을 비취게 하는 사명을 그들에게 주셨기에 그들은 이 골짜기에서 "빛이 어둠에 비치되"(요 1:15)라는 말씀을 근거로 '빛이 어둠 속에서 비춘다 (Lux lucet in tenebris)'를 신앙의 목표로 정(定)하였고, 그것이 오늘날까지 발도인들의 모토가 되었다.[270]

---

268 Jean Léger, *Histoire générale des Eglises evangeliques des vallees de Piemont*, vol.1(Leyde: 1669), 1–2.

269 Théodore de Beze, *Les Vrais Pourtraits des hommes illustres en piete et doctrine*(Iean de Laon, 1581), 185.

270 James Moir Porteous, *The Government of the Kingdom of Christ*(Edinburgh: Johnstone, Hunter, 1872), 358–359.

(2) 콘스탄티누스 대제의 기독교 공인 이후 교회의 모습

'고귀한 교훈'에 따르면 발도인들의 시작은 콘스탄티누스 대제 치하 314년에 로마의 주교가 되었던 실베스터의 시대이다. 어떤 이유로 기독교가 공인된 지 얼마 지나지 않아서 그토록 치명적인 타락으로 빠져들게 되었는지를 살펴볼 필요가 있다.

1) 로마 교구를 담당하는 지도자에 불과했던 로마 주교

로마 교회는 자신들의 교회가 사도적 전통 위에 세워진 '정통 가톨릭교회'라고 주장하지만, 실제로 복음이 들어와 교회가 세워지는 시간 순서로 보아도 안디옥 교구, 예루살렘 교구, 알렉산드리아 교구, 콘스탄티노플 교구, 로마 교구 가운데서 가장 늦은 때에 복음을 접하게 된 변방의 한 교구에 불과하였다. 그럼에도 콘스탄티누스 대제는 로마 제국의 통일성 유지를 위한 필요성 때문에 로마 제국의 중심지에 있었던 로마의 주교에게 현저히 많은 권한을 부여하였는데, 이것이 로마 주교가 타락하도록 부추긴 효과를 만들고 말았다.

그리고 로마 교구가 다른 교구보다 우위에 있음을 주장하려고 '콘스탄티누스 기증서'라는 거짓된 문서를 황제 사후 500년이 지난 8세기에 작성하는 등 온갖 형태의 위조, 왜곡, 사기들을 동원하였지만, 교회를 더 강하게 세우기는커녕 오히려 참 교회로부터 현저히 그리고 철저히 멀어지게 되었다. 특히 밀라노 칙령(313년)으로 신앙의 자유와 함께 로마 교구를 중심으로 한 교회의 지도자들에게 부여된 많은 부와 영토와 같은 혜택들은 타락의 씨앗들이 되었다. 그리고 로마 교구는 교구 확장을 위하여 성직 매매와 이교도의 여러 가지 관행을 수용하였고, 아무런 가르침이나 훈련이 없이 이교도들을 교인으로 받아들였는데, 이런 것들이 로마 교회 타락의 주요 원인이 되고 말았다.

이에 '남은 자들의 교회'를 대표하는 발도인들 교회는 "교회가 콘스탄티누스 대제로부터 권력과 부를 얻을 수는 있었으나 결국 수많은 사람들의 영혼들은 잃고 말았다"고 판단하게 된다. 12세기 로마 교회의 강력한 지도자였던 베르나르 클레르보조차도 "로마 교회의 도덕적 타락은 거짓 '콘스탄티누스 기증서'로 거슬러 올라간다"고 말할 정도였다. 단테 역시 『신곡』(1308-1321) '지옥' 편에서 "콘스탄티누스여, 당신의 개종이 큰 악이 아니라 부유한 사제가 그대에게서 받은 그 선물이 악이었도다!"라고 한탄하고 있다.[271]

그 후 로마 교회가 제국의 군사력을 등에 업고 서유럽을 장악하게 되면서 375년부터는 로마 주교가 아니라 '교황'이라는 공식 칭호를 사용하기 시작했지만, 세계 교회의 영적 수장으로 제대로 인정받은 것은 결코 아니었다. 그러다가 476년 서로마 제국이 패망한 뒤 로마 주교는 서로마 제국의 빈자리에 종교계의 황제격인 '교황'으로 들어와 앉아서 무소불위의 교회 권력을 잡는다. 그러나 곧 로마 교구는 아리우스파에 밀려 또 다시 변방으로 밀려났다가, 496년 클로비스의 개종을 이용하여 세력화된 교권을 더욱 주도면밀하게 조직화하기 시작했고, 로마 교회는 오늘날의 교황 체제를 견고히 한다. 533년에 와서는 다시 한 번 로마 주교를 세계 교회 수장으로 선포한다.

무리한 교회 확장을 위하여 이교도의 습속들을 수용하면서 4세기 즈음부터 과도한 금욕, 금식과 독신을 권장하였고 이교도의 여신에게나 해당될 법한 마리아의 영원한 처녀성까지도 주장하게 되었다. 성찬은 초대 교회에서 행해졌던 것과 달리 완전히 변질되어 가히 신성 모독의 수준에 이르게 되었다. 사제는 말 그대로 희생 제사를 드리는 구약의 제사장 역할을 했고, 그리스도의 몸과 피는 죄 사함을 위한 성전 제단의 희생 제물이 되었다. 그리스도로 하여금 계속적으로 매번, 다시금 또 다시금 고난을 받으시도록 만들었던 것이다.

이 무렵에 콘스탄티누스 황제의 모친인 헬레나(250-330)가 고령의 나이에도 불구하고 326년에 예루살렘으로 성지 순례를 떠나 많은 성물을 발견하였다. 대표적으로는 골고다 언덕에서 그리스도께서 달리신 십자가와 그때 사용한 못 등이 있다. 그리스도의 성유물에 관한 관심이 변질되면서도 더욱 고조되어 그 이후

---

271 로렌조 발라는 1440년 '콘스탄티누스의 기증서에 대한 로렌조 발라의 논문'을 통하여 콘스탄티누스가 나병에 걸렸던 적이 없었으며, 실베스터가 주교가 되기 2년 전인 312년에 이미 개종하였고, 세례는 337년 아리안주의 주교 유세비우스(Eusebius)에게서 로마가 아닌 코메디아(Nicomedia)에서 받았기 때문에 실베스터는 콘스탄티누스와 아무런 관련이 없음을 밝혔다. 단테는 그 이전의 인물이었기에 기증서를 역사적 사실로 믿고 있었다.

로는 성인의 신체나 성인이 사용했던 물건들에 접촉하기만 해도 성결함을 입게 된다는 난센스를 교리처럼 받들어 믿게 만들었다.

점차 그리스도의 사역과 관련된 수많은 유물들을 찾아내었지만, 그것만으로는 유럽 여러 지역에 그리스도의 성물을 유치하고자 하는 그 욕구들을 만족시키기에는 턱없이 부족하였다. 그리하여 순교자들의 성유물로 관심을 돌리게 되었겠지만, 수백 년 전에 사망하거나 순교한 성인들의 유골과 유품들을 찾아내기가 그리 쉽지만은 않았다. 그러자 주교들의 환상과 천사들의 계시 따위를 창작하여 이를 근거로 성인들의 유골, 손톱, 머리카락들을 발견하게 되었다는 식의 주장들이 보편화되었다. 그렇게 하여 창작하거나 새로이(?) 발굴한 성물들은 엄숙한 행렬 행사를 마친 후 성대한 기념 예전을 위해 거창하게 세운 교회당으로 운구되었고, 제단 아래 조심스럽게 안치되었다. 제단 아래나 제단 밑 지하실에 유골을 두는 근거는 "하나님의 말씀과 그들이 가진 증거로 말미암아 죽임을 당한 영혼들이 제단 아래에 있어 …"(계 6:9)라는 말씀이었다. 헛웃음이 나오겠지만 이 정도가 끝이라고 생각하면 큰 오산이다.

성인 유골이 인기를 끌게 되자 성유물로 돈거래를 하는 전문적인 거간들이 나타나 성행하게 되었는데, 이 때문에 386년 테오도시우스 1세는 성유물 매매를 금지하는 법을 시행하기도 했었지만 별 성과를 거두지 못하였다. 수도원 운동의 창시자인 성 안토니우스(?-356년)는 자신의 죽음을 앞두고 그러한 관행을 비판하면서 자신의 시신을 아무도 모르는 곳에 묻어 달라고 부탁할 정도였다.

그리스도의 유물보다 관심이 떨어지는 성인 유골이 더 큰 인기를 끌었던 이유는 그리스도의 유물을 발견하기가 쉽지 않았을 뿐만 아니라 성인들은 구원받기에 필요한 그 이상의 선을 행하여 '잉여의 선'을 갖고 있으며, 그 잉여의 공덕은 다른 신자들에게 넘어가서 그들의 죄를 경감 내지 탕감시킬 수 있다는 오묘하고 편리한(!) 교리 때문이었다. 그 외에도 성인 유골은 악귀를 쫓아내거나 병을 고치는 등 기적을 가져다주는 것으로 되어 있었는데, 심지어 성인의 능력으로 들쥐들을 퇴치한다는 수도원장의 보증서가 판매되기도 하였다. 그리하여 성 바실리우스가 키우던 비둘기 깃, 히에로니무스가 성경 번역할 때 사용한 깃펜, 성인들의

화보61: 툴루즈 자코뱅(Jacobins) 수도원의 토마스 아퀴나스의 성유골. Photo©권현익

신발과 같은 것들이 상당한 고가에 매매되었다.

더 나아가서는 성인들의 유골 일부뿐만 아니라 수난을 상징하는 지극히 작은 쪼가리 하나라도 육체 전신과 동일한 효험을 갖고 있다는 희한한 가르침이 고안되어 성인의 유골을 여러 개의 마디로 쪼갠 후 각 지역에 보내 그것들을 안치한 새로운 성지들을 다양하게 만들어 냈고, 이러한 성유물 숭배는 로마 종교의 한 가지 중요한 본질로 자리를 잡게 되었다. 이런 것들의 유행은 거의 천 년의 세월이 지난 후에도 계속되었다.

토마스 아퀴나스가 1274년에 사망했을 때, 그의 시신은 포사노바(Fossanova)의 수도원에 매장되었다. 그의 시신이 묻힌 곳에서 많은 기적들이 발생하였다는 소문이 생겨나자 혹 시신이 도난당할까 염려되었으므로, 그의 무덤에서 시신을 꺼내어 그 머리를 잘라 성당 한 구석에 숨겨 두었다. 1319년에 그의 시신을 포도주로 끓였으므로 분홍색 색조를 띤 유골이 되어 현존하고 있다.

참으로 놀라운 이야기이겠지만, 이러한 성인 숭배는 한 시대의 유행으로 끝나지 않았고 이런 특급 난센스는 그들에게, 그리고 오늘날까지도 엄숙한 신앙의 일부가 되어 여전히 계속되고 있는 '종교'이다.

성인 유골들이 많아지면서 성지 순례는 자연스러운 면벌의 기회로 프로그램화 되어서 성지 순례가 의무화되기까지 했다. 니사의 그레고리우스는 성지 순례가 성경 어디에도 명령된 적이 없고 특히 여성들에게는 매우 부적절하고 위험한 일이 될 수 있다고 역설하였다. 또한 이른바 성지에서 성행하는 부도덕한 행위들을 비판적으로 소개하기도 하였다. "다른 곳으로 간다고 해서 하나님께서 더 가까이 계시지는 않는다. 만약 여러분 영혼의 거처가 하나님께서 거하실 만한 곳으로 준비되어 있기만 한다면, 여러분이 있는 곳으로 하나님께서 찾아오실 것이다. 이 시대의 타락은 내리막길의 끝을 향하여 달리고 있다."[272]

로마 교회의 비성경적 교리들은 다음과 같은 시대를 거치면서 결정되었고 쌓여 갔다. 300년경에 죽은 자를 위한 기도와 십자가 형상 사용을 결의하였고, 320

---

[272] Gregory of Nyssa, "On Pilgrimages", *Nicene and Post-Nicene Fathers*, Second Series Vol. 5, Trans. William Moore(Peabody: Hendrickson, 1995), 382–383.

년에 촛불 사용을 결정하였으며, 375년에 천사와 성유물과 성상을 숭배하기 시작하였고, 394년에는 미사가 매일의 예식으로 정착하였으며, 500년에는 사제들의 독특한 예복 착용을 결정하였고, 593년에 와서야 연옥 교리를 확립했으며, 600년에는 마리아, 죽은 성인들, 천사들에게 기도를 허락했다. 610년에는 최초의 공식 교황으로 보니파키우스 3세를 선언하였고, 786년에 십자가, 형상, 성유골 숭배를 공식적으로 인정하였으며, 11세기에는 미사가 희생 제사로 발전하였다. 1079년 사제들의 독신생활을 법제화하였으며, 12세기 페트루스 롬바르두스(Petrus Lombardus)에 이르러 구원의 중요한 수단으로서 7성사를 확정하였고, 1215년 인노켄티우스 3세는 화체설을 그들의 성찬 교리로 확립하였다.

2) 십자군 전쟁 중에 왕성해진 개혁주의

팔레스타인과 소아시아 지역 교회에서 파송한 전도자들이 세운 로마 교회는 곧 사도적 교회의 모습과는 완전히 다르게 변모하고 말았다. 이를 지적하고 항거하는 개혁자들에 대해서는 잔혹하게 핍박하고 폭력을 써서 침묵하도록 강요하였다. 그러나 이런 영적 암흑시대에도 하나님께서는 남은 자들을 숨겨 놓으심으로써 구원의 복음을 드러내고 증거하게 하셨다.

십자군 전쟁 이전까지 종교개혁 운동은 소규모 지하 운동의 형태로 진행되었다. 그러나 십자군 전쟁으로 교황들과 왕들이 예루살렘 성지 회복에 집중적인 관심을 갖고 대규모의 군대를 파견함으로써 박해의 도구였던 군사력이 눈에 띄게 약화되었고, 그 시기 동안에 개혁 운동은 대규모 운동의 형태로 발전하였다.

(3) '남은 자'들의 주요 활동 지역들

'거룩한 카톨릭교회'(The Holy catholic Church)라는 말은 그리스도께서 머리가 되시고 그분의 가르침을 유일한 진리로 여기며 온 세계에 흩어져 있으나 그리스도의 위대한 몸에 속하여 구원받은 공동체를 의미한다. 타락한 로마 교회가 '가톨릭교회'라는 명칭을 독점하며 도용하고 있지만, '카톨릭'은 '보편성'을 의미하는 단어로서 한 주님(one Lord), 한 신앙(one faith), 한 세례(one baptism)를 가진 그리스도인들의 모임을 의미한다.[273]

1) 저항(protest)하는 개혁 교회

적그리스도가 등장하여 교회들을 오염시키자, 유럽 여러 지역에서 특히 남부 프랑스와 북부 이탈리아 지역의 교회들이 이에 반대하며 항거하였다. 프랑스에는 이레나이우스가 있었고, 피에몽 계곡에는 밀라노 주교 암브로시우스가 있었다. 이탈리아에는 6세기에 '로마 교황'을 향하여 이단자라고 지칭하는 아퀼레이아(Aquileia)의 파울리누스(Paulinus)와 폴(Paul), 튀랭의 클로드(Claude) 주교와 같은 9명의 주교들이 있었는데, 이런 주교들의 지역은 11세기까지 교황으로부터 독립되어 존속하였다. 이 시기에 동방의 남은 자들이라고 불리며 진리를 위해 핍박을 받았던 바울인들(Paulicians)이 프랑스와 이탈리아에 도착하여 동서방의 남은 자들이 '하나의 교회'를 형성하게 된다. 그 시기에 프랑스 투르에서는 베렌가리우스와 그의 추종자들이 등장하여 진리를 변호한 반면, 이탈리아의 튀랭, 밀라노, 아퀼레이아의 교회들은 마침내 로마 교회의 압력에 굴복하게 된다. 이런 위기 속에서도 밀라노의 파타린인들과 튀랭 근교 코티안 알프스 계곡의 보두아들은 사도적 신앙에서 떠나기를 거절하고 성결을 유지하였다. 이후 계곡의 사람들은 배교한 북부 이탈리아 지역 교회들과의 영적 교제를 거절하였고, '보두아'라는 이름은 로마 교회의 오류에 반대하는 자들이라는 일종의 명칭으로도 사용되었다. 이 참 교회는 이탈리아의 보두아와 프랑스의 발도인들 특히 알비 지역을 중심으로 성장하여 갔기 때문에, '알비인들'로 불린 발도인들은 피에르 브뤼, 앙리 로잔, 피에르 발도, 아르노와 같은 훌륭한 지도자들이 계속 등장하여 잉글랜드, 게르만, 보헤미아까지 퍼져 나갔다.[274]

롬바르디아 지역에 많은 개혁자들이 존재할 수 있었던 이유는 롬바르드 왕국이 6세기부터 롬바르디아 지역을 포함하여 이탈리아 일대를 정복하므로 교황에

---

273 William S. Gilly, *Our Protestant forefather*, 17, 266; Adam Blair, 4-5.
274 Adam Blair, 4-5.

대한 방패막 역할을 하였기 때문이었다. 롬바르드 왕국이 8세기 후반에 패망하면서 교황청의 간섭은 본격적으로 노골화되었다.

화보62: 오랫동안 로마 교회에서 독립된 튀랭 전경[275]

2) 프랑스 개혁 교회의 영적 산실(産室)인 리옹(Lyon)

리옹은 종교 박해로 많은 순교가 있었던 곳이지만 한편으로는 유명 개혁자들을 많이 배출한 도시로 오랫동안 개혁주의 사상의 근원지로서의 역할을 담당하였다. 이 도시는 로마 시대에는 '빛의 언덕'이라는 뜻의 '루그두눔'(Lugdunum)으로 불렸는데, 헬라 지역에서 온 상인들을 포함한 많은 외국인들이 모여든 국제 도시였다. 이처럼 대륙의 한가운데에 위치한 리옹에 동방의 외국인들이 국제 장터를 형성할 수 있었던 것은 기원전 6세기 그리스가 건설하고 식민지로 지배하였던 마르세유 항구 도시가 큰 역할을 했기 때문이었다. 이 항구로부터 멀리 리옹까지는

---

275 출처: J. A. Wylie, *The history of Protestantism*, vol. 2, 444.

강으로 연결된 수로를 따라 배로 쉽게 이동할 수 있는 천연적 혜택으로 자연스럽게 동방 교회와의 교류가 빈번했다. 1274년 리옹 회의에서는 동서 교회 간의 재결합을 시도하기도 하였다.

본도(Pontus) 출신의 포티누스(Pothinus)와 이즈미르(서머나) 출신의 이레나이우스(Ireneus Lugdunensis, 140-202)는 리옹에서 신실한 설교자로 유명세를 갖고 활동하였다. 폴리갑은 네다섯 명의 선교사들을 파송하여 리옹과 근교 도시인 비엔느(Vienne) 등에 교회들을 세웠고, 이 교회들은 그 지역에서 노회를 형성할 정도로 활발하게 성장했다. 이런 이유로 우화 설교들은 사라졌고, 초대 교회의 관행을 따라 장로는 회중 공동체가 직접 선출하였다. 이는 '주교가 없으면 교회가 존재할 수 없다'는 로마 교회의 주장이 부정되는 부분이다. 그리고 목자(감독)들을 장로들의 안수로 세웠기에 감독직의 우월성을 인정하지 않았다. 그리고 신자들의 필요를 채울 장로, 목자, 집사들도 세웠다. 동방 교회에 의해 세워진 이 지역 교회의 특이한 점은 주교(감독)가 지역의 목자나 장로보다 더 큰 권력을 갖고 있지 않았고, 회의 때 단지 회의에서 사회를 진행할 권한만을 갖고 있다는 점으로 훗날 프랑스 개혁 교회의 전통이 되기도 한다. 포티누스는 리옹의 첫 주교였고, 이레나이우스는 장로였지만 두 직분에 대한 존경의 차이는 없었다. 포티누스는 90세가 넘은 나이에 다른 많은 이들과 함께 순교하였다.[276]

200년경 이레나이우스는 영지주의 이단에 대항할 뿐 아니라 개인의 의견과 관행을 강요하였던 로마 교회의 주교 빅토르(Victor, 대리자라는 뜻, c. 189-c. 199)의 폭정과 무관용에 항거(protest)하면서 교회의 순수성을 지키기 위하여 노력하였다. 로마 주교 빅토르는 부활절 날짜 문제로 14일파(유대력 니산월 14일) 모두를 파면했는데, 이에 이레나이우스는 이러한 주교의 권력 남용에 대하여 서신을 통해 맹비난했고, 관용을 베풀어 파문을 해제할 것을 강력하게 충고하였다. 프랑스 개혁 교회는 이레나이우스의 신학적 관점을 많이 수용했다.[277]

로마 교회와 리옹의 교회 분위기는 전혀 달랐는데, 로마 교회는 로마 제국으

---

[276] Adam Blair, 18-20.

[277] Adam Blair, 34-35.

로부터 박해를 받는 상황에서도 이미 200년경에 폭정을 저질렀고, 다른 로마 사제들에게서도 볼 수 있는 제왕적 태도를 견지하였으나 많은 그리스도인들이 이에 동의하지 않았다. 이런 제왕적 태도 아래 로마 주교는 점차 비성경적인 예배와 관습들을 도입하므로 작은 오류가 점점 더 큰 오류로 커져 갔다. 순교자들의 성상이 처음에는 그들을 기억하고 기념하는 차원에서 점차 예배의 대상으로 바뀌었던 것도 로마 교회의 계급 제도가 원인을 제공해서 초래한 결과물이다. 결국 로마 교회는 죽은 성인들의 시신과 그들의 유물 보관소가 되었고, 이교도의 중심이 되었다.

존 폭스의 『순교사』(*Book of Martyrs*)에 따르면, 로마 제국이 프랑스를 정복하고 있던 3세기에도 알메리쿠스(Almericus)와 그의 여섯 명의 제자들은 "성찬의 빵은 다른 빵과 동일하다"는 주장을 했다. 이는 "하나님께서 그 빵 안에 존재하시지 않는다"는 16세기 종교개혁자들의 주장과 동일한 것이다. 그리고 이들은 신전이나 제단을 세우고 분향하는 것은 우상 숭배라고 주장하므로 파리에서 다 함께 화형을 당하였다(296년).[278] 그들은 죽어 사라졌지만 진리를 지키기 위해 목숨까지도 내어 놓았던 그 자세와 그들의 그 가르침은 이어졌고, 8세기에 레이드라드(Leidrade) 주교가 세운 성경학교와 그의 가르침을 전승한 아고바르, 클로드와 같은 개혁자들이 계속적으로 이 도시에서 가르쳤다. 리옹과 발도인들의 집산지인 피에몽에서는 개혁자들과 그 무리들이 지속적으로 교류한 것으로 추정된다. 그들의 개혁 정신은 결코 사라지지 않고 그 이후 1500년간 프랑스에서 이 항거의 역사가 계속되었다.

---

278 John Malham, *Fox's Book of martyrs* vol.1(Philadelphia: J. J. Woodward, 1830), 433-434.

지도10: 초기 개혁자들의 주요 활동 지역은 피레네 계곡과 피에몽 계곡으로 산악 지대라는 공통점이 있다. 여기에서 발도인들의 의미인 '계곡의 사람들' 호칭이 유래되었다.

3) 코티안 알프스(Cottian Alps)의 이탈리아 개혁 교회

거룩한 '카톨릭 교회'라고 스스로 주장하는 로마 교회는 점차 주교(교황) 한 사람이 좌우하는 '로마 가톨릭교회'로 바뀌어 갔다. 로마 주교가 모든 교회의 머리가 되기 위하여 혈안이 되었고, 마침내 스스로 교회의 황제됨을 선포하였으며, 교황 권한 확대를 위해서 교황 우월주의, 면벌부의 능력, 연옥과 화체설, 성모, 성인의 중보 기도, 성모 마리아 숭배, 성인들 예배, 성상과 유물 숭배 교리를 만들어 내었다.

그리고 주교들은 사도의 계승자, 그리스도의 대리자, 보편적 감독, 지상의 하나님이 됨으로 거룩한 하나님의 카톨릭 교회와 무관하게 되었다. 반면 개혁 교회는 참된 그리스도인들을 하나로 결속시키며 성경을 근거로 한 교리와 신앙적 내용을 유지함으로 소수였으나 유일한 '카톨릭 교회'의 상태로 지속적으로 존재하여 왔다. 397년경에는 코티안 알프스 지역에 작은 무리의 개혁 교인들이 존재하였는데, 그 한적한 산악 지역에 로마 교회와 무관하게 리옹의 개혁 교회처럼 교인들이 선출한 감독과 장로들이 있었다.

그들에게는 로마 교회 안으로 침투한 그 부패한 것들로부터 자유로운 예배가 있었고, 성상 숭배나 성인 숭배도, 성유물 예배도, 죽은 사람들의 영혼을 위한 미사도 없었다. 그리고 성직자들에게도 결혼을 허락했고 성경의 가르침을 따라 하나님만을 경배했다. 그리고 로마 교황을 이단이라고 지칭하였던 선조 개혁자들의 그 길을 따라 조상의 하나님을 경배하고, 로마 교회에 항의함으로 하나님의 보호하심을 증명하는 놀라운 삶을 살았다. 그 결과 그들은 로마 교회로부터 397년에서 1100년까지 계속적으로 '계곡에 사는 사람들'이라는 별명인 '보두아'라 불렸다.[279]

이 지역에 열 번째이며 마지막 고트족 왕국인 '롬바르드' 왕국이 567-568년에 세워지면서 보두아들은 롬바르드 왕국의 보호 아래 지내면서 로마 교회의 간섭을 받지 않았다. 그 결과 롬바르드 왕국이 멸망한 후에도 이 지역은 독립된 지역으로 남았고, 튀랭의 주교 클로드(780-827) 시대에는 보두아들이 왕성하게 활동했다.[280] 이런 이유로 그 후 1세기쯤 뒤, 튀랭에서 멀지 않은 베르첼리(Vercelli)의 대주교 아토(Atto)는 945년에 두 통의 편지를 통하여 그의 교구에 이단이 완벽하게 침투하였다고 불만을 토하였다.[281]

프랑스와 이탈리아의 두 개혁 교회는 서로가 교통함에 알프스라는 큰 장벽이 있었음에도 두 나라의 국경이 만나는 피에몽(Piemont, 이탈리아 발음으로는 피에몬테) 계곡을 중심으로 수시로 교류하며 하나의 신앙적 공동체로 서로에게 선한 영향력을 끼쳤다.

로마 주교 첼레스티노 1세는 프랑스 비엔느와 나르본(Narbonne) 주교에게 423년과 432년 사이에 편지를 보내어 외국인 사제들에게 설교권을 허락해서 성인 숭배에 관한 쓸데없는 질문들을 유발시킴으로 교회 내 불화를 일으킨 것에 대하여 불만을 표하였다. 4세기 말 롬바르디아 지역에도 성상 숭배를 반대하는 신

---

279 William S. Gilly, *Our Protestant forefather*, 21-25.
280 George S. Faber, 301.
281 George S. Faber, 330.

자들이 있었으며, 피레네 산맥 근교 남부 프랑스 출신의 유명한 비길란티우스(Vigilantius)가 성지 순례, 금식, 독신 생활을 반대하다가 이곳 계곡에 정착하여 지속적으로 영향을 주었다. 6세기 말 마르세유의 주교 세레누스(Sérénus)는 첫 번째로 그의 교구 내의 성화를 모두 제거한 590년과 604년 사이에 교황 그레고리우스 7세에게 편지를 보내어 "당신의 무분별한 열심 때문에 발생한 성인 숭배를 막기 위해 저는 성인들의 상을 깨뜨렸습니다. 만약 당신이 성인 숭배를 금지했다면 우리는 당신을 전적으로 지지했을 것입니다"라며 교황을 향해서도 주저하지 않고 그의 잘못을 비판했다.[282]

비엔느, 마르세유는 서방 지역임에도 헬라 교회의 영향 아래 있었던 곳이며, 나르본은 발도인들이 왕성했던 지역으로 개혁 성향은 오래전부터 형성되었음을 확인할 수 있다. 또한 4세기경 네덜란드(지역)의 첫 주교가 로마 출신이 아닌 아르메니아 출신의 세르바티우스(Servatius)였다는 점도 서방 지역에 동방 교회 출신이 활동했음을 보여 주고, 이를 통해 네덜란드가 개혁 교회의 정통을 형성하는 주요한 원인이 되었을 것으로 조심스럽게 추정해 볼 수 있다.

코티안 알프스의 피에몽에는 오늘날에도 30,000명 정도가 살고 있는데, 1655년 대학살로 큰 인명 피해를 입었음에도 1800년경 13개 지역의 발도인들 교인 수와 로마 교회 교인 수를 비교해 보면 피에몽 계곡은 여전히 발도인들의 성지처럼 남아 있음을 볼 수 있다.[283]

교구명	계곡명	개신교인 숫자	로마교인 숫자	소득 등급
San Giovanni	Luzerna	1,700	40	2
Angrogna	Ditto	2,000	150	2
La Torre	Ditto	1,800	200	1
Villaro	Ditto	2,000	200	2
Bobbio	Ditto	1,700	20	1
Rora	Ditto	700	30	2

---

282 Antoine Monastier, *A history of the Vaudois church from its origin*(London: Religious Tract Society, 1848), 9–11.
283 William S. Gilly, *Narrative of an excursion to the mountains of Piemont*, 212.

교구명	계곡명	개신교인 숫자	로마교인 숫자	소득 등급
Pomaretto	Perosa	1,100	100	2
Prali	Martino	1,200	80	3
Maneglia	Ditto	1,200	200	3
Villa	Ditto	1,200	450	4
Paramolo	Perosa	1,200	30	3
Germano	Ditto	1,000	150	3
Rocca	Ditto	1,800	60	3
총 계		18,600	1,710	

4) 피레네(Pyrene) 계곡의 개혁주의

프리실리아누스(Priscillianus)는 원래 불신자였으나 성경을 통하여 개종한 후 신자로서 모범적인 삶을 살다가 마드리드에서 가까운 아빌라(Avila)의 주교(재임 380-385)에까지 이르게 되었다. 그의 가르침은 포르투갈과 알비인들의 주요 지역인 아키텐(Aquitaine) 지역에까지 영향을 끼친다. 그의 영향력이 커지자 시기하는 주교들이 생겼고, 그들은 이타키우스(Ithacius)와 같은 저급한 주교의 사주를 받아 그와 함께 지도자 여섯 명(장로 2명, 집사 2명, 시인 라트로니아누스, 보르도의 점잖은 부인 유크로키아)을 체포하여 고문한 후, 385년 트레브(Treves)에서 참수시켰다. 이는 그리스도교 군주가 종교적 이유로 피를 흘린 최초의 사건이었다. 밀라노의 주교인 암브로시우스와 투르의 주교 마르탱(마르틴)은 이런 행동에 오래 기억될 만한 항의를 하였고, 이타키우스와 처형에 동의한 다른 주교들과 신앙의 교제를 단절하였다.[284]

프리실리아누스의 추종자들 일부는 피레네 산맥으로 피신한 후 그곳의 기존 개혁 집단에 합류하여 스페인 지역의 개혁주의 온상으로 오랫동안 역할을 감당하였다. 마치 피에몽 계곡처럼 이 지역은 마호메트 세력이 정복해 올 때에도 저항하였던 곳으로, 오래전부터 개혁주의 사상의 영향을 받았던 전통적인 지역이

---

284 필립 샤프, 『니케아 시대와 이후의 기독교』, 교회사 전집, 3권, 이길상 역(파주: 크리스챤다이제스트, 2004), 138.

었다. 이곳은 훗날 프리실리아누스처럼 성경을 신앙의 근본에 두고 성경의 가르침을 따라 생활하는 알비인들의 주요 거점이 된다. 그리하여 그곳에서 비길란티우스와 튀렝의 클로드와 같은 소중한 개혁자들이 등장한다.

(4) 발도인들의 기원

첫째, 발도인들은 피에르 발도(Pierre de Valdo, 1135-1217)에게서 유래되었다는 견해이다. 피에르 발도와 그의 제자들은 '리옹의 가난한 자들'이라는 공동체를 결성하였고, 이것이 훗날 발도인들이 되었다는 것이다.

둘째, 발도인들은 피에르 발도보다 훨씬 오래전부터 존재했다는 견해이다.

1) 피에르 발도로부터 유래한 이름

시토 수도원장 알랭 드 릴(Alain de l'Ile 혹은 de Lille, 1128-1202)은 "의로운 척하는 이단들이 있었는데 그들은 양의 탈을 쓴 늑대들이었다. … 그들은 바로 발도인들인데, 그들의 지도자 발도에서 유래되었다"라고 주장했다. 13세기 초 알비 십자군 연대기 작가로 유명한 피에르 드 보 세르네(Pierre de Vaux Cernay, Vaux de Cernay 수도원장) 역시 발도인들에 관하여 "이 이단은 그들의 지도자인 리옹의 발도(Valdo de Lyon)로부터 시작되었기에 발도인들(Valdenses)이라 불렸다"라고 말한다.[285]

이 시대까지 발도인들에 관한 연구가 많지 않았기 때문이기도 하겠지만, 피에르 발도로부터 '발도인들'이 출현하였다는 견해는 학술적이라기보다는 정치적 주장이다. 왜냐하면 발도인들 운동의 출발점을 12세기로 묶어 둠으로, 로마 교회만이 유일하게 사도적 교회의 전통을 잇고 있다는 것을 강조하기 위함이다.

어떤 학자는 1180년경에 작성된 발도인들의 신앙고백서에 "나 발도와 나의 모든 형제는 …"(ego Valdesius et omnes fratres mei)이라는 문장을 근거로 이 발도는 피에르 발도로서 그로부터 발도인들 공동체가 시작되었을 것이라고 추정을 한다.[286]

---

285 Antoine Monastier, *Histoire de l'église vaudoise*, vol. 1(Paris: Delay, 1847), 75-76.
286 조병수, "왈도파", 종교개혁 494년 기념 강좌, 2011, 124.

그러나 이 문장에서 언급되는 발도가 곧 피에르 발도를 지칭한다고 볼 근거가 없을 뿐더러, 이 문장이 피에르 발도로부터 발도인들 공동체가 시작되었음을 말하는 것이 아니라는 점이다. '발도'라는 단어가 어떤 개인을 지칭하지 않음은 '고귀한 교훈'을 통해서 확인할 수 있는데 조금 뒤에서 이를 다룰 것이다.

발도인들과 왈도인들 중 어떤 표현이 바른지 궁금해 할 수 있는데, 발도인들을 의미하는 'Waldense'의 발음이 게르만 계통에서는 '왈도'로, 프랑스 계통에서는 '발도'로 발음되는 차이점 때문이다. 그 한 예로 1561년에 발생한 바시(Wassy) 학살이 있었던 그 지역이 과거에는 게르만 지역이었던 관계로 '와시'라고 불렸다가 프랑스 영토로 속하면서 오늘날에는 '바시'로 표현되는 것도 동일한 이유 때문이다.

2) 피에르 발도 이전의 발도인들

피에르 발도가 출생하기 이전인 1120년에 발도인들의 신앙고백서가 발표되었다는 사실은 발도인들은 피에르 발도로부터 시작된 것이 아님을 잘 설명해 준다.

A) 발도인들의 고대성(古代性)을 인정하는 로마 교회 학자들

튀랭(Turin)의 성 로크(St Lock) 수도원의 마르코 아우렐리오 로렌코(Marco Aurelio Roenco)는 1630년에 발도인들의 기원과 고대성을 엄격히 조사하기 위한 위원으로 임명되었다. 당연히 모든 문서 기록 보관소의 자료들에 접근할 수 있었으며, 결과적으로 적대적인 보고서를 근거하여 2권의 책으로 출판하였다. 그 중 한 권이 『피에몽 계곡의 이단 도입에 관한 서술』(*A Narrative of the Intro- duction of Heresy in the Valleys of Piemont*)이다. 그는 이 책을 통하여 "발도인들은 스스로 그들의 근원을 사도 시대라고 주장하지만 이를 확인할 수는 없다. 단지 최소한 튀랭의 클로드 주교가 8세기 교회로부터 분리시키는 일에 선동적 역할을 하였다. 그렇다고 발도인들은 9세기나 10세기의 새로운 종파가 아니라 그보다 더 오랜 역사를 갖고 있다"고 밝혔다. 또한 발도인들에 가장 적대적인 튀랭의 대주교 클로드 세셀(Claude Seyssel, 재임 1517-1520)은 "발도인들이 콘스탄티누스 대제 시대의 독실한 어떤 레온(one Léon)에서 유래되었다"고 말하였다. 이탈리아 프란체스코회의 사무엘 카시니(Samuel de Cassini)도 발도인들의 고대성을 인정하였고, 예수회가 수집한 자료에서는 "발도인들은 스스로 로마 교회보다 더 오래되었다고 말한다"고 언급하기도 하였다.[287] 발도인들의 큰 대적인 튀랭의 주교 세셀과 종교 재판관 레이네리우스(Reynerius)도 발도인들의 고대성을 인정하면서 "발도인들이 모든 이단 가운데 가장 위험한 것은 가장 오래된 이단이기 때문이다"라고 증언하였다.[288]

1184년 베로나(Verona) 공의회에서 피에르 발도와 그의 제자들을 발도인들 공동체에 속한 '리옹의 가난한 사람들'로 최초로 인정하였지만 이것이 곧 '발도인들'이라는 명칭을 최초로 부여한 것은 아니었다.

B) '고귀한 교훈'(La Noble Leçon)이 발표된 시기

발도인들의 고대성을 증명하는 가장 중요한 자료는 계곡의 주민들의 언어로 발도인들의 신앙을[289] 시의 형태로 압축해 놓은 '고귀한 교훈'(La Noble Leçon)이다. 이 신앙 고백은 피에르 발도 출생 이전인 1100년에 기록되었다.[290] 작성자는 알 수 없으나 저자는 직접 1100년에 이 문서를 작성하였다고 밝히고 있기에 샤를마뉴 시대로 추정된다. 저자는 이 문서를 1100년에 작성한 이유가 계시록에 예언된 천년 왕국의 도래로 임박한 종말이 시작되었다고 판단한 것에 있다고 말한다. 저자가 천년 왕국의 시작을 기원 후 1000년이 아닌 1100년으로 여겼던 이유는 사도 요한이 96년경에 요한계시록을 통하여 천년 왕국 도래를 예언하였기에 그 기록

---

287 William S. Gilly, *Waldensian Researches During a Second Visit to the Vaudois of Piemont: With an Introductory Inquiry Into the Antiquity and Purity of the Waldensian Church*(London: C. J. G. & F. Rivington, 1831), 46. https://archive.org/details/waldensianresear00gill.

288 J. A. Wylie, *The history of Protestantism*, vol. 1, 26.

289 정미현, "제1의 종교개혁" 운동: 이탈리아 왈도파의 발전 과정과 그 의의", 『유럽사회문화』 제17호(2016): 240. 발도인들의 규율은 다음과 같다. (1) 현세와 내세만 존재하며, 연옥은 없다. (2) 모든 몸은 성스러우며(주: 몸은 부정하다는 이원론을 정면으로 부정), 죽은 후에 어떤 곳에 묻혀도 상관이 없다. 교회에서 기도하는 것과 마찬가지로 집에서도 기도할 수 있다. (3) 설교자(바르브)는 설교하고 고백을 들어줄 수 있으며 이들은 좋은 생활의 모범이 되는 사람들이기 때문에 사죄의 권한이 있다. (4) 사제들은 악한 행위를 하고 있으므로 그러한 권한이 없다. (5) 예수께서도 40일만 금식하셨기 때문에 사순절만 지키면 된다. 토요일에 고기를 먹을 수 있다. (6) 성인(saints)이 특별한 능력을 갖는 것이 아니다. 이들에게 기도하거나 축일에 기념할 필요가 없다. 성상숭배는 금지한다. 금욕적 의미의 철야와 행위들은 아무런 의미가 없다. (7) 맹세하지 말라.(8) 거짓말하지 말라. (9) 같은 분파의 사람을 고발하는 것은 용서받을 수 없는 죄이다. (10) 육신을 따른 죄보다 더 중대한 죄가 있다. (11) 죽은 후를 위해 순례를 행하거나 자선을 베풀기보다는 가난한 사람에게 나누어 주는 것이 낫다. (12) 아베 마리아는 단지 인사말에 불과하며 주기도문에 담긴 내용이 중요하다.

290 Jaques Brez, *Histoire des Vaudois*, vol.1(Paris: Leclerc, 1796), 41.

시점으로부터 1000년을 계산하였기 때문이었다.[291]

이 시는 다음과 같이 시작한다. "아주 중요한 소식을 들으라 형제들이여. 우리는 항상 깨어있고 기도하여야 하네. 왜냐하면 이 세상의 종말이 임박했기 때문이라네. 우리는 선행을 하여야만 하네. 왜냐하면 이 세상이 곧 종말에 이를 것이기 때문이라네."

시는 7개의 주제, 479행으로 구성되어 있는데, 그 내용은 다음과 같다. 1–56행은 세상의 종말, 57행은 아담, 75행은 가인, 76행은 아벨, 103행은 노아 홍수, 139행은 아브라함, 144행은 모세, 180행은 다윗과 솔로몬, 210행은 마리아, 229행은 12사도를 언급한다. 230–265행은 새 율법, 266–333행은 예수 그리스도의 생애와 사역, 334–360행은 신실한 그리스도의 교회를 찬양, 361–413행은 박해 및 교황과 그 추종자들의 타락한 삶, 414–479행은 참된 회개가 무엇인지를 묘사한다. 특별히 368–372행에서는 만일 예수 그리스도를 사랑하고 두려워하는 사람이 있다면(368행), 그는 저주나 맹세나 거짓말을 하지 않고(369행), 간음과 다른 사람의 것을 취하지 않으며(370행), 원수를 스스로 갚지 아니하는데(371행), 바로 그들이 '보두아'(발도)라고(372행) 노래한다. 이 문장은 1160년경에 피에르 발도가 활동하기 이전에 이미 발도인들이 존재했음을 증명한다. 이러한 이유로 피에르 발도 활동 이전에 이미 활동했던 아쟁(Agen), 툴루즈, 알비 지역의 개혁자들도 '발도인들'이라고 불렸다.

---

291 _Revue des Deux Mondes_, No. 72, Paris, 1867, 453.

고귀한 교훈(La Noble Leçon)이 1100년에 나온 이유

신실한 발도인들 교회는 대형 교회인 로마 교회와 비교하면 건물도 없을 정도로 매우 미약해 보였으나, 진리의 등불은 신실한 참 교회인 이 교회를 통하여 그 시대의 어두움을 물리쳤다. 1100년 발도인들 교회는 그들의 삶을 반영한 선명하고 정확한 그들의 신앙 고백과 법규를 제정하였는데 그것이 바로 '고귀한 교훈'이었다.

'용을 잡아 천 년 동안 결박하였는데, 그 후 반드시 잠깐 놓일 것이다'(계 20:2)라는 말씀에 근거하여 AD 1000년이 이르자 사람들은 종말의 시간인 천년의 시대가 시작되었다고 믿었다. 1000년을 앞두고 종말의 큰 공포에 휩싸여, 우주의 마지막을 알리는 대형 사건들이 발생할 것이라고 생각하였다. 그 결과 지성은 사라지고 야만적 행동과 폭력이 증가하면서 전쟁, 범죄, 죽음의 암울한 밤이 계속되었다. 종말론의 팽배는 오히려 그레고리우스 7세 시대에 교황 중심 교권 정치를 최정점에 이르게 만들었다. 많은 이들이 종말이 곧 올 것으로 믿어 자신들의 보호와 구원을 위하여 교회와 수도원에 막대한 재산을 헌납했는데, 이는 수도사들로 하여금 부와 오만의 왕관을 쓰도록 만들었다. 그러나 막상 AD 1000년은 큰 징조나 사건들 없이 지나가 버렸다. 그 후 새롭게 등장한 종말론의 시기가 AD 1100년이었다. 왜냐하면 사도 요한이 천년 왕국을 언급한 계시록이 96년경 기록되었기에, 1100년경이 바로 예언된 종말의 시점이라는 것이었다.

이 새로운 종말론이 크게 확산될 수 있었던 것은 투르크족이 무섭게 비잔틴 제국을 위협하고 있었기 때문이었다. 1050년경에 로마 제국과 투르크족의 전면전이 시작되었고, 1071년에는 아르메니아의 만지케르트(Manzikert) 전투에서 제국은 패배하여 소아시아 지역을 빼앗겼다. 1092년에는 그리스도교의 주요 기념 장소였던 '니케아'마저도 점령당하면서 수도 콘스탄티노플은 보스포루스 해협만이 방패물이 되어 겨우 존속하는 상태가 되었다. 비잔틴 교회의 위기와 달리 막대한 부를 쌓고 절제할 수 없을 정도로 팽창한 교황권은 위기에 빠진 비잔틴 교회를 도와 성지를 회복하고 모슬렘 세력의 증가를 막는다는 이유로 1096년에 십자군 전쟁을 시작했다.

막상 십자군 전쟁이 진행되자 로마 교회의 속내는 로마 교회가 중심이 된 신성 로마 제국을 세우기 위한 욕망의 발로였음이 드러났다. 십자군의 도움으로 다시 순례자들이 예루살렘을 향하였지만, 그동안 팽배하였던 미신을 근거로 증명되지도 않은 그리스도의 무덤에 경배하거나 확인되지 않은 사도들의 유골들이 유럽으로 유입되는 등 미신적인 기복 신앙은 정점에 이르렀다. 십자군 동원을 위해 범죄자들에게도 면벌부를 남발하였던 것이 값싼 속죄 사상으로 이어졌다. 이렇게 혼란스런 시대 상황 속에서 "매우 중요한 소식을 들으십시오. 형제들이여 우리는 항상 깨어 있고 기도하여야 합니다. 왜 나하면 이 세상의 종말이 임박했기 때문입니다"라며 시작되는 고귀한 교훈이 잠자는 영혼들을 깨우기 위하여 나타나게 되었다.

C) '고귀한 교훈' 자체가 보여 주는 발도인들의 고대성

409행은 로마 교회가 그리스도의 교회로부터 떨어져 나간 후 악습을 행하기 시작한 시기를 4세기 콘스탄티누스 대제 치하의 로마 주교 실베스터 때부터라고 밝히고 있다. 그러한 시대 속에서도 발도인들은 교사를 세워 사도들의 가르침을 가르쳤고, 아버지로부터 아들에게로 계속 전달함으로 사도 시대와 동일한 교리를 유지할 수 있었음을 말한다. 355-360행은 사도 이후 우리 주 예수 그리스도의 도를 가르친 교사들이 있었으며, 그들이 누구인지 거의 알 수 없지만 오늘 이 시대까지도 그러한 교사들이 존재함을 밝히고 있다. 또한 그들은 예수 그리스도의 길을 가르치는 것에 열정을 가졌고 큰 핍박으로 고통을 받음에도 포기하지 않았음을 밝히고 있다.

1580년 테오도르 베즈도 『프랑스 왕국의 개혁 교회사』를 통하여 발도인들의 신앙이 사도적 전통을 따르고 있음을 알려 주었다. 베즈는 나아가 이 사도적 가르침을 보존하고 전달하기 위해 "발도인들은 로마 교회로부터 모든 가능한 잔인한 방법으로 박해를 받으므로, 그들은 어디든 갈 수 있는 곳으로 흩어졌고 들짐승과 같이 거처 없이 유리했다"고 말하였다.[292]

D) 베렌가리우스(Bérenger de Tours)의 친구인 발도

마티아스 플라키우스는 "1049년 발도인들의 지도자 베렌가리우스(998-1088)가 그의 친구 '발도'의 권면을 받아들여 그를 이단으로 정죄하려는 피에몽의 베르첼리 공의회 참석을 거부하였다"고 언급하였다.[293] 여기서 언급되는 '발도'는 개인

---

292 William Jones, *The history of Waldenses*, vol. 2(London: Gale & Fenner, 1816), 80.
293 Adam Blair, 166.

의 이름 혹은 '발도인들 출신'이라는 두 가지 해석이 가능하다. 고귀한 교훈이 발표된 시점과 비슷한 시기였기에 후자의 의미로 사용되었을 것으로 추정된다.

E) '피에르 발도'(Pierre de Valdo)라는 이름의 의미

그가 활동했던 1160년경에는 가족명인 성(姓)이 존재하지 않았고, 단지 세례명으로 이름이 불렸다. 그러나 동일 세례명이 많았기 때문에 구별을 위해 세례명 뒤에 'de(from)'를 붙이고 출생 지역, 활동 지역, 신체적 특징, 간혹 스승의 이름 등을 붙여 호칭하였다.

피에르 발도의 또 다른 이름은 피에르 드 보(Pierre de Vaud)인데, 이는 '보 출신의 베드로'라는 의미이다. 그러나 '피에르 드 발도'에서 '발도'는 지역명이나 신체적 특징이 아니라 그의 스승이나 소속 집단의 명칭을 지칭한다. 그렇다면 '피에르 드 발도'는 '발도인들 출신의 베드로'를 의미하는 것으로 그의 이름을 통하여 발도인들은 피에르 발도 이전에도 이미 존재했음을 알 수 있다.

F) 발도인들의 고대성을 반대하는 의견들

프랑스 역사가 장 피에르 폴리(Jean Pierre Poly)는 883년부터 972년까지 사라센 해적들이 프랑스 남동부와 알프스 산맥을 완전히 통제하고 있었기 때문에 그 지역에 교회사적 연속성을 갖는 신앙 그룹이 존재할 수 없다고 주장하기도 하였다. 그러나 사라센 해적들이 피에몽 계곡까지 지배하였다는 기록은 찾아볼 수 없다.

필립 샤프는 "최근까지도 모든 발도인들 저자들은 자신들의 기원을 사도 시대나 적어도 7세기로 거슬러 올려 잡았다. 피렌체의 발도인들 대학 교수 콤바(Emilio Comba)는 독일 학자들의 연구를 존중하여 이 이론을 분명히 포기했다"라고 언급하면서 고대성을 부정하였다.[294] 그에 대한 유감은 발도인들의 고대성을 주장하는 수많은 근거에 관해서는 단 한 마디도 언급함 없이 마치 콤바 교수의 견해가 발도인들 교회의 전체 의견인 것처럼 단 한 줄 인용하여 발도인들 교회의 고대

---

294 필립 샤프, 5권, 444.

성 자체를 부정해 버린 점이다. 1893년에 세상을 떠나는 필립 샤프는 콤바 교수가 1880년에 쓴『종교개혁 이전의 발도인들』(Valdesi avanti la Reforma)에서 발도인들의 비고대성을 언급한 부분만을 접하고 말았는지, 동일한 저자 콤바 교수가 1886년에 출간한 책『발도인들은 누구인가?』(Who are the Waldenses?)에서 언급한 것에 대해서는 침묵한다. 이 책에서 콤바 교수는 다른 발도인들 역사가의 견해를 받아, 4세기의 비길란티우스(Vigilantius)나 9세기의 클로드 튀랭 시대에 이미 발도인들이 존재하고 있었음을 소개하였다. 그리고 1895년에는 다시『개신교 주교인 클로드 튀랭』(Claudio di Torino, ossia la protesta)이라는 책을 출판하였는데, 이는 그의 관점이 발도인들의 고대성을 인정하는 새로운 관점으로 완전히 바뀌어 있었음을 보여준다.

콤바 교수의 아들 에르네스토 콤바(Ernesto Comba)는 1927년『발도인들의 역사』(Storia dei Valdesi)에서 발도인들의 고대성을 주장한 앙투안 모나스티(Antoine Monastie)의 의견에 관하여 "확신을 가지고 수용할 수 있다"면서 발도인들 교회는 피에르 발도 이전에 이미 존재하였음을 분명하게 밝혀 주었다.

필립 샤프에 관하여 심히 유감스러운 부분은 "초창기 발도인들은 … 개신교도 아니었다. 그들이 남긴 문헌에서 이신칭의 교리를 진술한 내용을 아무리 찾으려 해도 한 줄도 찾을 수 없기 때문이다"라고까지 언급한 것과 같은 부분이다.[295] 필립 샤프 역사 서술의 문제점은 초창기 발도인들이라고 한정하여 언급할 뿐 그 이후의 발도인들에 관해 어떤 견해도 밝히지 않음으로, 자칫 독자들로 하여금 발도인들은 개신교와 전혀 무관한 교회인 것처럼 오해하게 만들었던 것이다. 필립 샤프의 생존 시에 이미 알려져 있던 발도인들 신앙고백서 원본 '고귀한 교훈' 정도만이라도 그가 읽고 그 내용을 진지하게 고려하였다면 이런 무례에 가까운 언급은 하지 않았을 것이다.

그와 동일한 시대였던 1886년 로랑 아귀에스(Laurent Aguesse)는 "루터는 발도인들과 알비인들의 사상에 영감을 받았다"라고까지 주장하였다.[296]

---

295 필립 샤프, 5권, 451.

296 Yves Krumenacker, "Quand débute la Réforme en France?", *Études Épistémè* 32(2017): 9.

(5) 유럽 개혁 교회의 중심이 된 피에몽 계곡

58-59년경 사도에 의해 발도인들 계곡에 복음의 씨앗이 심겨졌고, 그 복음이 코티안 알프스를 가로질러 프랑스와 유럽 다른 지역으로 전달되었다. 복음을 전해 받은 여러 나라에서 피에몽 공동체의 존재가 그리스도인들 사이에 알려졌고, 박해가 발생하자 피에몽 계곡으로 숨어 들어와 기존 공동체에 합류하였다. 그리고 그들은 '계곡에 사는 사람들'(Vaudois)이라 불리기 시작하였다.

1) 보두아(Vaudois)의 의미

A) '계곡의 사람들'의 의미

캠브리지 대학 교수 로버트 로빈슨(Robert Robinson)은 "라틴어 'Vallis'가 영어로는 'Valley', 프랑스어로는 'Vallée', 프로방스어로는 'Vaux' 또는 'Vaudois'로 '계곡'을 의미하고 이 단어에서 발도인들을 의미하는 'Valdenses', 'Ualdenses', 'Waldenses', 'Vaudois'라는 단어가 파생되었다"고 주장한다. 그러므로 '보두아'라는 명칭에는 단순히 '계곡의 거주자'라는 의미 외에 다른 뜻은 없다. 그러므로 타락한 교회의 가르침에 저항하면서 사도적 신앙을 보존하기 위하여 피레네나 피에몽, 심지어 아라랏 계곡에 살고 있는 신자들은 모두 '발도인들'인 것이다. 교황의 규율이나 교리에 동의하지 않았던 베렌가리우스의 친구이며 상담자인 그의 이름은 알 수 없지만 그를 '발도'로 호칭한 것도 거짓에 저항하는 참 그리스도인을 의미하는 것이다.

그 발도 이후 130년 뒤 리옹의 부요한 상인인 피에르를 특별히 '피에르 발도'라고 호칭하였던 것도 그가 계곡 주민들이 믿고 있는 교리를 수용하였을 뿐 아니라 공개적으로 로마 가톨릭을 비판하며 저항하였기 때문이다. 그리고 그는 이 교리를 가르치는 일에 자원하여 대단히 많은 사람들을 회심시키는 일을 하였다."[297]

---

297 Robert Robinson, *Ecclesiastical Researches*(Cambridge: Francis Hodson, 1792), 302-303.

B) '마녀'(sorcier)의 의미

스위스 불어권 지역인 로망드(romandee)의 '고어 사전'에 따르면 'Vaudai' 혹은 'Vaudaisa'는 마법사(sorcier), 마녀(sorcière)를 의미하는 모욕적인 표현으로 사용되었다. 6세기부터 로마 교회로부터 박해를 받았던 보두아인들을 로마 교인들은 욕설로서 Vaudai 혹은 Vaudaisa라고 불렀는데, 이는 심각한 모욕적 표현이었다. 보두아는 피에몽의 펠리체(Pellice), 앙그로냐(Angrogna)와 키소네(Chisone) 같은 계곡에 거주하는 '골짜기의 거주민'이라는 의미로 사용되었다. 하지만 이는 '마녀'와 동일한 표현으로 비하와 욕설과 저주의 의미를 갖고 있었다.[298]

보두아들이 6세기부터 계곡에서 박해를 받기 시작하였다면, 그들은 이미 6세기 이전에 피에몽 계곡에 거주하였다는 말이다. 그들은 아르메니아, 불가리아, 스페인, 프랑스 등 여러 나라에서 박해를 피해 이주해 온 사람들로 점점 더 큰 공동체를 형성하게 되었다. 이렇게 모여든 성도들은 계곡의 여러 동굴과 산림 속에서 살았기 때문에 '산 사람'이라는 별명을 얻었다. 발롱 지역 목사 귀이 드 브레(Guy de Brès)는 "로마 교회가 초대 교회의 순결을 보존하지 않고 인간적 교리와 의식을 도입하면서부터 발도인들은 그 교회에 복종하기를 거부했다"고 언급하며 발도인들의 고대성과 그들 사명의 가치를 알려 준다.[299]

---

298 Doyen Bridel, *Glossaire du patois de la Suisse Romande*, (Lausanne: G. Bridelp, 1866), 401-402.
299 용어 정리: '발도인들'이라 표현할 때는 일반적으로 유럽 전 지역에 흩어져 있는 발도인들 전체를 지칭하는 것이다. 피카르디인들, 알비인들이라 지칭할 때는 그 지역의 발도인들을 제한적으로 표현하는 것처럼 피에몽 계곡의 발도인들만을 지칭할 경우 '보두아'로 표현하기로 한다.

화보63, 화보64: 보두아들이 머물렀던 계곡의 동굴[300]
화보65: 보두아 집단 거주지인 피에몽 계곡[301]
화보66: 보두아 계곡으로 가는 길[302]

---

[300] 출처: William S. Gilly, *Waldensian Researches During a Second Visit to the Vaudois of Piemont: With an Introductory Inquiry Into the Antiquity and Purity of the Waldensian Church*, 494, 512.

[301] 출처: J. A. Wylie, *The history of Protestantism*, vol. 2, 493.

[302] 출처: J. A. Wylie, *The history of Protestantism*, vol. 2, 463.

232   16세기 종교개혁 이전 참 교회의 역사

C) 발도인들의 자체 주장

'발도인들'은 이단을 지칭하는 용어로 정착되고 일반화되면서 발도인들 스스로도 이 용어를 수용하기는 했지만 그 의미는 달리하였다. 앞서 언급한 것처럼 발도인들은 '고귀한 교훈'에서 스스로의 정체성을 "예수 그리스도를 사랑하고, 그분의 명령을 지키는 모든 사람들은 'Vaudois'이다"라고 밝히고 있다. 즉 발도인들은 특정한 종파를 만들어 그 종파의 결정에 순종하기를 다짐하며 가입한 제한적이고 특정한 사람들을 지칭하는 것이 아니라, '참 그리스도인'과 동일한 의미로 '발도'라는 용어를 사용하였다. 이러한 이유로 발도인들은 동일한 신앙을 고백하는 사람들이라면 모두를 형제로 인정할 뿐 아니라 언제든지 그들과 '하나의 교회'를 형성하였다. '발도'는 '그리스도인'과 동일한 의미였기에 그들이 어떤 다른 이름으로 불리든 상관없이 다른 그리스도인들과 연합하며 동역하였다.

2) 로마 교회와 독립된 북부 이탈리아

남부 프랑스의 마르세유와 북부 이탈리아의 개혁 교회들은 로마 교황과 거의 교류하지 않는 독립적인 교구로 존재하였다. 북부 이탈리아 지역 가운데 특별히 밀라노, 튀랭 지역과 390년경 자체적인 교회 신경을 갖고 있었던 아퀼레이아(Aquileia)와 같은 지역들이다. 롬바르디아 왕국이 정치적으로 교황권을 제한하였기에 그곳들은 독립된 지역으로 존재할 수 있었고, 그러한 롬바르디아 왕국의 보호 아래 교황권으로부터 자유롭게 개혁자들이 활동하며 계속적으로 존재할 수 있었다. 특히 밀라노는 리옹 지역처럼 동방의 교회들과 교류를 계속하였고, 양 진영의 교회 지도자들이 모여 회의를 열었던 곳이다. 이런 이유로 안디옥의 초기 예배와 성례를 도입할 수 있었다. 그리하여 초대 교회의 전통을 계속 이어갈 수 있었고, 로마 교회의 계서(계급) 제도의 부당함을 확인하고 교황 권력에 저항함으로써 점점 더 강력한 독립 교구로 존재할 수 있었다. 이에 교황 펠라기우스 1세(Pelagius I)가 "밀라노 주교들이 서품을 받기 위해 로마로 오지 않는 것은 그들의 오래된 관습이었다"고 한탄할 정도였다(555년). 그리하여 그는 이 관습을 폐지하기 위하여 여러 노력을 하였지만, 오히려 로마와 밀라노의 관계를 더 멀어지게 만들 뿐이었다. 스테파누스 9세(재위 1057-1058) 때까지도 밀라노는 로마 교회와 분리되었다가 프랑크 왕국의 권력을 엎은 그레고리우스 7세(재위 1073-1085) 때에 이르러 아퀼레이아, 밀라노, 튀랭에서의 저항은 종결된다.[303]

그리하여 발도인들의 다른 이름인 베렌가리우스인들(Berengairians), 바울인들(Paulicians), 밀라노의 파타린인들(Patarins)을 제외하고는 롬바르디아의 대부분의 지역 교회들은 교황권에 굴복하였고, 거기에 종속되어 점차 로마 교회의 오류에 오염되어 갔다. 그 후 로마 교회는 교황 선출 방식을 일부 고위직 사제들에 의한 선출로 바꿔 버려서 교인들의 교회 참여의 길을 막아 버렸고, 교황의 권위는 점점 더 확대되어 갔다.

(6) 발도인들의 사상적 근원이 되었던 개혁자들

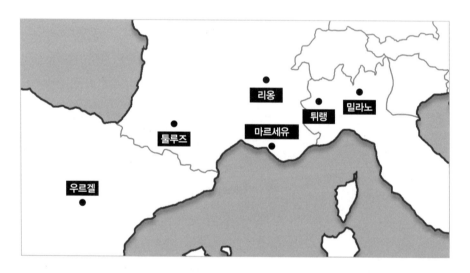

지도11: 로마 교회로부터 독립적으로 활동했던 주교들의 지역들은 바둑에서 큰 집을 짓기 위한 포석처럼 사용되어 피레네로부터 피에몽에 이르는 주요 도시들은 발도인들로 채워진다(259쪽 지도15 참조).

---

303 Adam Blair, 194-195.

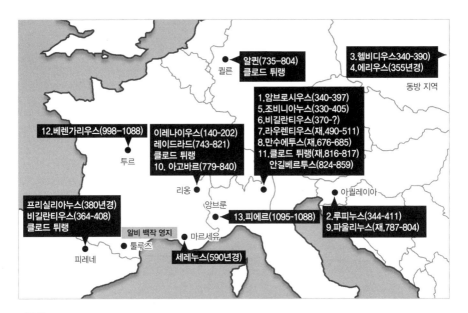

지도12:
9세기 이전 개혁자들의 활동 지역

지도13: 유럽 종교개혁의 중심지인 알프스 계곡. 이곳은 '알프스의 이스라엘', '복음의 시나이 반도'로 불린다.

1) 암브로시우스(Ambrosius)

교황권이 확립되지 않은 시대였으나 로마 주교는 서유럽 지역에서 교권을 넓혀 나갔다. 그럼에도 4세기 툴루즈의 주교 엑쥐페르(Exupère de Toulouse), 4세기 튀랭의 주교 막시맹(Maximin), 6세기 마르세유의 세레누스(Sérénus de Marseille), 6세기 밀라노의 주교 라우렌티우스(Laurentius de Milan), 8세기 우르겔의 펠릭스 주교(Félix d'Urgel), 9세기 리옹의 주교 아고바르(Agobard de Lyon), 그리고 9세기 튀랭의 주교 클로드(Claude de Turin)는 로마 교회의 간섭으로부터 독립적으로 활동했던 주교들이었다. 그 지역들은 시간이 지나서도 여전히 로마 교회로부터 독립적이었고, 이 지역들은 점차 발도인들의 주요 활동 지역이 되었다. 특히 알프스 계곡에는 대규모의 공동체가 형성되므로, '알프스의 이스라엘' 혹은 모세가 하나님의 말씀을 받았던 '복음의 시내산'으로 불리기도 하였다. 발도인들은 콘스탄티노플의 레옹에 의해 비춰졌던 복음의 빛을 통하여 성경을 더욱 선명하게 깨달았으며, 그들의 영향력은 튀랭 근교 지역으로 확장되었다. 12세기에 와서는 레옹인(고대 발도인들)들이 여러 지역을 다니면서 "형제들이여 기도하고 회개하십시오. 세상은 이제 추락 직전입니다. 선지자들이 예언하였던 그 천백 년의 시간도 이미 끝나 가고 있습니다"[304]라고 임박한 종말을 경고하며 복음을 전하였다.

밀라노 교구가 독립적인 큰 힘을 갖게 된 배경에는 암브로시우스(340-397)가 있었다. 그로 인해 로마로부터 독립성을 유지하면서 로마 교회의 예식이 아닌 암브로시우스가 만든 예식을 지켜 나갈 수 있었다. 암브로시우스가 밀라노에서 로마 총독으로 재직하는 동안 아리우스를 지지하였던 아욱센티우스(Auxentius) 밀라노 주교가 사망하면서 정통 교회와 아리우스파 사이에 주교 선출을 두고 충돌이 일어났다. 그는 중재자로 나서 연설하던 중 회중들의 강렬한 요청으로 주교로 선출되었다. 하지만 그 당시 그는 세례도 받지 않았고, 정식으로 성경을 배우고 가르친 적이 없었기 때문에 친구였던 밀라노 교구의 심플리키아누스(Simplicianus)에게 세례를 받고 성경을 배우게 된다. 그에게 세례를 줬던 심플리키아누스도 차

---

304 Napoléon Peyrat, *Les Réformateurs de la France Et de l'Italie Au Douzième Siècle*(Paris: Librairie de Ch. Meyrueis, 1860), 6.

기 주교가 되어 밀라노에서 20년 동안 봉직하였다.

황제 테오도시우스가 데살로니가 폭동에 대해 7천 명의 양민을 과도하게 학살했을 때, 암브로시우스는 결연한 태도로 황제의 죄를 꾸짖고 그에게 징계를 내렸다. 이처럼 그는 권력자를 향해서도 용기를 갖춘 주교로서 자신의 교구가 로마의 관할권에 종속되지 않고 독립적으로 유지하도록 기틀을 세웠고, 그 전통은 6세기까지 이어졌다.[305] 또한 '암브로시우스 예법'(Rito, Culto Ambrogiano)이라는 용어는 오늘날까지도 사용되고 있는데, 로마 교회와 독립된 암브로시우스에게서 유래된 전례(예배 의식), 문화라는 의미이다.

그가 밀라노에 머물고 있던 아우구스티누스와 그의 사생자에게 세례를 준 일화도 있다. 397년에 사망할 때까지 그는 밀라노 주교로 23년 동안 재직하였는데, 그의 신학은 오늘날 개신교회와 많은 부분에서 유사하다. 그는 성경을 신앙의 원리로 제시했고, 그리스도만이 교회의 기초가 되시며 죄인의 칭의는 오직 십자가의 희생 제물로 이뤄진다고 주장했다. 하지만 필립 샤프에 따르면, 그는 사제들의 독신주의를 옹호했고 성인 숭배를 가장 앞장서서 확고하게 옹호했다. "순교자들은 중보 기도의 담보로서 자신들의 유골을 지니고 있으므로, 그들에게 우리를 위해 빌어 달라고 간구해야 한다. 자신들의 피로 자신들의 죄를 씻은 그들은 우리 죄를 위해서 기도할 수 있다"라고 주장하기도 했는데, 이 부분에서는 개혁주의 신앙과 완전히 다르다.[306]

2) 아퀼레이아의 루피누스(Rufinus of Aquileia)

아퀼레이아의 장로 루피누스(344-411)는 5세기 무렵 이탈리아 교회에서 가장 눈에 띄는 진리의 증인이었다. 그는 성경이 신앙의 유일한 법칙임을 주장하였고, 외경을 정경에서 제외시켰다. 사도신경에 관해서는 루피누스보다 더 정통적인 해석을 찾아볼 수 없을 정도였다. 또한 주님께 죄를 범하였을 때 죄의 용서는 오직 주님의 손에 있기에 사제를 통하지 않고 마음의 회개만으로도 완전한 용서를

---

305 필립 샤프, 3권, 333, 128, 286.
306 필립 샤프, 3권, 235, 404.

얻을 수 있음을 강조하였다.[307] 필립 샤프에 따르면, 루피누스는 아우구스티누스에게서 좋은 평가를 받았다고 한다.[308]

3) 헬비디우스(Helvidius)

히에로니무스의 비판을 통해 알려지게 된 헬비디우스(340-390), 조비니아누스, 비길란티우스, 그리고 아이리우스를 로마 교회는 이단으로 평가하지만, 개신교 역사가들은 그들을 '진리의 증인'과 '종교개혁의 선구자'로 평가한다.[309]

헬비디우스는 밀라노 주교 아욱센티우스의 제자로 성경의 가르침을 그대로 보존하며 전수하려고 노력하였으며, 히에로니무스의 성경 번역에 사용된 헬라어 사본들의 오류를 지적하였다. 그의 주장들은 오직 히에로니무스의 비판에만 일부가 남아 있는데, 그것에 따르면 그는 383년경에 사제들의 독신 예찬론의 중요한 토대였던 성모의 영원한 동정녀성을 비판하며 부정하는 글을 기록하였다. 그는 "예수께서 출생하실 때까지 요셉은 자기 아내를 가까이하지 않았으나 그 이후에는 정상적인 부부로 생활했다"고 주장하였다. 그 근거로 테르툴리아누스(Tertullian)와 빅토리누스(Victorinus)의 저술을 인용하였는데, "성모가 그의 맏아들을 출산할 때까지는 동침치 않았지만 그 이후에는 정상적인 부부생활로 주의 형제들을 출산하였다"는 것이다. 나아가 "결혼이 독신과 비교하여 명예와 영광에 있어 조금도 차이나지 않는다"는 견해를 갖고 있었다.[310] 이에 주교 히에로니무스는 "주의 형제는 요셉의 이전 결혼에 따른 자녀들이거나 사촌으로 세례 요한의 형제들이다"라고 반박하였다.[311] 헬비디우스의 주장은 조비니아누스에게서도 동일하게 찾아볼 수 있다.

성모 마리아에 관한 최고의 학자인 알폰소 마리아 추기경은 헬비디우스에 관하여 다음과 같이 언급하였다. "그는 아리우스파의 제자로 382년부터 가르치기

307 Pierre Allix, *The Ecclesiastical History of the Ancient Churches of Piedmont*(Octavo, 1690), 24, 27.
308 필립 샤프, 3권, 611.
309 필립 샤프, 3권, 216.
310 필립 샤프, 3권, 219.
311 Jacob Neusner, *The Brother of Jesus*(London: Westminster John Knox Press, 2001), 20-22.

시작했는데, 성모는 요셉을 통하여 그리스도 외에 또 다른 자녀들을 낳았다며 테르툴리아누스의 권위를 빌려 신성 모독적인 주장을 하였다. 그러나 히에로니무스는 테르툴리아누스가 결코 그러한 교리를 말하지 않았다고 주장하였다. 헬비디우스는 세 가지 논점으로 자신의 이단성을 정당화하였다. 첫째, '마리아가 요셉과 약혼하고 동거하기 전에 성령으로 잉태된 것이 나타났더니 …'(마 1:18)에서 '동거하기 전'이라는 표현을 근거로 성모가 출산 이후에는 정상적인 동거 생활을 하였다고 주장하였다. 그리고 25절에 '아들을 낳기까지 동침하지 아니하더니 …'라는 구절을 근거로 출산 이후에는 부부로서 동침하였음을 암시하고 있다고 주장했다.

하지만 이 주장에 대하여 히에로니무스는 그의 어리석음에 슬퍼한다고 말하였는데, 그가 회개 없이 죽었다면 그의 영혼은 어떻게 되었을까? 둘째, 그는 마태복음 1:25를 다시 언급하면서, 성모가 그의 맏아들(firstborn son)을 낳았다는 표현이 그녀가 다른 자녀들도 출산했다는 것을 전제한다고 주장했다. 이에 히에로니무스는 다음과 같이 반박하였다. 하나님은 민수기 18:15−16에서 모든 장남은 출생 한 달 후에 속전(贖錢)을 지불하라고 명령하신다. 그런데 '장남'이라는 표현이 둘째를 전제한다면, 둘째가 출생된 후에만 맏아들로 인정된다는 것일까? 그 표현은 단지 처음으로 자궁이 열렸음을 설명하기 위해 사용되었을 뿐이다. 셋째, 그는 누가복음 8:19 '예수의 어머니와 그 동생들이 왔으나 …'를 근거로 예수께는 다른 형제들이 있었음을 알 수 있다고 주장했다. 이에 히에로니무스는 성경의 예들을 통하여 예수의 다른 형제들은 사촌 형제라고 반박하였다. 히에로니무스의 반박에 따르면 헬비디우스의 주장은 치명적으로 잘못된 것이다."[312]

알폰소는 테르툴리아누스가 '성모의 평생 동정녀설'을 부정하지 않았다고 주장하였지만 테르툴리아누스의 글을 보게 되면 그렇지 않다. 테르툴리아누스는 그리스도께서 천상적 육체가 아닌 우리와 똑같은 육체를 '마리아에게서'(ex Maria) 받으셨다고 주장하였고, 또한 『그리스도의 육신론』 23장에서는 마리아가 "동정

---

312 Alphonsus Maria de Liguori, *The history of Heresies*, vol.1(Dublin: James Duffy, 1847), 92−94.

녀이고 동시에 동정녀가 아니다"(virgo et non virgo), 또한 "출산하였으며 동시에 출산하지 않았다"(peperit et non peperit)라는 이율배반적 표현을 사용하면서도 이 두 표현은 동일한 의미라고 역설한다. 마리아는 남자의 씨가 아니라 하나님의 말씀으로 잉태하여 예수를 낳았다는 점에서 동정녀이지만(virgo quantum a virgo), 물질적 육신을 지닌 예수를 실제로 낳았다는 점에서는 동정녀가 아니라(non virgo quantum a partu) 실제의 어머니가 된다는 것이다.

다시 말하면, 예수의 수태에서 마리아는 인간 남편의 도움을 받지 아니하였기 때문에 처녀막이 손상되지 않았다는 점에서 동정녀이지만, 예수께서 어머니 마리아로부터 참 육신을 받아 태어났을 때 마리아의 처녀막이 손상되었기 때문에 출산에서는 동정녀가 아니라는 것이다.[313] 또한 『그리스도의 육신론』 7장 8-13항에서는 "예수의 형제들"이란 실제로 같은 어머니와 그 자녀들이 있었음을 인정하고 있다.[314] 알폰소의 주장과 달리 오늘날 로마 교회는 테르툴리아누스가 동정녀설을 부정한 점을 인정하지만, 그가 그리스도의 역사성을 부인하는 가현설(假現論)에 반박하기 위하여 그리스도의 인성 및 육체성을 지나치게 강조하면서 마리아의 동정성을 부인하기에 이르렀다고 변호한다. 그러나 그리스도의 인성을 강조하는 것과 성모의 평생 동정녀를 부정하는 것이 어떤 관계를 갖고 있는지에 관해서는 밝히지는 않는다.

4) 세바스테의 에리우스(Aerius of Sebaste)

추기경 존 뉴먼(John H. Newman, 1801-1890)은 "개신교회에서나 그들의 대적들조차도 에리우스(Aerius), 조비니아누스, 비길란티우스는 개혁주의 선구자들로 4세기의 루터, 칼뱅, 츠빙글리에 비유된다"고 말하였다.[315] 에리우스는 본도(Pontus)에 속해 있는 세바스테 지역의 장로로, 그의 존재는 그를 아리우스주의라고 비난했던 에피파니우스(Epiphanius)의 80개 이단 종파들을 알리는 저서 『약상

---

313 떼르뚤리아누스, 『그리스도의 육신론』, 이형우 역주(왜관: 분도 출판사, 1994), 46, 217-219.
314 떼르뚤리아누스, 126.
315 John H. Newman, *Historical Sketches*, vol.1(London: Longmans, Green & Co., 1886), 409.

자』(*Panarion*, 375–377년 기록)를 통해 알려졌다. 에리우스는 금욕주의자 유스타티우스(Eustathius) 주교와 긴밀한 관계였고, 유스타티우스는 355년 세바스테의 주교가 될 때 에리우스를 빈민 구제소(병원)의 책임자로 임명하였다. 그러나 에리우스는 주교가 재산에 지나친 욕심을 갖고 있다고 비판한 후 360년에 그 직책을 그만두었다. 이에 교구의 많은 사람들은 에리우스의 비판에 동의할 뿐 아니라 널리 퍼져 있던 로마 교회의 부패된 교리와 실천을 비판한 에리우스를 지지하였다.[316]

그러나 추기경 알폰소 마리아가 말하는 에리우스는 매우 부정적이다. "그는 안디옥의 주교가 되기 위해 온갖 야심에 차 있었으며, 유스타티우스가 주교로 선출되었을 때 그를 심하게 질투하였다. 그러자 주교는 에리우스를 사제로 임명하고 병원 관리자로도 임명하였지만, 그의 입을 막지는 못하였다. 그럼에도 그런 그를 훈계하고 친절하게 대하였던 것은 그를 얻고자 함이었으나 헛되었다. 왜냐하면 에리우스는 병원 일을 그만두고 여러 명의 제자들에게 잘못된 가르침을 전파하였기 때문이다. 그들은 교회뿐 아니라 마을과 마을에서 발각되자 숲과 동굴, 심지어 눈으로 뒤덮인 들판으로 숨어 들어가 모임을 가졌다. 이 아리우스 이단 종파는 370년경에 매우 활동적이었으나 광범위하지는 않았다."[317]

추기경 존 뉴먼 역시 에리우스의 오류라며 그를 비판했는데, 에리우스의 주장은 다음과 같다. 첫째, 주교와 장로 사이에 차이가 없다(주[註]: 사제직이 더 신성하거나 더 우월적 위치에 있는 특별한 것이 아니다). 둘째, 부활절을 지키는 것은 유대교적이다. 왜냐하면 그리스도는 우리의 유월절이 되시기 때문이다(주[註]: 사순절을 부활절로 잘못 언급). 셋째, 기도에서 죽은 자를 부르는 것이나 그들을 위해 자선을 행하는 것은 쓸모없는 짓이다. 넷째, 금식은 유대적이며, 멍에를 메는 것이다. 이들은 360년에서 370년 사이에 번영하였으며,[318] 그가 서유럽에 머물렀는지는 정확히 알 수 없지만 그의 사상은 서유럽에 전달되어 많은 영향을 주었다.

316 Albert H. Newman, *A Manual of Church History* vol. 1(Philadelphia: The American Baptist Publication Society, 1900), 373.
317 Alphonsus Maria de Liguori, 87.
318 John. H. Newman, 409.

5) 조비니아누스(Jovinianus)

네안더(August Neander)와 같은 역사학자들은 수도사 출신 조비니아누스(330-405)를 루터와 비교하였다. 조비니아누스는 터키 동부 지역 쿠르디스탄 출신으로 수도원의 금욕적 교리들을 철저히 비판하면서 성경의 경건한 여성들을 예로 들며 수녀들에게 결혼을 제안하였다. 이에 히에로니무스는 그를 기독교의 에피쿠로스파(쾌락주의자)라고 비판하면서 아담과 하와의 결혼은 타락이라는 결과를 가져왔다며 독신을 미화시켰다. 반면 아우구스티누스는 조비니아누스의 글을 읽고 『결혼의 유익에 관하여』(De Bono conjugali)를 저술하였고, 이 책을 통하여 결혼의 장점들을 제시하였다.[319] 사제들의 결혼을 극력 반대하였던 로마 주교 시리치오 (Siricius)는 390년 로마 공의회에서 조비니아누스와 그의 추종자 8명을 이단으로 정죄하고 출교시켰다.

또한 당시 세례가 마술적 요소처럼 남용되어 세례가 구원을 가능케 한다는 세례 중생설이 유행하였는데, 마치 세례의 물이 신비한 능력을 갖고 있는 것처럼 가르쳐지고 있었다. 이에 조비니아누스는 물 자체에 아무런 중요성을 두지 않았으며, 세례는 믿음을 통해 일어나는 내면적 변화의 외적 상징으로 간주하였다. 또한 2세기 그리스도교 작가들처럼 죄 사함을 중생시키는 과정의 완성으로 간주했다.[320]

조비니아누스는 출교를 당한 후 밀라노로 향하였는데, 황제 테오도시우스 (Theodosius)나 암브로시우스를 통해서 면죄될 것이라고 기대하였지만 곧 실망하였다. 왜냐하면 로마 주교 시리치오가 밀라노 교회에 경고 편지와 함께 세 명의 대표를 보냈고, 암브로시우스는 로마 공의회와 자신의 견해는 완전히 일치한다며 서둘러 여덟 명의 다른 주교들과 함께 그의 출교 결정에 동의하였기 때문이었다. 황제도 로마 주교에게 보내는 답신에서 "조비니아인들(Jovinianists)의 불경함을 증오하고 밀라노의 모든 사람들은 전염병 같은 그 이단을 피하였다"고 언급하였다. 암브로시우스가 그를 반대한 이유는 알려지지 않았지만, 결혼한 사람과 결

---

319 필립 샤프, 3권, 216-218.
320 Albert H. Newman, 375.

혼하지 않은 사람 사이의 차별성을 부인한 것에 대한 반감으로 보인다. 412년에 황제 호노리우스(Honorius)는 조비니아누스와 그의 추종자들이 가장 거룩한 도시의 성벽 밖에서 불경스러운 모임을 조직하고 있다는 몇몇 주교들의 불평과 건의에 따라 그와 그 추종자들을 달마티아(Dalmatia)의 보아스(Boas) 섬으로 유배를 보내었고 그는 그곳에서 숨을 거두었다.[321]

로마 교회 학자인 보나르(Baunàrd)에 따르면, 조비니아누스를 받아 주었던 암브로시우스를 경고하기 위해 로마 주교는 세 명의 사제 알렉산드르(Alexandre), 레오파드(Léopard)와 크레센트(Crescent) 편에 편지를 전달하였는데, 내용은 "로마 공의회가 새로운 교리를 가르치고 있는 조비니아누스, 옥센스(Auxence), 제니알리스(Génialis), 제르미나토르(Germinator), 펠릭스(Félix), 프론티누스(Frontinus), 마르티안(Martian), 장비에르(Janvier)와 잉제니오수스(Ingeniosus)를 이단으로 결정하고 출교하였음에도 밀라노 교구는 이를 거부하고 있다"는 경고였다. 이에 암브로시우스는 즉시 이웃 지역 주교인 사뱅 플레장스(Sabin de Plaisance), 바시앙 로디(Bassien de Lodi)와 다른 고위직 성직자들을 회집시켜 로마 주교에 대한 공동 대응책을 세웠으나 9명의 주교들은 로마 주교에게 "조비니아누스를 반대한다는 내용의 편지를 보냈다"[322]고 한다.

알폰소 마리아가 조비니아누스와 관련한 언급은 다음과 같다. "밀라노의 수도사인 그는 수도원 생활 초기 몇 년 동안 금식하며 맨발과 손으로 열심히 일하였다. 그 후 수도원을 떠나 로마에서 잘못된 사상을 퍼뜨리기 시작하였다. 그는 불경함에 빠져 이전 삶의 방식을 완전히 포기하고, 실크와 섬유로 된 고급 옷을 입을 뿐 아니라 맛있는 요리와 포도주를 즐겼다. 비난을 피하기 위하여 독신으로 지냈지만, 감각을 즐겁게 하는 교리를 전파하면서 로마에서 많은 남녀 추종자들을 얻었다. 그 후 순결하고 절제된 삶에서 떠나 결국 결혼하였다. 그의 오류는 첫째, 결혼과 동정성은 동등한 가치를 갖고 있다는 것(주[註]: 그리스도와 연합된 처녀

---

321 Edward Backhouse & Charles Taylor, *Witnesses for Christ and memorials of church life from the fourth to the thirteenth century*, 2th ed.(London: Simpkin & Co. 1894), 183.

322 Baunàrd, *Histoire de saint Ambroise*(Paris: Librairie ch. Poussielgue, 1899), 392.

들과 과부들, 기혼 여성들은 경건에 있어 모두 동등하며 처녀라는 이유로 더 특별한 공로가 주어지지 않는다고 주장함으로, 독신 사제들이 결혼한 일반인들보다 영적으로 더 우월하다는 로마 교회의 주장을 부정함), 둘째, 세례를 받은 사람은 더 이상 죄를 지을 수 없다는 것(주[註]: 아우구스티누스와 칼뱅주의의 '성도의 견인' 교리와 매우 유사한데, 거듭난 사람들은 온전한 믿음으로 마귀에게 굴복당할 수 없다는 내용), 셋째, 하나님께서는 음식을 금하는 사람과 감사함으로 먹는 사람을 동등하게 여기신다는 것, 넷째, 언약에 머무르는 자는 천국에서 동등한 상급을 받는다는 것, 다섯째, 모든 죄는 동등하다는 것(주[註]: 대죄나 소죄는 그 죗값으로 동일한 사망에 이름), 여섯째, 동정녀는 우리 주님을 낳은 후 더 이상 동정녀가 아니었다는 것이다. 이 주장에 대해서는 힝크마(Hinckmar), 위클리프, 부처(Bucer), 피에트로 마르티르 베르밀리(Pietro Martire Vermigli, 1499–1562), 몰리네우스(Molineus), 자크 바나주(Jacques Basnage, 1653–1723)와 같은 이단자(개혁자)들도 추종하였다.

그러나 프랑스 예수회 신학자인 페타비우스(Petavius 혹은 Denis Pétau, 1583–1652)는 모든 교부들이 만장일치로 성모의 동정성을 인정하였으며, 에베소 공의회도 평생 동정성을 결정하였고, 649년 마르티누스 1세(Martin I)는 하나님의 어머니가 평생 동정녀라는 사실을 고백하지 않는 사람은 정죄(출교)받아야 한다는 선언을 했다고 주장하였다. 페타비우스는 '이 문은 닫고 다시 열지 못할지니…'(겔 44:2)를 성모의 영원한 처녀성을 가리키는 것으로 이해하였으며 그 이후 교황들도 이 견해를 수용하였다."[323]

비록 유배지에서 조비니아누스와 그의 동료들은 쓸쓸히 역사 속에서 사라졌지만, 그의 주장은 밀라노에 씨앗으로 남겨졌고, 밀라노 수도원의 사르마티오(Sarmatio)와 바르바티아누스(Barbatian)의 마음에서 그것이 발아되었다. 새로운 진리를 접한 그들은 수도사 서원을 포기하고, 그곳을 떠나 베르첼리로 이동하여 그곳에서 그들의 교리를 가르치기를 희망하였지만, 암브로시우스가 그곳 교회들이 이들을 경계하도록 지시하므로 이뤄질 수 없었다. 그 이후의 그들의 행적을 역사

---

323 Alphonsus Maria de Liguori, 94–96.

에서 더 이상 추적할 수 없지만 그들이 선포한 진리는 결코 사라지지 않았다.[324]

로마 주교에 저항하므로 큰 관심을 불러일으킨 조비니아누스의 가르침을 간직한 그의 추종자들은 알프스 계곡에 계속 머물렀고 비길란티우스를 통해 지속되었다. 계곡에는 1,000년 동안 복음을 지켰던 무리들이 있었고, 12세기에는 아르노인들(Arnoldists), 페트로브뤼인들(Pétrobrusiens), 앙리인들(Henricians), 리옹의 가난한 사람들에 의해 대중적인 운동으로 그의 가르침은 유럽 전체로 퍼져 나갔다.[325]

6) 비길란티우스(Vigilantius)

비길란티우스(370-?)는 370년경 스페인 칼라오라(Calahorra, Lugdunum Convenarum)에서 출생했고 툴루즈와 나르본 중간 지점에서 여관과 말 마구간을 운영하는 부친을 도와 피레네 산맥을 넘는 여행객들에게 가이드를 하였다. 그러던 중 툴루즈에 형성된 최고의 문화와 그리스도교 세계의 복음을 접하게 되면서 신학적 질문과 토론을 이끌었고, 병자와 가난한 자를 향해 자선을 베풀었으며, 공공 예배 및 가족 예배를 인도하는 일 외에도 성경을 요약하는 일을 하였다.[326]

비길란티우스는 그의 학업 능력을 인정한 아키텐 귀족 출신의 유명 학자이며 재산을 가난한 사람에게 나눠 준 슐피키우스 세베루스(Sulpicius Severus)의 도움을 받아 학업을 하였다. 세베루스는 로마 장교로서 옷을 거지에게 잘라 주었던 투르의 주교 마르탱에게서 나눔과 가난함을 배웠었다. 세베루스의 영향 하에서 비길란티우스는 390년에 바르셀로나 교구의 장로가 되었고, 4년 후에는 이탈리아로 고행의 길을 떠났다. 그곳에서 자신의 친구이며 부유함을 포기하고 가난과 성직을 선택한 놀라의 주교 파울리누스(Paulinus of Nola)와 많은 시간을 함께 보내던 중, 파울리누스가 히에로니무스을 소개하여 396년 예루살렘으로 가서 그를 만났

---

324 Edward Backhouse & Charles Taylor, *Witnesses for Christ and memorials of church life from the fourth to the thirteenth century*, 2th ed., 185.

325 Albert H. Newman, 376.

326 Edward Backhouse & Charles Taylor, *Witnesses for Christ and memorials of church life from the fourth to the thirteenth century*, 2th ed., 186.

다. 그 후 이집트로 여행하면서 니트리안(Nitrian) 사막에 거주했고, 고행하는 사람들과 접촉하면서 수도원의 실상을 직접 경험한 후 금욕주의와 수도원을 비판하기 시작하였다. 고향으로 돌아가는 길에 밀라노와 피에몽 계곡을 방문하여 조비니안인들(Jovinianist)들과 교제하였다. 그곳에서 얼마나 머물렀는지는 알려지지 않았지만, 그곳에 머물면서 금욕주의와 우상 숭배는 그리스도교 정신에 위배됨을 확신하며 사도적 교리와 실천적 삶의 회복을 위한 노력을 다짐하였다. 그의 개혁적인 견해를 세베루스와 툴루즈의 주교가 수용하면서 많은 지지를 얻었지만, 곧바로 히에로니무스과 치열한 논쟁을 벌이게 된다.[327]

비길란티우스는 독신주의, 금욕주의, 죽은 사람들에게 기도하는 것, 성유골 숭배, 금욕적 철야를 비판하며 항거(protest)했는데, 그의 결심은 결코 가볍지 않았다. 그는 수년 동안 현장들을 방문하여 직접 목격하였고, 소중하게 여기는 여러 사람들의 의견을 경청하였으며, 성경을 연구하고, 많은 서적들을 접한 후에 마침내 그의 의견을 발표한 것이었다.[328]

히에로니무스와 논쟁하였던 내용을 406년 그의 고향에서 로마 교회의 이단적 풍속들을 비판하는 "이 시대의 성장하고 있는 미신 숭배에 반대하는 논문"(Treatise against the miserable growing superstitions of the age)으로 발표하였다. 사제의 독신주의와 순교자들에 대한 지나친 숭배를 성인들을 은혜의 보좌 앞으로 인도하여 막강한 중재자들이라고 여기는 우스꽝스러우며 비성경적 공상의 결과로 여기며 우상 숭배라고 비판하였다.[329]

필립 샤프에 따르면 "비길란티우스는 경건하면서도 뜨거운 열정과 문필적 재능을 겸비했는데, 5세기 초까지 그 시대에 가득 찬 금욕 정신과 그것과 연계된 미신을 비판하는 글을 썼다. 또한 돈을 지혜롭게 사용하는 것이 더 바른 태도이며, 한꺼번에 가난한 사람들에게 나눠 주거나 예루살렘의 수사들에게 바치기보다는 고향에서 자선의 목적으로 조금씩 사용하는 것이 더 훌륭하다고 판단했다. 또한

---

327 Albert H. Newman, 377.
328 Ann Burke, *To the Last Drop of Our Blood: A Story of Government and Religion*(New york: Teach Services, 2006), 8.
329 George S. Faber, 291.

수도원주의에 따른 성인과 성유물 숭배를 비판하면서 이는 미신과 우상 숭배라고 간주하였다. 죽은 사람들의 '비참한 뼈'를 숭배하는 사람들에 대해서는 유골 수집가 혹은 우상 숭배자라고 불렀다. 죽은 자들을 향해 기도하고 그들을 위해서 기도하는 행위를 쓸데없는 짓이라고 비판하였으며 철야나 야간 예배를 무질서와 방종이라고 말했다. 그리고 순교자들이 행했다는 기적들에 대하여 회의적 태도를 표시했고, 죽은 자들을 향해 기도하고 그들을 위해서 기도하는 행위를 쓸데없는 짓으로 비판했으며 금욕적인 철야나 야간 예배를 무질서와 방종이라고 단정했다."[330]

반면 알폰소 마리아는 비길란티우스에 관하여 다음과 같이 언급한다. "비길란티우스가 경건한 삶을 살 수 있었던 것은 성 파울리누스 주교와 우정을 맺고 있기 때문이었다. 그리고 히에로니무스의 추천서를 받아 성지를 여행을 하였음에도 히에로니무스를 이단으로 대담하게 몰았다. 404년경 사제인 리파리우스(Riparius)가 히에로니무스에게 '비길란티우스가 순교자들의 유골과 철야 예배를 비판하고 있다'는 편지를 보냈다. 이에 히에로니무스가 비길란티우스의 오류를 비판했는데, 다음과 같다. 첫째, 그는 독신 생활을 비판했고, 둘째, 순교자들의 유골 숭배를 우상 숭배라고 비난했으며, 셋째, 성인들을 존경하여 촛불을 켜는 것조차도 이교도 습관이라 비판하였고, 넷째, 사도들과 순교자들은 무덤에 존재하고 있고 성인들이나 죽은 자를 위한 기도는 불필요하며, 다섯째, 교회에서의 공적인 철야 집회를 비판하였고, 여섯째, 한 번에 재산 전체를 예루살렘의 구호금으로 보내는 것을 비난하였으며, 일곱째, 사막 수도원으로 가는 것은 잘못된 것이라 비판하였다."[331]

A) 발도인들의 창시자라는 견해

13세기 종교 재판관 레이네리우스(Reinerius Saccho, -1259)는 '고대 발도인들'을 의미하는 '레옹인들'(Leonistes)을 언급하면서 이들보다 더 위험한 고대 이단 종파

---

330 필립 샤프, 3권, 220-221.

331 Alphonsus Maria de Liguori, 98.

는 없다며 다음과 같이 이유를 들었다. "첫째, 그들의 근원과 관련하여 어떤 이들은 그들이 실베스터 로마 주교 시대부터 존재하였다고, 또 어떤 이들은 그들이 사도 시대부터 존재하였다고 말할 정도로 그들은 오래됐다. 둘째, 이들은 존재하지 않는 곳이 없을 정도로 확산되었다. 셋째, 레옹인들은 사람들 앞에서 정직하게 살면서 그들의 신앙이 담긴 모든 교리와 일치되게 하나님을 공경하기 때문이다."

이에 16세기 튀랭의 대주교 클로드 세셀(Claude Seyssel)은 피에몽의 발도인들은 실베스터 시대의 독실한 어떤 레옹(불어: Un certain Léon, 영어: one Leon)으로부터 시작되었는데, 그 레옹이 기독교의 세속화와 실베스터의 탐욕에 실망하고 로마 교회를 떠나 피에몽 지역의 교회 전통을 따라 발도인들의 교리를 세웠다고 주장했다. 역사학자 네안더도 이 주장에 동의하였다.

조지 스탠리 파버(George S. Faber, 1773-1854)는 그 레옹이 바로 비길란티우스일 것이라고 추정하였다. 왜냐하면 비길란티우스의 스페인 출생지가 로마 표기로는 '루그두눔'으로 레옹(Léon, 오늘날에는 Lyon)에 해당되기 때문이다. 그러나 시대적으로 실베스터 로마 주교 시대와 큰 차이가 있기 때문에 레옹 출신의 비길란티우스(Vigilantius Léon), 또는 레옹인들 출신의 비길란티우스(Vigilantius the Leonist)라는 표기는 가능할 것 같다. 왜냐하면 피레네 산악 지역에서도 '산에 거주하는 발도인들'이 피에몽의 발도인들과 친밀한 교류를 하고 있었기 때문이다. 그래서 비길란티우스가 피에몽 계곡에 머물 때에도 신앙적 갈등 없이 머물 수 있었을 것이다.[332]

파버는 히에로니무스의 말을 인용하여 비길란티우스의 저서들도 피에몽에서 기록되었다고 추정하였다. "나는 비길란티우스라 불리는 괴물을 보았다. 나는 성경을 인용하여 그 격노케 하는 자를 묶어 두었지만, 그는 알프스와 아드리아 해 중간에 위치한 코티우스(Cottius) 왕이 통치하는 지역으로 도망하였고, 그때부터 그는 나를 대적하였다. 아, 이 사악함이여...! 그는 그곳에서 그의 이단성에 동조하는 주교들을 발견하였다."[333]

---

332 George S. Faber, 278-279.
333 Sophia V. Bompiani, *A Short History of the Italian Waldenses who Have Inhabited the Valleys of the Cottian Alps*(New

또한 파버는 다음과 같이 주장했다. "비길란티우스의 자발적 가난함이나 그가 평신도로서 사역한 점은 발도인들의 정신과 일치하였기 때문에 보두아 교회는 그를 형제로 받아들였을 것이다. 비길란티우스는 그곳에 정착하여 로마 교회의 전통적 관습과 금욕 및 미신적 예전을 지지하였던 히에로니무스와 격렬하게 논쟁하였고, 그 내용들이 보두아의 신학으로 정립되었을 것이다. 그리고 그의 의견은 프랑스와 스페인에서 대중적 견해로 수용되어 레옹인들의 전통이 확립되었다."[334]

역사학자 페이라(Napoleon Peyrat) 목사는 다음과 같이 주장한다. "한 레옹인이 그리스도의 교회가 실베스터 로마 주교와 콘스탄티누스 대제의 노예가 되며 부패한 것에 반대하여 코티안 알프스로 들어갔다. 그는 사도 바울에 의해 형성된 그곳 집단에서 성경을 가르치는 '바르브'(Barbe)가 되었는데, 이 호칭은 이탈리아 북부 지역 사람들에게는 자신들의 아버지보다 더 존경이 담긴 표현이었다. 그리하여 그의 추종자들은 '레옹인들'(Leonistes)이라고 불렸으며, 그들은 스스로 장로들을 세워 그들의 교리를 보존하고 전파하였다. 그 후 5세기에 비길란티우스가 그곳을 방문하여 레옹 이후에 조비니아누스의 가르침으로 이어지던 조비니아인들(Jovinianist)들을 만났고, 비길란티우스를 통하여 조비니아누스의 존재가 알려지게 되었다."[335]

B) 피에몽 계곡과 리옹 간 활발해진 교류

그 레옹이 구체적으로 누구인지는 확인할 수 없지만, 그를 통하여 보두아 공동체가 세워졌고 그 후 조비니아누스에 의해 더욱 확고하게 되었다. 그런데 조비니아누스는 동방 기독교 출신이었기 때문에 밀라노와 지리적으로 멀지 않을 뿐더러 동방 교회 지도자들이 활동하였던 론강(Rhône)의 리옹(Lyon, Léon)과도 친밀한 관계를 맺고 오랫동안 사상을 교류하며 레옹인들의 전통을 이어 갔을 것이다.

york: Barnes & Company, 1897), 7-9.

334 George S. Faber, 292-293, 298.

335 Napoléon Peyrat, *Les réformateurs de la France et de l'Italie au douzième siècle*, 6.

그 증거가 1175년과 1655년에 프랑스에서 두 차례 큰 박해가 발생하였을 때 많은 리옹인들이 피에몽 계곡을 찾았고, 피에몽 계곡 교회도 그들을 기꺼이 수용하였다는 점이다. 이러한 교류는 결국 리옹의 피에르 발도라는 위대한 개혁자를 배출하여, 프랑스 발도인들과 피에몽 발도인들의 지도자로서 활동할 수 있는 배경을 만들어 놓았던 것이다.

두 지역의 교회는 비교적 근대에 이르러, 피에몽 교회는 계곡에 거주하고 있었기에 그 의미를 살려 '발도인들'로, 프랑스 발도인들은 알비에서 크게 활동하였기에 '알비인들'(Albigenses)이라는 이름으로 구분되어 불렸다. 지역적으로 다른 곳에 위치한 두 교회는 개별적으로 또는 집합체로 연합하여 서로 교류하면서 순수한 교회를 보존하고 계대(繼代)하였다.[336]

화보67: 론강 강가에서 예배하는 알비인들[337]

---

336 George S. Faber, 28–29.
337 출처: J. A. Wylie, *The history of Protestantism*, vol. 1, 48.

7) 라우렌티우스(Laurentius)

밀라노 주교였던 라우렌티우스(재임 490–511)는 사제를 통하지 않고 마음의 회개만으로도 충분히 죄 용서를 받을 수 있다고 주장하였다. 이러한 주장은 사제의 역할 축소와 나아가 교황권에 대한 반대로 이어졌다. 이 영향은 확대되었고, 590년경에는 교황의 무오성이나 교황 우월성을 인정하지 않고 교황을 이교도로 여기며 로마 교구와 관계를 끊은 주교들이 이탈리아와 그리종(Grisons)에 무려 9명이나 있었다.[338]

8) 만수에투스(Mansuetus)

밀라노 교구의 신앙적 전통은 7세기 밀라노 주교 만수에투스(재임 676– 685) 때까지 계속되었는데, 그가 황제 포고나투스(Constantine Pogonatus)에게 보내는 편지에서 자신의 신앙은 사도신경에 모두 포함되어 있다고 말한 것에서 확인할 수 있다. 이는 최소한 밀라노 지역에서는 사도들의 가르침만을 이어 왔었음을 의미한다.[339] 만수에투스와 암브로시우스의 로마 교회로부터 독립된 예배 의식은 롬바르디아 초기 교회의 신앙적 순결함을 유지하는 데 큰 역할을 하였다.[340] 이런 전통은 안길베르투스(Angilbertus II, 824–859)와 그의 계승자들로 하여금 계속적으로 교황권을 반대하며 로마 교구로부터 계속 독립성을 유지하도록 만들었다.[341]

9) 아퀼레이아 주교 파울리누스(Paulinus of Aquileia)

787년 2차 니케아 회의에서 성화상 숭배를 결정하였고 교황 하드리아노(Adrian)는 권력을 동원하여 그 결정을 수용하지 않는 많은 지역들을 굴복시키려고 하였다. 이는 적그리스도의 폭정이 이탈리아 전역에서 보편적으로 시행되지 않고 있다는 증거이다. 샤를마뉴와 수년간 함께 지내며 큰 신뢰를 받았던 파울리누스(재임 787–804) 주교는 니케아 결정이 우상 숭배라고 비판하였다. 그는 샤를

---

338 J. A. Wylie, *The history of Protestantism*, vol. 1, 20.

339 Pierre Allix, *The Ecclesiastical History of the Ancient Churches of Piedmont*, 36–37.

340 J. A. Wylie, *The history of Protestantism*, vol. 1, 20.

341 Jean R. Peyran, 487.

마뉴의 요청으로 작성한 성찬에 관한 글에서 화체설을 인정하지 않았고, 빵은 그리스도의 몸이 아닌 빵의 일부분에 지나지 않으며, 예수 그리스도의 신성한 본질을 먹는다는 것은 은유적으로 이해되어야 한다고 주장하였다. 미사에 관해서도 로마 교회의 주장을 극도로 경멸하였는데, 대속은 그리스도께서 희생 제물로 이미 성육신하시고 십자가를 통해 완전히 성취되었기 때문에 속죄는 오직 예수 그리스도를 통해서만 이뤄진다고 밝혔다. 또한 성인은 중보자나 신앙의 대상이 결코 될 수 없고, 오직 하나님만이 믿음의 대상이 되시며, 유일한 구세주이신 그리스도만이 교회의 기초가 되신다는 사실을 분명하게 밝혔다. 그리고 베드로가 다른 사도들보다 우위에 있다는 것에 대해서도 반대하였다.[342] 아퀼레이아 지역의 이러한 개혁적 성향은 훗날 동일한 신앙을 가진 바울인들이 그곳에 정착할 수 있는 중요한 배경이 되었다.

이 시대에도 교황 보니파키우스가 전파하려는 사제 독신, 성유골 숭배, 성화 숭배, 교황 우월성, 죽은 자를 위한 미사, 연옥 사상에 반대하는 클로드 클레망(Claude Clément), 시도니우스(Sidonius Apollinaris, Lyon 출신으로 Auvergne의 주교), 비길리우스(Virgilius), 삼송(Samson), 알데베(Aldebert)와 같은 대표적인 인물들이 있었으며, 알데베는 손으로 십자가 성호를 긋는 것조차도 비판하여 수도원에 감금되기도 하였다.[343]

요하네스 스코투스와 알퀸(Alcuin)의 제자인 마인츠 대주교 라바누스 마우루스(Rabanus Maurus)는 화체설에 극렬하게 반대하였으며, 이러한 개혁적 분위기로 824년 파리 공의회에서는 니케아 회의의 성화상 숭배를 거부한 프랑크푸르트 공의회(794년)의 결정을 지지하기도 하였다. 그러나 교황권이 상승하면서 암브로시우스의 유골조차도 숭배의 대상으로 점차 바뀌어 갔다.

342 William Jones, *The history of Waldenses*, vol. 1(London: Gale & Fenner, 1816), 360–363.

343 Antoine Monastier, *Histoire de l'église vaudoise*, vol. 1, 19.

10) 아고바르 리옹(Agobard de Lyon)

아고바르 리옹(C. 779-840)은 스페인 출신으로 발도인들 중심 지역인 나르본에서 활동하였으며, 792년에는 프랑스 리옹에 정착한다. 813년 그의 스승인 주교 레이드라드(Leidrade, 743-821)가 건강이 악화되자 그는 주교직을 넘겨받았다. 주교가 된 그는 교회 내의 이교적 관습을 반대하였으며, 예수 그리스도만이 하나님과 사람 사이에 유일한 중보자이시고, 어떤 인간도 본질상 하나님이 아니기에 오직 그분의 이름에만 무릎을 꿇어야 할 것을 강조하였다. 성화상 숭배나 성인 숭배는 이를 뒷받침할 만한 아무런 성경적 근거가 없음에도 이 영예를 인간 성인들에게 넘겨줄 경우, 하나님으로부터 멀어져 부패한 인간의 성향은 인간의 교리와 전승을 따르도록 만들 것이라고 말하였다.

그의 가르침은 카롤링거 왕조의 르네상스 시대를 도래시키므로 리옹은 그 중심지가 되었다. 그는 816년에서 822년까지 '하나 된 교회'를 지켜 내기 위하여 다른 개혁자들과도 교류하면서 교리의 일치를 위해 노력하였다. 그의 저서 『그림과 성상에 대하여』(De picturis et imaginibus)는 튀랭의 주교 클로드에게도 영감을 주어 피에몽 지역은 더욱 뚜렷하게 개혁 운동의 중심 지역이 될 수 있었다. 샤를마뉴에 의해 소집된 프랑크푸르트 공의회(794년)에서 하나님께서는 모든 언어를 알고 계신다면서 예배와 기도 시간에 지역 언어를 사용하도록 선언하였는데, 밀라노 교구는 이런 결정에 힘을 얻고 전통적으로 계속해 왔던 지역 언어 사용을 이어감으로 그들의 전통을 확고히 유지해 나갈 수 있었다.[344]

11) 클로드 튀랭(Claude de Turin)

클로드 튀랭(780-827)은 오늘날 안도라(Andorra)에서 멀지 않은 우르겔(Urgell)에서 출생하였는데, 그 지역의 유명 인사로는 5세기의 개혁자이며 레옹인들의 교사인 비길란티우스가 있다. 클로드는 비길란티우스의 합법적인 영적 후손으로 여겨진다.[345] 왜냐하면 클로드가 튀랭에서 비길란티우스와 동일하게 레옹인들

---

344 Revue des Deux Mondes, 458.

345 Napoléon Peyrat, Les réformateurs de la France et de l'Italie au douzième siècle, 58.

의 교리를 가르쳤기 때문이었다. 우르겔이 세상 속에 알려지게 된 배경에는 톨레도의 대주교 엘리판두스(Elipandus, 717-808)가 있는데, 그가 확립한 '양자 기독론'을 우르겔에서도 도입했기 때문이었다. 789년 우르겔의 주교 펠릭스(Fèlix d'Urgell, ?-818)가 엘리판두스의 교리를 설교한 것이 큰 문제가 되었다. 이에 샤를마뉴의 요청으로 펠릭스는 알퀸(Alcuin, 735-804)과 길게 논쟁하였고, 794년 프랑크푸르트 공의회에서 이단으로 정죄를 받았다. 펠릭스는 818년 리옹으로 피신한 후 그곳에서 활동하다가 사망하였다.

어린 클로드는 우르겔 지역의 독립적 성향을 형성하는 데 크게 공헌했던 펠릭스 주교가 세운 학교에서 수학했다. 그의 학업적 재능은 매우 탁월하여 인정을 받았고, 792년경 그는 샤를마뉴 제국의 수도인 아헨(Aachen)의 왕궁 학교에서 학업을 계속하게 된다. 794년 프랑크푸르트 공의회에서 결정된 성상 숭배 금지 덕택에 그는 교회 개혁에 더욱 전념할 수 있게 되었다. 그는 아키텐(Aquitaine)의 왕이며 샤를마뉴의 셋째 아들로 후에 신성 로마 제국의 황제가 되는 경건자 루이(Louis le Pieux)에게 신임을 받아 813년부터는 왕실 설교자로 3년간 일하기도 했다.

화보68: 피에몽 계곡에서 바라본 튀랭[346]
산 아래에는 세상적인 '기회의 땅'이 그들을 기다리고 있었다.

---

[346] 출처: William Beattie, *The Waldenses or Protestant Valleys of Piedmont, Dauphiny, and The Ban de la Roche*(London: George Virtue, 1838), 8.

그의 성경적 가르침은 매우 유명해졌으며, 그의 강의를 듣기 위해 모든 연령대의 사람들이 몰려왔다. 경건자 루이는 그에게 사제 교육을 위한 성경 주석서를 만들 것을 요청했고, 그는 창세기 주석 3권과 마태복음(815년), 출애굽기(821년), 레위기와 여호수아, 사사기, 룻기, 서신서(823년) 등 방대한 양의 저서를 기록하였다. 그의 주석 대부분은 아우구스티누스와 히에로니무스 그리고 라틴 교부들의 초기 작품들을 기초하여 작성되었는데, 이는 그가 교부들의 저서에도 깊은 조예가 있었음을 보여 준다.[347]

그는 레이드라드 주교가 세운 성경 학교에서 수업을 받기 위해 리옹에 잠시 머물렀다(799-800). 레이드라드는 아헨 왕궁 학교의 알퀸이 가장 신임하는 제자로, 리옹의 주교가 된 후 성경과 성경 주해를 가르치는 학교를 세워 교회 개혁을 주도하였다. 그가 이 학교에서 아우구스티누스에 관한 연구를 하였던 것이 그의 주석에 많은 흔적으로 남게 되었던 것이다.

그의 적극적인 개혁 활동은 튀랭에서 펼쳐지게 되며, 그 결과로 '클로드 튀랭'이라는 이름도 얻게 된다. 황제는 817년경에 그를 튀랭의 주교로 임명하였는데, 그는 그곳에서 우상 숭배를 목격하고 마치 금송아지를 섬겼던 모세 시대나 바울 시대의 아테네를 연상할 정도로 경악하였다. 그는 "나는 튀랭의 교회들이 사악하고 저주받을 형상들로 가득 찬 것과 성경의 가르침과는 반대되는 것들로 가득 함을 발견하고 맹렬히 비난할 수밖에 없다. 왜냐하면 모든 사람들이 단순히 손으로 만든 것에 불과한 그것들을 숭배하고 있었기 때문이다"라며 그의 심정을 밝혔다.[348] 그는 "진리는 초대 교회의 분수에서부터 나와야 한다"는 소신으로 그의 교구가 미신과 무지에서 벗어나도록 성경 연구와 가르침을 쉬지 않음으로, 계곡의 신자들을 그리스도와 사도들 발 앞으로 데려다 놓을 수 있었다. 우상 숭배와 관련된 그의 활동은 다음과 같다.

① 구원을 하나님이 아닌 하늘이나 땅에 있는 피조물에게서 찾는 것을 우상 숭

347 William Jones, *The history of Waldenses*, vol. 1, 365.
348 Sophia V. Bompiani, 12-13.

배로 판단하고 그의 교구에서 성상을 제거하였다.

② 죽은 성인들은 즉시 무덤으로 돌려보내야 할 대상들이기에 그들에게 기도와 예식을 행하는 것은 옳지 않다.

③ 십자가를 숭배하지 말아야 할 것은 십자가는 그리스도에게 저주스러운 것이기 때문이다.

④ 베드로의 사도직은 그의 생애가 마감되면서 끝났기 때문에, 그의 중보나 공덕을 얻기 위하여 로마로 성지 순례를 가는 것은 불필요하다.

⑤ 성인들의 공덕은 구원에 전혀 도움이 되지 않고 오직 믿음으로 구원에 이르게 됨을 가르칠 뿐 아니라 그의 갈라디아서 주석에서 다시 한 번 분명하게 밝혔다.

⑥ 교황이 사도의 의자에 앉는다고 사도직을 갖는 것은 아니며, 사도의 삶을 살아갈 때 사도적 권위를 갖게 될 것이다.

⑦ 그리스도께서 동정녀에게서 태어나셨다는 이유로 성모가 예배의 대상이 된다면, 모든 처녀들도 동일한 대접을 받아야 마땅하다. 아기 예수께서 구유에 머무르셨기에 여물통을 숭배한다면, 주의 손에 닿았던 모든 물건들, 타셨던 배와 나귀 등 그 많은 물건들을 모두 숭배해야 할 것이다.

그의 이러한 가르침은 북부 이탈리아와 남부 프랑스에서 오랫동안 유지되었는데, 마치 조비니아누스나 비길란티우스가 부활한 것처럼 여겨졌다. 그리고 그는 무엇보다도 다음 세대인 12세기 개혁자들과 신학적 전통을 연결시키는 고리 역할을 하였다.[349]

피에몽 계곡의 신자들은 그의 설교를 듣기 위하여 튀랭까지 30마일을 여행하였고, 그의 설교를 청취한 보두아들은 4세기의 역사적 인물인 비길란티우스가 돌아온 것처럼 여겼다. 이에 그의 대적들은 그가 '비길란티우스의 독'에 오염된 '이단의 아버지'라며 비난하였다.[350] 이런 비난은 비길란티우스와 그가 동일하게

---

349 Albert H. Newman, 558; Jean R. Peyran, 32.
350 Ann Burke, 8.

피레네 지역에서 개혁 사상을 접한 후 피에몽 계곡에서 개혁 사상을 가르쳤기 때문일 것이다. 클로드는 9세기의 위클리프였고 초대 교회에 대한 격렬한 지지자였다. 그의 수고를 통하여 계곡 교회에서 오랫동안 지켜져 왔던 선배들의 긴 계보가 이어졌기에 오늘날까지도 사도들로부터 받은 동일한 교리를 고백할 수 있게 되었다.[351]

그가 성경을 바탕으로 가르쳤던 사도들의 가르침을 통하여 피에몽 골짜기에는 많은 제자들로 가득 찼다. 그는 순결한 복음을 전하는 것을 크게 기뻐하며, 최소 20년 동안 튀랭에서 사역하였다.[352] 그러나 그의 개혁적 가르침을 로마 교회가 지켜만 보고 있을 리가 없었다. 교황 파스칼(Pasquale I, 재임 817–824)은 그의 글을 검열한 후 그를 이단인 성상 파괴론자라며 고소했다. 823년에는 그가 레위기 주석을 헌정했던 오랜 친구 님의 수도원장 테오데미르(Theodemir de Nismes)와 827년경에는 스코틀랜드의 수도사 둔갈(Dungal)이 그를 격렬하게 비판했다.[353] 그의 열렬한 지지자였던 경건자 루이도 그의 이단 시비가 계속되자 오를레앙 주교 요나스(Jonas d'Orléans)에게 이단 조사의 직무를 맡기기도 했다. 그럼에도 그는 이단 시비의 험악한 상황 속에서도 가르침을 계속함으로 그의 교구를 변화시켜 나갔다. 그리고 교회 지도자들을 향해서는 "목자는 오직 하늘의 목자께서 맡겨 주신 양들을 바르게 인도하기 위하여 성경을 계속 연구하고 말씀을 먹임으로 그들을 영원한 구세주께로 올바르게 인도해야 한다"고 강조하였다.

그는 마태복음 주석(815년)에서 "그리스도의 죽음이 성찬을 통하여 반복될 수 없으며, 성찬은 단지 구주의 살과 피의 상징일 뿐이다"고 말하였다. 이를 통해 18년 뒤 화체설을 주장했던 수아송(Soissons)의 파스카시우스 라드베르투스(Paschasius Radbertus, 성인, 785–865)와 가장 대척점에 있던 개혁자임을 확인할 수 있다. 이웃 교구 주교들도 그의 가르침을 수용하였는데, 리옹의 주교 아고바르는 튀랭의 편에 서서 싸웠다. 발도인들 교회의 총회장 출신인 역사학자 페이랑(Jean R. Peyran,

---

351 William Beattie, 1–2.

352 William Jones, *The history of Waldenses,* vol. 1, 372.

353 Johann K. L. Gieseler, *A text-book of church history II*(New York: Harper & brothers, 1868), 70–72..

1752-1823)은 튀랭에서 나폴레옹을 만났을 때, 나폴레옹이 발도인들 교회가 독립 단체로 결성된 시기가 언제냐고 질문하자 "820년경 튀랭의 주교 클로드 시대"라고 대답하였다.[354] 이는 클로드가 발도인들 교회를 조직하며 대내외적으로 활동함에 큰 역할을 하였음을 의미한다.

이런 선각자들의 복음을 향한 헌신을 통해 10세기 초반에서 11세기 말까지 개혁 사상을 접한 주요 도시들은 라벤나(Ravenne, 970?), 오를레앙(Orléans, 991?- 1022), 베르투(Vertus, 997-1015), 상스(Sens, 1009-1015), 마인츠(Mainz, 1012), 아키텐(Aquitaine, 1016-1028), 페리고(Périgord, 1017-1018), 툴루즈(Toulouse, 1018), 리에주(Liège, 1022), 아라스(Arras, 1025), 라벤나(Ravenne, 1025), 샤루(Charroux, 1027), 몽포르테(Monteforte, 1028-1030), 샬롱쉬르마른(Châlons-sur-Marne, 1043-1048) 등이다.[355]

지도14: 11-12세기에 개혁 사상을 수용한 주요 도시들

---

354 Societá di storia valdes, 12.

355 Hilário Franco Jùnior, "Les ≪ abeilles hérétiques ≫ et le puritanisme millénariste médiéval", *Le Moyen Age* 2005/1(Tome CXI), 71.

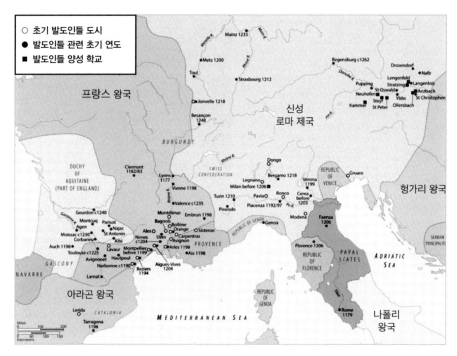

지도15: 초기 발도인들이 활발하게 활동했고 그들의 학교가 세워진 지역들
발도인들 양성 학교는 박해를 피해 보헤미아 지역에 집중적으로 세워진 것을 확인할 수 있다.

12) 투르의 베렌가리우스(베랑제, Bérenger de Tours, Berengarius)

메로빙거 시대에는 일반인들도 읽고 쓰는 것이 가능했으나 카롤링거 시대에는 대부분 문맹이었고 샤를마뉴 자신도 그러했다. 이는 왕국의 약화로 이어질 수 있기에 샤를마뉴는 주교들에게 학교를 세울 것을 지시했고, 8세기부터 대성당에 소속된 부속학교들의 설립이 빠르게 때로는 천천히 주기적으로 계속되었다. 샤르트르에서는 풀베르가, 랭스에서는 제르베르(Gerbert)가, 1022년경 오를레앙의 생트 크루아(Sainte-Croix) 대성당에서는 참사원으로서 훌륭한 도덕성으로 칭찬을 받는 리조이우스(Lisoïus, 1017년에 발도인들과 교류하다가 화형당함)와 에리베르(Heribert)가, 1065년경 랑(Laon)에서는 안셀무스(Anselme de Laon)가 신학을 가르쳤다. 랑프랑(Lanfranc)은 베크(Bec)의 수도원 학교를 세웠고, 그 외에도 푸아티에, 르와르, 앙제, 투르 등에서도 성경을 가르치는 학교들이 세워졌다. 이런 운동은 국경을 넘어 메츠(Metz), 베르됭 (Verdun), 툴(Toul), 리에주(Liège)에서 도 일어났다. 샤를마뉴의 권고에 따라 주교들은 열정적으로 학교를 세우고 학생들을 모집하였다. 학교에서 도덕과 종교에 관한 질문들을 주고받음으로, 이 학교들은 16세기에서처럼 11세기 종교개혁 발상의 중심으로서 역할을 하게 된다.

투르의 생 마르탱 학교는 철학, 7학예와 성경을 가르칠 뿐 아니라 신의 본질, 이중 예정도 다루었다. 황제가 학교를 지원한 다른 배경에는 성경을 가르쳐서 기존의 성경 해석에

화보69: 랑프랑과 베렝가리우스 간의 논쟁은 주교들과 수도원장들의 일방적인 랑프랑의 승리 선언으로 종료되었다. 이 그림은 랑프랑의 승리를 묘사하고 있다. 작자 미상. 베크 수도원 소장.

의문을 품게 함으로 교황의 권위가 떨어지게 되면 반대급부로 황제의 권력이 상승할 것이라는 기대도 있었다. 이런 배경 속에 개혁주의 사상은 하급층에서 점점 상부층의 지식인들에게도 전파되었다.

베렝가리우스는 1000년경 투르(Tours)에서 출생하였고, 알퀸이 세운 생 마르탱에서 수학했다. 그 후 성모의 모유로 질병을 고침 받았다고 알려진 샤르트르의 풀베르 주교가 세운 학교에서 계속 학업을 한다. 그곳에서 성경과 교부 그레고리우스와 아우구스티누스에 큰 관심을 갖고 연구하였다. 당시 유명 학교 중 하나인 그곳에서 동급생 친구로 안셀무스의 스승이 되는 랑프랑(Lanfranc de Pavie)을 만나게 된다.[356] 그는 학업을 마친 후 1040년경 투르 생 마르탱 학교의 교장이 되었고, 그의 학식과 경건함으로 많은 학생들이 모여들었다. 그는 교회의 높은 권위, 결혼 제도, 아이들이 출생하면 구원의 필수 조건처럼 기계적으로 행하는 유아 세

---

356 Napoléon Peyrat, *Les réformateurs de la France et de l'Italie au douzième siècle*, 79.

례, 화체설을 인정하지 않았다.

파스카시우스 라드베르투스가 화체설을 부화시킨 이후 한 세기가 넘어가는 동안 많은 개혁자들이 화체설을 지속적으로 반대하였다. 그 또한 성경과 교부들의 글을 끊임없이 공부한 데 힘입어 1040-1045년에 라드베르투스의 성찬 교리가 성경과 교부들과 이성에 위배되는 천박한 미신이라는 결론을 내렸다. 이러한 그의 견해는 프랑스와 독일의 많은 학생들에게 전달되어 큰 관심과 동시에 물의를 일으켰다.[357] "성찬의 빵과 포도주는 예수의 살과 피를 갖고 있지 않으며, 그리스도는 하늘에 오직 하나의 몸을 갖고 계시는데, 이 몸은 변질되지 않으며, 고통을 느끼지 않으시지만, 하늘과 땅이라는 공간의 법칙에 적용을 받으신다. 그러므로 몸이 땅과 하늘에 동시에 계실 수 없으시며, 하늘에 계신 그분의 몸이 성찬 속에 계시지 않을 뿐더러 성찬 때마다 조각으로 잘리지 않으신다"고 주장하였다. 이 견해는 아우구스티누스의 주장으로 앙제의 주교 브루노(Eusèbe Bruno, 재임 1047-1081)와 상 리스의 주교 프롤랑(Frollant)도 지지하였다. 리에주의 주교 테오당(Théoduin, 1048-1075)은 루이 왕에게 보내는 편지에서 "투르의 베렌가리우스와 그의 성찬 견해를 수용한 앙제의 주교 브루노로 인하여 프랑스와 게르만 전역에 고대 이단들의 사상이 새롭게 퍼뜨려지고 있다"고 불만을 터트릴 정도였다.[358]

그는 앙제의 수석 부제(Archdeacon)가 되면서 앙주(Anjou) 백작 제프리(Geoffrey)에게서 큰 신뢰를 받았다. 그러나 브레스키의 주교 아델망이 그에게 두 번(1046년, 1048년)이나 항의하였고, 그가 동문이자 노르망디의 베크 수도원 원장인 랑프랑에게 편지를 보내면서 두 사람 간의 치열한 논쟁이 시작되었다(1049년). 랑프랑이 그 편지를 로마 공의회(1050년)에 제출하므로 그는 레오 9세로부터 정죄를 받았고, 9월의 베르첼리 공의회에서는 그가 참석하지 않으므로 심문 없이 재차 정죄를 받았다. 그는 투옥된 후 앙주 백작의 도움으로 풀려났으나 1054년 투르 공의회에서 다시 심문을 받았다. 다행히 교황 특사 자격으로 참석한 추기경 힐데브란트의 도움으로 단죄는 모면할 수 있었다. 그럼에도 1059년 113명의 주교들

---

357 필립 샤프, 4권, 490.

358 Antoine Monastier, *Histoire de l'église vaudoise*, vol. 1, 52.

이 참석한 라테란 공의회에서 의견 철회와 함께 성찬에 그리스도가 실재함을 인정하는 신앙 선언서 제출을 강요받았고, 그의 책들은 모두 불태워졌다. 프랑스로 돌아온 그는 그 문서에 서명하지 않았음을 밝히고 더욱 강하게 그의 주장을 펼쳐 나갔다. 이에 랑프랑은 그를 비판하는 책을 출간하였고, 그는 매우 예리하게 반박하였다(1063-1069). 1076년 푸아티에 공의회에서는 거의 살해를 당할 뻔한 위기도 겪었다. 그레고리우스 7세가 된 힐데브란트는 그를 다시 로마로 불렀고, 더 이상 보호할 수 없기에 그에게 견해를 철회하거나 죽음 중 하나를 선택하라고 요구했다. 그는 다시 한 번 자신의 주장을 철회하였다. 그는 고향으로 돌아와 의미 없는 논쟁을 그치고 1088년에 평화롭게 숨을 거두었다.[359]

알폰소 마리아에 따르면 "추기경 고티(Girolamo Maria Gotti, 1834-1916)는 베렌가리우스를 이단의 창시자로 여겼다. 1055년 투르 공의회에서 랑프랑이 지적하므로 그의 오류에서 돌이키며 로마 가톨릭 신앙에서 분리하지 않겠다고 맹세하였지만, 그 이후 그의 활동은 회개와 무관하였다. 이에 1059년에 교황 니콜라우스 2세(Nicholas II)가 개최한 로마 공의회에서 113명의 주교 앞에서 베렌가리우스는 다시 한 번 신앙고백서를 제출하였다. 이에 공의회는 그에게 다시는 로마 교회의 신앙에서 떠나지 말 것을 경고하였지만 그는 프랑스로 돌아갔을 때 다시 번복할 뿐 아니라 이단성을 주장하며 『랑프랑을 반박하는 성찬론』(De sacra coena adv. Lanfrancum)을 저술하였다. 그리하여 1063년 공의회에서 그와 그의 추종자들을 모두 파문하였다. 1079년 로마 공의회에서 다시 그는 제단에 놓인 빵과 포도주는 예수 그리스도의 살과 피로 실제로 변한다고 고백하였다. 그럼에도 프랑스로 돌아가자 다시 자백을 철회하였고, 보르도 공의회에서 다시 자신의 잘못을 인정하였다. 그 후 투르 근교 생 코스마(St. Cosmas)로 은퇴한 후 8년 가까이 마지막 철회를 지키며 살다가 1088년에 90세의 나이로 로마 교회 안에서 진정한 참회자로 죽었다."[360]

베렌가리우스는 로마 교회의 협박과 위협 앞에서 여러 차례 그의 의견을 번

---

[359] 필립 샤프, 4권, 490-493.
[360] Alphonsus Maria de Liguori, 249.

복하였지만, 그의 추종자들인 '베렌가리우스인들'(Berengarians)은 하나님의 말씀
과 복음의 단순성을 전파하여 서유럽 전체를 뒤흔들어 놓았다. 반면 로마 교회는
1215년 인노켄티우스 3세가 개최한 라테란 공의회에서 모든 그리스도교 국가에
대한 교황의 지도권 선언과 화체설 교리를 채택하였다.

13) 피에르 브뤼(Pierre de Bruys)

복음의 빛을 전달하였던 베렌가리우스의 가르침을 계승할 중요한 인물인 피
에르 브뤼(?–1131)가 피에몽 계곡 접경지인 도피네에서 출생하였다. 그 시대의
'루터'라 불렸던 그는 전임자들의 가르침을 따랐으며, 레옹인 시인이기도 하였
다. 그는 발도인들 주요 지역인 앙브룬, 가프(Gap), 디(Die)에서 활동하였고, 로마
교회의 박해로 리옹을 거쳐 툴루즈가 위치한 가스코뉴(Gascogne) 지역에서 말씀을
전하였다. 1106년경에는 플랑드르의 왈론(Wallonne, 불어권 지역)으로 이동하여 그
곳에서도 잠시 활동하였다.[361] 1108년경에는 1115년에 살해당하는 탄첼름이 개
혁자로서 활동하도록 돕거나 그와 유대 관계를 맺었을 가능성도 있다. 훗날 피에
르 발도가 프랑스를 떠날 때 플랑드르 지역으로 이주하였던 것도 피에르 브뤼의
사역과 무관하지 않은 듯하다.

발도인들의 바르브 출신인 그와 관련하여 로마 교회는 그가 사제 출신이라고
주장하지만, 당시에는 로마 교회의 계서 제도가 확립되지 못했기 때문에 그는 자
신의 정체를 숨기고 수도원들을 다니며 가르쳤을 것으로 판단된다.

그의 이름에서 '브뤼'(Bruys)는 앙브룬의 고대 명칭으로 오늘날 발루아즈
(Vallouise) 근교였을 것으로 추정되는데, 우르바누스 2세는 이 지역을 '이단의 소
굴'이라고 말할 정도로 발도인들의 주요 활동 지역이었다.

---

361 Henry Charles Lea, vol.1, 68.

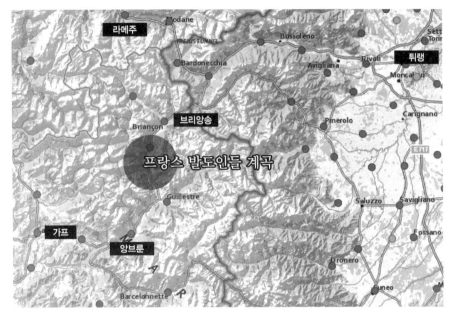

지도16: 앙브룬 지역의 발도인들 계곡

화보70, 화보71: 가프(Gap)의 기욤 파렐 생가가 있었던 장소. Photo©권현익

발도인들의 주요 활동지인 앙브룬

　　1532년 9월 발도인들의 샹포랑 총회에 기욤 파렐이 참석하였던 것은 계곡의 주 언어가 프랑스어였기에 소통에 어려움이 없다는 이유 외에도 파렐이 브뤼가 활동하였던 앙브룬의 발도인들 출신이라는 점 때문이었다. 파렐의 고향은 앙브룬에서 멀지 않은 가프(Gap)로 발도인들의 오랜 전통을 갖고 있는 도시이다. 앙브룬은 1603년 프랑스 개혁교회 총회가 개최되었던 장소로 알비인들과 발도인들이 프랑스 개혁 교회의 영적 선조임을 확정하였던 장소이다.

　　혼돈과 암흑 시기에도 거룩한 하나님 말씀의 광선은 계속 빛을 발하였다. 피에르 브뤼의 성경적 가르침과 피에르 아벨라르(Pierre Abélard, 1079-1142)의 철학적 탐구가 합쳐져 12세기의 르네상스 시대를 열었다. 16세기의 르네상스가 1453년 비잔틴 제국의 멸망으로 유입된 학자들로 시작되었던 것처럼, 12세기 르네상스도 십자군 전쟁으로 동방 교회의 사상이 서방에서 싹을 피우면서 시작되었고, 복음, 철학, 문학, 문법 등 여러 분야에서 사상의 변화를 일으켰다.[362]

　　피에르 브뤼가 발도인들 교회를 향하여 사도적 교리를 가르친 것 외에 로마 교회의 오류라고 지적한 것들은 예배 의식과 관련된 찬송, 십자가 숭배와 같은 미신적 신앙, 금욕주의적 행위, 연옥설, 믿음에 의하지 않는 기계적 세례, 화체설이었다. 그리스도께서는 성찬에 육체가 아닌 오직 영적 존재로 임재하시고, 죽은 자들을 위한 미사와 기도와 자선 행위들은 죽은 자들에게 아무런 유익을 줄 수 없으며, 연옥은 단순히 인간의 발명품에 불과하다고 주장하였다. 그리고 교회는 돌들로 세워지는 건물이 아니라 믿는 사람들로 구성되는 영적 성전이며, 하나님께서는 어디에서나 예배를 받으시기 때문에 화려한 건물 건축은 무모한 행위라고 가르쳤다. 그의 추종자들은 '페트로브뤼시앙'(Pétrobrusiens)이라 불렸다.

　　피에르 브뤼의 가르침은 발도인들의 가르침과 일치한다. 대표적으로 그리스도만이 교회의 머리 되시고, 성경이 유일한 신앙의 규율이며, 행위가 전혀 포함

362　Napoléon Peyrat, *Les réformateurs de la France et de l'Italie au douzième siècle*, 3-4.

되지 않은 오직 믿음으로 구원을 받고, 세례와 성찬만을 성례로 인정하였으며, 성경 해석에서 영적 혹은 알레고리 해석은 반대하였고, 성경 본문 문장 그대로의 해석을 수용한 것 등이다. 1112년과 1120년 사이 어느 시점에 피에르 브뤼는 설교를 금지당하자 추운 산악 지역을 떠나 따뜻한 프로방스 지역으로 향하였다. 그리고 론강을 건너 광대한 평야 지대인 님(Nîmes), 몽펠리에(Montpellier)를 통과하였다. 그리고 그는 비길란티우스, 리옹의 주교 아고바르, 클로드 튀랭이 활동했던 나르본(Narbonne)에서 활동한 결과 발도인들의 가르침이 이 지역 대다수 사람들의 종교가 되었다. 그 이후 툴루즈로 이동하여 그곳에서만 15년 동안 복음을 증거하며 활동하였다.[363] 그는 기존의 발도인들을 대상으로는 신앙의 성숙을 위해 가르쳤고, 성경과 무관한 로마 교회 교인들에게는 복음을 전했기 때문에 그가 활동한 지역 주민 대부분은 개혁주의 사상을 접할 수 있었다. 그 결과 이 지역은 16세기 프랑스 개혁 교회의 중심지가 되었다.

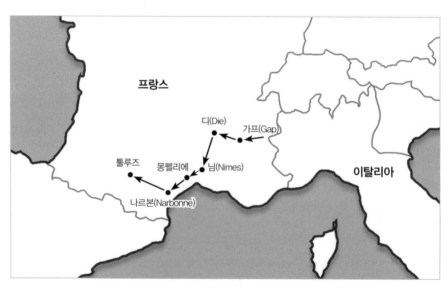

지도17: 평생 동안 피에르 브뤼가 이동하며 사역했던 지역들. 왈론 지역으로 잠시 이동한 것은 그곳의 동역자들을 위로하고 협력하기 위한 것으로 보인다.

---

363 Napoléon Peyrat, *Les réformateurs de la France et de l'Italie au douzième siècle*, 11, 13.

지도18: 12-13세기 랑그독 지역의 발도인들 주요 활동 도시들

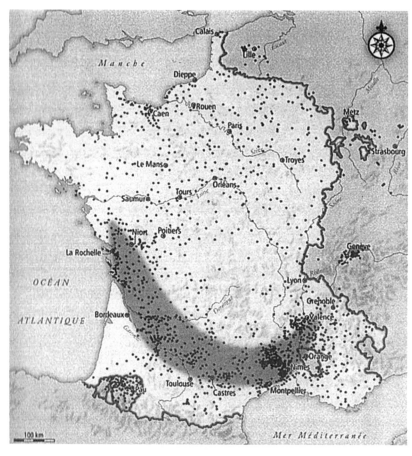

지도19: 피에르 브뤼가 활동하였던 지역은 훗날 16세기 프랑스 개혁 교회의 주 분포 지역과 일치한다.

피에르 브뤼가 발도인들의 중심 활동 도시인 툴루즈에서 활발히 활동할 수 있었던 것은 힐드폰수스(Hildephonsus) 백작의 보호를 받았기 때문이었다. 그는 힐드폰수스 백작의 보호 아래 설교하였을 뿐 아니라 이전 개혁자들의 교리들과 로마 교회로부터 분리하게 된 이유를 기록한 『적그리스도』(Anti-Christ)를 저술하기도 하였다. 그의 영향력으로 1140년경에는 개혁자의 가르침에 참여하는 숫자가 너무 많았기에, 교황이 제후들에게 그들의 영토에서 발도인들을 추방할 것과 학식 있는 사람들을 고용하여 발도인들을 반박하는 글들을 쓸 것을 요구할 정도였다.[364]

---

[364] Joseph Milner, *Foxe's Book of martyrs*, 128.

알폰소 마리아는 피에르 브뤼에 관하여 비판적이다. "그는 수도원 생활에서 떠나 배도하고 1118년부터 툴루즈 근교 아리-에스페낭(Aries-Espénan)에서 그의 잘못된 사상을 전파하였다. 그의 오류는 다섯 가지로 압축할 수 있다. 첫째, 유아가 이성을 사용할 때까지 세례는 중단되어야 하고, 둘째, 제단과 교회를 부정할 뿐 아니라 심지어 파괴해야 한다고 주장하였으며, 셋째, 십자가 숭배를 금지하였고, 넷째, 미사와 성체성사를 거부하였으며, 다섯째, 죽은 자를 위한 기도와 고행을 거부하였다. 이런 오류 때문에 1119년 툴루즈 공의회에서 그를 정죄하였을 가능성이 있다. 어떤 이들은 피에르 브뤼가 마니교 교리의 추종자라고 주장하였으나 노엘 알렉산더(Noel Alexander)와 추기경 고티(Gotti)는 반대 의견을 제시하였다. 왜냐하면 그가 물로 세례를 주었고 육식 고기를 먹었으며 마니교가 거부하는 구약과 신약 성경 모두를 인정하였기 때문이라고 주장하였다. 1131년 피에르 브뤼는 끔찍한 죽음으로 그의 생애를 마감하였는데, 그는 님 근처 생질(St Gilles)에서 성 금요일에 많은 십자가를 불태워서 그 불 위에 거대한 양의 고기를 구워 추종자들에게 나눠 주었고 아를의 대주교는 그의 권력을 사용하여 그런 그에게 산 채로 화형을 선고하였기 때문이다."[365]

고기를 구워 먹었다는 주장은 알폰소를 통해서만 전해지는데, 평소 피에르 브뤼가 그리스도를 죽인 형벌의 도구인 십자가는 조각내어 파괴하고 불태워야 한다고 주장하였기 때문에 십자가를 불태운 것은 사실일 가능성이 있어 보인다.

14) 탄첼름(Tanchelm d' Anvers)

저지대의 로마 교회의 타락은 극치에 달하였다. 남부 프랑스와 알프스 골짜기에서 쫓겨난 발도인들과 알비인들은 네덜란드의 시골에서 피난처를 찾았고, 그들이 가지고 온 남부 유럽의 공통어인 로망어(Romaunt) 성경은 네덜란드어로 번역되었다. 이리하여 앙베르(Anvers, Antwerp)에서는 훗날 피에르 발도의 활동을 준비하는 명성 있는 개혁자들이 활동하였다. 탄첼름(?-1115)도 그의 이름을 떨치며

---

365 Alphonsus Maria de Liguori, 251-252.

교황권의 누룩을 없애고 순수한 교리를 퍼뜨렸다.[366]

1108년경 그는 위트레흐트(Utrecht) 교구에서 설교를 시작하면서 교황 중심의 계서(계급) 제도가 비성경적인 것, 화체설로 오염된 미사에 참여하지 말 것과 사제들의 주머니 속 쌈짓돈처럼 변해 버린 십일조는 헌금하지 않아도 된다는 것을 가르쳤다. 많은 이들이 그의 가르침에 열광하였고 점차 그는 앙베르로 이동하면서 활동하였다. 플랑드르 지역 전체가 그의 영향권 안에 들어갔고, 앙베르는 그의 가르침의 중심지가 되었다. 그곳은 많은 인구와 상거래로 부유한 도시였지만, 그곳에는 단 한 명의 고위직 사제만 있었는데 그는 근친상간에 빠져 있어 사역에 무관심하였다. 사도적 가르침에 결핍된 당시 사람들은 유혹자의 쉬운 먹잇감이 되었고, 사제의 거짓 가르침을 따랐기에 그곳은 성유골 숭배를 비롯한 이교도의 만연한 우상 숭배의 장이 되었다. 그러한 영적 상황 속에서 탄첼름의 가르침은 파격적일 수밖에 없었다. 결국 그는 로마 교회로부터 "스스로 하나님이 되어 그리스도와 동등하게 여겼으며 성모와 결혼했다"는 얼토당토않은 죄목으로 이단 판결을 받았고, 1115년 한 사제로부터 암살을 당했다.[367]

탄첼름의 가르침은 앙베르뿐 아니라 브라반트(Brabant) 공국과 플랑드르 인접 지역에도 전달되었다. 사제들과 1120년에 프레몽트레(Premonstratensians) 수도회를 창시한 노르베르(Norbert)가 격렬하게 비판했음에도 탄첼름의 가르침은 여전히 최고의 정신으로 확고히 자리를 잡았다. 그의 영향력으로 13세기에 앙베르의 윌리엄 코르넬리우스(William Cornelius)는 성찬에 관한 더 순수한 교리를 가르친다. 그리고 1290년에 투르네(Tournay) 대주교 겐트의 헨리(Henry of Ghent, 1217–1293)는 교황 권위에 의구심을 갖게 만드는 교황을 반대하는 책을 출판한다. 위트레흐트의 42대 주교 귀도(Guido)는 그 당시에 거의 찾아볼 수 없는 행동을 하는데, 교황에 의해 임명된 추기경 직을 포기하였다. 51대 주교 수도사 마티아스(Matthias Grabo)는 논문을 통해서 '사제는 시민권에 종속된다'는 주장을 지지하다

366　J. A. Wylie, *The history of Protestantism*, vol. 3(London: Cassell Petter & Galpin, 1870), 5. https://archive.org/details/historyofprotest03wyli.

367　Henry Charles Lea, vol.1, 64–65.

가 지하 감옥에 투옥된 후 그의 견해를 철회하였다.

알비인들, 발도인들의 중요한 지도자 탄첼름, 피에르 브뤼, 앙리 로잔의 활동은 1170년경 피에르 발도가 이끄는 '리옹의 가난한 사람'의 잉태를 준비하였다.[368] 1320년에는 발도인들의 지도자인 롤라드가 화형을 당했고, 얀 후스와 같은 시대의 인물인 토마스 아 켐피스(Thomas à Kempis, 1380-1471)와 베셀 간스포트, 귀도와 같은 인물이 등장하게 된다.[369]

그러나 필립 샤프의 탄첼름에 대한 견해는 많이 다르다. "탄첼름은 평신도로서 쾰른 교구에서 설교했고 서쪽 지역인 앤트워프(앙베르)와 위트레흐트로 이동했다. 당시 앤트워프에는 사제가 한 사람밖에 없었는데, 그는 첩을 두고 살았다. 탄첼름은 생활이 부도덕한 사제가 집례하는 성례들이 무효라고 선언했으며, 전해지는 바로는 아주 많은 사람들을 신앙과 성사들에서 돌아서게 만들었다. 그는 무장 수행원들을 거느리고서 칼을 차고 깃발을 앞세운 채 나라 곳곳을 다녔다. 성공이 그를 교만하게 만들었다. 당대의 아벨라르에 따르면, 그는 하나님의 아들을 자처했다고 한다. 뿐만 아니라 성모상을 앞에 놓고서 성모와 결혼하는 공식 행사를 치렀다. 노르베르의 전기 작가(Norbert's biographer)에 따르면 사람들이 그가 목욕한 물을 마셨다고 한다. 쾰른 대주교에 의해 투옥되었지만 탈옥하였다가 1115년에 어느 사제의 손에 살해되었다. 그의 설교에 영향 받아 프레몽트레회 수사 12인이 공동체를 세웠고, 노르베르 자신이 1124년에 네덜란드로 가서 설교했다."[370]

필립 샤프가 언급하는 전기 작가 노르베르(Saint Norbert of Xanten, 1080-1134)는 당시 탄첼름을 격렬하게 반대하였으며 장차 로마 교회의 성인이 된 인물인데, 과연 그 증언이 객관적이었을까? 그리고 탄첼름이 교만에 빠져 사이비 교주로 끝나 버렸음에도 그의 설교에 영향을 받은 12명이나 되는 수도사들이 공동체를 세웠다는 언급은 전후맥락상으로도 맞지 않다. 탄첼름의 영향을 받은 수도사들이

---

368 Edwin C. Dargan, *A History of Preaching*, vol.1(New York: A. C. Armstrong & Son, 1905), 218.

369 J. A. Wylie, *The history of Protestantism*, vol. 3, 5-6.

370 필립 샤프, 5권, 434.

직접 공동체를 세웠다거나 탄첼름의 영향력을 없애기 위해 그의 반대자였던 노르베르가 직접 네덜란드로 가서 설교할 수밖에 없었다는 것은 탄첼름이 죽은 뒤에도 그의 명성은 여전하였음을 보여 준다.

탄첼름과 비슷한 시기에 프랑스 브르타뉴 지역에서 대규모 운동을 이끈 위도 레투알(Eudo de I'Etoile, 혹은 Eudo de Stella, ~1120)을 평가하면서도 필립 샤프는 다음과 같이 언급할 뿐이다. "그는 육식과 결혼을 피하며 로마 교회 성사들을 배격한 프랑스와 벨기에 이단 집단인 사도파(the Apostolicals)의 분파를 이끌었으며, 스스로 '하나님의 아들'이라고 주장하다가 체포되어 1148년경에 감옥에서 죽었다."[371]

필립 샤프의 역사 서술에서 가장 큰 실수는 그가 로마 교회의 대변인 역할을 하였을 뿐 인물이나 공동체에 대한 개신교회의 주장이나 관점을 언급하지 않는 다는 점이다. 이런 이유로 12세기 이후 로마 교회가 이단으로 지명하거나 살해한 인물들에 대한 더 깊은 탐구가 필요하다.

15) 앙리 로잔(Henri de Lausanne)

앙리 로잔(?~1148)은 여러 지역에서 활동한 관계로 그의 이름에는 로잔, 클루니, 툴루즈와 같은 지역명이 따라다닌다.

A) 르망에서 첫 활동을 시작하였다는 주장

그는 베네딕트회 소속의 클루니 수도원 수도사 출신으로서 탁월한 웅변력을 갖고 있었다. 수도원을 나온 후에 르망 교구로 가서 그곳의 주교 힐데베르트 (Hildebert de Lavardin)가 로마에 머무르는 동안 주교의 허락을 받아 설교했다. 그는 첫 사순절 설교부터 세례 요한의 모습과 같이 철저히 간단한 옷을 입고 음식을 절제하며 웅변적으로 사제들의 타락을 비판했고, 그로 인해 큰 반발이 일어났다. 또한 로마 교회는 그리스도의 교회가 아니고, 성경의 가르침을 따라 거룩한 생활을 하지 않으며, 사도적 삶의 단순성에 기초한 참 교회의 모습을 갖고 있지 않다

---

371 필립 샤프, 5권, 434.

고 비판했다. 그는 그레고리우스의 형식적인 개혁에 비판하며 철저한 교회 개혁을 요구함으로 많은 명성을 얻게 된다. 화체설을 부정했고, 타락한 사제들은 성체를 축성할 권리, 죄를 사할 권리, 그리고 결혼을 주관할 권리를 갖고 있지 않다고 주장했으며, 사제들의 위계 제도가 불필요하다고까지 주장하였다.

이로 인하여 주교의 추격을 받게 되자, 1101년에 르망을 떠나 로잔으로 이주하였다. 그가 로잔의 앙리(Henri de Lausanne)라 불리는 이유도 이 때문이었다. 그후 프랑스 남부로 가서 피에르 브뤼의 신앙 운동에 합류한 후 푸아티에와 보르도에서 가르쳤다. 이에 교황 인노켄티우스 2세는 피사 공의회(1135년)에서 앙리의 신조들을 정죄했고 이단으로 선언했으며 순회 설교를 중단하고 수도원으로 복귀할 것을 명령한다. 그러나 곧 그 명령을 거부하고 툴루즈 근방에서 사역을 재개하였다. 그를 따르는 사람들을 '앙리인들'(Henricians)이라 불렀다. 이에 시토 수도회 원장이었던 베르나르(Bernard de Clairvaux)는 그들을 지역을 황폐화시키는 영적 역병으로 판단하고 툴루즈에서 그들을 반대하는 설교를 시작하였다. 그 후 앙리는 툴루즈 주교에게 체포된 후 1148년에 투옥되어 베르나르의 교화를 받기도 하였다.

B) 발도인들 선교사로 로잔에서 활동하였다는 주장

앙리는 도피네 지역에서 피에르 브뤼를 만나 그의 제자가 되었다. 알프스 계곡의 발도인들 교회는 도피네와 프로방스에서 활동하는 피에르 브뤼를 론강 남쪽 지역으로, 앙리는 론강 북쪽 지역의 설교자로 파송하였다. 그리하여 피에르는 셉티마니아 공국에서, 앙리는 프로방스 지역의 바르브로 가르침을 펼쳐 나갔다. 앙리는 먼저 로잔에서 선교사로 활동하였기 때문에 '로잔'이라는 이름의 수식어를 갖게 된다. 1116년에 앙리는 로잔을 떠나 프랑스로 돌아가는 길에 부르고뉴(Bourgogne) 지역으로 우회하면서 클루니 수도원에 머물렀기 때문에 '클루니'라는 또 다른 이름을 갖게 된다. 그는 수도사로 르망이 속해 있는 노르망디 지역으로 이동하여 그곳에서 큰 명성을 얻게 된다. 그의 이런 활동으로 투르에서 진리를 위해 위대하면서도 고통스러운 삶을 살았던 레옹인들(발도인들) 지도자 베렌가리우스의 명예를 회복시켜 주었다.[372] 베렌가리우스의 복음을 위한 수고가 앙리를 통하여 그 열매를 맺었기 때문이다.

화보72: 1857년 프랑수아 보시옹(François Bocion)의 작품. 파렐과 비레가 준비하여 1536년에 개최된 로잔 종교 토론회의 모습. 칼뱅도 이 회의에 참석하여 큰 역할을 한 것이 기회가 되어 로잔은 장차 위그노들의 피신처가 되며, 회의 장소 옆에 위그노 신학교도 설립된다. 테오도르 베즈는 1549년 로잔 아카데미에서 교수로 활동한다. 앙리의 오래전 복음 증거는 1536년 로잔 시민들이 공식적으로 개혁 사상을 받아들이는 것으로 그 열매를 맺게 된다.

앙리는 복음을 증거했을 뿐 아니라 동시대의 개혁자들을 만나 '하나의 교회'를 위한 연합 운동을 하였다. 앙리의 로잔에서의 활동은 보(Vaud) 지역 역사에서도 확인할 수 있다. "앙리인들의 지도자인 그는 수도사 출신으로 피에르 브뤼의 제자였으며, 십자가, 형상, 제단, 죽은 자를 위한 기도, 미사에 맞서는 설교를 하였다. 그는 젊었고 목소리가 컸으며 키가 크고 수염이 수북했으며 매우 빨리 걸었고 겨울에는 맨발로 다녔다. 그의 대적들과 클레르보 베르나르는 그가 설교 후 매춘부 혹은 결혼한 여성들과 밤을 보냈다고 비난했다. 그가 설교할 때면 남녀노소 가릴 것 없이 모여들었는데, 사제들을 경멸하며 로마 교회를 무너뜨리는 설교를 하였기 때문일 것이다. 그는 로잔, 르망, 푸아티에, 보르도, 툴루즈, 도피네

---

372 Napoléon Peyrat, *Les réformateurs de la France et de l'Italie au douzième siècle*, 77–78, 93.

에서 그리고 론 지역의 모든 사람들에게 설교하였고, 그의 존재는 입에서 입으로 퍼져 나갔다. 베르나르 때문에 피신을 거듭하던 중 툴루즈 주교에게 체포되었다."[373]

앙리는 피에르 브뤼가 화형당한 이후 툴루즈에서 주로 활동했고, 베르나르는 그의 활동을 막기 위해 남부 프랑스를 찾았으나 아무런 결과를 얻지 못하였다. 툴루즈 주교가 앙리를 체포하였고, 교황 에우제니오 3세가 개최한 랭스 공의회(1148년)에서 그는 종신형을 선고받고 투옥되었으며 얼마 뒤 사망하였다.

알폰소 마리아가 서술하는 앙리의 평가는 다음과 같다. "피에르 브뤼가 순교한 후 이탈리아 출신의 다른 수도사 앙리가 피에르의 자리를 대신하였다. 그는 스승의 가르침에 더 많은 오류를 추가하였고, 1142년경 그의 추종자들의 숫자는 크게 증가하였다. 그는 학식과 경건으로 매우 존경을 받았기 때문에 그의 오류는 여러 지역 특히 르망 교구에 널리 퍼졌다. 그가 그 도시로 가기 전에 제자 두 명을 보내어 윗부분이 철 십자가로 된 지팡이를 들게 하였다. 그 후 앙리는 힐데베르트 주교가 그 지역에서 떠날 것을 설교하였고, 그가 설교할 때면 그의 웅변력으로 수많은 사람들이 모여들었다. 그리고 사제들에 대한 분노를 갖게 함으로 사제들을 마치 출교된 자들처럼 여기게 만들었으며, 사제들의 주거지를 불태우고 재산을 탈취하며 심지어 돌로 쳐 죽이기도 하였다. 도시의 주요 세력자들도 그의 이러한 폭력에 반대하지 않았다. 주교는 앙리의 추종자들 때문에 자유롭게 다니지도 못하였다. 그리하여 주교는 그를 추방하였고, 눈이 열려 오류를 깨닫고 앙리의 가르침을 포기한 그의 두 제자를 받아 주었다. 르망에서 추방된 그는 먼저 푸아티에로 갔고, 그 후 툴루즈로 가서 그의 추종자들을 더하였다. 성인 베르나르도 그 도시를 방문하여 앙리의 가르침이 파멸적 결과를 가져옴을 설명하였다. 그들은 사제들, 교회들, 축일들, 성례전들과 모든 거룩한 것들을 극도로 경멸하였으며, 임종 때의 고해와 종부성사와 유아 세례를 거부하라고 가르쳤다.

앙리는 심지어 도박장에서도 뻔뻔스럽게 설교하였으며, 그의 타락은 더욱 심

---

373 Juste Olivier, *Le Canton de Vaud, sa vie et son histoire*, vol.1(Lausanne: Marc Ducloux, 1837), 309.

해져 하루 종일 설교한 후에 밤에는 병든 유명인의 집에서 보냈다. 툴루즈에서 이단의 수가 크게 증가하고 있음이 교황 에우제니오 3세에게 알려지자 교황은 오스티아의 주교인 추기경 알베릭을 교황 특사로 보냈다. 특사는 설교와 기적을 통하여 많은 사람들을 개종시켰으며, 앙리인들과 관련된 모든 자들과 보호자들에게 파문을 선고하였다. 베르나르 성인은 앙리에게 클레르보 수도원 수도사로 받아 주겠다고 약속했지만, 불행한 이 사람은 항상 성인을 피해 다녔다. 성인은 여전히 그의 흔적을 추적하면서 그가 어디를 가서 설교를 하든 그를 따라다니며 설교하여 사람들을 그의 가르침에서 돌이켰다. 앙리는 마침내 주교에 의해 쇠사슬에 묶이게 되었고, 노엘 알렉산드르(Noel Alexander)처럼 교황 특사에게 넘겨졌으며 특사는 그에게 평생 감옥행을 선고하므로 이단을 가르칠 기회를 갖지 못하게 하였다."[374]

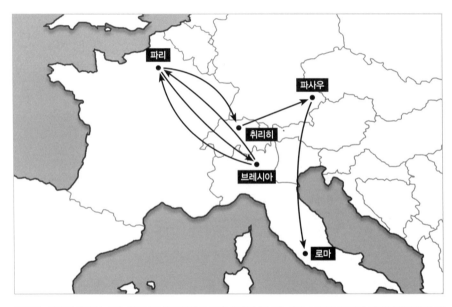

지도20: 복음의 확장과 기존 개혁자들과의 연합을 위해 다녔던 앙리의 여정. 피에르 발도가 피카르디 지역에 머무는 동안 박해 때문에 일부가 노르망디 쪽을 선택해 피신한 것도 그곳이 앙리의 사역 현장으로 그 열매를 맺고 있었기 때문인 듯하다.

---

374 Alphonsus Maria de Liguori, 251-252.

화보73: 서른아홉의 나이로 파리에서 최고의 명성을 얻었던 사제 아벨라르는 친구 퓔베르의 소개로 퓔베르의 조카인 엘로이즈의 가정교사가 된다. 그는 학식과 미모가 뛰어난 열일곱의 엘로이즈와 사랑에 빠졌고, 그녀는 임신하게 되었다. 이 사실을 알게 된 퓔베르는 사람을 고용시켜 아벨라르를 거세시키고 말았다. 그 후 아벨라르는 생드니 수도원에 들어가 수도사가 되었지만, 그곳에서 수도사들의 부패를 지적하다가 쫓기는 삶을 살게 된다. 그 후 트루아에서 성삼위교회를 세웠을 때 그의 가르침을 듣기 위해 학생들이 몰려왔다. 1142년에 아벨라르가 사망하자 엘로이즈는 그의 시신을 거둬 매장하였고 20여 년 동안 그의 무덤을 지켰으며 그 다음 해에 그녀도 숨을 거두었다. 죽어서 두 사람은 파리 페르 라쉐즈 공동묘지에 합장되었다. Photo©권현익
화보74: 토마스 아퀴나스와 아벨라 르의 기념주화는 당시 아벨라르의 인기가 어떠한지를 보여 준다.

16) 아르노 브레시아(Arnold de Brescia, Arnaldo di Brescia)

아르날도 브레시아(1090-1155)는 이탈리아 브레시아 출신이지만 프랑스에서 많이 활동하였기에 아르노 브레시아로 불린다. 1114년부터 1119년까지 신학자이며 철학자인 피에르 아벨라르의 제자로 파리에서 수학했다. 당시 아벨라르가 몽 생트 주느비에브(오늘날 팡테옹 지역)에서 성경을 가르치고 사제들의 세속화된 삶과 주교들의 탐욕적 삶을 비판하며 학교를 개교하였기 때문이다. 파리에서 학업을 마친 후 고향으로 돌아가 1119년부터 1139년까지 브레시아 산 피에트로 올리베타(San Pietro Olivetta) 수도원장으로 개혁을 시도하였을 때, 새로운 주교 만프레드(Manfred, 재임 1132-1153)도 그의 개혁을 지지하였다.

당시 그는 밀라노 주교에 대해 지속적으로 저항하였는데, 로마 교황으로부터

자치권을 확보한 밀라노 주교가 브레시아를 포함한 롬바르디아 도시들을 지배하려고 했기 때문이었다. 이런 이유로 그는 밀라노 주교로부터 독립하기 위하여 로마를 지지할 수밖에 없었고, 그는 다른 롬바르디아 도시들처럼 지방 자치권 획득을 추구하였다. 자치 행정을 위해 매년 2명의 행정관을 선출하였지만, 실제 그들의 권력은 지역의 토지 소유자인 주교에게 예속되었기에 주민 자치는 불가능하였다. 롬바르디아 대부분의 지역에서 성직 매매와 많은 분야에서 인권 침해가 빈번하였지만, 개혁의 대상인 대주교와 주교가 지역 상업 활동을 지배하고 있었기 때문에 '파타린인들'과 사제들 사이의 권력 갈등은 점점 심화되어 갔다. 이런 상황에서 주교 만프레드가 그의 개혁 운동을 지지하였던 것은 사제들의 기득권에 의해 세워진 교황청의 권력이 교회 개혁과 자치주의에 방해가 된다고 판단하였기 때문이었다.[375]

화보75: 아르노 브레시아의 설교하는 모습

이들은 밀라노 근교에서 살면서 세속적이고 사치에 빠진 교회와 대주교의 부와 부패를 비판하며 '가난'을 강조하였다. 피에르 발도에 의해 시작된 '리옹의 가

---

375 Phillip D. Johnson, *Arnold of Brescia*(Eugene, Oregon: Wipf & Stock Publishers, 2016), 3.

난한 사람들'도 이 운동과 무관하지 않은 듯하다. 이들은 공동체의 다수가 도시를 이동하는 상인이었던 이유로 보스니아와 콘스탄티노플까지 진출하여 그 지역의 보고밀인들과 교류하였다. 그 결과 보고밀인들의 미성숙한 교리들을 교정시켰으며, 그들이 서방으로 진출하여 정착함에 많은 도움과 정보들을 제공한 것으로 추정된다.

파타린인들(Patarin, Patarini, Chiffonnier)

롬바르디아에서 로마 교회의 과도한 부를 비판하며 사도적 가난을 강조한 '가난한 자들의 운동'과 관련하여 많은 학자들(대표적으로 Christine Thouzellier, Tadeusz Manteuffel)은 그 근원을 11세기로 거슬러 올라가 사제들의 부도덕함(축첩, 사치, 성직매매)과 맞서 싸웠던 아르노 브레시아로 보았다. 도시 인구의 1/4이 이 개혁 운동에 가입할 정도로 큰 세력을 갖고 있었던 파타린(Patarin)인들의 문자적인 어원에 관하여 다양한 주장들이 있다. 첫째, 'pat'(거지)에서 유래되었다는 것으로 자발적 가난을 추구하였던 이들에 대한 비하에서 나온 것이다. 실제로 이 운동에 참여한 사람들은 부유한 상인들로 개인적 경건이 동기가 되어 그들의 부를 가난한 이웃과 선교를 위해 나누었다. 둘째, '고통'을 뜻하는 파토스(πάθος)에서 근원하였다는 것으로 로마 교회와 도시를 파탄에 빠뜨린 파괴적인 집단임을 의미한다. 셋째, 파타린인들은 묵주 기도를 비롯하여 성인들에게 기도하는 것을 거부하고 오직 주기도문(Pater Noster)만을 인정한 것에서 유래되었다는 것이다. 이러한 점에서 파타린인들이라는 이름 역시 그들의 대적들에 의해 붙여진 것임을 짐작할 수 있다.

페이랑에 따르면 아르노 브레시아는 발도인들의 바르브였다.[376] 그는 교회의 영적 순수함을 기대하면서 사제들의 타락과 교회의 세속권의 강화가 교회 타락의 주된 원인이라는 결론을 내렸다. 그 해결책으로 막대한 재산을 소유한 사제들과 수도원들은 그 재산을 평신도들에게 양도하라고 권고하였다. 그럼에도 사

---

376 Jean, R. peyran, 39.

제들은 탐욕의 근원이 되는 과도한 부로부터 떠나지 못했는데, 그는 그들을 향해 성례전을 수행할 자격이 없으며, 구원에 이를 가능성 또한 없다고 주장했다. 그 정도로 그는 교회와 사제들의 청빈을 주장하였다. 이에 고위직 사제들은 그의 주장을 격렬히 비판하였지만, 하위층의 사제들은 크게 환영하였다.

그 외에도 그는 교회 권력과 정치권력은 서로 분리되어야 한다는 생각으로 교황권을 반대하면서 황제권을 지지하였다. 이런 이유로 그는 1139년 라트란 공의회에서 내란죄로 재판을 받았고, 교황은 그에게 침묵할 것을 요구하였다. 그러자 그는 그곳을 떠나 파리로 향하였다.

그는 1139년부터 학업했던 몽 생트 주느비에브에서 스승 아벨라르와 함께 당대 최고의 신학자로 인정을 받고 있던 베르나르(Bernard de Clairvaux)의 가르침에 반박하는 주장을 내어놓았다. 이런 가르침은 1140년 상스(Sens) 공의회가 열리기 전에도 이미 큰 문젯거리가 되었다. 공의회에서 교황 인노켄티우스 2세(Innocent II)는 두 사람을 이단으로 선고했고, 그의 저작들은 모두 소각시켰다. 한편 아벨라르는 공의회 앞에서 공개적으로 견해를 철회하고, 클루니 수도원장 피에르 베네라블(Pierre le Vénérable)이 제공한 피신처로 떠났다. 반면 젊고 반항적인 그는 다시 파리로 돌아가 몽 생트 주느비에브 수도원에서 공개강좌를 개설하여 계속해서 '사도적 빈곤'과 복음적 원리들을 가르쳤다. 그리고 그 자신을 정죄한 베르나르를 비판하는 논문을 발표했는데, 베르나르는 루이 7세에게 그를 불손한 분열주의자요 화합의 파괴자라고 고발하므로 그는 파리를 떠날 수밖에 없었다. 그리하여 그는 곧바로 취리히로 향하였고 그곳에서 파리에서 함께 수학하였던 주교 귀도(Guido)의 보호와 생 마르탱(Saint-Martin) 아우구스티누스 수도원의 환대를 받으며 자신의 사상을 계속 가르치게 된다. 그의 이러한 노력은 취리히가 16세기 스위스 종교개혁의 중심지로 굳게 설 수 있는 터전을 마련하는 계기가 되었다. 하지만 베르나르의 계속적인 압박으로 그곳을 떠나 1143년 보헤미아로 향할 수밖에 없었다.

화보76: 장차 스위스 종교개혁의 중심이 되는 취리히 전경[377]

다행스럽게도 그 시기에 보헤미아와 모라비아에 교황 특사로 갔던 귀도(Guido de Castello)가 그 교구의 추기경이 되어 활동하고 있었기에 그는 파사우와 보헤미아에서 추기경의 손님으로 큰 어려움 없이 지낼 수 있었다. 하지만 곧 베르나르는 귀도에게도 그의 정체를 폭로하는 편지를 보내어, 그에게 호의를 베푸는 것은 교황과 하나님을 대적하는 행위라고 지적하였다. 이에 귀도는 그가 로마로 참회 순례를 하는 조건을 내세워 중재를 시도하였고, 그는 1146년에 로마로 향하였다.[378]

그의 보헤미아에서의 체류와 영향력은 프랑스를 떠나 그곳에 정착하여 사역하게 되는 피에르 발도의 보헤미아 사역에 적잖은 도움이 되었을 것으로 추측된다.

---

377 출처: C. B. Tayler, 130.

378 Phillip D. Johnson, 82.

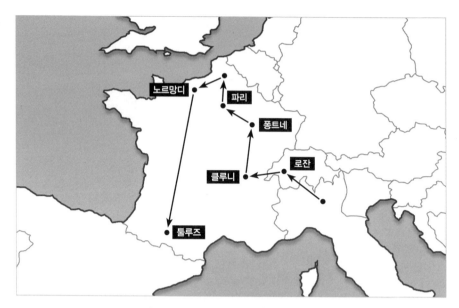

지도21: 아르노 브레시아의 복음을 위한 여정

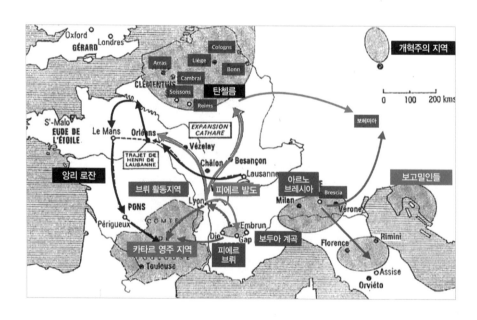

지도22: 12세기 서유럽 종교개혁 운동 지형도.

피에르 발도는 선각자들이 앞서 활동하였던 지역을 다니면서 복음의 세력을 확장시켰다.

그는 로마 교회와 화해를 시도하였으나 지오르다노(Giordano Pierleoni)의 추종자들이 로마 코뮌을 창설하였다는 소식을 접한 후 즉시 코뮌에 참여함으로 다시 적대적인 관계가 되었다. 그는 모범적으로 살았기에 대중들에게 큰 신뢰를 받았고, 1147년에는 코뮌의 지도자가 될 수 있었다. 1148년에 로마 교회와의 분리를 선언해서 7월 15일에는 파문을 당했음에도 계속 공화국을 이끌었다. 새로운 교황 하드리아누스 4세는 신속히 로마를 장악하기 위하여 황제 프레데릭 바바로사(Frédéric Barbarossa)와 동맹을 맺어 1155년에 무력으로 로마를 진압한다. 이에 그는 다시 토스카니(Toscane)로 피신하지만 제국의 군대에 체포가 되어 로마로 넘겨진 후 이단죄가 아닌 반란죄 혐의로 교수형 된 후 화형을 당했다. 그리고 그가 로마의 영웅으로 숭배되지 못하도록 그의 재는 티베르강에 뿌려졌다. 하지만 그의 가르침은 그의 추종자들인 아르노인들(Arnoldists)을 통해 계속 전달되었고 피에르 발도와 프란체스코에게도 알려지게 된다.

알폰소 마리아는 아르노에 대해 비판적이다. "아르노는 롬바르디아의 브레시아 출신으로 파리에 학업을 하러 갔다가 파리의 신학자 아벨라르의 사상에 감염되었다. 그 후 고향으로 돌아가서 1138년경에는 신앙의 진리에 반대되는 설교를 하고 독단을 가르치기 시작했다. 그는 심오하기보다는 경솔하였고 늘 새로운 견해에 매달렸다. 세례와 성체성사에 대한 의견은 로마 교회와 완전히 달랐으며, 그의 주요 선언들은 수도사와 사제, 주교와 로마 교황에 적대적인 내용이었다. 또한 사유 재산을 소유한 사제들과 세속 권력을 가진 주교는 동일한 저주의 운명에 이르게 될 것이라고 주장하였다. 이런 그의 설교는 브레시아와 이웃 도시들의 사제들을 경멸하므로, 1139년 라테란 공의회에서 정죄를 받았다. 그 후 아르노는 취리히로 피신했고 그의 엄격한 삶과 말의 권위로 많은 귀족들에게 지지를 받게 되었다. 성인 베르나르는 취리히 주교에게 그가 위험한 인물이므로 교황이 명령한 것처럼 그를 투옥시키라며 편지를 보냈지만, 취리히 주교는 단지 그를 추방만 하였고, 그는 다른 지역으로 이동하여 계속 활동하였다. 아르노는 교황은 단지 영적 권위만을 갖고 있기에 로마 정부를 지배할 권리가 없다고 주장하였다. 그의 말에 선동된 로마인들은 로마 교회의 권위를 반대하며 귀족과 추기경의 집 일부를 부수거나 그들에게 상해를 가하였다. 폭동을 일으킨 아르노는 산 니콜라(San Nicola)의 추기경 제라드(Gérard)에 의해 투옥된 후 캄파냐(Campagna)의 자작에 의해 구출되었으나 곧 황제에게 넘겨졌다. 그리고 교황의 요구에 따라 로마에서 공개 교수형 후 화형을 선고받고 1155년에 종말을 맞았으며 그의 재는 티베르강에 뿌려졌다."[379]

아르노는 개혁 교회의 유명 선구 개혁자 중 한 사람으로 평가를 받았으며, 14세기의 위클리프, 15세기의 사보나롤라, 16세기 종교개혁자들을 통하여 아르노의 가르침은 이어졌다. 그의 교권 분리의 외침은 1870년 9월 20일 이탈리아 군대가 로마를 점령하면서 로마가 왕국에 예속되었고 로마 안에서의 교황권은 상실됨으로 마침내 실현되었다.

17) 에스페롱(Esperon)과 조제프(Joseph)

아르노의 가르침을 계승한 아르노인들의 대표적 인물은 1140년경에 왕성하게 활동했던 바르브 에스페롱과 조제프로, 그들의 제자들은 '에스페롱인들'(Esperouists), '조제프인들'(Josephists)이라 불렸다. 종교 재판관이자 발도인들 박해자인 로렌코(Prieur Rorenco)는 그의 역사 회고록에서 "알비인들의 지도자이며 아르노의 제자였던 에스페롱은 발도인들과 동일 종교인으로 이해해야 한다"고 말하였다.[380] 피에르 발도 시대의 바르브로 활동하였던 조제프는 헝가리, 달마티아(Dalmatia), 크로아티아, 불가리아 등에서 교회 설립과 그 확장에 크게 기여하였고, 이 두 사람은 그들의 사역에서 상당한 명성을 얻었다.[381]

지금까지 살펴본 개혁자들의 성경을 근거한 개혁의 주요 원리는 "그리스도의 교회는 이 세상에 속하지 않았으므로, 세상 속에서 '가난한 교회'로 남아야 한다"는 것이었다. 그리고 사제들이 그리스도의 참된 제자가 되기 위해서는 모든 재산과 세상의 권력을 포기하고, 오직 신자들의 자발적인 헌금에 의존하여 살아야 한

---

379 Alphonsus Maria de Liguori, 257.

380 Ludwig von Seckendorf, *Histoire de la Réformation de l'église chrétienne en Allemagne*, vol. 1(Basel: 1784), 260.

381 Jean R. Peyran, 167.

다고 아주 엄격하게 가르쳤다. 사제들의 거대한 부의 축적과 사치와 타락 그리고 그 부를 얻기 위한 성직 매매가 교회 타락의 근원이라고 강렬하게 비판하였다. 로마 교회는 세속의 소유권을 포기하고 국가에 이양해야 한다고 가르쳤다.

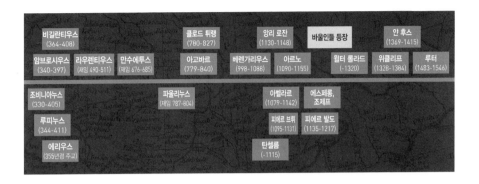

도표7: 루터가 등장하기까지의 개혁 교회 주요 지도자들. 이들 외에도 수많은 무명의 지도자들이 존재하였고, 때로는 유명 지도자들이 부재할 때에도 개혁 사상은 아버지에게서 아들로, 교사들에게서 제자들로 각 시대마다 전달되어 루터에게까지 전달되었다.

18) 피에르 발도(Pierre de Valdo)

이레나이우스 이후 레옹인들의 본거지로 계속적인 개혁 운동과 함께 순교자들의 피를 흘렸던 리옹에는 루터에 비견되는 12세기의 한 백조를 출현시킬 시대가 도래했다. 피에르 발도(1135–1206?, 1217)는 1135년경에 태어났다. 그리고 랑(Laon)의 한 연대 작가에 따르면 그는 1173년 5월 27일에서 6월 22일 사이에 회심했는데, 이 견해가 여전히 우세하다. 다른 의견으로는 1176년 리옹을 강타한 기근 사태 이후라는 주장도 있다.

회심의 계기로는 성경의 한 부자 청년에 관한 가르침을 듣게 된 것, 혹은 루터 회심의 경우처럼 친한 친구의 급작스러운 죽음 등 두세 가지가 거론된다. 회심을 경험한 피에르 발도는 부인과 두 딸의 기본 생활을 위한 경비를 제외하고는 그의 모든 재산을 성경 번역과 가난한 사람들을 위해 사용하였고, 그는 스스로 선택한 가난의 길을 걷게 된다. 이는 세상에 대한 자기 부인의 행동일 뿐만 아니라 당시 사제들의 부유한 삶과는 대조적인 삶으로 그들을 고발하는 선지자적 행동이기도

하였다.

그는 재산을 나눠줄 때 모인 무리들을 향하여 다음과 같이 말하였다. "내 친구들이여, 내가 미쳤을 것이라고 상상하는 여러분들의 생각과는 달리 나는 지금까지 나를 억압하여 왔던 나의 적에 대한 복수를 행하고 있는 것입니다. 하나님보다 돈을 더 사랑하도록 만들며 그것의 지배를 받게 만든 나의 원수에게 보복하는 것입니다. 이후로 내가 다시 그것을 소유하려고 한다면 그때 여러분들이 나를 향하여 미쳤다고 말하십시오. 여러분들도 오직 하나님께 소망을 두고 부에 더 이상 소망을 두지 않기를 원합니다."[382]

발도는 리옹 시내 한 거리에서 천을 팔았던 상인 출신으로 부자였음에도 개혁자가 되기로 선택했다. 당시에 개혁자가 된다는 것은 철저하게 무시를 당하는 평신도 계급으로 끝까지 남는다는 것인데, 대중들은 복음 증거자로서 살겠다는 그의 선택에 크게 감동을 받았다. 당시 사제직은 소명과 전혀 상관없는 계급과 정치권력의 상징이었기에 막대한 돈을 들여서라도 그 직위를 차지하려고 했던 시대였기 때문이다. 그럼에도 로마 교회에서는 그를 16세기 이전까지 악덕 수전노로 여겨졌던 '고리대금업자'로 언급함으로 그에 대한 나쁜 선입견을 갖도록 만들었다.

당시 사제들은 일반인들이 이해하지 못하는 라틴어를 사용했고, 서민들의 지식수준과 무관한 철학적 논리로 성경을 가르쳤으며, 가난한 신자들의 삶에 무관심하거나 무례하게 행동하기도 하였다. 반면 피에르 발도는 서민들을 위해 그들의 언어로 성경을 번역했고, 성경이 신앙의 유일한 법칙임을 바탕으로 쉽게 가르쳤으며, 성육신하신 그리스도처럼 사람들을 서민들의 가난에 동참하도록 했다. 그는 사도들의 삶을 따라 가난한 삶을 살았지만 열정 있는 설교자로 남았다.

피에르 발도는 친구들과 지인들을 모아 공공장소나 집에서 사도들의 가르침과 청빈한 삶을 따를 것을 가르쳤다. 그러나 그는 처음부터 당시 교회를 부정하거나 혁명을 목표로 하지는 않았고, 다만 로마 교회가 초대 교회의 순결한 신앙

---

382 Giorgio Tourn, *Pierre Valdo et les Vaudois*(Olivetan, 2010), 15.

을 회복하기를 원했다. 그의 가르침과 삶에 감동을 받은 사람들이 많이 동참하게 되자 1177년경에 산상수훈의 가난을 근거로 '리옹의 가난한 사람'이라는 공동체를 형성하였다. 당시 이들 외에도 빈곤을 서약하는 수도회들이 많이 있었지만, 수도회는 현실 세계를 떠나 자신들만의 집단을 형성하였던 것과 달리 이 공동체는 도시에서 활동하였다. 그리고 주님께서 제자들을 두 명씩 짝지어 복음을 전하게 하셨던 것처럼 두 명씩 사람들을 보내어 성경을 읽어 주거나 말씀 증거하는 것을 공동체의 사명으로 삼았다.

피에르 발도는 젊은 두 명의 사제 베르나르 이드로스(Bernard Ydross)와 에티엔 당스(Etienne d'Anse)에게 지역 언어로 신약 성경과 시편을 번역하도록 위임하였다. 이는 개인에 의한 최초의 성경 번역이었으며, 지역 언어로의 성경 번역은 후대 개혁자들에게 모범적 사례로 자리 잡게 되었다. 그 외에도 아우구스티누스, 히에로니무스, 앙부아즈(Ambroise), 그레고리우스의 글들도 동일한 언어로 번역하였다. 피에르 발도는 1179년 라테란 공의회 때 교황에게 『주석이 있는 시편』(le Livre des Psaumes avec des annotations)을 선물했으나 1184년 새 교황 루키우스 3세(Lucius III)는 성경을 번역한 두 사제를 파문하였다.

화보77: 귀족들에게 복음 증거의 기회를 얻기 위하여 값비싼 물건을 파는 상인으로 활동하였다. 발도인들 교사 휘티어(Whittier)는 상인으로 귀부인들에게 복음을 증거할 때 "아름다운 여인이여. 내게는 왕의 숭고한 이마에 얹어진 왕관에 박힌 다이아몬드의 광채보다 더 순결한 빛을 발하는 보석이 있습니다. 그것은 값을 따질 수 없는 귀한 진주로서, 그 가치는 영원히 변하지 않고, 그 빛 역시 그대를 떠나지 않을 것이며, 그대의 삶의 길에 복이 될 것입니다."라고 말하였다.[383]

---

383 필립 샤프, 5권, 443.

막 회심한 피에르는 복음만이 타락한 교회를 근원에서부터 회복시킬 수 있음과 효과적인 복음 증거를 위해 선교사 조직이 필요함을 어떻게 알 수 있었을까? 당시 사제들도 라틴어 성경을 제대로 읽을 수 없었는데, 평신도였던 그가 언제 성경을 배웠기에 회심 직후 설교자로 나설 수 있었을까? 개인이 성경을 번역할 경우 무서운 처벌을 받는 시대 속에 그는 어떻게 그렇게 빠른 시간 내에 성경을 번역할 수 있는 재능을 갖춘 사람들을 쉽게 찾아낼 수 있었을까? 그는 초대 교회의 가르침으로 돌아가는 징검다리로 교부들의 저서를 번역해야 한다는 것을 어떻게 알았고, 주요 교부들의 책을 어떻게 찾아낼 수 있었을까?

이런 것들이 가능할 수 있었던 것은 레옹인들, 즉 리옹의 발도인들과 오래전부터 교제하면서 그들에게서 많은 영향을 받았기 때문일 것이다. 그렇다면 피에르 발도가 지식적으로 처음 그리스도를 만나면서 회심하게 된 것은 아님이 분명하다. 루터의 경우처럼 그는 어떤 집단 내에서 오랫동안 머물면서 성경을 배워오다가 참된 회심을 경험하고 복음 증거에 헌신하기로 결심했을 것이다.

이런 배경에서 피에르 발도는 이전 개혁자들이 줄기차게 비판하였던 성직의 우월성, 교황(敎皇)이라는 칭호, 종교재판소, 죽은 자를 위한 기도, 성직자의 독신주의, 수도원 제도, 신비주의적 성경 해석, 촛불 사용, 성지 순례, 라틴어 예배 의식서, 성상 숭배, 연옥, 성인의 중보 등을 인정하지 않았다. 그러나 이러한 내용을 우선적으로 문제 삼기보다는 남녀 평신도들 모두가 복음을 전하며 가르칠 수 있는 권리와 로마 교회의 전유물로 생각했던 성경 번역의 허락을 요구하였다.

리옹의 대주교 기샤르(Guichard)가 처음에는 현지어로 된 성경을 연구하고 공개적으로 읽는 것에는 동의하였다. 그러나 평신도인 발도인들이 설교를 하게 되자 대주교는 1178년에 교구 내에서 설교를 금지하였다. 그러자 리옹의 가난한 사람들은 교황에게 직접 호소하는 방법을 선택하였다.

1179년에 피에르 발도와 모임 초기에 회심한 발도의 오랜 친구인 비베(Vivet)를 필두로 한 대표단이 교황 알렉산데르 3세가 개최한 제3차 라테란 공의회에 참석하였다. 대주교 기샤르가 이들에 관한 호의적인 보고서를 미리 보낸 관계로 그들은 환영을 받았고, 교황은 개인적으로 대표단을 맞이하였다.

화보78, 화보79: 신자의 삶의 아름다운 모범으로서의 피에르 발도. 그는 그의 전대를 가난한 사람과 성경 번역을 위해 사용했다. 그의 손에 성경을 들고 있는 것은 그가 성경 번역자임을, 다른 손의 손가락이 성경을 지시하는 것은 그가 성경을 가르치는 자임을 암시한다. 성경을 쥔 손에 있는 지팡이는 그가 복음을 위해 기꺼이 나그네의 삶을 살았음을 설명하고 있다. Photoⓒ권현익

잉글랜드 출신의 고티에 맵(Gautier Map)은 그들을 조사하였고 그들의 신학적 내용이 문제가 되었지만, 공의회는 카타르인들과 파타린인들과 달리 그들을 정죄하지 않았다. 아마도 그 이유는 그때까지 발도인들과 두 그룹 간의 연관성을 파악하지 못하였기 때문이었던 것 같다. 하지만 가르침과 다스림의 직무는 사도적 승계에 의해 주교와 그가 위임한 사람들에게만 주어진다는 원칙에 따라 발도인들의 청원은 거절되었다.

대표단은 로마를 떠나 돌아오는 길에 롬바르디아를 지나면서 그들과 동일한 신앙 노선을 갖고 있던 롬바르디아의 가난한 사람들(Pauperes Lombardici) 혹은 겸손인들(Humiliati)을 만났다. 교리적인 면에서는 일치하였지만 아르노 브레시아가 이끌었던 롬바르디아의 발도인들은 사회 개혁 운동에 집중하고 있었기에 그들 사이에는 약간의 의견 차이가 있었다.

피에르 발도는 18개월 동안 그 지역에서 머문 후 1180년 겨울 끝 무렵에 리옹으로 돌아왔다. 그 기간 동안 피에몽의 계곡 교회는 대표단과 심도 있는 교제를 가지면서 피에르 발도를 발도인들의 지도자로 세웠을 것으로 추정된다.[384] 피에르 발도가 롬바르디아에서 여러 개혁 그룹들과 합류하면서 발도인들은 예전과 달리 더욱 견고한 개혁 공동체로 확고한 위치를 굳히게 되었다.

리옹으로 돌아온 대표단은 교황 특사 앙리(Henri de Marcy) 추기경이 제시한 로마 교회의 신앙고백서에 서명하였지만, 로마 교회의 계서 제도를 신랄하게 비판하였기에 재판을 받게 된다. 그 후에도 복음 제시와 회개, 선한 삶을 살 것을 권면하는 내용의 설교를 계속하였고, 개혁 운동이 급속도로 확장되어 클레몽(Clermont) 교구에 많은 개혁주의 신자들이 차고 넘쳤다.

아시시의 성인으로 추앙을 받는 프란체스코(1182-1226) 역시 롬바르디아의 가난한 사람들 혹은 발도인들에게서 자신의 이상을 취했을 가능성이 매우 높아 보이며, 그도 1181년경부터 청빈 운동을 시작하였다.[385] 필립 샤프는 좀 더 나아가 "그가 이탈리아 북부의 밝혀지지 않은 발도인들의 제자였을 가능성이 크다"고 언급하였다.[386]

이탈리아의 부유한 직물상 출신의 프란체스코는 피에르 발도처럼 집과 가진 것을 자발적으로 포기하고 철저한 가난을 실천하였다. 그는 사제 서품을 받지 않은 채 순회 설교자로 지냈으며, 그의 공동체는 '작은 형제들'이라 불렸다. 사제들은 그를 시기하여 설교를 금지시켰으며, 이단으로 정죄받은 발도인들과 매우 유사한 사상을 갖고 있다는 이유로 그를 이단으로 여겼다. 이런 이유로 1209년에 수도원 설립 허가를 받기 위해 교황 인노켄티우스 3세를 찾아갔을 때, 교황은 그를 발도인들의 운동과 유사 집단으로 여겨 유보적 자세를 취하였다. 그러나 그날 밤 교황은 쓰러져 가는 라테란 대성당을 프란체스코가 어깨로 부축하고 새롭게 세우는 꿈을 꾼 후, 구두로 그들의 공동체를 허락하였다고 한다.

---

384 필립 샤프, 5권, 447.
385 필립 샤프, 5권, 370.
386 필립 샤프, 5권, 456.

발도인들이나 프란체스코회는 세속 권력과 결탁한 타락한 로마 교회에 비판적이었지만, 발도인들만 이단으로 정죄되었던 이유는 프란체스코와 달리 발도인들은 로마 교회의 지상 대라자인 교황의 권위까지 비판하였기 때문이다.

1182년 기샤르 대주교가 사망한 후 대주교직을 계승한 장 벨메이스(Jean de Belméis 또는 John of Canterbury)는 기사와 영주처럼 거만하며 권위적이었기에 피에르 발도의 설교를 더욱 엄격하게 금지하였다. 그럼에도 리옹의 가난한 사람들은 사도들이 공회 앞에서 말했던 "사람보다 하나님께 순종하는 것이 마땅하느니라"(행 5:29)를 인용하며 불복종을 선언했고, 당국은 그들을 반역자로 간주하고 추격을 시작하였다.

그리하여 피에르 발도는 은밀히 숨어서 활동할 수밖에 없었으며, 1184년 베르농 공의회가 카타르인들, 파타린인들, 발도인들을 파문하면서 학살을 허락하는 교서(Bulle Ad Abolendam)를 발부하므로 리옹을 떠날 수밖에 없었다. 역사가 마티니(Magda Martini)는 이 당시 리옹을 떠난 프랑스 발도인들을 다른 역사가들의 주장보다 다소 많은 8,000명으로 추정하였다. 일부의 프랑스 발도인들은 피에몽 계곡으로 숨어 들어가는데, 이는 단지 그곳이 최상의 피신 장소여서가 아니라 9세기부터 이어져 온 개혁주의의 가르침을 따르는 동일한 믿음을 소유한 신앙의 동지들과 함께 신앙생활하며 복음의 순수성을 함께 보존하겠다는 결의였다. 또한 피에몽 계곡은 오랫동안 리옹의 개혁 교회와 서로 교류하였기 때문에 '하나의 교회'로 수용함에 어려움이 전혀 없었다.

리옹의 대주교 장 벨 메종(Jean de Belle-Maison)은 라테란 공의회 법령에 따라 발도인들을 박해하고 추격하며 학살하는 일을 주도하였다. 그리고 발도인들을 추격하는 사람들에게는 대가로 면벌부도 발급했다. 비록 박해 때문에 발도인들은 여러 지역으로 흩어졌지만, 이는 하나님의 특별한 섭리로 유럽 전체에 많은 교회를 세우는 기회가 되었다.[387] 그 이후 피에몽 지역에도 피바람이 일어나서 피에르 발도는 노르망디와 게르만을 거쳐 보헤미아로 이동하여 복음을 증거하게 된다.

---

[387] Jean R. Peyran, 93-94.

이 지역들 외에도 남부 이탈리아의 풀리아(Puglia), 칼라브리아(Calabria)에, 프랑스의 프로방스(Provence), 랑그독(Languedoc)에 정착하여 공동체를 형성하였다. 이처럼 피에르 발도는 성경 번역, 복음 증거, 모국어 설교, 복음과 일치하는 헌신적인 삶으로 개혁자의 삶의 기준이 되었다.

19) 개혁자들의 계대(繼代)

생명을 빼앗기거나 소중한 재산을 포기하거나 추적을 피해 안정된 고향을 떠나 떠돌이가 되어 복음 증거의 삶을 살아야 하는 힘듦은 진리의 복음을 포기할 만큼 강력하지는 않았다. 알비 십자군(1209-1229)으로 수십만 명이 학살되므로 발도인들은 발도인들 초기 형성 지역인 아라곤(Arragon), 사부아(Savoy) 및 피에몽(Piedmont)으로 피신하였다.

카르카손 출신의 바르텔레미(Barthélémy de Carcassonne)는 이런 박해의 시기를 복음의 영역을 넓히는 기회로 삼아 헝가리, 달마티아, 크로아티아, 불가리아를 다니면서 기존에 세워졌던 발도인들 교회들을 재교육시켜서 주님의 교회를 재건하는 사역을 감당하였다. 그리고 동역 그룹인 카타르인들에 관한 논문을 남기기도 하였다.

루체른 계곡 출신의 지오반니(Giovanni du Val Luzerne)는 제노바로, 발랑스 출신의 다니엘(Daniel de Valence)은 피에르 발도가 복음의 토대를 쌓아 놓은 보헤미아로, 루이 파스칼(Louis Pascal)은 칼라브리아로 파송되었다. 장 뮈(Jean Mus)는 박해의 현장인 프로방스에서 성도들을 위로하며 피 흘림으로 지켜진 순수한 복음을 재확인시키는 사역으로 교회를 든든히 세워 나가는 일에 큰 열매를 거두었다.

그렇지만 본격적인 박해와 추적 때문에 그들의 계곡에서 앞서 수고한 선배 사역자들인 아르노, 에스페롱, 조제프나 그들의 제자들의 사역에 이르지는 못하였다. 하나님께서는 추수할 시기임에도 목회자들이 충분하지 않을 때에는 이런 무명의 평신도들을 사용하셨다. 이들은 사역자로 부름 받기 전까지 동료들 간에 서로 배우고 가르치는 일에 힘을 썼고, 그렇게 잘 배웠기에 복음을 여러 곳에서 증거할 수 있었다.

오래된 로마 교회의 문헌에 따르면 "발도인들은 남녀노소 할 것 없이 주야로 가르치고 배우는 것을 쉬지 않았으며, 매일 밤마다 밤을 새웠다. 학교나 신학교를 졸업한 계곡의 사람들은 너나 할 것 없이 예수 그리스도보다 교황의 가르침을 따르는 사람들에게 진리를 전하기 위하여 떠나갔다. 이들은 알비인들, 툴루즈인들, 피카르디인들, 레옹인들, 페트로브뤼인들, 앙리인들, 발도인들, 카타르인들, 때로는 이단 아리우스파, 마니교라는 이름으로 불리면서 곳곳으로 흩어져 그곳에서 '하나의 거룩한 교회'를 지켜 나갔다." 앙리 판탈레옹(Henri Pantaleon)은 1563년에 복음 증거를 위해 생명을 바친 순교자들의 순교 역사를 출판하였다.[388]

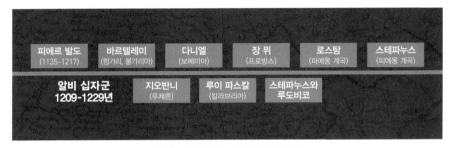

도표8: 피에르 발도 이후 주요 바르브들

발도인들은 가는 곳마다 학교를 세웠는데, 파도바(Padoue) 교구에 41개, 크로아티아의 라벡(Rabac)에 10개 외에도 롬바르디아, 프로방스 및 여러 왕국의 여러 도시에 로마 교회의 신학교보다 더 많은 학교를 갖고 있었다. 학생들은 공개 토론과 진지한 논쟁으로 사람들을 설득하였으며 들판과 홀, 지붕에서도 설교를 하였고, 어떤 이들도 성경에 기초한 토론으로는 그들을 난처하게 만들 수 없었다.[389]

1260년 보헤미아와 파사우의 주교 관구 중 42개 교구에서 발도인들이 존재하였기에 파사우의 한 사제는 다음과 같이 말하였다. "롬바르디아, 프로방스 그리고 그 밖의 지역에서 이단들은 신학자들보다 더 많은 학교와 훨씬 더 많은 청중

388 Jean R. Peyran, 8–12.
389 Jean R. Peyran, 19–22.

들을 가지고 있었다. 그들은 공개적으로 토론했으며, 시장이나 넓은 들판에서 열리는 엄숙한 모임에 사람들을 초대했다. 그들을 칭송하는 자들의 세력과 많은 인원으로 아무도 감히 그들을 저지하려 들지 않았다."[390]

화보80: 유럽 전역으로 선교사를 파송하기 위해 프라 델 토르노 (Pra del Torno)의 산 정상에 세워진 발도인들 바르브 신학교. 신학교를 졸업한 후 순교를 각오하며 유럽 각지로 사역자로 떠났다.
Photo©권현익
화보81: 산 아래에서 바라본 신학교 위치[391]

화보82: 신학교 강의실에 보관되어 있는 성경은 신학교의 존재 이유가 무엇인지 생각하게 한다.
화보83: 바르브의 연구 모습. 늘 산악 지대에서 사역하였기에 두꺼운 외투와 장갑을 착용했다. Photo©권현익

---

390   E. H. Broadbent, *The Pilgrim Church*(London: Pickering and Inglis, 1931), 96.
391   출처: Sophia V. Bompiani, 56.

스테파누스(Stephano Negrino)와 루도비코(Ludovico Pascale)는 칼라브리아에 세워진 교회들을 방문하기 위해 파송받았는데, 스테파누스는 체포되어 코센차(Cosenza)에 투옥되었다가 굶주려 죽었다. 루도비코는 로마 교회가 행한 야만성과 그들이 만들어 낸 미신을 비판한 죄로 교황 비오와 추기경들 앞에서 산 채로 화형을 당했는데 그 불길 속에서도 굳건함을 보여 주었다. 반면 노바라 계곡(Novara) 생 마르탱(St Martin)의 로스탕(Rostaing)은 100세까지 설교하였으며 115세의 나이로 사망했다. 같은 계곡에서 스테파누스(Stephano Laurentio)는 75년 동안 전도하였다.

계곡의 발도인들을 진멸하기 위해 군대가 동원되는 위협 앞에서도, 전염병으로 죽어 나가는 순간에도 바르브들은 부름 받은 사명에 죽도록 충성하였다. 페로사(Perosa) 계곡의 피에트로(Pietro Gillio)와 그로소(Grosso of Villaro)는 1630년에 프랑스에서 피에몽으로 옮겨진 전염병에서 살아남은 단 2명의 목사였다. 그들은 고대 바르브 중 마지막 지도자들이었으며, 피에트로는 부름 받은 자로서 복된 삶을 살았던 발도인들의 역사를 기록하였다.

전염병으로 너무 많은 목회자들을 잃은 발도인들은 사역자 수급을 위해 프랑스 개혁 교회와 주네브 교회에 도움을 요청해야만 했고, 때로는 해외에서 사역자들을 청빙하기도 하였다. 대표적으로는 콘스탄티노플에서 앙투안 레제(Antoine Léger)를 초청해 산 지오반니(San Giovanni) 교회의 목회를 맡겼다. 앙투안은 그 당시 저지대의 잉글랜드 주재 대사로, 교황 우르바누스 8세와 동방 교회의 대주교이며 개혁자인 키릴 루카리스(Cyril Lucaris)와도 친밀한 관계였다. 그 당시는 예수회와 프랑스 대사들이 동방 교회들을 로마 교황의 권위에 복종시키기 위해 노력하던 시기였다. 그러나 키릴 대주교는 로마 교회보다 개혁 교회에 더 많은 애착을 갖고 있었고 개혁주의와 동일한 신앙을 고백하였다. 그 결과 그는 적들의 악의에 희생되었는데, 거짓 증언을 통해 반역죄로 부당하게 사형당했다. 그는 사형 직전에 개혁 교회와 조화를 이루는 그의 신앙고백을 앙투안에게 주며 그 문서를 서방 개혁 교회에 알려줄 것을 요청하였다.

앙투안의 손자 장 레제는 할아버지, 아버지를 이어 피에몽 계곡의 목사와 총회장으로 활동하던 중 망명하여 1662년 레이든의 왈론교회 목사로 섬겼다. 주네브에서 수학했던 장 레제는 레만 호수에서 익사 직전의 스웨덴의 왕세자를 살려 냄으로 그와 우호적 관계를 맺게 된다.[392]

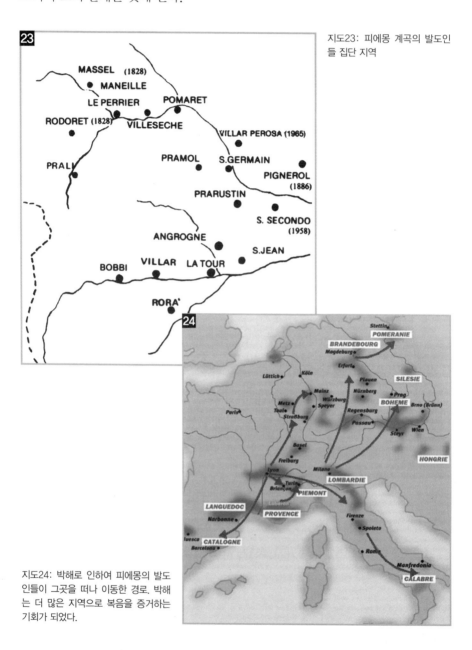

지도23: 피에몽 계곡의 발도인 들 집단 지역

지도24: 박해로 인하여 피에몽의 발도 인들이 그곳을 떠나 이동한 경로. 박해 는 더 많은 지역으로 복음을 증거하는 기회가 되었다.

392 Jean R. Peyran, 171-173.

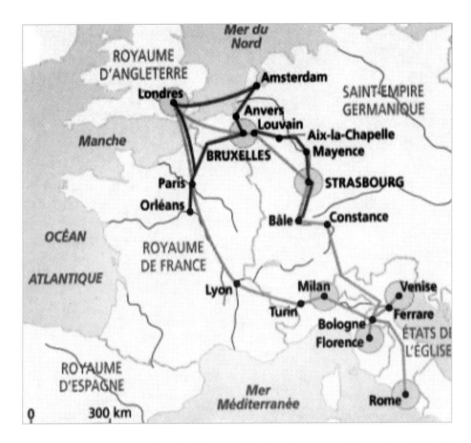

지도25: 에라스무스의 3차례에 걸친 유럽 여행이 종교개혁의 밑거름이 되는 인문주의를 전파하는 기회가 되었다고들 주장한다. 그러나 에라스무스의 동선을 자세히 살펴보면, 로마 방문을 제외하고는 학업을 위해 파리를 방문한 것을 포함하여 이미 오래전부터 발도인들로 인하여 개혁 성향을 갖고 있는 개혁주의 지역들만을 선택해서 방문하였다고 보는 것이 옳다.

상대적으로 자유롭고 상업으로 부유한 도시 스트라스부르에 발도인들이 많이 정착하였다. 하지만 도미니크회 수도사들의 도움을 받고 있던 주교는 1212년부터 본격적으로 개혁자들을 추적하였고, 그 결과 500명이 넘는 발도인들이 추방되었다. 이들은 귀족, 성직자, 부자와 가난한 자, 남자와 여자 등 모든 계층 출신이었고, 그들 중 12명의 지도자와 23명의 여자들을 포함한 80여 명은 불꽃 속으로 던져져 순교하였다. 장로 장(Jean)은 목숨을 구걸하지 않고 마지막 순교의 순간에도 신앙의 소신을 밝히며 죽어 갔다. 이들의 재산은 교회와 시 당국이 나누어 가졌다.[393] 이 순교는 훗날 마르틴 부처를 비롯한 독일 종교개혁자들의 출산을 위한 피 흘림이었다.

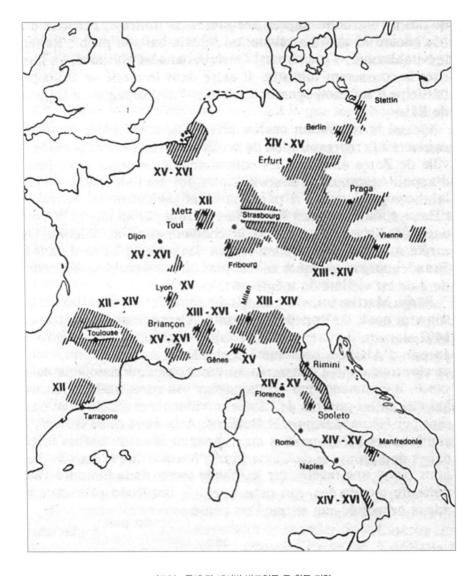

지도26: 중세 각 세기별 발도인들 주 활동 지역

---

393 Emilio Comba, *History of the Waldenses of Italy*(London: Truslove & Shirley, 1889), 64.

독일에서도 1227년부터 핍박이 시작되었는데, 하루에 백 명씩 살해되었으며, 마인츠(Mayence)에서는 39명이 화형당했다.[394] 앙브룬의 대주교는 1234년에 알프스 계곡의 발도인들을 진압하기 위해 군대를 조직하였다. 종교 재판관 프랑수아 보렐리(François Borelli)는 1348년 알프스 계곡에 탄압의 분위기를 더욱 고무시키기 위하여 발루아즈(Vallouise)에서 발도인들을 산 채로 화형시켰고, 더 많은 지역에서 화형자들이 점차 늘어갔다.

끔찍한 박해에 직면하여 루이 11세는 1478년에 아라스 칙령(l'édit d'Arras)으로 알프스의 발도인들를 보호하였지만, 1486년에 프레시니에(Freissinières) 지역의 두 행정관(Consuls)에 의해 파기된다. 그리고 발도인들을 향한 알베르토(Alberto Cattaneo)가 이끄는 십자군은 확대되어 갔다.

피에르 발도 이후 바르텔레미가 헝가리, 불가리아 등 해외에서 활동하는 동안 1240년경 피에몽 계곡에서는 바르텔레미처럼 벨라지난자(Belazinanza de Verona)와 존 루기오(John do Luggio)가 훌륭히 사역하고 있었다. 이들 외에도 앙그로냐(Angrogna), 도피네, 프로방스, 칼라브리아에서 과거 300년 이상 지켜 왔던 교리를 기억하고 가르치는 수많은 바르브들이 있었다.[395] 장 폴 페랭에 따르면 계곡에서 활동한 바르브들은 다음과 같다.[396]

① 피에몽: Paul Gignons de Bobi, Pierre le Petit, Antoyne de la val de Suse.
② 생 마르탱: Jehan de Martin val de St. Martin, Matthew de Bobi, Philippe du val Lucerne, George de Piedmont, Etienne Laurens val de St. Martin, Barthelemi Tertian de Meane, Martin de Meane, John de la valle de Lucerne, John Girard de Meane.
③ 앙그로냐: Thomasin Bastie de la Pouille, Sebastian Bastie, John Bellonat.
④ 페루즈: James Germain, Benedict Gorran, Paul Gignons de Bobi, John

---

394 Jean R. Peyran, 96.
395 Adam Blair, 403.
396 Jean P. Perrin, 47.

Romagnol de Sesene.

⑤ 도피네: Francis de Fraissiniere. Michael Porte de Loyse, Peter Flot de Pragela.

⑥ 프로방스: Angelin de la Coste, Daniel de Valentia, 보헤미아로 파송된 John de Molines.

⑦ George Morel, Peter Mascon은 1530년 마르틴 부처, 외콜람파디우스를 비롯한 게르만의 개혁자들을 만나기 위해 목숨을 건 여행을 다녔다.

화보84: 생 베랑(St. Veran) 계곡의 발도인들 생활 거주지와 대조되는 교회의 모습

화보85: 펠릭스 네프(Felix Neff)의 발도인들 교회와 학교의 모습. 그들에게는 어디를 가든지 진리를 지키기 위한 교회와 신앙의 계대를 위한 학교를 세우는 것이 항상 최우선 목표였다.[397]

---

397 출처: William Beattie, 182.

3. 핍박의 전형, '이단(異端) 알레르기'

로마 시대의 황제들이 교회를 박해하였던 것은 교회가 신적인 존재와 같은 황제의 권위를 실추시킴으로 로마 제국을 약화시킨다고 판단하였기 때문이다. 그러나 박해자들은 음부의 권세로도 교회를 이길 수 없다는 사실을 알게 되었고, 교회의 도움을 받아 제국의 일치를 도모하기 위해 그리스도교를 제국의 종교로 인정할 수밖에 없었다. 그 후 교회가 황제의 도시인 로마에 정착하면서 교회가 제국에게 그리스도교 정신을 전달하기보다는 오히려 제국이 갖고 있는 세속적 권세를 도입하고 모방하게 된다. 황제의 자리를 탐하게 되고, 서로마 제국이 패망한 틈을 타서 교황이 그 자리를 대신하게 되었다. 그리고 로마 교회는 권력 유지를 위해 과거 로마 제국이 그러하였던 것처럼 참 교회를 제거하기 위하여 잔혹한 박해를 가했다.

그렇다면 '로마'는 도시의 이름보다는 권력 집중화를 추구하는 세력을 대표하는 이름으로 해석될 수 있다. 이처럼 로마는 자신들의 권위를 실추시키는 집단에 대하여는 언제든지 칼과 불로 진멸시키려는 '사탄의 위'가 있는 곳이 되었고, 로마는 오늘날에도 우리의 타락한 속성 속에 늘 약자에 대한 '갑'의 위치에 자리를 잡고 있으며, 모든 것이 그 자신에게서 스스로 나온 것으로 판단하고 약자를 향해 갑질할 준비를 하고 있다.

낙원에서 추방된 인간들이 스스로 자신을 보호하고 쟁취한 것들을 지키기 위하여 성을 쌓고 약자들을 쳐 죽였던 것처럼, 로마 교회가 복음을 증거하는 전도자들을 짐승처럼 죽였던 것은 개혁자들의 입을 닫아야만 그들이 세웠던 왕국을 유지할 수 있다고 판단했기 때문이다. 그리하여 교황의 권력을 부인하거나 반대하는 자들을 모조리 '이단'으로 단죄하고, 이단은 불로 태워 없애야 한다는 잘못된 명제를 들이밀며 그들을 진멸시키기 위하여 폭력을 동원하였다. 로마 교회는 진리를 위해 순교도 마다하지 않은 초대 성도들이 전하여 준 복음을 지키기보다는 자신들의 권력을 유지, 확장하기 위해 기꺼이 진리를 포기하였다.

발도인들 박해의 본격적 시작과 발도인들의 확장

클로드 뮈랭 이후로 그와 같은 탁월한 지도자는 일어나지 않았지만, 복음의 진리 됨을 드러내는 일에 헌신하는 개혁자들은 계속 존재하였다. 1017년에 주목을 끌 만한 개혁주의자들이 오를레앙에 등장하였다. 지식과 명성과 지위를 갖고 있던 오를레앙 대성당의 참사원이고 성당 부속학교 교수이며 왕가에 큰 영향력을 끼쳤던 리조이우스와 콘스탄스(Constance) 왕비의 고해 신부인 에티엔(Etienne)이다. 이 두 사람은 참 교회가 로마 교회와 어떻게 다른지를 숨기지 않고 가르쳤으며, 로마 교회에 소속된 상태로 별도의 모임과 예식도 행하였다. 그들은 오를레앙뿐 아니라 주변 도시에도 전파하였으며, 멀리 루앙의 한 사람을 개종시키려다 그 정체가 드러나고 말았다. 이 소식은 곧 루앙 공작 리샤르(Richard de Normandie)와 프랑스 국왕 로베르(Robert Ⅱ le Pieux, 972-1031)에게 알려지면서 재판이 시작되었다. 1022년 성탄절에 약 12명(10명에서 14명 추정)이 거짓 교리를 전파한 혐의로 기소되었는데, 그 내용은 "죽음에 이르는 죄를 지은 자는 용서를 받을 수 없고, 성령의 은혜를 받지 않은 상태에서 세례를 받는 것은 무의미하며, 화체설, 성모의 평생 동정성, 고해성사, 구원을 위한 인간의 선행 등을 부정했다"는 것이다. 이들은 극형 선고 앞에서도 잘못을 시인하거나 의견을 철회하지 않아서 결국 모두가 화형을 선고받았다.[398]

이 사건에 관한 주교 자크 보쉬에의 설명은 좀 더 구체적이다. "이탈리아에서 온 한 부인이 이단 사상을 전파하였는데, 일반 신자들뿐 아니라 학식 있는 수도사들에게도 전달되었다. 이들은 비밀리에 모임을 가졌기에 쉽게 발견되지 않았지만, 그들이 가르쳤던 제자인 기사 출신 아리파스트(Arifaste)가 그들에게서 배웠던 '미사의 빵과 포도주는 그리스도의 몸과 피로 결코 변화되지 않으며, 기계적인 세례를 통하여 죄 용서를 받을 수 없다'는 내용을 폭로하면서 발각되었다. 그들은 '천상의 육체'(la viande céleste)라 불리는 특별한 성찬 예식을 행하였는데, 그들을 추종하는 자들은 오를레앙 외에 다른 지역에도 존재하였다. 아우구스티누스에 따르면 마니교는 세례를 베풀지 않았으며 세례를 불필요한 것으로 여겼는데,

---

398 Antoine Monastier, *Histoire de l'église vaudoise*, vol. 1, 44.

이를 근거로 한다면 그들은 분명히 과거 잔인하고 가증스러운 마니교의 후예임에 틀림이 없다. 피에르 드 시실(Pierre de Sicile)과 비잔틴의 역사학자였던 세드레누스(G. Cedrenus)에 따르면 바울인들도 그들과 동일한 교리를 취했는데, 이로 보아 그들이 바울인들에 의해 생성된 카타르인들임을 암시한다. 그렇다면 성인들에게 도움을 요청할 필요가 없다고 주장하는 이 오를레앙의 이단들은 동방의 고대 이단에서 나온 것임을 알 수 있다."[399]

알폰소 마리아의 평가는 더 극단을 향한다. "오를레앙에서 발견된 첫 이단들을 마니교의 분파 또는 그들의 오류를 볼 때 차라리 '무신론자들'이라고 부르는 것이 더 적합할 것이다. 그들은 하늘과 땅이 영원부터 존재하였고, 결코 그 시작이 없기 때문에 성경이 말하는 삼위일체와 천지 창조는 허튼소리에 불과하다고 가르쳤다. 그리고 그리스도의 성육신과 고난 당하심을 부정하였기 때문에 결과적으로 세례의 가치를 부인한 자들이었다. 그들은 혼인을 비난하였고 다음 세상에서의 선행에 대한 보상 또는 악한 행위에 대한 처벌을 부인했다. 그들은 8일 된 유아를 불태운 후, 환자들의 종부성사를 위하여 그 재들을 보존하였다." 그러나 이런 주장은 매우 악의적이며, 다른 그 어떤 역사 자료에서도 언급되지 않는 근거 없는 왜곡에 불과할 뿐이다.[400]

반면 이들에 대한 개혁주의 역사가들의 평가는 다르다. "두 명의 참사원들은 이전 개혁자들의 가르침을 존중했고, 선행을 베풂으로 사람들에게서 사랑을 받았으며, 성령을 통하여 가르침 받은 첫 세기의 믿음의 비밀을 따랐다. 그들은 하나님에 관하여 가르치기를 열망하며, 귀로만 아니라 마음으로 하나님의 말씀을 들어야 할 것과 인간의 부패와 성령의 새롭게 하심을 강조하였다. 또한 성인을 향한 기도의 무가치함을 주장하였고, 세례를 통해 구원을 얻으려는 어리석음을 비판했으며, 성찬에서 빵이 문자적으로 그리스도의 육체로 변한다는 주장을 경멸하였다. 그러고는 깨진 항아리를 버리고 구세주에게 직접 나아가 생수와 하

399 Jacques Bénigne Bossuet, *Oeuvres completes de Bossuet, évéque de Meaux, revues sur les manuscrits originaux, et les éditions les plus corrects*, tome 6(Paris: Chez LEFÈRE, 1836), 28.

400 Alphonsus Maria de Liguori, 247-248.

늘의 떡을 먹을 것과 지혜와 지식의 보물로 채울 것을 권면하였다. 이들이 발각된 후 오를레앙 주교가 회의를 개최하였고 프랑스 국왕 로베르가 그 회의를 주재하였다. 두 참사원도 소환되었고, 제자인 척했던 아리파스트가 고소인이 되었는데, 두 참사원은 오랫동안 지켜 온 진리를 용감하게 고백하였다. 공의회는 그들에게 위협을 가하였지만 그들의 신념을 흔들거나 바꿀 수 없었다. 그들은 마니교로 정죄를 받았고, 믿음을 함께 공유했던 오를레앙 시민 10명 혹은 12명도 함께 화형을 선고받았다." 그들은 화형의 위협 앞에서도 다음과 같이 굳세게 말하였다. "당신들은 땅에 속한 것들로 말하며, 인간들이 꾸며 내어 양피지에 기록된 것들을 믿습니다. 그러나 우리는 성령에 의해 속사람의 마음에 기록된 그 법을 갖고 있으며, 창조자 하나님께로부터 배운 것 외에는 그 어떤 것도 알지 못합니다. 그러나 당신들은 하나님에 관하여 헛된 것과 무가치한 것들을 말합니다. 그러므로 당신들이 실행하고자 하는 것을 당장 행하십시오. 우리는 이 순간도 하늘에 계신 우리의 왕을 보고 있으며, 그의 의로운 오른손으로 우리를 불멸의 승리와 하늘의 기쁨으로 인도하실 것을 믿습니다."

그들의 몸에 불이 놓였을 때 그들은 미소를 지으며 영원한 하늘 성문을 통과하였다. 그들은 초대 교회 이후 프랑스에서 첫 화형으로 인한 순교자가 되었다. 그들은 늠름한 순교자로 흠잡을 것 없는 믿음의 흔적을 남겼고, 장차 수십만 명의 프랑스 왕국의 참 신앙인들도 화형의 불 앞에서도 결코 약해지지 아니한 채 영원한 기쁨으로 초청되었다.[401]

---

401 J. A. Wylie, *The history of Protestantism*, vol. 1, 49–50.

화보86: 로마 교회에 의한 프랑스 최초의 화형[402]

비슷한 시기에 툴루즈와 앙굴렘에서도 화형 사건이 있었다. 프랑스 역사학자 플뢰리(Fleury)에 따르면 1025년에 프랑스 북쪽 끝자락인 아라스에서도 이단(개혁자)이 발견되었다. 17세기 로마 교회 신학자인 뒤팽(Dupin)에 따르면 "캉브레 및 아라스의 주교 제라르(Gérard)는 이탈리아로부터 유입된 새로운 이단 사상에 감염된 자들을 붙잡았다면서, 그들은 칸둘프(Candulphe)와 간둘프(Gandulphe)의 제자들로서 다른 학문에 관해서는 그 어떤 것도 접하지 못했고 오직 복음과 사도들의 계명만을 배웠다. 그러나 재판정에서 피고인들은 그들의 새로운 신앙을 버리고 로마 교회의 품으로 돌아왔기 때문에 그들에게 화형은 선고되지 않았다."[403]

11세기 프랑스 역사학자 라둘프(Radulphe Glaber)에 따르면 "1028년 피에몽의 아스티(Asti) 교구 몽포르테 성에서 이교도와 유대교 의례를 되살린 혹은 마니교를 따르는 이단들이 발견되었다. 아스티 주교와 그의 형제 수스(Suse) 후작은 고위 성직자들과 지역 영주들과의 모임을 인도하다가 발각되었다. 밀라노의 대주교는 이들을 마니교 이단으로 판단하고 군대를 보내어 일부는 개종시켰고 나머지는 밀라노 두오모 광장에서 산 채로 화형을 시켰다."[404] 그럼에도 피에몽 계곡에서 발도인들이 없어지지 않자, 교황의 특사 피에르 다미앙(Pierre Damien, 1007– 1072)

---

402 출처: J. A. Wylie, *The history of Protestantism*, vol. 1, 49.

403 Antoine Monastier, *Histoire de l'église vaudoise*, vol. 1, 45.

404 Antoine Monastier, *Histoire de l'église vaudoise*, vol. 1, 46.

은 1050년에 피에몽 지역 상속자인 아델라이드(Adélaïde de Suse) 공작 부인에게 편지하여 공작의 영지에 로마 교회의 신앙을 버린 대중들이 존재하고 있음을 지적한다. 이에 그녀는 피에몽 지역에 피뉴롤(Pignerol) 수녀원을 설립하여 발도인들의 자녀들을 로마 교회의 품으로 돌아오도록 하기 위해 부모로부터 떼어 놓은 후 강제적으로 세례를 주었다. 6년 후 교황 빅토르 2세(Victor II)는 다시 발도인들을 주목하였고, 앙브룬의 대주교 비미니앙(Viminien)에게 교서를 보내어 모든 이단자들을 색출할 것을 촉구하였다. 1096년에는 교황 우르바누스 2세가 도피네 계곡 전체가 이단들에 의해 심하게 감염되어 있다고 프랑스 왕에게 알리므로 대량 학살이 발생되었다. 이 계곡은 오늘날 발루아즈(Vallouise)[405]라는 지명으로 알려지고 있다.

이러한 박해에도 그들은 '발도인들'과 '알비인들'의 수많은 개혁 교회를 조직하므로, 1119년 툴루즈 공의회는 이들의 규모에 놀라 고등법원과 종교재판소를 통하여 이들을 소멸시키기 위한 피의 법을 만들지만, 그리스도의 참 교회는 사라지지 않고 참되고 순수한 카톨릭 교회로 유럽의 모든 지역에 자리를 잡게 되었다.[406]

1046년경 샬롱 쉬르 마른(Châlons-sur-Marne)에서도 개혁자들이 발견되므로 샬롱 주교 로제리우스 2세(Rogerius II)는 리에주의 주교 바조(Wazo)에게 보낸 편지에서 자신의 교구에 마니교적인 이단들이 존재한다는 사실을 다음과 같이 알린다. "이들은 무례하고 무지한 사람들임에도 이 종파에 들어가기만 하면 잘 교육받은 로마 교회 신자보다 더 말을 잘하며, 철학자의 웅변보다 뛰어나다."

아쟁에서도 마니교 이단들로 영토가 얼룩졌다고 보고되었다. 1052년 게르만 고슬라(Goslar)에서도 개혁 운동이 일어나 황제 하인리히 4세는 성탄절에 그 도시를 방문하여 그들을 교수형시켜 다른 이들이 똑같은 실수에 빠지지 않도록 했다.[407]

---

405 발루아즈는 피에르 브뤼의 출생 지역으로, 이곳에서 1348년 루이 11세 시대에 발도인들에 대한 화형 사건이 발생된다. 루이 11세는 이들을 보호하는 칙령을 발표하였지만, 발도 십자군이 조직됨으로 그 칙령이 파기되었기 때문이다. 이 학살은 루이 12세 때 종식된다.

406 *Revue des Deux Mondes*, 450–451.

407 Antoine Monastier, *Histoire de l'église vaudoise*, vol. 1, 46–47.

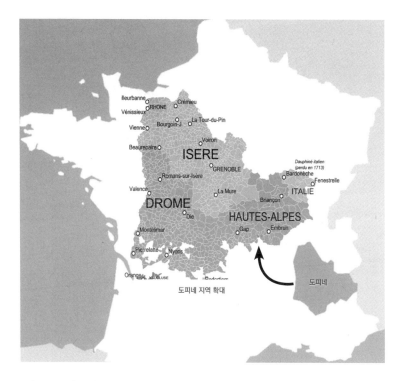

지도27: 프랑스 발도인들의 주 활동 지역인 도피네 지도. 중앙의 상세 지도는 도피네 지역을 확대한 것임.

교황과의 불화로 '가장 그리스도교적인 왕'(Rex Christianissmus)이라는 명예를 빼앗긴 프랑수아 1세는 이를 회복하기 위하여 루이 12세가 프랑스 내에서 중단시킨 발도인들에 대한 박해를 재개시켰다. 그는 1545년 프로방스 의회에게 명령하여 프랑스 발도인들의 중심지인 메링돌(Mérindol)의 22개 마을들을 약탈하고 불태워 폐허로 만들었다. 수많은 발도인들을 학살하였고, 체포된 남자들은 갤리선 노예로 보냈으며, 1560년에는 근처 카브리에르(Cabrières)까지도 파괴하였다.

참 그리스도인들은 '이단'이라는 명목 하에 여러 지역에서 억울하게 죽임을 당했지만, 하나님께서 바알 앞에 무릎을 꿇지 않은 자들을 남겨 놓으셨던 것처럼 곳곳에 숨겨 놓은 남은 자들로 하여금 로마 교회의 오류와 우상 숭배로부터 그리스도의 교회를 지키게 하셨다.

화보87: 메링돌 지역 학살 장면[408]

화보88: 프랑스 발도인들의 중심지였던 메링돌 계곡의 파괴된 모습. Photo©권현익

---

408 François Guizot, *A popular history of France*, vol 4(Boston: Dana Estes and Charles E. Lauriat, 187?), 219.

화보89: 피에몽 계곡에서 프로방스 지역의 복음 증거를 위해 메링돌에 정착한 후 산 아래로 펼쳐진 프로방스 지역을 바라보며 기도했을 그 장소에 발도인들의 학살을 기억하기 위해 세워 놓은 돌비석. Photo©권현익

화보90: 이 비석에는 "그들의 신앙을 위해 죽은 프로방스의 발도인들을 기념하며" (EN MÉMOIRE DES VAUDOIS DE PROVENCE MORT POUR LEUR FOI)라는 글귀가 세월의 흐름 속에 흐리게 남아 있다. Photo©권현익

프랑스의 메링돌과 이탈리아의 칼라브리아와 풀리아 지역에 어렵게 정착한 발도인들은 핍박을 받아 또 다시 다른 지역으로 흩어지면서 이 땅에서 철저한 나그네로서의 삶을 살아야만 했다. 외부적인 박해 외에도 때로는 인간의 인식으로 도무지 해석할 수 없는 사건들도 발생하였다. 피에몽의 에마누엘레 필리베르토(Emanuele Filiberto) 공작의 영지에 거주했던 발도인들이 왕의 군사의 진압에 완강하게 저항하였기에 피에몽 계곡의 공동체는 전멸되지 않고 살아남았다. 그럼에도 1630년에는 페스트가 약 2년 동안 계속 발병하였는데, 특히 여름 동안에 많은 발도인들이 떼죽음을 당하였다. 특히 15명의 목사 중 13명과 11명의 공증인들이 죽었기 때문에 주네브 교회에 목회자를 파송해 줄 것을 요청해야만 했다.[409]

박해로 인하여 1487년부터 1689년까지 그 200여 년 동안 피에몽 계곡에서는 33회의 큰 전쟁이 벌어졌다. 1633년에는 모든 피에몽의 발도인들에게 반역자라는 죄목으로 사형 선고가 선포되자 발도인들은 맹렬하게 방어하였고, 스위스의 중재로 사부아 공작이 뤼랭 지역 발도인들에게 종교의 자유를 허락하였다. 그러나 1655년 4월 17일 '피에몽의 부활절'(Piedmont Easter)이라 불리는 부활절 아침에 2,000명이 학살되는 잔혹한 대학살이 벌어졌다. 피아네차(Pianezza) 후작이 이끄는 이탈리아와 프랑스 군대에 의해 잔혹한 학살이 발생했고, 유럽의 국가들은 루이 14세에게 대대적으로 항의한다.

1685년 10월 루이 14세가 낭트 칙령을 폐기한 후 자신의 조카인 사부아 공작 빅토르 아마데우스 2세(Victor Amadeus II)에게도 압력을 넣어 낭트 폐기 칙령과 동등한 법령을 발도인들에게 발표(1686년 1월)하도록 하였다. 그 결과 발도인들 목사들은 추방되었고, 예배는 금지되었으며, 모든 어린이들은 로마 교회 세례를 받아야만 했다. 그러나 발도인들은 3월에 그 명령을 무시하고 예배를 재개하였다. 거기에다 루이 14세는 프랑스 위그노들을 숨겨 줬다는 이유로 계곡의 모든 교회들을 파괴할 것도 공작에게 요구하였다. 그 결과 3일 동안 2천 명 이상의 주민들이 학살되었고, 8,500명의 남녀노소가 수감되었으며, 음식과 물을 제공받지 못

---

409 Jean R. Peyran, 171.

해 천 명이 감옥에서 사망하였다. 카르마뇰라(Carmagnola)에서는 1,400명 중 400명만 살아남았다. 이탈리아와 프랑스 군대를 이끌었던 프랑스 사령관 니콜라 카티나(Niclas Catinat)는 계곡을 도살장으로 만들었고, 건물들을 모두 파괴하였다. 그의 보고서에 따르면 그곳에는 더 이상 사람이나 가축들이 존재하지 않았으며, 트리노(Trino)에서는 약 1,000명의 주민 중 46명만 살아남았다.

6월에 사령관 카티나는 본국으로 돌아 갔지만 살아남은 발도인들은 영양실조와 질병으로 계속 고통을 겪어야만 했다. 그 이후에도 계속되는 추격으로 발도인들은 게릴라전으로 대항하였다. 루이 14세의 지나친 진압은 또 다시 국제적 분노를 일으켰고, 개신교 국가들의 강력한 압력으로 루이 14세는 1687년 1월에 생존자들에 대한 추방에 합의하였고, 투옥 중인 13명도 석방했다. 스위스의 개입으로 2,700명의 발도인들이 얼어붙은 알프스 산맥을 가로 질

화보91: 루이 14세는 부도덕한 죄를 숨기고 '매우 그리스도교적인 왕'이라는 칭호를 얻어 내기 위해 수많은 발도인들과 위그노들을 학살하고, 폐기 칙령을 기념하는 기념주화에 이 문구를 새겨 넣었다.

러 스위스에 도착하였을 때 2,490명만이 생존하였는데, 마일 당 한 사람씩 사망한 셈이다. 스위스는 발도인들을 적극적으로 수용하였지만, 영구 거주를 위한 음식과 숙박을 제공하기가 부담스러워 일부의 발도인들은 게르만 지역으로 보내졌다.

스위스에 무사히 정착한 발도인들은 새로운 곳에서 적응할 만한 2년이 지났을 때, 그들을 수용해 준 국가의 보호와 선진국에서의 안락함을 모두 포기하고, 그들의 교회들을 재건하기 위하여 돌아갈 것을 결의한다. 그리하여 1689년 앙리 아르노(Henri Arnaud) 목사가 이끄는 900명의 발도인 전사들은 대담하게 그들의 고향으로 돌아갔는데, 이를 '영광의 귀환'(1689년 8월 16일)으로 부른다. 130마일 정도의 귀향길에서 전투할 수 있는 3할 가량의 인원을 잃었고, 대다수는 몸이 쇠약해졌다.

고향에 도착한 발도인들은 1689년 9월 1일 시보(Sibaud) 언덕에서 고향의 계곡

을 되찾기까지 죽음으로 맞서 싸울 것을 맹세하게 되는데, 이를 시보의 맹세(The Oath of Sibaud)라고 부른다. 곧 2,000명의 프랑스 군대를 물리치면서 700명의 동료를 잃었고, 그 후 고산 지대인 발지글리아(Balziglia, Balsille)의 바위산에서 2개월 동안 2만 명의 군대에 대항하면서 겨울을 지내야 했다. 1690년 5월까지 프랑스와 사부아 군대에 대항할 수 있는 군인들은 300명 정도만 남았고, 대포를 가진 4,000명의 프랑스 부대가 배치되면서 큰 위기에 빠졌다. 다행스럽게도 폭풍과 짙은 안개로 마지막 공격은 잠깐 지연되었지만, 프랑스 지휘관은 토벌에 자신감이 넘쳐 발도인들을 모두 진멸하였다는 소식을 파리로 전하였다. 다음 날 아침 공격이 시작되었을 때, 그 지역에 익숙한 발도인들은 모두 그 지역에서 벗어났고 다른 계곡에 정착할 수 있었다. 영광의 귀환과 전투에서의 승리는 발도인들 교회들이 오늘날까지 존재할 수 있게 만들었다.

지역 정부는 발도인들을 경제적으로 압박하기 위하여 발도인들에게는 세 곳의 계곡 땅을 구입할 수 없도록 하였고, 로마 교회 교인들이 그 땅을 구입할 수 있도록 기금을 조성하기도 했다.

프랑스 시민 혁명으로 등장한 나폴레옹은 발도인들에게 약간의 도움을 주었다. 그는 당시 로마 교회에 넘겨진 발도인들의 자녀들을 접견할 수 없도록 만들었던 악명 높은 법을 폐기시켰고, 승인된 지역 밖의 도시인 산 지오반니(San Giovanni) 계곡에 교회 설립을 허락하였다.[410]

---

[410] cf. Waldensian History: A Brief Sketch, 9, www.waldensian.info/other-documents/WaldensianHistory.pdf.

화보92: 피에몽 계곡을 향하여 출발하는 발도인들[411]
화보93: 영광의 귀환 출발지인 프랑장(Prangins)의 영광의 귀환 출발 기념탑[412]
화보94: 시보의 맹세 기념탑. Photo©권현익
화보95: 레만 호수에서 출발하여 알프스를 넘는 영광의 귀환 경로[413]

411 http://selfie500.ch/glorieuse-rentree.
412 출처: Sophia V. Bompiani, 114.
413 출처: Sophia V. Bompiani, 86

화보96: 알프스를 넘는 영광의 귀환 모습. 잠시 휴식을 마치고 출발을 알리는 나팔을 불고 있다. 토레 펠리체 (Torre Pellice) 박물관에서. Photo©권현익

화보97: 영광의 귀환을 이끌었던 앙리 아르노의 동상. Photo©권현익

화보98: 귀환한 발도인들 군대가 최대의 위기를 맞았던 발지글리아 고지대의 발도인들 마을. Photo©권현익

화보99: 1689-1690년, 발지글리아 산 정상으로 피신하는 발도인들[414]

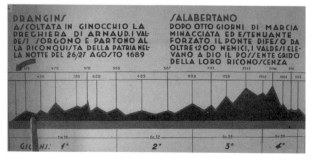

화보100: 발지글리아 발도인들 박물관의 전시물. 영광의 귀환 때, 발도인들이
넘었던 험악한 알프스 산맥의 높이를 보여 준다.

---

[414] 출처: A. W. Mitchell, *the waldenses: sketches of the evangelical christians of the valleys of piedmont*(Philadelphia: Presbyterian board of publication,1853), 292.

마침내 1694년 5월 23일 사부아 공작 빅토르는 공식적으로 발도인들이 그들의 계곡에 교회를 다시 세울 수 있는 종교의 자유를 인정하는 칙령을 발표하였다. 하지만 재건은 오랜 시간이 걸렸고 힘겨웠다. 이때 워터루(Waterloo) 전쟁에서 한쪽 다리를 잃은 잉글랜드 장군 찰스 베크위드(Charles Beckwith)가 큰 도움을 주었다. 그는 발도인들 계곡을 방문하여 큰 감동을 받아 계곡으로 이주하였고, 그곳에 영구 정착하였다. 그는 발도인들의 아이들을 위한 많은 학교를 지어 주었고, 발도인들 학생들이 스위스 대학에 입학할 수 있도록 개인적으로 학비를 지원하였다. 그는 1862년 토레 펠리체 계곡의 자신의 집에서 사망하였으며, 오늘날까지 발도인들의 영웅으로 남아 있다.

화보101: 토레 펠리체 박물관에 전시된 찰스 베크위드. Photoⓒ권현익

화보102, 화보103: 발도인들 학교의 대부분은 베크위드가 세웠는데, 그중 한 학교 입구...에 놓인 베크위드가 이 학교를 세웠음을 알리는 표지판. Photoⓒ권현익

화보104: 토레 펠리체에 묻힌 베크위드의 묘비.[415]

---

415 출처: J. A. Wylie, *History of the Waldenses*(London: Cassell Petter & Galpin, 1880s), 209, https://archive.org/details/cu31924099176046.

튀랭 출신의 이탈리아 왕 카를로 알베르토 사르데냐(Charles Albert of Sardinia)는 계곡을 방문하였을 때, 발도인들의 열렬한 환영을 받았고 그들을 향한 존경의 표시로 토레 펠리체에 분수대를 설립한다. 그리고 1848년 2월 17일에는 카를로가 해방 칙령에 서명함으로 발도인들에게 시민권 회복과 종교의 자유가 완벽하게 주어진다.

1831년 윌리엄 질리는 복음을 위해 박해를 받으면서도 굴복하지 않고 끝끝내 자유를 쟁취해 낸 이 소중한 발도인들의 역사를 세상에 알리기 위하여 그 현장의 모습을 독자들에게 생생하게 전달하기 위해 판화로 담아 '*Waldensian researches during a second visit to the Vaudois of Piemont*'을 출판한다. 그 책을 보게 되면 발도인들이 열악한 환경 속에서도 진리를 지키기 위해 얼마나 수고했는지를 돌아보게 된다.

필자가 발도인들이 거주하였던 계곡 전체를 방문하였을 때, 세 가지 사실에 큰 감동을 받았다. 첫째, 오늘날까지도 잘 정비되어 있지 않은 비포장길의 끝, 더 이상 사람들이 살 수 없다고 판단이 드는 그런 깊은 골짜기에 발도인들은 신앙을 위해 그런 곳에 정착하여 교회를 세웠다는 사실 때문이었다. 둘째, 스위스에서 안락함을 포기하고 영광의 귀환을 결정한 선조들의 숭고한 결단이 헛되지 않고 열매를 맺어 각 계곡마다 발도인들의 교회가 세워졌다는 사실 때문이었다. 셋째, 교인들을 수용할 수 있는 예배당의 규모에 놀랐다. 화려한 건축 양식이나 내부의 사치스러운 공간들은 일체 없지만, 예배당을 다 채울 정도로 계곡마다 발도인들로 가득 찼을 것을 상상할 때였다.

화보105, 화보106, 화보107: 생존을 위한 최소한의 생필품도 조달받을 수 없고, 농사를 지을 땅도 없을 뿐더러 시민권이 없는 관계로 일체의 혜택을 받지 못함에도 신앙을 지켜 내기 위해 높은 고지대에서 생활해야만 했다.[416]

---

416 출처: William S. Gilly, *Waldensian Researches During a Second Visit to the Vaudois of Piemont: With an Introductory Inquiry Into the Antiquity and Purity of the Waldensian Church*, 499, 497, 490.

화보108, 화보109: 발도인들 지역에서 놀라게 되는 세 가지 중 하나는 발도인들 교회의 규모다. 단순히 건물의 규모 때문이 아니라 이 예배당을 가득 메운 발도인들이 진정한 교회가 되어 그토록 사모했던 예배의 자유를 얻고 감격하여 예배했을 장면을 상상하며 감동을 받았다. 예배당에 앉아 있노라면 그들의 순수하고 열정적인 모습이 생생하게 전달되는 듯하다(토레 펠리체 교회).[417] 발도인들 교회당 내부는 예배만을 위한 장소로 매우 단순하다.[418]

---

417 출처: Jane Louisa Willyams, *The Waldensian Church in the valleys of Piedmont*(London: The Religious Tract Society, 1878), 254.

418 출처: Jane Louisa Willyams, 254.

4. 발도인들이 아리우스파나 마니교 이단이 아닌 이유

(1) 앎과 삶의 일치를 위한 노력

발도인들 개혁자들은 이 땅을 천국으로 바꾸려 하거나 이 땅에 속한 것을 하늘의 것인 양 누리려고 했던 부패한 로마 교회와 달리 땅이나 땅에 속한 것을 얻기위한 계획이나 목표를 세우지 않았다. 그들은 항상 말씀을 통해 배운 그대로의 삶을 추구하였다. 그들의 삶이 어떻게 도전이 되었는지는 발도인들과 대척점에 있었던 로마 교회 지도자들의 증언에서 확인할 수 있다.

발도인들에 대한 박해를 멈추게 했던 루이 12세의 후계자인 프랑수아 1세(1494-1547)는 메링돌, 카브리에르와 그 주변 지역에서의 발도인들 신앙과 삶과 태도에 관하여 알기를 원하여 프로방스 고등법원에 조사를 맡겼고, 그 책임자로 랑제(Langeais)의 영주 기욤(Guillaume du Bellay)에게 이 일을 위임하였다. 그리하여 영주는 두 명의 정직한 사람을 발도인들 지역으로 보냈는데, 그들의 보고는 대부분 프로방스 주민들을 통하여 확인한 내용들이었다. "발도인들은 노동자들로 200년 전에 피에몽 계곡에서 프로방스로 이주하여 가축을 키웠으며, 그들은 전쟁으로 부서진 많은 마을들과 황무지와 경작되지 않은 곳들을 그들의 근면함을 통하여 비옥한 땅으로 만들었다. 메링돌의 발도인들 주민들은 이웃 주민들에게 선한 행동을 하고 경건한 대화를 나누는 매우 평화로운 사람들이었고, 빌린 것에 대해서는 지체하지 않았으며, 고소를 하지 않고, 자선을 베풀었으며, 그들 중에 누구도 곤궁에 처하도록 두지 않았고, 힘을 다하여 낯선 사람들과 가난한 여행자를 대접하였다. 그들은 하나님을 모욕하거나 악귀의 이름을 부르지 않았으며, 사람들이 모여 하나님을 불명예스럽게 만드는 음란하고 모독적인 대화를 나누는 곳에 이르게 되면 곧바로 그곳을 떠나는 자들이라고 알려졌다."[419]

잔인한 박해자인 종교 재판관 레이네리우스도 "발도인들은 항상 성경을 읽었

---

[419] Jean. P. Perrin, 37-38.

으며, 그들의 교리를 알릴 때는 그리스도의 말씀을 인용하여 악을 피할 것과 순결, 겸손, 다른 미덕을 보여야 할 것을 주장할 뿐 아니라, 그들 역시 실제적으로 그렇게 살았기 때문에 존경을 받았다. … 사람들 앞에서 정직하게 살았으며 하나님에 대해서도 선한 감정을 갖고 있었으나, 단지 로마 교회와 사제들을 비판하였다"고 증언한다. 발도인들을 향한 핍박에 앞장섰던 자코부스(Jacobus de Riberia)도 "그들이 알비, 나르본, 로드(Rodes), 카오르(Cahors), 아쟁 교구에서 큰 존경을 받았으며, 교리의 탁월함 때문에 사람들 사이에서 호감을 얻는 것은 쉬운 일이었다"고 말한다. 튀랭의 대주교 클로드 세셀도 "그들은 삶과 태도에서 완벽하였고, 사람들로부터 그 어떤 비난을 받지 않았으며, 힘을 다하여 하나님의 계명을 지켰다"고 증언하였다.[420]

발도인들의 말과 행동은 그 시대 가운데 잘 알려졌는데, 그들은 예의범절을 잘 지켰고, 겸손하게 행동하였다. 값비싼 옷을 입지 않았고, 일용직이나 직조공이나 재단사와 같은 노동자로 생활했으며, 재물을 쌓아두지 않고 필수 생활품으로 만족하였다. 매우 간단한 음식을 먹고 마셨으며, 순결하고, 화를 내지 않았으며, 일하는 동안에도 서로 배우거나 가르쳤다. 여인들도 도박이나 농담이나 과격한 행동을 하지 않았으며, 거짓말과 맹세를 삼가면서 매우 겸손하였다. 발도인들의 이러한 모범적인 삶 때문에 그들에 대한 비판거리를 만들어 낼 수 없자, 페랭(Perrin)과 우세리우스(Usserius)에 따르면 많은 경우 그들을 비방하기 위해 그들의 교리를 왜곡시키거나 일부는 의도적으로 틀리게 작성한 경우들이 많았다고 한다.[421]

(2) 발도인들의 신앙이 마니교와 무관하다는 증거들

프랑스 역사학자 프랑수아 메제레(François Eudes de Mézeray, 1610-1683)는 발도인들이라 불리는 알비인들에 대하여 "이들은 일종의 마니교였으며, 앙리인들과

---

420 Jean. P. Perrin, 34-35.
421 Pierre Allix, *The Ecclesiastical History of the Ancient Churches of Piedmont*, 237.

발도인들은 칼뱅주의와 동일한 의견을 갖고 있다"고 주장하였지만 구체적으로 어떤 교리가 마니교적인지는 밝히지 않는다.[422]볼테르 역시 "알비인들, 발도인들, 롤라드인들은 마니교"라고 단정하였다. 마니교는 구약 성경을 부정하고, 성자 그리스도의 신성을 인정하지 않는다.

그러나 이를 부정하는 첫 단서가 1100년에 기록된 '고귀한 교훈'이다. 두 권의 수사본은 현재까지도 보관되고 있는데, 주네브 도서관과 캠브리지 대학이 소장하고 있다. 그런데 이 수사본은 구약 전체 역사를 다루고 있으며, 구약 성경을 정경으로 인정하며 인용하고 있다는 점이다.

두 번째 근거로 1120년 피에르 브뤼가 『적그리스도』(l'Anti-Christ)에서 구약 성경을 분명하게 인정할 뿐 아니라 삼위 하나님에 대한 신앙을 고백하고 있다는 점이다. 또한 발도인들이 교황의 권위를 인정하지 않기 때문에 그들을 이단으로 정죄한 투르와 툴루즈 공의회에서도 그들을 마니교로 정죄하지 않았다는 점이다. 뿐만 아니라 1207년 기념비적인 몽레알(Montréal) 회의에 발도인들과 로마 교회를 대표하여 오스마(Osma)의 주교와 도미니크도 참석하였지만 그 누구도 발도인들을 마니교라고 비난하지 않았다는 것은 발도인들이 마니교와 무관함을 증명해 주는 것이다. 그 이후 발도인들을 향한 마니교라는 비판은 역사적 사실과 무관한 조작에 근거한 것이었다.[423]

(3) 유아 세례에 관한 논쟁

오늘날 유아 세례를 반대하는 교회들은 발도인들이 로마 교회의 유아 세례를 인정하지 않은 것을 자신들이 유아 세례를 부정하는 주요한 근거로 삼기도 한다. 그러나 발도인들이 로마 교회의 유아 세례를 인정하지 않았던 것은 세례가 구원의 필수 조건으로, 그리고 부패한 로마 교회의 수적 확장을 위한 방편으로 부모

---

422 Pierre Allix, *Remarks upon the ecclesiastical history of the ancient churches of the Albigenses*(Oxford: Clarendon Press 1821), 214.

423 William S. Gilly, *Waldensian Researches During a Second Visit to the Vaudois of Piemont: With an Introductory Inquiry Into the Antiquity and Purity of the Waldensian Church*, 148–150.

의 신앙과 무관하게 의무적으로 시행되었기 때문이었다. 발도인들에게서 많은 영향을 받은 얀 후스는 『교회론』에서 유아 세례는 해롭지 않다고 주장하였다.

장 레제가 소개하는 고대 발도인들의 문서인 'Almanack Spirituel'는 다음과 같이 기록되어 있다. 첫째, "세례는 모든 신실한 신자들에게 허락되며, 세례받은 자는 공동체 내 모든 이로부터 형제와 그리스도인으로 수용된다. 그리고 모든 이들은 그가 그리스도인으로서 외형적으로 존경을 받는 것처럼 심령으로도 그러할 수 있도록 그를 위해 기도해야 한다. 이런 이유로 부모에 의해 유아들에게도 세례를 주어야 한다." 둘째, 피에르 발도에 의해 형성된 피카르디인들은 피에몽의 발도인들과 동일한 집단으로 이들이 보헤미아로 이주하여 복음을 전하였다. 이들은 1508년 보헤미아 왕 라디스라우스(Ladislaus)와 1535년에 페르디난트(Ferdinand) 왕에게 신앙고백서를 제출했는데, 거기에서 "어린아이들도 세례를 받아야 함과 주께서 아이들이 내게로 오는 것을 금하지 말라고 말씀하신 것이 동일하다"고 인정하였다. 셋째, 피에몽의 발도인들은 아버지의 간략한 신앙 고백을 통하여 유아들에게 세례를 베풀 것을 결의했고, 1532년 9월 앙그로냐 총회에서 확정하였다. 이는 그리스도께서 우리의 구원을 위하여 죽으셨을 때 어린아이들까지도 포함하셨다는 사실을 기억하기 위함이었다. 넷째, 어린아이들에게 거룩한 세례를 인정하지 않는 것은 크게 잘못되었다는 내용이 1556년 튀랭의 고등법원에 제출된 신앙고백서에 포함되어 있다. 오늘날까지 발도인들은 순교한 조상들의 가르침을 따라 유아 세례를 행하고 있다.[424] 이는 곧 가시적 교회가 참 신앙을 고백하는 자들과 그들의 자녀들로 구성됨을 인정한 것이다.

---

[424] Jean R. Peyran, 479-481.

5. 16세기 종교개혁과 발도인들

(1) 박해로 지도자 배출의 어려움 발생

13세기 알비 십자군에 의해 자행된 발도인들 학살 이후에도 발도인들을 향한 박해가 계속되었고, 자주 십자군이 조직되었다. 1487년 인노켄티우스 8세의 승인으로 이탈리아 크레모나(Cremona)의 부주교와 알베르토(Alberto Cattaneo)의 지휘 아래 발도인들 십자군이 소집되었다. 1507년 십자군 활동이 종료되었을 때 160여 명의 피에몽의 발도인들이 살해되었다.

이처럼 진리는 철과 불에게 추적을 당하고 있었기에 발도인들을 이끌어 갈 새 지도자들이 더욱 절실했다. 각 세기마다 시행된 잔인하고도 믿을 수 없을 만큼의 혹독한 박해로 대부분의 지도자들이 살해당했고, 발도인들은 지도자인 바르브를 자체적으로 훈련시키지 못하게 되었기에 15세기 중엽에는 학생들을 외국의 대학에 보낼 수밖에 없었다. 그 이전까지는 자체적으로 젊은이들을 훈련시켰기 때문에 중세 대학에서 장려했던 철학과 인본적 전통들은 가르치지 않았다.

(2) 개혁자들과의 접촉 시도

발도인들은 게르만, 프랑스, 스위스의 종교개혁 운동을 통하여 사도적 교회의 순수한 복음이 널리 전파됨에 따라 수천, 수만 명이 복음을 받아들이고 삶에 적용하고 있다는 소식을 접하고 매우 기뻐하였다. 이에 개혁자들의 주장과 자신들의 교리를 비교하여 개혁자들의 가르침을 정확히 확인할 필요성을 느끼고, 발도인들도 종교개혁 운동에 참여할 것인지를 논의하기 위해 1526년 140명의 바르브들이 피에몽의 치소네 계곡에서 라우스 회의(colloque du Laus)를 개최하였다. 이에 앙그로냐의 젊은 바르브 마르티노 고니노(Martino Gonino)를 독일로 보냈고, 그는 루터에게서 여러 권의 책을 가져 왔다. 1530년에는 메링돌의 사역자 피에르 마송

(Pierre Masson)과 부르고뉴 사역자 조르주 모렐(George Morel)을 파송했는데, 그들은 멜란히톤을 가르쳤던 요하네스 로이힐린, 루터, 멜란히톤, 바젤의 외콜람파디우스, 스트라스부르의 마르틴 부처와 카피토(Capito), 그리고 베른의 리처드 할러(Richard Haller) 등과 같은 독일과 스위스의 개혁자들을 만나 자신들이 로마 교회가 말하는 이단과 무관함을 알렸고, 개혁자들의 사상을 확인했다. 개혁자들을 만나고 계곡으로 돌아오는 길에 피에르 마송은 디종에서 당나귀에 싼 짐을 수색 당했고, 개혁자들의 팸플릿들이 발견되므로 체포되어 죽임을 당하였다. 다행히 모렐은 무사히 그 지역을 탈출할 수 있었다.[425]

(3) 16세기 종교개혁자들의 발도인들에 대한 언급

16세기 개혁자들의 개혁 사상은 사실상 여러 세기 전에 발도인들이 전했던 교리와 같음에도 불구하고, 대부분의 개혁자들은 로마 교회 안에서 교육을 받고 성장하였기 때문에 이단으로 정죄받았던 발도인들에 대해 나쁜 선입관을 갖고 있었고, 발도인들에 관한 지식도 전무하였다. 발도인들 역시 핍박을 피해 비밀 모임으로 공동체를 유지하고 있었던 관계로 개혁자들의 사상을 접하지 못했다. 개혁자들은 대표단을 통해 발도인들의 존재와 신앙 고백을 접한 이후 다음과 같이 발도인들을 평가한다.

1) 마르틴 루터(Martin Luther)

루터는 1533년에 출판한 『발도인들 신앙고백서』서문에서, 자신이 교황주의에 빠져 있을 시기에 발도인들은 영벌을 받아야 될 무리라고 판단하고 미워했음을 솔직히 인정했다. 교황은 이 선한 사람들을 이단으로 정죄함으로 큰 학대를 저질렀지만, 자신은 그들의 신앙 고백과 신앙 서적들을 접한 후 그들이 거룩한 순교자로서 칭송을 받을 만한 가치가 있는 것으로 생각이 바뀌었다고 말하였다. 루터

---

425 "Barbe Martin Gonin," *Souvenir Historique offerts aux Enfants Vaudoise*, Feb.(1887): 4-5.

는 "발도인들은 모든 인본적인 교리들을 내버리고 주의 법에 능력이 있음을 알며 주야로 성경을 묵상한 성경의 특별한 전문가들이었으며 성경에 매우 정통한 사람들이었다. 반면에 로마 교회의 고위직들은 성경을 무시하거나 성경을 전혀 보지 않았다"고 평가하였다. 루터는 발도인들의 신앙 고백을 접한 후 발도인들에게 큰 빛을 비추신 하나님께 감사하고 기뻐하였다. 이렇게 발도인들에 대한 모든 의심들이 제거되었고, 영혼의 유일한 목자와 감독이 되시는 그분께서 '하나의 양 떼'로 모으셨음을 확인하였다. [426]

2) 요하네스 외콜람파디우스(Johannes Oecolampadius)

외콜람파디우스는 발도인들 대표단을 환대하였으며, 대표단은 발도인들의 신앙과 삶에 대한 포괄적인 내용이 담긴 긴 라틴어 문서를 보여 주면서 자신들 교회의 교리와 실천적 삶을 승인할 수 있는지 여부를 질의하였다. 외콜람파디우스는 대표단의 모든 질문에 친절히 대답하였고, 그들을 위해 마르틴 부처에게 추천서를 보내므로 그들은 부처에게도 환영을 받았다.

외콜람파디우스는 1530년에 프로방스의 발도인들에 관하여 다음과 같은 글을 기록했다. "우리는 여러분의 신실한 목자인 조르주 모렐을 통하여 여러분의 믿음과 여러분이 선포한 신앙 고백을 매우 만족스럽게 배웠습니다. 적그리스도가 엄청난 권세로 전 세계에 무지함을 퍼뜨린 가운데 여러분을 큰 빛으로 부르신 자비로우신 하나님께 감사합니다. 우리는 그리스도께서 여러분 가운데 계심을 인정합니다. … 우리 주 예수 그리스도의 아버지께서 다른 어떤 사람들보다 여러분에게 훌륭한 지식과 영적인 축복을 주셨습니다." [427]

3) 마르틴 부처(Martin Bucer)

마르틴 부처도 발도인들에게 깊은 인상을 받았다며 그들에게 다음과 같이 편지를 보냈다. "이 시대에 하나님의 진리의 큰 지식으로 오늘까지 여러분을 보존

426　William Jones, *The history of Waldenses*, vol. 2, 79.
427　Jean P. Perrin, 39.

하신 하나님을 찬양합니다. 피에몽 루체른 계곡의 비노(Vignaux) 목사는 발도인들의 삶, 규범, 종교에 관한 논문을 통해 발도인들이 거룩한 삶을 살고, 거룩한 대화를 하며, 훌륭하게 행동하고, 악을 대적하는 사람들임을 증언해 주었습니다. … 그는 '우리는 피에몽 계곡에서 서로서로 평화와 조화 가운데 살고 있으며, 우리 자녀들끼리의 혼인을 통해서라도 로마 교회와 결코 혼합하지 않았습니다. 로마 교인들은 우리의 예의와 풍습을 너무 좋아하여 그들 종교에 속한 사람들이 아니라 우리 가운데서 사람들을 데려갔습니다. 그들은 멀리서 찾아와 자신들의 자녀들을 위해 보모를 찾으며 그들 자신들보다 우리가 더욱 신실하다'고 말하였습니다."[428]

4) 하인리히 불링거(Heinrich Bullinger)

그는 1530년 '계시록 설교' 서론에서 발도인들에 관하여 다음과 같이 기록하였다. "400년 그 이상 동안 프랑스, 이탈리아, 게르만, 폴란드, 보헤미아와 기타 여러 국가에서 발도인들은 예수 그리스도의 복음을 증거했고 그들의 신앙 고백을 계속 이어왔다. 계속되는 그들은 설교와 저서들을 통하여 교황은 사도 요한이 계시록에서 언급했던 실제적인 적그리스도임을 고발하였다. 그들은 로마 교회와 교황을 비판했고, 그로 인해 결국 다양하며 잔인한 고통을 당하였으며, 영광스러운 순교에 이르렀다. 그럼에도 발도인들은 지속적이고 공개적으로 자신들의 신앙을 전파하였는데, 오늘날에도 동일하다. 교황의 강요 때문에 왕들과 영주들은 군사력으로 매번 그들을 제거하려 하였지만, 하나님께서는 이런 노력들을 허사로 만드셨기에 그들은 결코 멸절되지 않았다."[429]

5) 테오도르 베즈(Théodore de Bèze)

그는 'Treatise of the famous pillars of learning and religion'에서 발도인들에 관하여 다음과 같이 역사적 의미를 부여하였다. "나는 발도인들을 원시적이고 순결

---

428 Jean P. Perrin, 39-40.
429 William Jones, *The history of Waldenses*, vol. 2, 80.

한 그리스도의 교회의 후손이라 부른다. 사탄이 부화해 놓은 오류와 무지 때문에 로마 교황청의 이단 정죄와 무참한 압제를 지속적으로 받았음에도 하나님의 놀라운 섭리를 따라 이를 이겨 내고, 로마의 폭정과 우상 숭배에 굴복하지 않고 보존되었다. 매우 오래전부터 발도인들은 로마 교회의 오류에 반대하였기에 말씀의 칼에 따른 치리가 아닌 수많은 비방과 모든 잔인한 방법으로 박해를 받아 왔다. 그 결과 그들은 갈 수 있는 모든 곳으로 흩어졌고 들짐승처럼 거처 없이 유리했다. 그럼에도 하나님은 그들을 남은 자로 잘 보호하셨고, 유럽 모든 곳곳에서의 박해에도 불구하고 그들은 프로방스 지역에서부터 퍼져 나가 270년을 견디며 이탈리아 남부의 칼라브리아, 보헤미아, 피에몽의 그 인접 국가에 여전히 남아 있다. 그들은 결코 교황의 미신들을 따르지 않았기에 박해를 받았지만, 현재까지 계속된다는 것은 분명히 기적이라고 할 수 있다."[430]

베즈는 1557년 피에몽 지역에서 오랫동안 박해를 받아 왔던 발도인들에 큰 관심을 가졌고, 그들을 변호하기 위하여 기욤 파렐과 함께 베른, 취리히, 바젤, 샤프하우젠, 스트라스부르(Strasbourg), 몽벨리아르(Montbéliard), 바덴(Baden), 괴핑엔(Göppingen)까지 방문하였다.[431]

6) '올리베탕'이라 불린 피에르 로베르(Pierre Robert)

발도인들의 바르브인 그는 자신이 번역한 성경 서문에서 다음과 같이 발도인들을 소개한다. "발도인들은 사도들의 부요한 가르침을 받은 초대 교회처럼 성경 안에 담긴 하늘에 속한 진리를 항상 충만히 누렸다."[432]

(4) 샹포랑 회의(1532년 9월 12일)

모렐은 개혁자들을 만나고 돌아오던 중 동료를 잃고 홀로 계곡으로 돌아온 후

---

430 William Jones, *The history of Waldenses*, vol. 2, 79-80.
431 위키피디아 베즈 편. https://ko.wikipedia.org/wiki/테오도르_드_베즈.
432 Samuel Morland, *History of the Evangelical Churches*(London: Henry Hills, 1658), 14.

종교개혁에 관한 토론회를 개최하려 하였지만 토론회는 성사되지 못하였다. 그럼에도 발도인들은 대화를 계속하면서 신학적으로 고립되지 않기 위하여 모렐의 보고서를 근거로 성경 및 종교 서적에 지속적으로 접근했다. 대표단을 통하여 수집한 라틴계 문서들을 오크(Oc)어로 번역하여 모든 바르브들이 이해한 후 교인들에게 그 내용을 전달하도록 하였다.[433]

그러나 일부의 사람들은 발도인들이 종교개혁 운동에 참여하게 되면 자칫 다시 박해를 불러올 수도 있기에 참여 여부를 신중히 결정하자고 주장하기도 했지만, 정체성을 확립하기 위해 회의 개최를 결정하게 되었다. 변화를 수용하며, 스위스 개혁 교회와의 연합 여부를 투표로 결정하기 위하여 앙그로냐 계곡 샹포랑의 한 농가에서 이탈리아의 칼라브리아, 살루초(Saluzzo), 프랑스의 프로방스와 도피네를 포함한 모든 교구의 대표들이 모였다. 이 회의에 기욤 파렐과 앙투안 소니에르(Antoine Saunier, 훗날 주네브 학교 교장)를 초청하기 위해 마르티노 고니노와 귀도(Guido)로만 알려진 두 바르브를 주네브로 보냈다.

그러나 당시 파렐과 소니에르는 주네브 정부의 허락을 받지 않고 설교를 했다는 이유로 올리베탕과 함께 추방당하여 로잔 북동쪽 파예른(Payerne)에 머물고 있었기 때문에 두 바르브는 다시 보 (Vaud) 지역으로 직접 찾아가 그들에게 회의 참석을 요청하고 동의를 받았다. 회의에 참석한 파렐의 영향력은 매우 결정적이었는데, 그 결과 발도인들은 개혁 사상을 호의적으로 수용하였으며, 회의 6일째에는 종교개혁자들의 사상을 포함시킨 새로운 신앙 고백을 작성하였다. 발도인들의 일부 지도자들은 한때 박해 때문에 자신들의 신념을 포기하여 행위 구원과 고해를 가르치기도 했고, 바르브가 된다는 것은 순교자가 된다는 것을 의미하기에 결혼하지 않는 것이 규율처럼 여겨졌지만, 새로운 신앙 고백을 통하여 구원을 위한 선행과 고해성사는 부정하였고, 선택 교리와 암묵적으로 허용되었던 사역자들의 결혼 및 재산 소유는 공개적으로 허용했다.[434]

---

433 Mira Goldberg-Poch, *Waldensianism and English Protestants: The Construction of Identity and Continuity*(Ottawa: University of Ottawa, 2012), 75-76.

434 Joseph Visconti, 249-250.

이 회의가 개최되기 전까지 대부분의 발도인들은 자신들의 고유한 전통을 지키고 싶어 했고, 주네브 개혁주의가 지나치게 엄격할 것이라는 선입견을 갖고 있었다. 그러나 부활절 기간 동안 발부테(Balboutet)와 페네스테렐레(Fenestrelle)에서의 파렐과 앙투안의 설교를 듣고 난 후 그들의 생각이 바뀌었고, 그 결과 주네브의 개혁주의가 계곡 전역으로 산불처럼 퍼져 나갔다.[435]

화보110: 앙그로냐 계곡의 모습[436]

화보111: 회의 참석을 위해 알프스를 넘는 파렐 일행[437]

---

435 Joseph Visconti, 275.

436 출처: William Beattie, 56.

437 출처: J. A. Wylie, vol.2, 451.

발도인들의 개혁주의 가입은 '하나의 교회'를 지키기 위해 민족을 뛰어넘어 교회 연합을 실천해 왔던 선조들의 오래된 전통을 따른 것이었다. 이를 위해 자신들의 오랜 전통의 일부를 포기한다는 것은 쉽지 않았지만, 참 교회의 사도적 전통을 잇기 위해서 포기와 수용을 빠르게 결정하였기 때문에 발도인들은 하나의 교회를 위한 연합 운동에서 항상 중심 역할을 담당할 수 있었다.

특별히 발도인들은 이 회의 이전에는 세속 법정에서 진실을 말할 것이라는 합법적이고 간단한 맹세조차도 거부하였기에 매번 이단으로 낙인찍힐 수밖에 없었다. 하지만 샹포랑 회의 이후 합법적인 맹세가 허용되었기에 그들은 법률 및 공식적인 관리직이나 행정직에 참여할 수 있게 되었다. 금지되었던 돈을 빌려 주고 정당하게 이자를 받는 것과 심지어 고리 대금조차 허용되었다. 개혁 교회의 신학적 기초와 양립할 수 없었던 발도인들의 관행은 새로운 개혁 운동에 부합하도록 변경되었다.

특별히 회의는 지난 3세기 동안 발도인들에 의해 유지되어 왔던 특정 로마 교회 흔적을 철저히 제거하였다. 대부분의 바르브들은 이러한 변화를 수용하였지만, 로마 교회가 주장하는 '자유 의지론'을 수용하고 있었기 때문에 스위스 개혁자들이 주장하는 '예정론'에 관해서는 선뜻 수용하기가 매우 어려웠다. 루터가 종교개혁을 시작하고 15년밖에 지나지 않았던 시기로 초기 개혁자들이 예정론에 관하여 신학적으로 미처 정리를 하지 못했기 때문이다.

스위스 개혁자들과 접촉하기 위해 1530년 메링돌에서 스위스로 보내졌던 조르주 모렐은 종교개혁 운동에 매우 열렬하게 동의했지만, 개혁주의에 가입함에는 미처 준비되지 못한 사람들을 위하여 좀 더 시간을 가질 것을 권유하였다. 조르주는 바젤에 머물고 있는 동안에도 외콜람파디우스에게 글을 써서 자유 의지와 예정 문제, 그에 관한 발도인들의 우려를 표명했었다. "… 우리 발도인들에게 나머지 다른 모든 것보다 더 큰 문제는 자유 의지와 예정에 관한 문제이다."

예정론에 관한 의견 차이로 발도인들은 종교개혁 운동에 적극적으로 동참하지 못했고, 이 문제와 관련해서는 회의 4년 뒤 1536년에 출간되는 칼뱅의 저술을 기다려야만 했다. 반면 많은 급진적인 대표자들은 스위스와 인근 프랑스의 종교

개혁에 즉시 참여할 것을 주장하였다. 회의가 끝날 무렵 기욤 파렐의 호소로 많은 대표단들이 개혁주의에 가입하기로 결정은 하였지만 만장일치는 아니었다. 전통에 충실한 보수주의자 중 일부는 전통을 포기하기가 어려웠고, 회의 개최 자체에 반대 의견을 피력했던 외국 출신의 바르브인 다니엘 발랑스(Daniel de Valence)와 장 몰린(Jean de Molines)은 허락을 받지 않고 보헤미아와 모라비아 교회들을 찾아가 불평을 털어놓기도 했다. 그곳에서 피에르 발도의 수고로 세워진 복음적인 그리스도인들이 하나님의 말씀에 지배받는 교회로 성장하였고, 그들은 계곡 교회와 여전히 연합을 지속하고 있었다.

1533년 불안전하게 전달된 정보에도 불구하고 보헤미아 교회는 여전히 계곡 교회에 대한 애정과 존경심을 갖고 있었다. 그러면서도 조르주 모렐의 온건하고 신중한 접근에 동의한다는 의견을 제시하였다. 이 의견을 검토하기 위해 바르브들이 프랄리(Prali)에서 다시 회의를 열었지만 전통주의자들은 형제회의 조언에 따라 이미 결정된 대다수의 의견을 바꿀 수 없음을 곧바로 알아차리게 되었고, 이 회의에서 샹포랑의 결정을 재확인한 후 폐회되었다.[438] 회의를 통해 신중한 결정을 내리는 발도인들의 이러한 전통은 프랑스 개혁 교회에서도 중요한 원리로 자리 잡게 되었다.

샹포랑 회의는 바르브들이 더 이상 발도인들의 전통인 순회 설교자로 활동하는 것이 아니라 지역 교회의 목사로서 활동하기로 결의할 뿐 아니라 올리베탕이라 불렸던 피에르 로베르(1506–1538)에게 프랑스어 성경 번역을 의뢰하였다. 이를 지원하기 위해 금 500에퀴를 모금하기로 결정하였다. 당시 발도인들은 프로방스 언어로 된 오래된 성경을 사용하고 있었기에 더 많은 사람들이 성경을 읽을 수 있도록 하기 위한 결정이었다. 이 성경은 히브리어와 헬라어 원문을 근거로 한 첫 프랑스어 번역 성경으로 1537년 뇌샤텔에서 피에르 뱅글(Pierre de Vingle)에 의해 인쇄되었다. 이 성경은 계곡의 가난한 주민들의 헌신으로 번역된 것으로 프랑스 개혁 교회의 성장을 위한 귀한 선물이 되었다.[439] 발도인들은 이미 8

---

438   Joseph Visconti, 253–255; *Antoine Monastier, Histoire de l'église vaudoise*, vol. 1, 203–205.
439   Jean R. Peyran, 170.

세기 중반에 번역하였던 '8세기 성경'과 피에르 발도가 번역한 '12세기 성경'을 갖고 있었다.

올리베탕이 샹포랑 회의에 처음부터 참석하였음을 발도인들 신학자 에르망자르(Aimé-Louis Herminjard)와 메이랑(Meyland)이 주장하지만 불확실하다. 그럼에도 올리베탕이 성경 번역 준비를 위해 계곡을 찾았으며, 그곳에 머물면서 발도인들 신앙고백서 작성에도 큰 도움을 준 것은 분명하다.

여러 차례 회의를 통해 결정하였던 변화의 내용은 광범위했으나 즉각 시행된 것은 아니었다. 전통이 무너지는 변화를 반대하는 사람들이 있었기 때문이었다. 그럼에도 즉각적이지는 않았지만 1560년에는 대부분의 사람들이 개혁 교리를 수용하게 되었다. 여기까지 오기에는 30년의 시간이 필요했는데, 그 시간이 한 사람의 인생에서는 긴 시간이겠지만 수 세기 동안 계속된 전체 맥락에서 보자면 짧은 시간에 불과하였다.[440]

1536년 두 바르브 마르티노 고니노와 장 지라르(Jean Girard)는 주네브의 설교자가 된 파렐을 만나러 가서 발도인들의 개혁 임무를 위해 기도와 조언을 부탁하였다. 그 후 두 사람은 함께 체포되지 않기 위해 각자 다른 길로 피에몽 계곡으로 향했지만, 마르티노는 체포되어 그로노블에서 재판을 받았다. 성경 번역을 위해 후원금 모금에 앞장섰으며, 회의 이후에도 계속 계곡에 머물러 있었던 앙투안 소니에르를 비롯한 많은 개혁자들은 그의 석방을 위해 노력했고, 결국 석방 판결을 받아 내었다. 하지만 마르티노는 그가 기욤 파렐, 앙투안 소니에르, 그리고 주네브의 다른 목사들과 주고받은 편지들이 발각됨으로 36세의 나이로 순교자가 되었다.[441]

440 Mira Goldberg-Poch, 77.
441 "Barbe Martin Gonin," 7-8.

화보112: 샹포랑 회의 및 성경 번역을 기념하는 기념비. Photo©권현익

화보113: 새로운 성경 번역을 결정한 발도인들과 대조적으로 알비인들의 성경을 불태우고 있는 로마 교회의 도미니크[442]

화보114, 화보115: 1555년 앙그로냐 계곡에 세워진 최초의 두 교회. Photo©권현익

1555년 칼뱅인들의 계곡 방문 이후 피에몽의 발도인들은 자신들의 정체를 공개적으로 드러내는 일에 두려워하지 않았고, 도처에서 교회가 회복되기 시작하였다. 그리고 그해에 처음으로 발도인들 교회 설립 허가를 받음으로 앙그로냐 계곡에 두 개의 교회를 건축하게 되는데, 하나는 주 도시인 산 로렌조(San Lorenzo)의

---

442 출처: https://en.wikipedia.org/wiki/Albigensian_Crusade.

중앙 예배당(centre temple)이고, 다른 하나는 계곡 입구 저지대에 있는 시아바스 (Ciabas) 교회이다.

그들은 주네브 교회의 모델을 교회 조직으로 채택했고, 1558년에는 프랑스 개혁 교회의 총회 제도도 수용하였다. 1559년에는 프랑스 신앙고백서(Gallican Confession)를 채택하였는데, 이는 발도인들과 프랑스 개혁 교회 사이에 교리상의 차이가 없음을 보여 준다.

화보116: 교회 벽면에는 발도인들임을 알리는 발도인들 엠블럼이 붙어 있으며, 수돗가에는 위그노의 표지인 위그노 십자가가 달려 있다. 이는 발도인들 교회가 프랑스 개혁 교회와 동일한 공동체임을 알려 준다. Photoⓒ권현익

(5) 발도인들과 루터, 칼뱅과의 관계

신학자 요하네스 에크(Johannes Eck)는 루터를 향하여 "그는 오래전에 정죄받았던 알비인들, 위클리프, 후스의 이단 사상을 새롭게 드러냈을 뿐이다"라며 비난하였다. 리옹의 역사를 기록하였던 클로드 루비(Claude de Rubys, 1533-1613)는 "루터의 주요 사상적 원리들은 이단 발도인들의 교리적 기초에 충실한 발도인들의 유산(遺産)에 불과하다"고 말하였다.

겐트(Ghent) 주교 린다누스(Lindanus)는 1560년경 로마 교회의 교리를 변호하는 자신의 책에서 "장 칼뱅은 발도인들의 교리를 상속했다"고 밝혔고, 연대기 학자인 예수회의 피에르 고티에(Pierre Gaultier, 1685-1749)는 도표를 작성하면서까지 발도인들과 칼뱅의 교리가 서로 일치함을 증명하기도 하였다. 아이네아스 실비우스(Aeneas Sylvius, 훗날 교황 비오 2세) 역시 "칼뱅이 가르친 교리는 발도인들의 교리와 동일하다"고 선언하였다. 이 견해는 장 카르돈(John de Cardonne)의 견해를 따른 것으로 그는 "주네브의 이단은 알비인들의 교리를 수용하였다"라고 주장하였다.[443] 프랑스 유명 역사학자인 프랑수아 외드(François Eudes de Mézeray, 1610-1683)는 "발도인들은 칼뱅주의자들이라 불리는 사람들과 거의 동일한 의견을 가지고 있다"고 말했다. 예수회의 로베르토 벨라르미노는 "890년에 피에몽 계곡에서 공개적으로 가르치고 고백했던 신앙은 개혁 교회의 고백과 거의 일치한다"고 주장했고, 베네딕트회 수도사인 질베르 게네브라(Gilbert Genebrard, 1537-1597)는 그의 저서 『연대기』 3권에서 "로마 교회의 전통을 거부하였던 튀랭의 클로드와 그의 추종자들의 교리는 칼뱅주의 교리와 동일하므로 발도인들은 곧 칼뱅주의이다"라고 언급하였다.[444] 로마 교회 사제이며 독일의 역사학자 요하네스 얀센(Johannes Janssen)은 "칼뱅주의는 투르의 베렌가리우스, 발도인들, 피카르디인들, 알비인들, 위클리프와 같은 고대 이단들의 교리를 차용했다"고 주장했다.[445] 프랑스 개신교 역사가로서

443 William Jones, *History of the Waldenses*(Philadelphia: R. W. Pomeroy, 1832), 357.
444 Jean. P. Perrin, 4.
445 Janssen, *History of the German people at the close of the middle ages*, vol. 10(London: Regan Paul Trench, 1906), 265.

는 처음으로『프랑스 종교 전쟁사』를 기록한 라 포플리니에르(La Popelinière, 1541-1608)는 "발도인들의 가르침은 유럽의 모든 국가로 퍼져 나갔으며, 그들의 가르침은 오늘날 개혁 교회의 교리와 조금도 다르지 않았다"고 말하였다.

지금까지 살펴본 여러 주장들을 근거로 확인할 수 있는 것은 사도들의 가르침이 발도인들을 통하여 16세기 종교개혁자들에게 계승되어 '하나이고 거룩하며 카톨릭적이고 사도적인 교회'(one holy catholic and apostolic Church)가 세대와 세대를 이어 계속적으로 존재해 왔다는 사실이다.[446]

발도인들 교회의 총회장을 지낸 페이랑이 "발도인들은 칼뱅의 종교개혁 길을 열었으므로, 발도인들 교회는 어머니 교회가 된다"[447]고 말한 것처럼, 칼뱅이 역사 속에 등장한 것은 발도인들을 비롯한 선진 개혁자들의 수고와 순교의 열매라고 볼 수 있다. 그 증거로서 칼뱅은 피카르디인들이 머물렀던 피카르디의 누아용에서 출생하였고, 무엇보다 칼뱅의 회심에 가장 큰 영향을 주었던 올리베탕이 발도인들의 바르브로 활동하였다는 점이다. 또한 신학과 관련된 칼뱅의 첫 논문이 바로 발도인들의 올리베탕 번역 성경의 서문이었다는 것에서 발도인들과 칼뱅은 밀접한 상호 관계를 맺고 있음을 볼 수 있다.

보헤미아의 발도인들은 청년들의 신학 연장 교육을 위하여 알사스 지역으로 많이 보냈고, 그곳에서 그들은 활약하여 알사스 지역이 16세기 종교개혁의 중심 역할을 할 수 있는 터전이 되도록 만들어 놓았다. 또한 저지대 국가에서 활동한 발도인들은 '왈론인들'(Walloons)이라는 이름을 얻게 되는데, 왈론 신앙 고백의 저자이며 순교자인 귀도 드 브레(Guido de Brè)를 통하여 벨직 신경(1561년)으로 그 열매를 거두게 된다. 그의 신앙 고백은 1585년 앙베르(Anvers) 총회에서 확인되었고, 도르트 회의에서 공식적인 신앙 고백으로 채택되었다.[448]

칼뱅과 피에몽 발도인들 교회 간의 긴밀하며 지속적인 관계를 대변해 주는 한 사건이 있었다. 장 베누(Jean Vennoux)는 피에몽 계곡의 사역자들을 훈련시키기 위

---

446 William Jones, *The History of the Christian Church*, vol.2(London: Gale & Fenner, 1816), 154.

447 Jean R. Peyran, 137.

448 Jaques Brez, *Histoire des Vaudois*, vol. 1, 88-89.

하여 파송되었는데, 그는 프랑스 개혁 교회를 조직한 칼뱅의 첫 동역자였으며, 푸아티에 총회 참석자 가운데 한 사람이었다. 그가 계곡으로 들어갈 때 앙토니 (Anthony Laborie Qucrcy) 목사도 동행하였는데, 앙토니는 복음을 위하여 왕실 판사직을 포기했던 인물이다. 그들은 피에몽에서 몇 개월 동안 머물면서 상황을 파악한 후 계곡에 정착하기 위한 준비를 위해 주네브로 돌아갔다. 준비를 끝내고 계곡을 향할 때 장 베누의 두 친구 바타이(Batailles)와 토랑(Tauran)이 동행하였다. 앙토니의 친한 친구인 트렝갈레(Tringalet)는 처음에는 주네브 국경까지만 동행하기로 약속하였다. 그러나 막상 이별의 시간이 되었을 때 그는 "나는 너를 떠나지 않고 발도인들 계곡까지 함께 가서 구원의 도리인 개혁주의의 축복을 나눌 것이다"라고 결심하였고, 다섯 명이 피에몽으로 향하였다. 그러나 사부아 지역을 통과하기 위하여 포시니(Faucigny)에 도착했을 때 그들은 체포되어 샹베리(Chambéry)에 투옥되었다.

그들은 자신들의 신앙을 숨기려 하지 않았고, 판사는 1555년 6월 10일 긴 대화를 통해 그들을 개종시키려고 노력하였지만 아무런 결과를 얻지 못하였다. 판사는 그들에게 "이단자들에게는 사형이 선고되는데 지금이라도 당신들의 오류들을 포기하지 않겠는가?"라고 말하였다. 그때 베누 목사는 "아닙니다"라고 간결하게 대답한 후 "우리 주님으로부터 처음으로 배운 것은 그분을 따름에는 반드시 핍박이 따른다는 사실이었습니다"라고 말했다. 그러자 판사는 또다시 "그렇다고 주님께서 죽으라고 명령하신 적은 없지 않는가?"라고 묻자, 베누 목사는 "십자가를 지고 나를 따르라고 말씀하셨습니다"라고 대답했다. 또 다시 판사가 "너는 매우 젊은데 네 인생도 돌아봐야 하지 않는가?"라고 말하자 "우리 앞에 놓인 삶은 천국에서의 삶입니다. 우리의 이 간절한 소망을 당신이 없앨 수 없습니다"라고 대답했다. 또 다시 "죽음을 앞둔 사람들이 어떻게 이렇게 대담하게 말할 수 있단 말인가?"라고 말하자 "죽어야만 그 삶에 이를 수 있기 때문입니다"라고 대답했다.

판사는 그들로부터 조금의 신앙적 양보라도 얻어 내려고 노력했지만, 그리스도의 용감한 제자들인 그들의 마음을 조금도 움직일 수 없었다. 두 목사는 세속 재판소로 넘겨졌고, 1555년 8월에 갤리선 노예형을 선고받았다.

왕의 대리인(검찰 총장)은 이 사건을 다시 재판하라고 명령하였고, 재판이 진행될수록 그들에 대한 존경심은 더욱 커져 판사는 마지막으로 앙토니 목사에게 "주네브에서 평온하게 살면서 자유롭게 하나님을 섬길 수 있게 해 주겠다"며 개종을 요구하였다. 그러나 그들은 이를 거부했고, 결국 이들 모두에게 산 채로 화형이 선고되었다.

사형이 집행되기 전, 친구, 친척, 동료들에게 편지를 쓸 기회가 주어졌다. 로마 교인 가정에서 출생하였지만, 한 젊은 여인과 결혼한 후 회심하였던 앙토니 목사는 곧 과부가 될 그의 부인에게 다음과 같이 편지했다. "사랑하는 자매요 신실한 배우자인 안느(Anne). … 우리가 얼마나 서로 사랑하였는지 당신도 잘 알 것입니다. 주님의 평화는 계속 우리 가운데 함께 계셨고, 당신은 모든 일에 철저히 나에게 순종하였습니다. 나는 당신이 나와 더 이상 함께 할 수 없을 때를 위하여 당신을 위해 기도해 왔습니다. 만약 그때 당신이 젊고 세상과 빈곤으로 힘들어진다면 재혼할 것을 권하며, 다른 형제와 함께 하나님을 경외하고 진리를 지키는 일에 헌신하며 살 것을 제안합니다. 과부의 보호자와 고아의 아버지가 되시는 하나님을 사랑하고 신뢰하며 그분을 섬기십시오. 그분은 당신을 결코 버리지 않으실 것입니다."

칼뱅은 그들에 관한 소식을 접하고, 곧바로 샹베리 감옥에 있는 그들에게 위로와 격려의 서신을 보냈다. "당신이 순교적 소명을 다한다면 하나님께서 기뻐하실 것입니다. 이전에도 그러했듯이 계속 그 소명을 다해 주십시오. 당신이 비록 계곡으로부터 아주 먼 곳에 있을지라도 당신을 통해 맺게 될 순교의 증거들은 발도인들에게 큰 위로가 될 것입니다. … 당신의 하나님께서는 동료들의 외침이 도달되기 전에 감당할 힘을 주실 것입니다."

그들은 사형 집행 날짜를 알지 못하였기에 자신들을 순교자로 합당하게 여기신 하나님께 감사하자고 서로를 격려하며 시간을 보내다가 어느 날 아침 감옥 밖으로 불려 나갔다. 그러나 베누 목사는 저항할 수 없는 불안감에 압도당했고, 식은땀과 함께 그가 다짐했던 결심은 허물어지는 듯하였으나, 곧 하나님의 손길이 그를 붙드심으로 그는 다시 회복되어 순교에 동참하였다. 자신의 약함으로 혹 상심하였을 교우들에게는 다음과 같은 편지를 남겼다. "형제들이여, 내 약함에 마음이 상하지 않기를 간절히 기도합니다. 나는 내면적으로 잠시 갈등했지만, 하나님의 영광을 드러낼 수 있기를 소원합니다. 선하시며 자비로우신 하나님과 나의 유일한 구세주이신 그리스도께 나의 죄들을 고백하오니 용서하여 주옵소서."

유언과 같은 그의 이 편지는 라로셸 총회에서 베즈의 입을 통하여 처음으로 알려졌는데, 그들은 8월 28일에 화형당했다.[449]

---

449 Alexis Muston, *The Israel of The Alps* vol.1(London: Blackie and Son, 1875), 112–117.

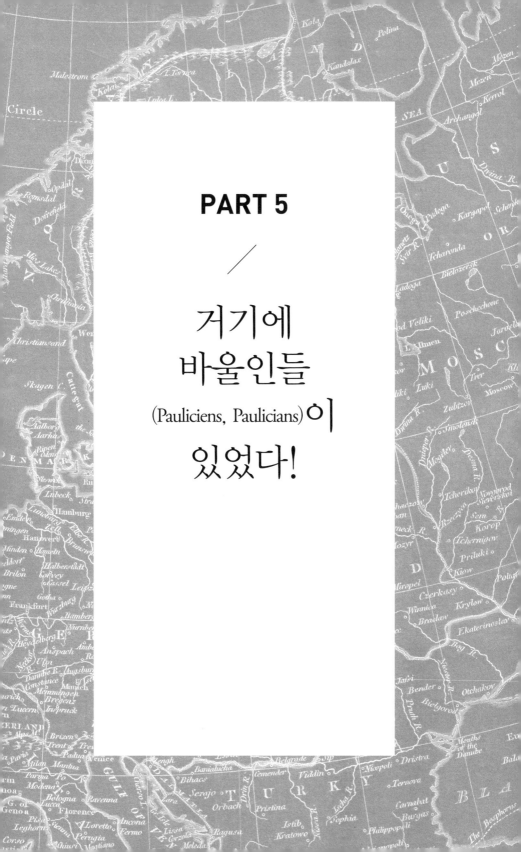

PART 5

거기에
바울인들
(Pauliciens, Paulicians)이
있었다!

PART 5

거기에 바울인들
(Pauliciens, Paulicians)이 있었다!

19세기 독일어권 스위스 신학자 비이트 폰 레베르(Beat von Lerber)는 이 시대 연구에 상당한 자료를 제공해 주는데, 그는 『궁정 기도의 정리를 간청하는 마지막 청원서에 관한 서한』(Lettre sur la dernière pétition pour demander l'élagation des prières royalistes)에서 다음과 같이 쓰고 있다. "기본적으로 개신교 교리는 츠빙글리, 루터, 칼뱅에게서 발생한 것이 아니다. 다만 이들은 이 진리가 그들에게 이르렀을 때에 이를 즐거이 수용했을 따름이다. 개신교 교리는 성인들의 저술에서 유래한 것이 아니라 사도들이 전한 것으로, 이 교리는 초대 교회의 신자들로부터 보존되어 계승된 것이다. 그래서 개신교 교리의 전형적인 선언 형식, 하나를 예로 들자면 '츠빙글리나 루터나 칼뱅주의는 바로 그 사도행전의 그리스도교 교회에 철저히 기반하므로 이들이 가르친 그 교회가 곧 그리스도교 교회다'라는 식의 표현까지도 타당성을 가질 수 있게 된다."[450]

지금 우리는 왜, 어떻게 여기 서 있게 되었을까?

바꾸어 말하면, 소위 동방과 서방의 중세 교회가 이 바른 전통 위에 서 있던 신

---

450 Beat von Lerber, *Lettre sur la dernière pétition pour demander l'élagation des prières royalistes*(Lausanne: Hignou Ainé, 1841), 49.

앙을 변질시켰을 때(7세기 이후 특히 9세기), 각처에 흩어진 사도적 교회 전통을 간직한 증인들이 각각의 이름으로 우후죽순처럼 분연히 일어났다. 이들은 자신들을 혹독하게 억압하고 그 변질되고 왜곡된 것을 정당화하려 했던 적그리스도 세력의 폭력에 맞서 싸우면서 그 주류 세력의 현저한 힘(力)과 수(數)에 짓밟혀 이단자와 변절자라는 명목으로 처단당하고, 더러는 불태워지고 칼에 베이고 잘리면서 죽임을 당하고 흩뿌려졌으며, 이름마저 빼앗기고 무시당하거나 존재 자체가 무자비하게 덮이고 감추어졌고, 숨거나 도망치거나 유랑하는 이주민 집단들의 모습으로 수십 수백 년간 쫓겨 다니게 되기도 했다. 정말로 히브리서 11장 33절 이하의 상황이 문자적으로 이들의 역사 현장에 장렬하게 펼쳐져 있다.

그리하여 과연 이들이 사라지고 말았을까? 이들이 역사에서 사라졌다고 해서 역사의 주관자이신 하나님의 눈앞에서도 사라진 것일까? 아직 드러나지 않았다고 해서 이들이 빛 가운데로 드러내지 못한 진실과 사실이 영영 신원(伸寃)되지 못하고 역사는 종막을 맞이하게 될까? 이들의 고난과 순교로 아직 명줄이 끊어지지 아니한 이 가느다란 진리의 생명력은 과연 우리가 지금 보고 있는 것처럼 연약하고 허술한 것이 정확한 사실일까?

우리가 논의하려는 주제와 이 논의의 목적은 단지 역사가들의 한 관심거리가 된 이단 종파들의 신앙과 삶의 흔적들에서 무슨 가치 있는 교훈거리를 찾아보려는 것이 아니다. 혹은 어떤 특정 신학과 신앙의 원류를 찾아 그들과 관련한 불행한 해석과 경박한 취급을 재고하여 그들을 변호하고 변명해 주며, 혹은 일정 부분 이들에 대한 평가를 바로잡아 보려는 것도 아니다. 오히려 오늘날 우리 현실에 고정되어 있는 우리 자신과 관련한 엄청난 오해, 우리가 가진 것들에 대한 놀라운 몰이해와 왜곡을 이들을 통하여 비추어 보고, 지금 우리 스스로를 재고해 보지 않으면 안 된다는 자각(自覺)을 외쳐 부르기 위함이다! 주님께서 주시고, 성령께서 나누어 주시며, 사도들을 통하여 받은 성경적 신앙과 신학에 기초한 그리스도교 신앙의 원류 ― 명백한 본말(本末)과 원류(原流)이면서도 오히려 지류(支流)와 가지가 되어 있는 이 부조리한 역사의 산물인 이 타이틀(title), 개(改)신교와 개혁(改革) 신앙― 즉 복음적 그리스도교 신앙을 재고하고, 그 기초와 기본을 현저히 망가뜨리고 구겨 놓은 역사의 실체를 오늘날의 우리가 여전히, 매우 그릇 알고 잘못 보고 있음을 다 같이 확인해 보자는 것이 우리 논의의 가장 중요한 취지다.

혹독하게 박해당하는 사람들

역사 속 '박해당하는 자들은 다 의로운 자들이었는가?' 그렇지는 않을 것이다. 단지 핍박당한다는 것이 그 주체들을 의(義)롭고 선(善)하게 만드는 보증(保證)이 될 수는 없지 않는가? 다만 '의로운 자들이 핍박당하지 않을 수 있는가?'라고 묻는다면, 이것은 완전히 다른 문제이다. 불행하게도 하나님의 말씀은 이 점에 대하여 매우 단호하고도 직설적이기 때문이다. '세상과 세속에서 핍박당하지 않는 자는 결코 의로운 자들이 아니다!' 하나님의 말씀이 이렇게 선언하는 구절을 당신은 지금 몇 개 정도나 찾아낼 수 있는가? 그렇게나 줄줄 찾아내고서도 '의로운 자들, 바른 신앙을 지키려는 자들이 박해당하지 않는 경우도 있을 것'으로 빠져나갈 소망을 가질 수 있겠는가? 지금 우리의 우울한 논의는 바로 이 지점에서 직접 시작되는 것이 옳은지도 모른다.

여러 세기 동안 이런 핍박과 순교와 유랑을 자신들의 숙명 정도를 넘어, 주어진 삶의 형식과 전통으로 수용할 정도에 이르렀던 이들이 있었다. 이런 놀라운 열조들의 이름을 찾아가다 보면 바울인들, 알비인들, 발도인들, 롤라드인들, 후스인들과 같은 이름들이 나타나는데, 오늘날에 이르기까지 교회사의 구석으로 내몰려 얼어붙은 응달의 뒤안길을 헤매던 바로 그들이다.

그들이 받은 전통과 전승이란 것들을 살펴보면, 실제로 그것들은 그들 삶의 현장에서는 '엄청난 박해와 핍박 외에 다른 의미가 아니었던 것'을 부인하기 어렵다. 그들은 항상 세력과 폭력을 가진 자들에게 학살의 대상이었고, 소위 '그리스도의 교회 혹은 그리스도교 교회'라 자처하는 이들과 이들의 후예들에게까지도 그들은 여전히 학대와 박해의 대상이기 일쑤였다. 그래서 세대를 넘어서도 적그리스도 세력의 폭정에 맞섰던 개신교회의 후예 교회들 가운데, 비이트 폰 레베르가 '바울인들'을 정(定)히 포함시키고 있음을 우리는 이상하게 볼 필요가 없다.

그렇지만 이와 대조적으로, 기독교 역사가들 가운데 잉글랜드의 에드워드 기번(E. Gibbon)은 로마 교회의 역사 해석에 상당한 영향을 받았고, 자기 이후의 기독교회사 저자들과 독자들이 방향을 설정하는 데 상당한 영향력을 행사했다. 그는『로마 제국 쇠망사』(*The History of the Decline and Fall of the Roman Empire*)에서 '바울인들'을 다음과 같이 언급하면서 '바울인들'에게 '마니교'라는 허울을 씌워 버렸다. "마니교의 한 지파인 바울인들은 7세기 중반에 들어와 서방 전역으로 퍼져 나가면서 종교개혁의 씨앗을 뿌렸다."[451]

20세기 교회사 연구가 코니베어(Fred. C. Conybeare)는 바울인들의 신앙 내용을 들여다볼 수 있는 그들의 교리서와 신앙고백서인『진리의 열쇠』아르메니아어 원본을 영어로 번역하여 서방 독자들에게 최초로 소개했다. 그의 증언에 따르면, 당시 비잔틴 교회는 '마니교'(Manicheans)라는 단어를 이단을 가리키는 보통 명사로 쓰고 있었다. 또한 바울인들은 "정통 그리스와 아르메니아 저자들에 의해 '신종 마니교도들'(New Manicheans)이라 불렸고, 바울인들을 비판하였던 포티우스 역시 '마니교'라는 용어를 자신들의 교리에 반하는 모든 반대파에게 적용한 남용된 용어라고 언급했다."

문제는 이러한 기번 류(類)의 '바울인들에 관한 마니교적 편견'이 이후의 다수 개신교 역사가들에게조차 확인 없이 수용되는 '기본 입장'이 되어 버렸고, 이것이 그 이후 세대에도 결정적 흐름이 되어 '별 이견이 없는 역사적 사실'로 변경되어 버렸다는 점이다. 그러나 한 걸음만 더 나아가서 살펴보면, 신앙적으로나 신학적으로 아무도 토를 달지 않는 16세기 종교개혁과 이 선조들이 직접적으로 맞닿아 있음이 여러 증거들을 통해 드러나고 있기 때문에, 이제는 이 문제가 사뭇 복잡하고 심각한 논의에 부딪히게 되었다. 요컨대, '16세기 종교개혁의 신앙적 선조에 저 바울인들이 있었다'라는 사실은 자칫, '종교개혁의 신학은 마니교 사상에 그 상당한 뿌리를 두고 있다'라는 희한한 논리로 귀결되어 난감한 결과에 봉착할 수 있다는 것이다.

---

[451] 에드워드 기번, 『로마 제국 쇠망사 5』(e-book), 이종인 편역(서울: 책과함께, 2012), 285.

기번은 계속해서 다음과 같이 썼다. "1, 200년대 이후, 프랑스 남부 알비 지방에 바울인들이 깊이 뿌리내리기 시작한다. 이 '바울인들'은 '알비인들'로 불리기도 하면서 그들의 집회가 '불과 칼에 의해' 근절되기에 이르렀다."[452]

그러나 그는 어떤 근거에서였는지는 몰라도 『로마 제국 쇠망사』에서 다음과 같은 좀 개운치 않은 설명을 끼워 놓았다. "바울인들은 성경을 그들 신앙의 유일한 근거로 받아들이고, 그들의 신앙에서 모든 영지주의(Gnosistic) 교리들의 흔적을 제거하고 싶어 했다."[453] 아마도 그의 개인적인 신앙 역정(歷程)과 관련이 있는 것 같은데, 그는 성공회에서 시작하여 로마 교회로 옮기고, 다시 성공회로 돌아와서는 나중에 깊은 회의주의에 빠졌기에 개신교회가 곧 마니교도들의 신앙적 후손들이라는 등식을 만드는 데 부담을 느끼지 않았을까 싶기도 하다. 그런데 그의 이 책 원문을 참조하면, 그의 관점은 더 분명하고 결정적으로 되어 있음을 발견하게 된다. 그 부분이 원본에서는 이렇게 되어 있다. "그들의 교리는 '모든' 영지주의 신학의 관점에서 정제(精製)되었다" 즉, "…… purified their creed from all the visions of the Gnostic theology"라고 하여, 바울인들이 영지주의와 아무런 상관이 없음을 분명하게 밝히고 있었던 것이다.[454] 이와 관련하여 우리는 아래의 지도를 눈여겨보아야 한다. 이 지도를 작성한 사람들은 "동방 아르메니아에서 시작된 마니교 사상을 지닌 바울인들은 불가리아에 이르러 '보고밀인' 그룹을 형성하였고, 그 후에는 더 나아가 서유럽에 이르러 '발도인들'과 '카타르인들'을 형성하였다"라고 주장하는데, 이것은 일면 그럴싸해 보이지만 발생 순서나 내용의 상호 관계를 보면 도무지 앞뒤가 맞지 않는 점이 많다. 순서가 뒤집어져 있고, 수십 수백 년씩의 발생 시차가 있다. 그럼에도 이와 같은 그들의 무리한 관점과 주장을 서양 교회사 일반의 움직일 수 없는 역사적 사실로 확정시켜 버린 것은 로마 교회의 힘과 그들의 자위 세력이 가진 영향 때문임은 두말할 필요가 없다.

불행하지만, 상당수 개신교회 역사가들도 이런 교회사 서술을 그저 무난한 방

---

452 에드워드 기번, 294.
453 에드워드 기번, 294-295.
454 E. Gibbon, *The History of The Decline and Fall of the Roman Empire*, vol. 7(Philadelphia: William Birch and Abraham Small, 1805), 63.

법으로 알고, 별로 다르지 않은 입장을 글과 말과 강의로 표명하면서 이들의 뒷줄에 서서 줄줄이 따라가고 있는 것이 현실이기도 하다.

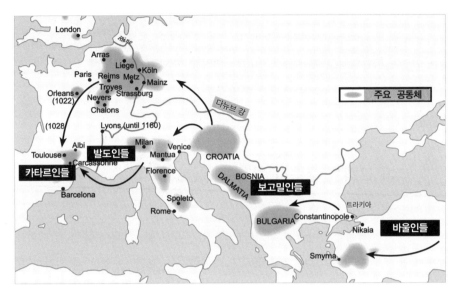

지도28: 바울인들의 서유럽 진출 경로를 보여 주려는 지도

이것을 간단히 다른 표현으로 바꾸면, '마니교에 뿌리를 둔 바울인들은 마니교 전파의 매개자(宿主)가 되어 유럽 전 지역에 마니교를 전달하였다'라는 말이다. 만약에 이런 로마 교회 역사가들의 견해가 역사적 사실에 합치하는 것이라면, 그들이 처음부터 계속 외치는 것처럼 로마 교회만이 유일한 정통 교회가 되고, 유럽의 모든 개혁주의는 마니교를 근간으로 하는 이단 집단의 동류 내지는 그런 이단 집단의 후예들이 되어 버린다.

그리고 이런 진술 위에서라면, 오늘에 와서 유럽, 특히 서유럽에 어떤 개혁 교회가 발견된다손치더라도 그들은 최근에 다른 어느 지역에서 유입 발생한 신흥 개혁 교회 집단이 되거나 '멜기세덱의 반차를 쫓아' 발생한 '난데없는 사도들'의 후예가 되어야 한다. 그렇게 되면, 500년 동안 이를 악물고 걸어 왔다며 우리들이 눈에 불을 켜고 부들부들 외치는 16세기 개혁자들은 또 어디서 나온 '천사들'의 후예가 되는 것일까? '그냥 어느 날 루터가 로마서 몇 구절을 읽다가 불현듯이 깨달음을 얻어 불같이 일어나 개혁 교회를 일으키게 된 것'이다? 이게 말이나 되는 소리인가? 뾰족하게 설명할 방법을 찾을 수가 없다.

그러자 이 난감하고 한심한 우리 자신의 불합리한 설명을 뒷받침하기 위해 우리는 또 다시 로마 교회 역사가들의 자료와 해석에 목을 맨다. 그러면서도 이상한 방법으로 연구하고 공부하고 있다는 생각을 전혀 하지 않는다. 우리는 이런 희한한 역사적 역설을 수백 년 동안 반복해 왔다.

1. 로마 교회가 주도한 역사 공정(工程)

'마니교에 뿌리를 둔 바울인들이 마니교 전파의 매개자가 되어 유럽 전 지역에 마니교를 전달하였다'이다. 그렇게 되면 여기에서는 피할 수 없는 더 심각한 문제 하나가 생겨나게 되는데, 이미 앞서 언급한 바와 같다.

로마 교회가 교회의 진정한 토대를 무너뜨리고 벌였던 수많은 일들, 즉 역사 속에 드러나 있는 그들의 비성경적 신앙과 교리, 수천 년간 저지른 배교와 부도덕, 그들의 불의, 불법, 불합리와 부조리들에도 불구하고, 결론적으로는 로마 교회만이 유일한 정통 교회가 되고, 유럽의 모든 개혁주의는 마니교 따위를 근간으로 하는 이단 집단의 아류 내지는 그런 이단 집단의 비루한 후예들로 전락해 버리는 것이다.

(1) 누가 왜, 무엇을 위하여 이런 역사를 써 왔을까?

이런 바탕 위에서라면, 오늘에 와서 보게 되는 유럽의 개혁 교회에는 면면한 역사라는 것이 없다. 그들은 최근에 갑자기 유입되어 발생한 신흥 개혁 교회 집단이 되거나 '난데없이 출현한 사도들'의 후예들이 된다. 뿐만 아니라 우리의 16세기 개혁자들도 별다른 족보가 없는 난데없는 예언자들이 된다. 그래서 로마 교회에 묻고 있다. '우리는 어디서 온 사람들이냐?'라고. 이런 상황이 이상하게 느껴지지 않았던 것처럼 보이는 이것은 참 희한하기 짝이 없는 역설이지만, 따져 보니 이건 이미 수백 년 동안 이어져온 놀라운 전통(!)이 되어 있다. 그러나 잠시만 정신을 차리고 들여다보면 사실은 이것이 수 세기 동안 꾸준하게 진행되어 온 역사 조작의 산물임을 누구나 알 수 있을 것이다. 목적을 갖고 조작한 프로파간다(propagenda)가 모든 역사적 사실의 근거가 되고, 그 근거들은 또 다른 역사 서술의 증거가 되고, 그것들이 다시 또 다른 증거들을 확정하는 사료가 되고 있음을 보게 될 때마다 소스라치지 않을 수가 없다. 이런 놀라운 형태의 서큘레이션(역사적 순환)이 유독 개혁자들의 시대와 역사를 다루는 자료들에 더 치밀하게 집중되어 있다는 사실이 우리 역사를 더욱 처참하게 만든다. 더 황당한 것은 개혁자들의 자랑스러운 후예로 자처하는 이들이 이런 사실들에 오히려 무심 무념하여, 아예 초연하게 바라보고 있다는 점이다. 이 대목에서는 정말 할 말을 다 삼키게 된다.

독도가 우리 땅이라는 역사적 사실을 설명하기 위해 일본 문부성을 찾아가 자료를 구걸한다면, 거기서 몇 쪼가리 자료를 얻어 와서 '진정한 역사 찾기', '역사 바로 세우기'를 한다고 꿍얼거리고 있다면, 또 그것들을 가지고 이게 더 맞느니 저게 더 옳아 보이느니 토론하고 앉아 있다면 … 세상에 이런 코미디가 또 어디 있겠는가?

그런데 지금 우리가 10세기 전후의 교회사, 그리고 그 이후 선배들의 역사를 다루면서 경험하고 있는 현실만을 말한다면, 우리는 저런 역설적 역사를 수백 년 동안 반복하여 써 왔음을 부인할 수가 없다. 다른 쪽을 살피려는 노력은 죄다 반역이거나 무식의 소치라고 무시해 왔고, 지금도 여전히 그렇게 이어 받은 것들만 흔들리지 아니할 역사적 사실과 진실이라고 믿고 있는 것이, 가슴 아프지만, 상당수 개신교 역사가들의 입장이며 현실이다.

고대로부터 로마 교회가 반복해 온 이런 역사 공정은 놀랍게도, 오늘날의 인터넷 세계에 이르기까지 아주 절대적이고 확실한 설득력과 신뢰를 확보하는 데 성공하고 있다. 완전히 속아서 그렇게 알고 배운 결과로서 지지와 공감을 표명하는 사람들의 숫자와 범위만을 기준으로 삼는다면, 적어도 그들의 성공은 완전한 기정사실이 되어 있다.

예를 들어서, 당대에는 어떤 정치적 사회적 결정 권한도 갖지 못하여 스스로 내몰리고 쫓기며 그 시대를 근근이 버텼던 개혁자 한 사람이 있다. 그런데 그가 도리어 사람을 체포, 구금하여 고문하고, 화형으로 내몰아 죽이는 공권력을 휘둘렀다고 정반대의 거짓부렁을 퍼뜨려, '그는 개신교의 주요 개혁자라 하나, 실상은 역사상 가장 잔인하고 부도덕한 악마 중의 하나다!'라는 식으로 확실하게 만들어 놓았다. 그리스도교 교회 안팎의 많은 사람들이 진짜로 그것이 역사적 사실인 줄로 믿고 있는 것이 현실이다. 이런 정도로 사실을 파괴하고 조작하는 능력을 가진 자들이 바로 로마 교회의 역사 조작 세력임을 과연 얼마간의 사람들이 알고 있는가? 수천만 수억의 사람들이 그런 거짓 역사를 의심 없이 믿어 버리게 만들어 놓은 정도가 아니라, 저런 '안타깝고 불쌍한 조상들을 대신하여 제가 오늘 사과하고 반성합니다!'라는 쇼(show)를 하는 후예들마저 양산해 내고 있으니 …. 이것을 단지 어마어마한 자들이라고 말해서는 설명이 다 이뤄지지 않는다.

로마 교회의 역사 저술가들은 거기서 오히려 한술 더 뜬다. 그런 개혁자들을 신앙의 선조로 숭앙한다는 이들이 자신들의 신학적 입장을 고려한 설명이랍시고 '그것은 전적으로 부패(!)한 모든 인간이 피할 수 없이 갖게 되는 어두운 부분이고, 인생은 누구나 그런 실수와 죄악 된 그늘을 갖게 마련인 것을 이해하자'라는 자조로써 고개 숙이도록 자비로운 변명까지 만들어 주는 여유까지 보여 준다. 무얼 잘못 얻어먹으면 역사라는 것이 이런 정도로까지 거꾸로 쓰일 수가 있는 것일까?

이렇게 완벽하게 엮어 놓고 몇 백 년을 지내 오는 동안, 조작을 주도한 가해자들이 누구인지, 거기에 속아 넘어간 피해자가 어디부터 어디까지인지도 더 이상 알아보기 어려울 정도로 혼탁해졌다. 이제는 누가 '진정 억울한 쪽인지' 어느 쪽을 보고 앉아서 곡(哭)을 해야 되는지를 가늠하기조차 알 수가 없게 되었다.

그들의 이런 엄청난 실력(!)이 가장 시범적으로, 그리고 아주 효율적으로 발휘된 역사 현장의 하나가 바로 우리가 지금 다루려는 '중세 후기 개혁 전 개혁 시대'임을 아는 사람은 의외로, 그리고 놀랍게도 거의 전무(全無)하다. 맨 정신을 갖고 이 사실을 들여다보고 나면 기절초풍하지 않을 수 없을 것이다.

살아 있는 증거들과 증인들은 닥치는 대로 불태우거나 다 죽여 버리고, 그들의 흔적들과 사료들은 보이는 대로 다 묻어 버렸으며, 근근이 남겨진 사실들조차 쥐 잡듯이 찾아내어 다 찢어서 덮어 버린 채, 조작(操作) 역사를 편집해서 쓰레기더미처럼 만들었다. 그러고는 복음을 위해 박해받은 자들이 아니라 '이들은 이단자들이고 마녀들이며 악마와 사단의 무리들'이라는 부서진 간판들과 표지판을 세워, 또 하나의 어두운 역사 흔적들이랍시고 여기저기 무더기로 쌓아 두었다. 그리고 적당한 거리마다 이것들에 얼마간의 관심을 갖도록 유도하기 위해, 적당히 색 바랜 갱지 위에 지적도와 안내 지도들을 프린트해서 여기저기 던져 놓는 일까지도 잊지 않았다. 신약 성경(요 8:44, 계 12:10)이 단적으로 '참소하며 거짓말하는 영들'로 지적했던 바로 그 자와 그 자의 졸개들이 한 짓이 아니고 이게 더 무엇일 수가 있겠는가? 그리고 안타깝게도 여기에 보기 좋게 휘말려 버린 자들은 다 누구인가…?

(2) 우리의 교회사 서술은 왜 이 지경이 되었는가?

이런 가짜 자료와 가짜 뉴스에 말려든 안일한 교회사가(家)들의 분별력 없는 주장들 또한 즐비하다. 또 이것들을 아무런 검토나 확인 절차도 없이 저들이 부르는 대로 받아서 내려온 게으른 후배들의 안일함은 더 처참하다. 이들은 참으로 오랫동안 역사적 사실들을 더 깊이 묻어 버렸고, 그렇게 덮은 채로 그 위에 켜켜이 먼지를 쌓아 올렸으며, 시간이 흐르면서 재미도 관심도 없어지도록 만들어 컴컴해진 수백 년(중세 암흑) 시대로 치부하며, 그저 외면하고 살도록 다독이고 부추겼다.

다시 논의하겠지만, 19세기 개신교회 주요 교회 역사가로서 이 시대 역사에 관하여 로마 교회를 대변하다시피 했던 필립 샤프는 그 중요한 예가 되는데, 그는 일례로 다음과 같은 애매한 입장을 고수한다. "바울인들은 마니교와 마르키온파의 일부 전승을 물려받은 듯하다." 그리고 그는 바울인들의 주요 교리와 관련하여 다음과 같이 언급한다. "첫째, 이원론이 근본 원리로서 두 창조자가 존재한다는 것, 둘째, 육체를 악한 정욕의 좌소로 규정했다는 것, 셋째, 그리스도는 실제의 몸을 갖지 않고 공기와 같은 천상의 육체를 입고 이 땅에 오셨다는 믿음, 넷째, '하나님의 어머니(데오토코스)'는 성모가 아니라 천상의 예루살렘을 상징하는 알레고리로서 그리스도께서 그곳으로부터 나오셨고 다시 그리로 돌아가셨다는 것, 다섯째, 구약 성경은 데미우르고스라는 악한 조물주의 사역의 결과물로 간주하여 배척하였고, 이를 인용한 베드로를 거짓 사도로 간주하였던 것" 등이다.[455] 그러나 그가 세상을 떠나기(1893년) 두 해 전인 1891년에 『진리의 열쇠』 수사본이 발견되었고, 1898년 그 내용이 영어로 번역되어 '바울인들'의 신앙과 교리를 완전히 새롭게 이해하고 해석해야 할 국면이 열렸다. 그럼에도 필립 샤프 본인은 물론, 오늘날까지 이를 제대로 다룬 개신교회의 역사가들이 별로 없었고, 현대 세계 개신교회의 한 본류를 자처하는 우리 입장에서 보더라도 이런 중요한 문서를 한국어로 제대로 다룬 연구나 논문조차 거의 전무하다는 이 현실이 참으로 뼈아프다.

이 와중에 그것들의 틈바구니 사이사이에 피어난 곰팡이들이 무엇을 의미하는지를 우리는 알지도 못했을 뿐 아니라, 그것들을 제거하려고 노력하거나 수고하지 않은 채 그냥 오늘에 이르게 된 이 현실이 전혀 이상하게 느껴지지도 않는다. 현실을 더 알게 될수록 이것이 전혀 이상하게 느껴지지 않는 사실 자체에 더 큰 공포를 느끼게 된다.

그러나 불행하지만 진정한 사실은 이미 서술한 바와 같다. 역사적 사실과 그 현장의 실제 상황을 확인하기보다는 자신들이 처했던 현재 시점에서 해석하고 처신하는 데 있어서 안전한 선택에 더 천착했을 것으로 보이는 후배 역사가들이 꾸준히 존재했다는 것이다. 그들은 결과적으로 로마 교회 역사가들이 의도를 가지고 왜곡하고 조작함으로 고안해 낸 난데없는 역사들을 정사처럼 고정하고 정착시키는 데에 너무나 편리한 동지들이 되어 주었다. 가슴 아픈 이야기지만, 심지어 그들은 로마 교회 역사가들의 프로파간다에 아름다운 화음과 메아리를 만

---

455 필립 샤프, 4권, 508–510.

들어 주는 파트너들이 되어 반응해 주었다. 개혁 교회 역사의 각 페이지들이 보여 주는 안타까운 사실이다.

2. 바울인들의 형성 과정: 바울인들은 누구인가

바울인들이 서유럽으로 진출한 것이 어떤 형태로든지 당시 세계에 상당한 영향을 끼쳤음은 이쪽이든 저쪽이든 일단 부인할 수 없는 역사적 사실이다. 그래서 지금 우리는 이들의 신학적 정체성을 가늠해 보고, 결과적으로 서유럽 개혁 교회에 어떤 영향을 주었는지를 소상히 밝혀내야 할 것이다.

(1) 바울인들의 신앙적 신학적 교리적 정체성

우선 이에 관하여 우리는 이미 편만하게 이해되고 있는 에드워드 기번 류 (Edward Gibbon 類)의 주장을 따져 보는 것에서부터 접근하려고 한다. 좀 더 구체적으로, 먼저는 바울인들이 과연 마니교적 배경을 가진 이단이었는지를 실제 증거와 문서 자료들을 통하여 살펴보고, 이어서 정말 이들이 그 다음 세대가 '종교 개혁'이라는 중대한 역사적 봉우리를 쌓아 올리는 데 어떤 영향을 주게 되었는지를 가능한 1차 사료의 모양으로 남아 있는 증거들을 가지고 추적해 보도록 하자.

바울인들이 이단으로 최초 언급된 것은 아르메니아의 대주교 존 오준(John of Ozun, 재임 718–729)의 연설을 통해서이다. 그리고 미카엘 3세의 공동 섭정으로 테오도라 황후와 남매간인 바르다스(Bardas)의 추천으로 콘스탄티노플 총대주교가 된 포티우스[456](Photius, 810–891)와 800년경 바실리우스 1세 황제의 특사로 바

---

456 황제 미카엘 3세의 섭정 바르다스(Bardas)는 자신의 며느리와의 불륜을 비난한 이그나티우스 총대주교를 쫓아내고 친구 포티우스를 그 자리에 임명하였다. 이에 교황 니콜라우스는 이 사건을 파악하기 위해 조사단을 보냈지만 융성한 대접을 받은 사절단은 임명이 적법하였다고 선언하였다. 이런 사실을 파악한 교황은 포티우스 임명을 거부하였고, 비잔틴은 교황을 정죄하였다. 당시 불가리아가 동서 교회 중 한 곳을 선택해야 할 상황이라 양 교회 간에 첨예한 신경전이 벌어지고 있었다. 그 해결책으로 헬라 출신의 인물을 세우되 로마의 통제를 받는 것으로 합의하게 된다. 그 결과 불가리아는 동서 교회를 연결하는 중간 지역이 되므로 바울인들이 서방 지역 진출의 기회

울인들을 현장 조사한 페트루스 시쿨루스(Petrus Siculus)의 『마니교 역사』(*Historia Manichœorum*)를 통해 구체적으로 적시되었다.[457]

　불행하게도 이 사람들의 공통점은 당대에 바울인들을 격렬히 대적했다는 점이다. 당연히 그들의 평가는 일방적으로 일관되고 있다. 이에 수백 년 후에 그들의 시대를 논의한 잉글랜드의 교회 역사학자 에드워드 기번조차도 "시쿨루스는 편견과 격노를 기반으로 바울인들의 역사를 기록하였다"라고 평가하였다.[458]

(2) '바울인들' 명칭의 유래

　바울인들의 명칭에 관한 주요 견해들은 다음과 같다.

　첫째, '바울을 좋아하고 따르는 추종자들을 자칭하는 이름'으로 '바울인들'이라 불리게 되었다는 긍정적이고 로맨틱한 주장이 있다. 바울인들 그룹 형성을 최초로 주도했던 콘스탄틴(Constantine)이 '바울 서신서'(Epistles of Paul)를 좋아하였을 뿐 아니라 사도 바울이 세운 교회의 이름들을 따라 교회 이름을 짓거나 자신과 자신의 동역자들 별명까지도 사도 바울과 그 주변의 인물들에게서 따왔을 정도로 사도 바울을 좋아했기 때문이다.

　둘째, '바울인들'의 '바울'은 사도 바울이 아니라 '양자 기독론'을 주장하던 안디옥의 감독 '사모사타의 바울'(Paul of Samosata, 재임 260-272)이고, 그를 추종하는 자들이라는 의미에서 유래되었다는 설이다. 적대자들이 바울인들에게 호의적인 명칭을 붙여 주지 않았을 것이라 생각해 보면, 이 두 번째 주장이 오히려 타당성이 있어 보인다. 4세기 초 양자 기독론자들의 별명 가운데, 이들 그룹의 수장(首長) 격으로 알려진 사모사타의 바울의 이름을 따른 '파울리아니'(Pauliani)가 자주 보이는 것이 그 증거다. 그러다가 이들에 대한 주류 교회의 박해가 계속되고 여러 세기에 걸쳐 소수(minority)로 내몰리면서 그들의 존재 자체가 역사 표면에서 사라지

를 갖게 되었다.

457　Charles Hardwick, *A history of the Christian Church: Middle age*(London: Macmillan and co., 1894), 79.

458　John T. Christian, *A History of the Baptists*, vol. 1(Nashville, TN: Sunday School Board, S.B.C., 1922), 48.

고 말았다.

그러나 셋째, 그 이후에 사모사타와 지리적으로 멀지 않은 '마나날리스'(Mananalis)라는 곳에 나중에 콘스탄틴에 의해 '바울인들'로 불린 한 그룹이 형성되었고, 얼마 지나지 않아 그들은 상당한 영향력을 행사하면서 넓은 지역에 편만해진 종파로 크게 확장되었다. 그래서 초라한 그 '사모사타의 바울 추종자들' 혹은 그런 자들의 후예들이라는 비아냥으로 그들을 '바울인들'이라 불렀을 것이라는 설이다.

(3) 타락하는 비잔틴 제국의 국가 교회

이스라엘이 바벨론의 포로가 되어 끌려가면서 통과하였던 도시들과 거주지들은 그 시대 그들 가운데 임재하신 하나님의 영광이 머물렀던 장소들이었는데, 여러 세대가 지나면서 표면적 상황은 여러 가지로 바뀌어 갔지만, 훗날 이 지역은 안디옥 교회와 팔미르(Palmyre) 교회의 선교를 통하여 복음이 들어가는 지역들로 역사 위에 다시 나타나게 된다.

바나바와 바울, 그리고 다른 많은 이들이 소아시아 지역에 복음을 전하고 교회들을 세웠다. 그리고 사도 바울의 서신서인 갈라디아서, 에베소서, 골로새서에는 초대 교회 성도들에게 전달된 사도들의 강력한 교리가 실려 있었지만, 한편으로는 당시 교회 가운데 사도들의 가르침을 거스르는 거짓된 가르침이 일어나고 또 이에 영향을 받은 사람들이 있었음이 잘 드러나 있기도 하다. 그리고 복음은 안디옥으로부터 다시 북서쪽으로도 퍼져 나갔다. 교회는 주류를 형성해 나갔고, 스스로 보편적이며 유일한 교회를 자처하면서 사제들이 다스리는 가톨릭 조직(The Catholic system)을 급속도로 발전시켜 나갔지만, 이에 저항하는 사람들 또한 끊임없이 일어나게 되었다.

3세기 동방의 아르메니아 왕국은 콘스탄티누스 대제보다 먼저 기독교를 자기들의 국교로 삼을 만큼 열성적인 지역이었다. 그런데 4세기에 들어 기독교를 공인한 비잔틴의 콘스탄티누스 대제 아래에서, 교회와 국가가 절충하고 합종연횡

하기 위해 서두르는 상황이 나타났다. 반면에 그런 와중에서도 여전히 성경의 원리를 지속적으로 지키려는 교회들이 끊임없이 일어나 참 교회를 지키고 세우려는 노력을 계속해 나가는 모습 또한 볼 수가 있다.

동방의 종교 세계를 마니교가 주도하던 시대부터 이미, '헬라의 주류 교인'들로부터 자기들 스스로를 구별하여 '그리스도인'이라 불렀던 동방의 참 교회는 오히려 로마 제국 – 비잔틴 중심의 동(東)과 로마 중심의 서(西)를 불문하고 – 쪽의 교회들에 의하여 '마니교도들'이라고 몰리고 비방을 당하였다. 이에 동방의 참 교회들은 결코 마니교도들이 아님을 선언하게 되었고, 마니교도들은 이교도들로서 그들의 종교와 신앙 내용들이 자신들의 신앙 고백과는 결코 같지 아니하다는 사실을 여러 방법을 통하여 증언하며 반박하였다. 그럼에도 불구하고 로마와 비잔틴을 중심으로 한 주류 교회는 이들 동방 교회를 향한 그들 자신의 확고한 의견을 굽히지 않았고, 공의회의 회의록들과 선언들, 또는 그들의 저술을 통하여 비방과 거짓 사실을 기록하고 공표하였으며, 더 나아가서는 가증스러운 의도를 가지고 이를 적극적으로 퍼뜨리는 데에 나서기도 했다.

주류 교회가 계속적으로 참 교회를 정죄하였지만, 실제로는 자신들이 정죄하는 내용을 입증할 어떤 증거도 갖고 있지 못했다. 자신들의 피의자인 동방 교회와 신자들의 신앙과 설교를 드러내는 말과 글, 그리고 그들의 삶을 보게 하는 선언들과 증언들에서 그 어떤 증거도 찾아내서 제시할 수 없었다. 도리어 동방의 참 교회는 자기들을 적대시하는 제국의 교회들에 의하여 고의적으로 붙여진 '이단자들'이라는 이름 대신 "그리스도인" 혹은 "형제들"이라고 스스로를 불렀고, 집합적으로는 '우리 주 예수 그리스도의 거룩하고, 보편적이며, 사도적인 하나의 교회'에 속한 자들이라고 언급하기를 주저하지 않았다.

그러나 얼마 후에 세속적인 경향을 강하게 띠기 시작했던 헬라, 라틴, 아르메니아의 교회들은 당연히 성경으로부터 점점 더 멀어져 갔고, 세속 권세를 가진 국가 조직에 영합하여 불신자들을 집단으로 유입하는가 하면, 갓 들어온 그들에게 곧바로 성찬을 베푸는 것과 같은 혼합주의적 비행들을 일삼았다. 동방의 참 교회는 이런 로마 제국의 교회들에 대하여 '교회로서의 역할을 상실하였다'고 선언하기에 이르렀고, 그들을 교회라고 부르는 것조차 삼가고 거절하게 되었다. 그러자 주류를 장악하던 로마 제국 쪽의 교회들은 이미 위에서 설명한 것처럼 도리어 이런 주장을 하는 동방 참 교회의 성도들을 이단적 분파의 의미로 '바울인들'(Paulician) 또는 '톤락인들'(Thonraks)로 부르며 경원시하고 적대 또는 학대하는데, 이런 흐름은 7세기 이후에 더욱 뚜렷하고 결정적으로 나타난다.

(4) 로마 제국의 박해와 제국 교회의 핍박

바울인들은 원래 일어났던 지역에서 본격적인 박해를 당하게 되자 소아시아와 아르메니아의 넓은 지역과 아라랏(Ararat) 산 주변 지역, 그리고 유프라테스 강 너머에 있는 광활한 지역들에서 복음을 듣고 세례받은 신자들 중심의 교회들을 세우며 그 지경을 넓혀 갔다. 그들은 그리스도로부터 직접 복음을 받고, 들었으며, 세움을 입은 사도들의 가르침을 받아 이를 지켜 행하는 '주 예수 그리스도의 제자들'을 자처하는 이들이었다.[459] 특별히 아르메니아 산악 지대는 서유럽의 피에몽 계곡처럼 복음의 순수함과 경건한 삶의 원칙들이 보존된 영적인 도피성과 같은 곳이었다.

그러나 세월이 지나면서 아라랏 고산 지대의 토로스 교회들을 제외하고, 도시와 밀접하였던 대부분의 교회들은 핍박을 당하면서 망가지거나 급속한 세속화의 영향으로 녹아 내려서 점점 메마른 저수지처럼 바뀌어 갔다. 서방의 로마 제국 교회가 그러하였듯 이들 동방의 경우에도 그리스도가 아닌 세상적인 풍부함을 제공해 주는 제국의 권력 아래로 들어가며 타락하게 되었다. 그리스도를 머리로 하는 교회가 아니라 제국에 예속된 '국가 교회'로 전락하였기 때문이다.

세속 제국의 입장에서 볼 때, 교회의 내부 분열은 곧 제국 기반의 약화 그 자체를 의미하기에, 제국에 충성하는 거대한 하나의 대형 교회 집단을 형성하여 이를 유지해 나갈 수 있도록 더 많은 부와 권력을 집중하여 제국의 교회를 지원하였

---

459 E. H. Broadbent, 43-44.

다. 그러자 제국의 동방 비잔틴 교회는 이에 호응하여, 교회에 부여된 권력을 견고하게 하거나 이를 더욱 확장시키기 위한 방편으로 제국의 계급 제도를 교회 안으로 도입하였다. 연합과 협력의 효율성을 높이기 위해 최선의 장치를 제도적으로 편성하려는 당연한 절차였던 것이다. 그러고는 그들 스스로 '우주적인 하나의 보편 교회'라고 선포하였다. 하지만 당시 개혁자들의 눈에는 성경적 진리와 무관한 거짓 교회의 보좌가 세워진 장소였을 뿐이었다.

동시에 그들의 교회 조직에 들어와 복종하지 않는 개혁 세력에 대해서는 '이단'이라는 명목으로 국가 권력을 동원하여 억압하고 파괴하고자 끊임없이 노력했다. 이 시대에 이미 시작된 이런 박해의 패턴(pattern of persecution)은 그 이후 수천 년 동안 지속되고 반복되었다. 초대형 거짓 교회는 참 교회를 추구하는 이 개혁자들이 완전히 소멸될 때까지 박해의 정당성을 확보하기 위하여 '이단 몰이'의 고삐를 틀어쥐고자 애썼고, 흑색선전(마타도어)과 선동(프로파간다)을 획책하면서 역사의 현장에서, 그리고 사람들의 기억 속에서 그들을 소멸시키고자 온갖 노력을 다하였던 것이다.

그럼에도 교회의 머리이신 그리스도께서는 친히 동방의 산악 지대에 남겨 두신 가난한 교회를 통해서 '무명한 자 같으나 유명한 자요, 죽은 자 같으나 살아 있고, 징계를 받는 자 같으나 죽임을 당하지 아니하는' 교회로서 거짓 가르침에 생명을 내어 놓고 저항하며 복음의 진리를 지켜 내게 하셨다. 그들을 사도적 교회의 신앙과 경건의 순수함을 보수하는 '영적 보고(寶庫)'로 보호하셨다. 면면한 교회 역사는 이를 드러내고 있다.

(5) '바울인들' 교회의 조직

에드워드 기번의 『로마 제국 쇠망사』에 따르면, 바울인들의 창시자는 마나날리스에 거주한 콘스탄틴이다. 콘스탄틴은 사라센에 포로로 잡혔다가 653년경 자유의 몸이 되어 아르메니아로 돌아온 한 부제(deacon)를 만나게 되었고, 이 만남을 통하여 새로운 역사가 일어나게 되었다. 이 무명의 부제는 우연히 사모사타 근처

마나날리스를 지나가다가 부유하고 교육을 받은 상인인 콘스탄틴의 집에서 며칠을 머물게 되었다. 주인 콘스탄틴은 포로에서 풀려난 나그네에게 친절을 베풀었고, 그와 깊은 대화를 나누게 되었는데, 특히 그가 조심스럽게 내보여 준 성경에 큰 관심을 보였다. 결국 이 나그네는 길을 떠나면서 자신에게 큰 호의를 베풀어 준 콘스탄틴에게 감사하는 마음으로 그가 관심을 가졌던 성경, 곧 4복음서와 바울의 서신서가 담긴 책을 선물로 주었다.

어쩌면 이미 한번쯤은 그 시대의 경향에 따라 '영지주의'에도 접촉했었을 법한 콘스탄틴은 난생 처음 접한 이 성경을 통해 복음의 빛을 받고 영생을 깨달았고, 그의 삶도 변화되었다. 그리하여 그는 성경을 신앙의 유일한 법칙과 교리의 기초로 삼게 되었을 뿐만 아니라 그 자신이 이 성경적 복음을 가지고 지역 교회를 회복케 하는 일에 부름 받은 사실을 확신하기에 이르렀다.

1) 바울인들 교회의 첫 지도자 실바누스

그가 성경을 읽고 깨달은 내용들을 이웃들과 나누면서 그의 성경 해석은 사람들에게 큰 감화를 끼쳤을 뿐 아니라 자신이 경험한 것과 동일한 영적 변화를 일으켰다. 자연스럽게 많은 무리들이 그의 가르침을 따르게 되었고, 하나의 공동체가 형성되기에 이르렀다. 그는 당시 그가 속한 동방 교회가 성경과 무관한 다른 가르침으로 점철되어 있음을 확인하고 계급화 된 그 교회 조직으로부터 떠날 수밖에 없었다. 이런 과정을 거치면서 그는 더욱 사도행전 교회의 가르침을 지키고 이를 회복하게 하기 위하여 주님의 부르심을 받았다고 자각하게 되었다.

콘스탄틴은 이방인들에게 복음을 전하도록 보내심을 받은 사도 바울을 존경하고 자랑스럽게 여겨, 사도 바울의 동료였던 선교사의 이름을 따라 자신을 실바누스(Sylvanus, 실라)로 불렀고, 자신의 제자들은 디도(Titus), 디모데(Timothy), 두기고(Tychicus), 에바브라(Ephaphras)와 같은 이름으로 불렀다. 또한 아르메니아와 갑바도기아에 세워진 이 '바울인들'의 교회들을 부르는 명칭들에서도 이런 흔적을 볼 수 있는데, 사도 바울이 세우거나 사역하였던 로마 교회, 고린도 교회, 에베소 교회, 빌립보 교회, 골로새 교회, 데살로니가 교회와 같은 이름을 따와서 그 지역

교회들의 이름으로 삼았던 것이다.[460]

실바누스는 헬라 교회의 우상 숭배를 비판하였다. 이는 그에게 성경을 선물로 주었던 부제가 포로로 잡혀 있는 동안 마호메트의 추종자들이 그리스도인들이라 자칭한 자들의 우상 숭배에 관하여 신랄하게 비판하는 말을 들었고, 그 내용을 실바누스에게 전달하였던 것이 계기가 되었던 듯하다. 뿐만 아니라 그는 헬라 교회의 계급 제도도 적극적으로 반대하였고, 당대의 교회가 교세 확장을 위하여 무분별하게 세례를 남발하거나 아무나 성찬을 받도록 허락하고 나누는 것에도 반발하여, 세례와 성찬은 신앙 고백을 행하는 신자들에게만 제한해서 행해야만 한다고 주장하였다. 무엇보다 중요한 사실은 실바누스가 성경에 집중하였으므로 당연히 그와 함께한 교회가 이원론적 사상에서나 그 흔적들로부터 점점 떠날 수가 있었던 것이다.[461]

비잔틴 교회 권력자들의 박해가 시작되서 더 이상 견디기 어려워지자 그는 키보사(Kibossa)로 피신하였고, 그 이후 30년 동안 여러 지역으로 이동하면서 복음을 전하였다. 그의 사역의 결과로 많은 이들이 회심하는 큰 복음의 역사가 일어났다.

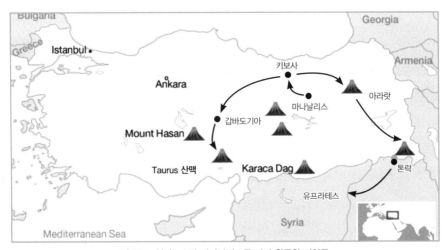

지도29: 실바누스가 마나날리스를 떠나 활동한 지역들

---

460 E. Gibbon, vol. VII, 50–51; William Jones, *Ecclesiastical history, a course of lectures*, vol. 2(London: G. Wightman, Paternoster row, 1838), 182; John T. Christian, 50.

461 William Jones, *Ecclesiastical history, a course of lectures*, vol. 2, 180.

특별히 실바누스는 신학자가 아닌 평신도 지도자로서 초대 교회의 유력한 신학자들이 활동했던 갑바도기아와 초대 교회의 전통을 유지한 교회들이 잔존해 있던 톤락(Thonrak, 오늘날 지명은 Tendürek)과 같은 지역으로 들어가서 그리스도인이라는 이름 하나만으로 '하나의 교회'가 되었고, 신학적 신앙적 개선, 진척 내지는 성장을 이루어 갔다. 박해로 본거지를 떠난 실바누스는 편협한 관점이나 개인적인 성경 해석 방법을 떠나 중요한 교부들의 관점과 해석들을 접하고 배우면서 균형 있는 신학을 형성하게 되었다. 먼저 톤락에서는 더욱 순수하고 열정적인 복음을 접할 수 있었을 것이고, 삼위일체 신학을 정립하게 된 갑바도기아에서는 더욱 완벽한 신관(神觀)을 정리할 수 있는 계기를 얻었을 것이다.

바울인들이 마니교의 색채를 갖고 있다고 주장하는 이들 때문에, 혹은 바울인들의 신학적 근거를 보여 주는 고대 문서인 『진리의 열쇠』에서 볼 수 있는 일단의 이단적 논란거리들 때문에 실바누스의 신학적 변화와 발전을 전혀 고려하지 않으려 하는 시각이 있다. 그리고 이런저런 다른 이유들로 후기 실바누스 신앙 사상의 요체를 인정하지 않으려는 입장들도 없지 않다. 그러나 이런 태도는 오히려 그 이후의 바울인들과 그들의 신앙을 적절하게 연구하려는 진중한 시도를 원천 봉쇄하는 자세가 될 수 있음에 유의해야 한다.

실바누스와 하나의 교회가 된 톤락 산맥의 바울인들은 '톤락인들'(Thonraks)로 불리며 19세기까지 존재하였다. 그러나 필립 샤프는 "톤락인들은 833–854년에 아라랏에서 셈바트(Sembat, Smbat Zarehavantsi)가 조직했으며, 많은 박해를 받으면서도 아르메니아에서 더 많은 개종자들을 얻었다. 이들의 주교였던 야콥(Jacob)은 1002년에 당시 아르메니아(의 비잔틴) 교회의 부패를 지적하는 설교를 하다가 체포되어 군중들에게 굴욕을 당한 후 죽임을 당하였다. 그 후 톤락인들은 아르메니아, 그리스 및 터키로 대부분 흩어졌으나, 일부의 사람들은 톤락에서 1750년까지도 살아남았던 흔적이 있다"고 전해 준다.[462]

---

462 필립 샤프, 4권, 512.

화보117: 사도적 신앙을 지키기 위하여 동방의 발도인들(계곡의 사람들)이 머물렀던 아라랏 산의 모습[463]

바울인들 교회는 성경을 근거로 한 신앙 고백과 교리 교육을 통하지 않은 집단적인 강제 개종을 거부하고 철저하게 개인적 회심의 필요성을 강조하였다. 사도 바울이 전도 여행을 통하여 보여 준 것처럼, 그들은 한 지역에서 복음을 전한 후 그 지역 공동체가 세워질 때까지 일정 기간 동안 체류하였고, 지도자들이 세워지면 그들이 다시 방문할 때까지 새로운 지도자들이 가르치도록 하였다. 이는 후에 유럽의 발도인들 순회 선교사들이 시행한 사역 방법과 매우 닮아 있다.

실바누스는 토로스(Taurus) 산맥을 넘어 초대 교회 시기의 복음의 능력을 잃어버린 소아시아 지역에서도 성공적으로 사역함으로 큰 무리를 형성하였다. 그러자 이를 불편하게 여긴 비잔틴의 황제 콘스탄틴 포고나투스(Constantine IV Pogonatus)는 684년에 그들의 모임을 해체시키려는 칙령을 발표한 후 시므온(Simeon)이라는 한 지휘관을 그 현장으로 파견하였다. 시므온은 곧바로 실바누스

---

[463] 출처: Harry Finnis Blosse Lynch, *Armenia Travels and Studies*, vol. 1(London: Longmans, Green Co, 1901), 163.

화보118: 1901년 아라랏산 아래의 자유민들 모습
더 오랜 과거에 이 산 위에서 숨어 지냈던 톤락인들의 삶의 모습은 어떠했을까?[463]

를 체포하였고, 그 공동체의 동료들에게 돌을 들게 한 후 오랫동안 그들을 돌보고 가르쳐 온 실바누스를 향하여 던질 것을 명령하였다. 그러나 그들은 목숨이 위협당하는 상황 앞에서도 아무도 그 명령에 응하지 않았고 돌을 땅에 내려놓았다. 나중에 실바누스의 양아들이었던 유스도(Justus)라는 젊은이가 돌을 들어 실바누스를 쳐죽였다(684년). 시므온은 실바누스의 죽음을 직접 지시하였음에도 그 현장에서 그 장면을 목격하며 실바누스의 순교에 큰 충격을 받았지만, 양아버지를 죽인 유스도에게 많은 칭찬을 하고 보상을 허락하였다. 권력자들은 실바누스의 흔적을 지우기 위해 그의 몸을 불태워 재로 뿌렸지만, 그의 가르침은 그가 살았을 때보다 더 강력하게 퍼지고 공동체는 성장해 갔다.

---

464 출처: Harry Finnis Blosse Lynch, 122.

	실바누스	피에르 발도
직업	부유한 상인	부유한 상인
성경 교사	성경을 통하여 회심, 성경을 가르침	지역어로된 성경의 필요성을 깨닫고 성경을 번역함
소명	사도적 교회인 톤락교회와 접촉	설교와 가르침으로 복음의 회복
성숙의 계기	여러 지역으로 선교사들을 파송함	피에몽 계곡의 사도적 교회인 보두아 교회와 접촉
확장	여러 지역으로 선교사들을 파송함	'리옹의 가난한 사람들' 그 자체가 선교사 헌신 그룹
박해	테오도라 황후의 박해	알비 십자군의 불 같은 박해
박해의 결과	불가리아와 보스니아 지역으로 확장	플랑드로와 보헤미아 지역으로 확장
신앙고백서	진리의 열쇠(8-9세기)	고귀한 교훈(1100)
사역 기간	30년	32년
사역 공통점	계곡의 순수한 복음을 계승하고 동서방 지역에 강력한 종교개혁의 선구 개혁자	

도표9: 실바누스와 피에르 발도를 비교하며 발견하게 되는 공통점들

2) 또 다른 지도자 게네시우스

실바누스가 순교할 때 탈출한 사람들 가운데 '바울'이라는 한 사람이 새로운 지도자로 선출되었고, 그는 죽기 전에 장남 게네시우스(Gegnaesius)를 계승자로 임명한 후 그의 이름을 '디모데'(Timothy)로 바꾸었다. 참고로 이때 공동체 내에 분열이 발생하기도 했는데, 차남 테오도르(Theodore)가 안수 없이도 지도자로서의 영적 권위를 하나님으로부터 직접 받을 수 있다고 주장하면서 또 다른 지도자로 나섰기 때문이었다.

레오 황제의 통치 기간 동안 바울인들이 확장되면서 불만이 터져 나오자, 콘스탄티노플의 총대주교는 디모데를 소환한 후 이단 혐의에 관하여 취조하였다.

대주교: 너는 왜 가톨릭교회를 떠났는가?

디모데: 저는 가톨릭교회를 버리려는 그 어떤 욕망을 갖지 않는 것은 그 안에서만 구원을 찾을 수 있기 때문입니다(그에게 있어 가톨릭교회란 그리스도교 교회의 초기 순수성을 회복하려는 바울인들 공동체를 의미하였다).

대주교: 너는 왜 '하나님의 어머니'를 존숭하지 않는가?

디모데: 저는 그리스도께서 나오시고 다시 들어가신 우리 모두의 어머니이신 하나님의 어머니를 공경하는 것을 거부하는 모든 사람들을 저주합니다(그에게 있어 하나님의 어머니는 하늘의 예루살렘을 의미하였다).

대주교: 너는 어찌하여 십자가를 경외하지 않는가?

디모데: 십자가 숭앙하기를 거절하는 모든 사람들을 저주합니다(그는 십자가를 그리스도의 상징적 이름으로 이해하였다).

대주교: 왜 너는 세례와 성찬에서 그리스도의 몸과 피를 경멸하는가?

이 질문들에 대한 디모데의 대답은 대주교를 만족시켰고, 그는 이런 재치 있는 대답 덕분에 황제로부터 보호를 받게 되어서 그 후 30년 동안 활발한 활동을 할 수 있었다. 그러나 사라센의 전진으로 바울인들은 고국을 떠나 소아시아 지역을 새로운 거처로 삼았지만, 그곳에서 심한 박해로 말미암아 멸절의 위기에 처했다.[465]

3) 바울인 박해자에서 지도자가 된 시므온

시므온은 실바누스 공동체의 해체와 멸절을 위한 임무를 무사히 마치고 콘스탄티노플로 돌아가 3년 동안 화려한 궁전에서 생활하며 지냈지만 마음의 평안을 누리지 못하였다. 그리하여 그는 궁중에서의 모든 직책을 버리고 키보사로 가서 그가 파괴하고자 노력했던 그 공동체로 들어갔다. 거기서 그들과 함께 거주하면서 '티투스'(Titus, 디도)라는 새 이름도 얻었다. 티투스는 자신이 죽음으로 몰아넣

---

465 Edward Backhouse & Charles Taylor, *Witnesses for Christ and memorials of church life from the fourth to the thirteenth century*, vol. 2(London: Hamilton, Adams, and Co., 1887), 254-256.

PART 5 · 거기에 바울인들(Pauliciens, Paulicians)이 있었다! **367**

었던 실바누스를 대신하여 복음을 전하다가 2년 정도 후에 동료 교우들과 함께 체포되고, 이단으로 단죄되어 화형 선고를 받았다. 그는 고통스럽게 화형당하는 순간에도 흔들리지 않으며 천국을 소유한 자의 담대함을 보여 주었고, 한 줌의 재가 되어 사라졌지만 더 많은 사람들에게 신앙의 용기를 더해 주었다. 그의 화형 이후에 수많은 설교자와 교사가 일어나 헌신하게 되면서 복음 증거의 사역은 중단되지 않았다.

당시 동, 서 로마 교회 분열의 한 축이었던 콘스탄티노플 총대주교 포티우스는 867년에 이들에게 경멸의 의미를 담은 '바울인들'이라는 이름을 붙였고, "그들은 거짓말쟁이요, 간음 자들이며, 존속 살인범들인 마니교 이단"이라는 혐오스러운 죄명을 덧씌웠다. 이를 계기로 박해의 범위는 더욱 넓혀졌고 핍박의 강도는 격렬해졌다.[466]

4) 또 한 사람 유명 지도자인 세르기우스

바울인들의 위기 상황 속에서 새로운 지도자 세르기우스(Sergius)가 등장하였다. 그는 갈라디아 지역의 동방 가톨릭교회에서 성장하였고, 그의 회심은 실바누스의 경우와 유사하였다. 4-5세기의 교부들에 따르면 모든 사람이 성경 연구하는 모습을 격려하며 칭찬하였음에도 진리의 빛은 갇혀져 점차 힘을 잃게 되었다. 왜냐하면 성경의 권위를 지키기 위하여 오직 사제들만 읽고 해석할 수 있도록 규칙을 만들었기 때문이다. 그런 시대에 세르기우스는 바울인들 소속의 한 여성에게 다음과 같은 질문을 받았다. "당신은 과학과 학문에 뛰어날 뿐 아니라 도덕적으로도 탁월하신 분이라고 들었습니다만, 당신은 왜 복음서를 읽지 않으십니까?" 그러자 그는 대답했다. "평신도인 우리에게는 성경을 읽는 것이 허락되지 않았고, 성경은 오직 사제들만의 책이기 때문입니다." 이에 여인은 그에게 도전했다. "그것이 당신이 하나님을 공경하고 있지 않다는 증거입니다. 왜냐하면 하나님은 모든 사람이 하나님의 진리를 알기를 원하시기 때문입니다. 당신들의 사제들은 하

---

466 W. A. Jarrel, *Baptist Church Perpetuity*(Dallas: The Author, 1894), 107.

나님의 말씀을 왜곡시키고 복음서에 들어 있는 신비한 능력을 은폐시키기 위하여 성경으로부터 멀어지게 하고 있는 것입니다. 우리의 주인이신 주님께서 그분의 이름으로 '나더러 주여 주여 하는 자마다 다 천국에 들어갈 것이 아니요 다만 하늘에 계신 내 아버지의 뜻대로 행하는 자라야 들어가리라'고 말씀하셨는데 그분의 말씀을 알지 못하고서야 어떻게 아버지의 뜻을 행할 수 있겠습니까?"

이 말은 세르기우스의 심장 깊숙이 박혔고, 그의 전임자 실바누스처럼 즉시 바울 서신서를 연구하기 시작하였다. 그리고 이름을 '두기고'(Tychicus)로 바꾼 후 목수로 일하면서 34년 동안 소아시아 지역을 횡단하며 무릎이 지질 때까지 동서남북으로 달려가 열정적으로 그리스도의 복음을 전하였다. 그의 높은 도덕성과 부드러운 태도는 그의 적들에게서도 큰 칭찬을 받을 정도였다. 그의 가르침은 추종자들로 하여금 비잔틴 교회에 소홀하게 만들었고, 많은 청중들이 그의 설교를 듣기 위해 모였으며 말씀에 매료되었는데, 심지어 남녀 수도사, 사제들도 포함되었다.

하지만 역사가 페트루스 시쿨루스는 두기고의 삶에 대하여 비판적으로 증언하였다. "그는 사탄이 늙은 여인의 모습으로 그에게 나타나 '왜 성경을 읽지 않느냐?'라고 묻는 유혹에 빠져 이단이 되었으며, 강력한 악마의 전사로 위장과 속임수에 능하여 많은 양들을 늑대로 바꾸어 놓았고, 미사와 언약의 피를 거룩하지 않은 것으로 여기도록 만들었다."[467]

세르기우스의 첫 사역 기간에는 헬라 교회가 다소 호의적이었는데, 몇몇 사제들이 이단들에게 칼로써 회개를 강요하는 피 흘림에 참여하지 말 것을 호소하였기 때문이었다. 이런 이유로 바울인들은 잠시 평화를 누릴 수 있었으나 미카엘 1세가 즉위하면서 피의 박해가 시작되었다. 세르기우스는 835년에 생계를 위해 산에서 혼자 도끼로 목재를 다듬고 있었는데, 광신적인 헬라 교회 신자들은 그의 도끼를 빼앗은 후 그 도끼로 그의 목을 향하였다.[468]

---

[467] J. A. Wylie, *The history of Protestantism*, vol. 1, 34.
[468] Edward Backhouse & Charles Taylor, *Witnesses for Christ and memorials of church life from the fourth to the thirteenth century*, vol. 2, 256-261.

미카엘 시대를 지나 아르메니아인 레오 황제 때에도 주교와 수도원장들이 바울인들을 박해했는데, 아르메니아 키노스코라(Cynoschora)의 주민들이 일어나 그 박해자들을 살해할 정도로 큰 압제 사건들이 있었다. 결국 많은 바울인들은 제국의 박해를 피하여 그들을 환영하는 사라센 제국이 정복한 아르메니아 지역으로 피신할 수밖에 없었다.

(6) 비잔틴 교회 및 기존 교회사에 알려진 바울인들의 정체

1) 유럽으로 진출하는 바울인들

코카서스 이남, 소아시아 북쪽 지역에 퍼져 있었던 아르메니아의 바울인들이 유럽으로 진출하게 된 것은 8세기 중반 콘스탄틴 코프로니무스(Constantine Copronymus) 황제가 헬라 교회로부터 박해를 받고 있던 바울인들을 이주시킨 것이 계기가 되었다. 10세기에도 아르메니아 출신의 황제 요한네스 1세 치미스케스(John I Tzimisces, 969-976)가 20여 만 명의 바울인들을 강제 이주시켰다. 그리하여 그들의 중심은 플로브디프(Philippopolis, 오늘날 플로브디프) 근교가 되었다.

그들은 발칸 반도에 정착한 불가리아인들과 형제 관계를 맺었고, 그들을 바울인들의 신앙과 사상으로 개종시켰다. 불가리아의 한 왕자가 그들의 가르침을 받아들이기도 했는데 훗날 보고밀인들로 불리게 되는 그 공동체의 원류가 되었다. 한편 당대에 비잔틴 제국의 황후 테오도라는 불가리아인 용병들을 동원하여 제국의 속령으로 되어 있었던 아르메니아 지역에서 10여 만 명에 달하는 바울인들을 살해하거나 익사시키거나 교수형으로 처형하는 비극적인 사건을 야기하기도 했다. 실제로 이 시대의 바울인들과 보고밀인들의 신앙과 사상의 차이를 현재 우리가 가진 제한된 사료에 의존하여 구분하는 것은 불가능해 보인다.

2) 기번의 바울인들에 대한 평가와 서유럽으로의 진출 과정

기번은 바울인들을 마니교적 이원론에 연계된 집단으로 평가했고, 그들의 서방 세계로의 진출은 지도33(431쪽)에 나타난 것과 같은 경로를 따랐을 것으로 추정하였다. "바울인들이 서유럽의 중심부로 들어갔을 경로로는 다음 세 가지의 가능성이 추정된다. 첫 번째는 다뉴브라인 경로인데, 헝가리가 기독교를 수용하게 되자 예루살렘 성지 순례자들이 다뉴브 강을 따라 불가리아의 플로브디프 또는 트라키아(Thrace)를 통과하면서 바울인들을 접촉했을 것으로 추정되는 경로이다. 두 번째는 서유럽 방면 대상(隊商)들의 이동 경로를 따랐을 것이라는 추정이다. 바울인들이 그들의 신학적 정체성을 숨기고 프랑스나 독일의 대상들을 따라 들어갔을 것으로 보는 견해이다. 세 번째는 아드리아 해안선 경로로서, 베네치아와의 교역을 통하여 아드리아 해안 지역으로 퍼져 나갔을 것으로 추정된다. 특별히 베네치아는 이방인들을 환영하던 도시였을 뿐 아니라 좋은 기후를 가지고 있고, 종교에 있어서도 개방적이었기 때문이다."[469]

바울인들이 비잔틴의 깃발 아래 트라키아와 불가리아에서 이탈리아와 시칠리아의 그리스 속주 지역들로 강제 이주된 경우가 있었다. 그곳에서 바울인들은 낯선 사람들이나 현지 토착민들과의 대화를 통하여, 로마, 밀라노, 알프스를 넘어 프랑스 왕국까지 그들의 사상을 퍼뜨리게 되었고, 다양한 계층의 수많은 로마 교회 신자들은 로마 교회가 '마니교'라고 지칭했던 그 사상과 신앙을 수용하게 되었다. 또한 로마 교회의 우상 숭배와 교황의 절대 권력에 대한 확고한 반대 입장은 오히려 상당수 주교들과 사제들로 하여금 동조하게 하고 동참하게 만들었던 것으로 보인다.

기번이 주장한 내용 가운데 하나는 바울인들이 1200년 이후 프랑스 남부 알비 지역에 깊이 뿌리를 내려 '알비인들'을 형성하였다는 견해이다. 그의 기록에 따라 우리는 유럽에서 초기 바울인들이 마주했던 상황을 추측할 만한 충분한 시사를 얻게 된다.

"바울인들의 세력과 영향력이 광범위하게 퍼져 나가자 교황 인노켄티우스 3세는 유혈 진압을 했는데, 이는 동방 테오도라 황후의 학살을 훨씬 능가할 만큼 혹독함과 범위에 있어 더욱 잔혹하고 충격적이었다. 이로 인하여 '알비인들'이라는

---

469 에드워드 기번, 291-292.

새 이름으로 지칭된 '바울인들'은 그의 무자비한 폭력, 불과 칼에 의해 근절되고 말았고, 살아남은 소수의 세력은 도피하거나 신분을 감추고 숨어 버리거나 이것도 아니면 로마 교회로 개종하여 흡수되었을 것이다"라고 언급한다.

그럼에도 바울인들을 통하여 일어난 불굴의 정신만은 여전히 서방 세계에 살아남아 숨 쉬고 있다고 주장한다. 국가들과 교회들, 심지어 수도원에도 바울인들의 후예들은 여전히 숨어 있었던 것으로 보인다. 그들은 로마 교황청의 전횡에 저항하면서, 오직 하나님의 말씀인 성경을 그들 신앙의 유일한 토대로 받아들였으며, 이 성경을 공부하고, 배우고, 해석하고, 가르치면서, 그들의 신앙에서 영지주의적인 모든 교리와 흔적을 제거해 나갔던 것으로 주장한다."[470]

『로마 제국 쇠망사』를 통하여 알 수 있는 바울인들에 대한 기번의 입장은 앞과 뒤의 색깔이 완전히 다른 것으로 되어 있다. 그래서 이는 읽고 검토하며 충분히 고려해야 할 필요가 있는 사료로 판단된다. 이 책에서 기번은 바울인들이 마니교적 이원론 사상을 갖고 동방으로부터 서방으로 진출하여 알비인들 그룹을 형성하였던 것으로 썼지만, 한편으로는 바울인들이 성경을 근거로 그들의 교리를 정리하는 과정을 거치게 되었는데, 동방에서 떠난 바울인들이 서방의 유럽으로 진출하던 시기에 "모든 영지주의 사상의 잘못된 관점들을 정제(purified)하였다"고 밝히고 있는 것에 주목하게 된다.

그리고 프린스턴 신학교 교회사 교수인 사무엘 밀러(Samuel Miller, 1769 - 1850)는 페랑의 영어 번역본 "*History of the Ancient Christians Inhabiting the Valleys of the Alps*"의 추천사에서 "바울인들과 발도인들은 공통의 기원과 동일한 신앙을 갖고 있었다"고 밝히고 있다. [471]

---

470 E. Gibbon, vol. VII, 61–63; 에드워드 기번, 293–295.

471 Jean P. Perrin, 2.

19세기 미국 감리교 교회사학자 브로킷(L. P. Brockett, 1820-1893) 역시 바울인들이 피에몽 계곡으로 모여들어 정착하게 되었을 때를 묘사하면서, 기존 집단인 보두아(Vaudois, 피에몽에 있던 발도인들 즉, '계곡 사람들')와 새로 정착하러 들어온 바울인들 사이에 신학적 차이가 거의 드러나지 않을 만큼 이미 상호간에는 충분히 동화되어 신앙과 신학이 공유되었던 것으로 쓰고 있다.[472]

브로킷은 계속해서 이렇게 썼다. "1220년에 이르기까지 100여 년 동안 보스니아 지역에 편만해 있던 바울인들의 계승자인 보고밀인들은 선교에 매우 적극적이었다. 그들은 여전히 불가리아의 보고밀인들 형제들과 어느 정도 교류하고 있었지만, 선악의 두 기원을 말하는 이원론적 견해는 크게 바뀌었고, 더 이상 환상적 성육신(가현설)을 주장하지 않음으로 정통 신학적 견해와 일치하게 되었다. 뿐만 아니라 그리스도의 인성 교리와 관련해서도 정통 교리를 수용하였고, 구약 성경 전체를 정경으로 받아들였다. 이처럼 그들의 신학은 탄력적이었고, 지엽적인 부분들에서는 다소간 차이가 나는 견해들이 간혹 보였지만, 그들의 기독교 신앙

---

472 L. P. Brockett, *The Bogomils of Bulgaria and Bosnia*(Philadelphia: American Baptist Publication Society, 1879), 27.

은 순수하고 단순하며 매우 엄격하였다.'[473]

그는 알비인들과 초기 카타르인들 교회 중 일부는 불가리아 선교사에 의한 개종자였을 것으로 추정하고, 심지어 발도인들, 롬바르디아, 프랑스 남부와 스페인의 카타르인들, 초기 보헤미아 개혁 교회, 라인강 저지대의 켓처(Ketzers), 잉글랜드와 플랑드르의 퍼블리컨(Publican, 세리)은 예외 없이, 보고밀인들의 장로들(elders) 혹은 보스니아 보고밀인들의 추종자와 제자들이었던 것으로 확신하고 있다.[474]

하지만 브로킷의 관점에는 아쉬운 한계점이 드러나고 있다. 그의 보스니아 보고밀인들(바울인들)에 관한 연구는 해박하고 전문적이었으나 발도인들에 관한 연구는 미비해서 바울인들이 보스니아에 정착하기 전에 이미 그곳에 편재하고 있었던 발도인들을 '바울인들의 제자'로 보고 있다는 점이다.

이렇게 단정할 수 있는 분명한 이유가 있다. 만약 11세기 이후 바울인들이 프랑스나 피에몽 계곡에 정착할 때, 이 지역들에서 활동하고 있었던 개신교 신앙인들이 전혀 없었다면 그의 추정이 반드시 옳지 않다고 지적할 필요가 없을 것이다. 만약 그렇지 않고, 발도인들보다 바울인들의 교리와 신학이 더 잘 정립되고 탁월하였을 경우에 발도인들은 자신들이 가지고 있던 신학과 교리, 신앙을 양보 혹은 포기하고 더 발전된 신학으로서 바울인들의 신앙을 수용하였을 것이다. 그러나 피에몽 계곡의 보두아와 프랑스의 발도인들은 이미 오래전부터 신학적 훈련을 받은 신학자들과 교사들에 의하여 매우 체계화된 신앙과 신학, 즉 오늘날의 개신교 신학에 거의 일치하는 그들의 신학과 저작물, 그들의 언어로 된 번역 성경을 이미 갖고 있었다. 그런데 전적으로 평신도 운동의 형태라고 설명해야 할 체계와 이원론적 견해의 흔적들을 갖고 들어온 바울인들이 발도인들에게 영향을 주어 그들의 신학 발전에 결정적인 도움을 주었을 것으로 추정하는 것은 결국, 상황을 거꾸로 뒤집어 버리는 논리라고 지적할 수밖에 없는 것이다.

그럼에도 불구하고 간과하면 안 되는 중요한 사실 하나는 바울인들이 서유럽

473 L. P. Brockett, 66.
474 L. P. Brockett, 66-67.

에 들어오면서 그들의 신앙과 신학 사상에서 더 이상 이원론적 흔적을 볼 수 없게 되었다는 점이다. 이와 관련해서는 브로킷과 기번이 일치하고 있다. 이처럼 초기의 동방에서 보았던 바울인들에서 여기서 보는 후기 바울인들로 시간이 지나면서 그 신학적 관점과 신앙 사상의 근본이 크게 변화되었다는 점을 놓치지 말아야 한다. 이 분명하고도 중요한 변화의 과정을 인지하지 못한 결과로 상당히 많은 교회사 학도들은 여전히 '바울인들' 하면 '마니교적 이원론 사상'이라고 보고, 상호간에 떼려야 뗄 수 없는 이단적 속성으로 간주하여 그들을 우리와 무관한 이단 집단으로 여기고 경멸하는 우(遇)를 범하고 있었던 것이다.

조선 후기 홍경래의 난은 뿌리 깊은 반상(班常), 적서(嫡庶), 남녀(男女)의 차별에 대하여 항거하고 일어났던 근대 개혁 운동의 한 태동이었다. 이 난(亂)이 발생했을 당시 평안도의 선천 부사(府使)로 있으면서 난을 평정하도록 명(命)을 받은 사람은 김익순이다. 그러나 그는 반란군을 평정하기는커녕 제대로 한 번 싸워 보지도 못하고 항복하였고 선천은 홍경래에 의하여 점령당하고 말았다. 그 결과로 홍경래의 난이 완전히 평정되었을 때 김익순 일가는 역적의 죄를 뒤집어쓰고 멸문의 화를 면치 못하였다. 불행하게도 김익순을 탄핵한 상소는 그의 사돈에 의하여 작성되고 올려졌다.

그런데 세월이 흐르고 흘러 저 난의 실상을 알지 못하는 다음 세대 때 김익순 가계의 안동 김(金) 씨 일가는 사면을 받아서 그 문중(門中)의 청년 한 사람이 과거에 나아갈 기회를 얻었는데, 마침 문재(文才)가 탁월했던 이 김 씨 청년은 그 과거에서 장원 급제하였다. 그런데 비극은 그 다음에 발생했다. 이 김 씨 청년이 장원 급제한 과거의 시제(試劑)가 '홍경래의 난을 평정하지 못하고 항복한 김익순의 불충을 논하라'였기 때문이었다. 손자 된 자로서 조부의 불충을 극렬히 단죄하는 글을 써서 장원 급제를 하였고, 정작 그 청년 본인은 이 역사적 사건이 자신의 조부와 관련된 것인 줄 미처 알지도 못하였으니, 나중에 이 사실을 알게 된 이 김 씨 청년은 충(忠)과 효(孝)라는 도무지 충돌할 수 없는 두 가지 성리학의 기본 윤리 가치 앞에 완전히 무너지고 말았던 것이다. 이 청년은 관직에 나아가기를 포기한 것은 물론, 평생을 유랑하면서 커다란 삿갓으로 얼굴을 가리고 그 탁월한 문재로 다만 풍자(諷刺)와 해학(諧謔)으로 부조리한 현실을 비웃으며 그늘진 삶을 살았는데, 그가 바로 삿갓 즉 립(笠) 자를 이름에 쓴 김립, 김삿갓이었다.[475]

그러나 우리 믿음의 선조들은 김익순 같은 불충 대신, 피와 눈물을 아낌없이 드리고 자기 생명을 초개(草芥)와 같이 내던지며 진리와 복음을 사수하려고 충성을 다했던 순교자(殉敎者)들이었다. 그럼에도 우리는 순교자들의 후예로서 사도적 신앙으로 현실을 끊임없이 개혁하는 전통을 이어받았음을 알지 못하고 자라났다. 그 정도가 아니다. 아무도 우리 선조들의 신앙과 신학에 관하여 바르게 알려 주지 않았을 뿐 아니라, 도리어 악랄한 의도를 갖고 모함하고 무고하여 우리로 하여금 우리의 선조들을 오해하며 경멸하도록 유도했던 자들이 역사의 처처에 깔려 있었다. 사돈이기는 고사하고 이들은 대적이요 정녕 마귀들이었던 것이다. 그들은 있지도 않은 교회사 판 '김익순 설화'를 만들어 퍼뜨렸고, 새싹처럼 일어나는 신앙 후예들의 머리마다 이단의 이름들을 써 붙인 커다란 삿갓 하나씩을 씌워 주었던 것이다.

더 아픈 비극은 여기에 끼어 있다. 우리 가운데 많은 이들이 그들의 공작(工作)에 홀딱 속아 넘어가 그들에게 고맙다는 인사를 주억거리며 찌그러진 삿갓들을 받아 쓰고 돌아다녀 버린 것이다. 온 난장판이 모두 삿갓 판이 되어 버린 이 비극의 세월이 자못 일천 년(一千年)이 되어 버렸다면 …, 지금 우리가 할 수 있는, 또 우리가 해야 할 일은 무엇일까? 풍자와 해학으로 세월을 낭비하며 유랑할 일이 아닐 것은 자명하다. 있지도 않은 죄(罪)를 자청하고 사면을 읍소하는 따위의 망발(妄發)은 천부당만부당(千不當萬不當)한 일이다. 최소한 우리의 족보를 다시 살피고, 조상들의 이름자(字)를 되짚어 보며, 선조들의 피와 눈물의 뜻을 새겨 보아야 한다. 그리고 우리의 자녀와 손들은 더 이상 부끄러워해서도 안 되고, 서글퍼 해서도 안 되며, 고개를 숙이고 숨으려 해서도 안 된다. 선조들이 지키고 물려준 복음과 진리의 진면목(眞面目)이 무엇이고, 이것들을 전달할 도구의 고갱이

---

475 사족(蛇足)이 될 수 있겠지만, 김삿갓의 이야기는 그 자체가 풍자와 해학이다. 그래서 그의 인생사나 그가 관련된 에피소드들이 대부분 말 조각 글 조각으로 전해 내려온 '전설 따라 삼천리'여서 어디부터가 역사적 사실인지, 어디까지가 만들어 붙인 이야기인지를 밝히기가 호락(瓠落)하지 않고 수월(數月)하지 않다는 의견이 많다.

(essence)가 무엇이며, 우리와 우리의 후예들이 반드시 이르러야 할 본말(本末)이 어디에 닿아 있는지를 밝히 가르쳐야 할 것이다.

3) 바울인들의 복음 증거와 대조되는 로마 교회의 십자군 운동

바울인들은 초대 교회 성도들이 유럽의 복음화를 위해 떠났던 그 동일한 경로를 따라 진행했다. 그들은 죽임을 당면하는 상황에도 굴하지 않고 열정적으로 복음을 증거하며 신자로서의 삶의 모범을 보이면서 그들의 교회를 세워 나갔다. 반면, 로마 교회는 서유럽으로부터 초기 바울인들이 거주하였던 방향으로 되짚어 내려오면서, 십자가의 복음이 아닌 칼을 들고 십자군을 동원하여 학살과 착취라는 방법으로 자기네들의 왕국을 확장하려고 했다. 결국 바울인들이 전했던 순수한 복음의 흔적들을 허무하게 지웠을 뿐 아니라 처처에 그리스도교 교회에 대한 악감정을 심어 놓았다. 오늘날까지도 이 지역에서 십자가는 감격스러운 구원의 표징이 아니라 침략자들의 잔혹함의 상징으로 각인되어 그리스도교에 대한 강한 거부감을 갖도록 만들어 놓았다.

이런 역사는 참으로 안타까운 일이지만, 참 교회와 거짓 교회의 역사적 역할의 대조 즉, 방향과 활동과 삶의 대조를 그림처럼 고스란히 보여 주고 있다. 아이러니하게도 역사의 표면에서 이기는 자, 성공하는 자, 부와 귀를 모으는 자, 힘을 갖고 주도하는 자, 그리고 승리의 깃발을 세우는 자의 이름은 결코 정의로운 것이 아니다. 진리를 수호하는 자의 것이 아니다. 거룩을 추구하는 자들의 것이 아니며, 사랑을 품은 자의 것도 아니다. 거의 모든 역사 속에서 항상 그러했고, 지금도 여전히 그러하며, 앞으로도 상당히 그러할 것이다.

바울인들과 같은 우리 선조들의 정의로웠지만 가난하고, 진리를 가졌지만 연약하며, 거룩하고자 했지만 모욕과 경멸을 면치 못하였던 흔적이 이를 분명하게 증언하여 준다. 우리의 열조들이 이 땅의 어느 지점에서 이를 신원(伸寃)하고자 의도하였다면 분명히 이들에게도 기회는 여러 번 있었을 것이다. 하지만 이들은 왜 오늘까지도 오해받으며, 이 순간이 되도록 억울함을 풀지 못한 채 참고 견뎌야만 했을까? 이 땅 위에서 바른 신앙을 소유한다는 것, 자신과 주변을 개혁하고 새롭게 하는 삶을 산다는 것, 참 교회에 속하고 또 이를 세우기 위해 끝이 보이지 아니하는 고통을 지불하고 감내(堪耐)한다는 것…. 이것들이 무슨 의미인지 우리는 이들의 역사에서 다시 한 번 에누리 없이 보고 있을 따름이다.

(7) 바울인들에 대한 학살의 역사

1) 테오도라 황후의 잔혹한 학살

미카엘 2세의 아들로서 성상 파괴주의자이며 교양을 갖춘 군주였던 테오필루스(Theophilus)가 사망한 후, 그의 아들 미카엘 3세(840-867, 842년 즉위)가 황제가 되었다. 이때 모후 테오도라와 그녀의 오빠 바르다스는 공동 섭정이 되어 15년간 철의 홀(笏)로 피의 지배를 감행한다. 그녀는 350명의 주교를 비잔티움으로 초청하여 2차 니케아 공의회(787년)를 소집하고 성상 숭배를 유지하는 칙령을 발표하였다. 그러나 이러한 그녀의 신념에 반하여 성상, 성화상, 성유물과 같은 것들의 무가치함을 주장하고, 사제들의 도움 없이도 일반 신자들이 하나님께 직접 나아갈 수 있다는 만인 제사장 교리를 주장함으로써 그녀의 의도와 목적, 즉 강력한 교회 일치를 적극 방해하는 자들이 있었으니, 곧 바울인들이었다. 이 때문에 그녀는 거추장스러운 방해물인 바울인들을 대거 제거하기 위해 핍박의 피바람을 거세게 일으켰다. 그녀는 모든 권력과 하수인들을 동원하여 아르메니아의 바울인들을 박멸하는 데 집중하였다. 군대를 풀어 노인들과 아이들에게조차도 일체의 동정을 베풀지 않았고, 짐승을 다루듯 도살(屠殺), 참수(斬首), 화형, 익사형을 행했다. 이렇게 840년과 860년 사이에 무려 10여 만 명 이상을 학살하였다. 이 강포한 권력자의 눈에는 바울인들이 '포도원을 허무는 여우'처럼 여겨졌으므로, 이단자임을 표시하기 위해 그들의 이마에 인두로 여우의 형상을 새기거나 영적인 것들을 전혀 보지 못하는 소경들로 치부하기 위하여 그들의 눈을 뽑아 버리기도 하였다. 그럼에도 그녀는 바울인들을 완전히 근절시키지 못한 채 황후 권력의 종막에 이르고 말았다.

이런 박해 때문에 바울인들은 그들의 교회 지도자들을 세울 때에 인격적인 흠

결이 없는 것은 물론, 순교의 십자가를 기꺼이 지고 나아가기로 결단한 사람들을 중심으로 세웠다.

2) 바울인들의 자유 국가 테프리스(Tephrice)

군대를 갖고 있지 않았던 바울인들은 이 질곡의 기간들을 비폭력으로 일관했지만, 가혹한 박해를 맞아 무력 저항을 선택할 수밖에 없는 상황을 맞았는데, 테오도라 황후의 무지막지한 박해로 일부의 바울인들이 무력으로 저항하게 된다. 부모 가운데 한 분을 잃었던 제국의 고위직 인사였던 카르비아(Carbeas)는 황후의 잔인한 학살에 분노하여 5,000명의 사람들과 함께 사라센 지역으로 들어가 테프리스를 요새화하고 자유 국가로 선포하였다. 그리고 아르메니아를 강탈한 황후의 오빠로서 동방 교회를 어지럽히면서 바울인들을 박해하였던 섭정 바르다스를 그곳에서 몰아냈다. 그리고 테프리스 모든 주민들의 절대적인 자유를 보장하는 도시 국가를 확립하였다. 이곳에서 불가리아, 보스니아, 세르비아의 슬로바키아 종족에게 바울인들의 신앙을 전파하는 선교사들을 많이 파송하였다. 이때 바울인들이 이룬 성공은 대단한 것이어서 많은 사람들이 이 독립 국가로 탈주하였다.

30년 이상 소아시아 지역이 안팎의 전쟁으로 참화에 시달리고 있는 동안 바울인들은 테프리스에서 사라센 제국의 칼리프(Caliph)와 동맹하여 소아시아 지역을 공격하였다. 그들은 칼리프 군대의 도움으로 사모사타에서 테오도라의 아들 황제 미카엘 3세를 물리치고 에베소에 이르는 여러 도시들을 점령하고 성상을 파괴하는 위용을 과시하였다.

한편 페트루스 시쿨루스는 870년에 비잔틴 황제 특사가 되어 포로 교환 문제로 그곳에서 9개월을 머무르면서, 그곳에서 불가리아로 선교사들을 보내고 있다는 정보를 불가리아 총대주교에게 알려 '사악한 독'을 제거할 것을 요청하였다. 그리고 그는 보고서에서 바울인들이 마니교도의 후손들이라고 단정하게 된다.[476]

카르비아스에 이어 지도자가 된 그의 사위 크리소케이르(Chrysocheir)는 소아시

---

476 Arthur J. Evans, *Through Bosnia and the Herzegovina*(London: Longmans, Green & Co., 1877), xxx.

아 서부 해안 도시 앙크라(Ancyra), 에베소, 니케아, 니코메디아(Nicomedia)에 이르는 지역을 점령하면서 제국의 수도까지 위협하였다. 에베소의 대성당을 동물의 마구간으로 바꾸고 성화와 성유물에 모욕을 가하였으며, 심지어 콘스탄티노플을 위협하기도 하였다.[477] 그러나 이런 성공과 승전이 계속되지는 못하였다. 새 황제 바실리우스 1세는 정전을 제의했으나 크리소케이르가 이를 거절했었는데, 결국 황제 군대의 기습 공격을 받고 패배하여 죽임을 당하고 말았다. 그리하여 테프리스의 주민들은 여러 곳으로 흩어졌다.

그들이 추구했던 완벽한 신앙의 자유를 누리는 꿈은 종교의 자유가 실현되기를 꿈꾸며 건설하였던 자유 도시인 테프리스가 패망하고 700여 년이 지난 후, 저 먼 서구의 땅 이태리 북부 알프스 지역의 피에몽 계곡에서 실현되었다. 거기에 거주하던 기존의 발도인들과 들어온 이들인 망명자들 사이에 교리적 차이는 거의 없었으므로 특별한 갈등 상황이 없이 '그리스도인이라는 한 이름으로' 하나의 교회가 되어 연합하였고, 그곳에서도 지속적으로 '참 교회'를 유지하면서 이를 다른 지역으로 이식하고 확장할 기회를 갖게 되었다.[478]

일부 바울인들은 사라센이 주변 지역을 통합하여 정복하는 시기에 이르는 150여 년간 이곳에서 그들의 신앙생활을 지속하였다. 나머지는 아르메니아 출신의 황제 요한네스 1세 치미스케스가 플로브디프와 트라키아로 이주시켰으므로, 보스포루스 해협을 건너가 유럽 쪽 불가리아의 몇 도시들에 머무르며 약간의 자유를 누릴 수 있었다.

그 이후 바울인들은 점차 불가리아 국경을 넘어 그 영역을 계속 넓혀 나갔고, 피에몽 산악 지대와 프랑스에 이르기까지 선교사들을 파송하였다. 이리하여 동, 서 교회로부터 핍박을 받았던 '참 그리스도인'들은 프랑스와 피에몽에서 서로 합류하게 되어 서로 간에 큰 탄력을 받게 되었다. 지옥의 권세가 결코 이길 수 없는 반석 위에 세워진 참 교회, 우리는 그들의 모습과 역사에서 그 든든한 모범을 볼

---

477 에드워드 기번, 289; E. H. Broadbent, 71.

478 E. H. Broadbent, 66–67; L. P. Brockett, 25–27.

수 있다.[479]

지도30: 트라키아에 정착하였던 바울인들의 확산 방향

그곳에서도 순수한 복음을 전파할수록 거짓 교회들의 공격적인 박해는 커져 갔다. 비잔틴과 아르메니아 지역은 물론, 라틴(이탈리아) 지역들에서까지 제국의 교회들은 바울인들의 가르침과 신앙에 물들지 않도록 강력히 대응하여 거짓 교리를 가르치게 했다. 그리고 거대한 국가 교회의 일치와 확장을 위하여 이교도들을 신앙 고백 없이도 교회 일원으로 받아들였을 뿐 아니라, 그들에게 성찬을 허락하고, 그들의 자녀들에게도 구원의 징표로서 유아 세례를 베풀게 하였다.[480]

---

479 *Sketches of the Waldenses*(London: The Religious Tract Society, 1846), 19; John T. Christian, 51-52.
480 E. H. Broadbent, 43.

(8) 바울인들의 주요 지도자들

극심한 시련 기간 동안 하나님은 톤락인들의 셈바트와 같은 유능한 이를 준비하셨고, 사용하셨다. 그는 8세기 말경 아르메니아 귀족 가문 출신으로 그가 죽은 지 오랜 뒤에도 로마 교회에서는 그를 '바울인들의 창시자'라고 말할 정도로 큰 활동을 하였던 인물이다.

또 다른 지도자로는 세르기우스(Sergius, 아르메니아어는 샤르키스/Sarkis)가 있다. 그는 목수로 일하면서 소아시아 지역 중앙 고원의 모든 지역들을 동서남북으로 방문하면서 34년(800-834) 동안 무릎이 지칠 때까지 그리스도의 복음을 전하였다고 스스로 고백하였다.

하나님께서 콘스탄틴, 시므온, 셈바트, 세르기우스와 같은 걸출한 지도자 외에도 게네시우스(Gegnaesius), 요셉(Joseph), 사가랴(Zacharia), 바네스(Bannes)와 같은 인물들을 끊임없이 세우셨고, 그들은 계속되는 박해 속에서도 하나같이 순교로써 참 교회를 지켜 내게 되었다. 그러나 결국 박해들은 동방의 참 교회가 서방 지역의 남은 자들을 만날 수 있는 기회를 제공하였고, 역사의 현장에서 이들이 서로 만나게 되었을 때에는 고난 가운데 믿음을 지켜 왔던 동료들을 서로 격려하며, 동일한 참 복음을 지킬 수 있었음에 감사하면서, 더 큰 용기를 얻어 그 이후에도 함께 영광스러운 순교의 면류관을 얻었다. 1140년 콘스탄티노플 공의회는 많은 수도원에 보급되어 읽혀지던 보고밀인들의 교리가 담긴 콘스탄틴 크리소말(Constantine Chrysomale)의 책을 모아 불태울 것을 결정하였다. 3년 후에는 갑바도기아 지역의 주교 두 명이 보고밀인들에게 감염되었다는 죄목으로 해임당했다. 그리고 수도사 니폰(Niphon)은 총대주교 미셸(Michel Oxitès)에게 동일한 죄목으로 수염이 깎인 채 종신형을 선고받았다. 그러나 미셸의 후계자 코스마스(Cosmas)는 니폰의 사상에 호의적이었기에 그를 석방시켜 그가 교리를 설교하도록 허락하였다. [481]

---

481 C. Schmidt, *Histoire et doctrine de la secte des Cathares ou Albigeois*, vol. 1(Paris: J. Cherbuliez, libraire, 1849), 14-15.

3. 바울인들은 개혁 교회의 선조인가?

(1) 항상 존재하는 참 교회

참 교회가 항상 존재하였음을 직접 증명하시려는 듯, 하나님은 유럽 서부 지역의 남은 자들로서 '보두아'들을 깊은 산악 지대인 피에몽에 모으시고 그들을 보호하셨다. 이와 마찬가지로 하나님은 서방에 복음을 전달해 주었던 동방 지역에서도, 사도들에 의해 확립된 성경적 교리들과 이를 삶으로 실천하는 '남겨진 자'들이 모든 세대를 거쳐 존재하도록 '참 교회'를 형성하셨을 것이다. 유럽 동부 지역에서 참 교회의 역사를 면면히 이어온 그들, 그렇다면 그들은 과연 누구였으며, 그들이 어떤 삶을 살았는지 더 자세히 들여다볼 수는 없을까?

먼저 브로킷은 "5세기에서 15세기에 이르는 아르메니아, 불가리아, 보스니아의 개혁 교회가 사도들에 의해 세워진 교회의 진정한 후계자였다"고 밝히고 있다. 이 교회들에 관한 브로킷의 연구에 큰 도움을 준 세 명의 저자가 있었는데, 첫째는 잉글랜드의 저명한 고고학 학자이며 잉글랜드 교회 회원인 아서 에번스(Arthur J. Evans, 1851-1941)이다. 그는 생애 전반기에 크노소스 궁전 등 고대 크레타 문명을 발굴하기 위하여 35년 동안 크레타 섬에서 머물면서 연구하였다. 그후 생애 후반기에는 역사가로서 중세의 기독 교회사를 확증하고 증언할 역사 자료를 찾아내기 위해서 보스니아의 모스타르(Mostar)와 사라예보(Serajevo)의 도서관들, 그리고 보스니아와 헤르체고비나(Herzegovina) 전역의 헬라와 로마 교회의 수도원을 꼼꼼히 탐사한 후 『보스니아의 역사적 논평』(*Historical Review of Bosnia*, 1876)을 저술하였다. 두 번째 저자는 보헤미아 출신으로 로마 교회 신자였지만, 증거 자료들을 균형 있게 다루고자 노력했던, 비교적 공정한 역사학자인 H. 지렉(Herr Jireček)이 있다. 그의 저서 『불가리아인의 역사』(*Geschichte der Bulgaren*, 1876)는 중요한 자료가 되었다. 마지막 저자는 러시아인으로 동방 교회 소속인 힐페르딩(M. Hilferding)이 있는데, 그의 저서 『세르비아인과 불가리아인』(*Serben und Bulgaren*)

은 손에 꼽을 정도로 중요한 자료이다. 이 책은 슬라브어로 출판되었다가 1874년 독일어로 번역되었다. 5-6세기경의 이들 두 국가의 역사를 다루기 때문에 초기 그리스도인으로 불리는 보고밀인들의 신앙과 삶에 대하여 짧지만 핵심을 짚어 묘사하고 있다.[482]

이런 학자들의 연구를 기반으로 브로킷은 동방의 역사 가운데 비잔틴 교회의 타락을 안타까워하면서 교회 개혁의 큰 궤적을 남긴 대표적인 그룹이 '바울인들' 또는 '보고밀인들'이라고 주장하였다.

(2) 연구의 당위성과 한계점

이들에 관한 연구가 쉽지 않은 것은 서방의 로마 교회가 늘 그러하였듯, 동방 로마 교회에서도 이 참 교회 성도들을 찾아내어 학살하고 완전히 멸절시키는 것을 그들의 역사적 과업으로 여겼기 때문이다. 그들을 찾아 개인과 가족들, 그리고 공동체를 말살하는 것은 물론, 그들에 관한 기록들과 그들이 소유했던 서적들을 모두 불태워 버렸고, 대량 학살과 지속적인 박해 활동에 대한 자신들의 명분과 정당성을 주장하기 위한 자료 외에는 아무 기록도 남기지 않았다. 이것은 참 교회의 역사가 이어지지 못하게 한 로마 교회의 핵심 전략이 되었다. 그리고 이 것이야말로 참 교회로서의 그들의 진면목을 도무지 알지 못하게 막는 가장 치명적인 난관이 되었다. 사실은 이 외에도 다음의 두 가지 어려운 점이 있다.

첫째, 개신교 교회사 학자들조차도 로마 교회나 비잔틴 교회의 주장을 그대로 받아 바울인들을 심각한 이단으로 전제하고 그들의 역사를 판단했다는 점이다. 필립 샤프의 바울인들에 대한 평가는 혹독하리만큼 비판적이다. 그의 이런 문장을 읽는 우리는 경악하지 않을 수 없다. "로마 교회는 그들을 신(新) 마니교라고 판단하지만, 사실 그들은 마르키온 사상에 더 가까운 이단이다. 이 분파의 설립자는 영지주의 회중 출신으로, 바울인들의 교리는 이원론과 데미우스 로고스주

---

[482] L. P. Brockett, 8-11.

의, 가현설, 신비주의, 사이비 바울주의가 이상한 형태로 혼합된 것으로 보인다. 그래서 마르키온의 영지주의 체제와 비슷하다. 바울인들은 서유럽으로 진출하여 세력을 확장하다가 13세기에는 전성기를 누렸지만 알비 십자군에 의해 진압되었다."[483]

필립 샤프는 알비인들을 영지주의 이단인 바울인들의 후손으로 여기고 있다는 입장과 그가 개신교의 목사인 관계로 기번이 주장한 바, '바울인들은 개혁 교회의 씨앗'이라는 견해와는 차별을 두는 입장을 취한 것이다. 필립 샤프와 에드워드 기번은 공통적으로 알비인들을 '영지주의 이단인 바울인들의 후손'으로 판단하였다. 개신교 신앙에 상당한 거리를 두었던 기번에게 바울인들의 영향을 받은 알비인들이 종교 개혁의 주체가 되었다면, 바울인들이 개혁 교회의 씨앗이 되었다고 말해도 별다른 거리낌이 없고 주저할 문제가 되지 않을 것이다. 이에 비하여 개신교 목사인 필립 샤프에게는 알비인들이 종교개혁의 주체가 되었다는 것이 곧 개신교회가 영지주의에서 비롯된 것이라는 말이 될 수 있었다. 그래서 기번의 의견과 차별되도록 "알비인들은 서유럽으로 진출하여 세력을 확장하다가 13세기에는 그 전성기를 누렸지만, 마침내 알비 십자군에 의해 진압되었다"라고 진술하기로 결정했던 것이다. 그가 의도했던 일이겠지만, 필립 샤프의 이런 진술은 알비인들과 바울인들을 종교개혁과 전혀 무관한 이단 집단으로 만들어 개신교에서 완전히 제외시키는 결과를 야기하고 말았다

이처럼 교회 역사계에서 대가로 알려진 학자들의 주장들에서조차 이미 역사적 사실처럼 정착되어 있는 기존의 편견을, 바울인들에 관한 1차 자료들이 거의 남아 있지 않는 상태에서 완전히 바꾸는 일이 쉬울 리 만무하다.

둘째는 바울인들에 관한 연구를 위한 접근이 수월하지 않은 것은 그들이 활동하였던 아르메니아, 불가리아, 세르비아 지역의 1차 역사 자료 확보만큼이나 그들의 고대 상황을 이해하는 데 부딪치게 되는 언어적 한계이다. 한 가지 다행스러운 것은 19세기 이후에 바울인들에 관한 새로운 연구가 영어권과 불어권에서

---

[483] 필립 샤프, 4권, 507-508.

활발히 시작되어 지금도 진행되고 있다는 점이다. 그래서 1차 자료를 직접 해석하고 발표한 2차적 자료들에 근거하여 새로운 사실에 접근하는 것은 완전히 불가능한 일이 아니다.

4. 바울인들의『진리의 열쇠』(*The Key of Truth*) 요해(要解)

바울인들의 모든 저작물들은 대적들에 의해 소각되었기 때문에, 그동안 이들에 대한 평가는 오로지 가해자들이었던 동로마(비잔틴/정교회) 교회나 로마 교회의 주장에 근거할 수밖에 없는 기이한 상황에 놓여 있었다. 불행하게도 별다른 방법이 없이 그들이 제공하는 자료들에 따라 그들의 의도에 동조하는 시각만으로 평가되어 왔기 때문에 바울인들은 '마니교에 근거한 이단'으로 거의 단정되다시피 취급되었는데, 긍정이든 부정이든 다른 의견을 낼 만한 어떤 근거도 가지 못하였기에 오늘날까지 그런 평가를 하릴없이 수긍할 수밖에 없던 터였다. 그러나 놀라운 일이 일어났다. 19세기 말에 이르러 바울인들의 교리와 삶이 담긴『진리의 열쇠』필사본이 발견된 것이다. 이로써 바울인들은 누구이며, 그들은 어떤 신앙과 삶을 가졌었는지 재발견하고, 그들의 역사와 신학에 대한 교회사적 평가를 새롭게 해야 할 완전히 새로운 전기가 마련된 것이다. 많은 사실들이 나타나 여러 가지 진실들이 규명되고 기존의 견해가 결정적으로 뒤집어질 계기가 당도한 것이다.

이 책『진리의 열쇠』는 8-9세기에 작성된 것으로, 11세기 메소포타미아의 공작 그레고리(Gregory Magstros)의 언급에 의해 그 존재가 알려진 바 있었으나 그 원본은 발견된 적이 없었다. 전량 분실 내지 소실된 상황으로 덮여 있었던 것이다. 그러던 중 1891년 옥스퍼드 대학교의 교수인 프레데릭 코니베어가 아르메니아의 에치미아진(Edjmiatzin) 도서관에서 『진리의 열쇠』필사본(筆寫本)을 발견하는 놀라운 사건이 일어났다. 그는 두 차례의 현지 방문 끝에, 1893년에 이르러 아르메니아 당국자로부터 복사본을 기증받을 수 있었는데, 이를 기초로 우선『아르메니아 바울인들 교회의 매뉴얼, 진리의 열쇠』(*The Key of Truth, A Manual of the Paulician Church of Armenia*, 1898)라는 제목의 책으로 관련 발굴 자료를 출간하였다.

(1)『진리의 열쇠』발견 과정

1828-1829년 러시아-터키 전쟁이 끝난 이후 터키의 아르메니아인들 다수가 러시아 영토가 된 아르메니아의 아칼치크(Akhaltzik)와 예레반(Erivan) 중간 지역에 정착하게 되었다. 1837년 주교 가라베드(Garabed)가 개최한 에치미아진(Etchmiadzin) 회의에서 시라크(Shirak) 지역의 아르크벨리(Arkhveli) 마을에 '25가구 정도로 추정되는 주민들이 톤락인들의 신앙을 고백하며 바울인들의 사상이 계속 전해지고 있는 현상'에 대하여 불편한 의견을 내놓은 적이 있었다. 그 결과 이 지역에서 일어나고 있는 이단 현황을 조사하기 위하여 두 명의 사제가 파견되었다. 그러나 주민들이 그들에게 털어놓은 고백이란 "우리는 빛의 자녀들입니다(We are children of the Illuminator)"가 전부였다. 결국 이들을 통해서는 바울인들의 사상을 확인하는 것이 불가능하게 되었으므로, 바울인들의 신앙을 철회한 8명 가운데 읽고 쓸 수 있는 4명을 통하여 그들이 접한 바울인들의 교리 내용을 수집하고자 시도해 본 것이 최선이었다. 그들의 노력이 전혀 의미가 없지는 않아서 그들이 내놓은 신앙과 고백 내용에 관하여 다음과 같은 보고가 이루어졌다.

첫째, 그리스도는 하나님이 아니지만 하나님의 아들로서 성모 마리아를 통하여 한 인간으로 출생하였고, 십자가에서 고난을 받아 죽임 당하고, 다시 죽은 자 가운데서 살아나셨고, 지금은 성부의 우편에 앉으셔서 우리를 위해 중보하신다. 둘째, 십계명에서 모세에게 주어진 도덕법은 순종해야 마땅하지만, 그것을 영원한 예식과 의식으로 준수해서는 안 된다. 십자가 성호를 긋거나 그 형상 앞에 무릎 꿇는 것은 불필요하다. 그러므로 에치미아진이나 예루살렘으로의 성지 순례나 (금욕으로써 보상을 기대하는) 금식 행위는 인간이 고안한 경건일 뿐이며 하나님 앞에 무의미하다. 십자가나 성인들의 화상을 숭배하는 것은 분명한 우상 숭배이다. 미사 예전들은 거짓되었으며, 성찬에 사용되는 빵과 포도주는 그리스도의 몸과 피가 되는 것이 아니라 그저 보통의 빵과 포도주일 뿐이다. 동방 교회의 성유(Muron)와 도유(holy ointment)도 잘못된 것으로 이마에 짐승의 표시를 남기는 일에 불과하다. 세례에 사용되는 물은 그저 한 줌의 물일 따름이다. 셋째, 사제들을 결코 주(Lord)라고 불러서는 안 되는데, 하나님만이 홀로 주님이시기 때문이다. 인간 사제를 향한 고해성사는 죄 사함을 얻는 데 아무런 유익이 없다. 회개하는 사람은 자신의 죄를 홀로 하나님께 고백해야 한다. 성인들이 우리를 위하여 중보할 수가 없다. 넷째, 아르메니아, 러시아, 그루지아의 정교회가 벌이는 모든 세례는 거짓되며 우상 숭배자들의 행위이다. 교회와 교부들의 전통은 법적 구속력이 없으며 공의회의 표준은 악마로부터 영감 받은 것이다. 정통 교회의 요구는 신자들에 의해 유지되어야 하며, 가능한 모든 사람은 그들의 신앙으로 회심할 수 있도록 해야 한다.

이 조사 이후에 재차 아르크벨리의 이단 조사를 실시하게 되면서, 1838년 봄에는 아르크벨리와 굼리(Gumri)에 그 어느 때보다 이단 활동이 활발한 상황임을 밝혀냈다. 아르크벨리 마을에는 33가구의 톤락인들이 활동하고 있음이 확인되었으므로, 그들의 활동을 방지하기 위하여 그곳에 정교회를 세웠다. 그럼에도 3년 후에 톤락인들이 밤에 개인들의 집에서 세례를 주고 성찬을 행하는 것이 관찰되었는데, 이스트를 넣지 않고 오븐에 구운 빵 한 덩어리와 나무 테이블 위 보통 그릇에 담긴 포도주를 예식에 사용한다는 내용이었다. 정교회는 이들을 이단자로 정죄하여 법원에 회부하였으나 오히려 법원은 이들에게 사면을 선언하고 톤락인들을 석방시켰다. 법원의 결정에 만족할 수 없었던 공의회는 지역 행정관에게 호소하였고, 1843년 3월에 주 행정관은 톤락인들을 형법에 따라 군대로 징집하였다. 1837년 종교재판소는 아르크벨리의 조르주(George, 톤락의 새 이름)에서 가르쳤던 "진리의 열쇠"라는 제목의 필사본이 존재함을 확인하여 입수하였다. 1838년 2월에 예레반의 컨시스토리(consistory)가 성 총회(Holy Syonod)에 이를 전달하여 그 내용이 공개되었고, 이를 에치미아진 도서관에 보관하였던 것이다. 원작은 9세기 아르메니아의 바울인들이 행한 세례식과 예배 규칙, 교리교육과 세례, 유아

세례, 예배, 성모 숭배, 성인 숭배처럼 정교회가 남용한 교리들과 신앙 행위들에 관한 내용이었다.[484]

(2) 코니베어의 공헌

고대 아르메니아 언어로 된 이 필사본은 제국의 이단 사냥 기간을 지나면서 38% 정도가 찢겨 나간 채로 남겨졌다. 그러나 다행스러운 것은 소실된 대부분이 요지를 '설명하는 부분'에 속해 있어서 아르메니아의 역사가들과 고문학 연구자들은 다른 자료들을 근거로 소실된 부분의 대강을 거의 복구해 냈다는 점이다. 이 책에 따르면 바울인들 공동체는 사도적 기원을 갖고 있고, 1세기 때 세워진 아르메니아 교회를 그 원형으로 하고 있다.[485] 초대 교회의 신앙은 안디옥과 팔미라(Palmyra) 교회를 통하여 메소포타미아, 페르시아, 아라랏 지역과 토로스 산맥으로 퍼져 나갔음을 설명하고 있는데, 사도적 가르침을 간직한 토로스 산맥 주변의 교회들은 바울인들이 역사 속에 본격적으로 등장하게 된 그 시대까지 순수한 신앙을 유지하고 있었다. 아르메니아 초기 기독교의 중심지인 타론(Taron)은 바울인들이 활동하는 베이스 캠프(Base camp) 역할을 하였다.[486] 애초에 코니베어는 『진리의 열쇠』를 연구함으로써 지금까지 알려진 바와 같이 바울인들에게서 마르키온 또는 최소한 마니교적인 요소를 발견할 것이라고 기대했다. 그러나 놀랍게도 그들이 비록 구약 성경을 많이 혹은 자주 인용하지는 않았지만, "거기서 고대(古代)의 이단적 요소를 전혀 찾을 수 없었다"고 강조하였다. 이 책의 발간으로 바울인들에 대하여 더 정확하게 파악할 수 있는 결정적인 계기를 맞게 되었고, 바울인들을 평가했던 포티우스나 페트루스 시쿨루스, 그 외 다른 헬라 저자들은 하나같이 격정을 가지고 바울인들을 마니교도로 일방적으로 매도하고 비난하였으므로, 그들의 평가와 비난이 어느 정도까지 타당한 것인지를 완전히 재고하고 재

484 Leon Arpee, "Armenian Paulicianism and the Key of Truth", *The American Journal of Theology* 10, No. 2, Apr. (1906): 270-275.
485 John T. Christian, 49.
486 Conybeare, *The Key of Truth, A Manual of the Paulician Church of Armenia*(Oxford: Clarendon Press, 1898), v-vi.

해석하지 않을 수 없게 되었다. 그 결과는 참으로 엄청난 것이었다. 바울인들이 참 교회로서 소유했을 기념비적 기억들과 진실한 기록들이 모두 박탈당하고 소각되었으며, 학살과 분서(焚書)라는 역사적 사실마저도 가해자들에 의해 덮이고 감춰졌으며 관련한 모든 중요한 역사적 기록들이 수집되고 소각되었음을 알 수 있게 되었다. 『진리의 열쇠』가 기록된 시기에 레오 황제와 총대주교 게르마누스 (Germanus)가 내놓았던 "바울인들에게서 신앙적 오류를 발견할 수 없었다"는 고백이 기록을 통하여 나타났고, 오히려 바울인들을 보호하라고 명령하는 편지까지도 쥐어졌다는 기록이 발굴되기에 이르렀다.[487]

(3) 기존에 알려진 바울인들의 교리

비평자들은 바울인들을 처음부터 '저주의 대상'으로 여겼기 때문에, 바울인들의 교리를 일방적으로 난도질하고 확대 해석하면서 그들을 이단으로 만들어 놓았다. 이 지점에서 독자들은 바울인들 공동체가 형성되었던 지역에 원래부터 존재했던 설화를 참고할 필요가 있다. 그들의 전통 개념에는 선하고 악한 두 종류의 신들이 따로 존재했는데, 이 세상의 통치자는 사악한 신이었고, 천사들을 거느린 선하신 하나님이 선한 세계를 창조하여 이를 운영하고 계시다는 관념이었다. 매우 전형적으로 횡행하는 이원론 사상이었다. 그렇기 때문에 당대에 이들의 대적들은 바울인들도 당연히 이런 이원론에 감염되었을 것이라고 단정하고 공격을 퍼부었던 것이다.

바울인들이 가졌던 기독론의 기본 역시, 그리스도는 인류를 향한 하나님의 사랑 때문에 하나님께서 친히 보내신 '천사'로 되어 있었다. 하나님은 그에게 '거룩한 칭호'로서 '하나님의 아들'이라는 이름을 주셨는데, 훌륭한 천사였던 그리스도는 고난과 십자가에 못 박힘을 경고 받았음에도 불구하고 자신이 당할 고난과 죽음에 동의하고 이를 충실히 수행하였다. 그리하여 하나님은 다시 그에게 순종한

---

487 E. H. 브로우드벤트, 『순례하는 교회』, 편집부 역(고양: 전도출판사, 1990), 82.

자에게 주시는 칭호로서 '그리스도'라는 이름을 주셨다. 그러니까 그 '그리스도'는 히브리어의 '메시아'적 의미가 아니라 '선함'(χρηστός, chrestos)의 의미로 '착한 노예에게 주어진 이름' 정도의 의미로 받아들여졌다. 이는 나중에 카타르인들의 사제직에 해당하는 직함이 '선한 사람들'(bon hommes, good men)이 된 것과도 관련이 있는 것으로 알려진다.

(4) 바울인들에 대한 새로운 평가의 기준이 된 『진리의 열쇠』

바울인들은 비잔틴 교회로부터 마니교의 영향을 받은 극히 혐오할 이단으로 정죄받았었다. 그리하여 개신교 내에서도 기독교의 모든 이단 종파 가운데 극단적으로 비방을 받고, 심지어 개신교 계통의 이단으로조차 취급되지 못할 정도로 극렬하게 무시당하였다. 그러나 바울인들이 그동안 너무나 억울하게 마니교적 이단이라는 누명을 쓰고 있음이 밝혀지고, 오히려 사도적 전통을 이어온 개신교회의 원류에 든든히 서 있었던 순교적 교회였음이 분명히 밝혀지게 되었다. 『진리의 열쇠』를 통하여 빛 가운데 드러난 놀라운 역사의 진실이다!

바울인들의 교리와 규례를 들여다보면, 이들은 구약과 신약 성경을 그들의 교리와 생활을 세우는 데 끊임없이 사용하고 있었다. 또한 그들은 삶의 방식이나 옷차림의 차별과 같은 방식으로 교회 지도자들과 평신도를 구분한 적이 없었다. 이런 점에 있어서는 당시 비잔틴 교회의 실상과 너무나 대조적이었다. 그리고 주교들로 구성된 공의회가 교회의 모든 주요 사안들을 결정하는 사제 중심의 결정 기관을 만들지 않았다. 또한 바울인들의 교사들에게 계서 제도와 같은 계급은 결코 존재하지 않았고 모두가 평등한 관계를 형성하였는데, 이 모든 것들은 사도들로부터 배운 그대로 단순한 삶을 추구한 결과였다. 그들은 로마 교회의 모든 성화상 숭배를 분명하게 반대하였다. 당시 로마 교회에서는 기적을 동반한다는 성유골을 숭배하는 큰 유행이 일어났는데, 유물과 유골은 쌓여 갔으나 그들의 삶과 선행은 오히려 갈수록 더 궁핍해졌다. 그들은 삼위일체에 관한 정통 견해를 갖고 있었으므로, 그리스도께서 인간의 본성을 가지신 하나님 아들의 실체로서 고난을 당하셨다는 것을 믿고 항상 고백하였다.

이와 같은 바울인들의 교리가 전파되면서 캉브레와 아라스의 주교 제라르(Gerard)는 교권의 행사에 위협을 느꼈고, 1025년 아라스에서 교회 회의를 소집하여 바울인 건덜퍼스(Gundulphus)를 이단 전파자로 정죄하였다. 그때 재판장에 섰던 그는 다음과 같이 자기변호를 하였는데, 우리에게 알려진 바와 같은 금욕주의나 이원론적인 사상은 전혀 찾아볼 수가 없다.

"우리가 주님으로부터 받아 가르치고 행하는 규율은 사도들이 전하여 준 것들과 결코 충돌되지 않습니다. 우리는 세상에 속한 것에서 떠나고 싶어 하지 않는 육체적 욕심에 스스로 굴레를 씌우려는 것입니다. 우리는 단지 우리의 손으로 노력한 것으로써 생계를 꾸려 나가고, 다른 사람들에게 상처를 주지 않으며, 우리를 고발하는 일에 열심인 모든 사람들에게 오히려 자비와 자선을 베푸는 삶을 살기 원합니다."[488]

(5) 『진리의 열쇠』에서 드러난 양자 기독론

코니베어는 『진리의 열쇠』에서 양자(養子) 기독론에 가까운 예배법과 세례식을 찾아볼 수 있었다고 말한다. 그러나 그들의 양자 기독론은 성육신 교리에 대한 인식 부족이 표현으로 나타난 것으로서, '신성으로는 하나님의 독생자이시나 인성으로는 세례 요한에게 세례를 받으심으로 하나님의 아들(로 입양)이 되셨다'는 것이다.

세례를 통해 그리스도께서 하나님의 아들이 되셨다고 믿는 그들에게 세례는 매우 중요한 신앙의 요소였을 것이고, 이 때문에 그리스도께서 세례를 받으신 사실을 기념하는 절기가 모든 절기 가운데 최고의 축제일이 되었던 것이다. 이런 이유 때문에 이들은 더욱 비잔틴 교회가 신앙 유무와 무관하게 이방인들을 집단적으로 교인으로 받아 그들에게 세례부터 베풀어 집단 개종을 시도하는 행태에

---

[488] John T. Christian, 55.

대하여 철저하게 비판하고 반대했던 것이다.

그에 따르면, 고대에 그리스도인들이 자신들의 표지(sign)로서 '물고기'(ἰχθύς/익투스)를 사용하였던 것도 예수께서 물고기처럼 물을 통하여 새로 태어나셨음을 함축하였던 것이었다. 또한 로마 교회에서 4세기 말에 동정녀를 통한 그리스도의 탄생을 축하하는 크리스마스(Christmas, 그리스도 출생 미사)를 12월 25일로 결정할 때, 동방 지역에서는 요단에서의 세례를 통한 주님의 영적 탄생을 최대의 축제일로 여기며 1월 6일로 결정했다. 이는 현재에 이르기까지 그대로 시행되고 있다.[489]

이처럼 세례를 중요시했던 바울인들이 불신자들에게 아무렇지 않게 세례부터 행하고 이를 신자 된 표시와 자격으로 인정하여 성찬에까지 참여시키는 헬라 교회의 모습에 침묵할 수 없었던 것은 너무나 당연한 것이었다.

1) 양자 기독론 등장의 배경

1차 공의회인 니케아 회의(327년)에서 아리우스(Arius)가 그리스도의 신성을 부정한 것에 대하여 정죄함으로 예수께서는 '하나님과 동일 본질'이심을 확인하였고, 2차 공의회인 콘스탄티노플(381년) 회의에서는 마케도니우스(Machedonius)가 성령 하나님의 신성을 부정한 것에 대하여 정죄하고, '아버지와 아들, 그리고 성령은 한 분'이라는 삼위일체 교리를 확정하였다. 그러나 공의회는 여기서 끝나지 않았고, 마리아의 정체성을 논의하기 위한 3차 에베소 공의회(431년)를 개최하였는데, 그 회의 장소를 에베소에 있는 '하나님을 낳은 어머니'(Theotokos)라는 의미를 가진 데오토코스 성당으로 정하였다. 이는 성모에게 특별한 의미를 부여하려는 세력들에 의해 처음부터 대세를 장악당한 회의였음을 보여주는 것이다.

이 회의는 알렉산드리아의 감독 키릴로스(Cyril)과 콘스탄티노플의 총대주교 네스토리우스(Nestorius, 381-451) 간에 일어난 갈등과 논쟁 때문에 소집되었다. 네스토리우스는 안디옥 학파의 '인간 유형의 그리스도론'을 지지하고 있었다. 그가 대주교로 임명되었을 때, 성모 호칭을 '하나님을 낳은 자'로 번역되는 '데오토

---

[489] John H. Newman, 380-382.

코스'(theotokos)로 해야 한다는 주장과 '사람을 낳은 자'로 번역되는 '안드로포토코스'(anthropotokos)로 해야 한다는 주장 사이에 논란이 일어나고 있었다. 그는 기본적으로 '데오토코스' 라는 용어의 사용을 수락할 수 없다는 입장이었으므로, '크리스토토코스'(christotokos)라는 칭호를 써서 양쪽을 중재해 보려고 시도했다. 그는 성육신하신 그리스도의 양성은 연합을 통해 '변경'되지 않고 '구별'되고 있으며, '혼합이나 혼동이 없이' 그리스도 안에 나란히 존재하는 것으로 이해하고, 그리스도의 인간성을 그의 신성과 조화되도록 다루려고 시도한 것이었다.

그럼에도 알렉산드리아의 키릴로스는 안디옥 학파가 그리스도의 신성과 인성을 분리하였다고 비판하면서 그를 이단으로 정죄하려고 공박했다. 그리고 마침내 키릴로스는 '성모는 하나님을 낳은 어머니'라고 규정하는 결의를 이끌어 내었고, 공의회는 네스토리우스를 파문했다. 공의회의 결정은 그리스도의 신성을 강조하기 위함이었는데, 회의의 원래 의도와는 달리 그 관심이 성모에게로 돌려졌다. 그리하여 로마 교회는 이 결정을 성모에게 신성(神性)을 부여하는 근거로 삼았고, 교회의 머리로서 천주(天主)되시는 성모를 본격적으로 숭배하게 되었던 것이다.

화보119: 리옹 푸르비에르(Fourvière) 대성당의 대형 모자이크화. 성모를 '하나님의 어머니'로 결정한 3차 에베소 공의회 장면. Photo©권현익
화보120: 3차 에베소 공의회 결정을 근거로 이 성당의 천장에는 성부의 딸인 성모, 성령의 부인인 성모, 성자의 어머니인 성모를 묘사한 3개의 천장화가 있다. 사진은 '성령의 부인인 성모'로 결국 사위일체를 공개적으로 드러내고 있다. Photo©권현익

두 사람 간의 이 논쟁 주제는 오늘날에 이르러서도 신학자들 사이에서 그 해석이 갈리고 있는 난제이다. 그리고 일부 개신교 신학자들은 네스토리우스가 '데오토고스'라는 명칭을 명백히 거부한 사실에 근거하여 그를 '개신교의 선구자'로 간주하기도 한다.[490]

2) 동방 교회들에게서 발견되는 이원론과 양자 기독론

사도들에 의해 설립된 소아시아 교회들 일부에는 이원론적 교리가 침투하였다. 여기서 이 '이원론'이라는 개념의 정의가 어느 정도의 근거와 의미가 있기는 하겠지만, 실제 역사 현장에서 보게 되는 실상에 빗대어 말한다면, 이 '이원론'이라는 개념 자체에 대해서 먼저 분명하게 고려해야 할 사실들이 있다. 오늘에 이르기까지 각 시대마다 당대에 복음적 교회를 대표한다는 공동체들에서도 이 정도의 '이원론 흔적이나 신앙 실제'를 찾아내는 것은 그리 어려운 일이 아니기 때문이다.

우선, 이들이 창조주이시며 구속주이신 거룩하신 하나님을 참되고 온전하신 하나님 되심에서 끌어내리기 위해 양분된 개념의 이원론을 거창하게 주장한 것이 아니라는 점에 주목한다. 오히려 더 자주, 하나님의 거룩하심과 의로우심에 반(反)하는 이 세상 세력의 자리를 따로 만들어 떼어 놓음으로써 하나님의 거룩하심을 상하지 않게 해 보려는 열심에서 이러한 이원론을 사용하고 있음을 볼 수 있다.

이들 동방의 교회들에서 이원론이 발생하던 배경에는 다분하게 이런 경향들이 관찰되고 있다. 그들에게 있어 초인적 존재로서의 성모를 숭앙하고 숭배하려 한 경향들을 거부하려 했던 몸부림이, 오히려 이원론으로 귀착되는 그들의 신앙 경향을 조성하는 데 상당한 역할을 한 것으로 보인다는 것이다. 다시 말해, 공의회가 '성모는 하나님의 어머니이다'라는 결의를 하였을 때, '어머니'가 아닌 '하나님'에 강조점을 둔 것이었음에도 점차 그 강조점이 어머니 쪽으로 옮겨 가기 시작

490 목창균, 『이단 논쟁』(서울: 두란노, 2019), 111-113, 116.

하였는데, 성모를 하나님의 자리에까지 올려놓으려는 그릇된 시도를 막아 보려 했던 것이 결국에는 '하나님이신 그리스도의 속성 가운데서 신성과 인성을 분리하려는 이원론자들'이라는 비난을 받게 되어 버렸다는 것이다.

'양자 기독론'의 등장 배경은 그리스도의 위격을 부정하기 위함이 아니라 성모의 신성화를 배격하려는 의도였는데, 오히려 정치적 역공을 당하면서 성모의 신성화도 막지 못하고 동시에 양자 기독론을 신봉하는 자들로 정죄당하기도 하는 양방향의 타격을 입고 말았다. 실제로 이런 류의 사상은 안디옥 지역 교회들이 믿어 온 전통적인 신앙으로서 네스토리우스에 의해 체계화된 것이었다. 바울인들 역시 지역적으로는 안디옥의 영향권 아래 있었으므로, 초기의 바울인들은 자연스럽게 양자 기독론의 개념을 교리적 이해의 바탕으로 수용하고 있었던 것이다.

3) 지나친 이원론 비판의 예

바울인들을 이원론 이단으로 몰고 가려는 억지 가운데 가장 대표적인 예가 그들이 '이 땅에는 하나님 나라가 임하여 있다는 사실 외에도 공중 권세를 잡은 사탄의 나라 역시 세력을 갖고 활동하는 나라로 와 있다'라며 이원론적인 주장을 한다는 것이다. 그러나 만약 이것이 바울인들에 대한 대적들의 고발이며, 바울인들이 이원론 이단이 되는 근거라면, "내 나라는 이 세상에 속한 것이 아니니라"(요 18:36)라고 말씀하신 주님마저도 마니교적 이원론자가 되는 것이다.

또한 화체설을 반대하는 것이 이원론적 이단임을 증명하는 단서라는 비판 역시 상당한 왜곡으로 뒤집어씌우는 비방이다. 즉, 성찬의 빵 자체가 그리스도의 몸이라고 주장하는 로마 교회의 화체설과는 달리, 바울인들은 '빵은 그리스도의 몸이 될 수 없으며, 그리스도의 몸은 지금 하늘 보좌에 계시다'라고 표현한다. 이것을 가지고 화체설을 지지하는 측에서는 "바울인들이 하늘에 계시는 그리스도와 땅에 계시는 그리스도를 둘로 분리한다고 비난하거나 좀 더 상상력을 동원하여 바울인들은 '빵이 물질에 해당되는 것으로 악한 신이 창조한 영역'이라고 믿기 때문에 이를 거부하기 때문에 이들은 분명히 이원론에 근거한 이단이다"라고 공박했던 것이다.

그리고 로마 교회는 마니교의 이원론 사상이 마치 바울인들의 교리인 것처럼 동방에서 유행하던 전통적 설화를 그들의 사상적 배경으로 퍼뜨렸다. 그 내용은 대강 다음과 같았다. "하나님에게는 두 아들이 있었는데 장남은 사타나엘(Satanael)이었다. 그는 처음에 신(神)의 모든 속성을 부여받았으며 하늘 군대의 우두머리였다. 그는 아버지에게 부여받은 권능을 통해 우주, 태양, 달, 별과 같은 물질을 창조하였지만, 야망과 반역의 결과로 하늘에서 추방되어 셋째 하늘로 쫓겨났다. 차남인 예수(Jesu)가 모든 세상을 상속받게 되었는데, 하나님은 그에게 영적 지능에 관한 권능을 주셨다. 그리하여 사타나엘은 땅을 창조한 자가 되었고, 예수는 사람들에게 생명을 불어넣어 살아 있는 영이 되게 하였다. 그때부터 사타나엘과 예수 사이에 충돌과 전쟁이 일어나 끊임없이 계속되었고, 사타나엘이 결국은 예수를 죽음에 몰아넣었지만, 예수는 죽은 자 가운데서 살아나 최종적으로 대적자들을 극복하고 정복자가 되었다. 그는 죽음을 통하여 구속한 이들을 승리의 천국으로 인도할 수 있게 되었다."[491] 바울인들이 이런 것들을 믿고 있었다는 거짓된 왜곡을 마치 사실인 것처럼 모든 매체를 동원하여 퍼뜨렸던 것이다.

또 하나의 예를 찾아보면, 지상의 가시적 혹은 물질적 행복을 추구하는 교회 지도자들에 대하여 비평하는 바울인들의 관점을 '이원론적 시각'이라고 몰아갔다. 바울인들은 '이 땅 자체를 하나님 나라인 양 여기고 땅의 것을 숭상하는 자들'에게 '이 땅에는 사탄의 주도권이 먹히고 있으므로 땅을 추구하는 것은 자주 사탄을 따르는 것이 될 수 있다'라고 설파했는데, 대적들은 이에 대하여 '이들은 물질세계가 사탄이 창조한 것이라 배격하는 자들이요, 오직 영적인 것들만을 거룩하고 선한 것으로 추구하는 금욕주의적 이원론자들임에 분명하다'라며 그들을 매도했다.

바울인들은 화려한 예식들과 이에 걸맞은 웅장하고 요란한 건물 짓는 일을 반대하였다. 예배 처소는 단순하고 평범해야 하기에 바울인들은 자주 창고 같은 곳을 예배 처소로 활용하였다. 거기에 제단이나 첨탑, 종(鐘)이나 벽의 장식 따위는

---

491 L. P. Brockett, 18–19.

일체 없었다. 그저 흰 천이 덮인 테이블과 그 위에 오직 신약 성경 사본이나 요한의 복음서 정도를 준비한다면, 그들의 장로들이 말씀을 전하는 강단으로 매우 만족스럽고 충분한 수준이었던 것이다. 그리고 이렇게 소박한 예배를 추구함으로써 절약한 것들과 검소한 삶으로써 절약한 것들을 모으고 헌금이나 소득의 어떤 부분을 떼어 환자들이나 가난한 이들을 돌보았으며 선교사들을 지원하는 데 기꺼이 사용하였다. 그러나 방종하고 있는 주류 교회는 '바울인들은 악한 신이 창조한 물질의 영역으로써 영혼을 더럽히지 않기 위하여 지상 세계를 회피해야 한다고 여기는 극단적인 금욕주의 집단이다'라고 호도하였던 것이다.

바울인들이 십자가 숭배를 거부하는 것에 대해서는, 그들이 그리스도께서 실제의 몸을 입고 오신 것이 아닌 가현설을 믿기 때문에 그리스도께서 십자가에서 실제로 죽으신 것을 받아들이지 않아서 십자가를 숭배하지 않는, 말 그대로 그들을 '가현설자'들로 둔갑시켰던 것이다. 또한 바울인들이 주류 교회가 행했던 미사를 비롯한 수많은 성례와 성사들을 부정하며 로마 교회의 미사 의식 따위가 구약 시대나 유대교에서 볼 수 있는 그릇된 형식주의라고 반대했을 때, 주류 교회는 이들을 마치 구약 성경을 부정하는 또 다른 의미의 이원론 이단자들로 정죄해 버렸다. '양자 기독론자들'이라는 비방 역시 바울인들 교회가 만들어 낸 교리나 전통 때문이 아니라, 성모 숭배를 철저히 배격한 결과물로서 그들의 순수한 의도를 무시하고 일방적으로 왜곡한 비판이었던 점은 이미 전술(前述)한 바와 같다.

(6) 아라랏 계곡의 사도적 교회들과의 교류

바울인들의 신학적 정체에 관하여 마니교적 이단으로 평가하는 초기 저자들 대부분은, 역사가로서 이를 기록한 것이 아니라 적대자들로서 그들을 비방하려는 목적으로 기록한 것이었다. 그들은 의도적으로 바울인들을 사악하고 비정상적이며 육체적인 죄를 짓는 '이단'으로 몰아가기 위하여 사실이 아닌 악랄하게 만

들어진 근거들을 가지고 '마니교도들' 혹은 '마니교적 이단'이라고 정죄하였다.[492]

바울인들이 이원론자들이라는 비난을 받고 있지만, 그들이 실제로 어떤 이원론 사상을 주장했는지를 직접적으로 확인한 후 비방한 경우를 보여 주는 자료는 거의 없다. 다만 이들 공동체가 역사적으로 이원론이 팽배했던 지역에서 시작되었기 때문에 어느 정도 이원론에 영향을 받았을 가능성은 있지만, 실제로 얼마만큼이나 영향을 받았는지 관련해서도 정확히 말할 수 있는 일체의 근거조차 제시된 적이 없다. 바울인들은 오랜 세월에 걸쳐 계속하여 성경의 사본들을 수집하였고, 그 성경을 부지런히 연구하면서 하나님의 계시에 대한 신학적 견해를 더욱 분명하게 형성해 갔다. 그리하여 그들의 교리는 매우 성경적이었으며 그들의 삶은 어느 시대의 성도들보다 순수하였다. 하나님의 말씀을 순수한 마음으로 이해하고 단순한 삶과 가난한 삶을 실천하였으므로, 그들의 대적자들과 박해자들 가운데 있던 사람들조차도 정직하고 공정하게 평가할 수밖에 없는 장면에서는 그들의 모범적인 삶을 결코 부정하지 못했다.[493]

바울인들이 사도적 신앙을 갖게 된 배경과 관련하여 『진리의 열쇠』는 바울인들이 핍박을 피하여 사도적 전통을 갖고 있는 '계곡의 교회'로 들어가 그들과 교류하게 되면서 사도적 신앙을 접하게 되었고, 이후 대규모 운동으로 확장해 갔다고 분명하게 알려 준다. 무엇보다 계곡의 교회들과 접촉한 바울인들은 '분명한 성경 해석'과 '고대 교회의 전통적 가르침'을 접하면서 이전에 가졌던 신학적 불분명성이나 오류로부터 점차 벗어나 더욱 순전한 복음을 가질 수 있게 되었다.

이런 변화 과정을 거친 바울인들에게서 볼 수 있는 가장 주요한 특징은, 그들이 성경에 매우 높은 가치를 두었을 뿐 아니라 성경을 배운 자들로서의 일관된 삶의 모습을 보여 주었다는 점이다. 그들의 대적들이 바울인들을 '아동을 살해하여 제사하는 흉악한 범죄자들' 따위의 비난으로 고소하곤 하였으나 사실은 그들의 선행으로 말미암아 상당히 놀랐다는 기록들이 많이 나오고 있다.[494]

492 E. H. Broadbent, 59.
493 L. P. Brockett, 22.
494 *Sketches of the Waldenses*, 18.

코니베어는 바울인들이 머물렀던 산악 지대 즉, '계곡의 교회'가 또 다른 역사적 의미가 있음을 밝힌다. 이 산악 지대는 모슬렘 세력과 몽골 계통 타타르(Tartar)족의 침공을 저지하여 로마 문명을 지키는 방어벽 역할을 했던 지역으로 기억되어야 한다는 것이다. 이 점은 서구 세속 문명사의 관점에서도 매우 중요하게 해석될 여지가 있는 중요한 사실이 아닐 수 없다.

바울인들에 대한 편견과 이에 근거한 그릇된 증오로 동로마 제국과 비잔틴 교회는 그들을 학살하고 추방함으로써, 결과적으로 그 지역을 모슬렘에게 고스란히 넘겨주는 효과를 내고 말았고, 오히려 그들에게서 초대 교회의 순수한 흔적을 제거해 보려 했던 애초의 목적은 달성하지도 못하게 되고 말았다.

코니베어는 다음과 같이 알려 준다. "북쪽 토로스 지역의 바울인들 약 20만 명은 8세기에서 10세기 사이에 트라키아와 도나우(Donau, Danube)강 지역으로 강제 이주를 당하였지만, 이는 오히려 서유럽 여러 지역으로 이 바울인들을 이동하게 만드는 계기가 되었다. 이곳으로부터 바울인들은 수 세기에 걸쳐 보헤미아, 폴란드, 독일, 이탈리아, 프랑스로 선교사를 보내게 되었고, 그들의 활동으로 훗날 잉글랜드의 청교도 운동까지도 준비시킬 수 있는 계기를 만들게 되었다."[495]

역사의 주인 되시는 하나님은 박해와 고난을 통하여 형성된 동방의 '계곡 사람들'인 톤락 바울인들을, 같은 이유와 목적으로 서방 지역에 남겨 놓으셨던 피에몽 계곡의 발도인들과 교류하게 하시고 또 그들 사이의 일치를 발견하게 하셔서 16세기 거대한 종교개혁 운동과 17세기 청교도 운동을 준비시키는 일꾼들이 되게 하셨다.

동방과 서방에서 '계곡의 사람들'이 서로 만났을 때에 교리적 차이로 인한 갈등이 일체 발생하지 않았던 것은, 바울인들이 톤락에서 사도적 신앙을 미리 경험하였던 것이 중요한 원인이었다.

---

495 Conybeare, civ.

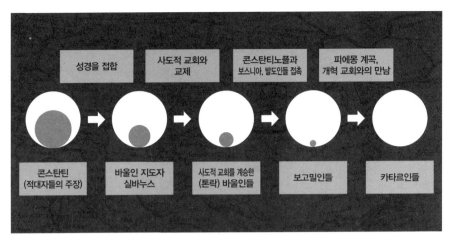

도표10: 바울인들의 이원론 신앙의 순화(純化) 과정

(7) 『진리의 열쇠』를 통해 드러난 바울인들의 교리

『진리의 열쇠』는 지금까지 알려진 바와 같은 "바울인들은 두 창조주를 주장하였다거나 구약 성경을 부정하였다"는 주장들이 완전히 거짓임을 밝혀 준다. 그들이 그리스도의 선재성을 인정할 뿐 아니라 철저하게 성경 중심의 가르침과 경건한 삶을 추구했다는 점에서는 오늘날 우리와 매우 일치함을 보여준다.

특이한 점은 세례를 받기 이전에 공개적이고 객관적인 '회개'의 과정을 반드시 통과해야 하는 규칙을 갖고 교육을 강조하였다. 그들에게 세례식은 세례 받은 이에게 어떤 신비한 정화의 효과를 일으키는 것이 아니었고, 내적 정화의 과정을 거친 이들에 대한 외형적이며 상징적인 정화에 불과하였다. 진리의 열쇠의 내용을 정리하면 다음과 같다.

첫째, 성경과 무관한 전승 교리들을 철저히 배격하였다. 교회 전통과 가르침이라는 미명 아래 만든 인위적 교리들인 성인 숭배, 연옥 등을 거부했으며, 오직 성경만을 유일한 신앙 규범으로 삼았다. 둘째, 교회의 계서 제도를 거부하였다. 셋째, 성찬의 빵과 포도주도 자연의 산물일 뿐이라며 화체설 교리를 단호하게 거부하였다. 넷째, 성모가 원죄 없이 잉태되었다는 무염시태(無染始胎) 교리를 거부하였다. 다섯째, 성화상과 십자가 숭배, 그리고 당시의 많은 이들에게 기적을 가져온다고 믿었던 성자들의 유물이나 유골도 단연코 거부했다. 여섯째, 사도 베드로의 우월성을 받아들이지 않았다. 그는 다른 여러 사도와 함께 동등한 위치에서 협력한 것이다. 일곱째, 하나님의 은혜로만 구원받는다고 믿었고, 교회는 건물이 아닌 부름 받은 모든 신자들이기에 건물을 세우려고 하지 않았다. 여덟째, 예배에서는 그들 이전의 교회들에서 볼 수 있었던 가시적 존숭의 대상들을 모두 제거하려 노력했다.[496]

5. 바울인들과 마니교

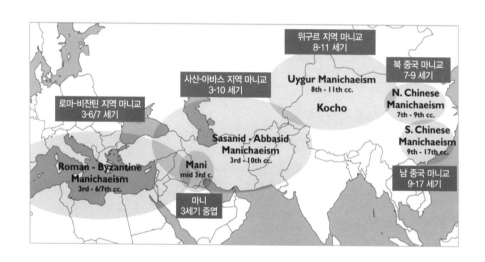

지도31: 마니교 지역 분포도

(1) 마니교의 등장과 세계적 종교로의 성장

마니교는 3세기 중엽에 발생한 페르시아의 영지주의로서 당시 세계 종교 가운데 하나로 성장했다. 영적인 세계 즉 빛의 세계와 물질의 세계 즉 어둠의 세계로 나누어 모든 우주와 개념들을 양분하는 이원론을 그 바탕으로 한다. 마니교

사상은 한때 서유럽까지 확대되었으나 7세기경에 급격히 사라졌으며, 오히려 동쪽으로는 중국까지 전달되어 17세기에 이르도록 존속하기도 하였다. 바울인들의 공동체가 시작된 지역이 한때 마니교가 왕성하게 활동했던 지역이었기에 그들의 대적들은 이들에게 마니교의 일파(一派)로서 마니교 사상을 전파한 이단이라는 허울을 씌워 공격을 가하였는데, 공교롭게도 바울인들의 사상 가운데 대적들이 이원론적이라 비판할 만한 요소들 때문이었다.

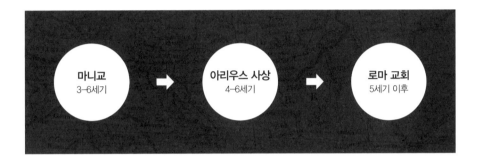

도표11: 서유럽 지역을 장악하였던 주요 종교들

바울인들이 서유럽으로 진출하였을 때는 마니교가 이미 유럽에서 사라져 과거의 종교가 되어 있었다(지도31 참조). 과거의 종교가 되어 사라졌다는 것은 말 그대로 대중들이 그 종교에 더 이상 관심을 갖지 못할 정도로 흥미를 잃어버렸다는 의미인데, 바울인들이 그런 마니교 사상을 다시 끄집어내어 먼지를 털어 내고 전파하기 시작하였다는 주장은 과연 얼마만큼의 설득력과 타당성을 가질 수 있을까? 마니교가 서방에서 급속히 사라진 데에는 중요한 이유가 있었다. 이는 무엇보다 6세기에 접어들면서 아리우스인들의 신앙을 가진 게르만족들이 마니교라는 이방의 타종교(異敎)가 흥왕하던 지역을 고스란히 차지했기 때문이다. 니케아 회의를 통해 주류 그리스도교 교회는 아리우스주의를 이단으로 정죄했지만, 이들은 사실 성경을 소유한 기독교 종파로서 게르만족들과 그들의 지도자들이 마니교와 섞인다는 것은 도무지 상상할 수 있는 일이 아니었다(도표12 참조).

아리우스주의는 주류 교회에 패배당하고 이단으로 정죄되어 교회 안에서 주도권을 상실한 이후, 그들이 이르는 곳마다 그 지역을 지배하는 세속 권력들에게 겸허하고 순화된 자세로 접근할 수밖에 없었다. 그리하여 아리우스주의적 그리스도교 교회는 유럽 바깥으로부터 들어와 남하하게 된 야만과 생경함을 가진 각각의 게르만 부족들에게 수용될 수가 있었을 뿐 아니라 그들의 영적 지지자로서 그들의 신앙적 배경이 되어 자리 잡게 되었다. 그 이후 아리우스 사상은 그 지역이 새로운 강자 클로비스에 의하여 정벌되면서 세력을 잃게 되고 그 지역은 주류 로마 교회의 지배력 안으로 다시 들어오게 되었는데, 이는 그 지역에서 게르만을 석권한 클로비스에게 그가 갖지 못한 세속의 정치적 정통성을 부여하여 주겠다는 로마 교회의 거래(deal)가 통했기 때문이다. 로마 교회가 교회 주도권의 확보를 위해 정복자 클로비스를 최대한 효과적으로 활용했다는 의미이다. 이로써 중세 후반까지 여러 세기 동안 로마 교회는 대부분의 유럽 지역을 지배할 수 있게 되었다. 이처럼 아리우스 사상과 로마 교회의 재확산에는 세속 국가의 권력과 지배 구조를 이용하여 위로부터 아래까지 지배력을 침투시켜 가는, 다분히 강제적인 측면이 있다는 공통점을 보여 주고 있다.

그러나 얼마 지나지 않아 로마 교회의 타락에 반발하여 개혁 운동들이 산발적으로 일어나게 되었다. 점차적으로 이들의 신앙적 영향력이 확산되어 감에 따라 로마 교회와 그들의 조직은 영향을 잃어 갔고, 선구(先驅) 개혁자들과 그들을 따르는 신자와 지도자들이 그 지역과 사회들을 확보해 나가게 된다. 어떤 의미에서 로마 교회는 더 이상 그들의 교인으로 자칭하고 스스로 그렇게 믿고 있었던 그들의 교인들에게조차 영성으로든 신앙의 지도력으로든 그들을 인도하거나 감화하는 종교가 되지 못했던 것이다. 아리우스 사상이나 로마 교회가 그들의 종교적 영향력을 확산시키는 데 강제력을 동원하여 사회 정치적인 구조를 운용하고 지배하는 방법을 적극 활용하였던 것과는 다르게, 개혁주의 신앙 사상이 정착해 나갔던 것에는 현저히 자발적으로 수용하는 경향을 보게 되었다. 아리우스 사상이나 로마 교회에는 진리와 복음의 자리가 없었기에 인위적 형식들과 진정성 없는 우상 종교에 지치고 굶주린 나머지, 그 갈급함을 이기지 못하고 생명력 있는 가르침을 찾아 들어와 자발적으로 수용하는 경향을 선명히 보여 주는 것이 특징이다.

(2) 프랑스와 이탈리아의 바울인들

　10세기 말과 11세기 초엽에는 다수의 바울인들이 이탈리아와 프랑스로 이주하였다. 그곳에서 바울인들은 놀랍게도 자신들과 완전히 동일한 신앙과 영성을 가진 토착민들을 조우(遭遇)하는 역사적 사건을 당면한다. 이미 여러 세기 동안 그 지역에 자리 잡고 살면서 로마 교회와 사제들의 타락에 항거하며 고통을 당하고 있었던 토착 개혁 교인들과 조우하면서 이 지역으로 새롭게 이주하여 들어온 바울인들은 그들에게 신선한 영감을 제공하며 용기를 주었다. 당연한 일이지만, 11세기 중엽에 이르러 이들 선구 개혁 교인들은 로마 교회의 오류, 세속적 경향, 미신 숭배, 부도덕함을 분연히 지적하면서 용감하게 저항하는 움직임에 큰 힘을 실어 주기도 하였다.

　로마 교회와는 많은 부분에서 의견을 달리하는 바울인들이 이탈리아 지역에서도 숫자도 많고 충실성을 갖춘 신앙 공동체를 형성하기 시작하였다. 이에 당황한 교황들은 각 지역을 지배하는 황제들의 권력을 동원하여 그들을 제거하는 데 적극 나서게 되었다. 가정(假定)이지만, 교황들의 이러한 파괴적 노력이 일어나 계속되지 않았다면 이탈리아는 진작에, 심지어 16세기 종교개혁 훨씬 이전에 개신교 지역으로 탈바꿈했을 가능성이 매우 높다.[497] 이때에 프랑스 남부에서 일어난 선구 개혁자들이 바로 피에르 브뤼와 앙리 로잔 같은 이들이었다. 또한 이들 사역의 현장과 그 주변 지역에서는 또 다른 선구 개혁자들이 우후죽순처럼 일어났다. 툴루즈와 알비가 그 중심 지역이었는데, 일반적으로 그곳에 분포하였던 개혁 교인들을 '알비인들'로 부르게 되었다. 알비인들이라는, 중요하고 역사적인 한 주체를 가리키는 용어가 여기서 유래하게 된 것이다.

---

497 J. M. Cramp, *Baptist history*(Philadelphia : American Baptist publication society, 1869), 97.

6. 보고밀인들(Bogomiles, Bogomils)

1054년에 동방 교회와 서방 교회가 결정적으로 분열하여 돌이킬 수 없이 관계가 악화된 상황 속에서, 발칸 반도와 그 북쪽에 자리하고 있던 제국들과 그 영토들은 동서 교회의 중간에 위치한 지정학적 요인 때문에 군사, 정치적으로도, 신학적으로도 뜨거운 전쟁터로 변하고 말았다. 이들에 비하여 더 동쪽으로 치우쳐 있었던 아르메니아는 한두 세기 이전부터 이미 개혁 운동의 본거지가 되어 있었으므로, 이제 동쪽 아르메니아로부터 이곳 발칸 및 마케도니아 지역이 어떤 영향을 받아 어떻게 변화되어 가는지를 볼 시점에 이르렀다. 아르메니아로부터 현재의 터키, 즉 소아시아 지방을 지나 유럽으로 이동하기 위해서는 동로마의 수도 비잔티움이 위치한 보스포루스 해협을 지나게 되는데, 여기서 곧바로 만나게 되는 유럽 지역의 첫 땅이 불가리아이다. 불가리아의 남쪽, 이 이동로의 중간쯤에 보고밀이라 부르는 한 농촌 마을이 있다.

거기서 왼쪽 아래로 내려가면 그리스와 발칸 반도가 자리 잡고 있다. 그리고 불가리아를 지나 유럽 남부로 깊숙이 들어온 지중해의 한 부분인 아드리아 해의 해안선을 따라 북상하게 되는 지역을 통틀어 마케도니아 지방이라 부른다. 옛적 알렉산더 제국이 출범했던 지역이기도 하다. 여기에서 세르비아, 보스니아, 크로아티아, 슬로베니아와 같은 지역을 건너 올라가면, 유럽의 동남쪽으로 헝가리, 체코와 같은 지역, 옛 이름으로 보헤미아나 모라비아 지방을 거쳐 독일과 북유럽으로 향하게 된다. 보고밀 사상은 터키 인근 북쪽, 불가리아의 남부 한 지점, 역사적으로 불가리아 제국(681-1118)의 첫 시기에 등장한다. 비잔틴 제국의 황제들이 서유럽과 불가리아 이북으로부터 남하하는 세력을 방어하는 방어벽으로 삼기 위해 동방으로부터 사람들을 끌어와 불가리아의 트라키아에 대거 이주시켰다. 그런데 공교롭게도 이 이주 정책에 따라 징발된 대부분의 사람들은 동방 개혁 운동의 본산지인 아르메니아 출신이었고, 이들은 이동하면서 자신들의 신앙과 삶의 형태를 고스란히 가진 채 정착했고, 이들이 새로운 풍토에서 새로운 공동체를 형성하게 되면서 새로운 이름을 갖게 된 것이었다. 보고밀은 이 정책적 정착지 트라키아에서 멀지 않은 곳으로서 사방으로 열린 평평한 지역의 지명이다. 비잔틴은 기본적으로 이곳을 통해 불가리아 쪽을 방어하려고 의도했으나 결국 이곳은 하나의 새로운 사상과 세력이 비잔틴과 그 남쪽으로부터 발칸 지역과 그 북쪽의 마케도니아, 그리고 서방으로 확산해 가는 교두보로서 역할하게 된 기회의 장소가 되었다.[498]

11세기 이후에 서방으로부터 비잔티움(콘스탄티노플)으로 들어와서 6만 명 이상 거주하였던 것으로 나타나고 있는데, 이 과정에서 이동과 정착이 많았을 불안정한 시기에, 또 어느 정도 이동의 자유와 정착의 자율성을 부여받았을 보고밀 지역에는 다양한 인종들과 종파들이 공존하였을 가능성이 적지 않다. 이 시기 이후 아르메니아의 바울인들이 새로 이주하여 불가리아의 땅 보고밀 지역에서 크게 활동하게 되었으므로, 이들 공동체를 '보고밀인들'이라는 새 이름으로 부르게 되었다. 그런데 이 보고밀 지역에는 바울인들의 신앙을 계승하여 새로운 신앙 공동체로 형성된 '보고밀인들' 외에, 즉 아르메니아로부터 온 바울인들과 무관하게 이미 독립적으로 비잔틴 교회에 저항하고 동방 로마 교회의 신앙 행태를 비판하는 또 다른 공동체 그룹이 있었는데, 그들에게도 '보고밀인들'이라는 이름을 붙여서 부르고 있었다. 이 시대에 '보고밀인들'이라 불려진 서로 다른 두 개의 공동체가 있었지만, 이들 두 그룹을 구분하지 못하고 동일한 집단으로 혼동하는 경우가 왕왕 있음을 여기서 환기시켜 두고자 한다.

(1) '보고밀인들'의 유래

첫째, 강제 이주된 아르메니아의 바울인들이 1세기 이상 트라키아에 거주하면서 가까운 보고밀(Bogomil) 지역에 새로운 집단 거주지를 형성하였기에 '보고밀에 정착한 바울인들'이라는 의미로서 '보고밀인들'이라고 지칭한다는 견해이다. 둘

---

498 Sean Martin, *The Cathars*(London:Pocket Essentials, 2005), 34~36.

째, 아서 에번스의 견해로 서방에서 퍼블리컨(Publican, 세리)으로 불렸던 이 그룹은 아르메니아의 바울인들과 신학적 견해를 달리한 후 보고밀에서 새로운 그룹을 형성하였다는 견해이다. 신학적 견해의 차이뿐만 아니라 자유 도시 테프리스에서 수많은 전쟁으로 바울인들이 희생된 것에 대한 반발로 보고밀에서 새로운 조직을 형성한 것으로 추정된다. 초기 보고밀인들에게는 '물질은 악하다'라고 보는 이원론적인 요소가 있었으나 이후에는 바울인들과 동일하게 연옥, 죽은 자를 위한 기도, 성인들의 중보, 유아 세례를 거부하였으며, 복음서와 서신서만을 정경으로 수용했다는 견해이다.[499] 셋째, 슬라브 지역에서 만들어진 강력한 이원론 그룹인 카타르 사상이 보고밀에서 조직을 형성하므로 보고밀인들이라 불렸다는 견해이다. 그리하여 보고밀은 유럽 전역으로 이원론 사상을 전파하는 근거지가 되었다는 것이다.

(2) '보고밀'의 어원

'보고밀'이라는 이름이 갖는 의미에 대하여서도 브로킷은 세 가지 견해들을 제시하였다. 첫째, 바울인들이 불가리아의 소도시 보고밀리(Bogomili, 하나님의 친구, 하나님께 귀히 여김을 받음)에 정착하면서 그 이름이 유래되었다는 견해이다. 둘째, 불가리아 저자들이 주장하는 견해이다. '보고밀'이라는 단어가 시리아어와 그리스어로 번역되면서 '마살리안'(Massalians)[500]과 '유카이트'(Ευχίτες, Euchites)[501]로 표현되었는데, 그 뜻은 '기도하는 사람들'이라는 것이다. 이는 '하나님, 자비를 베푸소서'라는 기원을 갖고 있는 불가리아어 '보고밀'(Bogz'milui)에서 파생된 것으로서, 이 결과로 보고밀인들에게 기도는 가장 특징적인 신앙의 행위가 되었다는 견해이다.[502] 셋째, 보고밀인들의 장로 또는 교황(사제)과 관련된 것으로 독일어의

---

499 Arthur J. Evans, xlvii.

500 4세기경 평생 마리아 동정녀를 거부하는 안티디코 마리아파(Antidico marianites)인 마살리안파(Massalians)가 불가리아로 이주하므로 바울인들, 카타르인들, 보고밀인들로 계승되었다는 주장도 있다.

501 4세기 마살리아파와 함께였던 유카이트파는 사모사타의 바울과 관련된 집단으로 바울 서신을 강조하였기에 '바울인들'로 불렸다는 주장도 있다.

502 발도인들의 한 부류인 '베가드인들'(Beghards)의 의미는 'beggen'(간청하다)에서 파생된 '기도에 더욱 힘썼던 사람

'고트립'(Gottlieb)과 헬라어 '테오필로스'(Θεόφιλος, Theophilus)에 해당되는 '하나님의 사랑을 받는 자'의 의미를 갖고 있다는 견해이다.[503]

그러나 정작 보고밀인들은 이 이름들 중 어떤 것도 결코 사용하지 않았으며, 심지어 초기에 그들의 호칭으로 추정되는 카타리(Cathari, Puritan)라는 이름조차도 버렸다. 그들은 단지 그들 스스로를 '그리스도인'이라 불렀고, 그들을 박해하는 그 어떤 그리스도인들보다 존경을 받았다고 알려진다.

(3) 보고밀인들의 주요 지도자들

보고밀인의 지도자들에 관한 정보를 알려 주는 대부분의 책들은 이미 파기되었지만, 비잔틴 제국의 황제 알렉시우스 1세(Alexius I)의 딸 안나(Anna)가 바실(Basil)이라는 인물에 대해 적대적으로 기록한 내용을 통하여 그에 관한 간접적인 정보를 얻을 수 있다. 그녀에 따르면 "바실은 수도사로서 보고밀인들의 불경함을 아주 교활하게 가르쳤고, '사도들'이라 불리는 12명의 제자들을 데리고 있었다. 또한 미련한 습관을 갖고 사는 비참한 여성들과 여러 명의 청년들을 끌어들여 사방으로 그의 사악한 교리를 퍼뜨렸다." 계속해서 그녀는 "마살리안인들과 협력하던 한 블란처나이트파(Blachernites) 사제가 이 우스꽝스러운 교리에 감염이 된 후, 콘스탄티노플에서 큰 집단을 형성하여 교리를 전파하였다. 황제 알렉시우스의 경고에도 아랑곳하지 않고, '보고밀인들' 또는 '마살리안인들'의 한 계파로 제국의 수도에 있는 상류 계급에 침투하였다. 바실이 가르친 교리는 정통 교회의 신학을 거부하는 것이었고, 교회 내 계급 제도에 대하여 매우 비판적이었으며, 교회를 귀신의 거처라고 경멸하기도 하였고, 성찬에 그리스도가 실제의 몸으로 현존한다는 사실을 명백히 거부하였다"고 알려 준다.

또한 이단 저술가인 유티미우스 지가베누스(Euthymius Zigabenus)에 따르면 "의

들과 유사하다. 이는 발도인들과 보고밀인들이 교리 면에서 동일할 뿐 아니라 기도하는 습관에서도 형태가 비슷함을 보여 준다.

503 Arthur J. Evans, xxxi; L. P. Brockett, 29-30.

사 바실은 15년 동안 홀로 연구한 결과 보고밀인들 교리를 집성한 후 이를 52년 동안 가르쳤다. 바실은 콘스탄티노플에서 알렉시우스에게 이단 재판을 받았다." 이러한 사료를 바탕으로 미루어 보건대, 바실은 1070년 이전에 보고밀인들 지도자로 활동했을 것으로 보인다.[504] 다른 자료에 따르면, 바실은 의사로 자비량으로 생활하면서 약 40년간(1070-1111) 지칠 줄 모르는 자세로 복음을 전하였으며 희생적인 삶의 모습으로 많은 사람들에게 감동을 끼쳤다. 그로 인하여 보고밀인들 사상이 제국에 널리 퍼지게 되자, 하루는 알렉시우스 황제가 "바실의 고매한 인격에 경의를 표하는 뜻으로 그의 가르침을 받기를 희망한다"며 왕궁으로 초청하였다. 그리하여 바실은 콘스탄티노플 궁전에서 그의 교리에 관하여 토론을 하면서 황제 앞에서도 거침없이 복음을 전하였다. 그러나 황제는 그와 면담하여 교리에 관한 깊은 토론을 하고 있던 중 커튼 뒤에 숨겨 둔 지가베누스를 비롯한 몇 증인들을 등장시켜 그가 말하였던 내용들을 근거로 현장에서 그를 체포하였다. 그는 고문을 당하고 생명을 위협당하면서까지 자기가 전하던 교리를 포기하도록 종용받았음에도 끝까지 뜻을 굽히지 않았으므로 매우 용감한 신앙을 가진 보고밀인으로 기억되었을 것은 당연하다. 바실은 법정에서도 계속된 교리 토론의 공방에서 일체 양보하지 않았기 때문에 콘스탄티노플의 히포드롬(Hippodrome)에서 공개적으로 화형당하고 말았다. 바실의 체포 때 많은 보고밀인들 동료들이 함께 체포되어 화형을 당하거나 평생 감옥에 구금되는 형을 선고받았다.[505] 이와 관련하여 안나는 감옥에 있는 사람들에게 음식과 의복이 충분히 공급되었다는 내용을 덧붙이므로 가혹하지 않았음을 시사하였다.

바실이 공개 처형된 이후에도 보고밀인들의 활동은 계속되었고, 1140년 콘스탄티노플 공의회는 수도원에서 보고밀인들의 교리책이 유행한다는 이유로 그들의 모든 책들을 불사를 것을 결의하였다. 3년 후 갑바도기아 주교 두 명은 이단의 친구라 하여 추방되었고, 수도사 니폰(Niphon)은 금욕주의적 학자로 정죄받아 총

---

504 Dmitri Obolensky, *The Bogomils: A Study in Balkan Neo-Manichaeism*(Cambridge: University Press, 1948), 199–203.

505 E. H. 브로우드벤트, 88–89.

대주교 미셸(Michel Oxitès)에 의해 수염을 잃고 종신형을 받았다.

1204년 라틴 제국이 비잔틴을 점령한 후, 콘스탄티노플의 총대주교 게르마누스는 거주지를 니케아로 옮겼는데(1226년), 그곳에서 여전히 다수의 활동적인 보고밀인들을 발견하였다. 총대주교는 토론을 통하여 그들을 비잔틴 교회로 개종시키기 위하여 다양한 노력을 하였고, 그 후 보고밀인들의 흔적은 역사의 표면에서 현저하게 사라지는 양상으로 흘러갔다.[506]

(4) 보고밀인들에 대한 적대자들의 비평

1700년경 독일 루터 교회 신학자인 고트프리드 아르놀드(Gottfried Arnold)는 평생 동안 연구한 보고밀인들에 관한 유용한 정보를『편견 없는 교회사와 이단의 역사』(Impartial History of the Church and of Heresy)를 통하여 제공하고 있다. 그에 따르면, 보고밀인들에 관한 대부분의 역사 자료는 비잔틴 황제 알렉시우스 1세에게 위임을 받은 비잔틴의 수도사 유티미우스 지가베누스의『신조의 갑주』(Panoplia Dogmatica)에서 나왔다. 아르놀드는 지가베누스가 이 정보를 보고밀인들 지도자 바실이 황제의 초대로 궁중에서 대화할 동안 커튼 뒤에서 몰래 들은 대화 내용을 바탕으로 기록했기 때문에, 당연히 그 정보는 황제의 편에서 기록된 것이고, 그가 섬긴 황제에 대하여서는 '적절한 신념을 지키려는 열정이 감탄을 자아냈다'고 쓰고 있음을 알려 준다. 또한 지가베누스가 황제의 딸인 안나에 대해서도 역시 칭찬을 늘어놓으면서, '비열한 사람들을 제거하는 일에 대단한 열심을 갖고 있었다'고 썼음을 언급하였다. 아르놀드가 자신의 저서 제목에 굳이 '편견 없는'이라는 용어를 사용하였던 이유는, 그 이전까지의 모든 역사는 일방적으로 승자 편의 시각으로만 기록되었기 때문에 편파적인 이전의 모든 역사에 대해 공정성을 기하기 위함이었다. 즉, 정통 교회가 '진짜 이단'이라 정죄한 뒷면에는 '그들이야말로 참 그리스도인이었다'라는 강력한 역설이 숨겨져 있는 것이라고 해석하였던

---

506 C. Schmidt, vol. 1, 11–15.

것이다. 그리고 오랜 기간 상당한 연구를 통하여 얻은 자료들에 근거하여 아르놀드는 이단의 지도자로 화형을 당한 바실에게 상당한 동정심을 갖게 된 것을 숨기지 않았다.

아르놀드가 내린 결론에 따르면, 진정한 이단은 다름 아닌 보고밀인들의 남녀를 정죄하여 박해한 정통 비잔틴 교회로서 그들은 진정한 기독교를 포기한 집단이었다는 것이었다. 그에 따르면, '이교도'라는 단어는 헬라어 '카타로스'(καθαρός)에서 파생된 것으로 실제로는 순수한 예수의 참된 가르침으로 돌아가야 한다는 것을 의미한다. 이런 이유로 진리의 증인들은 참 가르침을 왜곡하는 종교 권력자들과 세속 권력에 의해 고통을 당하게 되었던 것이라고 정확하게 보고 있다. 소위 이단으로 치부된 평신도들의 정당한 신앙에 위협을 느낀 기득권 사제들이 자기 방어를 위한 그릇된 이기심으로 권위적이고 정치적인 방법을 구사한 결과, 박해라는 형국의 사태가 발발한 경우가 허다하였음을 고트프리드 아르놀드는 정확히 지적해 주고 있다.

보고밀인들의 경우, 이 상황은 매우 전형적이다. 미신에 뒤섞여 있어서 성경적 신앙과 진정성이 결여된 사제들의 예배를 강하게 비난했기 때문에 사제들은 강력한 위기감에 당면했을 것이므로, 바실과 같은 개혁자들을 취급할 때는 더욱 서둘러서 화형을 집행하지 않을 수 없었던 것이라고 지적하고 있는 것이다. 사실 동서양을 막론하고 정통성을 자부하는 주류 교회가 어느 집단을 이단으로 공격할 때 그 내용이나 근거들을 검토해 보면, 많은 경우 하나님에 대한 믿음의 다양한 표현이나 신념의 내용에 관한 평가가 본질이 아니라 성례전과 같은 형식 예전 따위에 집착하는 경우들이 즐비하다. 여기서도 문제가 된 주제는 미사(mass)가 죄와 악으로부터 인간을 해방시키고 그 영혼을 구원하는 데에 전혀 결정적인 요소가 되지 않는다는 주장인데, 그들은 이에 대해 도저히 참지 못하고 극렬한 박해로 공격한 것이다. 반면 보고밀인들에 관하여 그가 연구한 지적에 따르면, 그들은 하나님의 존재로 말미암아 진정한 인간의 존재를 발견하고, 이로써 진정 정결한 인간됨을 일상생활에서 살아내는 것을 깨달은 사람들로서 그들이 추구한 '온전자(Perfects)의 삶'은 엄청난 매력을 가졌다. 그가 보는 바, 보고밀인들 공동체가 성공한 이유는 그들의 가르침이나 사회 참여 때문이 아니라 결점이 없는 삶의 모습이었다. 그들이 가졌던 고매한 평판과 신뢰성, 그들의 보탬이나 꾸밈이 없는 단순한 가르침과 진리가 사람들에게 큰 매력이었다는 것이다. 그리고 아르놀드는 '보고밀인들이 가진 일관되고 종국적인 신앙의 목적'이 오직 '성경을 통하여 배우는 그리스도를 닮아 가는 것'이라고 보았기 때문에 '그들을 이단으로 평가하지 않는다'라고 자신의 연구와 결론의 이유를 명백히 밝히고 있다.[507]

보고밀인들에 관한 또 다른 정보는 불가리아 정교회 사제이며 10세기 말 저술가였던 코스마스(Cosmas, S Kozma)에 따른 것이다. "보고밀인들은 수도원과 동방 정교회를 왜곡시키는 위험한 오류를 가진 집단으로서 그들의 사상은 불가리아 사제들 사이에서도 널리 퍼졌다. 그들은 이원론자들로 하나님에게 두 아들이 있었는데, 장남은 그리스도이고(저자에 따라 장남과 차남의 이름이 다름), 차남은 사탄으로 하나님은 이들을 통하여 경이로운 우주를 만들었다고 믿었다. 그리고 성육신과 관련하여 그리스도께서 육신을 입지 않고 오셨다는 가현설(환상설)을 주장하였던 것은 물질을 악으로 판단하는 이원론적 사고 때문이다. 성모는 천사였고 '하나님의 어머니'가 아니라고 믿었고, 구약 성경을 인정하지 않고 신약 성경만을 가르쳤다. 그러면서 신약 성경이 기록되지 않았던 기간에는 하늘에서 기록된 성스러운 책을 땅으로 내려 보냈다고 믿었다. 그들은 정교회 내의 계급 제도를 반대하였고, 금욕 생활을 하면서 성관계, 고기와 포도주도 거부하였다. 주기도문으로만 빈번히 기도하였고, 종교 축일을 지키지 않았으며, 주일을 다른 날과 동일하게 여겼고, 서로 간의 잘못을 정기적으로 고백하였다. 그들은 훌륭한 그리스도인들처럼 생활하였기에 동방 교회 교인과 그들을 구분하기가 어려웠지만, 그들은 정부 전복을 시도하였을 뿐 아니라 주인들에게 순종하지 말 것과 노예들에게는 주인을 위해 일하지 말 것을 가르쳤다. 부자와 귀족을 경멸하였고 황제(Tsar)를 싫어하였으며 그들의 상사(上司)를 조롱하기도 했다."[508]

---

507 Dick van Niekerk, *Heretic advocate places the Bogomils in the light again*(Leeds: The Other and 'Otherness' in the Middle Ages, 2017), 2-4.

508 Janet Hamilton, Bernard Hamilton, Yuri Stoyanov, *Christian Dualist Heresies in the Byzantine World*(Manchester: Manchester University Press, 1998), 27-28.

계속해서 코스마스는 그들에 대해 악평했다. "사람들은 보고밀인들의 겸손한 행동을 보게 되면 참 믿음을 가진 자들이라 판단할 것이고, 그들에게 다가가서 영혼의 상태에 관하여 상담하게 될 것이다. 그러면 그들은 머리를 숙이고 모든 겸손으로 마치 하늘의 계명을 알고 있는 것처럼 행동하지만 사실은 어린양을 삼키는 늑대들이다."

그의 계속되는 비방을 통하여 적지 않게 보고밀인들의 신앙과 삶을 미루어 볼 수 있다. 그는 또한 다음과 같이 정죄했다. "그들이 악마보다도 더 악하고 끔찍하도록 공포스러운 자들인 이유는 하나님의 어머니인 성모나 십자가를 경외하지 않았고, 교회의 예식과 모든 고위 성직자들을 모욕하였으며, 정교회 사제들을 눈 먼 바리새인이라 비판하였고, 성만찬의 빵은 그리스도의 몸이 아니라 보통의 빵과 다르지 않게 여겼기 때문이다."

하지만 이런 비판과는 달리 동시대(10세기)의 저술가 뮤사크(Muschag)는 톤락인들의 가르침에 깊은 감동을 받았는데, 보고밀인들을 이단으로 정죄한다는 것은 그리스도인답지 않을 뿐더러 도덕적으로도 부끄러운 것으로, 그들은 '사도적 가르침을 계승한 진실한 그리스도인들임을 분명히 발견할 수 있었다'고 말하였다.[509] 보고밀인들은 성인들만 성찬에 참석하도록 하였으며, 첫 참석자는 기도와 금식으로 자격을 얻고 '특별한 성수가 아닌 일반 물'을 가지고 세례를 받은 후에 참여할 수 있었다. 성모를 하나님의 어머니로 존경하지도 않았고, 십자가에 대해서도 하나님을 욕되게 한 것에 사용된 것을 숭배하지 않는 것을 당연한 것으로 여겼다. 성찬의 빵은 그리스도의 몸이 아닌 평범한 빵임을 주장하였다.[510]

보고밀인들은 바리새인들이 된 사제들과 우상들의 전시장이 된 예배당에 대하여 증오심을 가졌음에도 사역자와 그들만의 비밀 집회소를 갖고 있었다. 초기에는 장로 또는 교사에 해당되는 지도자들이 12명 있었다. 보고밀인들이 불가리아를 넘어 여러 지역으로 확산되어 나가면서 각 지방에서 신자들을 돌볼 새로운 장로나 주교(감독)가 필요했다. 그리하여 보스니아의 보고밀인들은 그들 공동체

---

509 E. H. 브로우드벤트, 90.

510 Arthur J. Evans, xxxvi–xxxvii.

의 지도자로 제드(Djed) 또는 장로(elder)들을 세우게 되었다. 알비인들의 경우에 주교를 뜻하는 칭호로서 '에피스코푸스'(Episcopus) 또는 '연장자'(장로, Senior)를 세웠는데, 그 아래에는 사도들(Apostles), 서방에서는 스승을 의미하는 '스토로예닉스'(Strojniks/ Magistri)가 있었다. 이들은 단순히 회중들의 대표로서 공동체의 투표로 선출되었는데, 그들에게는 교황권과 같은 권력이 일체 주어지지 않았다. 온전자(Parfaits, Perfect)[511]에 포함된 사람들은 남녀를 막론하고 모두 설교할 수 있었다.[512]

(5) 기존에 알려진 보고밀인들의 신앙

보고밀인들에 관한 정보는 이미 서술한 대로 970년경의 이단 저술가 코스마스와 12세기 비잔틴 황제 알렉시우스의 친구이며 이단 저술가였던 지가베누스가 전해 주는 정보 정도에 불과했다. 보고밀인들은 '마살리안'과 '유카이트'라는 별명 이외에도 '파블리케니'(Pavlikeni, Paulicians)라는 이름을 갖고 있었으며, 자주 '서방의 카타르인들', '파타린(Patarin)인들', '발도인들', 러시아에서는 '스트리골니키'(Strigolniki, Molokani, Dukhobortsi) 등의 명칭들까지도 보고밀인들과 연관되어 나타나기도 한다. 이들 내용은 이단 종파라는 정죄와 판단, 편견에 따른 시각으로 일관한 비난이므로 상당히 극단적인 내용이 양쪽으로 갈려 있음을 볼 수 있다. 그리고 하나의 자료에서도 비난의 내용조차 서로 맞지 않는 부분이 다수 발견되기도 한다. 그들의 기원, 내부 조직 구성, 그들의 모임 운영 방식과 형태, 그들의 신조나 성경에 대한 입장, 그들이 중시하여 믿고 따랐던 교리들이나 예전, 그들의 사회봉사나 전도의 방식과 범위, 그들이 당한 박해들과 그 대응 태도, 주변의 다른 종파들과의 교류나 접촉 등 이런 내용들이 뒤섞여서 진술되고 있어서, 이 자료들의 형성 방법과 형성 기간, 원 자료들의 출처나 사용 범위를 고려할 때 극히 한정적이며 통제된 조건에서 이 자료들이 다루어지고 있다는 인상을 받게 된

---

511 마 5:48 "너희 아버지의 온전하심과 같이 너희도 온전하라(be perfect)"에서 유래된 듯하다. '온전자'(perfecti)는 '예정된 자들'(praedestinati), '택자들'(electi), 혹은 '결코 타락되지 않은 무리'(qui nunquam lapsi sunt, Novatianus)에 해당되는 용어이다(김영규, 『조직신학편람 4』(2001), 12 참조).

512 Arthur J. Evans, xl.

다. 이 자료들을 취합하고 형성한 주체들 간의 상호 관계 등을 추측하고 이해하는 것도 그리 어렵지 않아 보인다.

위에서 이미 언급한 대로 이들의 신학적 특징을 다음과 같이 요약할 수 있다. 그리스도의 신적 출생, 삼위일체, 성례전을 부정하였으며, 그리스도는 다른 선지자들처럼 은혜를 통해서만 하나님의 아들이었고, 성찬의 빵과 포도주는 살과 피로 변하지 않는다고 믿었다. 마지막 심판은 예수 그리스도가 아닌 하나님에 의해 실행되며 성화나 십자가, 성인 유물은 우상 숭배라 주장하였다. 그들은 사도 바울의 가르침을 중요시하였으며, 그들의 교사를 영적 지도자로 여겨 존경하였고 그들 가운데서 직접 선출하였다. 기존에 나와 있는 보고밀인들에 관한 주장들을 좀 더 상술하면, 대강 다음과 같은 것들이 주류를 이룬다. 보고밀인들의 창시자는 한 마니교도였고, 6명의 사도들을 데리고 다녔다고 말한다. 짜르 보릴(Tsar Boril)은 보고밀인들을 대적하기 위한 회의를 개최하였고(1211년), 그 회의 결과를 문서로 남겼다. 이 문서에 따르면, 그들은 야간 모임과 신비적인 요소를 갖고 있었는데, 그들이 지킨 성일은 6월 24일로 세례 요한의 출생일이다. 그들은 과일을 뽑아 운을 말하는가 하면, 밤에는 헬라식의 의식과 유사한 신비로운 의식을 행하였다. 이 보고 문서 47항에는 세례 요한은 물로 세례를 베풂으로 사탄으로부터 왔음에도 사탄을 일체 두려워하지 않았다는 비난이 나온다.

그들의 유일한 기도는 주기도(Pater Noster)였다. 그들은 사탄이 "눈에 보이는 세상의 창조자"이며, 사탄이 창조한 '아담과 이브'는 비와 우박과 땅에서 기어 다니는 모든 것들의 주인이라고 믿었다. 또한 사탄을 창조주로 여겼기 때문에 창조에 관한 내용이 나오는 구약 성경과 모세, 엘리야, 족장들을 거부하였다. 임신한 태아는 사탄의 사역의 결과이며, 아이가 태어날 때까지 태에 있는 아이와 함께 사탄도 계속 머물기 때문에 물세례로는 사탄을 결코 쫓아내지 못하며, 오직 기도와 금식으로만 가능하다고 믿었다. 교회의 건물을 거부하였고 그들만의 노래를 불렀다. 그들은 예전과 주교 조직을 거부하고 비난하였는데 이는 마귀의 발명품이라고 여겼고, 성찬을 욕하고 성화상과 십자가 존경을 거부하였다. 이들의 교리는 설교자들에 의해 멀리 퍼져 나갔고, 이 종교는 발칸 반도에서 시작하여 카르파티아(Carpathian) 산맥, 알프스, 피레네 산맥을 따라 중부 유럽으로 퍼져 나갔다. 불가리아 정교회는 보고밀인들을 제거하려고 노력하였는데, 인노켄티우스 3세가 서방의 카타르인들을 척결하였던 것과 동일하게 보고밀인들을 처벌해 달라고 동방 교회들을 설득하였기 때문이다. 그러자 보고밀인들은 세르비아 지역으로 피신하였지만, 세르비아 왕 스테판 네마냐(Stephen Nemanya)도 그들을 대적하였으므로 다시 보스니아로 이주하게 되었다. 12세기 말 보스니아의 시민 통치자는 이 이단 교리를 받아들였고, 그의 신하 1만 여 명이 개종하였다. 그들의 일부는 이탈리아로 건너가 그곳에 이미 존재하고 있었던 '파타린인들'과 합류하였다. 그 이름의 유래는 밀라노의 파타리 거리에 형성된 직물 시장과 관련이 있다. 로마 교회로부터 파타린인들(혹은 카타르인들)이라 불리운 그들은 직물을 짜기 위해 헝겊 쓰레기를 주워 모았기 때문에 '헝겊 넝마'(Rag-pickers)라고도 알려졌다. 15세기 보스니아 왕 토마쉬(Thomas)는 로마 교회 신앙으로 개종한 후 그들을 제거하려고 무력을 동원하자, 1446년에 4만 여 명의 파타린인들(카타르인들)은 보스니아를 떠나 헤르체고비나(Herzegovina)로 건너갔다. 파타린인들은 15세기 후반 터키 모슬렘들의 도움을 받기 전까지 헝가리 왕에게 수세기 동안 박해를 당했다. 보고밀인들은 종종 더 온순한 종교인 모슬렘으로 개종하였기 때문에, 이것이 현대에 이르러 보스니아 사람들 가운데 모슬렘들이 많은 이유가 되기도 하였다.

그들은 자신들의 영적 선생을 자신들 가운데서 선택하였지만 유급 사제나 교회를 세우지는 않았다. 단지 초대 교회 때처럼 개인의 가정에서 모임을 가졌고, 기도 역시 각자의 집에서 행했다. 그 이유는 신자들의 모임이 곧 교회라 여겼기 때문이다. 어른들에게만 세례를 주었는데, 특별한 물이나 기름을 사용하지 않았고, 금욕과 기도를 중시했다.

택자(elect)에 의한 안수식를 통해 그리스도의 온전함에 이르게 되기를 추구하였는데, 안수식 이후에는 '그리스도들'(Christs)또는 '온전자들'(Perfects)이라 불렸다. "그들은 하나님께 두 아들 사타나엘과 미카엘이 있다고 가르쳤는데, 접미사 '-엘'(el)은 그들이 하나님의 아들임을 의미한다. 장자 사타나엘은 모반을 시도하다가 악령이 되었다. 그리하여 그는 그곳에서 쫓겨나 더 낮은 하늘과 땅을 만들고 인류를 만들려고 시도하였다. 하지만 인간에게 생명을 줄 수 없었기 때문에 속임수를 동원하여 하나님께서 그 일을 시행하시도록 했고, 아담은 생명의 호흡을 받아 잠재적으로 선한 영혼을 갖게 되었지만 사타나엘의 종으로서 악한 세상에서 언약을 강요받게 되었다. 그러자 하나님은 차남인 미카엘(Michael)을 구세주로 선택(elected)하여 '예수'라는 사람의 형태로 인간들에게 보내셨다. 미카엘은 비둘기의 모습으로 예수에게 나타나자 '그'는 사타나엘과 함께 점토판으로 된 아담의 언약을 깨뜨릴 힘을 가진 '그리스도'가 되었다는 것이다." 그리하여 악한 영은 결국 그리스도께 정복을 당하였고, 그의 '-엘'로서의 힘도 잃고 사탄이 되어 더 이상 하나님의 아들이 아니라 타락한 천사가 되었다. 그럼에도 불구하고 그는 남아 있는 힘으로 예수 그리스도를 십자가에 못 박았고, 그리스도교는 사악한 종교가 되고 말았다. 그리하여 화려하고 거대한 건물, 예복과 제복, 아이콘(성상)과 형상, 성사와 예식, 수도사들과 하나님을 지상의 왕인 것처럼 여기는 사제들 등, 이 세상은 사탄의 활동지이기에 온전자는 그 어떤 즐거움도 누려서는 안 된다.

그들은 사탄과 악령에 대항하는 강력한 무기와 주술처럼 주기도문으로 기도하였다. 각 공동체에는 12명의 사도들이 있었으며, 여성도 택자의 위치에 오를 수가 있었다. 보고밀인들은 탁발 수도사와 같은 옷을 입고 선교사로 다니면서 명성을 얻었고 교리를 전파하기 위하여 먼 곳으로 여행하기도 하였다. 병든 자를 고치고 악한 영을 마법으로 쫓아내면서 각 나라의 종교 사상에 깊이 영향을 미치기도 하였고, 종교적 개혁을 준비하기 위해 구약의 일부와 함께 외경을 전파하기도 하였다. 그들은 동방뿐 아니라 서방에서 대중 종교 문학의 씨를 뿌렸다. 보스니아인 라도슬라보브(Radoslavov)가 편집한 슬라브어 예식은 1853년 쿠니츠(Cunitz)가 출판한 카타르 예식과도 매우 유사하였다.[513] 유일한 성례인 콘솔라멘툼(consolamentum)을 받게 되면, 그들의 삶도 영원히 바뀌며 택자의 일원이 되어 금욕적인 삶을 살아야 했다. 이 예식에는 축귀(exorcism)와 정화(purification) 기능이 있다. 먼저 기도는 자연(사탄)의 힘을 추방시켰으며, 두 번째 안수식으로 머리로

---

513 M. D. Magee, "Heresy and the Inquisition. Cathar Beliefs",(12 December 2002), *Heresy and the Inquisition II Persecution of Heretics*, 14–16. https://www.academia.edu/17739430/Heresy_and_the_Inquisition._Cathar_Beliefs.

부터 발끝까지 씻게 되면, 그때까지 그의 속에 살았던 옛 사람은 사라진다는 것이다. 그런 다음 후보자가 동쪽으로 향하게 되면 요한복음서가 그의 머리 위에 놓여진다. 그러면 모든 참가자들은 찬송을 부르게 되며 그동안 선배 택자들이 후보자의 머리 위에 손을 얹게 된다. 이는 후보자에게 보고밀인들 공동체의 규정과 신념을 따르는 권한을 부여하는 것이다. 후보자는 새로운 택자가 되었음을 상징하는 검은 두건을 받음으로 온전자의 계열에 들어가게 된다. 그들은 철저하게 순결해야 했으며, 심지어 이성 회원들과의 경미한 신체 접촉도 허용되지 않았다. 거짓말, 맹세, 생명체를 죽이는 것이 결코 허용되지 않았으며 매년 3회, 40일간 금식을 포함하여 잦은 금식을 행하였다. 그들은 검소하고 단순하며 평화롭고 경건하며 순결한 삶을 살면서 사도들처럼 짝을 이루어 걸어 다녔고, 상인으로 생활하면서 설교하였다. 그들의 추종자들에게 택자는 살아 있는 성인(聖人, 어떤 역사가는 '사도'라 표현하기도 한다) 그 자체였다. 택자(또는 온전자)는 안수 받은 사제가 아니었음에도 이 온전자를 종종 사제로 잘못 번역한 것을 볼 수가 있다. 사제의 특징은 희생 제물을 바치는 것인데, 온전자는 그렇지 않기 때문이다. 그들은 목회자와 설교자로 교회를 다스리고 그들의 감독들을 직접 선출하였다. 따르는 신자들이 그들에게 철저하게 순종하고 존경하였던 이유는 택자들만이 하나님의 자녀들로 입양될 수 있었기 때문이었다. 일반 신자들은 택자들에게 선하신 하나님께 그들을 위한 기도를 요청하였다. 택자들은 고기, 치즈, 계란, 우유와 같은 동물성 식품을 먹지 않았지만 생선은 허락되었다.

이 정도의 내용이 지금까지 여러 역사가들에 의해 알려진 보고밀인들의 교리와 모습이다. 그런데 이 내용들을 읽어 보고 검토해 볼수록, 더 깊어지고 더 많아지는 의문을 정리할 방법이 없다. 답이 없는 의문들만 점점 더 쌓여 간다. 과연 이것들이 보고밀인들의 신앙과 실제 모습이었다면, 이런 허황된 교리들과 이를 설파하는 설교와 전도로써 당시 유럽의 대중들에게 설득력 있게 다가갈 수가 있었겠으며, 당시의 정교회에 염증을 느낀 보통 사람들의 마음에 상당한 호소력을 가지는 것이 가능했을까? 이들의 지역에서 이들의 신앙과 삶을 추적할 수 있는 역사적 흔적들이 거의 멸절되었다고 볼 정도로 완전히 사라져 버린 것은 무엇을 의미할까? 그들 자신의 신앙고백서나 설교, 양육을 위한 자료들이 씨를 말려 버린 것처럼 사라진 것은 그들에 대한 박해의 처참함과 지속성의 정도를 역설하고 있음을 가늠할 수 있다. 그럼에도 전도나 사역, 조직 운영에 관한 그들 자신의 문서가 전혀 없이 이들에 대하여 단정적으로 판단하고 비평하며 그들에 대하여 규정하여 온 것들은 얼마만큼의 타당성이 있을까? 상황이 이러함에도 불구하고, 이들에 관한 사실들이 전하여져서 결국 16세기 종교개혁의 씨앗이 되고 있다는 것은 또 무엇을 의미하는 것일까? 보고밀인들에 대한 동방 정교회와 로마 교회의 지속된 박해와 공격을 상상하면서, 그들의 의도를 추측해 보고 이들이 역사 위에 남긴 선명한 의문들을 들추어 볼 때마다 온몸의 털이 곤두서는 두려움을 피할 수가 없다.

(6) 보고밀인들에 대한 새로운 평가

'보고밀인들과 개혁 교회 사이에는 아무런 관련성이 없는 것일까?'라는 질문은 사실, 이미 오래전에 제기되었다. 브로킷은 매우 도발적인 제목의 『불가리아와 보스니아의 보고밀인들, 또는 동방의 초기 개신교: 개신교 역사의 잃어버린 부분을 회복하려는 시도』(*The Bogomils of Bulgaria and Bosnia or The Early Protestants of the East: An Attempt to Restore Some Lost Leaves of Protestant History*, 1879)라는 책을 출간하였다. 브로킷은 이 책에서 보고밀인들이 오늘날 개신교회 형성에서 주요한 역할을 담당하였음에도 개신교의 역사 속에서조차 철저히 무시되고 잊혔음을 안타까워하였다. 불가리아의 유명 문학자인 이반 쉬쉬마노프(Ivan Shishmanov, 1862-1928)도 "보고밀인들은 유럽의 첫 개신교인들로 알려진 위클리프, 후스, 루터보다도 수 세기나 앞서서 존재하였고, 그들의 가르침은 이탈리아(특별히 롬바르디아), 프랑스(특히 프로방스), 벨기에, 네덜란드, 라인강 계곡, 메츠, 스트라스부르, 쾰른, 본(Bonn), 트리어(Trier), 심지어 잉글랜드에도 들어가 '종교개혁의 새벽별'이라 불리는 위클리프(1328-1384)와 대륙의 얀 후스(1369-1415), 마르틴 루터(1483-1546)에게도 상당한 큰 영향을 끼쳤다"고 평가하였다.[514] 비잔틴의 통치 아래 강력한 박해가 시작되면서 보고밀인들은 세르비아 지역을 안전한 피난처로 선택하고 점점 이곳으로 모여들게 되었다. 이로 말미암아 네마냐 왕국의 핵심이 되는 세르비아 지역이 보고밀인들 신앙으로 개종하는 결과를 낳았다. 그리고 이들의 기록 보관소 덕분에 보고밀인들의 교리를 상당히 정확하게 파악할 수 있는 또 다른 방법을 얻게 되었다.[515]

일부 보고밀인들이 "내 나라는 이 세상에 속한 것이 아니니라"(요 18:36)라는 예수의 말씀을 이원론적으로 오해했을 것이라고 상상해 보는 것은 오늘날의 교회 안에도 유사한 이원론 사고를 하는 신자들이 적지 않음을 볼 때 충분히 이해할 수 있다. 만약 그들에 대한 '이원론적 이해'를 비난하는 것이 이런 수준이라면 오늘 우리는 보고밀인들에 관한 기존의 이해와 표현을 과감하게 조정할 필요가 있다. 또한 개중에는 세상 나라가 아닌 그리스도의 나라에 속한 자로 스스로를 이해하면서 "이 세상이나 세상에 있는 것들을 사랑하지 말라 누구든지 세상을 사랑하면 아버지의 사랑이 그 안에 있지 아니하니"(요일 2:15)와 같은 말씀을 지키기 위해 극단적인 금욕의 삶을 살아갔던 것에 대하여, 마치 그들이 '물질과 그것이 속한 세상은 다 악하다'라는 식의 이원론에 빠졌던 것처럼 왜곡하여 정죄한 정황도 충분히 볼 수가 있다. 사실 그들은 들에 핀 백합화도 입히시며 공중의 새도 먹이신다는 산상수훈의 말씀을 철저히 신뢰하고 아무것도 염려하지 않았으며, 주님의 나라를 구하는 삶을 살았을 뿐이었다. 보고밀인들의 중심 기도는 주님께서 제자들에게 가르치신 기도로서 이 주기도를 가지고 하루에 낮 동안 7번, 밤에도 정해진 시간에 5번 기도하였으며, 이동 중에도 기도하였다. 이러한 기도의 삶은 베긴회(Beghard)와 베긴회 수녀원(Flemish Béguinages)에서도 찾아볼 수 있다.[516] 12세기 초 보고밀인들은 헝가리와 달마티아에서처럼 보스니아에서 확고하게 뿌리를 내렸고, '파타리아'에서 유래된 '파타레네스인들'(Patarenes)이라 불렸으며 그들

---

514 Georgi Vasilev, 147-148.
515 Arthur J. Evans, xxxiii-xxxiv.
516 Arthur J. Evans, xli.

의 신앙은 점차 이탈리아와 서부 지역으로 전파되어 갔다.[517]

(7) 보스니아의 보고밀인들

프랑스와 사부아의 대 평원 지역은 이미 그리스도의 지상 대리자를 자처하는 세력에게 장악되어 있었으므로 보고밀인들에게는 오히려 박해의 중심지였다. 그래서 보고밀인들이 가장 활동적이었던 지역은 보스니아였다. 이후 12세기에는 '스플리트'(Split, 현재 크로아티아 지역)와 '달마티아'로 확산되었다. 이 시대 보스니아 보고밀인들의 가장 유명한 지도자는 밴 쿨린(Ban Kulin, 1180-1204)이었다. 쿨린은 세르비아 왕 스테판 네마냐의 박해를 받아 피신 온 보고밀인들과 이탈리아의 파타린인들을 적극적으로 수용하였기에 로마 교회와 마찰을 빚게 된다. 1199년 세르비아의 통치자 스테판 네마냐의 장남 부칸(Vukan Nemanja)이 인노켄티우스 3세에게 쿨린을 이단 혐의로 고발하므로, 1203년 교황은 헝가리 왕국의 도움을 받아 교황 사절들과 보고밀인들의 지도자인 쿨린 사이에 회담을 개최하였다.

교황이 베른하르트(Bernhard) 대주교의 요구에 따라 쿨린을 추방할 것을 요구하였으므로, 다니엘(Daniel) 주교와 보고밀인들은 무력 앞에 추방되거나 타협점을 찾아 굴복하거나 양자택일의 기로에 서야만 했다. 쿨린은 귀족들과 헝가리의 압력으로 교황의 권위와 미사와 고해성사, 사제들에 의한 성례 집행 등을 수용하였고, 헝가리 왕의 종주권을 인정하는 선에서 상황을 수습하였다. 로마 교회는 계속하여 보고밀인들을 개종시키려고 노력하였다. 심지어 쿨린의 아들 스테판 쿨리니치(Stephen kulinić) 시대에 이르러서는 보스니아의 영토가 쿨린 시대의 절반으로 줄어들어 그들에 대한 수색과 체포가 더욱 쉬워졌음에도 불구하고 그 뜻을 이루지 못하였다. 보고밀인들은 계속적으로 그 세력을 유지했을 뿐 아니라 보스니아를 넘어 헝가리 남부, 이탈리아 북부, 프랑스 남부까지 퍼져 나갔다. 이에 교황은 헝가리 왕에게 십자군을 통하여 보고밀인들을 진압해 달라고 요청하였다.

---

517 Arthur J. Evans, xliii.

그러나 내전 중이었던 헝가리 왕국은 5차 십자군 전쟁에도 참여하였기에 교황의 이러한 명을 곧바로 수행할 수 없었다. 또한 교황청의 입장에서도 알비인들을 진멸하기 위해 알비 십자군을 진행하고 있었던 관계로 보고밀인들에 대한 관심을 잠시 접어 두게 되었다. 그리고 헝가리 군이 중심이 된 십자군이 보스니아를 침공하므로 주요 지도자들은 로마 교회로 개종하였지만 지방의 보고밀인들 지역은 여전히 건재하였다.

그레고리우스 9세가 새로운 교황이 되면서 1232년에 스테판을 폐위시키고 보고밀인들을 옹호했던 보스니아 주교도 해임시킨 후 보스니아 십자군 결성을 요구하였다. 헝가리 왕 안드라시 2세(Andras II)는 보스니아를 장악하기 위하여 다시 한 번 보고밀 십자군 전쟁을 일으켰고, 유럽의 국가들이 대거 참여하게 된다. 학살로 인하여 보고밀인들은 오스만 제국과 동맹을 맺기도 하였다. 그럼에도 지방의 보고밀인들을 개종시킬 수는 없었고, 전쟁 이후에도 보고밀인들은 건재하였다. 그리고 근면하고 도덕적인 보고밀인들의 노력으로 그 지역들에는 다시 산업이 재건되었고 과거와 같은 상태로 급속히 회복되었다. 이렇게 되자 교황은 1325년에 보스니아 지방의 보고밀인들을 진멸(盡滅)하고자 헝가리만이 아닌 전 세계의 로마 가톨릭이 참여하는 전쟁을 일으킨다. 이 전쟁에서 로마 교회는 종교재판소를 설치하여 운용하였다. 많은 보고밀인들을 이단이라는 죄목으로 고발한 뒤 거짓 증언자의 증언만을 채택하는 방식으로 재판하여 아무런 변호인의 변호 과정도 없이 곧바로 처형시켜 버렸다.

(8) 보스니아의 발도인들

동방의 참 교회는 소아시아에서 일어난 이후 바울인들을 통하여 이어져 오다가 박해와 강제적 이주로 인하여 서유럽으로 밀려 진출하면서, 서유럽의 개혁 운동을 주도하던 발도인들과 합류하게 된다. 11세기에 크로아티아가 헝가리에 복속되면서 헝가리 왕은 명목상으로 보스니아를 지배하게 되었다. 헝가리 왕 이메리크(Emerich, 1174-1204)의 통치 하에 발도인들(또는 파타린인들)의 난민 숫자가 더욱 증가하였다. 이들은 교황 인노켄티우스 3세의 불과 칼을 피해 이탈리아의 베니스에서 달마티아, 그리고 보스니아로 피신하여, 당시 보스니아의 통치자이며 보고밀인들의 지도자인 밴 쿨린에게 보호를 요청하였다. 시간이 지나면서 쿨린은 그들의 보호자 입장에서 열렬한 친구가 되었다. 쿨린의 아내와 보스니아의 주교 다니엘이 그들의 보호를 선언하였고, 그 후 1만 명의 헬라인들이 로마 교회를 떠나 이곳으로 왔다. 교황과 스팔라토(Spalato)의 대주교 베른하르트는 헝가리 왕 이메리크에게 '이단을 처벌하고 사랑하는 어머니 교회인 로마 교회로 돌려보낼 것'을 요구하였다. 그리하여 헝가리 왕의 충고로 쿨린이 로마로 갔지만, 그의 신중한 행동과 효과적인 활동으로 모든 위험 요소들이 성공적으로 제거되었다.[518]

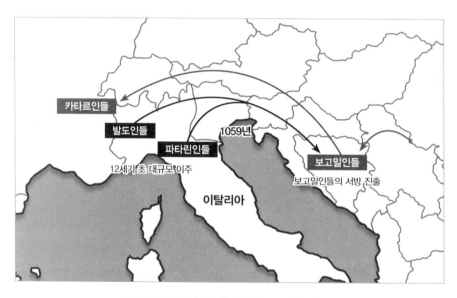

지도32: 보스니아에서의 발도인들과 보고밀인들의 교류

발도인들이 동방의 보고밀인들의 지역으로 피신하였던 것은 단순히 그곳이 안전한 지대였기 때문만은 아니었다. 오히려 그들이 그 지역에서 신앙적 동질성을 발견하였던 것이 대규모 이주의 이유가 되었을 것이다. 그리고 당연히 이 두

---

518 J. H. Merle D'Aubigné, *History of the Protestant church in Hungary*, 13.

신앙 공동체는 오랜 시간을 함께하면서 하나의 교회가 되어 가는 동화(同化)의 과정을 거쳤을 것이다. 그리고 정확한 시간을 구분하는 것은 불가능하겠으나 이런 동화 과정을 전후하여 보고밀인들이 다시 서방 지역으로 진출할 기회를 얻게 되었으므로, 서방으로 나아간 그들이 카타르인들이라는 별명을 가진 공동체를 형성해 나갔을 것은 너무나 자연스럽다. 보스니아의 보고밀인들 공동체 안에서 두 공동체가 하나의 교단으로 공존할 수가 있었다는 사실은 두 공동체 사이에 어떤 결정적인 교리적 차이가 드러나지 않았음을 강하게 시사해 준다. 그러나 만약 보고밀인들이 발도인들과 연합하는 이벤트가 일어나기 이전에 어떤 차이를 가진 보고밀인들이 서방으로 진출하였거나 보고밀인들 내에 조화되기 어려운 다양한 견해가 상존하고 있었다면, 카타르인들 역시 발도인들과 다른 견해를 갖거나 갈등과 충돌을 야기하는 다양한 색채를 나눠 가질 수밖에 없었을 것이다. 그러나 당시에 일어난 역사적 사실로 확인해 보자. 동부 지역에서 두 공동체가 이미 교류하고 있었기 때문에 보고밀인들이 서방에 정착했을 때 큰 갈등이 발생하지 않았던 것이다. 오랜 시간 동안 이들은 서로 어떤 이름으로 불렸든 간에 발도인들, 카타르인들, 보고밀인들은 이미 서로를 형제로 여기고 있었으며, 그 형제들의 합류와 정착을 돕기 위하여 기꺼이 그들의 처소나 삶의 터전들을 내어 주고 나누어 줄 정도로 친밀한 관계를 유지하였다는 사실을 엿볼 수가 있다.

(9) 파타린인들이라 불리는 보스니아 보고밀인들

에번스가 지칭하는 '보고밀인들'은 바울인들과 단절된 이원론적 색채를 여전히 갖고 있었던 계파를 말한다. 불가리아의 보고밀인들 선교사들이 보스니아에 정착하면서 일어났던 놀라운 변화에 관하여 그는 이렇게 말하고 있다.

"불가리아의 황제들(Czars)은 보고밀인들이 비잔틴 제국에서처럼 자신들의 제국 내에서 강력한 집단으로 남는 것을 원하지 않았음에도 그들은 보고밀인들의 사상으로 기울어졌다. 그리고 불가리아가 세르비아에 지배력을 행사하기 시작하면서 보고밀인들 선교사들은 세르비아로 들어가 그곳에서 처음으로 정통 기독교 신앙을 접하게 되었다. 그 결과 그들은 이원론적 신앙에서 완전히 탈피하게 되었다."[519]

그렇다면 에번스가 지적한 바 '정통 신앙을 가진 이들'은 세르비아에 정착하여 영향력을 발휘하고 있었던 발도인들 또는 다른 이름으로 파타린인으로 불린 이들이었음이 분명하다. 이를 증명해 주는 것이 "이 즈음 보스니아의 보고밀인들이 파타린인들로 불렸다"라는 부분이다. 보고밀인들이 세르비아에 도착하기 이전에 그곳은 이미 발도인들 덕분에 정통 신학을 접한 지역으로 변해 있었다. 계속해서 에번스는 "세르비아 보고밀인들 선교사들이 이후에 프랑스로 들어가 '카타르인들'과 '알비인들'이라는 새 그룹을 형성하게 되었다"고 언급한다.[520]

이들은 여러 면에서 정통 신학에 근거한 건전한 개혁 교회였음이 드러난다. 기존 학설에 따라 바울인들 선교사들이 카타르인들을 형성하였다는 주장을 따르든, 아니면 보스니아의 보고밀인들 선교사들이 카타르인들을 형성하였다는 의견을 받든 간에, 이 두 집단은 이미 이원론에서 완전히 벗어난 발도인들의 신학과 거의 차이가 없는 수준에 있었기 때문에, 카타르인들과 알비인들은 기존에 알려진 것과 같이 마니교 또는 이원론과는 전혀 무관한 건전한 개혁 교회였음이 증명되는 셈이다.

보고밀인들의 교회는 보스니아에서 아주 왕성하게 성장하게 되는데, 매튜 파리스(Matthew Paris)에 따르면, "프로방스와 이탈리아의 알비인들은 보스니아에 그들의 교황이 있었고, 때때로 알비인들은 보스니아의 교황에게 믿음에 관한 여러 질문을 하며 상의하고 결정을 받곤 하였다." 정통 신학으로 무장한 보스니아의 보고밀인들 선교사들이 육지나 바다의 기존 무역로를 이용하여 이탈리아의 밀라노, 프랑스의 툴루즈와 보르도까지 진출하였고, 그곳에서 육로로 독일의 쾰른까지 이동하였다. 이 지역들에서는 발도인들이 오래전부터 개혁 운동을 이끌고 있었는데, 보스니아에서 이미 발도인들과 교류와 연합을 경험했던 보고밀인들은

---

519 Arthur J. Evans, xxxii.
520 Arthur J. Evans, xxxii.

발도인들과 아무런 충돌 없이 그 지역에 쉽게 정착할 수 있었다.[521] 그리하여 아르메니아로부터 전해진 정통 교리와 거의 다르지 않은 사도적 가르침을 동서방의 참 교인들이 흑해에서 대서양에 이르는 전 유럽에 전달할 수 있었다.

(10) 바울인들과 보고밀인들을 마니교 이단이라 평가하는 견해들

주지하듯이 보고밀인들에 대한 평가는 크게 두 가지인데, 극단적으로 나뉘어진다. 보고밀인들이 동방으로부터 온 바울인들에게 영향을 받았으므로 바울인들의 이원론적 이단 신앙, 혹은 마니교의 깊은 영향 아래 있을 수밖에 없었음을 강조하여 그들을 비난하는 주장들이 있는데, 이제는 더 이상 이를 억지 주장할 수가 없는 충분한 변증의 자료가 나와 있다. 그럼에도 불구하고 역사적 기술(記述)에서는 여전히 바로 잡지 못하고 있는 것이 현실이다. 로마 교회는 전통적으로 이를 덮어 버리면서 인정하지 않으려 하였고, 개신교의 교회사가들은 이 자료들과 증언들에 별 관심을 기울이지 않았을 뿐 아니라 이를 가지고 적극적으로 연구하고 변증하며 변호하려고 나섰던 경우가 극히 적었다는 안타까운 현실을 다시한 번 지적하지 않을 수 없다.

먼저 라파엘로 모겐(Raffaello Morghen, 1896-1983)은 『중세 기독교』(*Medioevo cristiano*, 1951)에서 서구에 등장한 개혁주의 운동은 마니교와 무관하게 일어났는데, 여러 지역에서 독립적으로 순수한 복음으로의 회귀를 모색하면서 발생했다고 주장하였다. 반면 모겐의 주장에 반박하는 로마 교회의 사제 앙투안 도덴(Antoine Dondaine)은 서구 개혁 운동이 불가리아에서 10세기 초반에 보고밀인들 선교사들이 이원론 사상을 전파한 결과라고 주장하였다. 그는 그 근거로서 - 우리가 이미 다룬 바 있었던 - 10세기 말 코스마스가 쓴 보고밀인들에 대한 악의적 편지를 인용하고 있다. 코스마스는 그 편지에서 보고밀인들이 삼위일체를 부인하고, 구약 성경을 거부하며, 로마 교회 계급 및 제도를 거부하고, 십자가를 혐오

---

521 Arthur J. Evans, xlvi, xlviii-xlix.

하며, 세례를 거부하고, 다른 성례를 부정하며, 성인과 성유골 숭배를 거부하고, 고기를 먹지 아니하며 과도하게 절제하고 금욕적인 삶을 사는 기이한 자들이라고 악평하는 등 진부(陳腐)한 주장을 하고 있다.[522]

바넷(S. J. Barnett)에 따르면, "16세기와 그 이후의 로마 가톨릭 변증가들은 루터와 칼뱅조차도 3세기의 이원론적 마니교로부터 나온 마니교 이단으로 단정하였다."[523] 모샤임(Mosheim)은 "비잔틴 교회가 바울인들을 마니교의 일파로 간주한 것은 처음부터 끝까지 바울인들을 극도로 혐오했던 포티우스의 증언을 절대 신뢰하고 의존한 결과이다. 그리고 설사 바울인들에게 끔찍한 이단의 주장과 유사한 어떤 부분이 있었다 할지라도 그들이 마니교가 아니라는 것은 너무나 분명하다"고 밝혔다. 루터교 신학자인 요한 하인리히(Johann Heinrich Kurtz)도 "9세기 로마 교회의 작가들은 바울인들을 4세기 마니교로 취급하였지만, 바울인들과 바울인들의 교리를 계승한 보고밀인들의 교리 가운데 마니교 교리의 그 어떤 흔적도 발견해 내지 못하였다"고 말하였다. 크램프(Cramp)는 "바울인들은 하나님의 말씀에 일치되는 교리와 행실을 갖고 있음에도 마니교로 낙인찍혔다"고 말하였다. 아미티지(Armitage)는 "로마 교회는 개혁자들을 항상 마니교로 몰았으며, 포티우스와 시쿨루스의 주장만을 근거로 해서 '바울인들은 결혼하지 않았으며 고기도 먹지 않고 포도주도 마시지 않은 마니교도'라고 몰았지만 그런 증언은 전혀 신뢰할 수 없었다"고 반박하였다.[524]

이미 앞서 살펴본 잉글랜드 교회의 회원이고 고고학의 저명한 학자이며 보스니아 연구가인 아서 에번스는 『보스니아와 헤르체고비나를 통하여』(Through Bosnia and the Herzegovina)에서 보스니아의 보고밀인들에 관한 새로운 정보를 많이 제공해 주었다. 보고밀인들이 마니교적 이원론이 될 수 없는 근거들은 너무나 분명하고 자명(自明)하다. 첫째, 보고밀인들이 편만하게 분포했던 지역에서 출생한 프랑스 개혁 교회는 보고밀인들이나 그들의 전신인 바울인들을 이단으로 여기지 않

---

522 Michael Frassetto, ed., *Heresy and the Persecuting Society in the Middle Ages*(Leiden: Brill, 2006), 31–34.
523 Barnett, "Where was your Church before Luther? Claims for the Antiquity of Protestantism Examined", *Church History*, vol. 68, no. 1(1999): 14–41.
524 W. A. Jarrel, 107–108.

고 형제로 여겼다는 점이다. 프랑스 개혁 교회는 소위 16세기 이후의 개혁에서 가장 주도적인 역할을 하였으며, 네덜란드와 스코틀랜드의 종교 개혁을 주도했다. 둘째, 보고밀인들과 바울인들이 핍박 때문에 독일의 발도인들 지역으로, 그리고 피에몽의 발도인들 지역으로 이동하여 들어갔다. 그들은 왜 하필 이들에게 찾아 갔을까? 분명한 역사적 사실은 두 집단 간에 교리적으로 아무런 이견이 드러나지 않았으며, 그들이 공존하거나 상호 간 해당 지역으로 이주하여 온 이민자들이 머무를 수 있도록 돕고 교통하였고, 시간이 지나면서 결국 외면적으로도 완전히 서로 동화되기에 이르렀다는 것이다. 신앙적 차이로 인한 갈등이나 충돌 때문에 생명을 초개와 같이 던지던 당시에 발도인들의 주변 지역에 보고밀인들과 바울인들이 전혀 거부되지 아니하고 함께 머물렀다는 것은, 그들이 발도인들과 어떤 신앙적 차이로 갈등할 여지가 없는 건전한 집단이었음을 역설하는 것이다. 셋째, 로마 교회는 바울인들이 발도인들과 합류한 후 거대한 집단으로 형성된 것에 두려움을 느꼈는데, 로마 교회가 알비인들을 공히 멸절시키기 위해 알비 십자군을 조직하여 파멸시켰을 때에도 로마 교회는 멸절의 대상에 알비인들만 아니라 발도인들도 구별 없이 포함시켰다. 알비 십자군으로 그 지역을 떠나야 했던 발도인들의 일부가 보고밀인들이 활동하고 있던 보스니아로 피신하였음은 우리가 이미 위에서 본 바와 같다. 이런 역사적 사실들은 두 공동체가 지속적으로 교류하였다는 증거이며, 서로에 대하여 형제애를 가진 동질의 개혁 집단으로 여겼다는 증거가 아닐 수 없다.

(11) 보고밀인들, 카타르인들과 위클리프의 일치되는 관점들

보고밀인들 연구가인 게오르기 바실레프(Georgi Vasilev)는 존 위클리프가 보고밀인들과 카타르인들의 사상을 전수하였다는 증거들을 다음과 같이 제시하였다. 그리고 앞에서도 언급했지만 존 위클리프는 얀 후스와 마르틴 루터에게 영향을 미쳤다. 이는 한마디로 보고밀인들에서 루터에 이르기까지 동일한 교리를 가진 하나의 계보를 형성하였음을 보여 준다.

1) 사탄은 세상의 주인이다!

위클리프의 "신은 악마에게 순종해야 한다(God must obey the devil / Deus debet obedire diabolo)"는 언급은 "악마는 이 세상의 주인이다"라는 보고밀인들의 주장을 인용한 것이다. 이는 '사탄이 세상의 창조주다'라는 의미가 아니라, 사탄이 타락 이후에 '공중의 권세 잡은 자'(엡 2:2), 혹은 '세상 주관자'(엡 6:24)로 이 세상에서 왕 노릇을 하고 있다는 의미이다. 그럼에도 로마 교회는 그들을 두 창조주를 주장하는 이원론자처럼 왜곡하여 왔다.

2) 다른 본질의 빵을 매일 우리에게 주옵소서

오늘날 대부분의 영어 성경 주기도문에서는 "this day our daily bread"(마 6:9-13) 즉, "오늘날 우리에게 매일의 빵"으로 번역하고 있지만, 위클리프는 "oure breed ouer othir substaunce"[give us this day our daily bread over another substance] 즉, "다른 본질의 매일의 빵"으로 번역하였다. 이 표현은 보고밀인들과 알비인들의 성경, 리옹 번역본에서도 동일하게 사용되는데, 육체를 위한 빵이 아닌 '영혼을 위한 진정한 양식'을 의미하는 것이다. 위클리프가 보고밀인들 혹은 카타르인들에게서 영향을 받았음을 보여 주는 부분이다.

3) 위클리프의 주요 논제들

런던 공의회가 위클리프를 이단으로 선언한 이단 논제들은 다음과 같다.

첫째, 화체설 거부.
둘째, 고해성사 거부.
셋째, 사제들은 제사장의 권한이 없음.
넷째, 로마 교회의 전례(典禮)들을 거부.
다섯째, 맹세를 거부.
여섯째, 면벌부를 거부.

위 내용들은 보고밀인들과 카타르인들의 주요 가르침으로 위클리프의 견해와 완전히 일치한다.[525]

7. 보고밀인들의 이동 경로가 갖는 의미

기번은 바울인들의 서유럽 이동 경로를 언급하면서, 그들이 대상(隊商)들을 따라 무역로 중심으로 이동하였다고 주장한다. 군대가 이동할 수 있는 도로들은 군대의 이동에만 이용된 것이 아니라 당연히 상인들의 무역 경로로도 사용되었고, 새로운 사상과 정보 교환의 통로로도 활용되었다. 보고밀인들 선교사들도 당연히 이 도로를 따라 이동하였을 것이다.

지도33: 발도인들의 주 활동 지역으로 이동하는 바울인들

로마 교회는 '마니교의 뿌리를 가진' 바울인들이 가는 곳마다 마니교를 전파하였다고 주장하지만, 반대로 마니교와 같은 이단자들에게 복음을 증거하기 위하

---

525 Georgi Vasilev, 145–146.

여 이들이 부지런히 이동하였다는 설명도 가능하다. 그런 해석이 너무나 당연하게 되는 근거가 있는데, 이들이 마니교 지역으로 들어갈 때마다 얼마지 않아 그곳에서는 마니교가 사라져 버렸다는 사실이다.

동시에 그들은 그 지역에서 활동하고 있던 개혁 운동 공동체들과 협력하기 위하여 과거에 개혁 공동체가 있었거나 실제 현존하는 지역으로 이동하여 들어갔다. 북쪽 경로는 스트라스부르, 리에주, 트리어, 쾰른 등이었고, 남쪽 경로는 밀라노 지역과 프랑스의 프로방스와 랑그독 지역 등으로 초기 카타르인들이 활동한 지역과 개혁 운동이 매우 활발히 진행되고 있었던 지역들이었다. 파버는 바울인들이 발도인들과 교류하면서 동일한 집단으로 연합, 발전하였다고 주장한다.[526]

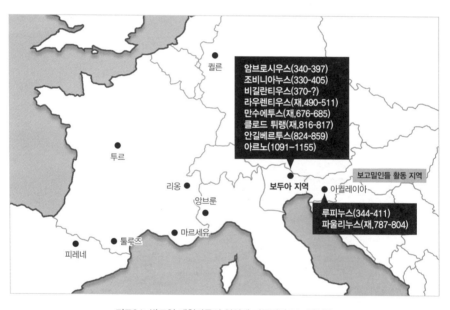

지도34: 발도인 개혁자들의 영역에 머물렀던 보고밀인들

지도34와 같이 보고밀인들이 정착하였던 아퀼레이아 지역은 자체적인 신앙고백서를 갖고 있는 오랜 개혁주의 지역이며 발도인들의 영향권에 있던 도시였다. 거짓 가르침에 생명을 내어놓고 대항하며 거부했던 개혁자들의 도시에 마니교

---

526   George S. Faber, xxxvii.

적 이단들이 수용되고 천연덕스럽게 공존한다는 것은 당시로서는 상상도 할 수 없는, 전혀 불가능한 일이었다. 그렇기에 동방의 발도(계곡 사람들)인들이었던 바울인들이, 피에몽 산악 지대의 보두아 집단 거주지에서 서방의 발도인들과 만나서 서로 동일한 이유와 목적으로 고난받는 형제들임을 확인하며, 동역자들로서 복음의 영역 확장에 헌신하였을 것으로 보는 것은 너무나 합당한 시각이다. 이에 레겐스 볼피우스(Regens Volfius)는 다음과 같이 말하였다. "슬라보니아(slavonie) 교회와 발도인들 교회는 개신교회와 개혁 교회의 장녀(교회가 여성형 명사이므로)이며, 두 교회는 형제 관계로 교리와 관련하여 사도적 교회의 가르침을 바꾸거나 추가한 것이 없이 본래 그대로를 계승하였을 뿐 아니라, 복음을 널리 전파하는 사명과 예배의 단순성과 순결함을 공히 계승하였다."[527]

바울인들이 서방으로 진출하는 동안 발도인들 역시 동방 지역으로 이동하여 유럽 전 지역에 하나의 교회로서 복음을 전하였고, 1천 년이 넘는 박해 가운데서도 하나님의 손에 보호를 받으며, 16세기의 대변혁을 위한 준비를 하게 되었다. 바울인들이 발도인들에게서 잘 정리된 신학과 성경 해석을 접하여 수용하게 되었다면, 발도인들은 핍박 가운데 들풀처럼 생명력을 키워 왔던 바울인들에게서 복음 증거에 더 적극적인 활동력을 충전받았다. 발도인들이 핍박을 당하여 개인이나 몇몇 지도자들의 헌신으로 프랑스 지역 내에서만 복음을 전했었는데, 바울인들의 영향으로 신자의 삶의 이유가 복음 증거에 있음을 새롭게 깨닫게 되면서 더 넓은 세계를 향하도록 크게 격려받았다. 그리고 급기야 이런 선한 영향들이 피에르 발도에 이르러서는 선교사 조직을 만들어 때로는 나그네처럼, 때로는 상인의 모습으로, 복음을 필요로 하는 사람들을 향하여 걸어 나가도록 만들었다. 그리하여 순회 선교사는 발도인들의 전통으로 자리를 잡게 되었던 것이다.

동방의 바울인들이 비잔틴 교회 지역과 라틴 교회 지역을 통과하면서 피에몽 계곡이나 보헤미아와 플랑드르 지역에서 발도인들과 하나의 교회로 통합한 것은 오래전부터 동서 교회가 교류한 결과이다. 동서의 참 교회가 하나의 교회로 연합

---

527 Jean R. Peyran, 134.

할 때, 정착된 교회와 이주해 온 교회 사이에 어떤 주도권을 놓고 일체의 갈등이 생겨나지 않았던 것은 기본적으로 이들 두 교회가 지도자와 평신도, 또는 지도자들 간에 전혀 차별이 없는 '동등과 평등'을 평소의 소신으로 지켜 왔기 때문이다. 동서 교회가 같은 신앙을 가진 하나의 교회가 된 것은 교회 역사상 다시 찾기 어려운 이상적인 연합의 예(例)로서, 진정한 에큐메니컬 운동의 모범이 된다.

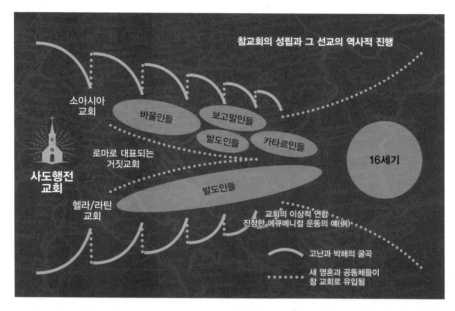

도표12: 사도 교회가 동서방 지역에 교회들을 세워 각각 독립적으로 존재하다가 서유럽에서 하나의 사도적 교회로 연합함으로 16세기 종교개혁을 준비하게 된다.

PART 6

거기에
카타르인들(Cathars)이
있었다!

PART 6

거기에 카타르인들(Cathars)이 있었다!

　장 칼뱅은 당시 팽배했던 자유파를 언급하면서 그와 유사한 이단들의 근원을 영지주의 계통인 카타르인들과 프리실리아인들에게서 찾았다.[528] 당대 어떤 분야의 최고 거장들의 이러한 선언은 일반적으로 당연한 역사적 사실 내지는 진리로 받아들여지는 것이 매우 당연하고, 그 후대들이 그 거장의 담을 뛰어넘어 새로운 주장을 한다는 것은 결코 쉽지 않다. 그리하여 그 후대들은 그렇게 고정되어진 이해나 관념 안에 머물게 된다.

　천동설이 당연한 과학적 진실로 수용되었던 시대에 천문학자가 아닌 일반인이 그 주장을 번복시키는 것은 불가능하듯 칼뱅 역시 역사에 깊은 관심을 가진 학자였으나 역사학자가 아니었기에 과거로부터 거짓이 상식이 되어 버린 시대적 오류를 벗어날 수 없었던 한계를 갖고 있었다. 다행스러운 것은 프랑스 개혁 교회가 카타르인들 혹은 알비인들에게 관심을 갖게 되어 1560년대부터 그들의 정체성을 역사 자료에서 찾기 시작했는데, 그들에 대해 결론을 내릴 때까지 상당한 시간이 소요되었고, 결론을 내렸을 때는 칼뱅이 이 세상을 떠난 후라는 점이다. 카타르인들의 역사 고증에 시간이 걸렸던 것은 오래전 과거의 사건이었고, 로마 교회 종교재판소의 사료가 유일한 근거였기 때문이다.

---

528 『칼뱅 작품 선집 5』, 박건택 편역 (서울: 총신대학출판부, 1998), xxxiii.

1. 랑그독 지역이 개혁주의 주 활동 지역이 된 배경

오늘날 옥시타니(Occitanie) 지역에 해당되는 중세 랑그독 지역은 '오크(Oc) 언어(Langue)를 사용하는 지역'이라는 뜻을 갖고 있다. 이 지역은 로마 교회가 특별히 '이단의 온상지'라고 비판할 정도로 개혁주의 운동의 오랜 전통을 갖고 있다. 그 이유는 (235쪽 지도12, 296쪽 지도24) 에서 볼 수 있는 것처럼 랑그독 좌우에는 개혁주의 못자리에 해당되는 피레네 지역과 리옹이 자리를 잡고 있었고, 이 두 지역 출신의 많은 개혁자들이 랑그독 개혁 교회를 이끌었기 때문이다.

(1) 개혁 운동의 온상지였던 랑그독

이 지역이 개혁적 성향을 띠게 된 이유에는 오랜 역사적 배경이 있다. 메로빙거 왕조 출신의 외드(Eudes d'Aquitaine, 688-735) 대공은 700년경 사라센 제국을 등에 업고 툴루즈를 수도로 하는 아키텐 공국을 세우고 프랑크 왕국으로부터 독립한다. 그 후 사라센 제국의 침략과 프랑크 왕국의 샤를 마르텔(Charles Martel, 688-741)의 공격에 큰 희생을 치르면서도 독립된 공작령을 유지하였다. 저항과 독립의 정신은 지역민들의 기질이 되었고, 지역 영주들도 독립 국가를 유지하기 위해서 내부 분열이 일어나지 않도록 가급적 주민들에게 많은 자유를 허락하였다. 이런 지역적인 특성 덕분에 자연스럽게 개혁자들이 활동하기에는 적합한 환경이 되었고, 개혁주의 사상이 깊이 뿌리를 내릴 수 있게 되었다.

7-8세기에 사라센 제국은 스페인을 정복한 후 일부 군대는 파리까지 진입하여 약탈과 방화를 시도함으로 교황과 유럽 국가들에게 큰 위협을 가하였다. 이때 샤를 마르텔('망치'라는 뜻)이 732년 푸아티에 전투에서 모슬렘 군대를 격퇴하여 모슬렘의 유럽 진입을 막았고, 그 공로로 교황의 묵인 하에 메로빙거 왕조를 무너뜨리고 카롤링거 왕조를 열게 된다. 그 후 교황 레오 3세는 로마에서 마르텔의 손자인 샤를마뉴를 위한 대관식(800년)을 거행하여 황제와 로마 교회는 밀월 관계를 형성함으로 로마 교회는 전성기를 누리게 된다.

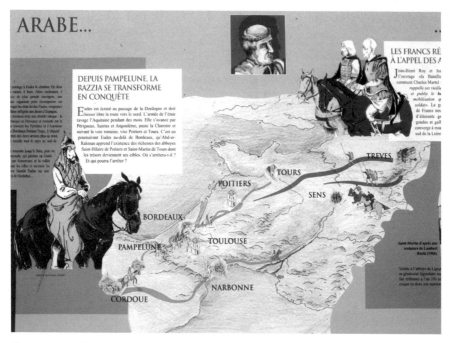

화보121: 프랑스 남부 지역을 침범한 모슬렘 군대가 이동한 지역들은 카타르인들의 활동 지역과 일치한다. 사라센 제국의 유럽 진출을 막았던 푸아티에 전투 현장의 역사 안내판. Photo©권현익

    샤를마뉴의 등장은 두 가지 면에서 역사적 의미가 있다. 첫째, 교황의 든든한 지원자를 자처하여 교황권의 확장과 동시에 타락을 가져왔고, 이로 말미암아 이를 비판하는 개혁 운동이 활발히 일어나게 되었다. 둘째, 서유럽 통합의 방해가 되는 이교도의 우상 숭배를 타파하는 지름길은 교육으로만 가능하다고 판단하여 궁정 학술원의 알퀸을 지원하고 학교를 세움으로 문예 부흥을 일으켰다. 알퀸은 투르의 마르틴 수도원 원장이 되어 수도원 학교를 세웠고, 그곳에서 아우구스티누스의 신학을 가르쳐서 다수의 개혁자들을 배출했다. 샤를마뉴 교육 제도의 가장 큰 혜택을 받고 개혁 교회를 이끈 대표적인 인물은 튀랭의 주교로 발도인들을 지도했던 클로드 튀랭이다. 15세기 문예 부흥의 배경을 보더라도 로마 교회가 대학교를 세운 것이 종교개혁 운동 시작의 원동력을 제공하였다.

화보122: 궁정 학교에 참석한 샤를마뉴 대제[529]

---

529 출처: François Guizot, *A Popular History of France From The Earliest Times*, vol. 1 (Boston: C. F. Jewett, 1877), 246.

(2) 팽창하는 개혁주의 운동

6세기부터 11세기까지 랑그독 지역의 개혁 교회들은 교황의 비성경적 가설(연옥, 죽은 자를 위한 기도, 성인 중보, 화체설)에 반대하였고, 랑그독 지역 인구의 40% 정도가 개혁 운동에 참여하였다. 발도인들 교회 총회장이었던 페이랑은 로마 교회 학자인 기욤 파라댕(Guillaume Paradin)의 『부르고뉴 연대기』(Annales de Bourgongne, 1573)를 인용하여 발도인들을 소개했다. "발도인들은 프랑스에서 급증하였으며 그들의 교리를 알프스에서 피레네까지 전달할 뿐 아니라 로마 교회 전통과 교황권을 반대하는 설교를 하였다. 그리하여 툴루즈 백작이며 프랑스 왕의 사촌인 레이몽(Raymond), 베지에(Béziers), 카르카손의 자작 레이몽 트랑카벨(Raymond R. Trencavel), 가바레(Gabaret)의 영주 피에르 로제(Pierre Roger), 아라곤 왕과 친밀한 푸아(Foix) 백작 레이몽(Raymond), 베아른 왕자 가스통(Gaston), 비고르(Bigorre) 백작, 카르망(Carman) 백작, 레이몽(Raymond de Thermes), 아몰리(Amaulry de Montreuil), 그리고 기욤(Guillaume de Minerbe)과 같은 영주나 귀족들, 수도사들도 참여하였다."[530] 여기에 소개되는 귀족들이 카타르인들의 대표적인 지도자들이기도 하였음을 통해 카타르인들과 발도인들 사이에 경계선이 뚜렷하지 않았음을 추정해 볼 수 있다.

790년경 알퀸의 편지에 따르면 "랑그독과 알프스의 교회들은 고해성사 교리를 수용하지 않았다"는데, 이 정도로 교황권에 대항하는 세력들이 랑그독에 집중적으로 존재하였음을 알 수 있다.[531]

로마 교회는 카타르인들을 다음과 같이 판단하는데, 마니교에 뿌리를 둔 동방의 바울인들이 서방으로 진출하여 보고밀인들을 형성하고 그 이후 이탈리아와 프랑스에서는 '카타르인들'과 '발도인들'이라는 이단 집단을 형성하였다는 것이다. 로마 교회는 마니교에 근거한 그 아류의 이단들이 거룩한 사도적 공교회인

---

530 Jean R. Peyran, 94–95.

531 William S. Gilly, *Waldensian Researches During a Second Visit to the Vaudois of Piemont: With an Introductory Inquiry Into the Antiquity and Purity of the Waldensian Church*, 81.

화보123: 피에르 브뤼와 앙리 로잔이 활동하였던 툴루즈 전경. 1229년 툴루즈 공의회에서는 개혁주의가 성경을 가르치는 것에서 비롯되었다고 판단하고 알비인들과 카타르인들을 발견하면 그들의 집을 파괴할 것, 라틴어 번역 성경을 제외하고 허락받지 않고 번역된 성경은 파기할 것, 그리고 평신도의 성경 소유 금지를 규정하였다.

로마 교회를 허물려는 사탄의 무리들이기에 반드시 불태워 진멸시켜야 되는 존재들로 단정함으로 그들에 대한 학살을 정당화시켰다. 이런 이유 때문에 로마 교회는 발도인들이 바울인들보다 더 오래되었다고 인정하지 않는데, 발도인들의 근원을 마니교에 묶어 두기 위함이다. 그렇게 되어야 이 두 개혁 그룹으로부터 출생한 루터나 칼뱅과 같은 16세기 개혁자들과 개신교회 역시 마니교의 후예들이라는 오점을 덮어씌울 수 있기 때문이다.

도표13: 로마 교회가 주장하는 동방의 이단 종파가 서방에서 뿌리를 내리는 과정

불행한 것은 개신교의 대표적인 역사학자 필립 샤프가 로마 교회의 이런 역사 관점을 그대로 수용하여 그들의 대변인처럼 부정확한 역사 사실을 사실처럼 전달하였고, 그의 견해를 개신교 내에서도 역사적 진리로 받아들였다는 것이다. 그

는 "카타르인들은 이원론적 교리 때문에 '새 마니교'라 불렸고 그들의 다수가 밀라노의 파타리아(pataria) 교구, 곧 '고물상인들'의 지역에 집단적으로 거주하였기 때문에 '파타린인들'(patarini , patarines, patarenes)이라는 이름을 갖게 되었다. 그리고 프랑스 남부의 한 작은 도시인 알비가 그 세력의 중심지 가운데 한 곳이 되었기에, 다시금 '자기 신앙을 지키고자 죽음을 무릅썼던' 이들은 '알비인들'이라 불리게 되었다. 이 카타르인들의 신앙과 신학적 교리들을 잘 정립시킨 지도자들은 '바울인들' 또는 '보고밀인들'이었다"고 언급하면서 이 관점이 그 시대의 일반적인 평가였다고 전한다.[532] 안타까운 부분은 필립 샤프가 카타르인들에 대한 로마 교회의 관점만을 전달하였을 뿐, 그의 개인적 평가나 이들에 관한 프랑스나 이탈리아 개혁 교회의 주장들은 일체 배제시켜 버린 점이다.

필립 샤프가 알려 주는 카타르인들에 관한 정보는 다음과 같다. "카타르인들은 1167년 툴루즈 근처 생 펠릭스 카라망(St Félix de Caraman)에서 공의회를 소집할 정도로 막강한 세력을 가지고 있었다. 이 공의회에는 콘스탄티노플의 보고밀인들 주교 니케타스(papa Nicetas)가 참석했고, 소위 '카타르인들'은 그에게 교황의 칭호를 부여하기도 했다. 12세기 말 그들은 거의 1,000개의 도시에 추종자들을 두고 있었다. 도미니크회 수도사 레이네리우스는 '카타르인들 자체 조사에 따르면 그 수는 낮게 잡아도 400만 명이었다'고 전한다. 또한 카타르인들은 기성 교회인 로마 교회의 여러 관습과 교리에 반대한 점에서는 그들 내부적으로 일치했지만, 여러 분파로 분열되어 그 분파가 72개나 되었고, 그 분파 중 대표적인 집단은 이탈리아의 알바인들(Albanenses)과 콘코레초인들(Concorrezzi) 등인데, 그 명칭들은 몬차(Monza) 근처에 있던 롬바르디아의 두 도시, 알바(Alba)와 콘코레초(Concorreggio)에서 유래했다."[533] 카타르인들의 분파가 다양하고, 오늘날처럼 통신이 발달하지 않았으며, 박해 때문에 고립되어 시대와 지역과 지도자에 따라 다양한 독자적인 교리를 갖고 있었기 때문에 각각의 특성들을 추적한다는 것은 거의 불가능하다.

---

532 필립 샤프, 5권, 423-424.
533 필립 샤프, 5권, 426-427.

카타르인들에 대한 부정적인 역사 인식은 후대 개신교 역사가들이나 역사학 도들의 논문에도 큰 영향을 끼쳐 오늘날에 카타르인들은 당연히 개신교회의 선조로서 여겨지지 않고, 오히려 전혀 상관없는 극단적 이원론자들로 여겨지고 있다. 카타르인들과 개혁 교회와의 관계를 올바르게 이해하기 위하여 먼저 그들의 유래에 관하여 살펴볼 필요가 있다.

2. 카타르인들의 기원에 관한 다양한 주장들

샤를 슈미트(Charles Schmidt, 1812-1895)는 카타르인의 기원을 찾기 쉽지 않다고 언급하면서도 그 기원에 관한 모든 가설들을 상세히 소개하였다.[534]

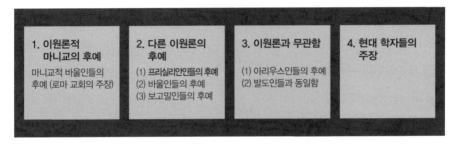

도표14: 카타르인들의 기원에 관한 여러 주장들

(1) 카타르인들이 고대 마니교의 직접적 후예라는 주장

이 주장은 로마 교회의 견해이지만 그들이 마니교인임을 증명할 수 있는 구체적인 역사 근거들을 제시하지는 못하였다. 로마 교회에 따르면 마니교의 숙주가 이탈리아에서 주로 보존되다가 11세기 후반 십자군 전쟁에서 돌아온 사람들과 무역상들이 불가리아의 바울인들과 접촉하면서 프랑스에서 마니교 사상이 다시 살아나 '알비인들'을 형성하였다. 이 주장의 대표적인 인물은 모의 주교 자크 보

---

534 C. Schmidt, vol. 2, 252-270.

쉬에로 그의 주장은 바울인들의 사상이 불가리아에 전달되었고, 피에르 브뤼와 앙리 로잔이 프랑스에서 카타르인들의 사상을 가르쳤다는 것이다. 또 이탈리아 출신의 라미(J. Lami)는 마니교가 9세기에 불가리아에, 10세기에 이탈리아에, 11세기에 프랑스와 독일에 연속성 있게 퍼졌다고 주장하며 플로렌스의 종교재판소 문서들을 그 증거로 제시하였다. 자크 보쉬에가 알비인들을 카타르인들의 다른 이름으로 마니교에서 유래된 이단이라고 단정하였기 때문이었다.

1) 카타르인들의 주 활동 지역인 롬바르디아와 아키텐은 마니교 지역이라는 주장

세계적인 종교였던 마니교가 프랑스에서 사라진 그 이후에 북부 이탈리아의 롬바르디아와 서부 프랑스의 아키텐에는 콘스탄티노플 황제와 동방 교회로부터 쫓겨난 마니교도들이 다시 나타났고, 1010년경 아키텐에서 그들이 주목을 받기 시작하자 이들을 퇴치하기 위하여 샤루(Charoux)에서 공의회를 개최하였다. 보쉬에는 이 사건을 알비인들의 최초 등장으로 판단하였고, 프랑스 왕 로베르 2세가 이단이란 죄목으로 화형시킨 오를레앙의 참사원들을 마니교도의 첫 제자들로 여겼다. 즉, 카타르인들의 주 활동 지역이었던 이 두 지역은 마니교의 중심 지역으로 카타르인들은 마니교의 영향 아래 있었다는 주장이다.

그러나 화형당한 오를레앙의 참사원들이 마니교도라고 주장하였음에도 정작 아키텐과 나르본의 마니교도들은 이 사건에 관하여 어떤 언급도 하지 않았다는 점에서 이 사건이 마니교와 무관함을 보여 준다. 이 사건에 관한 역사 기록이 로베르의 죽음 이후 사건 발생 훨씬 뒤에 작성된 것이라면, 화형이라는 극단적 처벌에 대한 비판을 잠재우기 위하여 위증과 과장된 내용이 추가되었을 가능성을 배제할 수 없다. 그럼에도 카타르인들이 단지 유아 세례가 자동으로 구원을 준다는 사상을 거부하고 화체설을 부정하였다는 이유로 그들이 마니교도일 수는 없으며, 그들에게 부여된 근친상간과 성소 파괴 혐의도 과거 이단자들에게 항상 적용되었던 일상적인 죄목들이었다. 발도인들에게도 이런 동일한 내용으로 죄목이 부여되었지만, 그들이 결코 그런 종류의 비열한 사람들이 아닌 높은 도덕성을 갖고 있는 사람들이라는 것은 로마 교회에서도 이미 인정하였던 것이다. 우리의 첫

개혁자들에 대하여 로마 교회는 무모하게 이런 혐의들로 공격하였다.[535]

10세기 말과 11세기 초 이 두 지역에 마니교 추종자들이 잔존하고 있었다는 이유로 그 지역의 개혁주의자들을 도매금으로 마니교도라고 정죄하고 싶었지만, 이 지역들에서 더 오랜 시절부터 발도인들이 복음의 진리를 지켜 오고 있었기 때문에 마니교도들이 지역 전체에 영향을 끼칠 수가 없었다. 그 결과 개혁 성도들과 마니교 사이에는 어떤 일체의 공통점이 없었다.[536]

2) 카타르인들의 대표적 지도자 피에르 브뤼와 앙리 로잔

필립 샤프가 "피에르 브뤼는 카타르인들과 일정한 거리를 두면서도 일부 견해에는 동조했다. 하지만 그에 관한 더 이상의 정보는 남아 있지 않다"[537]라고 언급한 것처럼, 피에르 브뤼는 일부 이원론적 카타르인들의 변화를 위하여 논쟁하거나 그들을 지속적으로 가르치기 위하여 그들과 계속 교류했던 것은 사실이다. 이제 피에르 브뤼의 가르침에 과연 마니교적 요소가 있었는지를 살펴볼 필요가 있다.

일부 마니교도들이 랑그독에 정착하면서 로마 교회의 오류와 잘못된 예배에도 불구하고 로마 교회에 소속되어 헌신한 것으로 보인다. 그리고 로마 교회는 이 지역에서 활동한 피에르 브뤼와 앙리 로잔의 가르침을 마니교의 것이라고 기꺼이 공격할 수 있었는데, 종교재판소가 피에르 브뤼의 저작이나 그에 관한 정상적인 기록들을 모두 파기하였고 종교재판소의 판결만이 유일한 자료로 남아 있었기 때문이었다. 로마 교회는 알비인들에게 '페트로브뤼인들'(Petrobrusians)이라는 라틴어식 별명을 붙여 주었는데 바로 피에르 브뤼 때문이었다. 그는 아를(Arles), 앙브룬, 아키텐의 가스코뉴에서 거의 20년 동안 성경을 가르쳐서 그 지역들의 주교와 대주교로부터 심한 박해를 받았음에도 수많은 제자들을 남김으로 후대 역사가들로부터 '당대의 루터'라고 불렸다. 그럼에도 보쉬에는 브뤼가 마니교도의 한 가지 특성인 세례를 거부했다는 이유로 그를 마니교도라고 정죄하였다.

---

535 Pierre Allix, *Remarks upon the ecclesiastical history of the ancient churches of Albigenses*, 109–112.

536 Pierre Allix, *Remarks upon the ecclesiastical history of the ancient churches of Albigenses*, 141–142.

537 필립 샤프, 5권, 433.

피에르 브뤼가 십자가나 성상들을 파괴했는데, 역사에서 처음 있었던 행동이 아니었다. 6세기에 마르세유의 주교 세레누스는 그의 교회 내에서 성상을 파괴했는데, 교황은 그 사실을 알고 있었음에도 그를 비난하거나 처벌하지 않았다. 로마 교회 학자인 알폰소에 따르면, 브뤼는 성 금요일에 십자가를 부수고 그 나무로 고기를 구워 먹는 데 사용하였다지만 브뤼가 십자가를 불태운 것은 진실일 가능성이 높지만, 거기에 고기를 구워 먹었다는 것은 진실이 아닐 가능성이 높다. 단지 중상모략의 한 가지 수단으로 군중들의 분노를 일으킬 목적으로 이용하였을 것이다.

피에르 브뤼의 주요 주장은 다음과 같다. 첫째, 세례를 부정한 것이 아니라 세례로써 유아는 구원을 받을 수 있음을 거부하였다. 둘째, 예배당의 건물을 지어서도 안 되며 이미 세워져 있는 것들은 파괴되어야 한다. 그리스도인들은 이미 거룩하며, 거룩하신 하나님은 예배를 위한 구별된 거룩한 장소를 필요로 하시지 않기 때문이다. 셋째, 십자가를 부수고 태워야 하는데, 예수 그리스도를 너무나 혹독하게 괴롭히고 죽였던 사형의 도구를 숭배하고 존경할 이유가 없기 때문이다. 다섯째, 죽은 자들을 위하여 살아 있는 신자들이 행하는 헌금, 기도, 자선, 다른 선행들은 아무런 의미가 없다.

또한 브뤼의 제자들인 페트로브뤼인들이 마니교도가 아닌 결정적인 근거는 십자가 숭배를 부정한 것인데, 그리스도의 십자가에서의 죽음을 인정한다는 의미이기 때문이다. 그리고 그리스도의 피는 본질적으로 포도주에 있지 않다는 것, 연옥 사상 거부, 그리고 살아 있는 사람의 기도, 자선, 선행 자체가 죽은 신자들에게 전혀 도움을 줄 수 없다는 가르침은 마니교 사상에서 전혀 찾아볼 수 없다.

생질(St. Gilles)에서 브뤼를 화형시키면 그의 가르침도 제거될 것이라고 판단하였지만, 그의 사상은 그의 제자 앙리 로잔을 통하여 오히려 더 깊이 뿌리를 내렸기 때문에 더 많은 순교자를 낳게 되었다. 교황 에우제니오(Eugenius)는 특사로 오스티아(Ostia)의 주교 알베리쿠스(Albericus)를 생질 백작에게 보내어 앙리 로잔을 몰아내라고 권고하였다. 그리고 베르나르 클레르보도 앙리가 배교한 수도사로 설교의 위대한 재능을 돈과 게임과 정욕의 수단으로 사용했다고 비난하면서, 간

통죄로 더럽혀진 사람의 가르침이 프랑스와 독일 여러 지역에서 계속 전파되지 않도록 그를 생질 백작의 영토에서 처분해야 한다고 주장했다. 하지만 베르나르는 그가 마니교 사상을 가졌다는 어떤 혐의도 언급하지 않았다. 이런 로마 교회의 노력으로 앙리(또는 앙리 툴루즈)는 1147년경에 순교하였다.

앙리인들은 과연 마니교일까? 프랑수아 메제레는 1673년 암스테르담에서 인쇄된『프랑스 역사 연대기 편찬에서』(*Chronological Abridgement of the History of France*)에서 1163년 당시 두 종류의 대표적 이단 취급을 받았던 집단을 언급하였다. 그 하나는 무지한 마니교 계열이며, 다른 하나는 칼뱅주의자들과 동일한 의견을 가졌고 학식을 갖춘 부류인 '앙리인들' 또는 '발도인들'이라고 밝혔다. 메제레는 당시 주교와 사제들이 피에르 브뤼나 앙리 로잔을 마니교 추종자인 것처럼 만들어 의도적으로 혼란에 빠뜨리려고 하였다고 지적하였다.[538]

예수회의 피에르 고티에는『연대표』(*Chronological Table*)에서 알비인들이었던 피에르 브뤼나 앙리 로잔의 제자들이 그 이후에 피에르 발도의 제자가 되었다고 비난하였다. 그 이유는 성례 집례를 할 수 없고 목회자가 될 수 없는 평신도들의 단체였다는 것이다. 그러나 알릭스는 그들이 로마 교회보다 천 배나 더 합법적 사역을 하였다고 반박하였다.[539]

발도인들 연구가인 독일의 역사가 딕호프(Dieckhoff)는 발도인들과 피에르 브뤼, 앙리 로잔, 아르노 브레시아의 추종자들은 1130년경에 하나의 몸으로 연합하였다고 주장하는데, 이는 일반적인 의견이다.[540] 이를 뒷받침하는 중요한 사건 하나는 1175년경에 알비인들이 피에몽 계곡으로 대거 이주한 것이다. 대거 이주에 몇 년 앞서 피에르 클루니(Pierre de Clugny)는 코티안 알프스의 야만적인 신학이 페트로브뤼인들과 알비인들의 것과 거의 같다고 지적하면서, 신의 은혜와 아를(과거 표현 Aries)과 앙브룬 대주교의 열정적인 노력으로 피에르 브뤼가 가르친 그 불경한 이단을 그 지역에서 다소 제거시켰다고 말한다. 그러나 그들은 가까운 장소

---

538 Pierre Allix, *Remarks upon the ecclesiastical history of the ancient churches of Albigenses*, 149.

539 Pierre Allix, *Remarks upon the ecclesiastical history of the ancient churches of Albigenses*, 175-176.

540 John T. Christian, 67.

로 옮겨 갔다고 언급하였다.[541]

로저 호브든(Roger Hoveden)은 알비인들의 신앙이 이탈리아의 '파타린인들'로부터 왔고, 알비인들이 카타르인들, 불가리아인들 또는 파플라고니아인(Paphlagonia)과 동일한 존재로 발도의 제자들보다 더 오래되었다고 주장하였다. 피터 알릭스는 파타린인들이란 '발도인들'의 별명이라고 주장한다.[542]

(2) 카타르인들이 마니교 아닌 다른 이원론에서 유래했다는 주장

1) 카타르인들이 '프리실리아인들'의 후예라는 주장

지금까지 우리에게 알려진 프리실리아누스(Priscillianus, 340-385)와 그의 추종자들인 프리실리아인들(Priscillianistes)은 역사적인 그가 아닌 누군가의 의해 조작된 인물로 역사 가운데 등장하였을 가능성이 많다. 페이랑과 같은 개신교 역사학자는 그가 16세기 종교개혁의 근원이 된다고 주장한다.

프리실리아누스는 스페인 출신 평신도로서 스페인과 프랑스 남부에서 고행 운동을 시작하였고 외경(Apocrypha) 연구에 관심을 가졌으며 다양한 금욕 생활, 특히 독신과 금식을 장려하므로 이원론적 이단이라는 비난을 받았다고 전해진다. 4세기였음에도 프리실리아누스와 그의 추종자들은 이미 사제들을 개혁의 대상으로 삼았다. 그의 활동은 평신도들을 대상으로 큰 성공을 거두었다. 그들의 모임이 커질수록 기존 교회의 정기적 예식에서 떠나 평신도들이 가르치고 주교들의 생활을 비난하므로 큰 반대를 마주하게 되었다. 380년 10월 사라고사(zaragoza) 공의회에 12명의 주교들이 참석하여 프리실리아누스의 외경 독서 문제와 그의 사상을 다루었지만 평신도였던 그를 특별히 이단시하지는 않았다. 그러나 주교 가운데 한 사람인 이타쿠스(Ithacus of Ossonuba)는 그의 마법사, 마니교, 성적 방탕함, 교리상의 오류를 고소하는 소책자를 썼다. 반면 프리실리아누스를 지지하는 다른 두 명의 주교인 인스탄티우스(Instantius)와 살비아누스(Salvianus)는 공

---

541 George S. Faber, 501.

542 Pierre Allix, *Remarks upon the ecclesiastical history of the ancient churches of Albigenses*, 135.

의회 두 달 뒤에 그를 아빌라(Ávila)의 주교로 임명하였다. 그러자 이타쿠스는 그라티아누스(Gratianus) 황제에게 호소하여 칙령을 통하여 프리실리아누스와 그를 지지하는 주교들을 추방시켰다. 그리하여 그들은 보르도 근처 부유한 한 과부의 집에 머물렀고 그 후 로마로 가서 교황 다마수스(Damasus)에게 호소하였지만 거절을 당하였다. 살비아누스는 로마에서 사망하였고, 프리실리아누스와 그의 추종자들은 밀라노로 가서 암브로시우스 주교의 도움을 받아 프리실리아누스와 인스탄티우스는 자신들의 관점을 회복하였다. 그러나 383년 막시무스(Maximus)가 황제를 죽이고 황제의 자리를 차지한 후에도 이타쿠스는 막시무스에게 이들을 다루어 줄 것을 호소하였다. 프리실리아누스는 트리어로 피신하여 황제에게 호소하였지만 이타쿠스는 그를 고문한 후 처형시켰다. 프리실리아누스의 글 일부가 오늘날까지 현존하는데, 그는 정통 신학을 변호하였고 신중하게 외경을 읽는 것을 합법적이라고 주장하는 등 이단적 요소는 전혀 담겨 있지 않았다. 오히려 특별히 독신, 가난, 구제, 절제에 관한 그들의 강한 도덕성을 보여 준다. 오로시우스(Orosius)는 글을 통해 그를 가장 강하게 비판했지만, 프리실리아누스의 글의 원문을 인용해서 비판한 것은 아니었다.[543]

로마 교회가 그를 마니교도와 영지주의 이단이라며 고발하였을 때, 투르의 마르탱(Martin)과 밀라노의 암브로시우스가 이에 대해 강력하게 저항하였음에도 로마 교회는 그를 첫 이단으로 정죄하여 여섯 명의 추종자들과 함께 처형하였고, 그 이후 역사에서 그는 마니교 이단으로 고착되었다.

이런 이유로 로마 교회는 일반적인 견지에서 카타르인들을 마니교도들로 취급했다. 4세기경에 이단 그룹들의 명단을 작성했던 브레시아의 주교 필라스트리우스(Philastrius)는 프리실리아인들을 마니교로 지정하였다. 그리고 그들의 일부가 랑그독과 그 지역 주변에 정착하였다. 기욤 퓌로랑(Guillaume de Puylaurens, 1200-1272)에 따르면 1010년 이후 알비인들조차도 프리실리안인들과 논쟁을 벌였다면, 프리실리아누스의 후예들인 카타르인들은 마땅히 마니교도일 수밖에

---

543 Saint Augustine, *The Works of Saint Augustine: Arianism and Other Heresies*, ed. John E. Rotelle (New York: New City press, 1990), 83-85.

없다.[544]

2) 카타르인들이 '바울인들'의 후예라는 주장

무라토리(Muratori)는 카타르인들이 불가리아와 트라키아의 바울인들에게서 유래되었다고 처음으로 주장했고, 독일 신학자 모스하임은 이를 지지했다. 같은 시대의 에드워드 기번도 바울인들의 교리가 이탈리아와 달마티아 간의 무역과 다뉴브강을 따라 다니는 순례자와 십자군에 의해 서유럽으로 전파되었다고 주장한다. 그러나 피에르 시실에 따르면 기존의 견해는 바울인들과 마니교를 혼동하고 카타르인들을 마니교 종파로 묶고 있었다. 하지만 바울인들과 마니교 사이에는 근본적으로 큰 차이점이 있다.

존 크리스천(John T. Christian)은 보고밀인들이 트라키아에 거주하는 카타르인들 또는 바울인들의 한 지부(branch)였다고 주장한다. 또한 브로킷은 프랑스, 보스니아, 불가리아, 아르메니아를 잇는 이들은 사도적인 그리스도교 교회를 계승하였다고 주장한다.[545]

3) 카타르인들이 '보고밀인들'의 후예라는 주장

이 견해는 카타르인들이 동유럽에 뿌리를 둔 보고밀인들에서 유래되었다는 것인데, 이는 보고밀인들과 바울인들의 연속성을 부정하는 것으로서 보고밀인들을 새로운 종파로 간주한다. 이탈리아의 다니엘레 파를라티(Daniele Farlati)가 처음으로 주장한 의견으로 그는 카타르인들과 보고밀인들이 '세상 창조가 악마에 의한 것'이라고 동일하게 주장했다고 봤다. 그러나 최근 역사가들에 따르면 알비인들(카타르들인)은 초기 기독교 시대부터 이미 프랑스의 계곡들에 거주하고 있었다.[546]

---

544 Pierre Allix, *Remarks upon the ecclesiastical history of the ancient churches of Albigenses*, 175-176.

545 John T. Christian, 58.

546 John T. Christian, 60.

4) 카타르인들이 슬라브족에서 유래되었다는 주장

카타르인들이 불가리아와 트라키아에서 온 바울인들로 이탈리아와 프랑스에서 그들의 교리를 전파하였다는 모스하임의 주장은 확고부동한 역사 견해였다. 그러나 11세기 후반에나 등장하는 보고밀인들보다 앞선 10세기 말에 프랑스에서 카타르인들의 흔적이 발견되는 문제가 발생했다. 이에 슈미트는 『카타르인들의 역사와 교리』(Histoire et Doctrines des Cathares, 1848-1849)에서 카타르인들의 뿌리가 슬라브족들 사이에서 독립적으로 발생한 이원론 사상으로 트라키아에서 보고밀인들이라는 새로운 종파를 형성하였다가 서유럽에 카타르인들의 사상을 심었다는 견해를 처음으로 언급하였다. 그에 따르면 이원론 사상은 유럽 여러 지역에서 서로 다른 형태로 계속 군림하였는데, 마니교에서 시작된 이원론은 동서방에서 크게 활약하며 서방에서는 프리실리안인들로, 동방에서는 바울인들로 정착되었다가 훗날 카타르주의로 인해 이원론이 다시 등장하게 되었다는 것이다.

슈미트는 카타르인들의 전체 역사를 셋으로 구분했다. 그는 첫 시기에 카타르인들이 슬라브 국가에서 시작되어 12세기 중반 서구에 정착하였고, 두 번째 시기에는 인노켄티우스 3세가 등장하기까지 카타르인들이 큰 힘을 갖게 되어 그들의 교리와 규칙을 만들었으며, 세 번째 시기에는 알비 십자군과 종교재판소의 박해를 받아 14세기에는 이탈리아와 프랑스에서 그들의 흔적이 사라졌고, 일부는 슬라브 국가로 도피하지만 15세기에 들어 그곳에서도 전쟁으로 사라졌다고 주장한다.[547] 이제 슈미트가 제시하는 카타르인들의 형성 과정을 살펴보도록 하자

A) 카타르인들의 형성 시기와 메토디우스와 키릴

863년 모라비아 공국의 제후 라스티슬라브(Rastislav, 846-869)는 동로마 황제 미카엘 3세(Michael III)와 포티우스 총대주교에게 선교사 파송을 요청하였다. 이는 종교적 열정에 따른 것이 아니라 정치적인 것으로, 당시 동프랑크 왕국이 고대 불가리아와 동맹을 맺음으로 강대해졌기 때문에 이들 세력을 견제해야 했기 때

---

547 C. Schmidt, vol 1, ii-xi, 2-3.

문이다. 그리하여 자국 내 게르만 사제들의 영향력을 축소시킴과 동시에 회중들이 슬라브어로 예배할 수 있게 하기 위하여 슬라브어를 가르칠 수 있는 선교사를 요청했는데, 이를 통하여 동방 교회를 확장할 기회를 포착해 보려는 목적이 있기도 했다. 그래서 동로마 교회는 살로니카(옛 이름은 데살로니가)출신의 메토디우스 (Méthodius, 815-885)와 키릴(Cyrille , 827-869, 키릴 문자 형성에 공헌함) 형제를 카자르 (Khazars)에 선교사로 파송하여 슬라브족 선교를 담당하게 하였다. 두 형제는 기존 선교 정책과 달리 먼저 대중들이 사용하는 지역 언어를 표현할 수 있는 새로운 문자를 만들어 먼저 성경을 번역하였다. 이는 훗날 얀 후스의 성경 번역에 기초가 되기도 하였다. 또한 예식서를 번역하였기에 저들의 일상 언어인 슬라브어로 예배하는 것이 가능해졌다. 이것이 이들의 신앙이 대중들로부터 큰 관심과 공감을 얻는 계기를 만들었을 것임은 물론이다.

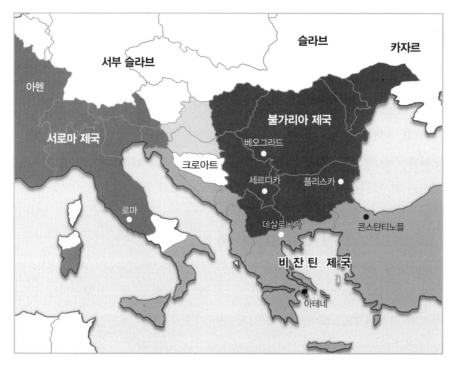

지도35: 당시 비잔틴 제국 일대 지형

그러나 정작 모라비아 공국에서는 게르만 사제들이 슬라브 사제들을 탄압했으므로, 프레슬라프(Preslav)에 수도를 둔 제1차 불가리아 왕국의 보고리스(Bogoris 또는 Boris I)가 그들에게 피난처를 제공하게 되는 등 의도와는 다른 분위기가 지속되었다. 역설적이지만 이 결과로 불가리아 문학이 크게 발전하는 계기가 되기도 하였다. 864년에는 보고리스 왕에게 세례를 베풀 만큼 그들의 영향력이 확대되었으므로, 동방 교회로서도 많은 선교적 열매를 맺게 되었다.

B) 동서방 교회 간의 갈등

하지만 두 사람보다 앞서 활동하였던 잘츠부르크 대주교와 파사우 주교는 실추된 그들의 권위를 회복하기 위하여 슬라브 지역의 관할권을 주장하였다. 그리고 두 형제가 대중들이 사용하는 언어로 성경을 번역한 것과 과거처럼 라틴어 예전을 사용하지 않는 것이 옳지 않다며 그들을 고소하였다. 두 형제는 867년에 로마로 소환되었지만, 그들의 증언을 청취한 교황 하드리아누스 2세는 그들을 환대할 뿐 아니라 그들이 번역한 슬라브어 예식서를 인준하였다.

그러나 869년 키릴이 질병으로 로마에서 죽으면서 형 메토디우스에게 선교 활동을 계속해 달라고 유언하므로, 그는 교황 사절과 시르미움(Sirmium)의 대주교로 임명되어 다시 슬라브족에게로 향하였다. 모라비아, 불가리아, 판노니아(Pannonia) 교구는 더 이상 독일 관할이 아니라 그의 관할로 넘어가므로 그 지역의 교회들은 슬라브식 예배를 도입하였다. 870년 또 다시 관할권을 두고 독일계 사제들과 분쟁이 벌어지고 루드비히 왕과 사제들은 모라비아에 대한 영향력을 강화시키기 위하여 그를 이단 혐의로 2년간 투옥시켰으나 873년 교황 요한 8세는 바이에른 전역의 미사를 금지한다는 조건으로 그를 석방했다. 그는 주교로 다시 활동하였으나 슬라브어 미사 집전은 할 수 없었다. 모라비아의 새로운 지배자가 된 스바토플루크(Svatopluk)는 메토디우스의 활동에 적대적이었고 독일 사제들이 그를 이단으로 고발하므로 그는 880년에 다시 교황청으로 소환되었다. 하지만 요한 8세가 슬라브어 전례에 대하여 다시 특권을 회복시켜 주었음에도 메토디우스는 보좌 주교의 도전으로 882년 콘스탄티노플을 방문하여 동방 교회 내에서 그의 입장을 강화하려고 시도하였다.

C) 갈등 기간 동안 등장하는 카타르인들의 사상

현지어로 드리는 예배가 전통으로 자리를 잡았음에도 교황 요한 10세(Jean X) 는 또 다시 슬라브어 또는 불가리아어 예전 사용을 금지하였다. 그러나 교황의 명령에도 불구하고 슬라브어 예배와 예전은 비밀리에 행해졌고, 1054년 동서 교회의 대분열 때문에 이 지역의 남녀 수도원들은 새로운 종파의 온상지나 피난처로 바뀌게 되었다. 그러나 대분열이 일어나기 전에도 이미 동서 교회 사이에는 대결과 긴장이 있었는데, 이 지역에 대한 통제가 느슨해진 틈을 이용하여 아르메니아의 바울인들도 868년에 그들의 선교사들을 파견하였다. 이런 복잡한 정치적 상황 가운데 슬라브족 사이에서는 다양한 종파들이 공공연하게 활동하여 그리스도인들은 이교적인 미신을 수용하고 혼합됨으로 이교도와 기독교의 구분이 사라졌다고 슈미트는 주장한다. 그 대표적인 교리가 "오직 하나의 최고 신(神)인 만물을 창조한 신을 섬기는 것과 그 외 다수의 열등한 신들을 인정하고 숭배한 것이다. 그런데 그 열등하고 악(惡)한 신에 대해서는 '체르노보그'(Чернобог, Chernobog) 또는 '디아볼'(Diabol)이라는 이름을 붙였다." 이런 시대 상황을 배경으로 유사한 사상을 가진 '카타르인들'이 자리를 잡았다는 것이 슈미트의 견해이다.[548]

카타르인들의 사상이 급속히 확산될 수 있었던 이유를 다음과 같이 말하는데, 첫째, 라틴어로 예배와 예식을 시행했던 정교회와 달리 이해가 가능한 슬라브어를 사용했기 때문에 확고하게 자리를 잡게 되었고, 둘째, 무엇보다 큰 세력을 형성하였던 바울인들의 이원론 사상과 불가리아에 이미 확산되어 있던 이원론의 요소들 사이에 매우 유사한 점이 있었기 때문이라는 것이다. 원시적인 카타르인들의 사상은 선과 악의 구별, 구약은 악한 신에 관한 기록, 그리스도는 명백하게 육체만을 갖고 있었음, 결혼과 육식을 비난함, 성찬에서의 그리스도의 임재를 믿지 않음, 성화상과 십자가 숭배를 거부함 등이었다.

---

548 C. Schmidt, vol 1, 2–7.

그리고 12세기 초반에는 제국의 수도 콘스탄티노플에서도 비밀리 전파되었고, 12세기와 13세기에 트라키아를 비롯한 헬라 여러 지역에 카타르인들의 교회들이 세워졌다는 것이다. 이런 카타르인들의 이원론은 유럽 동서 양방향으로 번져 나갔는데, 동방 지역에는 10세기 말부터 마케도니아, 트라키아, 심지어 그리스의 주요 도시들에 이들 추종자들이 생겨났다. 보스니아와 달마티아 지역을 거쳐 두 개의 그룹으로 나뉘어져 서유럽으로 진출하였는데, 한 그룹은 보스니아와 달마티아에서 이탈리아와 프랑스로, 다른 그룹은 헝가리에서 북부 독일로 진출하였다(지도41 참고). 그리하여 이 서방 지역에서는 10세기 말에 이르러 이들을 추종하는 그룹들의 흔적이 나타나기 시작했다. 12세기 중반 독일과 북이탈리아에 정착한 카타르인들의 사상은 온건한 이원론이, 12세기 후반 북이탈리아 일부 교회와 남부 프랑스 지역에는 극단적인 성향의 이원론이 유행하였다. 여기에서 온건한 이원론이라 함은 '두 창조자'를 주장하는 극단적 이원론과 달리 기본적으로 '한 분의 창조자'를 믿는 이원론을 말한다.[549] (지도39 참조)

슈미트는 주장한다. "카타르인들의 사상이 10세기 말부터 서유럽에서 보다 쉽게 정착할 수 있었던 배경에는 로마 교황과 콘스탄티노플 총대주교 간의 권력 싸움이 있다. '하나'의 연합된 교회에서 분열되고, 심지어 권력 욕망 때문에 상대 진영 교회의 재산을 몰수하거나 이단들에게나 내렸던 파문을 상대의 최고 성직자들 사이에서 주고받는 모습은 큰 실망을 안겨 주었다. 그리하여 교황에 대한 적개심과 로마 교회의 이교도적 요소들에 반발하는 저항 정서가 스페인의 피레네 산맥 지역과 북부 이탈리아 지역과 프랑스 남부 지역에 형성되었고 로마 교회에 비판적인 유사한 교리를 갖고 있는 카타르인들도 그곳에 자연스럽게 정착했다."[550]

이렇게 슬라브에서 발생한 카타르인들은 유럽 지역으로 퍼져 나갔고 파타린인들(Patarins), 포블리칸(Poblicans), 불가리인들(Bulgares), 알비인들(Albigeois)과 같은 이름으로 불렸으나 모두 동일한 종파를 지칭한다고 슈미트는 주장한다.

---

549 C. Schmidt, vol 1, 2-10.
550 C. Schmidt, vol 1, 2.

D) 카타르인들 사상 형성의 특징

초기 카타르인들의 이원론적 사상은 일관성이 없고 발전되지 못하였는데, 나중까지도 발아하지 못한 씨앗과 같았다. 그래서 그들을 수용한 지역의 형편에 따라 스스로 수정을 하거나 다른 사상들과 결합되어 완성되었다. 동방 카타르인들의 사상은 서방보다 늦게 발전하였기에 더 신화적인 면을 갖고 있었다.

마니교 및 각종 이원론 사상들이 크게 발달하였던 지역에서 시작된 카타르인들의 사상은 허황된 교리를 갖고 있다. 그 허황됨은 무엇보다 카타르인들의 무지가 그 첫 원인이겠지만, 동방 교회가 교회 확장과 권력 다툼과 부패로 말미암아 성경을 제대로 가르치지 않았을 뿐더러 알아듣지 못하는 라틴어 예식만을 고집한 것도 또 다른 원인이었다.

카타르인들의 사상은 철저한 이원론을 기반으로 하는데, 선과 악을 창조한 서로 다른 두 종류의 신이 존재하며, 인간의 순수한 영혼은 악의 신이 지배하는 육체와 결합한 결과 타락에 빠졌다는 것이다. 구약 성경은 물질세계를 창조한 악한 신에 관한 기록이라고 판단하고 거부하였으며, 그리스도는 가현적인 몸을 갖고 있고, 현세는 악의 신이 지배하고 있으며, 물세례, 결혼, 육식, 성상과 십자가 숭배, 성찬에서의 그리스도의 육체가 임재함을 거부하였다.

그러나 카타르인들의 사상 가운데 온건한 이원론이 등장하면서 두 종류의 창조주 교리에서 점차 하나의 창조주 교리로 바뀌었다. 이 견해의 일부 추종자들은 최고의 하나님 외에 하늘의 빛의 왕국을 다스리는 장남과 가시적 세계를 창조하고 다스리는 차남인 사타나키(Satanaki, 혹은 Satanel)라는 두 아들을 모두 경배하였다. 사람들은 악마를 경멸하지 않았고 오히려 지상에서의 행복을 얻기 위하여 그에게 기도하였다. 이러한 기괴한 교리는 일부 슬라브인들 사이에서 오랫동안 계속되었다. 이러한 루시퍼인들(Lucifériens)의 분파들은 14세기 오스트리아에 실재적으로 존재하였다.[551]

---

551 C. Schmidt, vol 1, 8–10.

E) 보고밀인들의 등장

슈미트는 "바울인들과 보고밀인들은 전혀 다른 집단으로 온건한 이원론인 바울인들의 사상이 트라키아의 많은 수도원들에서 깊이 뿌리를 내리고 수 세기 동안 비밀리 유지되어 내려왔다. 그런데 바울인들 선교사들이 적극적으로 활동하여 절대적 이원론을 가진 카타르인들과 접촉하게 되었는데, 이것이 오히려 카타르인들의 사상을 유럽 전역으로 급속히 확산시키는 계기를 마련한 꼴이 되었다"라고 주장한다. 그리고 "그러나 바울인들과 카타르인들의 교리 사이에는 너무 많은 차이가 있었기 때문에 그 둘은 하나로 통합될 수 없었다. 하지만 카타르인들은 자신들의 사상에서 영지주의적 일부 요소들을 수정하여 11세기 중반부터 트라키아에서 '보고밀인들'이라 새롭게 불렸지만, 그들이 실제로는 '카타르인들'이었다. 이들이 점차적으로 이탈리아에 정착하여 콘코레초인들(Concorrezzi)이라 불렸다"라고 말한다.[552]

계속해서 그는 "카타르인들의 이원론 사상은 슬라브 대상(隊商)들을 통하여 동서방 양 진영으로 퍼져 나갔다. 동방 지역에서는 마케도니아(Macédoine), 트라키아(Thrace), 심지어 그리스의 주요 도시에도 이들의 추종자들이 있었다. 서방 지역에서는 보스니아와 달마티아에서 파괴될 수 없는 큰 그룹을 형성한 후 이탈리아를 거쳐 프랑스에도 정착하였다"고 주장한다.[553]

(3) 카타르인들의 기원에 관한 두 가지 계보

슈미트는 10세기에 등장한 서유럽의 개혁 운동이 동방에서부터 넘어온 십자군이나 상인들에 의해 시작되었을 것이라는 전제를 굳게 신뢰했고, 이에서 벗어나지 못하였기 때문에 위와 같은 여러 무리한 가설들을 만들게 되었다. 하지만 그는 서유럽의 개혁 운동이 반드시 동방에서 시작되어야 할 이유는 없다는 점, 그 과정에서 십자군이나 상인이 아닌 자원한 선교사들의 헌신이 있었다는 점, 그

---

552 C. Schmidt, vol 2, 57.
553 C. Schmidt, vol. 1, 10 - 11.

리고 동방의 개념이 일방적으로 서방에 도입되었다기보다는 동서방이 오랜 교류를 통하여 서로를 보충했음을 간과하고 있는데, 이것들이 그의 맹점이다.

지금까지의 가설들을 크게 두 가지로 정리할 수 있다. 바울인들에 의해 수용된 마니교적 이원론이 서방으로 유입되었다는 주장과 슬라브족에 의해 형성된 급진적 이원론의 카타르인들의 사상이 온건한 이원론 사상을 가진 보고밀인들을 형성하여 후기 카타르인들의 사상으로 이어져 나갔다는 주장이다.

첫 번째 견해는 1950년대까지 학자들 사이에서 통용되던 지배적인 견해로서 카타르인들이 마니교와 동일한 집단이었다는 것이다. 지도35와 같이 아르메니아의 마니교에서 출발한 바울인들이 불가리아의 보고밀에서 '보고밀인들'이라는 큰 집단을 형성했고, 그들을 통하여 서유럽에서 '카타르인들'을 형성하였다는 것이다. 대표적인 학자는 에드워드 기번으로 그는 "바울인들은 프랑스 남부의 알비 지방에 깊게 뿌리를 내려(1200년 이후) 알비인들이 되었고, 알비 십자군의 불과 칼에 의해 근절되었다"고 말했다.[554]

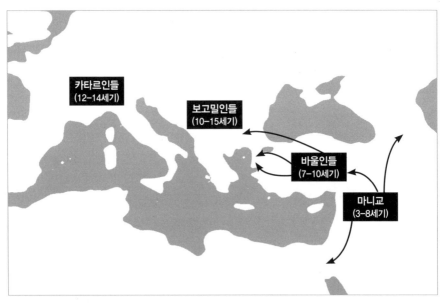

지도36: 마니교가 바울인들과 보고밀인들 이단 공동체를 조직한 후 카타르인들 이단을 형성하였다는 견해를 주장하기 위한 지도

554 에드워드 기번, 293-294.

위의 지도는 원래 카타르인들이 마니교 이단에 뿌리를 둔 바울인들과 그 동류(同類)인 보고밀인들에게서 유래되어 발전해 왔음을 설명하려는 의도로 작성되었다. 그러나 이 지도는 '왜 마니교의 색채가 보고밀에 이르러서는 그 정체성을 잃어버리면서 희석되고, 전혀 다른 성격의 신앙으로 흡수, 전환되어 버리는가?'를 설명할 수가 없다. 또 '보고밀인들이 서유럽 지역으로 진출하게 될 때, 왜 그들의 정체성을 포기하면서 다른 색채를 띠게 되는가?'를 설명할 수 없다. 또한 그들의 주장처럼 '보고밀인들이 이원론적 카타르인들 공동체를 형성시킨 것이 사실이라면, 어떻게 오랜 세월 동안 이단적 신앙과 비성경적 신학에 대항하여 피 흘려 싸우면서 심지어 로마 교회에까지 강력하게 저항하던 발도인들의 터전이었던 지역에 얌전히 정착하여 분쟁이나 저항이 없이 일사분란하게 수용되고 공존하게 되었는지'를 설명할 도리가 없다.

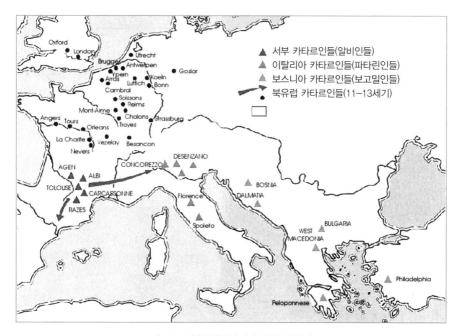

지도37: 서유럽에서의 카타르인들의 확장

그러므로 이 색깔의 변화는 공교롭게도 마니교 이단 사상이 서유럽으로 진출하면서 기존의 강력한 개혁 교회인 발도인들 공동체 속으로 파고 들어가 이원론 사상을 전파하였다는 이단 사상의 진출과 확장을 보여 주는 것이 아니라, 오히려 그 마니교에 뿌리를 두었다는 이단 사상의 희석 내지는 색채의 약화, 또는 그 '이단 사상'이 개혁 신앙에 수용, 동화, 혹은 전환되는 과정을 보여 주는 것이다. 결국 카타르인들로 지적된 저 그룹이 저들을 이단으로 공격하는 이들의 의견과는 다르게, 이미 그 지역에 오래전부터 뿌리내리고 있었던 개혁 신앙의 원류인 발도인들에게 동화되고 수용되고 있음을 보여 주고 있다는 것이 더 적절하고 정확한 설명이라는 말이다.

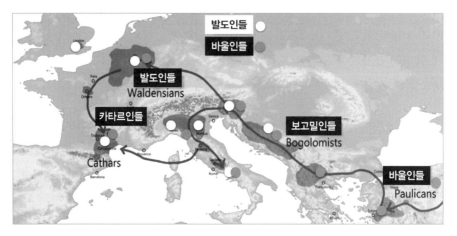

지도38: 발도인들의 도움을 받아 서방에 정착하는 바울인들

이런 추정이 가능한 것은 발도인들이 유럽 각처에 선교사들을 파송하여 단순한 복음의 진리를 선포함으로써 사람들의 마음 깊은 곳까지 침투하였고, 그리하여 서쪽으로는 잉글랜드와 스코틀랜드까지, 동쪽으로는 헝가리, 보헤미아, 보스니아에 강력한 개혁 교회를 세웠기 때문이다. 그 결과 잉글랜드에서는 위클리프의 길을 예비하였고, 플랑드르와 보헤미아 지역에서는 피에르 발도가 친히 개혁 사상을 전달함으로 얀 후스의 출생을 준비하였기 때문이다.

두 번째 견해는 카타르인들이 동방에서, 더 정확하게는 그레코−슬라브(gréco-slave) 세계에서 발생한 이원론 사상이 바울인들의 가르침보다 먼저 서유럽에 전

달되어 정착한 집단이라는 견해인데 대표적 학자로는 라파엘로 모젠이 있다.[555]

(4) 카타르인들이 이원론과 무관하다는 주장

1) 카타르인들이 '아리우스주의'로부터 기원한다는 주장

카타르인들은 바울인들과 다른 이원론 종파가 아니라 서구에서 오랫동안 보존된 아리우스주의(Arianism) 교회가 프랑스 남부에 반로마 교회 정신을 영속시키면서 새로운 이단으로 진화하였다는 주장이다.

2) 카타르인들이 '발도인들'의 다른 이름이라는 주장

오늘날 널리 퍼져 있는 의견은 발도인들과 카타르인들의 존재를 동일시한다. 반면 일부에서는 개신교회 학자들이 개혁 선구자들의 숫자를 늘릴 의도로 반기독교적 이원론인 카타르인들의 사상을 정당화시키고 있다며 비난을 하기도 한다. 특별히 슈미트와 같은 학자는 종교재판소가 파타린인들, 발도인들, 카타르인들, 리옹의 가난한 사람들을 항상 구별하여 다루었다는 점을 근거로 이 주장에 반대한다. 특별히 메이틀런드(Maitland) 역시 발도인들과 카타르인들의 차이점을 밝히며 이 주장을 거부하였다.[556]

(5) 카타르인들에 관한 현대 학자들의 관점

1) 이원론적 요소가 전혀 없는 이 딜레마!

지금까지 소개한 '카타르인들'에 관한 주장들을 보면, 전통적 견해들은 카타르인들의 사상이 이원론 혹은 마니교와 동일하다는 관점에서 시작된 분석이었다. 그래서 일부 카타르인들이 가졌던 이원론의 근거가 어디에서 왔는지를 추적하려다 보니 동방에서 발생된 사상들이 서방으로 유입되었다는 억지스러운 끼어 맞추

---

555 Theofanis L. Drakopoulos, "L'unité du Bogomilo Catharisme" (Thèse de doctorat, Univ. Genève, 2010), 7–9.
556 C. Schmidt, vol. 2, 252–267.

기 식의 주장을 할 수밖에 없었다. 그럼에도 피에르 브뤼나 앙리 로잔의 가르침에서 구약 성경과 결혼과 육식을 거부하는 이원론적 요소들을 전혀 찾아볼 수 없었기에 카타르인들의 근원을 추적할 때 딜레마(Dilemma)에 빠질 수밖에 없었다.

2) 카타르는 '이단'의 대체어로 이탈리아와 프랑스에서 자생적으로 발생!

무어(R. I. Moore)와 같은 학자는 전통적인 견해를 지지하다가 최근 그의 관점은 급진적으로 바뀌었다. 그에 따르면 12세기에 일반적으로 '카타르인들'이라고 지칭된 이단들은 실제로 이원론주의자들을 지칭하는 것이 아니었다. 그는 그들을 진압하려던 국가나 지역 권력자들이 종교적이거나 교리적이거나 신앙적인 입장이 아닌 완전히 사회적이고 정치적인 입장에서 그들을 정죄하였다고 강력하게 주장하였다. 11세기 교황 그레고리우스가 개혁 운동으로 교황과 사제들의 권위를 강화시키려 했는데, 이때 아무런 증거를 제시하지 못하면서도 이를 거부하는 개혁 공동체를 11세기와 12세기에는 일방적으로 '이원론자'로 판결하였고, 13세기에는 그 이전의 결정들을 그대로 인용하였다. 중세 연구가인 프랑스 역사학자 비제(J. L. Biget)는 '카타르인들'이 동방에서 들어온 것이 아니라 원래 그 지역에서 발생했음을 강조하면서 그 역시 이들이 그레고리우스 개혁 기간에 발생하였다고 주장한다.

프랑스 학자 테리(J. Théry)는 '카타르인들'이라는 명칭이 유럽 전역에서 통용되었기에, 남부 프랑스나 북부 이탈리아의 한 집단에 사용된 명칭으로 제한하는 것이 오히려 적절하지 않다고 주장한다.[557] 필자도 이 주장에 동의하는데, 피에르 발도가 등장하기 이전 서유럽 지역에 무주공산(無主空山)처럼 개혁자들의 활동이 없었던 것이 아니라 8-9세기에도 클로드 튀랭을 비롯한 많은 개혁자들의 가르침이 대중들의 마음을 끌어당기고 있었기 때문이다. 동방에서 들어온 성경을 부정하는 이원론 이단들이 이곳에서 자유롭게 활동할 수 없었다는 점을 간과해서는 안 될 것이다.

---

557 D. Shulevitz, "Historiography of heresy: The debate over "Catharism" in medieval Languedoc", *History Compass*, Volume 17, Issue 1 (January 2019): 4.

3) 프랑스 학파의 새로운 주장

안느 브레농(Anne Brenon), 장 뒤베르노이(Jean Duvernoy) 그리고 필라르 히메네즈(Pilar Jimenez)와 같은 유명 연구가들은 불가리아와 프랑스에서 동시에 일어난 자생적인 운동으로 카타르인들의 사상을 정의한다. 동시성은 양국의 경제적, 사회적, 종교적 요인에 의해 설명된다.

(6) '카타르인들'에 관한 다양한 이름과 유래

슈미트에 따르면 카타르인들은 중세 문헌에서 다양한 이름으로 자주 언급되는데, 이러한 다양함 때문에 후기 역사가들은 그 이름에 적합하게 많은 종파들을 인정하였다. 그러나 현대에 와서 모든 이름이 오직 한 종파에 대한 지칭이었음을 증명하기는 어렵지 않다.

1) 카타르인들(Cathares)

12세기 후반까지는 이 이름을 만날 수 없고 13세기부터 찾아볼 수 있다. 슈미트는 독특하게 이 호칭을 독일에서 에크베르트(Eckbert)가 처음으로 사용하였으며, 그 기원을 그레코-슬라브 지역 수도원에서 찾을 수 있다고 봤다. 서구권에서 '온전자'라 불리는 사람들의 도덕적 순결한 삶을 지칭한 데서 유래되었다. 이탈리아에서는 'Cazari' 혹은 'Gazari'로, 독일에서는 'Setzer'로 발음되었다. 독일에서는 'Katze'(고양이)로 또는 'Katers'로 변형되어 불리기도 하였다. 이와 관련하여 모스하임은 불가리아의 트라키아 근교 '가자리'(Gazarie)에서 유래되었다고 추정하였다.[558]

2) 파타린인들(Patarins)

이탈리아의 카타르인들을 대상으로 붙여진 이 이름은 1179년 라테란 공의회

---

[558] C. Schmidt, vol. 2, 276-278.

에서 처음으로 사용되었다. 이는 일반적으로 '이단자'와 동의어로 사용되었다. 이들은 14세기에 박해를 피해 보스니아로 이주하였는데 그곳에서도 그대로 호칭되었다. 그러나 알리아(Allia), 아담 블레어(Adam Blair), 알렉시스 무스통(Alexis Muston)과 같은 역사가들은 이 호칭을 이탈리아의 발도인들에게만 사용하였다. 이원론자들을 지칭할 때에 사용된 '카타르인들' 또는 '파타린인들'은 구분 없이 사용되었지만, 발도인들과는 분명하게 구별되어 사용되었다.[559]

3) 포블리칸(Poblicans)

바울인들(Pauliciens)에 대한 고대 프랑스식 발음에서 유래되어 북부 프랑스에서 이렇게 불렸다. 잉글랜드에서는 퍼블리컨(Publicans)으로 불렸는데, 세리 또는 선술집 주인과 같은 의미로 사용되었던 것 같다.

12-13세기 플랑드르에서는 카타르인들이 'Piphilis'이라 불렸다. 아마도 하층민을 의미하는 프랑스어 'Populace'에서 유래된 듯하며 '포블리칸'에 대한 오류일 뿐이다. 포블리칸은 당시 비난의 대상이었던 '세금 징수인'(Péager)과 동일한 의미로 사용되었다. 이는 십자군들이 귀국하면서 알려지게 되는 바울인들에 대한 이름이 구어체로 전달되면서 이런 변형이 나온 듯하다.[560]

이에 코니베어는 12세기 서방의 카타르인들이 '퍼블리컨'이라 불린 이유를, 십자군에 참여한 군인들이 동방의 종교적 종파에 대한 정보를 갖고 있었고 안디옥이나 콘스탄티노플에서 귀국하면서 들여왔을 것이라 추측한다. 군인들이 바울인들에게 친밀감을 가졌든 적대감을 가졌든 초기 십자군 군인들은 1090-1100년경에 바울인들을 접촉하였을 것이다.

1223년 수도사이며 연대작가인 매튜 파리스는 "교황의 특사 콘라드(Conrad)가 프랑스의 알비인들(카타르인들)이 동방 이단과 직접 교류하고 있다는 것에 불평하고 있다"고 밝힌다. 여기에서 이 동방의 이단이 바울인들을 지칭한다고 성급한 결론을 내릴 수는 없다. 1022년에 화형당한 오를레앙의 참사원들은 실제로 마니

---

559 C. Schmidt, vol. 2, 278-280.
560 C. Schmidt, vol. 2, 280-281.

교도라고 판결을 받았지만, 이 사실이 그들이 곧 '카타르인들'이라고 증명하는 것은 아니다. 실제 그들은 1028년 혹은 1031년에 샤루 공의회에서 공식적으로 정죄되었으나 1049년 랭스 공의회에서는 그들을 프랑스에서 자체적으로 발생한 새로운 이교도로 언급하고 있기 때문이다. 또한 전쟁을 마치고 귀향하는 십자군에 의해 바울인들 또는 보고밀인들의 사상이 전달되어 카타르인들이 조직되었다는 주장이 타당성이 없는 이유는 카타인들의 공동체가 이미 십자군 전쟁 이전에 실재하고 있었기 때문이다. 결국 이러한 증거들을 종합적으로 정리하여 보면, 카타르인들 즉, 머지않아 알비인들로 불리게 되는 이들 공동체가 위에서 언급된 여러 그룹들과의 연계선상에서 형성되었다기보다는 오히려 랑그독에서 자생적으로 발생되었다고 보는 것이 더 타당성이 있을 것이다.

종교 재판관 레이네리우스 사코(Reinerius Saccho)의 보고서에 따르면, 불가리아와 두그라니시아(Dugranicia)의 두 교회가 유럽 여러 지역에 있는 카타르인들 교회의 부모 교회였으며, 그에 소속된 교회들은 산사노(Sansano)의 알바인들(Albanenses), 콘코레초, 바놀로(Bagnolo), 비첸차(Vicenza), 플로렌스(Florence), 스폴레토(Spoleto), 툴루즈, 카오르, 알비, 슬라보니아(Sclavonia), 콘스탄티노플의 라틴과 헬라 교회들이다. 레이네리우스는 1260년까지 살았기에 십자군에 의한 동방과 서방의 교류로 인하여 발칸 사람들의 사상이 프랑스 남부와 롬바르디아에 합류한 것으로 본다.

그러므로 13세기에 유입된 라인강 지역의 카타르인들과 그 이전부터 존재했던 툴루즈와 가스코뉴의 카타르인들이 동일할 수는 없다. '리옹의 수사본'(Manuscrit Cathare de Lyon)을 사용한 카타르인들의 성찬 예식이 바울인들의 양자 기독론과 무관하기 때문이다.[561]

4) 티세랑인들(Tisserands)

프랑스 남부와 북부에서 특히 12세기에 카타르인들을 직물업에 종사하는 노

---

561 Conybeare, cxlvii – cxlix.

동자들이라는 의미로 '직조공들'(Tisserands)라고 불렸다.[562]

5) 스페롱인들(Spéronistes)

13세기 초 이탈리아에서는 카타르인들에게 'Spéronistes'라는 이름이 주어진다. 12세기 로베르 스페로네(Robert de Sperone) 주교를 추종하는 카타르인들이다. 그는 아르노 브레시아의 제자로 추정된다.[563]

6) 불가리인들(Bulgares)

이 이름은 많은 역사가들이 슬라브인들 또는 동방의 카타르인들에게 명명한 것으로, 13세기 이전 시기나 프랑스 이외의 지역에서는 사용되지 않았다. 십자군들이 트라키아와 불가리아에서 이 이원론 교리를 고백하는 무리를 만난 후 그들의 신앙 안으로 도입시켰다는 것이다. 그리고 슬라브의 카타르인들이 랑그독의 카타르인들과 다시 관계를 맺게 되었을 때, 알비인들 가운데 불가리인들은 '불가리 부그리'(Bulgarie Bougrie)라고 이미 불리고 있었다. 이탈리아 파타린인들과 마찬가지로 부그르(Bougre)는 일반적인 이단으로 인식되고 있었고, 독일에서는 케체르(Ketzer), 프랑스에서는 보두아(Vaudois)라는 호칭과 동일하게 증오의 대상이 되는 이름이었다.[564]

훗날 로마 교회 저자들은 프랑스 미디(Midi, 프랑스 남부 지역을 일컫는 옛 표현)에서는 카타르인들과 발도인들을 구별시켰다. 카타르인들이 알비인들이라는 이름으로 모든 지역에서 확장되자, 1181년 알비 지역의 카타르인들을 알비인들로 지정하여 사용하였고, 알비 십자군 이후에 13세기 초반부터 일반화되었다. 나중에는 툴루즈나 프로방스에 국한된 카타르인들만을 위해 적용되었다.[565]

---

562 C. Schmidt, vol. 2, 281.
563 C. Schmidt, vol. 2, 281-282.
564 C. Schmidt, vol. 2, 282.
565 C. Schmidt, vol. 2, 276-284.

3. '카타르인들'에 관한 적절한 새 정의(定義)들

(1) 좁은 의미로 쓰인 '카타르인들'

카타르인들의 분파가 72개로 알려질 정도로 다양한 것은 시대와 지역과 지도 자들에 따라 다른 독자적인 교리를 갖고 있기 때문인데, 그 다양한 집단 가운데 어느 집단이 정확하게 이원론적이며 이단적인지를 구분해 낸다는 것은 거의 불가능하다. 그럼에도 개혁주의 카타르인들 주변의 소집단으로 확연하게 이단성이 드러난 집단들을 지칭할 때에는 제한적이기는 하지만 좁은 의미로서 카타르인들 이라는 표현이 사용된다.

(2) 넓은 의미로 쓰인 '카타르인들'

유럽 전역에 카타르인들이 분포했던 것은 사실이지만 획일적으로 그들의 신학적 정체성을 일목요연하게 밝히는 것은 쉽지 않다. 카타르인들의 분파가 70개 이상이고, 그들의 신학적 관점이 지역에 따라 각각 달랐기 때문이다. 일반적으로 카타르인들의 특징으로 알려진 이원론 사상과 무관한 집단들도 있었다. 그 대표적인 경우가 쥐라(Jura)와 알프스에서 활동한 보두아(Vaudois)와 알비 지역에서 활동한 발도인들인데, 그들의 사상 어디에도 물질세계의 창조자가 하나님이 아니라는 주장은 찾아볼 수 없다. 이 개혁 운동은 피에르 발도(1170년경)를 통하여 유럽 전체로 더욱 확산되었지만, 피에르 발도 이전에도 이미 보두아들은 11세기 초 독일 지역 개혁 운동의 모닥불에 불씨를 가져다 놓았다.[566] 카타르인들의 개혁 불씨는 11세기 독일 개혁 운동의 동기가 될 뿐만 아니라 계속해서 유럽 전역으로 퍼져 나감으로 16세기 종교개혁을 가져왔다.

---

566 https://www.cathares.org/catharisme.html, 1. Le catharisme, hérésie médiévale.

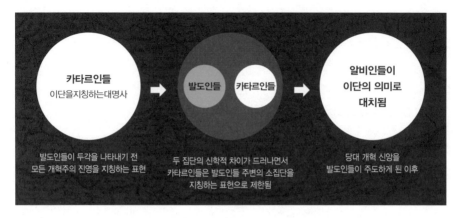

도표15: '참 교회에 속한 그리스도인들'을 지칭하는 명칭의 변화 과정

'발도인들'이 오늘날 개신교회와 동일한 신앙 개념을 가진 개혁 교회로서 그들의 교리에 그 어떤 이원론이나 구약 성경을 부정하는 내용들이 포함되지 않음은 발도인들의 신앙고백서인『고귀한 교훈』을 통해서 확인할 수 있다.

1) '카타르인들'이라는 이름이 이런 포괄성을 갖게 된 이유

최근 학자들의 견해에 따르면, '카타르인들'은 지금까지 우리에게 알려진 대로 특정 집단에 대한 좁은 의미에서의 지칭이 아니라, 그 당시 로마 교회의 가르침과 체재에 반대하는 개혁 사상을 가진 모든 '참 그리스도인들'을 지칭하는 넓은 의미로 사용되었다. 슐레비츠(D. Shulevitz)는 '카타르인들'라는 용어가 12세기와 13세기 남부 프랑스의 툴루즈나 북부 이탈리아에 정착한 모든 이단들을 지칭하는 용어로 사용되었음을 확인해 준다.[567]

그럼에도 발도인들의 개혁 교회가 '카타르인들'로 알려진 이유를 다음의 근거를 통해 추정해 볼 수 있다. 중세 시대 대부분의 역사가들은 발도인들이 피에르 발도에서 시작되었다는 확고한 견해를 갖고 있었다. 발도 공동체가 피에르 발도에 의해 유럽 전체의 종교로 알려지기 이전까지는 그들의 존재를 분명하게 인식하지 못하였다. 그도 그럴 것이 '발도인들' 스스로도 자신들의 이름을 로마 교회

---

567   D. Shulevitz, 2-3.

가 부정적인 의미로 불렸기에 여러 지역에서 복음을 전하면서도 스스로를 '그리스도인'이라고만 소개하였지 발도인들이라고 밝히지 않았기 때문이다. 또한 종교재판소가 세워지기 이전이라 개혁 운동 그룹에 대한 자세한 연구가 이루어지지 않아서 발도인들과 카타르인들의 차이점을 분명하게 구분할 수 없었기 때문에 모든 개혁자들을 일괄적으로 카타르인으로 불렀을 것으로 추정한다.

2) 순교 역사에서 언급되는 개혁자들에 대한 다양한 호칭들

로마 교회는 11세기 초반의 주요 개혁 운동 그룹을 카타르인들로 지칭하면서 그들의 대표적인 지도자들이 피에르 브뤼와 앙리 로잔이라고 주장한다. 그러나 브뤼는 발도인들의 주요 활동 지역인 도피네 출신으로 만인 제사장을 부인하는 사제 중심의 제사장 사상과 혼인성사와 십자가 숭배를 거부하였던 인물이다. 그는 복음 증거의 대상으로 좁은 의미의 카타르인들과도 분명히 접촉하였다. 그의 주장들은 프랑스 북부에서 활동하다가 1115년에 암살된 탄첼름과도 유사했다. 앙리 로잔은 로잔과 르망 지역에서 활동하다가 도피네에서 브뤼를 만나 그의 제자가 되었다.

로마 교회는 피에르 브뤼와 앙리 로잔을 카타르인들로 취급하지만, 발도인들의 역사에서는 이 두 사람을 발도인들의 지도자로 소개하고 있고, 그들의 제자들 역시 발도인들 그룹 안으로 들어왔음을 역사적으로 확인할 수 있다. 이 두 개혁자들이 '카타르인들'이면서 동시에 '카타르인들'이 아니라는 의미는 전자는 넓은 의미에서 개혁주의를 지칭하는 표현이며, 후자는 협의적인 의미에서 이원론적 사상을 포기하지 않은 카타르인들을 지칭하는 표현인 것이다.

시간이 지나면서 발도인들과 좁은 의미의 카타르인들과의 신학적 차이가 드러나면서 발도인들은 개혁주의 진영을 대표하는 이름으로, 카타르인들은 이원론 사상을 대표하는 이름으로 확실하게 분리되어 사용된다. 그 후 발도인들과 카타르인들이 프랑스에서 가장 문명화된 지역 가운데 한 곳일 뿐 아니라 지역 영주의 보호를 받아 안전하게 활동할 수 있는 알비 지역에서 함께 활동하면서 알비 지역은 개혁 운동의 중심지로 부각되었고, 그들은 '알비인들'이라는 새로운 이름을 얻게 된다.[568] 그러나 알비인들을 자세히 들여다보면 신학적 차이로 인하여 알비-카타르인들과 알비-발도인들로 분명하게 구분되는 측면도 있다.

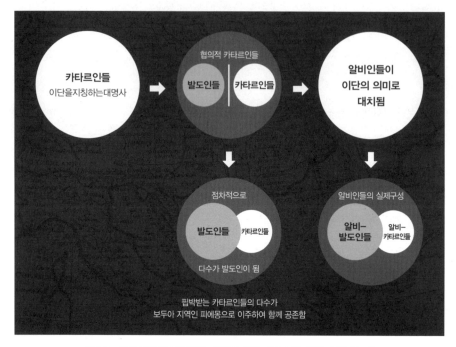

도표16: 개혁 교인들을 지칭하는 명칭의 변화 과정과 알비인들의 실제 구성

토마스 존스턴(Thomas P. Johnston)은 『종교재판소와 순교』(*Inquisition and Martyrdom*)에서 11세기 이후 개혁자들의 활동과 순교를 소개하고 있는데, 이를 주의 깊게 살펴보면 카타르인들이 공식적으로 등장하기 훨씬 전인 1002년부터 순교자들을 '카타르인들'로 기록하고 있다. 지금까지 알려진 바로는 이원론을 주장하는 카타르인들은 12세기에 등장하는데, 그 이전에 활동하였던 개혁자들, 즉 피에르 발도 이전 시대에 활동했던 모든 개혁자들에 대해서도 '이단'이라고 비방하기 위해서 일괄적으로 '카타르인들'로 표기하고 있음을 볼 수 있다. 특이한 점은 1227년에 발생한 카타르인들 화형 사건 기록에서 '알비-발도인들(Albi-Waldensian)의 집사들'이라고 구체적으로 언급하고 있다는 사실이다.

---

568 John T. Christian, 62.

1002	프랑스 오를레앙과 툴루즈에서 첫 '카타르인들' 10명이 처형됨. ➡ '카타르인들'의 출현 이전임에도 카타르인들이라는 이름으로 처음 소개된다.
1012-1020	리모쥬 지역에도 '카타르인들'이 출현함.
1022	14명의 '카타르인들'이 오를레앙에서 산 채로 화형당함.
1025	아라스(Arras)에서 이단 혐의로 체포된 사람들은 공의회 앞에서 "우리의 법과 규율은 우리가 주님으로부터 받았던 것으로 복음의 명령들에 결코 위배되지 않으며, 세례를 통해 자동적으로 구원을 받을 수는 없다"고 선언함.
1077	캉브레에서 '카타르인들'이 산 채로 화형당함.
1079	앙제(옛 표현 Angiers)의 주교인 브루노와 베렌가리우스가 유아 세례와 화체설을 비난함으로 이단으로 정죄됨.
1088	브루노의 부제인 베렌가리우스가 공현절에 순교함(실제는 자연사 한 것으로 알려짐).
1105	– 수도사 출신의 피에르 브뤼가 공식적으로 사역을 시작함. – 클루니 수도사 앙리 로잔이 르망에서 설교하였고 대중들이 그를 높이 평가함. ➡ 피에르 브뤼와 앙리 로잔을 '카타르인들'로 표기함.
1106	– 베렌가리우스의 제자들이 트리어의 주교에 의해 추방된 후, 저지대, 리에주, 앤트워프로 이주하여 그곳에서 복음을 증거함. ➡ 이단의 창시자로 여겨질 정도로 그 시대의 주요 개혁자였다. – 페트로브뤼인들(Petrobrusians)이 프랑스 도피네에서 설교를 시작함.
1116	– 앙리 로잔도 남부 프랑스에서 복음을 전하기 시작하고, 그 후 '알비인들'의 교회를 세움. ➡ '알비인들'이라는 명칭이 처음으로 등장함. – 앙리인들이 복음이 증거된 교구의 주교 힐데베르트와 교리적 논쟁을 함.
1126	피에르 브뤼가 생질에서 화형당함.

1134	- 앙리 로잔이 체포된 후 피사 공의회에서 교황 인노켄티우스 2세 앞에 세워지고 강제로 개종된 후 투옥됨. - 클루니 수도원의 베네라블(Pierre le Vénérable)이 앙리인들의 교리를 비판했는데. 그들의 교리는 다음과 같았다. a) 유아 세례 반대: 유아들은 구원의 믿음을 가질 수 있는 인식이 없기 때문이다. b) 성지 거절: 하나님의 교회는 돌들의 모임이 아니라 영적 실재로, 신자들의 교제로 이뤄진다. c) 십자가 숭배 거부: 십자가는 그리스도를 고문한 고통의 도구로 가증한 것이다. d) 사제들과 주교들은 성찬의 거짓을 가르쳤다. 그리스도의 몸은 십자가에서 단 한 번만의 고통을 받으셨기에 미사를 통한 그리스도의 희생은 헛된 것이다. e) 죽은 자와 관련된 예전(헌금, 기도, 미사, 자선)의 무용론: 죽은 사람은 살았을 때 받았던 것 그 이상의 희망을 가질 수 없다.
1139	- 인노켄티우스 2세가 소집한 2차 라테란 공의회에서 베네라블의 주장을 수용하여 앙리인들을 이단으로 정죄하고 그들을 탄압하기 위해 세속 권력에 인계함. - 아르노 브레시아가 파리에서 아벨라르를 통해 유아 세례와 화체설을 반대하는 교육을 받음. 그 후 교황 인노켄티우스 2세가 그에게 침묵을 명하자, 그는 독일과 스위스로 도피한 후 계속 가르침. 이에 교황 루키우스 2세(Lucius II)와 에우제니오 3세에게서 심한 박해를 받음. - 베르나르 클레르보가 남부 프랑스를 방문하여 2차 십자군 참전을 위하여 설교함. 샤르트르의 주교 제프리는 남부 프랑스에서 앙리인들의 근절과 개종을 위한 설교를 함. 결국 그는 도시들을 저주하고 이단으로 정죄함.
1145	- 아르노는 황제 프리드리히 1세 바르바로사(Barbarossa)에게로 도주하였으나, 정치적 목적으로 교황에게 인계되어 로마에서 유아 세례를 반대한 죄목으로 산 채로 화형당함. - 아벨라르는 그의 견해로 로마의 지하 감옥에 투옥됨.
1147	파리에서 복음적 교리로 인하여 몇 사람들이 처형됨.
1148	앙리 로잔의 옥사.
1155	몇몇 농부들이 '마니교도'라는 죄목으로 툴루즈 근교에서 처형됨.

1160	피에르 발도가 리옹에서 교황의 죄를 지적하는 설교를 시작함.
1161	옥스퍼드에서 '퍼블리컨'(Publican)이라 불리는 약 30명이 기소된 후 채찍질을 당하고 추위로 인하여 사망함.
1163	쾰른과 본(Bonn)에서 5명의 남성과 2명의 여성이 이단 죄목으로 산 채로 화형 당함.
1165	롬베즈(Lombez) 공의회는 '선한 사람들'(bons hommes)을 대적할 것을 선포함.
1167	– 불가리인들(슬라브의 카타르인들)의 주교 니케타스는 콘스탄티노플에서 생 펠리스 회의에 참석함. ➡ 보고밀인들이 아닌 불가리인들로 언급된 것은 그가 바울인들이나 보고밀인들과 무관한 다른 종파임을 시사함. – 툴루즈 지역의 독립 교회 조직을 위하여 4개의 주교단, 6명의 주교를 세움. 이 교회들은 훗날 '알비인들'과 마니교도로 여겨짐. – 베즐레(Vézelay) 공의회에서 7명의 카타르인들에게 화형 선고.
1172	아라스에서 한 사제가 이단 죄목으로 화형당함.
1173	피에르 발도가 리옹 거리에서 복음 증거를 시작하고, 복음주의 그룹인 '발도인들'을 조직함. ➡ 발도인들의 고대성을 알지 못하는 학자들은 발도인들이 피에르 발도에 의해 조직되었다고 판단함.
1177	– 피에르 발도의 제자들이 프랑크푸르트와 뉘른베르크(Nuremberg)에서 설교함. – 툴루즈의 레이몽 5세(Raymond V)는 카타르인들의 급성장에 관하여 시토 수도원의 책임자에게 그 사실을 보고함.
1178	툴루즈 공의회는 알비인들을 이단으로 정죄함.
1179	리옹의 새로운 대주교 장 벨망은 발도와 그의 동료들을 파문하고 이 운동을 이단으로 간주함.
1180	– 교황은 알바노(Albano)의 추기경을 교황 특사로 파견하여 알비인들의 개종을 위한 설교를 하게 함. – 피에르 발도는 순회 설교자로 헌신하며 여러 지역을 다님.
1182	– 프랑스 왕 필리프는 '퍼블리컨'들을 산 채로 화형시킴. – 잉글랜드의 헨리 2세는 다수의 '퍼블리컨'을 여러 지역에서 산 채로 화형시킴.

1183	플랑드르의 백작 필리프와 교황 특사인 랭스 대주교 기욤은 부르주(Bourges)에서 '알비인들'의 다른 이름인 코타렐리인들(Cottarelli) 7천 명 이상을 산 채로 화형시킴.
1184	– 교황 루키우스 3세는 발도인들을 이단으로 정죄하고, 그들에게 '리옹의 가난한 사람'이라는 이름을 부여함. – 루키우스 3세의 교서 "Ad Adolendam"에서 카타르인들, 파타린인들, 겸손인들 또는 리옹의 가난한 사람들, Passaginians, 조제프인들, 아르노인들과 더불어 Concolati, Credentes, Perfecti를 파문함.
1194	툴루즈 백작을 계승한 레이몽 6세(Raymond VI)는 랑그독에서 두 종교 간의 평화를 유지하려고 노력함.
1195	나르본의 대주교 베르나르와 발도인들 간의 토론회 개최.
1198	– 인노켄티우스 3세는 시편, 복음서, 바울 서신서의 프랑스어 번역을 정죄하였고, 로렌 지역 메츠 구에서의 성경 공부 모임을 유죄 판결함. – 세속어로 번역된 성경을 불태우기 위하여 시토 수도사들이 파송됨.
1200	– 샹파뉴의 트루아(Troyes)에서 4명의 남성과 3명의 여성이 이단 혐의로 화형당함. – 몇 명의 발도인들은 메츠에서 추방되었고 그들의 성경은 불태워짐.
1201	– 알바니안인(Albanian) 지도자가 남부 프랑스를 방문해서 더 많은 부흥을 이끌어 냄. – 한 명의 기사가 느베르(Nevers)에서 화형당함. – 온전자들이 여행을 통해 집집마다 방문하여 복음을 전하고 많은 이들을 그리스도에게로 인도함. – 샤리떼(Charité-sur-Loire)에서 카타르인들이 박해를 받음.
1204	– 레이몽 페렐라(Raymond de Perella)는 지역의 카타르인들의 요청으로 몽세귀르(Montségur) 성을 재건함. – 아라공의 피에르 2세는 카르카손에서 로마 교회와 카타르인들 사이의 토론회를 개최함.

1206	– 푸아 백작의 누이가 카타르인들의 콘솔라멘툼(consolamentum)을 받음. – 디에고(Diego)의 주교와 도미니크회 수도사들은 툴루즈에 머물면서 알비인들이 로마 교회 신앙으로 개종하도록 시도함. – 도미니크회는 카타르인들 여성들의 개종을 위한 재단을 설립함. – 종교재판소는 발도인들을 박해하기 위한 원칙들을 제정함. – 교황은 피에르 브뤼와 앙리 로잔의 추종자들에 대한 큰 박해를 시작함.
1207	– 교황은 툴루즈 백작 레이몽 6세의 출교를 확인함. – 아를에서 인노켄티우스 3세는 툴루즈의 레이몽 6세에게 그의 영지에서 모든 이단들을 추방할 것을 요구함. – 교황은 마침내 레이몽 백작을 파문함.
1208	교황 특사 피에르 카스텔노(Pierre de Castelnau)가 살해됨.
1209	– 시몽 몽포르(Simon de Montfort)와 도미니크회는 랑그독의 알비인들을 궤멸하기 위하여 십자군을 이끔. – 십자군은 베지에, 카르카손, 카스트르(Castres), 코사드(Caussade), 판조(Fanjeaux), 공토(Gontaud), 미르푸아(Mirepoix), 퓌 라 로크(Puy-la-Roque), 사베르댕(Saverdun), 톤넹(Tonneins)을 탈취함. – '베지에'에서만 20,000명의 남녀노소가 살해됨. – 레이몽은 로마 교회에 복종한 후 생질에서 공개 채찍형을 당함. – 자크 비트리(Jacques de Vitry)는 카타르인들(신조어로 알비인들) 십자군에 반대하는 설교를 함.
1210	– 140명 혹은 180명의 카타르인들을 미네르브(Minerve)에서 화형시킴(3명의 여성은 개종). – 24명의 발도인들을 파리에서 화형시킴, 런던에서도 발도인들을 화형시킴. – 나르본에서 40명이 화형당함(130명에게 사형 선고되었으나 나머지는 개종). – 필리프 2세는 철학자이며 신학자인 아모리 베네(Amaury de Bène)의 제자들을 파리에서 화형시킴.
1211	– 랑그독의 카스텔노다리(Castelnaudary) 함락, 50명의 카타르인들이 화형당함. – 라보르(Lavaur) 함락, 400명의 카타르인들이 화형당함. – 카스(Cassès) 함락, 94명이 화형당함.

1212	– 빙겐(Bingen)에서 39명의 메츠 출신들이 산 채로 화형당함. – 피에르 보(Pierre de Vaux de Cernay)가 알비인들의 지역을 방문함. – 약 80명이 스트라스부르에서 이단 재판을 받고 대다수 화형당함. – 메츠에서 18명이 화형당함.
1215	– 콜마르에서의 박해. – 발도인들이라 불리는 80명이 체포되어 화형당함. – 툴루즈에서 다수의 발도인들이 도미니크회의 재판으로 산 채로 화형당함.
1216	몽포르가 랑그독의 주인으로 인정을 받음.
1217	– 피에르 발도가 보헤미아에서 죽음. – 캉브레에서 박해 발생.
1218	– 베가드인들이 에르푸르트(Erfurt)에서 화형당함. ➡ 베가드인들은 발도인들의 한 지부임. – 몽포르와 피에르 보의 죽음.
1220	– 트루아 지역 박해. – 성인 숭배를 우상 숭배라고 말한 신학자 알마리쿠스(Almaricus)가 파리에서 산 채로 화형당함.
1221	도미니크의 죽음.
1222	– 런던에서 한 부제가 화형당함. – 레이몽 6세의 죽음.
1225	카르카손 근처 피우스(Pieusse)에서 카타르인들의 교회 회의.
1227	프랑스 왕 옴베르(Humbert de Beaujeu)는 보리앙(Borriens) 마을을 포위하고 로마 교인이 아닌 사람들은 모두 산 채로 화형시켰는데 알비-발도인들의 부제로서 그들의 목자인 모트(G. de la Motte)도 포함되었다.
1229	알비에서 25명의 주요 시민들이 체포된 후 영구 투옥됨.

1230	– 독일과 프랑스 라인강 지역의 다수의 발도인들이 자신들의 신앙을 지키다가 심한 박해로 순교하였고, 그 후 독일, 프랑스, 이탈리아 특별히 롬바르디아에서 많은 지지자들을 이끌어 냄. – 신성 로마 제국의 프리드리히 2세는 그레고리우스 9세의 요청에 따라 알비인들과 파타린인들을 강력하게 박해하라고 지시하는 3개의 법령을 발표함.
1231	– 황제의 명령으로 라인강 지역의 발도인들에 대한 큰 박해가 시작되어, 도미니크회 수도사 콘라트 폰 마르부르크(Konrad von Marburg)의 참석 아래 고문 후 화형이 진행됨. – 몽세귀르 성이 카타르인들의 주요 요새가 됨.
1232	19명의 발도인들이 툴루즈에서 산 채로 화형당함.
1234	종교 재판관 기욤 아르노(Guillaume Arnaud)와 피에르 셀랑(Pierre Celan)이 무아사크(Moissac)에서 210명에게 화형을 집행함.
1239	샬롱(Chalons-sur-Marne) 근처 몽비메르(Montwimer)에서 샹파뉴 백작이 참석한 가운데 카타르인들 183명을 산 채로 화형시킴.
1241	11명의 종교 재판관이 아비뇽에서 살해됨.
1242	아비뇽 학살.
1243	발도인들 224명이 나르본과 알비 주교와 카르카손 사령관에 의해 툴루즈 근교에서 산 채로 화형당함.
1244	몽세귀르에서 카타르인들의 온전자 약 210명이 화형당함.
1249	아쟁에서 80명이 화형당함.
1251	보름스에서 다수 화형당함.
1283	프랑스 발도인들에 대한 박해가 가중됨.
1308	– 복음주의 지도자 딜시누스(Dulcinus), 그의 부인 마거릿(Margaret)과 함께 140명이 롬바르디아의 노바리아(Novaria)에서 산 채로 화형당함. – 교황 클레멘스 5세의 십자군에 의해 400명 이상이 죽임 당함.
1310	『소박한 영혼의 거울』(*The Mirror of Simple Souls*)의 저자인 마거리트(Marguerite Porete)가 파리에서 15가지 질문에 대한 대답을 거부한 후 21명의 파리의 명사들에 의해 화형당함.

1315	– 오스트리아 크레마(Crema)에서 도미니크회에 의해 정죄된 다수의 발도인들이 산 채로 화형당함. 그들 중 지도자인 롤하드(Lolhard)는 오스트리아와 보헤미아에 그들의 신자들이 80,000명 있다고 언급함. – 폴란드의 쥐데니츠(Zuidenitz)에서 다수의 발도인들이 화형당함.
1317	전직 프란체스코회 수도사 4명이 마르세유에서 화형당함.
1381	230명이 산 채로 화형당함.
1382	– 위클리프 성경 번역. – 알비인들에 대한 다양한 이름 Brabanzons, Aragonese, Navarrese, Basculi(또는 Biscayans 그리고 Gascons),C ottarelli 또는 Cotterels

카타르인들이 가장 많이 활동하였던 지역은 프랑스의 랑그독으로, 이들을 개종시키기 위하여 교황의 특사와 베르나르 클레르보가 빈번히 활동하였지만 실패할 정도로 카타르인들의 사상은 민중의 종교로 자리를 잡고 있었다. 그 결과 프랑스 남부 지역의 모든 로마 교회는 황량해졌고, 주교들의 모든 권위와 신뢰감은 박탈되었고 거룩한 예식은 조롱을 받았다.[569]

(3) '카타르인들'의 어원에 담긴 비하

'카타르'는 헬라어 '카타로스'(καθαρός)에서 유래되어 '정결한 사람들'이라는 뜻을 갖고 있으며, 이는 수도원장 에크베르트가 1163년에 붙인 것으로 비아냥의 의미가 담겨 있다. 정결함이 필요한 이단들이라는 뉘앙스다. 종교 재판관 레이네리우스는 다음과 같이 주장했다. "카타르인들은 유아의 피를 혼합하여 빵을 만들었고, 유아가 죽으면 순교자로 여겼다. 문란한 남녀는 모두 벌거벗은 몸으로 기도하기 위하여 모였으며, 신자 중 상당수는 자신의 아내와 남편보다 가까운 친척들과의 성교를 망설이지 않았다. 결혼은 용서받을 수 없는 대죄(大罪)라는 견해를 갖고 있었기에 정상적인 결혼보다 오히려 간음이나 근친상간이 차라리 덜 심각한 범죄라는 사상을 갖고 있기 때문이었다. 그리고 그들은 그 이단에 가입

---

569 C. Schmidt, vol. 1, 40.

하기 전에 저지른 모든 죄에 대해서는 회개하지 않았기 때문에 고리 대금, 절도, 약탈로 얻었던 부당한 수입에 대해서 아무런 보상도 하지 않고 그대로 소유하였다."[570] 이런 견해는 카타르인들이 꼭 종교적인 이유가 아니더라도 사회적, 도덕적으로도 반드시 제거되어야 할 이단 집단이기 때문에 알비 십자군의 학살이 정당하다는 의도로 이끌고 간다. 그러나 카타르인들은 스스로를 '그리스도인' 혹은 '선한 사람들', '선한 그리스도인들'(bons-hommes, good Christians)이라고 불렀다.

지금까지 우리에게 알려진 카타르인들에 관한 모든 역사적 서술들이 저들을 짐승처럼 살해하였던 로마 교회 종교재판소의 기록에 근거하는 것임에도 잘못된 정보가 사실처럼 자리를 잡고 있는 것이 안타깝다. 로마 교회 역사를 그대로 전달하다시피 한 필립 샤프도 "카타르인들에 관한 증언들이 흥미롭긴 하지만, 그것을 읽을 때마다 반대편에 섰던 자들이 남긴 진술이라는 사실에 유의해야만 한다. 카타르인들이 남긴 문헌은 단 하나만 남아 있을 뿐이다. 종교적 신념 때문에 그토록 많은 사람들이 재산을 빼앗기고 투옥당하고 죽임을 당했음에도 그들의 신앙과 소망에 관해서 쓴 글이 몇 줄밖에 남아 있지 않았다는 것은 가슴 아픈 현실이다"[571]라고 안타까워했다면, 이제부터라도 거짓 역사를 반박하는 새로운 증거들을 제시하여 역사적 진실을 찾는 노력을 해야 할 것이다.

4. 종교 토론회를 통한 카타르인들의 정체성 확인

카타르인들의 교리적인 정체성을 역사적 자료를 근거로 확인하는 것이 쉽지 않은 것은 박해자들에 의해 그들의 자료들이 대부분 불태워졌기 때문이다. 그러나 다행스럽게도 로마 교회와 카타르인들 간의 토론회 진행 과정이 자료로 남아 있다.

---

570 George S. Faber, 70-71.

571 필립 샤프, 5권, 418.

가톨릭교회의 권세가 십일조 및 기타 교회 세금과 함께 줄어들면서 교황권은 점점 더 공포를 느꼈다. 교회는 계속해서 작은 처벌적 군사 원정대, 전파 활동 및 카타르인들과 로마 가톨릭 신자들 사이의 일련의 공개 토론을 시도했다. 12세기의 군사 원정대는 아주 작은 규모로도 상당한 영향을 미쳤다는 점에서 성공적이었던 측면이 있었다. 반면에 그들의 원정이 전파 활동과 공개 토론의 측면에서는 완전히 실패했었다. 도미니코 구즈만(Domingo de Guzmán)의 추종자들도 설교와 공개 토론에 참여했지만, 별로 성공적이지 못하였다. 이러한 일련의 토론은 시토회(Cistercians)에 의해 주도된 것이었다. 이런 시도들에 실패가 반복되면서 교황은 카타르인들에 대하여 본격적인 십자군을 동원하려고 여러 차례 시도했지만 지역 영주들의 반발 때문에 번번이 실패할 수밖에 없었다.

(1) 롱베르 회의(1165년)

발도인들의 영향력으로 프랑스 왕국 내에, 특별히 남부 지역에 성경이 확산됨에 따라 로마 교회의 사제와 예식에 대한 적대감이 크게 증가되었다. 롬바르디아에서처럼 군주의 칼을 끌어들여 카타르인들을 제거할 수 없었던 것은 그 세력이 너무 강할 뿐 아니라 그들이 지역 귀족들의 지지를 얻어 크게 발전하고 있었기 때문이었다. 카타르인들 운동의 확장을 막고 동시에 로마 교회에서 이탈한 잃어버린 양들을 되돌려 놓기 위한 수단으로 '선한 사람들'(Bons Homme)로 불렸던 복음주의적 그리스도인들의 신학적 입장을 듣고 토론하기 위하여 알비의 주교가 회의를 개최하였다.

교황 측에서는 교황 특사인 나르본 대주교 퐁스 다르삭(Pons d'Arsac), 님므의 주교 알데베르(Aldebert d'Uzès), 알비의 주교 기욤(Guillaume IV de Pierre), 로데브(Lodève)의 주교 고슬랭(Gaucelin de Raymond de Montpeyroux), 툴루즈의 주교 제라르(Gérard de Labarthe) 그리고 카스트르(Castres)와 생 퐁스(Saint-Pons)의 수도원장들이 참석하였다.

카타르인들은 안전을 요청하였기 때문에 카타르인들의 감독인 시카르(Sicard

Cellerier)가 공개적으로 머물렀던 롱베르(Lombers)에서 회의를 개최하였고, 카타르인들의 지도자 올리비에(Olivier), 루이 7세의 누이 콘스탄스(Constance), 툴루즈 레이몽 백작의 부인, 알비와 베지에와 카르카손의 백작 레이몽 트랑카벨(Raymond R. Trencavel)과 로트렉(Lautrec) 백작 시카르(Sicard) 외 다수의 귀족들이 참석하였다. 롱베르가 카타르인들의 주요 도시인 관계로 카타르인들은 별 두려움 없이 자유롭게 의견을 발표할 수 있었다.

토론회가 시작되면서 로마 교회 고위 성직자들은 카타르인들의 깊은 성경 지식에 놀랄 수밖에 없었다. 카타르인들 측의 올리비에는 확신으로 가득 찬 가운데 신약 성경에 근거하여 자신들이 이단이 아님을 증명하면서, 자신들의 신앙 고백에 관하여 "우리는 한 분의 참 하나님과 그의 아들 예수 그리스도와 성령께서 사도들에게 말씀하신 부활과 세례 그리고 성찬의 필요성을 믿습니다"라고 증언하였다. 그리고 카타르인들의 교리에 대한 오해를 막기 위하여 "남자와 여자가 결혼을 하더라도 동일하게 구원을 받을 수 있습니다"라고 말함으로 극단적 금욕주의와 무관함을 밝혔다.[572]

그러나 로마 교회 측은 카타르인들이 사제들을 그리스도의 말씀을 배신한 그 시대의 바리새인으로 여겼기 때문에 그들과 더 이상 화해할 수 없다고 판단한 후 그들을 이단으로 선언하며 회의를 끝냈다. 그럼에도 그들에 대한 박해에 관해서는 어떤 결의를 하지 않았다.

(2) 몽레알 회의(1206년)

1205년부터 1207년까지 카르카손, 베르포이(Verfeuil), 파미에(Pamiers), 몽레알을 비롯한 여러 곳에서 공개 토론회가 개최되었는데 매우 생동적이었고 어떤 경우에는 1주일 이상 회의가 계속되기도 하였다.

---

572 Alexandre Lombard, *Pauliciens bulgares et bons-hommes en Orient et en Occident* (New York: Public Library, 1879), 137–138; C. Schmidt, vol. 1, 70–73; Napoléon Peyrat, *Histoire Des Albigeois: Les Albigeois Et L'Inquisition*, vol. 1 (Paris: Sandoz et Fisghbagher, 1880), 128–131.

파미에 토론회는 특별히 발도인들을 반대하기 위하여 개최되었지만, 이 회의에서 발도인들과 카타르인들은 친구이자 동맹으로 함께 참석하였고, 발도인들이 회의를 주도했다. 경우에 따라 카타르인들과 발도인들은 독자적으로 회의를 주최하기도 하였지만, 역사에 남을 1207년 몽레알 회의에서는 양측 교회의 대표들과 목자들이 연합하여 주도했다.[573]

한편 카타르인들 진영에서도 이단 몰이를 하는 로마 교회 측에 자신들이 비성경적인 교리를 가르치는 이단이 아님을 밝히려는 목적으로 이런 토론회를 제의하기도 하였다. 그러나 이때 조건으로 자유와 안전 보장을 요구하며 토론의 주제를 제시하였다. 토론회는 제시된 주제들을 모두 다룰 때까지 계속되었으며 신앙의 유일한 기준인 성경을 근거로 하여 답을 제시하지 못하는 진영은 패배한 것으로 서로 간에 약속을 하였다.

특히 몽레알 회의 과정을 살펴보면 '리옹의 가난한 사람들' 또는 '프랑스의 발도인들'이 아예 처음부터 카타르인들과 서로 섞여서 존재하였다고 단정하여도 전혀 어색하지 않을 것이다. 이러한 상호 연합을 통하여 교사들의 공동체가 하나가 되어 갔고, 또한 교리적으로도 일치를 위하여 서로가 노력하였음을 알 수 있다. 이런 이유 때문에 발도인들을 알비인들 또는 카타르인들로 호칭하여도 전혀 문제가 되지 않는다.[574]

1212년에 카르카손의 주교직과 보 세르네(Vaux de Cernay)의 수도원장에 임명되었으며, 알비 십자군에 관한 연대기를 작성한 유명 저자인 피에르 보 세르네(Pierre de Vaux Cernay)는 몽레알 종교 회의가 카타르인들과 로마 교회 간의 회의로 알려졌음에도 실제로는 발도인들과 로마 교회와의 회의였다고 기록하였다.[575] 이처럼 발도인들과 카타르인들을 혼용하여 사용하였다는 점은 발도인들과 카타르인들의 친밀한 관계를 보여 주며, 나아가 발도인들의 설교자인 일부 바르브들이 카타르인들의 지도자로 활동하며 로마 교회와의 토론회에서 주도적으로 회의

---

[573] George S. Faber, 508–509.

[574] George S. Faber, 503.

[575] Pierre Allix, *Remarks upon the ecclesiastical history of the ancient churches of Albigenses*, 163.

를 진행하였음을 확인시켜 준다.

이 토론회에서 발도인들 바르브인 아르노 오트(Arnaud Hot 또는 Othon)는 세 가지 주제를 로마 교회 주교에게 제시하였다. 첫째, 미사와 화체설은 그리스도와 사도들에 따른 것이 아닌 인간의 발명품이다. 둘째, 로마 교회는 그리스도의 정결한 신부가 아닌 순교자의 피에 취해 있는 불결한 상태이다. 셋째, 로마 교회의 정치 제도는 그리스도에 의해 세워진 것이 아닌 사악한 제도이다. 이에 주교는 답변을 준비하기 위한 두 주간의 말미를 그에게 요구했고, 아르노는 동의하였다.

토론회는 1206년 12월 카타르인들의 주요 도시인 카르카손 근처 몽레알에서 열렸고, 카타르인들 진영에서는 퐁티크 주르당(Pontique Jourdan), 아르노 오리상(Arnaud Aurisan), 아르노 오트, 필리베르 칼리엘(Philibert Casliel), 브누아 테름(Benoît Termes)이 대표로 참석하였다. 로마 교회 측에서는 시토회 수도사이며 교황 특사인 피에르 카스텔노, 디다쿠스(Didacus) 주교, 두 명의 스페인 도미니크회 수도사들, 회의 진행을 위해 귀족인 두 명의 베르나르(Bernard de Ville-Neuve, Bernard d'Arre)가 참석하였고, 외부인으로는 레이몽 고드(Raymond Gode)와 아르노 리베리(Arnaud Ribérie)가 참석하였다.

주교는 약속한 날에 장문의 답변을 갖고 나타나기로 하였으나 그러하지를 못했다. 이에 아르노가 그 자리를 떠나려고 하자, 주교는 즉각 긴 시간이 소요되더라도 청중들이 지치지 않는다면 주제에 대한 답변을 말로 대신하겠지만 답변이 끝날 때까지 어떠한 개입도 하지 말 것을 요구하였다. 이런 과정을 거쳐 시작된 주교의 대답은 4일 동안 계속되었고, 주교들, 수도원장들, 수도사들과 사제들 같은 조력자들의 탄복 가운데 아주 탁월하고도 빈틈없는 강연처럼 계속되었다. 청중들이 이해할 수 있도록 나름대로의 정연함과 명석함을 담기는 했지만 로마 교회를 변호할 수 있는 쓸 만한 대답이나 어떤 결론도 도출해 내지 못하였다.

주교의 답변이 끝난 후 아르노가 등장하면서 회의 분위기는 완전히 반전되었고, 그의 유창한 연설은 지지자들로부터 큰 존경심을 얻어 냈다. 반면 반대 진영에서는 거의 연설에 반박할 수가 없었다. 특히 성찬에 관한 논쟁이 길게 진행되었는데, 아르노는 빵이 주님의 몸으로 바뀐다는 화체설에 관하여 "빵이 없는 미사는 빵이 있는 주님의 성찬이 될 수 없으며, 성찬에서 사제들은 빵이 아닌 그리스도의 몸을 부러뜨리는 행위를 하는 것으로 성경의 가르침과 다른 행위를 행하고 있다"고 비판하였다. 이에 수도사들, 주교들, 고위 사제들은 수치심과 불만으로 가득하였지만 관중들을 두려워하여 나머지 논제들은 남겨 둔 채 회의 종료를 유도하였다.[576]

토론회의 패배를 직감한 빌뇌브(Villeneuve)의 주교는 출정을 앞두고 사기가 충천한 십자군 부대가 가까운 곳에 주둔하고 있음을 알고 있었기 때문에 그들의 노여움을 사지 않으려 했다. 그래서 그 어떤 결정도 내리지 말고 회의를 중단하자고 제의했다. 여기에는 로마 교회가 자신들의 패배를 인정하지 않으려는 의도가 깔려 있었다. 이에 개혁 교회 진영은 로마 교회가 사전에 약속한 결정을 따를 의도가 없음과 로마 교회가 자신들의 분명한 오류로부터 돌이키려는 마음이 없음을 분명히 확인하고 그들과의 분리는 정당할 수밖에 없음을 전달하였다. 이 회의 기간 동안 아르노는 카타르인들이 소유했던 개혁주의의 교리를 잘 소개하여 높은 평판을 얻게 되었다.[577] 아르노는 당시 논쟁에서 최고의 권위자였고, 그는 발도인들의 지도자이면서도 사역지가 롱베르인 카타르인들의 목회자라는 두 가지 직함을 갖고 있었다.[578]

토론회 자체는 카타르인들의 일방적 승리였지만, 회의가 끝난 후에 십자군의 위협적 분위기로 일부 신자들은 로마 교회로 개종하기도 하였다. 카타르인들은 이 회의 이후 로마 교회와 더 이상 교류하지 않기로 결심을 하게 된다. 페랑은 몽레알 교회 목사인 라퓌르(Rafur)가 기록한 필사본을 근거로 카타르인들이 로마 교회와 분리할 수밖에 없는 이유를 6개항으로 소개하였다.

첫째, 로마 교회는 사탄의 교리를 들이마신 교회로 거룩한 교회도 그리스도의 배우자도 아니며, 요한계시록에 기록된 "큰 바벨론이며 땅의 음녀들과 가증한 것

---

576 William Jones, *The history of Waldenses*, vol. 2, 113–114; Pierre Allix, *Remarks upon the ecclesiastical history of the ancient churches of Albigenses*, 177–180; Jean R. Peyran, 94.

577 William Jones, *The history of Waldenses*, vol. 2, 114; Joseph Milner, *The History of the Church of Christ*, vol. 2(Philadelphia: Hogan and Thompson, 1835), 66.

578 George S. Faber, 511–513.

들의 어미"로 성도들과 예수의 증인들의 피에 취해 있다. 둘째, 미사는 그리스도나 사도들에 따른 것이 아닌 인간의 발명품이다. 셋째, 살아 있는 사람의 기도가 죽은 사람들에게 그 어떤 도움이 되지 않는다. 넷째, 로마 교회가 주장해 온 연옥은 사제들의 탐욕을 만족시키기 위한 인간 발명품에 지나지 않는다. 다섯째, 성인들에게 기도를 해서는 안 된다. 여섯째, 화체설은 인간에 의해 만들어진 잘못된 교리로 단지 빵을 숭배하는 우상 숭배에 불과하다. 그러므로 우상 숭배에 불과한 미사에 참여해서는 안 되고, 예수 그리스도를 통한 구원 외에 다른 어떤 이들이나 행위적인 방법을 통한 구원을 기대하지 말아야 하며, 창조주 하나님께 드릴 경배를 피조물들에게 돌리거나 빵 그 자체가 하나님이라고 더 이상 말하지 말아야 할 것이다. 이런 이유로 로마 교회와 완전히 분리하여야 하는데, 우상 숭배자들은 천국을 결코 상속받을 수 없기 때문이다. 그럼에도 영원한 저주의 고통을 당하려면 그대로 숭배하라.

이러한 카타르인들의 대담한 선포는 결국 로마 교회의 미움을 샀고 그들은 죽음에 이르는 핍박을 받게 되었다.[579] 카타르인들의 주장들은 16세기 종교개혁자들의 가르침과 완벽하게 일치한다. 몽레알 회의는 발도인들과 카타르인들이 형제 교단처럼 친밀하게 교류하고 있었으며, 카타르인들의 가르침이 알려진 것과 달리 개신교회와 일치한다는 점을 보여 준다. 이를 볼 때 카타르인들이 마니교적 이단이라는 비판은 사실에 근거하지 않은 조작이었음이 분명하다.

위그노 역사가 장 크레스팽과 장 폴 페랭은 카타르인들을 마니교적 이단 또는 구약 성경을 부정한 이원론자라고 비판하는 것이 옳지 않다고 주장하였다. 이들은 그 당시에 이원론적 이단이 존재했던 그 자체를 부정하지는 않았지만 그들을 곧 알비인들이나 발도인들과 동일시해서는 안 된다고 강조하였다. 페랭은 그들이 사도신경을 통하여 삼위일체 하나님을 고백했고, 하늘과 땅을 창조하신 하나님께서 가시적인 모든 물질까지도 창조하셨다고 고백하였으며, 구약 성경에 기록된 십계명과 신약의 주기도문으로 기도하였다는 것을 근거로 그들이 성경을

---

579 Pierre Allix, *Remarks upon the ecclesiastical history of the ancient churches of Albigenses*, 180.

부정한 마니교와는 전혀 다르며, 결혼은 세상 시작 날에 하나님께서 제정하신 것으로 그것을 지키는 것은 명예로운 일이라 판단한 그들이 이원론자들이 될 수 없음을 여러 증거 자료로 제시하였다.[580] 신약 성경을 인정하였다는 것은 신약 성경에 자주 등장하는 구약 인용도 인정한다는 의미로 그들이 구약 성경을 부정하지 않았다는 증거이기도 하다.

(3) 토론회에 관한 로마 교회의 평가들

1) 판조(Fanjeaux) 토론회

도미니크와 카타르인들 간의 유명한 토론회가 판조에서 개최되었지만, 양측은 문서만 낭독했을 뿐 아무런 결론을 맺지 못하였다. 그러자 양측은 논제가 담긴 문서를 불 속에 던지는 것으로 판결하자고 의견을 모았다. 그리하여 양측의 문서를 큰 불 속에 던졌는데, 이단자들의 문서는 곧 재로 변하였으나 도미니크의 것은 아무런 손상도 입지 않은 채 처음 모습 그대로였다. 두 번, 세 번 같은 방법으로 해 보았으나 동일한 결과를 얻었다. 판조의 성당에는 그때에 까맣게 타버린 문서가 지금까지 그대로 보관되어 있다고 그들은 증언한다.[581] 토론회에서 다루었던 주제에 관해서는 침묵하면서 황당한 기적이 실제로 발생한 것처럼 언급하고 있다.

2) 몽레알 토론회

도미니크는 논쟁에 사용할 성경 인용 서류를 이단자에게 전달하면서 잘 읽고 생각해 보라고 말했다. 그날 저녁 그 이단자는 동료들과 함께 난로 가에 앉아 논쟁을 벌이다가 그 서류를 불 속에 던졌는데, 꺼내 보니 불에 탄 흔적이 전혀 없었다. 몇 번 같은 시도에도 결과는 동일하였다. 그리하여 이 회담에 참가했던 이단자들은 로마 교회의 진리를 믿기로 다짐하면서, 기존의 다른 무리들에게는 비밀

---

580 Jean P. Perrin, 331, 354.

581 목영호, 『내가 만난 성인들 1』(서울: 명문전, 2008), 75.

에 붙이기로 결의하였다.[582]

개혁 교회 신자들이 로마 교회의 진리를 믿도록 만들었던 이 놀라운 기적을 비밀에 붙인 이유로 이 기적을 언급하는 역사가들은 아무도 없는 모양이다.

---

[582] 목영호, 76.

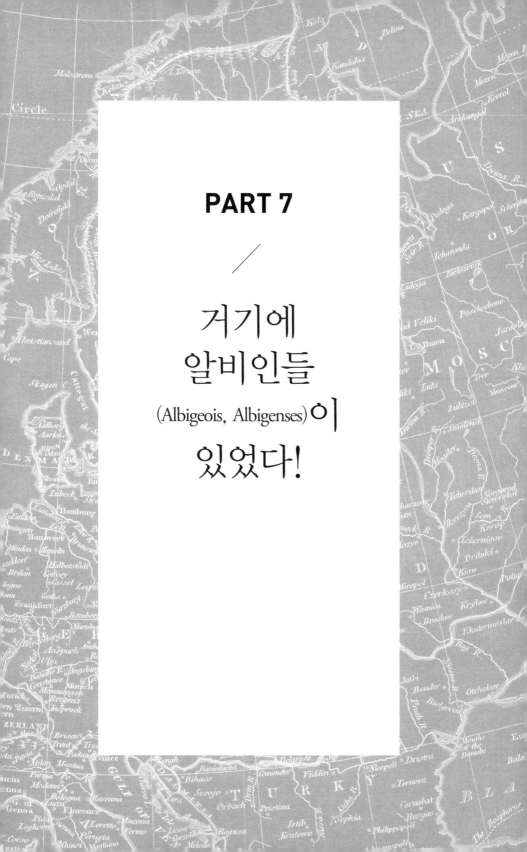

PART 7

거기에 알비인들
(Albigeois, Albigenses)이
있었다!

PART 7

거기에 알비인들(Albigeois, Albigenses)이 있었다!

혹독한 피의 박해에도 불구하고 13세기의 개혁자들은 끈질긴 진리 탐구를 통하여 그동안 덮히고 가려지고 지워졌던 성경과 복음의 진리를 완벽하게 복구하고자 노력하였고, 이를 과감하게 선포하였다. 복음의 빛이 드러나는 것을 가장 크게 두려워했던 자들은 당연히, 긴 시간 동안 거짓을 진리로 또 어둠을 빛으로 왜곡하여 주장하고 우겨 가며 가르쳐 온 교권 세력들이었다. 그리하여 그들은 성전(聖戰)이라는 미명하에 십자군을 일으켜 진리(truth)의 밭을 불태우려 매진하더니, 사실과 역사를 뿌리째 비틀어 놓기 위해 종교재판소를 열어 진실(facts)의 밭을 아예 갈아엎고자 시도했다. 그들은 그렇게 해서 새순이 싹트기도 전에 풍토도 바꾸고 품종도 조작할 수 있을 것이라 기대했을 것이다. 그러나 사탄은 결코 "내가 이 반석 위에 내 교회를 세우리니 음부의 권세가 이기지 못하리라"(마 16:18)는 약속의 말씀을 취소시키지는 못했다.

주께서 그때를 위하여 누구를 소명하셨을까? 누가 씨앗을 지키고, 누가 흙과 바람을 방어하며, 누가 생명을 보전하였는가? 그 중심에는 알비인들이 있었다. 그들은 당시의 로마 교회로부터 이단으로 정죄된 것도 부족하여 오늘날 우리들에게까지 자주 이단 나부랭이들로 치부되었다. 진리를 위해 헤아릴 수 없는 수(數)의 생명을 드려 역사적 그리스도의 교회를 지켜 낸 순교자들로서 마땅히 불려야 할 우리의 숭고한 선조들임에도 불구하고, 그들은 우리 교회의 생명과 생존을 위협할 것처럼 여겨져 경계와 경멸과 치욕을 받아 왔다. 우리가 번지수를 너무 심각하게, 반복하여 잘못 짚어 왔기 때문이다.

이제, 알비인들이 살았던 그 시대의 현장을 가능한 세세히 살펴보기로 하자. 그들의 교회와 진리의 정통성을 그대로 물려받았던 16세기 프랑스 개혁 교회가 그들에 대해서 어떤 견해를 보였는지를 더 조심스럽게 살펴보자. 그리하여 이 근거들 위에서 알비인들에 대한 정당하고도 객관적인 평가를 다시 시도해 보자.

당연하게도 우리는 먼저 지리적으로 프랑스 남부의 랑그독 지역의 알비라는 도시가 있는 곳을 중심으로, 또 시기적으로는 12-13세기를 전후한 당시의 프랑스 현장으로 돌아가 보아야 한다. 앞서 밝힌 내용이지만 한 번 더, 알비인들의 역사와 신앙, 신학과 교리를 추적해 나가면서 우리가 확인해야 할 사실은 이것이다. 그들이 당한 혹독한 박해의 불더미 속에서 그들의 저서 거의 전부가 불태워졌다. 로마 교회는 그들의 신앙고백서들도 다 긁어모아 불살랐다. 변증들과 논쟁들의 기록, 이것들과 관련된 모든 문서들, 자료들도 그들의 주인들과 함께 불태워졌다. 로마 교회와 종교 재판관들은 당시 염병이 창궐한 오염 지대에서 죽은 송장들과 그 유품들을 다루는 매너(Manner) 꼭 그대로, 우리의 개혁 선배들과 그들의 흔적을 완전히 멸절시키려 했다.

이렇게 그들에 관한 자료가 거의 남아 있지 않다는 사실을 간과해서는 안 되며, 수 백 년에 이르는 세월 동안 그들에 대하여 기억하고 논의할 때도 그들을 정죄의 대상으로 전제하고 있었음을 잊어버리면 안 된다. 뿐만 아니라 한 가지 더, 뼈에 사무치도록 이를 악물고 명심해야 할 사실은, 그들의 대적들이 그들에 관한 대부분의 자료를 없애버리면서도 그들에 관한 잘못된 정보를 덫이나 미끼처럼 처처에 깔아 놓았다는 것이다. 그래서 그들에 관하여 알기 위해 두리번거리는 자들마다 들춰 보고 더듬어 보기 좋도록 흥미롭고 드라마틱하게 매혹적인 색깔을 입히고 조작과 왜곡으로 덧씌워서, 결국 모욕감과 오욕들 때문에 무너지고 절망하게 되도록 유도하는 지뢰더미들이 있음을 결코 잊어서는 안 된다. 그래서 조심스럽게 짚어 가며 추적하고 재확인하며 재해석함으로 다시 정리하는 절차들을

반드시 거치지 않으면 아니할 것이다.[583]

1. 알비인들에 대한 새로운 평가

'알비인들'이라는 이름이 일반에게 알려진 것은 1254년 알비 공의회로 모여 그들을 이단으로 정죄한 이후부터였다.[584] 일반적으로 '알비인들'이라는 이름으로 이단 정죄를 가했지만, 알비 지역에는 크게 두 종류의 그룹이 활동하고 있었던 것으로 추정된다. 이들은 오래전에 뿌리를 내린 무리로서 이원론 사상에 근거한 것으로 알려진 대표적인 한 그룹, 그리고 발도인들과 함께 오랜 개혁주의 전통을 갖추고 있었던 또 다른 그룹이었다.

12세기에 들어와 점증하는 박해로 인하여 개혁주의 신앙 운동은 주로 비밀스런 지하 활동으로 전환되어 갔다. 십자군 전쟁으로 군대가 프랑스 왕국을 떠나 있었던 기간 동안 이들은 오히려 집중적으로 대중화되었다. 점차 성경적이고 올바른 교리 체계를 갖춘 그룹이 이 개혁 운동을 주도하게 되면서, 신학적으로 미성숙한 그룹들은 가까이 있던 개혁 그룹에 의해 변화되거나 흡수되어 통합되는 역사적 과정이 일어났다. 이 시기는 개혁 교회 운동에서 매우 빠르고도 효율적이며 어느 시대보다 긍정적인 변화가 이루어진 기간이었다.

그러나 이를 정확히 주목하지 못하는 후예들, 심지어 교회 역사가들조차 여전히 이들을 이원론적 이단으로만 치부하는 단편적인 판단을 내리면서, 그들을 부적절하게 취급하고 있는 경우들을 허다하게 볼 수가 있다.

---

583   John T. Christian, 61.
584   William Jones, vol. 2, 4.

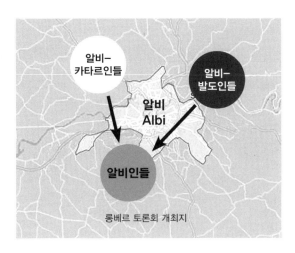

지도39: 이원론적 집단으로만 알려진 '알비인들'에는 실제로는 다른 대
표적인 두 개혁 운동 그룹이 알비 영주의 영토 내에 존재하고 있었다

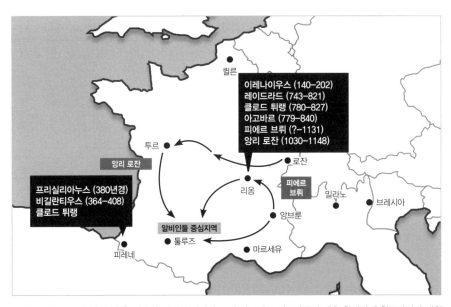

도표17: 랑그독 지역은 리옹을 비롯한 여러 지역에서 보낸 발도인들 선교사들이 매우 활발하게 활동하였던 개혁
운동의 오랜 중심지였다

프랑스 남부 지역에서 활동하던 다양한 종교개혁 그룹들을 우리는 교회사나 세
속사의 여러 자료들을 통하여 살펴보고 있다. 그런데 이 다양한 그룹들을 일괄적으
로 취급하면서 '이원론 경향의 이단성을 가졌던 알비인들' 정도로 매도해 버린 것

은, 모든 개혁자들을 이단으로 몰아가려는 로마 교회의 의도가 먹혀든 결과이다. 왜곡된 편견이 개신교 교회사계까지 흠뻑 적셔져서 완전히 석권해 버린 것이다.

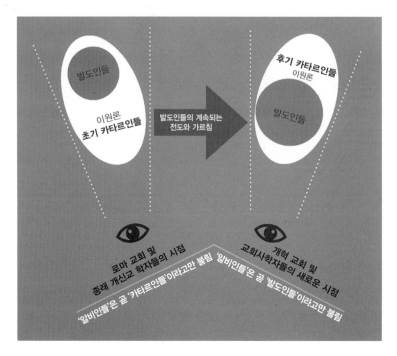

도표18: 알비인들을 보는 두 가지 대조적 관점.
알비인들을 어떤 관점에서 바라보느냐에 따라 그 판단과 해석은 크게 달라진다.

(1) 알비인들에 관하여 지금까지 알려진 전통적 견해

서방에서 '카타르인들'이라는 용어는 곧바로 '알비인들'을 지칭하곤 했을 만큼 '카타르인들'과 '알비인들'은 서로 밀접했으며 종종 같은 시대 같은 지역에서 공존 하였다. 그래서 '알비인들'이라는 호칭이 랑그독의 카타르인들에게 붙여진 것은, 연대기 작가인 조프레 비주아(Geoffrey de Vigeois)에 의해서 1181년에 이루어진 때 가 그 효시이다.

일반적으로 카타르인들이라는 말은 카타르인들의 사상이 11세기 말 불가리 아 또는 보스니아의 보고밀인들 선교사들에 의해 유입되었다고 추정하여 불가리아인(Bulgars)을 지칭하는 말로 쓰이기도 했는데, 이것이 프랑스어 고어(古語)로는 '동성 연애'를 의미하는 '부그레'(Bougres)였다.

알비 지방의 대다수 주민들이 '알비인들 신앙'을 선택하자, 1147년 당시 유명한 설교자였던 베르나르 클레르보가 그들을 로마 교회 신앙으로 되돌려 놓기 위하여 노력했지만 아무런 성과를 얻지 못하였다. 교황청도 '이 카타르인들이 프랑스에만 이미 수십 만 명에 이른다'고 낙담할 정도였다. 알비인들에 관하여 알려진 전통적 견해는 로마 교회나 그들의 대적자들에 의해 알려진 것일 뿐, 그들의 진정한 실체를 알 수 있는 방법은 오늘날까지도 정확히 찾아내지 못하고 있다.

1) 온전자와 신자, 두 계층으로 구성된 카타르인들 교회

카타르인들의 공동체는 '온전자'(Parfaits)와 '신자'(Croyants)라는 두 계층으로 나뉘었는데, '여성 온전자'는 그 수에서 남성보다 적었지만 그들 모두 전문 사역자들로서 설교를 담당하였으며 로마 교회 사제들보다 훨씬 수준 높은 도덕적 삶을 살았기 때문에 더 존경받았다. 또한 신자들의 거주지 내에 함께 살았기 때문에 신자들이 그들에게 나아가 기도를 요청하는 것이 어렵지 않았다. 다만 신자들이 기도를 요청할 때마다 그들을 '살아 있는 성인'(saint) 대하듯 그들 앞에 엎드렸는데 ‒ 그 앞에 엎드렸다고 되어 있지만 사실은 겸손히 고개를 숙이는 정도의 행위였을 것으로 추측한다 ‒ 그 이유는 그들이 어떤 중보자의 위치에 있지는 않았다 하더라도, 그들이 하나님의 아들의 영을 받아 '하나님의 아들'로 입양되어 주기도문에서의 '아바(aBBa) 아버지'를 말 그대로 사용할 수 있는 공식적 위치에 있었다고 믿었기 때문이었다.

또한 카타르인들의 공동체 안에서의 계층 구분은 마니교의 '택자'(Elect)와 '청중'(Auditores) 구분과 유사하여 이 점에서 문제가 될 소지가 있었다. 또한 카타르인들은 결혼을 성례에 포함시키지 않았고 온전자들은 결혼하지 않았다는 점에서 금욕주의 경향의 마니교적 요소가 있다는 비판을 받을 수도 있었다.

그러나 최근 연구에 따르면, 요세푸스의 기록에 에센파들도 이런 두 계급을 갖고 있었는데, 독신 계급과 결혼한 계급이었고, 독신자들을 '세운 자'(Elect)라 불렀고 '온전히 거룩한 자'(Perfectly Holy ones)' 또는 '성자'(Saints)로 여겼다. 이런 근거에 따라 일부 학자들은 카타르인들의 '두 계층 문제'가 마니교가 아니라 에센파의 전통과 연관되었을 것으로 추정하는데, 실제 카타르인들도 자신들의 교리에 관하여 '초대 교회의 진정한 계승자'로 자칭하기도 했다.[585]

2) 영과 육이 속한 두 세계, 이 개념이 이원론?

그들이 이원론적 이단이라고 공격받게 된 중요한 요인은, 그들이 '영(靈)의 세계는 참된 세계로서 매일 새롭게 되는 내적 세계요 그리스도의 왕국으로 영원하며 하늘에 속한 것이나, 물질의 세계는 세상으로서 영의 세계에 반대되는 개념'으로 여겼다는 부분 때문이다. 그리하여 사탄은 지상 세계의 하나님으로 가시적이고 시간적이며 물질적인 세계를 지배하고, 여호와는 구약의 악의적인 부분에 영감을 주었다는 것이다. 나아가 사탄은 육체를 부패시키는 신체의 주인으로 사람들을 욕망으로 붙잡아 죄 짓는 포로로 만들어 결국 죽음이라는 파국으로 몰아간다고 생각했다는 것이다.

카타르인들에 대한 라이날두스(O. Raynaldus)의 의견에 따르면, "온전자들은 검은 옷을 입고 다녔으며, 인간의 영혼은 배도로 인하여 천국에서 내버려진 천사들의 영혼이라고 믿었다. 인간의 영은 선(good)으로부터 나왔으나 그들의 몸은 악(bad)으로부터 비롯되었기에 죽음도 영혼의 자유를 가져다주지 못하므로 영적 정화(淨化)를 통하여 물질계로부터 벗어나야 한다. 따라서 '콘솔라멘툼'을 통하여 영적 은사를 받아야만 그리스도처럼 새로운 아담이 되고, 택자 그룹의 '위로자'(paracletus)가 될 수도 있다고 믿었다." 이런 배경 속에 카타르인들의 중심적 예식으로 당연히 '콘솔라멘툼' 또는 '성령과 불에 의한 세례'를 강조하게 되었다는 것이다.[586]

그러나 그들이 '성령은 하나님으로부터 나오며 그리스도에 의해 보내진 '보혜사'(위로자, παράκλητος, paracletus)'라고 믿었다는 분명한 신앙 고백이 드러나고 있음

---

585 M. D. Magee, 16-17.
586 M. D. Magee, 18.

에도 불구하고, 그들을 비판하는 자들은 그들이 삼위일체 교리조차 갖고 있지 않았다고 비방한다.

3) 성령 세례로 온전함에 이르다

그들은 영을 살리는 생명 되신 그리스도께서는 물에 의한 세례와는 전혀 다른 차원의 불에 의한 영적 세례를 제정하셨다고 믿었고, 이로써 보혜사(위로자)의 선물인 위로(consoled, 성령의 내주)를 경험할 수 있다고 믿었다. 이런 개념은 바울인들에게서도 찾아볼 수 있는데 "예수께서는 철저한 순종으로 그리스도가 되셨고 하나님의 아들이 되셨다"는 부분이다. 예수께서 세례를 통하여 '그리스도'가 되었던 것처럼 '온전자'들도 성령에 따른 영적 세례를 통하여 '그리스도들'(Christs)이 된다는 것이다. 이는 포티우스와 페트루스 시쿨루스의 증언을 통해서도 확인할 수 있다. 이 예식으로 '온전자'가 된 이들은 육체를 갖고 있는 '위로자'(paracletus)가 될 수 있다는 것이다. 로마 교회의 일부 비평가들은 온전자들이 스스로를 '제사장들'이고 '그리스도들'이라고 불렀다고 말하기도 한다.

'그리스도들'이라는 칭호를 얻게 된 온전자들이 십자가 형태로 팔을 뻗고 서 있으면 신자들은 그 앞에 평평하게 누웠다고 전해지지만, 실제로는 머리를 숙이는 것과 같은 행동을 했을 가능성이 더 크다. 온전자들이 행하는 영적 세례는 원죄를 제거하고 타락의 영향력으로부터 바로 설 수 있게 하며 천국으로 돌아갈 수 있는 영으로 준비를 갖추게 하여 불멸성을 회복시키는데, 다만 잠시 동안 육체 가운데 더 머물고 되는 것이라고 믿었다.[587]

4) '온전자'가 되는 과정

온전자가 되기를 원하는 지원자는 3년 동안 금욕(abstinence)하는 수습 기간을 보내면서 면밀한 심사를 받았다. 온전자들 앞에서 복음서와 교리와 주기도에 관한 시험들을 통과해야 했으며, 금욕의 기간을 다 채운 후에야 안수식을 받을 수

---

587 M. D. Magee, 19-20.

있었다.

후보자들은 아르메니아 예식에서처럼 '베드로'(Peter)라 불렸다. 장로는 성경을 근거로 성령에 의하여 하나님의 아들로 입양되는 과정을 설명하고 주기도문을 한 구절 한 구절 설명한 후에, 후보자는 주기도문으로 기도한다. 그 후 후보자는 박해하는 주류 교회의 성직을 전혀 부러워하지 않을 것을, 그리고 십자가 숭배나 세속적 세례 등과 같은 몇 가지 비성경적인 것들을 확고하게 포기할 것을 선언하며 서약을 했다. 그러면 선배 온전자이기도 한 장로는 후보자인 '베드로'의 머리에 손을 얹는다. 이때부터 그는 성경을 읽고 나눌 수 있는 위치에 서게 되며, 마태복음 16장 혹은 18장의 말씀과 같이 '매고 또 풀 수 있는 권세'를 얻게 된다. 새로이 세워진 온전자가 십계명과 산상수훈을 엄격히 준수할 것에 동의하며 "나의 의지로 이를 결심하지만 하나님께서 저에게 힘을 주시도록 기도해 주십시오"라고 말한다. 그때부터 그는 선택받은 자가 되고, 주님의 기도를 합법적으로 할 수 있는 양자로 입양된다는 것이었다.

카타르인들 교회는 교구를 조직하였고, 주교는 장로와 젊은 아들들, 집사, 남녀 온전자들의 모임들을 각각 주재하였다. 신자들은 온전자들을 거룩한 성인(聖人)으로 알았다. 예수께서 사도들에게 지시하신 것처럼 온전자들은 쌍을 이루어 전도 여행을 하도록 되어 있었는데, 항상 나이 많은 자와 어린 사람이 동행하였다. 아마 이것도 에센파의 관행을 따랐던 것 같다. 왜냐하면 어린 '아들'은 경험자와 함께 견습생으로 여행하고, 스승의 발끝에서 배울 뿐 아니라 두 사람이 팀이 되어 더 효과적으로 설교할 수 있었고, 유혹을 극복하기 위해 서로 도울 수 있었기 때문이다. 발도인들 역시 쌍을 이뤄 전도 여행을 하였다.

카타르인들은 최후의 심판을 믿지 않았고, 대신에 마지막 천사의 영혼이 풀려날 때에 물질세계가 끝날 것이라고 믿었다. 온전자들은 계속되는 박해로 인하여 일상에서 어려움을 당할 수밖에 없었고 항상 큰 위험을 지고 살았다.

5) 콘솔라멘툼 예식을 미루는 신자들
대부분의 신자들은 임종 때까지 콘솔라멘툼을 받지 않으려 했다. 이 예식을 통과하게 되면 순결 서약을 엄격하게 지켜야 했고 아내와 가족을 떠나야만 했기 때문이다. 예를 들어 남자 온전자가 여성의 머리에 안수할 경우에는 3일간 금욕의 시간을 보내게 할 정도로 엄격하였는데, 이는 아담과 하와의 범죄가 성교로부터 시작되었다고 믿었기 때문이다. 육체적 즐거움을 위한 모든 성생활을 거부하게 했던 이유는 천사들이 불멸의 상태인 것은 성생활이 필요하지 않아서라고 믿었기 때문이었고, 하나님의 왕국에서는 당연히 결혼 생활이나 성생활이 필요하지 않을 것으로 믿었기 때문이다. 온전자는 명목상 이미 천사의 상태가 된 것이기 때문에 세상적인 즐거움을 위하여 천사의 직위를 포기할 수는 없는 노릇이어서 결혼과 출산이 금지되었던 것이다.

온전자가 되면 부모와 자신의 자녀들에게서도 떠나야 했는데, 거룩한 가족 즉, 영적인 가족을 위하여 혈육과 육신의 가족을 떠나 희생해야 한다고 생각했기 때문이다. 그리스도보다 자신과 부모를 더 사랑하는 것은 하나님의 나라에 합당하지 못할 뿐만 아니라 아들이나 딸들을 더 사랑해서도 안 된다고 생각하였기 때문에, 일반인들에게 콘솔라멘툼은 꺼려할 수밖에 없는 과정이었을 것이다.

그들은 일 년에 세 차례 사순절을 지켰고, 매주 월, 수, 금요일마다 금식하였다. 부활절에는 검소한 식단에 와인을 포함시키거나 생선을 포함시켰다. 생선을 제외한 치즈, 계란, 우유는 모두 성(性)을 통하여 만들어진 것이라고 여겼기 때문이다.

13세기에 4,000여 명의 온전자들이 있었으나 대부분 화형을 당하였고, 다음 세기에는 단지 14명만 남았을 뿐이다. 이는 어떤 렌즈를 통해서 보더라도 교회 역사상 정말 놀라운 일이 아닐 수 없다.

카타르인들의 대표적 지도자 피에르 브뤼는 '페트로브뤼인들'(Pétrobrusiens)이라는 그의 추종자 그룹을 형성했다. 탄첼름이라는 다른 지도자는 멀리 네덜란드의 위트레흐트까지 가서 카타르인들의 사상을 설교하였다. 탄첼름은 로마 교회의 권위를 부정했으며, 로마 교회의 성례는 부도덕한 사람들에 의해 행해질 때 당연히 무효라고 선언하였다.

그렇지만 로마 교회 역사가들은 탄첼름이 '성(性)적인 범죄가 육체에는 어떤 영향을 주더라도 영혼에까지는 미치지 않으므로 구원과는 무관하다'고 가르쳐서 자기 추종자들이 방종의 삶을 살게 만들었다고 기록하여 전하고 있다. 하지만 이게 말도 안 되는 사실인 것이 이런 내용이 카타르인들의 온전자에게 당연히 요구되는 '금욕', '거룩한 삶'과 완전히 상반되기 때문이다. 도대체 이렇게 설교하면서 저렇게 살다가 나중에 순교로 나아간다는 것이 앞뒤가 맞는 얘기이겠는가? 로마 교회가 기록한 역사에는 이런 천부당만부당한 기록들이 너무나 많이 깔려 있다.

파리의 아벨라르(Pierre Abélard) 또한 카타르인들의 사상을 전파했다. '하나님께서 그리스도를 보내시기 이전에도 그 은혜로 죄 사함을 선포하셨고, 하나님은 값없이 죄 사함을 주셨기 때문에 이를 깨닫는 사람은 자동적으로 하나님을 사랑하게 된다.' 그는 상스 공의회에서 파문을 당하고 클루니 수도원으로 들어갔다가, 그곳에서 죽기 전 1142년에는 로마 교회의 설교자 베르나르 클레르보와 화해했다고 전해진다.

그들에게 가해진 끊임없는 박해들에도 불구하고 카타르인들, 바울인들, 베긴회, 발도인들, 후스인들, 롤라드인들과 같은 종파는 16세기 종교개혁 때까지 그 존재가 확인된다.[588] 이후에도 계속 언급되겠지만 카타르인들의 지도자로 언급되는 피에르 브뤼는 발도인들의 지도자이며, 아벨라르는 당시 파리에서 로마 교회 내 최고의 신학자로 활동하였던 인물이었다.

(2) 모(Meaux) 주교 보쉬에의 개신교회 이단 몰이

개혁 교회의 선구 개혁자들에 관한 논쟁은 16세기 후반 프랑스 개혁 교회와 로마 교회 간의 정치적 이슈로 발발한 종교 전쟁(프랑스 종교 전쟁, 독일의 30년 전쟁) 기간에도 계속되었다. 그리고 이 논쟁은 프랑스 개혁 교회가 가장 어려웠던 17세기에도 계속되었고, 프랑스 추기경 리슐리외도 이 논쟁에 참여해야 할 정도로 중요했다.

---

588 M. D. Magee, 18-25..

로마 교회가 이 논쟁을 벌였던 가장 중요한 목적은 "개신교회가 사도적 정통성 없이 이단에 뿌리를 두고 있기 때문에 개혁 교회의 품에 안긴 교인들을 로마 교회로 다시 데려다 놓아야만 한다"고 주장하기 위함이었다. 그나마 프랑스 개혁 교회가 더욱 활동적이었던 1642년에서 1660년 어간에 이 논쟁은 잠시 잠잠해졌었다. 그러나 1685년 낭트 폐기 칙령이 발표된 이후로 개혁 교회는 약세를 면치 못했고, 1688년에는 모 주교 자크 보쉬에가 『개신교회의 변형사』(L'Histoire des variations des Églises Protestantes)를 쓰면서 본격적으로 공격했는데, 여기서 '변형'(variations)이란 용어는 상식적으로 '위조'와 '불일치'를 뜻하는 것으로 그가 의도적으로 쓴 것임을 알 수 있다.

　보쉬에는 "개신교인들은 그들의 종교가 어떻게 형성되었는지를 접하게 될 때에, 그들의 신앙 고백이 수없이 변형되며 얼마나 일관성 없이 형성되었는지를 알게 될 것이다. 그러면 우리 로마 교회와 그들 사이에서 계속 이루어졌던 분리에 대하여 우리가 모호함과 불확실성을 계속 고쳐 가면서 이단(개혁) 성향의 신자들과 결집해 왔음을 발견하게 될 것이다. 그럼에도 그들이 자랑스럽게 생각하는 16세기 종교개혁까지도 그들에게 결코 만족스러운 결과를 가져다주지 못했음을 보면 그들의 주장은 처음부터 근거가 부족한 것이었다"고 주장하였다.[589]

　계속해서 그는 "개신교회 교리에는 일관성이 없다"고 공격하였다. 그뿐 아니라 개신교회의 운동이 정통 교회와 무관하고, 발도인들이나 알비인들이 프랑스 개혁 교회의 선조가 될 수도 없다고 주장했다. 그는 『개신교회의 변형사』의 제11권 '알비인들, 발도인들, 위클리프인들, 후스인들의 요약사'(Histoire abrégée des Albigeois, des Vaudois, des Viclefistes et des Hussites) 부분에서 '이들 고대 이단들'은 개신교회의 선조들이 아니었으며, 프랑스 남부의 알비인들은 동방에서 유래된 '새로운 마니교'였다고 언급하고 있다.[590] 아이러니하게도 개신교회를 이단으로 여기는 보쉬에는 그의 관점에서 고대의 이단들인 알비인들, 발도인들, 위클리프인들

589　Yves Krumenacker, *La généalogie imaginaire de la Réforme protestante*(paris: Universitaires de France, 2006), 275–276.

590　Yves Krumenacker, "Quand débute la Réforme en France?", 5.

이나 후스인들은 개신교회의 선조가 아니라고 강변함으로써 오히려 이들 사이의 견고하고도 밀접한 내면적 연결성을 증언한 꼴이 되고 말았다. 그의 이러한 과도한 친절함이 사실은 프랑스 개혁 교회가 고대 선조 개혁 교회와 연결되어 있음을 인정하지 않음으로써 그들이 사도적 교회와 무관한 신생 이단임을 드러내려 했던 그의 무리한 의도를 온전히 드러내 보인 것이다.

그러나 이런 배경 때문에 로마 교회의 이단 공격이 상당 기간 알비인들에게 집중 포화처럼 퍼부어졌던 것도 사실이다. 불행하게도 이들의 반복된 전방위적이고도 전략적인 비방은 어느 정도 교회사의 일반에 먹혀들어서 결국 개신교계 내에서조차 알비-카타르인들이 '이단적 성격을 띤 성가신 선배들 가운데 하나' 정도로 전락하여 취급받게 만들었던 것이다. 그리하여 오늘날까지도 일부 개신교 학자들은 그들을 개신교 계통에서 완전히 삭제시키고 있는가 하면, 개혁 교회는 이들 '이단성을 띤 선배들과 무관한 공동체임'을 강변하고자 몸부림치는 희한한 경향을 이끌어 내기도 했다.

피에르 쥐리우(Pierre Jurieu) 목사의 경우가 그 좋은 예다. 그는 자신의 교회사 관점에서 가시적 교회의 연속성을 철회하였는데, "베렌가리우스 시대에도 로마 교회의 부패에 대하여 부단히 항거하였지만, 그 시대에도 여전히 개신교회는 형성되지 않았었다"라고 단언하고 있다.[591]

필립 샤프도 이런 공정하지 못한 관점에 어물쩍 편승하고 있다. "이단 분파들이 종종 개신교의 선구자들로 잘못 평가되었다. 혹시 부정적인 동기에 따라 만들어진 관점에서 그렇게 볼 수 있었을지는 모르지만, 그들이 제시한 교리적 견해들은 그리스 · 로마의 신조뿐 아니라 개신교의 신조와도 사뭇 달랐다. 반면 종교개혁은 중세 가톨릭교회의 품에서 나와서 그 교회의 보편적 교리들을 그대로 간직했고, 어떤 면에서는 역사적 연속성을 계승하기도 했던 것이다." 이는 개신교회의 사도적 계승을 부정하고, 오히려 개신교회가 로마 교회에서 나온 분파에 불과하다고 강조하였던 것이다.[592]

---

591 Yves Krumenacker, *La généalogie imaginaire de la Réforme protestante*, 277.
592 필립 샤프, 4권, 507.

도표19: 선구 개혁자들에 대한 '거짓 역사'가 '역사적 사실'로 둔갑하는 과정

그러나 보쉬에의 주장에 적극적으로 반발하며, 역사적 근거를 가지고 반대하는 이들도 많이 일어났다. 특별히 1703년 프랑스 왕당파 군대와 게릴라전을 벌였던 세벤느 지역의 위그노(Huguenots) 카미자르인들(Camisards)은 '세벤느 주민들이 무기를 들었던 진정한 이유'(Les Raisons véritables des Habitans des Sévennes sur leur prise d'arme)라는 선언문을 통하여 다음과 같이 밝혔다. "예전에 이 지역에서 활동한 발도인들과 알비인들은 오늘날 개혁 교회와 동일한 신앙 공동체이며, 그들이 맹렬히 핍박을 당하면서도 자신들의 신앙을 확고히 지켰던 것처럼 우리 카미자르는 새로운 종교를 원하지 않고, 다만 우리가 받아 오랫동안 간직해 왔던 선조들의 신앙을 그대로 유지하고자 한다."[593]

루앙 교회의 목사로서 폐기 칙령이 나왔을 때 네덜란드로 피신하여 신학자와 역사학자 그리고 외교관으로 활동하면서 수많은 저서를 남긴 자크 바나주도 다음과 같은 세밀하고도 적확한 기록을 남기고 있다. "동서방 교회들의 부패가 심각한 수준에 이르렀으나 개혁자들은 바른 신앙을 저버리지 않고 균형 잡힌 신앙에 계속 머물렀다. 그 중심에는 튀랭 주교 클로드가 있었는데, 그가 발도인들 교회를 지도하는 동안 동일한 신앙을 승계한 이들이 여러 지역에서 활동하고 있었다. 그중 대표적인 사람이 11세기 베렌가리우스(999-1088)로서 그가 주장한 성찬 교리는 이탈리아, 독일, 플랑드르, 프랑스 전체로 확산되었다. 베렌가리우스의 제자들이 알비인들의 조상이 되었는데 베렌가리우스의 친구 '발도'라는 이름을 가진 이의 제자들은 피에몽 계곡의 보두아 공동체 안으로 들어갔다. 그러므로 발도인들과 알비인들 두 공동체는 11세기에 이미 로마 교회로부터 완전 분리하여 여러 분파로 나뉘어 각각 활동하였음에도 이들 사이에 내면적으로는 하나의 공

---

593 Yves Krumenacker, *La généalogie imaginaire de la Réforme protestante*, 277.

동체로서 완전히 동일한 교리를 가지고 있었다."[594]

　반 림보르흐(Van Limborch)와 같은 학자들은 알비인들이 마니교도였다고 주장하지만, 알비인들이 1110년에 툴루즈에서 한 차례 이단으로 정죄를 받은 이후 13세기에 이르기까지 그 누구에게서도 마니교라고 비판받은 일이 없었다는 사실은 주목할 일이 아닐 수 없다. 그들의 지도자인 피에르 브뤼와 앙리는 아를과 리옹, 르망, 가스코뉴에서 가르쳤었다. 그들은 종교개혁이 본격적 궤도에 이르기까지 발도인들, 알비인들, 롤라드인들(또는 위클리프인들)과 같은 이름으로 활동하였는데, 그것이 루터주의와 칼뱅주의 신앙으로 용해되어 역사 위에 다시 나타났다. 발도인들과 알비인들의 이름으로 살다가 순교한 거룩한 성도들의 신앙 고백은 칼뱅주의와 완벽하게 일치하는 명백한 개신교의 순수한 선구자들이었다. 이리하여 '그들의 신앙을 계승한 프랑스 개혁 교회 역시 사도행전 초대 교회의 신앙을 잇는 정통 교회'임이 분명해지는 것이다. 이와 같은 견해는 보쉬에의 주장에 대한 명료하고도 근거 확실한 반박으로서, 적절한 반박과 변증의 자료들 가운데 하나이다.[595]

　바나주는 거듭하여 "개신교회의 진정한 선조들은 계시된 하나님의 말씀을 기반으로 루터주의와 칼뱅주의를 출생시켰던 피에몽 계곡의 교회, 발도인들, 알비인들, 위클리프인들, 타보르인들(Taborites)이다"라고 확고하게 언급했다.[596]

(3) 개혁 교회가 자신들의 영적 선조들로 확인, 이를 공표하다!

　칼뱅의 말년이던 1560년 이전까지만 해도 프랑스 교회에는 카타르인들 혹은 알비인들에 관한 언급이 거의 없었다. 그러다가 위그노의 활동이 본격적으로 왕성해지면서 로마 교회가 이단 척결의 필연성을 알리는 소책자들을 속속 내놓기 시작했을 때에야 비로소 이들 카타르인들과 알비인들도 개혁 교회의 관심권 안

594　Yves Krumenacker, *La généalogie imaginaire de la Réforme protestante*, 277–278.

595　Yves Krumenacker, *La généalogie imaginaire de la Réforme protestante*, 277–278; Beat von Lerber, 50.

596　Beat von Lerber, 23.

으로 들어오기 시작했다.

1559년 파리 고등법원 의장인 질 르 메트르(Gilles Le Maître)는 '과거 로마 교회를 허물었던 알비인들과 리옹의 발도 이단들'을 하루에 600명이나 화형시켰던 필리프 2세를 예로 들면서, 위그노들에게도 극형 판결을 내리는 것이 온당함을 변호하였다.

1561년 툴루즈 고등법원의 장 가이(Jean Gay)는 세르네 수도사 피에르(Pierre des Vaux de Cernay)의 『알비인들의 역사』(l'Histoire Albigeoise)를 발췌한 편집본에서 다음과 같이 말하였다. "이단은 반드시 척결되어야 하는 죄악 그 자체이며, 알비인들을 일소(一掃)한 것은 역사의 웅변적인 본보기이다. 툴루즈의 위그노들도 알비인들과 동일한 운명을 맞도록 완벽히 제거되어야 하는 이유는 이 이단이 알비인들을 계승하고 있으며, 심지어 루터교도 알비인들 이단의 후예들이기 때문이다." 이들의 공격적인 언동이 시사하고 있는 역사적 사실, 선구 개혁자들의 정체성은 너무나 분명하다. '그들은 동일한 신앙을 가진 선배와 후배요, 선조와 자손이요, 동일한 공동체의 다른 시대 새 버전(version)일 따름이었다'라는 증언이 되는 셈이다.[597]

이런 소책자들이 등장하면서 프랑스 개혁 교회는 본격적으로 자신들의 신앙적 조상, 즉 자신들의 선구자들에 관하여 관심을 갖고 질문하기 시작하였다. 프랑스 개혁 교회의 선조는 루터가 중심이 된 독일 교회일 수가 있을까? 아니면 프랑스 왕국 내 다른 선조들이 존재했을까? 위그노들의 주 활동 지역인 랑그독에서 오래전에 활동하였던 알비인들은 과연 자기네 위그노와 어떤 신앙적인 연관성과 연속성을 갖고 있었을까?

이런 질문에 대한 대답과 결론을 얻는 일은 루터교회보다 프랑스 개혁 교회 자신에게 더 시급하였으므로, 1572년 님므 총회는 알비인들에 관한 본격적인 역사 연구를 결의하였고, 1595년에 이르러 몽토방과 몽펠리에의 목사 장 샤사니옹은 『알비인들 역사』를 출판하였다. 그는 이 책에서 '알비인들은 알비 지역에 정착하여 위그노를 배출하게 되는 발도인들이었다'고 분명히 밝혔다.[598]

---

597 Yves Krumenacker et Wang Wenjing, 139–140.
598 Yves Krumenacker, *La généalogie imaginaire de la Réforme protestante*, 271.

1599년 네덜란드의 필립스 판 마르닉스는 "발도인들은 후스인들의 신앙 선조들로서, 특별히 카타르인들은 유럽 전역, 특히 사부아 지역에서 진리의 증인으로 살면서 심한 박해를 받았다"고 주장했는데, 이를 통해 '발도인들'과 '어떤 카타르인들' 사이의 내면적 연속성을 시사함과 동시에 이들과 확실한 내외면적 관련성을 가진 '알비인들'을 연구하는 데 한층 고조된 관심을 이끌어 냈다.[599]

니콜라 비니에는 세 권으로 된 『적그리스도의 현장』(Theatre de l'Antichrist)에서 '알비인들', '리옹의 가난한 사람들', 그리고 '보헤미아 형제단'은 적그리스도인 교황의 전횡(專橫)에 휩쓸리지 않으려고 헌신적인 노력을 한 개혁자들이었다고 소개하였다. "그들은 우리 시대에 로마 교회에 항거하여 투쟁한 마르틴 루터보다 400년이나 먼저 우리와 동일한 교리로 신앙 고백을 하던 선조들로서, 우리와 동일한 신앙을 이유로 박해 당하고 죽임을 당하였는데, 어떻게 그 선조들을 우리와 다르다고 말할 수 있겠는가? 그들을 통하여 그리스도의 교회가 유지되어 오늘 우리의 시대까지 계속된 것이 아닌가?"[600]

루터교회의 저명한 신학자인 마티아스 플라키우스는 『진리의 증인들의 목록』에서 교황의 오류에 반대하고 항거했던 증인들을 소개하면서, 발도인들을 학문적으로 조사한 최초의 학자였다. 그는 늘 카타르인들을 하나님의 교회에 속한 이들로 생각하였지만, 그들을 조사하는 것이 쉽지 않다는 것 또한 잘 알고 있었다. 그럼에도 마티아스는 이 카타르인들, 즉 알비인들을 발도인들과 동일한 증인으로 개신교회의 진정한 영적 계통에 속했다고 정확히 파악하고 있었다.

프랑스 개혁주의 학자인 피에르 벨(Pierre Bayle)은 알비인들을 칼뱅주의와 비교하면서 "알비인들과 발도인들은 동시대에 살았지만 두 종파가 교리적으로 서로 완전히 동의했던 것은 아니었다"고 말하고 있다. 두 운동은 공통된 범주에 속해 있지만 교리와 관련해서는 맞지 않는 부분이 있어 신학적 의견 차이로 종종 논쟁하였으며, 발도인들은 신학적으로 알비인들의 가장 날카로운 반대자들이었다는 주장을 펴기도 하였다. 그러나 최근 발견된 13세기의 문서들은 1300년경에 카타

599　Yves Krumenacker, La généalogie imaginaire de la Réforme protestante, 266-267.
600　Nicolas Vignier, 130 - 131.

르인들이 '리옹의 가난한 사람들(발도인들)'의 교리를 충돌 없이 수용하면서 순순히 발도인들 공동체로 유입되고 동화되었음을 명백하게 보여 주고 있다.[601]

라우르센(John Christian Laursen)은 다음과 같이 썼다. "알비인들은 오늘날의 개신교를 낳은 개혁 계보의 기원에 위치하면서 당대 신앙 전파에 중심 역할을 담당하였다. 박해자들이 분개하며 잔혹하게 핍박하였음에도 그들은 신앙과 교리를 언제 어디에서든지 용감하게 전파하였다. 그 결과 잉글랜드의 위클리프인들, 보헤미아의 후스인들, 그리고 14세기와 15세기에 일어난 각처의 개신교회들의 출현에 불쏘시개가 되었다. 피에르 발도의 한 추종자인 올리비에(Olivier)는 발도의 종교적 신념을 알비 도시로 전달하였고, 발도의 성경 번역을 통하여 성경을 읽기 원하는 이들이 자신들의 언어로 하나님을 말씀을 접하게 되었기 때문에 독서와 이성적 사고를 통하여 하나님의 말씀을 이해하고 삶에 적용하는 것이 가능해졌다. 결국 이것은 루터의 메시지였고, 바로 발도인들과 후스인들의 메시지 그 자체였던 것이다. 알비인들과 발도인들의 가르침은 후스인들을 통해 루터에게 전승되었다. 그러므로 발도인들과 후스인들의 가르침이 루터를 통해 역사 위에 드러나게 되었다고 표현하는 것이 더 적절하고 타당하다."[602]

윌리암 존스는 다음과 같이 밝혔다. "발도인들, 카타르인들, 알비인들, 심지어 바울인들조차도 그들의 적들에 의해 다른 이름으로 불렸을 뿐 사실 그들은 모두 동일한 신앙의 그룹들이었다."[603]

발도인들의 역사를 기록한 페랭은 다음과 같이 말했다. "발도인들은 매우 오래된 언어, 즉 그들이 거주하는 계곡 언어로 양피지에 쓴 신약 성경을 갖고 있었으며, 피에르 발도의 출생 20년 전인 1120년경에 이미 그들의 언어로 된 『무엇이 적그리스도인가?』(Qual cosa sia l'Antichrist)라는 제목의 책을 갖고 있었다. 예수회의 존 그레처(John Gretzer)조차도 1177년과 1178년에 툴루즈인들과 알비인들을 비판하면서 그들의 교리, 규율, 생활, 교리적 오류는 모두 발도인들의 그것들과 동일

---

601   Daniel Walther, "Were the Albigeois and Waldenses Forerunners of the Reformation?", *Andrews University Seminary Studies* (AUSS) 6, 2 (1968): 191–192.

602   J. Laursen, *Histories of Heresy in Early modern Europe* (New York: Palgrave, 2002), 248–252.

603   31 William Jones, *The history of Waldenses*, vol. 2, 3–4.

한 것으로 그들은 발도인들에게서 유래되었다고 말하였다. 또한 독일의 카타르인들이나 밀라노의 파타린인들도 같은 시대의 신앙인들로서 발도인들과 동일한 신앙과 교리를 갖고 있었다."[604]

1603년 도피네 총회는 다니엘 샤미에 목사에게 알비인들과 발도인들의 삶과 박해에 관하여, 그 외에도 그들의 가르침과 예식에 관하여 신중하게 조사하여 그 역사들을 기록해 주기를 요청하였지만, 연구에 상당한 어려움을 겪게 되었다. 그러자 1607년 라로셸 총회는 이 연구를 장 폴 페랭 목사에게 위임하였다. 1609년에는 생 멕상(St Maixent) 노회와 프리바 노회도 이들 '광야 교회'와의 역사적 관계성에 대하여 관심을 가졌고, 페랭의 연구비를 지원하였다.

1612년에 페랭은 자신의 초고를 탈고한 후 주네브 목사회의 출판 경비 지원 덕분에 1618년 주네브에서 출판하게 되었다. 그는 당시까지의 관점을 완전히 뒤엎는 것으로서 카타르인들과 개신교회 사상 사이의 연관성을 확인해 주는 큰 역할을 감당하였다. 그에 따르면 "알비인들과 동류로 함께 인식되었던 발도인들은 콘스탄티누스 황제 시절 콘스탄티노플 출신으로서 레옹(Léon, 리옹)에 거주한 어떤 이가 교회의 세속적 부요함에 항거하던 때로부터 연원하였다. 이는 결국 위그노들이 일어나는 계기가 되기도 하였다."[605]

1617년 비트레(Vitré) 총회의 의장인 앙드레 리베(André Rivet)는 총회 기간 중에 공식적으로 '발도인들과 알비인들은 신앙과 교리에 있어 개혁 교회와 완전히 동일함'을 다시 확인하였다. 같은 해 소뮈르(Saumur) 아카데미 교수인 존 카메론(John Cameron, 1579-1623)도 요한계시록의 박해받는 하나님의 교회 두 촛대를 '가난한 발도인들과 알비인들'이라고 발언하였다.[606] 위그노가 자랑스럽게 여기는 『순교자들의 책』(Le Livre des Martyrs, 1554)의 저자인 장 크레스팽은 "알비인들과 발도인들은 사도들의 가르침과 실천을 계승하였다"라고 명백히 말하였다. 로마 교회에서 개종한 후 잉글랜드 개혁 교회 목사 및 교회사 학자로 활동한 존 폭스도

---

604 William Jones, *The history of Waldenses*, vol. 2, 5-6.

605 Yves Krumenacker, "The use of history by French Protestants and its impact on Protestant historiography", 191-193.

606 Yves Krumenacker et Wenjing Wang, 137.

알비인들을 '개혁 신앙을 가졌던 집단'으로 평가하였다.[607] 또한 그는 알비인들을 발도인들로 칭하기도 하였다.[608]

교단의 공식적인 결정과 여러 저자들의 알비인들에 대한 재평가 덕분에 프랑스 개혁 교인들의 마음속에는 누구나 발도인들과 알비인들을 자신들의 영적 선조로 확신하는 공감과 이해를 갖게 되었다. 결국 이 두 개혁 공동체들은 이전 시대에 "주님 앞에 선 두 감람나무와 두 촛대"(계 11:4)로 여겨지게 되었고, 알비인은 발도인들 교회의 일부로 여겨졌던 것이다.[609]

'위그노의 교황'이라는 별명으로 불렸던 프랑스 개혁 교회의 대표적 신학자인 필리프 모르네(Philippe de Mornay, 1549-1623)는 『죄악의 신비』(Le Mystère d'Iniquité, 1611)에서 "적그리스도에 대한 항거는 모든 세대에서 일어났다"고 말한다. 또 다른 주요 저서인 『교회론』(Traité de l'Eglise, 1578)에서는 "알비인들과 발도인들은 적그리스도에 항거하는 사명을 감당하기 위하여 하나님께서 보내신 이들이었으며, 교리와 관련하여 위클리프와 후스가 일치하였던 것처럼 알비인들과 발도인들 역시 동일한 뿌리에서 나왔는데, 이를 더 직접적이고 정확한 표현으로 말하면, 하나님에게서 나왔기 때문에 그들의 신앙은 오늘 우리 개혁 교회와도 완전히 동일하다"라고 주장하였다.

그는 『교황주의의 역사』(Histoire de la Papaute)에서도 "이 시기에 우리 프랑스에서 발도인들 또는 알비인들이라 불리는 사람들은 로마 교회의 모든 그릇된 전통을 비판하였다. 이들은 피에몽, 도피네, 비브레, 랑그독, 기엔 계곡들에서 교황주의의 부패와 인위적 교리로부터 그리스도교의 진리를 있는 그대로, 순수함과 단순함 안에서 강건하게 지켜 냈다. 알비인들은 초대 교회와 동일하게 '남은 자들의 진정한 혈통'에 속했으며, 알비인들에게서 마니교의 흔적 따위는 아무것도 찾아볼 수가 없었다"라고 밝혔다.[610]

아그립파 도비녜는 『비극』에서 사도들의 가르침을 보존한 진리의 증인들 가운

---

607 존 폭스, 『기독교 순교사화』, 양은순 역(서울: 생명의 말씀사, 2011), 56.
608 John Malham, 96.
609 Daniel Walther, 189-190.
610 Daniel Walther, 187; Jean R. Peyran, 91.

데 발도인들과 함께 카타르인들, 얀 후스를 포함시켰고, 『보편사』의 두 번째 판에서는 "발도인들과 알비인들이 초대 교회 그리고 16세기 종교개혁 사상과 연속성을 갖고 있다"고 주장한다.[611]

1620년 알레스 총회에서 투르의 목사 마티유 코티에르(Matthieu Cottière)가 다시 한 번 알비인들을 개혁 선구자로 변호하였다. 1623년 샤랑통 총회는 스당의 목사 틸루아에게 새로운 알비인들의 역사 편찬을 요청하였다. 파리 샤랑통 교회의 목사 샤를 드레랑쿠르(Charles Drelincourt, 1595-1669)는 "유럽 전역에서 로마 교회의 오류와 악습에 대항하는 개혁자들이 계속적으로 존재하여 왔는데, 이들 가운데 가장 가까운 개혁자들로는 요한 폰 베젤, 얀 후스, 프라하의 제롬, 존 위클리프, 그리고 좀 더 오래전에는 피에르 발도, 발도인들과 알비인들의 지도자였던 피에르 브뤼, 앙리 로잔, 베렌가리우스가 있었다"고 밝혔다. 계속해서 "하나님의 은혜와 자비하심을 따라 우리가 고백하는 복음적 교리가 고대 알비인들과 유사함을 증명하기 위해 더 이상의 자료들을 필요로 하지 않는다. 알비인들과 발도인들은 로마 교회에 대항하여 일어났다. 그들은 개혁 교회와 동일한 하나의 신앙을 가진 개혁 교회의 형제들이었다. 발도인들과 알비인들은 이미 500년 전에 로마 교회로부터 분리되어 독일, 불가리아, 보헤미아, 잉글랜드, 프로방스, 피에몽, 롬바르디아, 칼라브르(Calabre), 시실리, 피카르디 지역에 그들의 신앙을 전하였고, 이 신앙은 위클리프에게까지 전달되기에 이르렀다"라고 주장하였다.[612]

1669년 발도인들 교회의 목사 장 레제는 『보두아 혹은 피에몽 계곡의 복음적 교회의 일반 역사』에서 "알비인들의 신앙적 관점은 프랑스 개혁 교회의 것과 동일했다"라고 말하였다.[613] 1796년 자크 브레(Jacques Brez) 목사 역시 "발도인들은 초대 교회 교리를 계속 유지하였는데, 그 이유는 '네로 황제의 혹독한 박해'로부터 도망친 바울 사도처럼 도피한 그리스도인들에 의해 복음이 피에몽에 도달했기 때문이었다. 이후로 클로드 튀랭, 베렌가리우스, 피에르 브뤼, 앙리 로잔, 아

---

611 Yves Krumenacker, *La généalogie imaginaire de la Réforme protestante*, 273.

612 Yves Krumenacker, *La généalogie imaginaire de la Réforme protestante*, 273.

613 Yves Krumenacker, *La généalogie imaginaire de la Réforme protestante*, 273.

르노 브레시아, 피에르 발도에 의해 발도인들의 교리는 널리 전파되었다. 장 칼뱅도 발도인들과 깊은 관련이 있었는데, 그의 사촌형 올리베탕이 발도인들 공동체의 바르브(barbe)였다. 알비인들을 포함하는 이 개혁 운동의 근원은 피에몽의 첫 그리스도인에게로 올라가게 되어 있다"고 서술한다.[614]

알비인들을 가장 결정적으로 변호를 한 사람은 런던의 위그노 교회 목사인 피에르 알릭스(1641‒1717)라 할 수 있다. 그는 『알비인들, 고대 교회의 교회사에 관한 논평』(Remarks upon the Ecclesiastical History of the Ancient Church of the Albigeois, 1692)에서 "알비인들과 발도인들 사이에는 전혀 차이가 없이 사도적 가르침에 뿌리를 두고 있다"고 주장하였다.[615]

이와 같이 발도인들과 알비인들은 하나의 '개혁된 카톨릭'(Reformed catholics)으로서, 끊임없이 이어진 교황주의자들의 박해에도 불구하고 그들의 혹독한 폭력의 칼 앞에서 멸절되지 않았을 뿐 아니라 라틴 교회의 허무한 미신 사상에 물들지도 않았다. 그리고 13세기뿐 아니라 16세기 이후에도 두 신앙 공동체들은 성경적 교리의 모든 부분에 동의하였을 뿐 아니라, 알프스 계곡에 보존되었던 초대 기독교의 신앙을 중세 미신의 시대에도 오염되지 않은 상태로 순수하게 보존하는 중대한 역할을 충실하고도 성공적으로 수행하였던 것이다.[616]

(4) 프랑스 개혁 교회의 결정, 그리고 이에 반발한 의견들

그러나 부정적인 견해를 가진 이들도 없지는 않았다. 그 대표적인 인물로 독일에서 활동했던 위그노 목사 루이 보소브르(Louis Isaac de Beausobre)가 있다. 그는 "알비인들이 비록 개혁 운동에 참여하였지만 그들을 개신교회의 조상이라 칭할 수 없는 것은 16세기 종교개혁 사상과 일치한다고 간주할 수가 없는 패턴이 적지 않기 때문이다"라며 반대하였다. 그가 일치하지 않는다고 말했던 패턴은 정확히

---

614 Yves Krumenacker, *La généalogie imaginaire de la Réforme protestante*, 264, 273‒274.

615 Pierre Allix, *Remarks upon the ecclesiastical history of the ancient churches of Albigenses*, x, 195.

616 George S. Faber, 593‒594.

무엇을 말하는 것이었을까?

1569년에 나온 급진적 소책자 '영역의 유사성'(Similitude des regnes)은 "알비인들은 독일의 이단들과 보고밀인들(Bulgars)에게서 볼 수 있는 동일한 이단 교리를 갖고 있었으며, 알비인들과 개신교 사이에서 위그노를 출생시켰다"고 밝히고 있다. 이런 주장은 위그노, 알비인들, 보고밀인들을 동일한 이단의 혈통 안에 묶어 버리려고 의도한 것이지만, 오히려 세 집단이 동일한 교리를 갖고 있는 동일 집단이라는 점을 수긍하고 있다는 점에서 상대에게 결정적인 도움을 주고 있다. 비난과 비방을 위해 상대를 엮었지만 결과적으로 그들을 동질의 동지들로 한꺼번에 인정하고 마는 꼴이 된 것이다.[617]

샤를 슈미트는 카타르인들(바울인들)과 발도인들이 각각의 특별한 교리를 보존하면서 서로 다른 집단으로 존재하다가, 공동의 위험에 직면했을 때에만 공통의 이익을 위해 연합하였을 뿐이라는 취지의 주장을 한 적이 있다.[618] 일부 다른 역사가들도 발도인들과 알비인들이 서로 다른 집단으로서 다른 원리와 견해를 가지고 있음을 증명하기 위해 여러 가지 노력을 기울였지만 그 연관성을 뒤집을 근거를 찾아내기가 쉽지 않았다. 오히려 그들 사이의 일관성을 주장하는 측에서는 교황들이 알비인들을 맹비난하는 교서를 발표할 때에 알비인들을 '발도인들'로 간주하여 정죄하였다는 근거를 제시하였다.[619] 1184년 인노켄티우스 3세는 교황 칙서 '아드 아볼덴담'(Ad aboldendam)을 통하여 "알비인들은 신앙에 있어 발도인들과 조금도 다르지 않다"고 선포했었다. 그레고리우스 9세는 교령(1263년)에서 "우리는 카타르인들, 파타린인들, '리옹의 가난한 사람들', 조제프인들, 아르노인들, '선한 사람들'(Bons-hommes, 카타르인들의 다른 이름), 스페롱인들(Speronists, Robert de Sperone, 카타르인들 주교) 등, 그 밖에 어떠한 이름으로 알려졌든 간에, 그들은 다른 얼굴을 가지고 있으나 실제로 그 내면은 모두 한통속이다"라고 선언하였다.

---

617 Luc Racaut, *Hatred in Print: Catholic Propaganda and Protestant Identity during the French Wars of Religion*(London: Routledge, 2017). 일부 보기에서. https://books.google.co.kr/books?id=4AskDwAAQBAJ&pg=PT157&lpg=PT#v=onepage&q&f=false.

618 C. Schmidt, vol. 1, 73.

619 William Jones, *The history of Waldenses*, vol. 2, 4.

종교 재판관 다비드(David von Augsburg, 1256-1272) 역시 "이 이단들은 하나의 종파이며, 이 분파들은 대항하는 상대들 앞에서는 늘 하나로 뭉쳤다"라고 밝혔다.[620]

물론 이들 사이에 사소하고 지엽적인 부분들에서는 다소간의 차이들이 있었을 것으로 미루어 짐작할 수 있다. 또 어떤 사안에서는 다양한 견해들이 허용되기도 하였을 것이다. 오늘처럼 교통과 통신이 발달하지 못했으므로 그들이 거리와 시간적 차이를 극복하고 항상 공감하며 늘 이해를 같이하는 것이 가능하지 않았을 것도 물론이다. 그러나 성경과 사도적 교회의 영적 유산을 공유한 채로 고난과 박해를 함께 견디었던 그들은 본질적인 면에서 항상 같았을 것이고, 이 원리에서 늘 하나였을 것이며, 서로간의 계속적 교류로 그들은 하나의 공동체가 되고자 변함없이 노력을 계속했을 것이다.

17세기 초 개혁주의 역사가들은 선구 개혁자들을 찾아내는 일에 관심을 가졌는데, 이 때문에 오히려 개혁 교회의 전반적인 역사를 정돈하고 정립하는 일에는 관심이 줄었다. 그리고 그 다음 세기가 되었을 때 개혁 교회는 그 일에 관한 한 거의 포기하기에 이른 것을 보게 된다. 왜냐하면 개혁 교회 역사가 너무나 복잡할 뿐 아니라 이전 개혁 운동과 종교개혁 간의 연관성을 주장하더라도 교계와 신학계가 관심을 기울이거나 흔쾌히 수용하려는 분위기도 아니었기 때문이다. 그들에게 주어진 보다 현실적이고 시급한 현안들이 그들의 투쟁심을 다 긁어 가 버렸을 것이다. 그럼에도 1785년 제켄도르프(Seckendorf) 출신의 한 남작이 '9세기의 반로마 교회 운동과 알비인들, 개혁주의와의 연속성'에 주목하였다.

18세기에 들어와서는 프랑스 개혁 교회가 극심한 압박에서 벗어나기 시작하면서 프랑스 종교개혁의 역사를 뒤돌아볼 여유를 다시 되찾게 되었다. 1763년 프랑스 광야 교회의 유명 목사인 앙투안 쿠르(Antoine Court)의 아들, 쿠르 게블랭(Antoine Court de Gébelin) 목사는 알비인들과 발도인들 사이를 더 이상 구분하지 않았다. "종교재판소에 의해 알비인들이 심한 박해를 당하였음에도 1494년 프랑스에는 알비인들로 가득 찼다. 특별히 비브레(Vivarais), 오베뉴(Auvergne), 보졸레

---

620 E. H. Broadbent, 97.

(Beaujolois), 부르고뉴, 리옹에는 루터의 종교개혁보다 24년 빠른 시기에 알비인들 교회의 목사들에 의해 집회가 열리기도 했다." 그는 알비인들과 개신교회와의 연속성을 당연한 것으로 이해하는 바탕 위에서 교회의 현안들을 주저함 없이 설명하고 있다.[621]

프랑스 개신교 역사학회 서기이며 아카데미 회원인 쥘 보네(Jules Bonnet)는 "알비인들은 개신교의 조상이다"라고 말하고 있다. 1873년 역사학자이며 목사인 카미유 라보(Camille Rabaud)는 "알비인들과 개신교 사이에 일체의 부조화가 존재하지 않는다"고 주장하였다.[622]

『알비인들 역사』(l'Histoire des Albigeois, 1880)의 저자인 나폴레옹 페이라는 프랑스 개신교 역사 학회장인 쉬클러(baron de Schickler)에게 "모래 아래 묻힌 스핑크스가 멤피스(Memphis)의 사원으로 연결되는 것처럼 피 흘린 카타르인들의 저항은 대승을 거둔 종교개혁 운동보다 앞서 있었다"며 아키텐 지역의 카타르인들 교회에 대하여 프랑스 개혁 교회가 환대해 줄 것을 요청하였다. 또한 "아키텐의 카타르인들 교회는 훗날 유럽 종교개혁이라는 강물과 연결되는 강줄기와 같은 역할을 하였으며, 종교개혁의 어머니인 발도인들과 알비인들은 자매간이었다"고 말하기도 하였다.[623]

19세기에 들어와 알비인들에 관한 평가와 관련해서 개신교 역사학자인 페이라처럼 위그노들의 조상이라는 견해와 슈미트의 역사적 실증주의 혹은 비판적 방법을 통하여 부정하는 견해의 대립이 계속되었으나 프랑스 개혁 교회의 입장은 바뀌지 않았다.

(5) 발도인들 지도자 장 페이랑의 자기 선언!

장 페이랑은 발도인들 교회의 총회장을 지낸 부친과 조부의 후손으로, 피에몽

---

621 E. H. Broadbent, 279–280.

622 Yves Krumenacker, *La généalogie imaginaire de la Réforme protestante*, 283.

623 E. H. Broadbent, 283–284.

계곡에서 어린 시절을 보내고 주네브에서 학업을 마쳤다. 그 후 다시 피에몽으로 돌아와 포마레(Pomaret) 교회 목사와 발도인들 교회 총회장을 지냈으며, 여러 발도인들 교회들을 방문하여 연구했다. 그는 다음과 같은 7가지 사실을 밝혔다.

첫째, 발도인들과 알비인들은 두 개의 집단이 아니라 두 개의 다른 이름을 가진 동일한 집단이다. 둘째, 발도인들과 알비인들의 신앙은 오늘날 개혁 교회의 신앙과 동일하다. 셋째, 적대자들은 악의적으로 그들을 아리우스파나 마니교의 아류로 드러내고자 시도했으나, 그들은 이들 이교도들의 생각과 가르침에 대하여 줄곧 반대했었다. 넷째, 발도인들의 기원은 피에르 발도를 훨씬 뛰어넘어 초대 교회 시절로 돌아간다. 다섯째, 진리에 대한 그들의 고백은 세기에서 세기를 이어 왔고, 기독교의 교리와 관련하여 로마 교회가 고안한 생경한 교리들에는 확고하게 반대하였다. 여섯째, 그들에게서 볼 수 있는 행동과 도덕성은 예수 그리스도와 사도들에 의해 형성된 초대 교회 이후 어느 교회들보다 더 주목할 만큼 모범적이었다. 일곱째, 사도 시대 이후 계속된 위험과 고난에도 불구하고, 그들은 예수 그리스도의 통치와 그 나라를 지속적으로 사모하며 존숭했다.[624]

이들에 대한 적대자들과 박해자들의 증언을 따르더라도, '발도인들'과 '알비인들'은 서로 다른 두 개의 집단이 아니라 하나의 동일한 공동체를 이룬 사람들이었다. 그들이 하나였던 이유는 같은 지역이나 같은 나라에 있었기 때문이 아니라, 같은 신앙과 같은 교리를 갖고 있었기 때문이다.

예수회의 두 지도자 후안 데 마리아나(Juan de Mariana, 1536 - 1624)와 자콥 그레처(Jacob Gretser, 1562-1625)는 개혁 교인들에 대한 유명한 박해자들이다. 그들은 주저하지 않고 "발도인들과 알비인들은 동일한 집단으로서 알비인들이 1177년과 1178년에 정죄를 받았을 때 그 정죄는 발도인들에게도 동일하게 적용되었다"라고 공언하고 있다.[625]

---

624 Jean R. Peyran, 3.
625 Jean R. Peyran, 5.

(6) 여러 가지 이름이 생겨난 배경

로마 교회가 개혁 교회에 대하여 붙인 다양한 이름들은 조소(嘲笑)적 의미 외에도 지도자의 이름, 집단 거주지, 교인 다수의 직업 등과 관련되어 있다.

로마 교회는 피에르 발도가 자발적 가난을 목적으로 조직한 '리옹의 가난한 사람'(pauvres de Lyon)을 '리옹의 거지들'(gueux de Lyon)이라 조롱하였고, 도피네에서는 '개 떼'(Chaignards), 프로방스에서는 '소매치기들'(Siccars), 주일 외에 모든 로마 교회의 축일을 거부한다고 해서 '반안식일 분자들'(Insabbathas), 독일에서는 '사악한 자들'(Gazares)로, 플랑드르 지역에서는 박해를 피해 숲과 광야에서 생활하였기 때문에 '늑대들과 함께 사는 자들'(Turlupins), 가난한 순례자처럼 피난처를 찾아다녔다고 해서 '떠돌이'(Passagenes) 등의 이름을 붙였다. 이탈리아에서는 형제들처럼 친하게 지냈다고 해서 '프라트리셀리'(Fratricelli), 피에몽 계곡으로 피신하기 위하여 알프스를 넘어갔다고 해서 '알프스 저 너머 사람들'(Tramontanes)로 부르기도 했다. 발도인들 지도자의 이름을 따라 '조제프인들', '롤라드인들', '앙리인들', '아르노인들'로도 불렀다.

때로는 그들이 거주했던 도시 이름을 따라 '알비인들', '툴루즈인들', '롬바르디아인들'(Lombards), '피카르디인들', '리옹인들'(Lyonists), '보헤미안인들', '보고밀인들' 등으로 호칭되었다. '보고밀인들'이라는 명칭으로부터 악의적으로 변형시킨 이름으로는 '부그레'(Bougres, 동성애자들)와 바울인들의 이름에서는 '퍼블리칸'(Publicans, 세리들)이라고 변형시켰다. '이단이기에 신앙의 순결로의 회복이 필요한 집단'이라 부르는가 하면, '신앙과 삶에서 순결하게 사는 자들'이라는 의미에서 '카타르인들' 또는 '퓨리탄'(Puritans)이라고 불리기도 했다.[626]

그들이 미사의 빵과 포도주에 대해서 그리스도의 거룩한 현존(화체설)을 부정한다고 해서 '아리우스주의자들'로, 교황의 권위에 대하여 왕권이나 황제권을 뛰어넘는 우월성을 인정하지 않았다는 이유로 이원론 사상을 가진 '마니교도들'로

---

626 Jean P. Perrin, 25-26.

도 불렸다.[627]

이처럼 다양한 이름을 갖고 있었으나 그들의 변함없는 정체성은 사도적 가르침을 간직한 개혁 신앙이었으므로, 이 모든 명칭들은 이 신앙을 다양하게 부른 다른 이름, 다른 표현들일 뿐이었다.

(7) 알비 개혁 운동의 특징

과거 모든 개혁 운동에서 볼 수 있는 일관된 공통점은 로마 교회가 성경보다는 인위적 전통을 따르는 것에 근거하여 로마 교회를 '배교한 교회'로 판단하였던 점과 인간 사제들의 중보를 일체 부정하였던 점이다. 또한 개혁자들이 이단으로 평가되는 또 다른 혐의는 그들이 언제나 교회의 부를 반대하고 교회와 사제직의 가난을 주장하며 서품을 통한 사제들 간의 높고 낮음이 있는 계서 제도를 비판한 점들이었다.

이에 로마 교회는 개혁자들에 대항하여 온갖 방법을 동원해 싸우면서 개혁 운동이 확산되지 못하도록 막았고, 공의회에서는 복음 증거나 평신도들의 설교를 금지하는 결정과 결의를 포고하였다. 복음을 알면 알수록 로마 교회를 향한 비판과 7성사, 성인들의 중보와 연옥 거부를 초래하게 될 것은 당연한 수순이었기 때문이다.

로마 교회의 지나친 부가 저들의 타락을 가져왔다고 판단한 개혁자들은 가난함을 교회의 이상으로 삼았는데, 저들은 이것을 문제 삼았다. 개혁자들이 세속에 물드는 일을 부정하는 태도에 대해서는 로마 교회는 개혁자들이 세상을 사탄이 창조한 것으로 생각하는 이원론적인 안목과 가치 위계를 가졌다며 그들을 이단으로 몰았다. 그러나 그들이 결코 이원론 이단이 아니었던 사실은, 알비인들을 처음으로 본격 비판하였던 베르나르 클레르보에게서 그들을 이원론적 이단이라 취급한 흔적을 발견할 수 없다는 점에서 아주 분명해진다.

---

627 William Jones, *The history of Waldenses*, vol. 2, 2–3.

12세기 알비인들의 주요 관심사는 교황의 사도권 계승 부인, 서품을 통한 계급 제도의 거부, 구약 성경에 나오는 예식을 거부하며 단순한 예배 형식만을 추구함이었는데, 이에 반대자들은 이들을 구약 성경을 부인하며 영과 물질을 양분하는 사고에 빠진 이원론자로 만들어 버렸다. 로마 교회가 알비인들을 개신교의 선구자로 인정하지 않았던 것은 사실 이원론 때문이 아니라 반성직주의 때문이었다.

알비인들과 개신교회의 분명한 공통점은 성경을 유일한 신앙의 근거로 여겨 성경에 철저히 순종하며 복음의 내용을 삶의 현장 속에서 그대로 살도록 권면한 점이다. 장 크레스팽과 장 폴 페랭은 모 주교 보쉬에의 주장을 철저히 반박하고 알비인들을 선구 개혁자들로 변호하면서 신(新)마니교적 이원론은 날조된 것임을 분명하게 밝혀냈다. 알비인들이 개신교회의 선조임을 거부하는 일부 개신교회 사학자들도 최소한의 자료를 검토한 후에는, 알비인들이 복음을 강조하며 초대 교회의 신앙을 회복하려고 노력하였고 비성경적인 로마 교회의 관행을 거부하였다는 점은 부인하지 못하고 긍정적으로 평가할 수밖에 없었다.[628]

(8) 새로운 사료(史料)에 의해 밝혀지는 알비인들의 진실

알비인들을 언급한 비방자들의 여러 자료를 찾아 읽어 보면 '알비인들이 마니교를 그 뿌리로 하고 있다'라고 주장하면서도 그들이 실제로 마니교도이거나 마니교적 신앙을 가진 자들임을 증명하는 어떤 근거도 찾아볼 수 없다. 아예, 제대로 된 논리적 비평조차 찾아볼 수가 없다.

1176년의 로저 호브든은 그의 연대기에서 이렇게 쓰고 있다. "그 해 아리우스 이단들이 유죄 판결을 받았고, 그들에 의해 툴루즈의 모든 지방이 거의 감염되었는데, 그들은 스스로를 '선한 사람'(Bonne Homme)이라 칭하였다. 그들은 롬베즈(Lombez) 민병대의 지원을 받음으로 왕성히 발전할 수 있었으며, 모세의 율법이

---

628 Daniel Walther, 193-196, 198.

나 선지서, 시편과 같은 구약 부분들을 소유하지 않도록 공언하면서 오직 복음서와 바울 서신서와 7개의 서신서, 사도행전과 계시록만을 가질 것을 주장하였다. 그들은 유아 세례에 관하여 '어떻게 세례 자체를 가지고 구원받을 수 있겠는가? 주님의 몸과 피에 관하여 누구에 의해, 어떤 사람들이 성찬을 받을 수 있는가?'라고 질문하면서 구주의 몸과 피를 합당하게 받은 사람들은 구원에 이르겠지만, 합당하게 받지 못한 사람은 정죄를 받는다고 가르쳤다. 결혼에 관해서 바울 사도가 말했듯이 남자와 여자는 간음을 피하기 위해 결혼하며 사도 요한과 야고보가 가르치는 것처럼 그들은 어떤 맹세도 하지 않는다. '성경에서 누가 흰 옷과 빛나는 옷을 입고 있느냐?' 그런데 로마 교회 사제들은 주님께서 그들에게 지시하지 않은 금과 보석으로 된 반지를 끼고 있다면서 그들은 우리 구주 예수 그리스도를 배반한 제사장들과 같기 때문에 사악한 사제들에게 순종하지 말 것을 강조하였다."[629]

수도사 피에르 클루니(Pierre de Clugny)는 "페트로브뤼인들의 카타리인들(Petrobrusian Cathari)은 결혼을 금지하였다"고 주장하지만, 이들 교회는 오히려 사제들과 수도사들에게 결혼할 것을 적극적으로 요구하였다. 로마 교회가 사제들과 수도사들의 비혼을 요구한다 하여, 로마 교회를 이원론적 마니교에 뿌리를 두고 있다고 말해도 될까? 그들이 마니교도인 또 하나의 이유가 '그들이 육식을 금지했기 때문'이라 주장하지만, 클루니 수도원장 피에르 베네라블은 '그들은 성금요일에 공개적으로 구운 고기를 먹었다'며 비난하고 있다.[630] 사순절 기간 동안에 또 성금요일마다 육식을 금지(禁止)한 로마 교회는 왜 그랬을까? 이걸 가지고, 로마 교회 역시 마니교에 그 뿌리를 두고 있다고 말해도 될까?

반면 알릭스는 피에르 발도가 활동하기 오래전부터 랑그독에는 브뤼와 앙리의 제자들로 가득 차 있었으며, 퍼블리컨과 카타르인들이라는 다른 이름으로 불린 것을 제외하고는, 알비인들과 발도인들은 항상 서로 다르지 않았으며 동일한

629 Pierre Allix, *Remarks upon the ecclesiastical history of the ancient churches of Albigenses*, 150–151.

630 George S. Faber, 200.

내용을 믿었다고 주장한다.[631] 그의 주장을 뒷받침해 주는 것이 1165년 알비 지역에서 활동한 페트로브뤼인들과 앙리인들이 박해를 당하게 되자 피에몽 계곡으로 피신한 사실이다. 이는 두 집단이 형제로서 오랫동안 서로 교류하고 있었음을 보여 주는 증거이다.

1) 바울인들과 알비인들에 관하여 드러나는 진실들

『진리의 열쇠』에서 언급하듯 바울인들의 주교(감독)는 '결혼한 사람이었다'는 점에서 바울인들은 로마와 헬라 교회보다 오히려 덜 금욕주의적이었던 것으로 보인다. 종교재판소 자료들에 알비인들의 지도자인 택자(elect)들은 '독신'이었다는 언급들이 있으나 꼭 그렇지만은 않았다. 툴루즈의 지도자인 피에르 오테리우스(Pierre Auterius)에게는 자크(Jacques)라는 아들이 있었음을 그들의 종교 재판 기록에 분명히 언급되어 있다.

알비인들이 구약 성경을 부인한 것으로 알려졌으나 '리옹의 카타르인들 필사본'에는 솔로몬의 책들을 적잖이 인용하고 있다. 그리고 금식과 관련하여 "우유, 치즈, 계란, 고기, 버터를 피하는 것이 좋겠다"는 기록도 있어서 그들의 종교 생활에서 이런 류(類)의 신앙적 관습이 그들에게 의미했던 바와 엄격도를 미루어 볼 수 있기도 하다. 이런 내용들은 로마 교회의 사순절 기간이나 비잔틴 교회 내에서도 쉽게 찾아볼 수 있는 금식의 원칙이었다.

또한 마니교의 특징 가운데 음식을 위해 심지어 식물(植物)조차도 죽이지 않아야 한다는 행동 원칙이 있었는데, 알비인들에게 이러한 특징이 있음을 지적하거나 비판하는 내용을 찾아볼 수 없다. 그렇다면 로마 교회와 종교재판소의 기록들도 사실에 근거하지 않은 과장되고 일방적인 비판에 불과했던 것임을 알 수 있다.[632]

그렇다면 왜 알비인들은 음식과 관련하여 금욕적인 요소를 갖고 있었을까? 알비인들은 음식 제한을 제의하면서 "굶주림, 갈함, 스캔들, 피소 심지어 죽음까

---

631   Pierre Allix, *Remarks upon the ecclesiastical history of the ancient churches of Albigenses*, 135, 164.

632   Conybeare, cxliii–cxlv.

지 장차 겪게 될 것이다. 이 모든 것은 하나님의 사랑을 드러내고, 네 자신의 구원을 온전케 하기 위함이다"라고 말했다. 이래서 카타르인들은 '자살을 조장하는 집단'이라고 비판받기도 했지만, 실제 그들의 의도는 다른 곳에 있었다. 알비인들의 상당수는 도시의 상인들로서 부유한 사람들이었지만, 그들은 복음을 위해 자발적으로 가난을 서원한 사람들이었다. 그래서 음식 제한에는 상대적으로 가난한 사람들이 평소에 쉽게 먹을 수 없는 육식과 같은 값비싼 음식을 먹지 않도록 절제할 수 있어야 한다는, 그리고 그리스도를 위해서는 굶주림과 순교까지 각오해야 한다는 결의가 담겨 있었다. 그들에게 '그리스도인, 또는 선한 사람(Bon homme)이 된다'는 것은 그리스도와 이웃을 위해 공중 권세 잡은 자의 뜻에 이끌려 육의 안락을 추구하는 삶을 살지 않겠다는 결단의 태도였다. 그들은 요한 사도의 교훈을 늘 마음에 새기고 있었다. "이 세상이나 세상에 있는 것들을 사랑하지 말라 누구든지 세상을 사랑하면 아버지의 사랑이 그 안에 있지 아니하니"(요일 2:15).

종교개혁자들(개혁 교회)은 기존의 대형 교회와는 다른 가치, 차별화된 가치를 소유하고 살았다. 저들이 열혈적으로 교회의 건물 높이기와 치장에 치중하고 있을 때, 이들은 가진 자들이었으나 가진 것이 없는 가난한 자로 살았고, 땅에 속한 것들을 가벼이 여겨 자신을 비우고자 노력했다. 그럼에도 국가 교회의 권력자들은 사치와 방탕함을 부끄러워하는 대신 이를 지적하는 개혁자들을 없애고자 하였고, 개혁자들이 금욕적인 삶을 산다 하여 마니교 이원론자들이라 몰아붙였다.

2) '콘솔라멘툼'과 안락사 예식 '엔두라'(endura)의 진실

손을 머리에 얹고 안수함으로써 콘솔라멘툼을 행하면 영적 세례를 받는다고 여겼는데, 이를 통해 육체의 소욕을 따라 물질과 마귀의 권세 아래 굴복하는 삶에서 벗어나 성령을 모신 삶을 살게 되어 '그리스도인으로서의 온전함(perfect)'에 이르게 된다고 여겼다. 이는 '카타르'라는 명칭의 어원과도 관련이 깊은 개념으로서 죄의 더러움으로부터 거룩하게 살게 된다는 의미이다. 또한 위로자 혹은 보혜사를 의미하는 단어로서 '콘솔라멘툼' 예식을 거친 사람은 '위로하는 사람'(Consolateurs)이 되어 받은 은혜를 교인들에게 나누는 사람들이 되었다는 의미에서 '콩솔레'(les Consolés)라고도 불렀다. 이렇게 하여 성령에 속한 사람들로 인정된 자들에게 하나님의 말씀을 가르칠 수 있는 권위를 부여한 것은, 직업적이고 형식적으로 자격을 취득한 로마 교회의 사제들과 비교, 차별되는 부분이다. 이러한 택자의 그룹에 속한다는 것은 곧 순교자 후보가 된다는 의미이기도 했기 때문에, 그들은 이 길에 나섬으로써 사도들의 후계자가 되기를 원하여 복음 전파를 위해 끊임없이 헌신하면서 고통과 관련해서도 사도들을 닮아가고자 하였다.

그들은 어떤 개인적 재산도 소유하지 않았다. 이는 금욕적이라기보다는 검소한 삶의 모범을 보이면서 신자들에게 삶의 모습과 성경을 올곧게 가르치도록 자신들을 세우기 위함이었다. 신자들도 평소 검소한 삶을 통해 절약한 것들을 가지고서 사역자들의 필요를 채우고, 헌금과 기부금으로 환자나 질병으로 죽은 가족들을 위로하는 데 사용하였다.[633]

메이틀랜드(F. W. Maitland)와 같은 저자들은 '단식 자살'의 예식인 '엔두라'(endura)의 관행을 설명하는 데에 많은 지면을 할애하였다. 종래의 역사 자료에 따르면 심각한 질병으로 죽음을 앞둔 환자들이 음식물로 영혼이 더럽혀지는 것을 막기 위해 강제적으로 굶어 죽는 방식을 택하게 했던 일종의 '안락사 예식'을 콘솔라멘툼(엔두라는 콘솔라멘툼의 한 형태)이라 불렀고, 이를 통해서 '죽는 자가 구원을 받는다고 가르쳤다'고 주장했다고 하지만, 리옹의 카타르인들 예식 문서가 발견되면서 더 이상 이런 주장은 불가능하게 되었다. 이 문서에 따르면, 장로들이 병든 사람을 방문한 후에 주기도문 내용을 포함한 기도를 하며 "이 기도를 먼저 하지 않고서는 아무것도 먹거나 마시지 말라"라고 권하였기 때문이다. 이것이 과연 굶어 죽을 것을 권면하는 것이었으며, 그런 권면을 듣고 사람들은 '굶어 죽는 절차 예식'에 들어가게 되었을까? 그리고 본질적으로 음식이 영혼을 더럽힌다는 것이 이런 환자들에게만 해당된다고 가르치는 것이 과연 먹혀들 수가 있었을까?

---

633 C. Schmidt, vol. 2, 91~92.

오히려 위로자들이었던 이들 장로들에게 부과된 실제적인 금욕의 내용이 적대자들이 펼쳐 놓았던 것들과는 달리 "거짓말과 거짓 맹세와 하나님이 금하시는 모든 것을 행하지 않는 것"이었다면, 과연 이런데도 이들이 마니교적 종교성을 지닌 이원론적 금욕주의자들이었을까?

12세기 페트루스 롬바르두스의 『명제집』(*Liber Sententiarum*)이나 툴루즈 종교재판소의 보고서를 보면, '많은 알비인들이 콘솔라멘툼을 받은 후 굶어 죽기를 스스로 선택하였다'라는 식의 언급이 포함되어 있다. 만약 그들 가운데 스스로 굶어 죽기를 선택하는 이들이 있었다 하더라도 이는 그들이 당한 맹렬한 박해와 고문 때문에 생긴 상황이었을 가능성이 매우 농후하다. 체포되면 재판관들에게 잔혹한 고문을 당하며 강제 개종을 요구받았던 시대였으므로 핍박당하던 이들의 상황에서는 굶어 죽는 것이야말로 그들이 선택할 수 있었던 가장 편안하고 고급스러운 대접이었기 때문이다.

쿨파(Culpa)라는 곳에서 76세였던 굴리엘마(Gulielma)라는 한 병든 여인이 이 예식을 받은 후 이단 심문 받는 것을 두려워하여 세르다나(Serdana)라는 여인과 다른 몇 사람들과 함께 죽음을 서둘렀다는 기록이 있다. 박해자들은 이런 특별한 몇 가지 경우를 왜곡 해석하고 악의적으로 소설을 씀으로써 '물질에서 벗어나기 위한 단식 자살'로 재포장한 '엔두라'를 과도하게 비난하였던 것이다. 이 사건을 언급한 메이틀랜드는 직접 "이러한 행동을 취한 것에 어떤 잘못이 있다면 로마 교회의 비인간적이고도 잔혹한 광란에 1차적 원인이 있다"라고 지적하고 있다.

알비인들의 영적 세례는 남녀 모두에게 행해져서 남녀 모두가 택자가 되어 가르침에 참여할 수 있었지만, 바울인들의 교회에서 여성들은 '택자'로 세워질 수가 없었다. 여성에게 안수하고 지도자로 세우는 부분에 있어서는 이 시대에도 각각 견해를 달리하였던 것이다.[634]

---

634 Conybeare, , cxlv–cxlvi.

(9) 발도인들 지도자에 의해 변화되는 알비-카타르인들

이 당시 로마 교회는 유럽 전역의 사람들 마음을 지옥 불에 사로잡히도록 만들어 놓고, 그 영원한 심판의 불에서 벗어날 수 있는 유일한 방법이 로마 교회에만 있다는 확신을 심어 주려 갖은 방법을 동원하여 설득하였다. 그러다가 이런 로마 교회의 가르침을 반대하는 개인이나 국가에 대해서는 구원의 취소를 의미하는 '출교'나 '성사 금령(禁令)'을 내려서 그들에게 지옥의 공포를 덮어 씌웠다. 이런 공포와 협박에도 불구하고 알비인들은 로마 교회가 사람들을 지옥으로 보낼 수도 없고 또 심판의 불에서 구원할 방법을 갖지도 못했다며 '그들은 스스로 지옥에 머물러 있을 뿐 아니라 실제적으로도 사탄의 도구로 쓰임 받고 있기 때문이다. 그러므로 그들을 두려워할 이유가 없다'라고 주장하였다.

알비 지역에서 활동한 '발도인들'은 오래된 개혁 신앙 공동체로서, 유럽에서 '개신교'라는 이름이 등장하기 훨씬 오래전부터 존재하였다. 그들의 전통과 역사는 1세기의 그리스도인들과 멀지 않은 시대에 이미 시작되었다. 그러므로 '계곡 거주자들'이라는 의미의 이름을 가진 그들은 실로 '종교개혁의 장로'(Elder Brethren of the Reformation)라고 불리기에도 합당했다. 그들은 사도 교회와 개혁 교회를 하나로 묶어 주는 연결고리 역할을 담당하였다. 16세기 개혁자들의 교리와 완전히 동일한 교리를 발도인들 교회는 항상 가지고 있었고 또 이를 그대로 계승하여 주었다. 그들은 하나님의 말씀인 성경에 근거하지 않은 그 어떤 교리나 도덕률도 결코 수용하지 않은 순수한 그리스도교 교회였다. 그들의 다수가 알비 지역에 머물면서 알비인들(혹은 알비 교구의 발도인들)로 더 잘 알려졌지만, 잔인하고 비극적인 박해에 당면할 때마다 표표히 순교의 자리로 나아갔다.[635]

프랑스 개혁 교회 목사인 페이라는 피에르 브뤼를 '그는 기롱(Gyron) 계곡에서 발도인들의 전통 아래 출생했고, 발도인들 교회의 주도적인 지도자로 활동했다'라고 소개했다. 그래서 발도인들의 '고귀한 교훈' 첫 문장이 프로방스어로 기록되

---

635 *The Spirit and Manners of the Age*, vol. 4 (London: F. Westley and A. H. Davies, 1827), 52.

었던 것이고, 그 작성 시기나 연대를 보았을 때에도 그것이 피에르 브뤼의 작품일 것으로 추정하는 것이 적절하다고 확신하고 있다.[636] 그렇지만 그의 출생 연도에 관한 정확한 정보가 없이 1095년에 출생했다는 설만 있고, 그가 1104년경에 개혁자로서의 활동을 시작했다는 정보만 남아 있기 때문에 그가 '고귀한 교훈'을 기록했는지를 단정적으로 말할 수 있는 정확한 근거는 아직 찾지 못하고 있다.

발도인들 교회의 목사 장 레제는 피에르 브뤼, 앙리 로잔, 아르노, 에스페롱, 조제프와 같은 인물들은 피에몽 계곡과 그 주변에서 활동한 발도인들의 지도자였다고 분명히 밝히고 있다.[637] 그렇지만 피에르 브뤼나 앙리 로잔은 발도인들의 주요 지도자들로서 알비 지역에서 알비-카타르인들을 이끌었던 사실이 확실하므로, 알비인들-발도인들 사이에 완전한 교리적 일치가 있었음에는 의심의 여지가 없다. 이는 롱베르 회의를 통하여 확인할 수 있는 사실이기도 하다.

지도40: 점차 바른 신학을 수용하는 알비-카타르인들

636 Napoléon Peyrat, *Les réformateurs de la France et de l'Italie au douzième siècle*, 8-9.
637 Jean Léger, 12.

이러므로 이 카타르인들이 개혁주의 신앙을 가진 바울인들에게서 유래되었든, 아니면 이원론 사상에서 유래되었든, 더 나아가 자체적으로 발생한 집단이든 간에 가장 중요한 사실은 그들이 발도인들과 동일 집단 내지는 형제 교단으로서 서로 밀접하게 교류하였다는 점과 두 집단 사이에 신학적 차이로 인한 큰 충돌이 없었던 점을 기억해야만 한다.

(10) 파타린인들(Patarines)은 이원론적 카타르인들이었나?

파타린인들은 멀리 콘스탄티노플과 보스니아에서 활동하면서 보고밀인들과 '하나의 교회'를 형성하였으므로, 이들이 갖게 된 정체성은 보고밀인들의 신학적 정체성을 평가하는 주요한 척도(尺度)가 될 수 있다. 이런 이유로 파타린인들의 정체성을 밝히는 것은 보고밀인들 연구를 위해서도 매우 중요한 과제가 된다.

밀라노와 피렌체의 파타린인들은 자발적 빈곤과 사도적 검소함으로 그레고리우스 7세(재위 1073 –1085)의 개혁 운동에 기초를 제공할 정도로 강력하고 오래된 개혁 공동체였다. 클루니 수도사 힐데브란트(Hildebrand)로부터 시작된 개혁 운동은 그가 교황 그레고리우스 7세가 되어서도 지속되었는데, 그는 대중들도 동의할 수 있는 사제들의 높은 윤리 의식을 강조하였다. 파타린인들의 신앙은 협의적 의미에서의 이원론적인 카타르 사상과는 전혀 공통점이 없으며, 오히려 발도인들과 유사한 신앙을 갖고 있다는 것이 일반적인 견해이다.[638]

알릭스는 자신의 글에서 '파타린인들'은 '발도인들'의 다른 별칭으로서 발도인들의 뛰랭 교구와 동일한 교리를 유지했다고 썼는데, 이 점을 지적하고 있는 것이다. 동일한 근거로 '파타린인들'은 로마 교회로부터 '발도인들'과 동일 집단으로 여겨져 정죄되고 이단 판결을 받기도 하였던 것이다.

---

638 Raoul Vaneigem, *The Resistance to Christianity* (Paris: Fayard, 1993), 230.

지도41, 지도42: 이탈리아 파타린인들의 주요 활동 지역들과 발도인들의 활동 지역들은 서로 겹치고 있다.

위의 지도에서 확인되는 바와 같이, 파타린인들의 주요 활동 지역이 발도인들의 활동 지역과 완전히 일치하고 있다는 점을 볼 때, 두 이름은 '동일한 공동체에 대한 다른 이름들'로 판단되며, '카타르인들'은 당시에 '이단을 가리키는 일반 명사'로 사용되었던 것임을 알 수 있다.

1175년 피사의 신학자이며 외교관이었던 휴고 에테리아노(Hugo Eteriano)는 콘스탄티노플에서 실제로 거주하면서 작성한 간단한 논문 '파타린인들에 반대하며'(Contra Patarenos)에서 콘스탄티노플에 거주하는 파타린인들의 종교 사상을 기술하였다. 그들은 비밀 집회를 통하여 설교하였고, 비잔틴 교회와 로마 교회를 떠나 독립적으로 존재하였다. 그들이 콘스탄티노플에서 활발히 활동할 수 있었던 이유 중 하나는 당시 그곳에 종교재판소가 없었기 때문이었다. 그래서 상당 시간 큰 어려움 없이 발전할 수 있었고, 보고밀인들과는 자매 교회로서 친밀한 관계를 맺을 수가 있었다.[639] 이들 사이의 바로 이러한 관계는 훗날 보스니아와 피에몽 계곡 그리고 독일 지역에서 발도인들과 보고밀인들 공동체가 공존할 수 있었던 이유를 충분하고도 적절하게 설명해 준다.

지도43: 발도인들과 바울인들의 분포도 및 협력 지역들

알릭스는 계속해서 파타린인들과 발도인들의 관계를 다음과 같이 소개한다.

첫째, 로마 교회는 로마 교회를 부정하는 파타린인들을 1059년에 추방시켰다.

둘째, 1087년 베렌가리우스가 이단으로 정죄받은 후, 그를 따르던 개혁 그룹인 베렌가리우스인들은 파타린인들을 발도인들과 동일한 관점을 가진 공동체로 여겨서 수용하였다.

셋째, 16세기 종교개혁 시대까지도 '파타린인들'의 이름이 존재하였지만, 그

---

639 R. I. Moore, *The War on Heresy* (Cambridge: Belknap, 2012), 209; Antonio Sennis, *Cathars in Question*(Woodbridge: Boydell & Brewer, 2016), 138.

이후에는 발도인들의 이름에 포함되어 그들과 함께 존재하게 되었다.[640]

라울 바네겜(Raoul Vaneigem) 역시 "밀라노의 파타리아(Pataria)는 소금 판매인 또는 이와 유사한 잡화들을 취급하던 상인들이 살았던 곳을 가리키는 지명인데, 파타린인들은 협의적 의미에서의 카타르인들과는 일체 공통점이 없다"라고 주장한다. 그가 당당히 그렇게 밝힐 수 있었던 이유는, 파타린인들 운동의 지도자였던 아르노 브레시아의 삶의 여정을 살펴보았을 때 그가 도무지 '동방에서 들어온 이원론 이단 사상' 따위에 물들었다고 볼 수 있는 여지가 없었기 때문이다. 그는 밀라노에서 학생이었던 시절부터 볼로냐에서 파타린인들 개혁 운동에 참여하였고, 아벨라르의 가르침을 받기 위해 파리를 향하였다가 1139년 라테란 공의회에서 피에르 브뤼, 앙리 로잔과 함께 출교를 당하였다. 그 후 아르노는 콘스탄츠로 피신하였지만 그곳을 곧 떠날 수밖에 없었다. 그러나 인노켄티우스 2세의 사망(1143년)으로 교황 승계 문제가 불거졌을 때 교황청과 군중들 사이에서 중재자 역할을 담당하여야 했으므로 안전할 수 있었다. 그는 사제들의 세속화를 통렬하게 비판하고, 부유한 주교 및 추기경의 재산 몰수와 교회 안에 파고든 세속적 권력의 폐지를 설교했다. 로마 혁명의 지도자였던 그는 '교황 권력을 배제한 공화국'을 주장하다가 1155년 로마를 떠나 로마 지역으로의 확장을 시도하는 황제 프레데릭 바바로사의 보호를 받았는데, 나중에 이 황제가 교황과의 화해를 시도하면서 화해의 대가로 그를 하드리아누스 4세에게 넘겨주었다. 그는 결국 화형을 당하고 말았다. 그의 제자들인 아르노인들은 종종 '롬바르디아의 가난한 사람들'(Poor of Lombardy)로 불렸는데, 그들은 프랑스에서 피난처를 찾았고 앙리 로잔과 피에르 브뤼의 제자들이 형성한 공동체 안으로 들어갔다. 그의 행적을 살펴보면 동방의 이원론자가 아니라 기존의 개혁 운동이나 그들과 훨씬 가까운 사상을 갖고 있었다.[641]

---

640 Pierre Allix, *Remarks upon the ecclesiastical history of the ancient churches of Albigenses*, 140-145.

641 Raoul Vaneigem, 231-232.

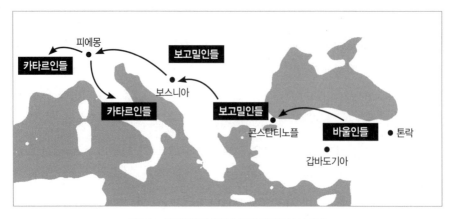

지도44: 바울인들의 신학적 발전 과정을 보여 준다

(11) 알비인들 교회와 개혁 교회 조직상의 유사점

피에르 발도는 1180년대 초에 자신과 '리옹의 가난한 사람들'이 파문과 박해를 받게 되자 리옹을 떠나 롬바르디아 지역과 이탈리아 북서부 알프스 산맥으로 들어가서 활동하였다. 그 지역에 이웃한 프랑스 동남부의 도피네와 프로방스 계곡에서는 알비-카타르인들이 활동하고 있었으며, 어떤 면에서는 신학적 차이점도 있었지만, 두 공동체는 당시의 대표적 개혁 그룹이었다.

발도인들은 8세기경에 남부 프랑스의 토착어로 된 신약 성경을 갖고 있었고, 1180년경에는 피에르 발도가 새롭게 번역한 신약 성경을 소유하게 되었다. 이는 일반인들을 위한 최초의, 그리고 완전한 신약 성경 번역본이었다. 이 번역 성경은 남부 프랑스와 롬바르디아와 피에몽에 널리 보급되면서 발도인들은 물론 알비-카타르인들이 성경을 올바르게 이해하는 데 크나큰 역할을 하였다. 이 번역 성경은 현재 리옹, 그로노블, 취리히, 더블린에 한 권, 파리에 두 권의 복사본이 보존되어 있다.

'알프스 교회'라 불리는 이 계곡 교회는 잘 갖추어진 조직을 갖고 있었는데, 16세기 개혁자들이 합류하면서 개선되었다. 피에르 발도는 먼저 교인들을 두 그룹으로 나눴는데, 첫 그룹은 '온전자'(Perfect) 그룹으로 목회자나 설교자, 성경 교사로 활동하는 전임 사역자 그룹이었으며, 두 번째는 '신자들'(Believers) 그룹으로 소위 평신도들의 그룹이었다. 교구는 지역에서 설교하는 바르브 중심으로 조직하였고, 목회자들은 평신도로 구성된 컨시스토리(Consistoire)의 도움을 받았으며, 매년 회의를 개최하였다. 바르브들 중 한 명이 지역의 대표로 선출되었고 그를 '마조랄'(majoral, 대표자)이라 불렀다. 바르브와 신자들 사이에 어떤 계급적 구분이나 구별이 존재하지 않았으며, 바르브 사이에서도 그 어떤 구분과 계급이 없었고, 단지 목회 경력과 나이를 기준으로 서로 존경하였다. 이는 훗날 칼뱅과 스코틀랜드 장로교에게서도 그대로 드러난 전통인데, 성경에서 보여 주는 초대 교회의 분명한 흔적을 담고 있다.

이들 교회의 특징은 복음서와 서신서를 젊은이들에게 가르치는 '교육하는 교회'였다. 그리하여 복음서의 많은 부분들을 복사 또는 당시의 공용 언어로 번역하여 이를 보관하는 도서관들을 늘려 나갔다. 교육을 마친 많은 젊은이들은 롬바르디아나 파리의 대학으로 파견되기도 하였는데, 그들은 가는 곳마다 지도자 양성을 위하여 힘썼다.

바르브가 되려면 젊은 시절에 선교사로 3년간 경험해야 하는 특별한 조건이 있었는데, 그들은 선교사로 사역할 때에 종종 행상인과 상인으로 위장하였고, 연장자(regidor)와 젊은이(coadiutor)로 구성된 두 사람이 2인 1조의 팀을 이루어 사역지로 나갔다. 선교사들은 목적지에서 지역민들이 하나님의 말씀 앞에 설 수 있도록 복음을 증거하였다. 그들의 설교는 주로 은밀한 야외에서나 개인의 주택에서 행해졌다.[642]

2. 13세기 종교개혁의 성공 비결들

13세기의 종교개혁 운동은 16세기와는 비교할 수 없을 정도로 넓게, 유럽의

---

642   https://www.thereformation.info/waldensians/

전 지역을 망라한 대규모의 신앙 운동이었다. 16세기 종교개혁이 인쇄술이라는 문명의 발달에 힘입어 문자로 개혁 사상을 유럽 전체에 퍼뜨렸다면, 13세기 개혁 운동은 개혁자와 공동체 구성원들이 보여 준 '삶의 모습과 복음의 능력으로'만 이를 수행해 나갔다. 그러나 이 운동은 그 범위나 규모 면에서, 그리고 개혁 운동의 결과에 따른 순교한 이들의 숫자 면에서도 16세기와는 비교될 수 없을 정도로 강력한 동력을 갖고 있었다.

그들이 당한 심각하고 처절한 박해에도 불구하고, 유럽 전역에서 그토록 많은 사람들이 생명을 걸고 종교개혁에 참여하며 분연히 일어났던 이유는 무엇일까?

(1) 르네상스 시대의 도래

이 시대 로마 교회의 무력함과 부패의 수준이 상상 그 이상이었음은 로마 교회 내의 자체 평가를 통해서도 확인할 수 있다. "당시 교회의 모든 곳이 부패하고 타락하였으며, 낡은 제도들은 힘을 잃었고, 어디서나 규칙을 벗어난 특례들이 만연하였으므로 세상인심은 평정을 잃은 채, 갈팡질팡하고 있었다. … 부패한 우두머리들이 독직(瀆職)하며 주교들이 그 위치를 완전히 이탈하여도 사제들 중에 이를 대신하여 설교를 감당할 자들조차 없었다. 그러므로 그리스도의 가르침을 생활화하도록 시의(時衣)에 맞게 전파할 수도 없었고, 가난한 신도들에게 침투하는 이단(!)들을 향하여 적절히 대항할 어떤 방법도 갖지 못했다."[643]

로마 교회가 세웠던 대학이 16세기 종교개혁의 발원지가 되었듯, 13세기의 종교개혁에는 샤를마뉴에 의해서 시작된 학교 건립이 중요한 자극제 구실을 했다. 학교들이 민중들의 지적 능력을 상승시켜 르네상스 운동이 펼쳐지게 되었다는 점에서 그러하다. 민중들이 무지로 인하여 소문이나 거짓 가르침에 끌려다니지 아니하고 시대를 평가할 수 있는 시각을 갖고 있었던 점은 더할 나위 없이 소중한 계몽이었던 것이다. 그리고 이러한 지적 인지력의 상승에 걸맞게 대중의 언어

---

643 목영호, 82-83.

로 번역된 성경이 주어졌고, 설교자들이 상통하는 대중의 언어로 설교하게 되었을 때, 그들이 성경을 바로 알기 시작하면서 종교개혁이 본격화되기에 이르렀다. 더 이상 개혁 운동이 일부 지식층 중심이 아닌 대중 운동으로 번졌기 때문이다.

이리하여 대중들이 사제들과 수도사들의 절대적 영향권에서 이탈하기 시작하자, 13세기 초반 도미니크회와 프란체스코회는 앞다투어 '이단을 억제하는 법령'을 만들었고, 적절하게 훈련받은 대중 설교자들을 내보내기 시작했으며, 로마 교회는 그들을 효과적이고도 적절한 곳에 배치시키고자 전략적으로 노력했다.

그러나 이미 성경을 제대로 알기 시작한 대중들에게 그런 전략은 더 이상 큰 효과가 없었다. 그리하여 그들은 박해자들로 표변하였고, 고문과 지하 감옥 형, 칼과 불로써 처벌하는 등 다양한 핍박의 기법과 방식을 동원했다. 교황들은 권력자들을 끌어들여 박해의 효율성을 더하고자 시도하였는데, 특히 독일의 황제는 제국 내 개혁자들을 가장 엄격하게 처벌하는 칙령을 발표하였다. 1233년 한 작가는 "독일의 모든 지역에서 이루 헤아릴 수 없는 이교도들이 화형을 당하고 있다"고 언급할 정도였다.[644]

그래서 개혁자들은 비밀리에 활동을 계속하거나 그들을 친구로 여겨 주는 지역으로 피신하였다. 남부 프랑스의 영주들은 교황의 요구에도 불구하고 '부지런하고 성실한 그 영내의 거주자들을 통하여 얻는 수익 때문에 적극적으로 박해하지 않았으므로' 교황의 분노를 불러일으켰다. 교황 가운데 가장 편협하며 야만적이었던 인노켄티우스 3세는 군대를 동원하여 이단 사냥을 독려하며 특사들을 각 권력자들에게 파견했다. 그럼에도 불구하고 개혁자들은 사라지지 않았지만, 그레고리우스 9세는 1233년경에 종교재판소를 설립하여 운영하기 시작하였다. 각 지역의 주교좌를 중심으로 설치된 종교재판소는 그 후 적극적으로 활동에 나섰고, 박해받는 이들의 입장에서는 그 참혹함을 이루 설명하기 어려운 일들이 계속 일어나게 되었다. 첫 법정은 툴루즈에 주둔했다.[645]

헤아릴 수 없는 이름 모를 개혁자들이 일어났다. 한 지역에서 이단으로 박해

644 J. M. Cramp, 113.
645 J. M. Cramp, 114-115.

를 받으면 다른 지역으로 가서 더 많은 사람들을 일으켰다. 그들이 머물렀던 곳은 주로, 접근이 쉽지 않은 깊은 산악 지대나 한적한 계곡이었다. 피난처가 될 만한 곳으로 숨어 다니면서도 복음의 씨앗을 뿌리는 일을 결코 멈추지 않았다. 그리하여 유럽 전 지역에서 풍성한 열매가 나타나게 되었다. 특별히 독일 모든 지역을 넘어 보헤미아와 모라비아 지역으로 확산되어 나갔고, 심지어 콘스탄티노플과 같은 먼 동쪽에서도 복음 사역의 결과를 얻을 수 있었다. 예를 들어 어떤 개혁자들은 박해가 심한 쾰른에서 밀라노에 이르는 거리를 어렵다 하지 않고 이동하여 믿음의 형제들을 찾았으며, 그들의 집에 숙박하면서 끈끈한 교류를 지속하였으므로 독일에서와 동일한 믿음을 가진 하나의 교회가 이탈리아에서도 이루어지고 지속될 수가 있었다.[646]

(2) 지적 능력과 삶의 모범을 두루 갖춘 지도자들의 배출

이 시대의 개혁자들은 무엇보다 하나님의 말씀을 있는 그대로 전달하고자 집중했다. 그리해야만 진리의 빛 앞에 사람들의 영혼의 눈이 뜨이게 될 것을 믿었기 때문이다. 로마 교회의 사제들이 자기들의 권위를 드높이기 위하여 외형적인 예식에 집중하고, 물세례로 형식적인 그리스도인을 만들어 냄을 비판하면서 그들의 그런 전통을 내어 버렸다. 오직 성령으로 거듭나서 말씀에 철저히 순종하며 '하나님의 온전하심과 같이 온전하게 되라'는 교훈에 따른 삶을 살고자 최선을 다했다. 그것이 그 시대를 바꾼 가장 영향력 있는 전도의 도구였다.

무엇보다 지도자들이 말씀으로 잘 무장하여 올바르게 설교하였을 뿐 아니라 삶에서도 당시의 사제들과 비교하여 확연한 차이를 드러냈다. 개혁 지도자들은 사도들의 가난함을 따랐고, 그들은 가르침에서도 사도들의 가르침에서 조금도 벗어나지 않으려고 최선의 노력을 기울이면서 인위적인 전승과 교리들을 철저히 배격하였다. 무엇보다 성경 그 자체를 백성들의 언어로 전달했는데, 그것이 시대

---

646 J. M. Cramp, 117–118.

의 변화를 이끄는 가장 큰 원동력이 되었다.

프랑스 남부 특히 툴루즈와 알비 지역은 피에르 브뤼와 앙리 툴루즈(앙리 로잔이 툴루즈에서 오래 사역하면서 새로운 이름을 얻게 됨)의 평생 사역의 현장이며, 그들의 후계자들이 활동한 사역의 중심지였다. 이런 이유로 12–13세기 이 지역에 다양한 이름으로 불린 개혁 운동 그룹들이 산재해 있었지만, 실질적으로는 동일한 견해를 가진 형제 공동체들이었다.

때로는 그들이 종사했던 직업, 집중 거주지, 예의에 따른 특색 등에 따라 그들에게 특유한 이름들이 주어졌지만 사실은 그들의 차이를 따라 구별을 강조하려고 만들어 낸 명칭들이 결코 아니었다. 그들은 개인의 거룩한 삶을 추구했지만, 무엇보다 순수한 교회를 추구하였기 때문에 때로는 '카타르인들'(Cathar), 또는 이와 유사한 의미를 가진 단어 '퓨르'(Pure, Purs)가 그들의 이름이 되었다.

참 교회는 '오직 참 신자만으로 구성된 공동체'임을 주장하면서, 지도자들은 교인들이 참 교회를 이루는 참 교인됨을 성경의 진리를 바탕으로 가르쳤다. 특히 성경이 말하지 않는 로마 교회 의식들, 즉 촉감을 건드리는 성수나 후각을 붙드는 향(香)의 사용, 성상 앞에 허리 숙이거나 무릎 꿇어 뼈와 근육을 자극하는 행위들, 청각을 붙들기 위해 타종하는 것과 같은 이상한 행위로 외형적인 엄숙함이나 거룩을 조장하는 예식의 형태를 그만두게 했다. 오직 심령으로 거룩해지기 위해 경건한 마음의 태도로 하나님께 예배할 것을 강조하였다.

지도자들은 교인들의 영적 갈급함을 채우기 위해 끊임없이 성경을 읽고 연구했기 때문에 많은 사람들이 암기만으로도 성경의 많은 분량을 반복하여 상고할 수 있었고, 성경의 적절한 인용으로 필요한 설명을 하고 진리를 변호하는 데에는 어느 시대의 성도들보다 능숙하였다. 무엇보다 신약 성경에서 언급되지 않는 그 어떠한 예전과 예식을 거부하였고, 그런 것들과 관련한 어떤 교리적 결정도 수용하지 않았다.[647] 이러한 개혁자들의 분명한 태도는 진리에 목말라하는 많은 사람들을 말씀 앞으로 데려올 수 있었다.

---

647 J. M. Cramp, 99–101.

이처럼 12세기와 13세기의 종교개혁은 로마 교회조차도 인정할 수밖에 없을 만큼 놀라운 성공이었다. 혁신적인 성공으로 이끌 수 있었던 것은 무엇보다도 사역자들의 헌신과 하나님의 말씀에 대한 공경이었던 것이다.

(3) 말씀을 배운 대로 생활하는 신자들

말씀은 사람들을 변화시켜 놓았다. 참 신자들은 말씀을 사모하고 교회의 참 구성원으로서 올바르게 살아가려고 노력했다. 이로써 좋은 나무는 반드시 좋은 열매를 맺을 수밖에 없다는 진리를 증명했다.

종교의 이름으로 행해지는 팽배한 부조리에 역겨워하며, 매일 행해지는 사기와 범죄 행위에서 철저히 분리됨으로 로마 교회가 제시하는 것보다 훨씬 더 높은 수준의 도덕적인 삶을 살았다. 로마 교회의 교권에 의하여 이단으로 낙인찍히고 박해받는 이들이 삶을 통해 보여 주는 역설적인 모습과 가르침은 더 많은 사람들을 개혁 운동 안으로 참여시켰다. 모든 이들은 심령의 변화에 만족하였고 하나님 안에서 기뻐하였다. 새 개종자들도 선배들을 따라 올바른 삶을 살게 됨으로 주변의 모든 사람들과 공동체들에게서 변화된 삶에 대한 칭찬과 존경을 받았다.

남부 프랑스의 영주들은 그들을 표 나게 보호하였는데, 그들이 항상 정직하고 근면한 소작민들로서 성실하게 세금을 납부하였고 지역의 재산 증가에 크게 공헌하였기 때문이다. 남부 프랑스 지역에서는 그들의 공동체가 세워지는 곳마다 평화와 번영 그리고 올바른 가치관과 질서가 세워져 나갔다. 그럴 수밖에 없었던 것은 그들은 모두 서로를 형제로 여겼으며, 함께하여 사랑하는 법들을 가르치고 배웠기 때문이다.

자녀들을 진리와 정직함으로 양육하고, 다른 이와 소송하거나 폭력을 사용하여 경쟁하고 승부하는 일을 포기하도록 가르쳤다. 교회의 절기를 지킨다는 명목으로 다른 사람들에게 불이익을 주지 않았고, 그들의 농장과 물품을 다 내버려두고 성지 순례를 떠나는 것과 같은 종래의 습관을 더 이상 반복하지도 않았다.

그들은 면벌부를 구입하기 위해 돈을 사용하지 않았고, 수도원을 짓거나 그것을 위해 기부하는 것을 잘못된 것이라 이해했으며, 삶의 환경을 늘 조용하고 검소하게 하고자 노력하였다. 토지 주인들은 교황의 분노로 인해 위험에 처할 줄 알았음에도 불구하고 그들을 보호하였다. 이 친절함 때문에 지주들 중 일부는 십자군에 값비싼 비용을 대신 지불해서 파산을 자초하기도 했다.[648]

이들 남부 프랑스의 그리스도인들이 알비라는 지역을 중심으로 활동했기에 알비인들이라는 이름으로 불리게 되었다. 알비인들은 당대의 부패한 세상 가운데서도 그들의 직업에 성실하였기 때문에 산업 현장의 중심 역할을 하였는데, 그들은 '일은 기도이다'라고 강조할 정도로 각자의 직업에 충심을 다하였다. 이러한 태도는 3세기쯤 뒤에 등장하는 그들의 후손 위그노들의 삶의 모습에서 그대로 찾아볼 수 있으며, 칼뱅 '직업 소명설'의 근원이 되기도 하였다.

(4) 성경 중심의 신앙적 전통, 피에몽 골짜기에서

지역의 대다수 주민들이 개혁 운동에 참여하였던 개혁 공동체의 압도적인 모습은 하루아침에 형성된 것이 아니었다. 수세기에 걸쳐 형성되었고, 그 올바른 정통성이 계속 그리고 동일하게 유지되어 왔던 것이다.

먼저 로마 주교(교황) 실베스터의 타락으로 콘스탄티노플에서 온 한 복음 증거자가 리옹(Lyon, 과거 이름은 '레옹')에 머물면서 '레옹인들'(Leonistes)을 형성하였는데, 이들이 고대 발도인들이었다. 리옹에서 발생한 박해로 피에몽의 계곡 지역으로 피신하게 됨으로 두 지역은 형제 관계가 되었다.

비길란티우스(Vigilantius, 364-408)는 사도적 신앙을 계승한 피에몽 개혁 교회의 전통을 조직한 첫 유명 지도자로, 수년 동안 밤낮 성경을 연구하고 많은 저서를 남긴 발도인들 교회의 첫 대감독직을 맡은 인물이라고도 알려져 있다. 로마 교회가 이교도의 관습을 수용하면서 이것들에 '항거'(protests)하며 사도적 신앙을 지키려는 사람들이 생겨났다. 그 배경에는 시리아 지역에 세워진 사도적 교회로부터

---

648 J. M. Cramp, 110-111.

파송된 선교사들이 있다. 그리하여 동방 교회 지도자들과 교회 회의를 개최하기도 하였고, 자연스럽게 동서방의 참 교회들이 아무 조건 없이 하나의 교회로 통합될 수 있는 바탕이 되었다.

비길란티우스 이후 등장한 유명 지도자는 조비니아누스로 그는 복음의 단순성을 강조하며 사제들의 혼인을 지지하였다. 그의 추종자들은 알프스 계곡을 피난처로 삼았고, 12세기에 이르러 대규모 개혁 운동으로 활기를 되찾기까지 복음주의적 가르침을 그대로 보존하였다.

이런 전통은 이어져서 8세기에는 튀랭의 주교 클로드가 활동하였는데, 로마 교회는 그를 비난하며 '비길란티우스의 독에 감염된 이단이다'라고 언급하였다. 이는 클로드가 고대 발도인들의 사상을 계속적으로 잘 보존하여 정통성을 유지하여 왔다는 것이다.

(5) 박해 앞에 주저앉지 않고 피에몽 계곡으로 들어가는 알비인들

개혁자들은 박해를 피해 더 높은 지대로 피신해야만 했고, 그들이 피신했던 피에몽 계곡은 사람들이 거주하기에 매우 적합하지 않은 곳이었다. 일찍 찾아오는 추위와 어둠, 늦은 계절에도 눈과 빙하로 덮인 계곡은 농사를 지을 수 있는 경작지도 아니었다. 그럼에도 그들이 그곳을 거주지로 선택한 것은 수 세기 동안 복음을 지키기 위해 박해를 받았던 믿음의 선조들이 거주하였던 곳이기 때문이다. 또한 그곳에는 신실한 사역자들이 말씀을 증거하고 있었고, 박해를 피하여 들어온 형제들, 서로 격려할 수 있는 믿음의 동역자들이 함께하였기 때문이었다.

그때에 일부는 스페인의 피레네 산맥 지역에 있는 알비인들의 공동체로 들어갔는데, 이들 공동체는 16세기 종교개혁 시대까지 파괴되지 않았고 계속 존속하였다. 파리의 사제 프리종(Frison)은 파미에의 주교 스폰다누스(Spondanus)의 생애를 기록하면서 '그 주교는 피레네 산맥 지역에서 알비인들의 한 교회를 발견하였는데, 그곳은 박해로부터 완벽하게 숨겨질 수 있는 그런 장소였다'고 언급한다. 스페인에서도 많은 사람들이 개혁에 참여하였는데, 알폰소(Alphonso)의 통치 아

래에서 일어난 잔인한 박해 때에 알비인들과 발도인들은 그 박해를 피할 수 없었다.[649]

1) 첫 번째 대규모 이주

잉글랜드의 신학자 파버는 다음과 같이 주장했다. "카타르인들과 발도인들이 종국적으로 하나의 교회로 연합될 수 있었던 것은 그들이 오랜 시간 동안 동일한 지역에서 형제로서 서로 섞여 존재하였던 역사적 경험 때문이었다."[650] 알비 지역에서 동일한 삶의 목적을 갖고 개혁 교회를 위해 활동하다가 박해 때문에 피에몽에서 또 다시 생사고락을 함께하였기 때문에 이들이 동일한 신앙고백을 하는 하나의 공동체가 되는 일을 그 어떤 것도 막을 수 없었던 것이다.

1165년에 일어난 종교적 박해 때문에 프랑스에서 출발하여 직선거리로 700km가 넘는 험악한 산길을 통해 피에몽 계곡으로 이주한 대규모 이민자들이 있었다. 이들이 프랑스의 발도인들이 아니라면 카타르인들 또는 알비인들로 불리는 이주민들이었을 것인데, 그렇다면 이 사건은 피에몽의 보두아들과 프랑스의 알비인들이 합류한 뚜렷한 첫 사례가 된다. 만약 이 '알비인들'이 정말 마니교도들이었다면, 그들이 발도인들(보두아들)의 집단 거주 지역으로 찾아 들어갔을 리도 만무하거니와 그들이 그곳에 이르렀다 한들 발도인들 공동체에 흡수되거나 연합될 수 있었을 리는 더욱 만무했을 터이다. 이때 프랑스 이민자들은 주로 피뉴롤(Pignerol) 계곡에 정착하였는데, 기존의 계곡민들은 이 피난 이주민들을 형제로 대하여 친절하게 받아들였고, 그들은 어떤 충돌이나 갈등이 없이 기존 정착민들인 보두아들 사이에 자리 잡으면서 16세기 종교개혁 시대까지 그곳에 계속 남아 있었다.

박해를 당하여 피신한 이 프랑스인들은 과연 누구였을까? 분명히 그들은 피에르 발도의 추종자들인 리옹의 가난한 사람들은 아니었다. 왜냐하면 피에르 발도는 1160년에 개인적인 거듭남을 경험하였으니, 그가 중생을 경험하고 곧바로 소

---

649 Pierre Allix, *Remarks upon the ecclesiastical history of the ancient churches of Albigenses*, 264-265.

650 George S. Faber, 497-498.

명을 따라 사역을 시작했다 하더라도 불과 5년 동안에 피에르 발도를 따르는 그 많은 개종자들이 발생할 수는 없었을 것이기 때문이다.

사무엘 모랜드는 이 이민자들이 피에르 발도 이전의 발도인들이라고 주장한다. 이런 견해는 프랑스의 발도인들 교회가 언제 시작되었는지를 논의하는 중요한 문제의 한 시점이 된다. 피에르 발도에 의해 시작된 '리옹의 가난한 사람들'은 1170년 이후에 조직되었고, 초기에는 매우 적은 수의 작은 공동체였기 때문에 1165년에 피에몽으로 이주한 대규모의 프랑스 이주자들은 카타르인들 혹은 알비인들일 수밖에 없다는 것에 동의한다. 그렇다면 이들은 페트로브뤼인들과 앙리인들로서 이들에 대한 그 시기의 박해 때문에 이들은 유혈 사태를 피하여 그곳으로 들어갔을 것이다. 그리고 이런 획기적인 이주와 합류가 발생하기 위해서는 피에몽의 보두아들과 프랑스의 알비인들 간에 이미 오랫동안 교류가 있었을 것으로 추정하는 것은 너무나 자연스럽다.[651]

도미니크회의 수도사인 뱅상 페리에(Vincent Ferrier, 1350-1419)는 1405년에 전도할 목적으로 피에몽 계곡에 머물렀다. 그는 "그곳에 발도인들과 알비인들 교회가 우호적으로 함께 거주하고 있었으며, 그곳에서 수많은 알비-카타르인들도 목격하였다"고 기록하고 있다. 그는 또한 "1405년이 지나면서 이 지역의 그리스도인들은 '발도인들'이라는 이름으로 통합되기에 이르렀으며, 그 이후 대립으로 인한 상호 분리나 어떤 파벌도 그곳에서는 존재하지 않았다"라고 증언하였다.[652]

2) 두 번째 대규모 이주

20년에 걸친 알비 십자군(1209-1229)의 잔혹한 학살과 그 이후 종교 재판 관련자들의 추격으로 많은 알비인들이 북부 이탈리아의 롬바르디아로 이주하였다. 북부 이탈리아에 알비인들이 쉽게 접근하고 또 그곳에 정착할 수 있었던 것은 교황권과 황제권의 충돌 때문에 미처 이곳에서까지 박해가 야기되지 않았기 때문이다.

---

651 George S. Faber, 501.
652 George S. Faber, 527-528.

그런 시기의 정점이 황제 프리드리히 2세(Frederick II, 재임 1220 – 1250)의 치세로서, 그는 이탈리아와 교황령을 지배하고 있었기 때문에 교황권에 저항하는 개혁자들을 그냥 두어 교황권을 위축되게 하는 효과를 유도하였다. 교황의 처지에서도 괜히 롬바르디아의 개혁자들과 갈등을 만들어 소모전을 벌일 여유가 없었기 때문에 박해를 주도적으로 일으킬 수가 없었다. 또한 이탈리아 북부에 산재한 많은 도시들의 권력자들 역시, 교황의 간섭을 받지 않고 도시의 독립을 계속적으로 유지하기 위해서 카타르인들이나 발도인들을 대상으로 반이단법을 제정하지 않았다. 물론 이는 그들에 대한 동정 때문이 아니었고, 그들이 사라지게 되면 그 공백으로 당연히 로마 교회의 권력이 더욱 확대되어 들어올 것이었기 때문이었다. 이런 시대적 상황을 배경으로 이탈리아의 알비인들은 신성 로마 제국 황제를 지지하는 기벨린(Ghibelline)의 보호 아래 상대적으로 자유롭게 신앙적 망명 생활을 해 나갈 수 있었고, 그들의 본향인 랑그독의 알비인들 교회를 지원할 수도 있었다.[653]

그러나 얼마 후 프리드리히 2세가 죽고 교황권이 강화되어 이 지역에 대한 로마 교회의 영향력이 확대되면서 이 지역의 개혁 운동은 쇠퇴할 수밖에 없게 되었고, 핍박이 일어나자 이탈리아의 마지막 알비인들은 피에몽의 더 깊은 계곡으로 들어갈 수밖에 없었다. 그들은 거의 미미한 존재로 발도인들 속에 공존하였다. 1332년에는 종교재판소의 사제를 살해한 혐의로 발도인들과 알비인들이 함께 탄압을 받게 되면서, 이제 박해는 당시 참된 교회를 증명하는 특별한 표식(標式)이 되었다.[654] 그럼에도 이 피에몽의 보두아들은 잉글랜드와 플랑드르, 보헤미아로 선교사들을 파송하여 개혁 신앙을 더욱 확장시켜 나갔다.

이제 다음 장에서 살펴보려는 내용은 '리옹의 가난한 사람들' 혹은 프랑스 발도인들, 그리고 카타르인들, 알비인들의 상호 관련성에 관한 것이다. 이들의 역사적 형성 배경과 형성 과정, 그리고 각각의 경계를 살피면서 유래와 관련성, 유

---

653 Sean Martin, *The Cathars: The Most Successful Heresy of the Middle Ages*(Harpenden: Pocket Essentials, 2005), 141-142.

654 Sean Martin, 146.

사성과 동질성, 역사적 차이와 다른 모양의 경험을 통하여 그들이 어떻게 변화하다가 서로 만나게 되고 상호 영향을 교환하게 되는지를 볼 것이다. 여기에서 다양하고 복잡한 잣대로 이들을 비방하고, 자주 이단으로 취급했으며, 심지어 개신교회와 개혁 신앙의 진영에서조차 이들을 이단으로 인정하여 수용하지 않았음은 물론 오히려 배척하고 공격하는 등의 비극적인 역사까지 포함하여 다루게 될 것이다. 어떤 근거와 기준으로 이들을 이단시하게 되었는지, 이들 신앙 공동체들은 역사적으로 어떤 독립성과 내외면적 연관성을 유지했는지, 그들이 교류한 것의 질과 내용은 어떤 것이었는지, 그 결과로서 연합과 합류, 융합의 과정과 수준은 어땠는지를 알아가게 될 것이다.

근래에 발견되고 연구된 자료들과 이 시기를 보여 주는 당대와 주변 시기의 신뢰할 만한 문서들이 진전된 증거들을 확인해 주었기 때문에 이런 연구들은 가능하게 되었다.[655]

3. 알비 십자군

프랑스 왕 필리프 2세(Philippe II, 재위 1180-1223)는 프랑스를 유럽 내 최고의 그리스도교 왕국으로 만들겠다는 야심과 함께 왕국의 영역 확장을 위해 노력하였다. 왕권 확립을 위해서는 우선 대영주들의 세력을 약화시킬 필요가 있었고, 그들의 힘을 빼기 위한 전략의 일환으로 대영주들이 십자군 전쟁에 참여케 하여 영지를 떠나도록 만들었다. 한편, 베니스와 마르세유 같은 도시 국가들처럼 12세기 당시 거대한 특권을 누리고 있던 툴루즈의 백작이 프랑스 왕의 지배에서 독립하여 잉글랜드 왕과 가까워지는 난감한 상황을 방지하기 위해서는 툴루즈 백작을 제거할 필요가 생겼다. 그리하여 필리프 2세는 영주들의 세력을 약화시키기 위해 교회 권력과 부르주아 계급과 손을 잡게 된다.

---

655 Faber G. Stanley, 515.

교황의 입장에서도 남부 프랑스에서 교회 권력이 힘을 쓰지 못하고 있던 상황에 매우 언짢아하던 참이었다. 특히 툴루즈의 백작은 정치력을 차근차근 신장시켜 나가면서 납세자의 주축인 시민들에게 종교의 자유를 부여하여 교회의 수입에 직접적인 타격을 입히는 것은 물론, 그 지역 사제들이 현저히 존경심을 잃도록 만들 뿐 아니라 하위 사제들이 사제직을 횡행하게 포기하도록 만들고 있었다. 이런 시대적 상황 가운데 프랑스 왕과 교황은 각자의 목표 달성을 위해 상호 동맹의 필요성을 절감하고 있었는데, 결국 이런 배경 아래에서 알비 십자군이 조직되고 당대의 개혁 신앙 그룹에 치명적인 위해를 입히는 거대한 박해가 일어나게 되었다.

프랑스 왕의 남하 정책과 교황권의 영향력 강화 책동으로 위기감을 느낀 또 다른 세력은 아라곤이었다. 스페인 북부와 피렌체에서 남부 프랑스에 면하는 지역에 자리 잡고 있었던 아라곤 제국 역시 이러한 일련의 정치적 환경 가운데서 자구적 생존 전략을 구사할 수밖에 없었는데, 이라곤 왕은 카타르인들의 편에서 그들을 보호하려는 전쟁에 참여하게 되었다. 이로써 그는 남부 프랑스 영주들과 힘을 합쳐 북에서 남하하려는 프랑스와 이탈리아로부터 교세와 영향력을 확대해 보려는 교황을 방어하고자 했다. 이런 복잡한 이해 관계가 만나 서로 충돌하게 되었으므로 알비 십자군 전쟁은 13세기 초, 당시 남부 유럽 전체가 가담하는 국제전의 양상을 띠게 되었다.

(1) 교황의 특사 살해 사건

툴루즈의 레이몽 6세(Raymond VI) 백작은 알비인들 공동체에 직접적으로 소속되지는 않았지만 그의 아내와 여동생이 알비인들이었기에 알비인들의 활동을 제한하지 않았다. 이 지역의 영주들은 교황이 성지 탈환의 명목으로 십자군을 조직하여 교황권을 확대시켜 나가는 것을 염려하고 있었다. 이후에라도 교황이 교황권을 부정하는 개혁자들이 많이 거주하는 이 자유 도시들을 침공하거나 성가신 시비거리들을 내세워 내정 간섭을 시도할 수 있을 것이라 예견하였기 때문이다.

예상대로 이 지역 주교들 가운데서도 알비인들에게 동조하는 이들이 생기자 교황은 그 주교들을 처벌하더니, 마침내 1207년에는 알비인들을 보호하는 귀족들과 툴루즈의 레이몽 백작을 파문시키기에 이르렀다.[656]

1208년 레이몽 백작은 교황 특사 피에르 카스텔노(Pierre de Castelnau)와 생 질(Saint-Gilles)에서 만났는데, 격렬한 언쟁 중에 그의 부하가 그 특사를 살해하는 사건이 발생하였다. 이에 제4차 십자군 전쟁(1202-1204)을 일으켜 비잔틴 제국의 콘스탄티노플까지 찬탈한 바 있었던 교황 인노켄티우스 3세는 '교황 특사 살해 사건'을 교황권에 대한 도전으로 받아들여 크게 격노하였고, 랑그독 토벌을 위한 십자군 출정의 칙서를 발표했다. 그리고 프랑스 왕 필리프 2세에게 알비 십자군의 수뇌가 되어 줄 것을 제의하였다. 그에게는 안 된 일이었겠지만, 프랑스의 필리프 2세는 교황의 제의를 거절했다. 그렇지만 필리프 2세의 예속 영주인 레스터(Leicester) 백작 시몽 몽포르(Simon de Montfort)에게 지휘봉을 맡겨 알비 십자군을 일으키는 데 성공하였다.[657]

(2) 알비 십자군의 잔혹한 학살

교황은 십자군에 참여하는 군인들에게는 고해성사의 모든 의무를 면제해 주며 연옥에서의 형벌 기간도 면제해 주는 대사면(大赦免)령을 선포하였다. 또한 성전(聖戰) 기간 동안에는 피를 흘려도 죄가 되지 않는다고 선포하고, 재물을 탈취할 권리까지도 허락하였다. 이에 면벌과 부를 동시에 얻기 위해 2만 명의 기사와 농민들이 유럽 각지에서 자원하여 일어났고, 성전의 미명 아래 합법적 살인과 강도질을 자행하였다. 이 기간 동안 적게는 20만 명, 많게는 100만 명이 학살되었으며, 살아남은 사람들도 눈이 찢기는 것과 같은 이루 말할 수 없는 학대와 잔혹한 피해를 입었다.

---

656 *Sketches of the Waldenses*, 22.
657 *Sketches of the Waldenses*, 22.

화보124: 발도인들을 학살하는 교황의 십자군[658]

1209년 알비 십자군은 광기에 휩싸여 십자가를 앞세우고 베지에를 향하였고, 반십자군 편에서는 툴루즈 백작 레이몽이 자신의 영지들을 지키기 위하여 직접 지휘관이 되었다. 베지에는 알비인들의 주요 활동 장소 중 한 곳이었기 때문이었다. 그들을 파괴하려는 십자군이 몰려온다는 소식을 접한 베지에 백작은 도시 밖으로 달려 나가 교황 특사에게 무릎을 꿇고 도시를 대표하여 용서를 구하였다. 백작은 "이 도시 안에는 훌륭한 로마 교회 신자들이 많이 살고 있는데 같은 신앙을 가진 십자군에 의해 살해되는 것은 부당하다"고 호소하였다. 이에 특사는 도시 전체가 로마 교회의 신앙을 수용하지 않으면 무시무시한 결과를 초래할 것이라고 엄포를 놓았다.

그리하여 백작은 도시로 돌아가서 주민들을 불러 모으고, 오직 살 길은 교황 특사의 말에 복종하는 것뿐이라며 알비인들에게도 그들의 종교를 포기하고 로마 교회 품으로 돌아갈 것을 간절하게 요청하였다. 그러자 알비인들은 "목숨을 구걸하기 위해 신앙을 포기할 수는 없습니다. 만약 하나님께서 기뻐하신다면 저희들을

---

658 J. A. Wylie, *The history of Protestantism*, vol. 2, 439.

지켜 주실 것이며, 믿음을 지키기 위하여 우리가 죽음으로 나아가 하나님께서 영광을 받으신다면 이 역시 커다란 명예입니다. 몸과 영혼을 능히 멸하시는 하나님보다 몸만을 죽일 뿐인 교황을 불쾌하게 하는 편이 더 낫습니다"라고 대답하였다.

백작은 베지에 주교를 특사에게 보내어 이단을 설득시킬 수 있는 제일 좋은 방법은 폭력이 아니라 부드럽게 대하는 것이며, 알비인들을 제거하게 될 때라도 로마 교회 교인들은 제외시켜 줄 것을 재차 탄원하였다. 그러나 시토회 수도원장이며 나르본 대주교인 아르노 아모리(Arnauld Amaury)는 주교에게 벌컥 화를 내었고, 십자군을 향하여 "죽여라! 모두 죽여라! 남자도 여자도 아이들도 다 죽여라! 로마 교회 교인들도, 알비인들도 다 죽여라! 그들이 죽으면 주께서 자기의 자녀들을 골라 내어 천국으로 데리고 가실 것이다"라고 외쳤다.

이에 십자군은 십만여 명이 머물고 있는 도시를 향하여 쳐들어가서 보이는 대로 죽이고, 도시에 불을 질렀다. 로마 교회의 마들렌 성당 안으로 피신하였던 7천 명의 사람들까지도 성당 안에서 무참히 살해당했고, 그들의 시신은 불태워졌다. 십자군은 아름다운 이 도시를 연기 가득한 폐허로 만들었다. 거리에는 수천 구의 시신들이 즐비하였고, 단번에 6만여 명이 학살당했다.[659] 도시가 점령된 후 사제들과 수도사들은 생나제르(Saint Nazaire) 성당 밖으로 나와 거리에서 기도 행렬하면서 알비인들이 제거된 것에 대한 기쁨의 표시로 '테 데움'(Te Deum)으로 자기들의 하나님을 찬양하였다.[660]

---

[659] 베지에 학살 당시 피해자 당사자들은 다 죽임을 당하였기에 피해자 숫자는 정확히 파악되지 않으나 아르노는 20,000명을 죽였다고 보고하였다.

[660] Pierre Allix, *Remarks upon the ecclesiastical history of the ancient churches of Albigenses*, 218–221.

화보125: 베지에 학살의 역사를 모르는 관광객들에게는 강이 흐르는 언덕 위 생나제르 성당의 멋진 풍경만 보일 것이다[661]

1210년 교황 특사는 다시 미네르브(Minerve)를 포위하면서 이번에는 베지에에 서와 달리 로마 교인들과 개종할 사람들의 생명을 안전하게 지킬 것을 명령하였 지만, 십자군의 기사들은 "이단들을 용서하지 말라!"고 외쳤다. 이 지역의 알비인 들 역시 "우리는 우리의 신앙을 포기할 수 없습니다. 우리는 당신들의 로마 교회 를 거부합니다. 우리는 우리의 믿음을 포기하지 않을 것이기에 당신들은 지금 무 모한 일을 하고 있을 뿐입니다"라고 대응하며 잔혹한 박해자들의 설득을 거절하 였다. 이날, 140명의 남녀들이 불구덩이 속으로 던져졌다.

교황은 학살 명령에 충성한 지휘관들에게 그 대가로 정복한 땅을 하사하려 하 였지만, 그들은 이를 영광스럽지 않게 여겨 거절하였다. 그러나 학살의 주도자였 던 시몽 몽포르는 그 땅들을 하사받았다. 다만 시몽의 기쁨은 그리 오래 가지 못 하였다. 툴루즈 주민들이 다시 집결하였고, 시몽은 그들을 진압하기 위해 1218년

661 출처: S. Baring-Gould, *In troubadour-land. A ramble in Provence and Languedoc* (London: W. H. Allen & co Ltd., 1891), 241.

성 요한 기념일 다음 날에 툴루즈를 포위하고 공격하다가 전사하고 말았다. 일설에 따르면 한 여인이 던진 돌덩이에 맞아 죽었다고 한다. 그리고 그의 아들 아모리(Amaury)는 무기력하여 아버지에게서 물려받은 영지를 지키지 못하고, 레이몽 6세에게 모두 빼앗기고 말았다.[662]

화보126: 시몽 몽포르의 죽음[663]

662 Samuel Bastide, *La Tour de Crest et ses martyrs* (Mialet: Musée du Désert, 1962), 25-27.
663 출처: François Guizot, *A Popular History of France From The Earliest Times*, vol. 2, 104.

알비인들을 진멸하기 위한 활동은 거의 20여 년간 계속되었다. 또한 표면적으로는 전쟁 캠페인이 끝났지만, 종교재판소를 통한 또 다른 양상의 학살이 계속되었다. 그리고 15년 이상의 세월이 더 지난 1245년에야 알비인들의 마지막 요새인 몽세귀르(Montsegur)가 함락되었다. 여기서는 9개월간의 공격이 이루어졌다. 그때 카타르인들의 온전자 200명 전원을 화형시켜 버렸기에 이로써 알비인들과의 전쟁은 종료된 셈이었다.

프랑스 왕들 가운데 유일하게 성인의 반열에 올랐던 루이 9세가 1226년에 왕으로 즉위한 후 로마 교황과 손을 잡고 이 학살 전쟁에 뛰어들었던 것은 로마 교회에 이단 박멸이라는 명분을 주면서 동시에 프랑스 왕국에 포함되지 않은 남부 지역을 차지할 기회가 되었기 때문이다. 이런 처참한 학살을 저질렀음에도 불구하고 이 박해자는 그의 호의를 얻어 내려는 교황 보니파키우스 8세의 간사한 아부에 의해 성인의 반열에 올랐고, 프랑스인들에게는 심지어 학살이 이루어졌던 남부 프랑스의 주민들에게도 오늘날까지 선한 군주의 한 사람으로 기억되고 있다.

(3) 종교재판소(l'Inquisition) 설치

로마 교회는 개혁 신앙을 전염병처럼 여기고, 무력으로도 쉽게 사라지지 않는 그들의 사상을 철저히 제거하기 위하여 전전긍긍했다. 교황 그레고리우스 9세는 1232년에 종교재판소를 설립하였다. '종교 재판'을 가리키는 라틴어 인퀴시티오(Inquisitio)라는 용어는 원래 '조사, 심문, 탐구'라는 뜻이었다. 그러나 이 말은 원래 의미와는 달리 '이단 심문', '종교 재판'이라는 뜻으로 정착하게 된다. 고문 집행관들인 수도사들은 사람이 미칠 지경까지 잔혹한 고문을 자행하거나 화형을 자행했기에 로마 교회 교인들조차도 치를 떨고 분노할 정도에 이르렀다. 이 종교 재판은 프랑스의 남부 전역을 뒤흔들어 놓았다. 1241년 분노한 군중들은 갇힌 사람들을 구출해 내기 위해 카르카손에 있는 종교재판소 감옥을 습격하기까지 했다.[664]

---

664 Samuel Bastide, 28.

원래 이단 심문은 주교나 교황의 사절이 행할 수 있도록 되어 있었지만, 프란체스코 수도회와 도미니크 수도회에 이단 심문 권한을 위임하였고, 교황 인노켄티우스 4세는 이단 심문에 고문까지도 허락하였다. 이로써 길 잃은 영혼들을 위해 기도하고 그들을 진리로 이끌어야 했던 프란체스코 수도회와 도미니크 수도회는 그 존재의 이유가 달라지고 말았다. 그들의 수도원은 학살과 고문의 장소로 탈바꿈하고 말았던 것이다.

종교재판소의 권한은 점차 확대되어 단순히 재판만 하는 것이 아니라 추적, 적발, 체포, 재판, 처벌을 결정하기까지 위력을 행사했다. 재판 과정에서도 피고인에게 유리한 변호는 허락하지 않았고, 항상 피고들에게 불리한 증언만 채택되었다. 참혹하기 그지없는 고문들에도 개종하지 않는 개혁자들에게는 여지없이 화형을 선고했다. 하지만 사형 집행 시에 국가 권력 기관에 이첩시켜 반교회적인 이단의 죄뿐 아니라 반국가적인 반역죄까지 포함시켜 처형했다. 사제들은 화형장에 항상 참석하여 이단의 죽음이 정당함을 설교했고, 그 후 화형은 집행하였다.

알비 십자군 연대기 저자인 피에르 드 보 세르네는 개혁자들에 대하여 자행된 학살의 정당성을 다음과 같이 주장하였다. "쓴 뿌리가 돋아나 사람들의 마음에 깊이 뿌리를 내리게 되면 쉽게 멸절되지 않는다. 마치 신체의 작은 부위에 나병이 생기면 몸 전체로 퍼져 몸을 병들게 하는 것처럼, 이단은 페스트처럼 이웃 도시로 전염이 되어 전체를 다 죽일 수도 있다. 툴루즈와 인근 도시와 마을에 뿌리내린 이단들은 무서운 전염병을 감염시켰다."[665]

(4) 몽타이유(Montaillou)의 알비-카타르인들

종교 재판관들은 잔존하는 카타르인들을 색출하기 위하여 피레네 산맥의 1300미터 고지대에 위치한 몽타이유라는 작은 마을에서도 심문을 진행했다. 그리고 에마뉘엘 르 루아 라뒤리(Emmanuel Le Roy Ladurie)는 그 과정을 기록한 문서

---

665 Pierre Vaux de Cernay, *Histoire de l'hérésie des Albigeois* (Paris: Brière, 1824), 5–6.

를 오늘날의 언어로 '몽타이유'라는 제목으로 출판하였다. 이 문서의 작성자는 툴루즈 근교 파미에의 주교이며 악명 높은 종교 재판관인 자크 푸르니에(Jacques Fournier)였는데, 그는 1308년 종교 재판관으로 임명되어 아이들을 제외한 몽타이유 주민 114명 모두를 대면 조사한 후 5명을 화형시켰다. 그들 중 4명은 파미에 지역의 발도인들이었고, 1명은 몽타이유의 카타르인인 기욤 포르였다. 푸르니에 는 철저한 이단 색출의 공로를 세우고 나중에는 아비뇽 유수 시절에 교황 '베네딕 투스 12세'(Benoit XII)로 즉위하는 영광을 누렸지만, 그의 이름은 개혁자들을 쇠사 슬에 묶어 음산한 지하 감옥에 투옥시킨 후 개종시키기 위하여 갖은 고문을 자행 한 잔인한 고문관으로서의 모든 행적과 함께 기록으로 남아 있다.

어떤 학자들은 알비 십자군의 학살 대상에 발도인들이 포함되었던 것이 종교 재판소가 알비인들과 발도인들을 제대로 구분하지 못한 실수에서 비롯되었다고 주장하기도 하는데, 이는 전혀 합당한 설명이 아니다. 십자군을 이끌고 다녔던 도미니크회 수도사들은 이단 판별의 최고 전문가들이었는데, 그들에게 발도인들 이나 카타르인들은 전혀 다르지 않은 동일한 신앙을 가진 공동체였기 때문이다.

교황이 알비인들을 대적하는 비방문을 포고할 때도 '발도인들'이라고 지칭하 여 발도인들에게 명백한 적의를 표명하며 그들을 이단으로 척결할 것을 명하였 다. 알비 십자군을 이끌었던 교황 특사도 카타르인들은 발도인들의 신앙을 소유 한 자로 판단하였다. 또한 종교재판소의 수도사들도 알비인들을 발도인들과 함 께 동일한 이단의 죄명으로 기소하였다.

순교의 상황에 직면한 알비-카타르인들의 신앙 고백과 박해를 수용하는 선 언들에서 우리는 무엇을 보게 되는가? 하나님과 하나님의 말씀을 대하는 이들의 신앙과 우리의 신앙 사이에서 그 어떤 차이와 구별을 찾을 수가 없다는 점이다. 이것이 알비-카타르-발도인들의 신앙에서 우리가 지금 확인할 수 있는 확고한 사실이다.

화보127: 산 아래에서 바라본 몽타이유의 성곽

성 안의 도시들은 철저히 파괴되고 잔해만 남아 있다. 로마 교회는 남부 프랑스에서 알비인들의 신앙을 완벽하게
박멸하려고 노력하였지만, 16세기의 거대한 프랑스 개혁 교회의 탄생을 막지 못했다. Photo©권현익

로마 교회는 카타르인들의 마지막 저항지인 몽세귀르를 함락시키고 도시와
주민들을 불태웠지만, 알비인들은 결코 사라지지 않았다. 살아남은 알비인들은
세벤느의 산악 지대와 피에르 발도가 활동하던 도피네 지역 같은 접근하기 힘든
험악한 산악으로 피신하여 동굴을 피난처 삼아 개혁자의 삶을 지속하였다. 일부
는 피에몽 계곡으로 이주하였으나 그곳 역시 박해를 받고 있었던 터이므로 근처
롬바르디아 지역으로 이주하게 되었다. 그 산악 지역들에 먼저 정착했던 발도인
들은 도피해 온 형제들을 따뜻하게 맞아 주었고, 그들이 정착할 수 있는 장소들

을 안내하기 위해 종교재판소 박해자들의 눈을 피해 야간 도보 이동으로 다음 목적지를 향하였다.

알비 십자군의 폭력으로 남부 프랑스의 알비-카타르인들 혹은 알비-발도인들이 완전히 소멸된 듯 보였지만 그들이 배우고 가르쳤던 신앙은 여전히 진리의 불꽃으로 타올랐다. 그리고 복음을 애타게 갈구하는 이들의 마음속으로 타들어 갔다. 300년이 지난 뒤 순교의 피를 쏟았던 그 도시들에서는 '루터교'와 '위그노'의 이름으로 프랑스와 유럽 전체를 깨우는 개혁자들이 등장했다.[666] 박해받는 형제들을 기꺼이 환영하고 돕는 개혁 공동체의 모습은 17세기 발도인들과 위그노들이 스위스의 개신교 도시들로 피신하였을 때 그대로 다시 재현되었다. 피신해 온 이주자들의 정착을 돕고 그들과 공존하는 전통은 여전히 그들 가운데 살아 있었던 것이다.

(5) 알비의 생 세실(Sainte-Cécile) 대성당

20년간 십자군을 동원하여 알비인들을 학살하였지만, 어디서 어떤 개혁자들이 또 다시 일어날지 알 수 없는 불안함이 계속되었다. 그리하여 로마 교회는 알비에 거대한 성당을 건축하여 그 위세에 압도되도록 함과 동시에 알비인들을 진압한 기념비적 건물로 후대에 길이 남기고자 하였다. 이 프로젝트는 알비의 주교이며 종교 재판관이었던 베르나르 카스타네(Bernard de Castanet, 1240-1317)에 의해 1289년에 시작되어 근 200년이 지난 1480년에 마무리되었다. 이 대성당은 벽돌로 지은 성당 건물들 중에서 세계 최대의 규모이다. 총 길이 113m, 폭 35m, 높이 40m에 이르는 웅장한 건물이지만, 전쟁에 대비한 요새로 만들었기 때문에 출입구는 매우 좁고 그 수도 많지 않다. 이단 진멸의 캠페인을 기념하는 이 건물은 시칠리아에서 순교한 성녀 세실(200-230)에게 헌정하였기 때문에 성당 이름을 그녀의 이름에서 따 왔다. 로마 교회는 이 건물 안에 알비 십자군을 이끌다가 죽은 사

---

666 G. H. Orchard, 226.

제들을 순교자로 기념하기 위하여 경당을 만들기까지 했지만, 그들이 잔혹하게 살해한 수십만 명의 순교자들에 대해서는 그 어떤 용서도 구하지 않았다.

화보128: 알비 생 세실 성당 전경. Photo©권현익
화보129: 알비 대성당 내부. Photo©권현익
화보130: 순교자의 뒷목에 칼자국이 선명하다. Photo©권현익

(6) 성모 숭배의 중심지인 도미니크 수도회

스페인 출신의 도미니크(Dominikus Guzman, 1170-1221)는 그의 출생부터 신비화되어 있다. 그의 어머니 아자의 요안나(Juana de Aza)는 어느 날 개 한 마리가 입에 횃불을 물고 세상 곳곳을 다니며 불을 지르는 환상을 본 후에 그를 임신하였고, 그를 낳아 유아 세례를 행할 때는 성수가 그의 이마에 부어지던 순간 별 하나가 그의 이마에서 빛났다고 한다.

그가 사제가 된 이후 행했다는 대표적인 기적들에는 허투루 비껴갈 수 없는 설화들이 포함되어 있다. 그가 툴루즈를 여행하던 중 묵게 된 여관의 주인이 이단 알비인이었던 것이다. 그는 그날 밤을 하얗게 새우며 그 알비인 주인에게 진리를 설파하여 마침내 그를 이단으로부터 돌이키는 기적을 행하였다. 그는 프랑스의 블랑슈 여왕을 알현하여 임신하지 못해 상심한 그녀에게 묵주의 기도를 가르쳐 바치게 함으로써 루이(성인 루이 9세)를 임신하게 만들었다고도 전해진다.[667]

그가 알비인들의 개종을 위해 노력하던 어느 날, 성모가 그에게 직접 나타나 묵주(로사리오)를 주면서 이단 제거를 위해 이를 사용할 것을 명령했다. 이것이 소위 묵주 기도의 기원이 되었다. 도미니크는 성모의 출현을 직접 목격했기에 그가 이끄는 수도회는 자연스럽게 성모 찬양을 주요 주제로 삼을 수밖에 없었다. 1254년 알비 공의회에서는 성모송을 사도신경, 주기도문과 동등한 위치에 올려놓고, 7세 이상의 모든 교인들에게 이를 가르칠 것을 결정하기도 하였다. 이처럼 성모 숭배의 중심지가 된 도미니크 수도회는 알비인들을 박해하고 박멸하는 센터가 되기도 했던 것이다.

---

667 목영호, 69, 73-74.

화보131: 도미니크에게 묵주를 전달하고 있는 성모 마리아. Photo©권현익

4. 점(點)으로써 선(線)이 되다

이 책은 교회론에서 시작하였다. 참 교회인 지역 교회(local church)들은 '카톨릭'(catholic)이라는 우주적 교회를 이루는 끊어지지 않을 '선'(線)으로 연결되어 있다. 그러나 그 선은 결국 각 시대에 '점'(點)으로 부름 받은 수많은 택자들의 연결일 뿐이다. 점들이 모여 교회로 세워지고 세대와 세대를 연결하는 선으로 서 있다. 점들로 선 개혁자들이 선을 이루고, 이 선을 따라 선(先)과 후(後), 또 기저(基底)와 토대(土臺)를 이루며 입체적 역사의 교회가 서 가는 것이 계대(繼代)이며 계승(繼承)일 터이다. 이것이 우리를 교회로 부르신 하나님의 뜻이다.

두 가지 점에 주목한다. 하나는 어떤 선이라 하더라도 점이 없이는 이룰 수 없다는 진리, 즉 점이 없이 이루어진 선은 없다. 그리하여 이 장면에서 자문한다. 나는 어떤 점인가? 내가 찍는 나의 점은 어떤 시대의 어떤 의미일까? 나는 어느 점에 붙어 있으며 어느 점으로 이어질 것인가? 나는 교회사의 어떤 점으로서 징검다리 노릇을 할 것인가? 하나님께서 나를 어떤 의미의 점으로 보시고 쓰시기를 원하실까? 땅 끝을 찾아서 땅을 파려고 애쓰는 선교와 섬김들, 끝 간 데 없는 땅 끝을 찾으려는 우리의 노력은 과연 진정한 끝을 향하는 바른 방향으로 서 있기는 한 것인가? '종족'들을 만든 이는 누구인가? 미전도 종족은 어디에 남아 있으며 누가 그들을 남겨 놓았는가? 오늘 우리는 무엇을 위해 수고해야 하는 것인가?

이러한 점들이 하나의 선이 되어 거룩한 카톨릭(catholic) 교회를 이루어 가며, 또 친히 이루어 놓으신 그 영광스러운 교회에 들어가 영원하신 하나님을 즐거워하게 되는 것이다. 교회는 이렇게 땅 끝에 이르고, 교회사는 이렇게 세상 끝 날에 닿을 것이다. 주께서 항상 함께하시리라는 말씀이 변함없이 그대로 서 있기 때문이다.

이와 같이 교회사는 올바른 교회론의 확립과 그 교회의 존재 의미를 어떻게 해석할 것인가에 관한 관점(史觀)의 정립을 통하여 이루어진다. 그리고 그 교회사는 택자들을 이끄시는 하나님의 일하심을 기록한 책이다. 이 역사를 접하는 자마다 참 교회의 역사를 통하여 당신의 교회를 세워 나가시는 하나님의 방법을 볼 수 있게 될 것이며 그 일하시는 방법의 경이로움에 감격하게 될 것이다. 우리는 이 책을 만들어 오면서 이러한 과정들을 짚었고, 하나님께서 어떻게 당신의 거룩한 교회를 각 세대 가운데 세우셔서 보전해 오셨는지를 살펴보았다.

16세기의 종교개혁보다 훨씬 광범위한 영역에서 더 응집된 폭발력을 보여 주었던 13세기 종교개혁은 복음에서 완전히 떠난 로마 교회의 가르침에 항거하여 일어났고, 순교를 통하여 선조들이 계승하여 준 사도적 교회의 믿음과 삶을 자신들의 모본(模本)으로 삼았으며, 또한 자신들이 맡은 개혁의 본질로 삼았다. 복음의 생명력을 지속하기 위하여 아무것도 남기지 않고 전부를 걸었던 선조들의 자취는 신(新) 사도행전 그 자체였다.

이 종교개혁 운동의 중심에 발도인들과 알비인들이 있음을 보았다. 그들의 시대에는 오늘날과 같은 교통, 통신을 통한 어떤 교류도 가능하지 않았을 뿐 아니라 상상하기 어려운 박해로 말미암아 그들은 상시적(常侍的) 지하(Undercover) 교회로 존립할 수밖에 없었다. 하지만 그들은 그들 사이의 작은 차이들을 넘어 커다란 하나의 교회로 연합하기 위하여 마음을 열고 서로에게 배우며 서로를 섬기고 도왔으며 꾸준히 성경적 관점을 구하며 일치를 이루어 나갔다. 13세기에 그들이 보여 준 강력한 복음 증거 자세와 능력은 적그리스도 세력들의 강력한 박멸 노력에도 불구하고 전혀 훼손(毁損)당하지 않았고, 이로써 그리스도의 참 교회는 음부의 권세를 이기고 든든히 서서 흔들리지 아니하고 다음 세대에 동일한 복음을 계승하여 전달하는 은사를 실증해 주었던 것이다.

(1) 새로운 후예의 출현

교회는 복음으로 새 생명을 얻는 영적 산부인과와 같은 곳으로 거기에는 늘 다음 세대와의 연결이라는 현상이 상존한다. 건강한 교회는 당연히 동일한 신앙을 가진 영적 후예들을 출현케 하는 것이다.

13세기 종교개혁은 16세기 루터를 중심으로 한 종교개혁의 기틀이 되어 주었고, 루터나 그 동료들의 시대에 개혁 사상이 유럽 전역에 재빨리 전달될 수 있는 바탕을 만들어 주었다. 13세기 종교개혁은 모판의 역할을 해서 유럽의 모든 사람들에게 이 복음의 싹을 틔울 수 있도록 만든 것이다. 또한 알비인들의 활동 중심에 있었던 툴루즈는 화전을 일구는 산불의 그림을 분명하게 설명해 주었다. 잿더미 아래에서 새순이 피어나듯, 그 처절한 박멸 수준의 박해 아래에서 1562년, 약 2만 명의 위그노들이 일어나는 광경을 역사 위에 이루어 냈다. 1532년 툴루즈 대학 법학 교수였던 장 카오르(Jean de Cahors, 또는 Jean Caturce)를 산 채로 화형시킨 사건은 도리어 이곳 알비인들의 영적 잠재력에 불꽃을 입혀준 계기가 되었던 것이다.

루터의 개혁 사상이 툴루즈에 들어왔을 때 그들에게 이 사상은 전혀 새로운 것이 아니었다. 오래전 발도인들과 알비인들이 가르쳤던 신앙과 동일한 내용이었기에 주저함이나 지체함이 없이 곧 바로 수용되었고, 그곳에서 성황(盛況)을 이루었다. 알비인들이 피를 뿌렸던 툴루즈, 알비, 카르카손, 파미에, 베지에, 푸아,

이곳에서의 우수한 직조공들은 예외 없이 위그노들이었는데, 그들의 직업적인 성향과 동질성이 이 개혁 사상 확장에 직접적인 도움이 되기도 하였다.

(2) 13세기 종교개혁의 주요 의미인 교회 연합 운동

13세기의 종교개혁이 유럽 전체에서 강력한 운동으로 발전할 수 있었던 중요한 이유는 동방 지역에서 박해를 당하면서도 살아남아 더 큰 공동체를 형성한 '바울인들의 생존 경험'이 서방 '발도인들의 연합 추구'라는 의도를 만났기 때문이다. 동서방을 대표하는 이들 두 교회 공동체는 콘스탄티노플과 보스니아 지역에서 이미 신앙의 동질성을 서로 확인한 바 있었고, 결과적으로 그곳에서는 하나의 교회를 형성하기에 이르렀다. 여기서 얻은 유대(紐帶)로 인하여 바울인들이 서유럽으로 이동하여 왔을 때는 순조롭고 편안하게 형제 교단을 이루어 온전한 한 교회를 세울 수 있었던 것이다.

이들 동서 교회의 연합은 교회사적으로 그 어떤 경우보다 바람직한 에큐메니컬 운동의 방향성을 보여 주는 좋은 예이다. 그들은 교세와 주도권의 확보, 또는 영향력의 확장을 위해 연합한 것이 아니다. 그들은 본질적으로 동일한 신앙 고백을 한다면 지엽적인 부분이나 각 교파의 독특성을 서로 인정하면서도 얼마든지 서로를 형제로 존중할 수 있으며, 불변하시는 하나님의 말씀이라는 원칙 앞에서 언제든지 '하나(일치)'가 되어 서로가 더 '거룩한' 교회로 세워지기 위해 돕고 격려하며 충고하는 것이 얼마든지 가능함을 웅변적으로 보여 주었다.

대적들은 그들을 바울인들, 발도인들, 알비인들, 카타르인들 등으로 분리시켰고, 더 분열시키려 획책하였음에도 13세기 개혁 운동은 오히려 하나 됨, 거룩성의 추구와 보전, 보편적이며 사도적인 교회로 함께 서기 위해 서로 헌신하는 것이 얼마든지 가능함을 보여 주었던 것이다.

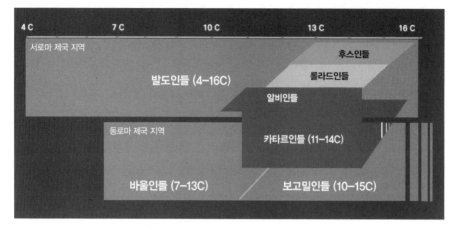

도표20: 동서방의 참 교회들이 하나의 교회로 연합되는 과정. 하나가 된 동서 교회는 알비인들이라는 이름 아래 잉글랜드에서는 롤라드의 활동으로 위클리프를 배출하였고, 후스에게 영향을 끼쳐 루터의 출생을 준비하도록 하였다.

프린스턴 신학교의 교회사 교수인 사무엘 밀러(Samuel Miller, 1769 - 1850)는 장 폴 페랭의 『고대 그리스도인의 역사』(History of the Ancient Christians) 영어 번역본의 추천사에서 분명히 밝히고 있다. "바울인들과 발도인들은 공통의 기원과 동일한 신앙을 갖고 있었다."[668] 밀러가 언급하듯이, 이들은 사도적 기원에서 비롯하는 동일한 신앙을 갖고 있었기에 진정한 의미의 에큐메니컬 운동의 모범인 교회 일치를 이루어 냈고, 이 일치는 강력한 복음 증거로써 유럽 전역을 복음으로 통일하는 역사를 일구었던 것이다.

동서방의 참 교회들이 지속적으로 개혁 운동을 이끌었던 진정한 동기는 다음과 같은 325년 '니케아 신조'의 고백을 지켜 내기 위함이었다. "우리는 하나(One)이고, 거룩(Holy)하고, 보편적(catholic)이고, 사도적인 교회(Apostolic Church)를 믿는다." 분위기 있는 건물을 지어 사람들을 모은다고 교회가 이루어지는 것이 아니다. 교회는 적어도 4가지 속성을 갖추어 간직해야 하며, 그 가운데 단 하나의 요소라도 결핍된다면 참 교회가 될 수는 없을 것이다.

선구 개혁자들이 순교의 피 흘림으로 이 영예스러운 '카톨릭(보편)성'을 오늘날 우리(개신교회)에게 넘겨주었음에도, 참 교회의 역사에 관한 인식 결여 때문에 '카

---

668 Jean P. Perrin, 2.

톨릭'이란 이름으로 불리는 것을 어색하게 여기는 동안 로마 교회에 이를 넘겨준 꼴이 되고 말았다.

동서방의 대표적 참 교회였던 바울인들과 발도인들은 단 한 번도 그들의 교세를 확장하기 위하여 교단을 조직하거나 기존 교회에 침투하여 세력과 주도권을 획책하지 않았다. 형제들로부터 경멸을 당하고 버림을 받으며 이단과 대적으로 비방당하고 박해를 받아도 그들 자신의 이름을 가지고 이기려 하지 않았던 것은 바로 4가지 속성을 유지하는 참 교회를 세우기 위함이었다.

세상 가치관이나 기준 때문에 하나 된 교회를 이루는 데 방해받지 않았고, 또는 지도자와 신자 간 일치에 방해받지 않았으며, 동일한 신앙을 고백하는 하는 참 신자라면 누구나 하나 됨 안에 한 교회의 지체로 존재함을 확신하였다. 유럽 곳곳에 발도인들을 통하여 교회가 세워지면 발도인들은 그 교회의 권위 아래로 들어가 순복하였다. 이는 에큐메니컬 운동의 진정한 모범으로 교회가 어떤 일에 전력해야 하는지, 어떻게 협력하고 동역해야 하는지를 보여 주었다.

1) 하나의 교회(One Church)

사도들에 의해 시작된 신약 교회는 유대인의 우월감과 이방인을 향한 적대감을 무너뜨린 후에 하나의 교회로 세워졌다. 남자나 여자, 가난한 자나 부유한 자의 차별을 타파하고, 동등함과 평균케 됨을 통하여 하나의 교회로 지어져 갔다.

2세기경 이레나이우스가 프랑스 리옹에 체류한 전후로 동방과 서방의 교회는 이 하나의 교회를 실제적으로 이루어 냈다. 해상로를 이용하여 지중해의 마르세유 항구에 도착한 동방의 복음 증인들은 동일한 배를 타고 곧바로 론강(Rhône)을 통하여 300km 떨어진 리옹으로 이동할 수 있었다. 해상로나 육로를 통하여 리옹과 밀라노에서 동서방 교회의 교류가 활발해졌을 때, 언어나 피부색은 하나의 교회를 형성하는 일에 더 이상 방해가 되지 않았다. 그리고 먼저 복음을 접한 동방의 교사들을 영적 지도자로 받아들여 여러 지역에서 교회 지도자로 활동하게 하였다. 이런 전통은 리옹과 피에몽 계곡만이 아닌 4세기경 네덜란드 지역에서도 열매를 맺었는데, 이들의 첫 주교는 아르메니아 사람 세르바티우스(Servatius)였다. 이 하나 된 교회의 전통은 13세기 종교 개혁 운동에 강력한 동력을 부여하는 배경이 되었다. 훗날 잉글랜드 출신의 피터 페인이 후스인들의 대표자로 활동하게 된 사실에서도 이 전통을 볼 수 있다.

이런 모습은 참 교회로서의 개혁 교회가 가진 아름다운 전통이 되었고, 이런 전통은 동일한 신앙 고백을 하는 그리스도인들이라면 아무런 조건 없이 하나의 교회를 이루는 원리가 되었다. 하나의 교회는 당연히 지역 교회 간의 교류를 통하여 하나의 신앙과 교리를 형성하게 되었으므로, 무의미한 교리 논쟁이나 주도권을 쟁취하려는 싸움을 회피할 수 있게 만들었고, 참 교회는 당연히 동일하게 부름 받은 목표를 향하여 하나가 되어 나아갈 수 있었다.

교회는 머리이신 그리스도께서 그의 지체들로 부르신 신자들의 모임이다. 반석이신 그리스도만이 주춧돌이시며 교회의 머리가 되시므로 다른 누구도 교회를 좌지우지하는 머리가 될 수 없다. 성부와 성자가 하나이시듯, 유대인과 이방인, 남자와 여자의 벽을 허무시고 우리를 동등한 하나님의 자녀로 부르셨다는 이 확신이 (로마 교회의 계서 제도와 무관하게) 하나의 교회를 형성할 주요 원리가 되었다.

발도인들 교회가 역사 속에서 보여 준 '한 교회'의 모습을 보면, 가르치는 자와 배우는 자라는 따위의 차별로 구분되지는 않았지만 질서에 있어서는 아주 명확하였다. 평신도들이 복음을 전하고 설교할 수 기회를 얻기는 했지만, 이는 어디까지나 교회가 없는 곳에서의 임시적 설교권을 의미할 뿐이며, 교회가 세워지게 되면 아무나 가르치는 위치에 설 수 있는 것이 아니었다. 그리고 말씀을 가르치는 설교자를 '바르브'라고 불렀고 부모보다도 더 공경하기까지 했다. 발도인들이 사제의 권위를 부정한 것은 무자격자들이 비성경적인 가르침을 하였기 때문이지, 바르게 가르치며 설교하는 지도자들을 철저히 존경하고 순종하였음을 진지하게 확인할 수 있다.

2) 거룩한 교회(Holy Church)

교회의 머리 되신 그리스도께서 거룩하시며 십자가와 말씀으로 우리를 깨끗하게 하심으로써 우리도 그의 거룩한 백성이 되었기 때문에 교회 안에서 악을 제거하는 것은 참 교회를 지키기 위한 중요한 부분이었다. 교회와 성도의 삶에서 거룩함을 지켜 나가는 강력한 힘은 주님의 말씀을 바로 배우고 따르는 데서 나오는 것이므로 그들은 말씀의 원리가 교회를 지배하도록 노력하였다. 이런 이유 때문에 참되고 거룩한 교회와 거짓된 교회를 구분하는 기준은 하나님의 말씀이 바르게 선포되는지 그렇지 아니한지의 여부다.

3) 보편적 교회(Catholic Church)

그리스도교의 초기 신조인 사도신경을 통하여 우리는 "거룩한 공회를 믿습니다"라고 고백한다. 또 다른 많은 신앙고백서들이 동일하게 이를 고백하였다. 여기서 '거룩한 공회'란 'the holy catholic church', 또는 'the holy universal church'를 말한다. 아담 이후로부터 주님의 재림 때까지 구원에 초대를 받는 모든 이들이 바로 거룩한 공회의 회원이며, 우주적 의미의 카톨릭 교회이다. 이 카톨릭 교회만이 구원받은 이들의 모임인 참 교회임에도 우리는 '카톨릭'이라는 이 용어를 로마 교회가 먼저 우겨 썼다는 생각 때문에 자발적으로 용도 폐기하여 로마 교회에 헌납하고 있는 실정이다.

다시 말하지만 카톨릭 교회는 구약의 광야 교회와 그리스도로 시작된 신약 교회가 전 세계로 퍼져 나가면서 하나의 교회를 이룬 우주적이며 보편적 교회이다. 이 우주적인 교회 안에는 인종도, 교파도, 큰 교회와 작은 교회도, 그리그 그 외에 다른 어떤 인위적 차별도 존재할 수 없다.

발도인들의 교회들은 성도들에게 이 영광스러운 교회에 소속되었다는 자부심을 가르쳤기 때문에 그들은 죽음의 위협 앞에서도 이 권리를 포기하지 않았다. 그리고 거짓 교회에 속한 영혼들이 이 카톨릭 교회로 돌아오도록 복음으로 설득하였고, 증언할 필요가 있는 곳이라면 그곳으로 나아가 생업을 포기하면서까지 그 일에 목숨을 걸고 충성하였다. 또한 1532년 샹포랑 총회가 보여 주듯이 그들은 참된 교회와 하나 된 보편 교회를 이루기 위해서라면 오랜 시간 동안 지켜 내려 온 그 어떤 전통이라도 성경의 원리 앞에서 언제든지 포기하고 내던지기까지 했다.

4) 사도적 교회(Apostolic Church)

"너희는 사도들과 선지자들의 터 위에 세우심을 입은 자라"(엡2:20)는 말씀처럼 참 교회의 생명력은 사도들의 가르침에서 나온다. 아무리 많은 사람들이 모이고 대형 건물을 가졌다 할지라도 그 교회가 사도적 교회의 가르침과 일치하기 위해 노력하지 않는다면 참 교회가 될 수는 없는 것이다.

13세기 개혁 교회는 로마 교회에 의해 만들어진 인위적 가르침과 사상, 세속적 가치의 최고봉을 자랑하는 화려한 건물을 가진 거짓 교회가 되기보다 가난하지만 영적으로 부요한 사도들의 적통을 잇기를 원했다.

오른쪽의 지도를 통해 13세기의 하나 된 교회 운동으로 이루어진 복음의 영역과 16세기 개혁 운동이 일어났던 지역들이 아주 정확하게 일치함을 볼 수 있는데, 복음의 씨앗은 반드시 싹을 틔워 그 열매로 드러난다는 생명의 선순환을 보여 주는 것이다. 16세기 종교개혁은 결코 루터의 탁월함이나 인쇄술이라는 문명의 발전 따위가 내놓은 열매가 아니다. 루터 이전 이미 수 세기 동안 선구 개혁자들의 수고와 순교까지 각오한 헌신과 복음 증거가 있었기 때문에 루터 시대에 뚜렷한 열매가 드러난 것뿐이다.

13세기의 개혁 교회들은 동과 서에서 박해를 받아 계곡에 숨어 지내면서도 주님께서 세우신 참 교회인 "하늘에 기록된 장자들의 모임과 교회와 만민의 심판자이신 하나님과 및 온전하게 된 의인의 영들"(히 12:23)에 속할 수 있게 된 영광스러움을 결코 포기할 수 없었다. 하나님께서 숨겨 두신 각 시대의 남은 자들이 세상 관점에서는 무가치하고 무기력해 보였겠지만, 그들은 겨자씨 한 알이 나무가 되듯 무성한 역사를 이루었다. 그 시작이 어수선하고 부족하기 짝이 없던 동서 교회가 아무 조건 없이 하나의 교회를 이루고 함께 힘을 모았을 때, 16세기 종교개혁과 같은 새 떼들이 머무는 거대한 나무가 되었다는 것이 지금까지 살펴본 참 교회의 역사가 주는 교훈이다.

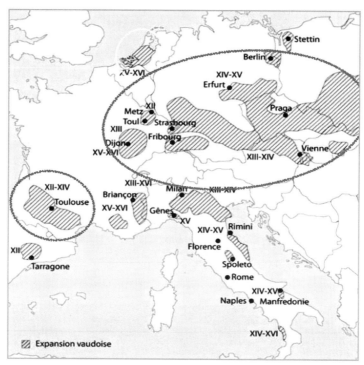

지도45, 지도46: 16세기 이전에 세워진 발도인들 교회들이 위치한 지역과 16세기 종교개혁 운동의 지역은 일치한다.

5. 개신교회, 곧 저항하는 자들(Protestants)

개신교를 의미하는 '프로테스탄트'(protestant)는 '프로테스트'(protest), 곧 거짓과 가짜에 '항거'하는 자들이다. 개인적으로는 죄와 악이 선물로 가져다주는 쾌락으로부터 떠나려는 저항이지만, 진리로부터 멀어지더라도 편안하고 넓은 길로 가고 싶어 하는 그 유혹들에 항거하는 교회들이 바로 프로테스탄트들이다. 이러한 개신교회의 역할은 이 땅을 천국으로 만들기 위해 노력하거나 이 땅의 것을 최고의 가치로 삼는 교회들을 부러워하지 않는 공동체로 서 있는 것이다. 하늘의 영광스러움을 보여 주는 삶의 공동체를 이루어 사람들로 하여금 땅이 아닌 하늘의 것을 갖고 싶도록 거룩한 욕망을 일으키는 것이다.

화보132: 마리 뒤랑이 새겨 놓은 '저항하십시오'(REGISTER) Photo©권현익

프랑스 교회사에는 순교하지 못한 순교자 마리 뒤랑(Marie Durand, 1711-1776)이 있다. 그녀는 부모님과 남편과 오빠 모두가 순교한 상황에서 에그모르트

(Aigues-Mortes)의 콩스탕스(Constance) 감옥에 갇혔다. 그때 그녀의 나이 18세였다. 그녀는 믿음을 포기하지 않고 개종을 거부하였기 때문에 38년 동안 투옥되었다. 그러나 그녀는 30여 명의 여성 죄수 동료들에게 죄와 개종의 유혹들에 저항하여 견딜 것을 권면하면서 마음에 새기듯 감옥의 한 돌 위에 이렇게 새겨 놓았다, '레지스테'(REGISTER)! 그녀가 거기 새겨 놓은 단 한마디 "저항하십시오!"는 개신교회의 정신이 무엇이어야 하는지를 후손들인 우리들에게 지금 외치고 있다! 우리는 무엇에, 어떻게, 언제까지, 얼마만큼 저항할 것인가?

적그리스도의 어두운 세력들이 복음을 빛으로 비추는 개신교회를 얼마나 몸서리치듯 싫어하는지를 보여 주는 조형물이 하나 있다. 바로 로마 시내에 위치한 예수회의 어머니 교회에 해당되는 키에자 델 제수(Chiesu del Gesù, Church of Jesus) 성당 안의 내부 조각들이다. 성당 중앙 제단화 좌측에는 예수회 창시자인 로욜라의 무덤과 그를 기념하는 예배실이 있고, 그 반대편에는 그의 제자 프랑수아 자비에(François-Xavier) 예배실이 있다.

중앙 제단화 양 옆으로는 두 개의 대형 성모상이 있는데, 두 작품은 동일한 주제를 다른 방식으로 표현하고 있다. 좌편의 성모상은 17세기 프랑스 조각가 장 밥티스트 테오동(Jean-Baptiste Théodon)의 작품으로 '우상 숭배를 이긴 믿음의 승리'라는 제목을 가지고 있다. 승리를 상징하는 황금 성배를 든 성모상이다. 성모상 옆으로는 성모의 거룩함에 놀라서 바라보는 왕과 농민 여성상이 있다. 그리고 성모의 왼쪽 발아래에는 용의 목과 닫힌 책을 밟아 으스러뜨리고 있는 광경이 묘사되어 있다. 이 조각은 성모의 중보자 됨과 교회의 머리가 됨을 부정하는 용으로 묘사된 이단을 의미하고, 그 이단들의 책을 짓밟고 있음을 의미한다. 이는 다름 아닌 개혁자들과 개혁자들이 기록한 서적을 상징한다.

성모 및 성인들과 그들의 유품을 마치 대단한 능력이 담긴 우상으로 섬기는 로마 교회가 개혁자들을 '우상 숭배자'로 만들어 비방하는 심리가 자못 우습기 짝이 없다. '우상 숭배를 이긴 믿음의 승리'라니.

화보133, 화보134: 조각 '우상 숭배를 이긴 믿음의 승리'. 우상 숭배를 비판하였던 개혁자들과 개혁자들의 책을 성모가 짓밟고 있음. Photo©권현익

　다른 편의 성모상은 같은 시대 프랑스 조각가인 피에르 르 그로스(Pierre Le Gros)의 작품으로 그 제목은 '이단을 이긴 믿음의 승리'이다. 이 성모상의 한 손은 십자가를 들었고 다른 손은 햇불을 들었는데, 하늘로부터 땅으로 내리치고 있는 모습이다. 그 옆의 아기 천사상은 피에르 발도가 로마 교회의 허락 없이 번역한 오크어 번역 성경을 힘을 다하여 찢고 있다. 성모의 왼발은 두려움과 뱀에 휘감겨 고통을 호소하는 두 사람을 밟고 있는데, 이들은 다름이 아닌 마르틴 루터와 얀 후스이다. 성모의 발아래로 여러 권의 책과 두루마리가 흩어져 있는데, 책 표지를 자세히 보게 되면 마트 루터(Mart Luthe)와 요한 칼뱅(Joann Calvin)이라는 글씨가 선명하게 기록되어 있다. 성모상은 여성형 명사인 '로마 교회'를 상징하는 것으로서, 로마 교회가 사탄을 섬기는 개신교 우상 숭배자인 이단들에게 승리했

음을 드러내고자 한다.

그들은 개혁자들을 용과 이단이라 보았기에 군대로 표현된 예수회와 하나님의 병사로 묘사된 사제들이 개혁자들을 박해하는 것이 정당함을 조각으로 말하려는 것이다. '이단을 이긴 믿음의 승리'라니.

화보135: 성모는 불을 던져 개혁자들의 책을 태우려 하고 있다. Photo©한평우
화보136: 예수회 창시자인 로욜라는 루터와 루터의 닫힌 책을 밟고 있다. Photo©한평우
화보137: 성모상의 발아래에는 이방 철학자가 있는데, 누가 봐도 그가 장 칼뱅임을 알 수 있다.

토요일과 공휴일에 개방되는 로욜라의 석상을 보더라도 그의 왼발 아래에는 뱀에 휘감겨 고통스러워하는 한 남자가 있다. 그 고통이 얼마나 심하였으면 그는 주먹 쥔 손을 깨물고 있으며 다른 한 손에는 닫힌 책을 붙잡고 있다. 이 사람은 다름 아닌 '루터'인데, 책은 그가 번역한 성경이거나 그의 저서일 것이다. 루터의 책은 닫혀 있는 반면 로욜라의 손에 들린 책은 열려 있는데, 한 페이지에는 "Ad Maiorem Dei Gloriam"(하나님의 큰 영광을 위하여), 다른 페이지에는 로욜라가 작성한 예수회 규칙서 "Constitutiones Societait Iesu"가 보인다. 이 세 조각상을 통해 확인할 수 있는 것은 교황권과 성모의 중보를 부정한 후스와 루터와 칼뱅과 같은 개혁자들에 대한 적개심이다. 그들의 저서들이 로마 교회의 권위를 얼마나 치명적으로 실추시켰으면 이렇게까지 개혁자들을 향한 분노를 표현하였을까?

　　마지막 사진은 다른 지역에 있는 한 성모상인데, 설명을 보면 성모상이 그저 어느 '이단 철학자'를 밟고 있다고 되어 있지만, 밟혀 있는 그가 장 칼뱅임은 단번에 알아볼 수 있다.

화보138[669]: 개혁자들이 진리의 반석 위에 든든히 세워졌음을 표현하는 것이기도 하지만, 진리의 반석은 순교자들의 흔들리지 않는 삶을 묘사해 놓은 것이기도 하다.

---

669 출처: Jean P. Perrin, 표지 앞 페이지 속지.

과거 개신교 역사가들이 판화로 묘사해 놓은 '진리 위에 서 있는 개혁자들의 모습'은 프랑스 화가 테오도르 제리코(Théodore Géricault, 1791-1824)가 1819년에 완성한 더 유명한 다른 작품 '메두사호의 뗏목'을 떠올리게 만든다. 식민지 세네갈을 향하여 떠났던 3척의 군함 가운데 하나인 메두사호는 4백 명의 사람들을 태우고 항해하던 중 암초에 걸려 좌초하였다. 권력자들은 구명정을 타고 탈출하였지만, 15명의 선원은 뗏목에 몸을 실은 채 아사 직전에서 지나가는 배를 발견하고 구조를 호소한다. 피라미드처럼 소년 하나를 꼭대기에 올려 세우고 손을 흔드는 장면을 묘사한 작품이었다.

'빙산의 일각'이라는 말처럼 우리 눈에 드러난 개혁자들은 몇 되지 않지만, 그들을 세상 속에 외치는 자로 드러내기 위하여 얼마나 많은 무명의 개혁자들이 존재하였는지 우리로 하여금 잊지 말아야 한다고 일깨워 주는 그림이다. '진리 위에 서 있는 개혁자들의 모습!'

조만간 동료들과 공저하여 짧게 서술해 본 이 그림들을 더 풍성히 소개할 수 있게 되기를 기대해 본다. 그리고 필자가 다음 책에서 소개하고자 하는 '16세기 이후의 프랑스 개혁 교회사'를 통하여 위그노들의 삶과 그들의 수고 덕분에 오늘날 우리에게까지 복음이 전해졌음을 살펴보며 우리의 교회가 바른 사명을 회복하는 계기로 삼게 되길 소망한다.

Bibliography
참고문헌

국내서 또는 국내 논문

Estep, Willian R., 『르네상스와 종교개혁』, 라은성 역. 서울: 그리심, 2012.

곤잘레스, 후스토 L., 『중세교회사』. 서울: 은성, 2012.

곽영완, 『명화 속에 담긴 유럽사』(e-book). 서울: 애플미디어, 2016.

김영규, 『조직신학편람 4』. 2001.

김희중, "가톨릭교회 입장에서 본 루터 개혁 운동의 배경과 500주년의 교회사적 의미", 신학과철학 제29호(2016): 13–25.

떼르뚤리아누스, 『그리스도의 육신론』. 이형우 역주. 왜관: 분도 출판사, 1994.

목영호, 『내가 만난 성인들 1』. 서울: 명문전, 2008.

박건택 편역, 『칼뱅 작품 선집 5』. 서울: 총신대학출판부, 1998.

브로우드벤트, E. H., 『순례하는 교회』. 편집부 역. 고양: 전도출판사, 1990.

앙리 피렌, 『마호메트와 샤를마뉴』(e-book). 강일휴 역. 서울: 지식을만드는지식, 2014.

에드워드 기번, 『로마 제국 쇠망사 5』(e-book). 이종인 편역. 서울: 책과함께, 2012.

영, G. F., 『메디치』. 이길상 역. 파주: 현대지성사, 2013.

윌리엄 커닝함, 『역사신학 I』. 서창원 역. 서울: 진리의 깃발, 2017.

윤선자, 『이야기 프랑스』. 파주: 청아출판사, 2006.

이동희, 『꺼지지 않는 불, 종교개혁가들』. 서울: 넥서스, 2015.

임승휘, "18세기 프랑스인들의 이탈리아 여행기", 서양사연구 제32권(2005): 123–148.

임영태, 『스토리세계사 5권』(e-book). 파주: 21세기북스, 2014.

정미현, "'제1의 종교개혁' 운동: 이탈리아 왈도파의 발전 과정과 그 의의", 『유럽사회문화』 제17호(2016): 235–265.

조병수, "왈도파", 종교개혁 494년 기념 강좌.

존 칼빈, 『기독교강요』(하), 원광연 역. 파주: 크리스챤다이제스트, 2003.

존 폭스, 『기독교 순교사화』, 양은순 역. 서울: 생명의 말씀사, 2011.

필립 샤프, 『그레고리우스 1세부터 그레고리우스 7세까지: 중세시대(A. D. 590-1049)』, 교
　　　회사 전집, 4권, 이길상 역. 파주: 크리스챤다이제스트, 2004.

　　　　, 『그레고리우스 7세부터 보니파키우스 8세까지: 중세시대(A. D. 1049-1294)』, 교
　　　회사 전집, 5권, 이길상 역. 파주: 크리스챤다이제스트, 2004.

　　　　, 『니케아 시대와 이후의 기독교』, 교회사 전집, 3권, 이길상 역. 파주: 크리스챤
　　　다이제스트, 2004.

　　　　, 『보니파키우스 8세부터 루터까지: 중세시대(A. D. 1294-1517)』, 교회사 전집, 6
　　　권, 이길상 역. 파주: 크리스챤다이제스트, 2004.

국외 학술지 또는 잡지

"Barbe Martin Gonin", *Souvenir Historique offerts aux Enfants Vaudoise*, Feb. 1887.

Arpee, Leon, "Armenian Paulicianism and the Key of Truth", *The American Journal of Theology* 10, No. 2, Apr. (1906): 267-285.

Barnett, "Where was your Church before Luther? Claims for the Antiquity of Protestantism Examined", *Church History*, vol. 68, no. 1(1999): 14-41.

Clifton-Everest, J. M., "The Eucharist in the Czech and German Prayers of Milííčč z Kroměříže", *Bohemia* 23, No. 1(1982): 1-15.

Franco Jùnior, Hilário, "Les « abeilles hérétiques » et le puritanisme millénariste médiéval", *Le Moyen Age* 2005/1 (Tome CXI): 71-93.

Kaminsky, Howard, et al., "Master Nicholas of Dresden: The Old Color and the New. Selected Works Contrasting the Primitive Church and the Roman Church", *Transactions of the American Philosophical Society*, Vol. 55, No. 1(1965): 1-93.

Krumenacker, Yves et Wang, Wenjing, "Cathares, vaudois, hussites, ancêtres de la Réforme?", *Chrétiens et sociéé* 23(2016): 133-162.

　　　　, "Quand débute la Réforme en France?", *Études Épistémè* 32 (2017).

Magee, M. D., "Heresy and the Inquisition. Cathar Beliefs", (12 December 2002), *Heresy and the Inquisition II Persecution of Heretics*. https://www.academia.edu/17739430/ Heresy_and_the_Inquisition._Cathar_Beliefs.

Revue des Deux Mondes, No. 72, Paris, 1867: 444-474.

Shulevitz, D., "Historiography of heresy: The debate over "Catharism" in medieval Languedoc", *History Compass*, Volume17, Issue 1 (January 2019): 1−11.

Vasilev, Georgi, "Bogomilism: An Important Precursor of the Reformation", *Toronto Slavic Quarterly*, No.38 (2011): 142−161.

Walther, Daniel, "Were the Albigeois and Waldenses Forerunners of the Reformation?", *Andrews University Seminary Studies* (AUSS) 6, 2 (1968): 178−202.

Zeman, J. K., "Restitution and Dissent in the Late Medieval Renewal Movements: the Waldensians, the Hussites and the Bohemian Brethren", *Journal of the American Academy of Religion*, Volume XLIV, Issue 1, 1 March(1976): 7−27.

국외 논문

Drakopoulos, Theofanis L., "L'unité du Bogomilo Catharisme", Thèse de doctorat, Univ. Genève, 2010.

Mutlová, Petra, "Radicals and Heretics: Rethinking The Dresden School in Prague", Ph. D. diss., Central European University, Budapest, 2010.

국외 단행본

Allix, Pierre, *Remarks upon the ecclesiastical history of the ancient churches of the Albigenses*. Oxford: Clarendon Press, 1821.

_____, *The Ecclesiastical History of the Ancient Churches of Piedmont*. Octavo, 1690.

Armitage, Thomas, *A History of the Baptists*. Arkansas: The Baptist Standard Bearer, Inc., 2001.

Backhouse, Edward & Taylor, Charles, *Witnesses for Christ and memorials of church life from the fourth to the thirteenth century*, 2th ed.. London: Simpkin, Marshall, Hamilton, Kent & Co., 1894.

_____, *Witnesses for Christ and memorials of church life from the fourth to the thirteenth century*, vol. 2. London: Hamilton, Adams, and Co., 1887.

Baker, Robert Andrew, *A Summary of Christian History*. Nashville: Broadman Press, 1959.

Baring−Gould, S., *In troubadour-land. A ramble in Provence and Languedoc*. London: W. H. Allen & co. Ltd., 1891.

Bastide, Samuel, *La Tour de Crest et ses martyrs*. Mialet: Musée du Désert, 1962.

Baunàrd, *Histoire de saint Ambroise*. Paris: Librairie ch. Poussielgue, 1899.

Beard, Charles, *Martin Luther and the reformation in Germany until the close of the Diet of Worms*. London: K. Paul, Trench & co., 1889.

Beattie, William, *The Waldenses or Protestant Valleys of Piedmont, Dauphiny, and The Ban de la Roche*. London: George Virtue, 1838.

Bèze, Théodore de, *Les vrais portraits des hommes illustres: avec les 30 portraits supplémentaires de l'édition de 1673*. Geneva: Slatkine, 1986.

_____, *Les Vrais Pourtraits des hommes illustres en piete et doctrine*. Iean de Laon, 1581.

Blair, Adam, *History of the Waldenses*, vol. 1. Edinburgh: Adam and Charles Black, 1833.

Bompiani, Sophia V., *A Short History of the Italian Waldenses who Have Inhabited the Valleys of the Cottian Alps*. New york: Barnes & Company, 1897.

Bose, Mishtooni & Somerset, Fiona & Hornbeck, J. Patrick, eds., *A Companion to Lollardy*. Leiden: Brill, 2016.

Bossuet, Jacques Bénigne, *Oeuvres completes de Bossuet, évéque de Meaux, revues sur les manuscrits originaux, et les édi- tions les plus corrects*, tome 6. Paris: Chez LEFÈRE, 1836.

Braght, Thieleman J. van, *The Bloody Theatre, or Martyrs' Mirror*, trans. Joseph F. Sohm. London: David Miller, 1837.

Brez, Jacques, *Authentic details of the Valdenses*. Piemont and other Countries: J. Hatchard and son, 1827.

_____, *Histoire des Vaudois*, vol. 1. Paris: Leclerc, 1796.

Bridel, Doyen, *Glossaire du patois de la Suisse Romande*. Lausanne: G. Bridelp, 1866.

Broadbent, E. H., *The Pilgrim Church*. London: Pickering and Inglis, 1931.

Brockett, L. P., *The Bogomils of Bulgaria and Bosnia*. Philadelphia: American Baptist Publication Society, 1879.

Burke, Ann, *To the Last Drop of Our Blood: A Story of Government and Religion*. New york: Teach Services, 2006.

Bynum, Caroline Walker, *Wonderful Blood*. Philadelphia: University of Pennsylvania Press, 2007.

Christian, John T., *A History of the Baptists*, vol. 1. Nashville, TN: Sunday School Board, S. B. C., 1922.

Comba, Emilio, *History of the Waldenses of Italy*. London: Truslove & Shirley, 1889.

Conybeare, *The Key of Truth, A Manual of the Paulician Church of Armenia*. Oxford:

Clarendon Press, 1898.

Cramp, J. M., *Baptist history*. Philadelphia: American Baptist publication society, 1869.

D'Aubigne, J. H. Merle, *History of the great reformation in Europe in the times of Luther and Calvin*. Philadelphia: William Flint, 1870.

_____, *History of the Protestant church in Hungary*. Boston: Phillips, Sampson, and Co., 1854.

_____, *History of the Reformation of the Sixteenth Century*, vol. 1. New York: American Tract Society, 1835.

Dargan, Edwin C., *A History of Preaching*, vol. 1. New York: A. C. Armstrong & Son, 1905.

Demetz, Peter, *Prague in Black and Gold*. New York: Hill and Wang, 1997.

Droz, Librairie, *Registres de la Compagnie des pasteurs de Genève(1617-1618)*, vol. 13. Genève: Librairie Droz S. A., 2001.

England, John, *The Works of the Right*. Applewood Books, 1908.

Evans, Arthur J., *Through Bosnia and the Herzegovina*. London: Longmans, Green & Co., 1877.

Faber, George S., *An Inquiry into the history and theology of the ancient Vallenses and Albigenses*. London: Seeley and W. Burnside, 1838.

Foxe, John, *The Act and Monuments of the Christian Church*, vol. 4. the Ex–classics Project, 2009. https://www.exclassics.com/foxe/foxe4pdf.pdf.

_____, *The Act and Monuments of the Christian Church*, vol. 5. the Ex–classics Project, 2009. https://www.exclassics.com/foxe/foxe5pdf.pdf.

Frassetto, Michael, ed., *Heresy and the Persecuting Society in the Middle Ages*. Leiden: Brill, 2006.

Fudge, Thomas A., *The Trial of Jan Hus, Medieval Heresy and Criminal Procedure*. New York: Oxford University Press, 2013.

Geisberg, Max, ed., *The German Single-Leaf Woodcut: 1550–1600*, vol. 2. New–York: Hacker Art Books Inc., 1974.

Gibbon, E., *The History of The Decline and Fall of the Roman Empire*, vol. 7. Philadelphia: William Birch and Abraham Small, 1805.

Gieseler, Johann K. L., *A text-book of church history* II. New York: Harper & brothers, 1868.

Gilly, William S., *Narrative of an excursion to the mountains of Piemont*, 4th ed. London: Printed for C. and J. Rivington, 1824.

_____, *Our Protestant forefather*. New York: R. Carter, 1836.

_____, *Waldensian Researches During a Second Visit to the Vaudois of Piemont: With an Introductory Inquiry Into the Antiquity and Purity of the Waldensian Church*. London: C. J. G. & F. Rivington, 1831. https://archive.org/details/waldensianresear00gill.

Goldberg—Poch, Mira, *Waldensianism and English Protestants: The Construction of Identity and Continuity*. Ottawa: University of Ottawa, 2012.

Gregory of Nyssa, "On Pilgrimages", *Nicene and Post-Nicene Fathers*, Second Series Vol. 5, Trans. William Moore. Peabody: Hendrickson, 1995.

Guers, Emile, *Histoire abrégée de l'Eglise de J.-C.* Genève: chez madame sus. Guers, 1832.

Guizot, François, *A Popular History of France From The Earliest Times*, vol. 1. Boston: C. F. Jewett, 1877.

_____, *A Popular History of France From The Earliest Times*, vol. 2. Boston: Dana Estes and Charles E. Lauriat, 1869.

_____, *A Popular History of France From The Earliest Times*, vol. 4. Boston: Dana Estes and Charles E. Lauriat, 187?.

Hamilton, Janet & Hamilton, Bernard & Stoyanov, Yuri, *Christian Dualist Heresies in the Byzantine World*. Manchester: Manchester University Press, 1998.

Hardwick, Charles, *A history of the Christian Church: Middle age*. London: Macmillan and co., 1894.

Herold, Vilém, "How Wyclifite was the Bohemian?", *Bohemian Reformation and Religious Practice*, Vol. 2. Prague: Academy of Sciences of the Czech Republic, 1998.

_____, "Vojtěch Raňkův of Ježov and the Bohemian Reformation", *Bohemian Reformation and Religious Practice*, Vol. 7. Prague: Academy of Sciences of the Czech Republic, 2009.

Hlaváček, Petr, "Beginnings of Bohemian reformation in the northwest-the Waldensians and the Reformers", *Bohemian Reformation and Religious Practice*, Volume 4. Prague: Academy of Sciences of the Czech Republic, 2002.

Hooper, John, *The Early Writings of John Hooper*. Eugene, Oregon: Wipf and Stock Publishers, 2009.

Horne, Thomas H., *A Protestant Memorial, for the Commemoration*. London: T. Cadell, 1835.

Hus, Jan, *Magistri Johannis Hus Polemica*, ed. Jaroslav Eršil. Pragae: Academia Scientiarum Bohemoslavaca, 1966.

_____, *The Letters of John Hus*. London: Hodder and Stoughton, 1904.

Janssen, *History of the German people at the close of the middle ages*, vol. 10. London: Regan Paul Trench, 1906.

Jarrel, W. A., *Baptist Church Perpetuity*. Dallas: The Author, 1894.

Johnson, Phillip D., *Arnold of Brescia*. Eugene, Oregon: Wipf & Stock Publishers, 2016.

Jones, Floyd N., *Which Version is the Bible?*. Texas: KingsWord Press, 1999.

Jones, William, *Ecclesiastical history, a course of lectures*, vol. 2. London: G. Wightman, Paternoster row, 1838.

_____, *History of the Waldenses*. Philadelphia: R. W. Pomeroy, 1832.

_____, *The History of the Christian Church*, vol. 2. London: Gale & Fenner, 1816.

_____, *The history of Waldenses*, vol. 1. London: Gale & Fenner, 1816.

_____, *The history of Waldenses*, vol. 2. London: Gale & Fenner, 1816.

Kaminsky, Howard, *A History of the Hussite Revolution*. Berkeley and Los Angeles: University of California Press, 1967.

Krumenacker, Yves, "The use of history by French Protestants and its impact on Protestant historiography", *History and Religion*, eds. Bernd-Christian Otto, Susanne Rau, Jörg Rüpke. Boston: Walter De Gruyter, 2015.

_____, *La généalogie imaginaire de la Réforme protestante*. Paris: Universitaires de France, 2006.

Kuhns & Dickie, *Jan Hus: Reformation in Bohemia*. reformation press, 2017.

Laursen, J., *Histories of Heresy in Early modern Europe*. New York: Palgrave, 2002.

Lea, Henry Charles, *A history of the Inquisition of the Middle Ages*, vol. 1. New York: Macmillan Publishers, 1906.

_____, *A History of the Inquisition of the Middle Ages*, vol. 2. New York: Macmillan company, 1922.

Léger, Jean, *Histoire générale des Eglises Evangeliques des Vallées du Piemont ou Vaudoises*, vol. 1. Leyde: Chez Jean le Carpentier, 1669.

Lerber, Beat von, *Lettre sur la dernière pétition pour demander l'élagation des prières royalistes*. Lausanne: Hignou Ainé, 1841.

Liardon, Roberts, *God's Generals: The Roaring Reformers*. New kensington: Whitaker House, 2008.

Liguori, Alphonsus Maria de, *The history of Heresies*, vol. 1. Dublin: James Duffy, 1847.

Lombard, Alexandre, *Pauliciens bulgares et bons-hommes en Orient et en Occident*. New York: Public Library, 1879.

Loserth, Johann, *Wiclif and Hus*. London: Hodder and Stoughton, 1884.

Lützow, The Count, *The life & times of Master Jan Hus*. London: J. M. Dent & Co, 1909.

Lynch, Harry Finnis Blosse, *Armenia Travels and Studies*, vol. 1. London: Longmans, Green Co, 1901.

Malham, John, *Fox's Book of martyrs*, vol. 1. Philadelphia: J. J. Woodward, 1830.

Martin, Sean, *The Cathars: The Most Successful Heresy of the Middle Ages*. Harpenden: Pocket Essentials, 2005.

McMahon, C. Matthew, *The Reformation Made Easy*. New Lenox: Puritan Publications, 2012.

Miller, E. Waite, *Wessel Gansfort, life and writings*, vol. 1. New York, London: G. P. Putnam's sons, 1917.

Milner, Joseph, *Foxe's Book of Martyrs*. London: KNIGHT AND SON, 1856.

_____, *The History of the Church of Christ*, vol. 3. Boston: Farrand, Mallory, & Co., 1809.

_____, *The History of the Church of Christ*, vol. 2. Philadelphia: Hogan and Thompson, 1835

_____, *The History of the Church of Christ*, vol. 4. Boston: Farrand, Mallory, & Co., 1809.

Mitchell, A. W., *The waldenses: sketches of the evangelical christians of the valleys of piedmont*. Philadelphia: Presbyterian board of publication, 1853.

Monastier, Antoine, *A history of the Vaudois church from its origin*. London: Religious Tract Society, 1848.

_____, *Histoire de l'église vaudoise*, vol. 1. Paris: Delay, 1847.

Monstrelet, Enguerrand de, *The Chronicles of Enguerrand de Monstrelet*, trans. Thomas Johnes, vol. 1. London: Henry G. Bohn, 1849.

Moore, R. I., *The War on Heresy*. Cambridge: Belknap, 2012.

Morland, Samuel, *History of the Evangelical Churches*. London: Henry Hills, 1658.

Muston, Alexis, *The Israel of The Alps*, vol. 1. London: Blackie and Son, 1875.

Neusner, Jacob, *The Brother of Jesus*. London: Westminster John Knox Press, 2001.

Newman, Albert H., *A Manual of Church History*, vol. 1. Philadelphia: The American Baptist Publication Society, 1900.

Newman, John H., *Historical Sketches*, vol. 1. London: Longmans, Green & Co. 1886.

Niekerk, Dick van, *Heretic advocate places the Bogomils in the light again*. Leeds: The Other and 'Otherness' in the Middle Ages, 2017.

O'Reilly, Elizabeth Boyle, *How France built her cathedrals*. New York, London: Harper & Brothers, 1921.

Obolensky, Dmitri, *The Bogomils: A Study in Balkan Neo-Manichaeism*. Cambridge: University Press, 1948.

Olivier, Juste, *Le Canton de Vaud, sa vie et son histoire*, vol. 1. Lausanne: Marc Ducloux, 1837.

Orchard, G. H., *A Concise History of Baptists*. Scholarly Publishing Office, University of Michigan Library, 2006.

Pavlicek, Ota, *A Companion to Jan Hus*. Leiden–Boston: Brill, 2015.

Perrin, Jean P., *History of the Ancient Christians*. Philadelphia: Griffith & Simon, 1847.

Peyran, Jean R., *An Historical Defence of the Waldenses Or Vaudois*. London: C. & J. Rivington, 1826.

Peyrat, Napoléon, *Histoire Des Albigeois: Les Albigeois Et L'Inquisition*, vol. 1. Paris: Sandoz et Fisghbagher, 1880.

_____, *Les Réformateurs de la France Et de l'Italie Au Douzième Siècle*. Paris: Librairie de Ch. Meyrueis, 1860.

Pierre Vaux de Cernay, *Histoire de l'hérésie des Albigeois*. Paris: Brière, 1824.

Porteous, James Moir, *The Government of the Kingdom of Christ*. Edinburgh: Johnstone, Hunter, 1872.

Racaut, Luc, *Hatred in Print: Catholic Propaganda and Protestant Identity during the French Wars of Religion*. London: Routledge, 2017. https://books.google.co.kr/books?id=4AskDwAAQBAJ&pg=PT157&lpg=PT#v=onepage&q&f=false.

Robinson, Robert, *Ecclesiastical Researches*. Cambridge: Francis Hodson, 1792.

Robinson, W. Croke, *Robert Grosseteste: Bishop of Lincoln*. London: Catholic Truth Society, 1835.

Saint Augustine, *The Works of Saint Augustine: Arianism and Other Heresies*, ed. John E. Rotelle. New York: New City press, 1990.

Sawatsky, Walter, ed., The Prague Consultations: Prophetic and Renewal Movements. Proceedings of the Prague VI and Prague VII Multilateral Ecumenical Consultations(2000 & 2003), *Studies of the World Alliance of Reformed Churches* No. 47. Geneva: World Alliance of Reformed Churches, 2009.

Schaff, David S., *John Huss; his life, teachings and death, after five hundred years*. New York: C. Scribner's sons, 1915.

Schmidt, C., *Histoire et doctrine de la secte des Cathares ou Albigeois*, vol. 1. Paris: J.

Cherbuliez, 1849

Sawatsky, *WalterHistoire et doctrine de la secte des Cathares ou Albigeois,* vol. 2. Paris: J. Cherbuliez, libraire, 1849.

Schwarze, W. N., *John Hus, the martyr of Bohemia: a study of the dawn of Protestantism.* New York: Fleming H. Revell, 1915.

Seckendorf, Ludwig von, *Histoire de la Réformation de l'église chrétienne en Allemagne,* vol. 1. Basel: 1784.

Sennis, Antonio, *Cathars in Question.* Woodbridge: Boydell & Brewer, 2016.

Sketches of the Waldenses. London: The Religious Tract Society, 1846.

Smith, Preserved, *The life and letters of Martin Luther.* Boston and New York: Houghton mifflin Company, 1911.

Societa di storia valdes, *Bulletin de la Société d'histoire vaudoise,* 24(1907).

Tayler, C. B., *Memorials of the English martyrs.* London: The Relingious tract society, 1867.

The Pastor Chief, Or, the Escape of the Vaudois: A Tale of the Seventeenth Century, vol. 3. London: Cunningham & Mortimer, 1843.

The Spirit and Manners of the Age. vol. 4. London: F. Westley and A. H. Davies, 1827.

The Universalist quarterly and general review, vol. 1. Boston: A. Tompkins, 1844.

Thomson, S. Harrison, *Czechoslovakia In European History.* PRINCETON UNIVERSITY PRESS, 1953.

Tourn, Giorgio, *Pierre Valdo et les Vaudois.* Olivetan, 2010.

Vaneigem, Raoul, *The Resistance to Christianity.* Paris: Fayard, 1993.

Vickers, Robert H., *History of Bohemia.* Chicago: C. H. Sergel, 1894.

Vignier, Nicolas. *Bibliothèque Historiale,* vol. 3. Paris: chez Abel l'Angelier, 1587.

Visconti, Joseph, *The Waldensian Way to God.* Longwood: Xulon Press, 2003.

Waldensian History: A Brief Sketch. www.waldensian.info/other-documents/ WaldensianHistory.pdf.

Wildmann, A., *Guide to the royal city of Prague and to the kingdom of Bohemia.* PRAGUE: ALOIS WIESNER, 1912.

Willyams, Jane Louisa, *The Waldensian Church in the valleys of Piedmont.* London: The Religious Tract Society, 1878.

Workman, Herbert B., *The Dawn of the Reformation,* vol. 2. London: Charles H. Kelly, 1902.

_____, *The Letters of John Hus.* London: Hodder and Stoughton, 1904.

Wylie, J. A., *History of the Waldenses*. London: Cassell Petter & Galpin, 1880s. https://
archive.org/details/cu31924099176046.

_____, The history of Protestantism, vol. 1. London: Cassell Petter & Galpin, 1870.
https://archive.org/details/historyofprotest01wyli.

_____, The history of Protestantism, vol. 2. London: Cassell Petter & Galpin, 1870.
https://archive.org/details/historyofprotest02wyli.

_____, The history of Protestantism, vol. 3. London: Cassell Petter & Galpin, 1870.
https://archive.org/details/historyofprotest03wyli.

인터넷

http://selfie500.ch/glorieuse-rentree.

http://weyersheim.net.chez-alice.fr/JanHus/hussitesweyersheim.htm.

http://weyersheim.net.chez-alice.fr/JanHus/hussitesweyersheim.htm.

https://commons.wikimedia.org/wiki/File:Francois_Stuerhelf-Martin_Luther-RP-P-
OB-60.610.jpg.

https://en.wikipedia.org/wiki/Albigensian_Crusade.

https://ko.wikipedia.org/wiki/테오도르_드_베즈.

https://pt.m.wikipedia.org/wiki/Ficheiro:Hans_Stiegler_Luther_und_Huss_
Amanduskirche_Freiberg_a.N.jpg.

https://www.cathares.org/catharisme.html, 1. Le catharisme, hérésie médiévale.

https://www.johnfoxe.org/index.php?realm=more&gototype=&type=image&book=6.

https://www.thereformation.info/waldensians/

Index (1)

인명색인

Index (2)

지명색인

The History of TRUE CHURCH
Before 16th Century Reformation